Die grundlegenden Entscheidungen des Reichsgerichts und des Reichsmilitärgerichts auf dem Gebiete des Strafrechts.

Für das Studium und die Praxis bearbeitet

von

Dr. Max Apt.

Dritte verbesserte und vermehrte Auflage

besorgt von

Dr. Max Apt,
Syndikus der Korporation der Kaufmannschaft von Berlin.

und

Dr. Ernst Beling,
ord. Professor der Rechte in Tübingen.

Berlin 1903.

J. Guttentag, Verlagsbuchhandlung,
G. m. b. H.

Vorwort zur ersten Auflage.

Eine jede Entscheidung des Reichsgerichts hat ihren eigenen Wert. Aber nicht jede hat gleichen Wert. In jeder Materie heben sich aus der großen Reihe von Entscheidungen einige hervor, welchen nicht allein wegen der Wichtigkeit der in ihnen behandelten Fragen, sondern insbesondere wegen der Art und Weise der Behandlung ein größere Bedeutung zukommt. Es sind dies Entscheidungen, welche bei Gelegenheit des einzelnen Falles die dem Gesetz zugrunde liegenden Prinzipien teils geschichtlich, teils dogmatisch entwickeln oder in abschließender Weise Stellung nehmen zu Fragen, welche in der Theorie lebhaft bestritten sind oder endlich solche, welche durch die Art der Diktion und andere hier nicht zu erschöpfende Vorzüge sich merklich auszeichnen. Derartige Entscheidungen, welche infolge der eben hervorgehobenen Eigenschaften für die Praxis des Reichsgerichts als grundlegend anzusehen sind, zunächst auf dem Gebiete des Strafrechts[1]) systematisch zu bearbeiten, ist der Zweck vorliegender Sammlung. Ein dreifaches Ziel verfolgt dieselbe.

Dem Praktiker und Theoretiker, welcher sich im Besitz der offiziellen Ausgabe der Entscheidungen des Reichsgerichts befindet, wird ein Buch willkommen sein, welchem er ohne Mühe und zeitraubendes Suchen die grundlegenden Entscheidungen dieses höchsten Gerichtshofes entnehmen kann. Ganz besonders erwünscht wird es ihm sein, wenn er im Zusammenhange die Gesamtjudikatur des Reichsgerichts in ihren grundlegenden Entscheidungen sich in die Erinnerung zurückrufen will. Einen erhöhten Wert wird das Buch für denjenigen haben, welcher die offizielle Ausgabe der Entscheidungen nicht besitzt. Für ihn wird es einen gewissen Ersatz für dieselbe bilden. In erster und vornehmster Linie jedoch ist es zum Studium für jüngere Juristen bestimmt.

Es gibt dem jungen Juristen eine Anzahl ausgewählter und zugleich grundlegender Entscheidungen, welche ihn mit der Ansicht des Reichsgerichts in den wichtigsten strafrechtlichen Fragen bekannt machen soll. Sein juristischer Blick erweitert sich. An der Hand der vorgeführten Entscheidungen gewinnen die Theorieen, welche ihm früher allzugrau erschienen waren, Fleisch und Blut.

Er lernt den innigen Zusammenhang von Praxis und Wissenschaft kennen, und kein Zweifel, daß er hieraus die Anregung empfängt, sein theoretisches Wissen einer geläuterten Prüfung zu unterziehen und dasselbe durch stetes Studium höchstrichterlicher Entscheidungen zu befruchten.

Aus diesem vornehmsten Ziele erklärt sich die Anlage des Buches. Nicht auf

[1]) Die übrigen Rechtsgebiete werden in gleicher Weise bearbeitet werden. Zunächst folgt das Strafprozeßrecht.

das quantum, sondern auf das quale kam es an. Gerade in der strengen Auswahl lag die große Schwierigkeit der Arbeit. Naturgemäß konnten auch nicht zum Vorbild dienen die für den praktischen Gebrauch bestimmten und möglichste Vollständigkeit erfordernden Sammlungen von Fuchsberger und Zuerl, von welchen der erstere lediglich Entscheidungsgründe, der letztere lediglich Rechtsgrundsätze wiedergibt. Für das Studium muß jedoch gerade auf die Mitteilung der Tatbestände Wert gelegt werden. Und wie wichtig die Mitteilung der Tatbestände für den Praktiker ist, das zeigt die in den Entscheidungen des Reichsgerichts häufig wiederkehrende Wendung, daß der Beschwerdeführer zwar die Gründe des früheren Urteils, auf das er sich berufen, richtig mitgeteilt, nicht aber den Sachverhalt scharf erfaßt habe, auf welchen jene Gründe Anwendung gefunden hätten.

Dem Lehrzweck des vorliegenden Buches entsprach es ferner nicht, das System des Strafgesetzbuches beizubehalten, vielmehr hat der Verfasser es für erforderlich gehalten, eine besondere, den üblichen Lehrsystemen nachgebildete Anordnung zu treffen. Das beigegebene Sachregister wird hoffentlich über sämtliche in den Entscheidungen behandelte Fragen schnell Aufschluß geben.

Was endlich die Literatur anlangt, so hat der Bearbeiter mit Absicht sich auf möglichst kurze Hinweise auf die Werke von Binding, Hälschner, Berner, v. Liszt, Hugo Meyer und Olshausen beschränkt. In ihnen wird der Suchende mühelos die weitere Literatur finden.

Was den äußeren Bau der Arbeit betrifft, so sind die Erläuterungen und die, wo es zweckmäßig erschien, umgearbeiteten Tatbestände in kleiner Schrift, die ihrem Wortlaut wiedergegebenen Entscheidungsgründe in gewöhnlicher Schrift abgedruckt worden. Daß besonders lehrreich und wichtig erscheinende Sätze durch gesperrten Druck hervorgehoben sind, auch wo sich dieser im Original nicht findet, daraus wird wohl dem Bearbeiter ein Vorwurf nicht gemacht werden.

So möge denn das Buch Freunde finden, auch außerhalb der Kreise, für welche es vorzugsweise bestimmt ist. Und glaubt der Kenner der reichsgerichtlichen Judikatur, daß bei Auswahl der Entscheidungen ein richtiger Takt obgewaltet hat, dann wird das Buch gewiß von selbst sich seinen Platz erobern.

Berlin, den 16. Juni 1892.

Max Apt.

Vorwort zur zweiten Auflage.

Die nochmalige Durcharbeitung des gesamten Judikatenmaterials unter Berücksichtigung der seit Erscheinen der ersten Auflage ergangenen Entscheidungen hat zu einer Vermehrung des Umfanges und, wie ich hoffe, zur Verbesserung des Inhaltes geführt. Dabei ist die Anlage, welche in der Kritik Beifall gefunden hat, die gleiche geblieben. Auch die vorliegende Auflage soll in erster Linie den Zwecken des Studiums, insbesondere des akademischen Studiums, dienen. Das Buch ist an einzelnen Universitäten in den strafrechtlichen Vorlesungen und seminaristischen Übungen als Hilfsmittel herangezogen worden, und mein Bestreben ging dahin, dasselbe gerade für den Lehrzweck immer brauchbarer zu gestalten. Die Lehrbücher von Berner, Binding, v. Liszt und Meyer, sowie die Kommentare von Olshausen und Frank sind fortlaufend zitiert worden.

Bei den einzelnen Entscheidungen ist möglichst überall die Stellung der Literatur durch Hinweise auf die genannten Werke angedeutet worden, dagegen ist mit Absicht von Anführung der Spezialliteratur Abstand genommen. In größerem Umfange als bisher ist ein Hinweis auf Parallelentscheidungen des Reichsgerichts erfolgt.

Möge der zweiten Auflage das Wohlwollen nicht fehlen, welches der ersten Auflage in so reichem Maße entgegengebracht worden ist.

Berlin, im September 1897.

Max Apt.

Vorwort zur dritten Auflage.*)

Die neue Auflage trägt dem heutigen Stande der reichsgerichtlichen Judikatur Rechnung, erstreckt sich aber außerdem auch auf die grundlegenden Entscheidungen des Reichsmilitärgerichts. In weiterem Umfange als bisher sind die Reichs-Straf-Nebengesetze berücksichtigt.

Das System ist Belings „Grundzügen des Strafrechts" (Zweite Auflage Jena 1902) angepaßt.

Berlin und Tübingen im Oktober 1903.

Max Apt. Ernst Beling.

---

*) Da ich infolge meiner Berufstätigkeit mich der Neubearbeitung dieser Auflage nicht allein widmen konnte, habe ich es dankbar begrüßt, daß Herr Professor Dr. Beling sich bereit erklärt hat, fortan an diesem Buche mitzuarbeiten.

Max Apt.

Inhaltsübersicht.

Allgemeiner Teil.

Die allgemeinen Lehren des Strafrechts.

Erster Abschnitt: Das objektive Strafrecht.

Zweiter Abschnitt: Der Strafanspruch.

Besonderer Teil.

Die einzelnen Arten von strafbaren Handlungen.

Erster Abschnitt: Strafbare Handlungen wider Einzelne.

Zweiter Abschnitt: Delikte wider die Gesamtheit.

Abkürzungen:

Beling = Beling, Grundzüge des Strafrechts, 2. Aufl., 1902.

Berner = Berner, Lehrbuch des deutschen Strafrechts, 18. Aufl., 1898.

Binding = Binding, Handbuch des deutschen Strafrechts, Bd. I, 1885.

Binding Gr. = Binding, Grundriß des gemeinen deutschen Strafrechts, I, Allgemeiner Teil, 6. Aufl., 1902, II. Besonderer Teil, erste Hälfte, 1896, zweite Hälfte, erste Abtlg., 1901.

Binding L. = Binding, Lehrbuch des gemeinen deutschen Strafrechts, besonderer Teil, Bd. I, 2. Aufl., 1902.

Frank = Frank, Das Strafgesetzb. f. d. Deutsche Reich, 3.—4. Aufl., 1903.

v. Liszt = v. Liszt, Lehrbuch des deutschen Strafrechts, 12.—13. Aufl., 1903.

H. Meyer = Hugo Meyer, Lehrbuch des deutschen Strafrechts, 5. Aufl., 1895.

Olshausen = Olshausen, Kommentar zum Strafgesetzb. für das Deutsche Reich, 6. Aufl., 1901.

E. = Entscheidungen des Reichsgerichts, herausgegeb. von den Mitgliedern des Gerichtshofes.

RMG. = Entscheidungen des Reichsmilitärgerichts, herausgegeben von den Senatspräsidenten und dem Obermilitäranwalt unter Mitwirkung der Senate und der Mitglieder der Militäranwaltschaft.

Allgemeiner Teil.

Die allgemeinen Lehren des Strafrechts.

Erster Abschnitt.

Das objektive Strafrecht.

§ 1. Interpretation.

Beling § 8, Berner § 136, Binding I 41, Binding Gr. I § 21, v. Liszt § 17, H. Meyer § 14, Frank und Olshausen zu § 2 StGB.

Aus gelegentlich ergangenen Entscheidungen (E. III 150 und II 255) ist zu entnehmen, daß das RG. auf der einen Seite auf Grund des § 2 Abs. 1 StGB. für unzulässig erachtet, im Wege der Analogie eine Strafbestimmung für eine Handlung abzuleiten, daß es aber andererseits für statthaft hält, Gesetzeslücken anderer Art durch analoge Anwendung auszufüllen, wenn auch die Analogie nie über das Recht hinaus zur Ausfüllung von Lücken des Rechts führen darf.[1]) In E. II 255 wird im Wege der Analogie die gleichartige Idealkonkurrenz als unter § 73 StGB. fallend eingeführt.[2])

§ 2. Reichs- und Landesstrafrecht.

Beling § 9, Berner § 25, Binding I 270, Binding Gr. I § 23, v. Liszt § 20, H. Meyer § 13, Frank und Olshausen zu § 2 EStGB.

I. **Verhältnis beider zueinander im allgemeinen** E. X 221.

Als rechtsirrtümlich erscheint die Auffassung der Strafkammer, daß eine Materie auch dann als Gegenstand des Strafgesetzbuches für das Deutsche Reich anzusehen sei, wenn ein Faktor der Reichsgesetzgebung die-

---

[1]) Ebenso Olshausen zu § 2 Nr. 4, Binding I 214, Binding Gr. I § 21, v. Liszt „ § 17, H. Meyer § 14.

[2]) Übereinstimmend Berner § 122, Binding I 221, 578, Olshausen zu § 73 StGB.

selbe in den Rahmen des Strafgesetzbuches einfügen wollte, der andere Faktor dagegen die Materie unzweifelhaft für eine nicht unter das Strafgesetz fallende erklärte, d. h. überhaupt nicht für strafbar hielt. Das Reich kann zwar der Landesgesetzgebung die Befugnis zum Erlasse von Strafgesetzen bezüglich einer bestimmten Materie nicht bloß dadurch entziehen, daß es selbst gewisse Handlungen mit Strafe bedroht und in dieser Weise die Materie in positiver Weise regelt. Vielmehr ist die Reichsgesetzgebung in der Lage, das der Landesgesetzgebung überlassene Gebiet dadurch einzuschränken, daß sie gewisse Handlungen für straflos erklärt. Aber diese Beschränkung tritt nicht schon dann ein, wenn ein Faktor der Reichsgesetzgebung der Ansicht ist, daß eine bestimmte Handlung nicht als strafbar erscheine, sondern nur dann, wenn diese Auffassung von dem anderen gesetzgebenden Faktor geteilt wird und in gesetzlicher Weise Ausdruck gefunden hat. Einem Reichsgesetze muß auf diesem Gebiete jedes Landesgesetz weichen. Der Umstand, daß sich unzweideutig erkennen läßt, ein Faktor der Reichsgesetzgebung habe eine bestimmte Handlungsweise nicht für strafbar gehalten, kann aber der Landesgesetzgebung die ihr nach den Reichsgesetzen zustehenden Befugnisse nicht entziehen. Ebensowenig wird ein in Kraft stehendes Landesgesetz in seiner Geltung durch den Nachweis beeinträchtigt, daß ein Faktor der Reichsgesetzgebung dessen Ausdehnung auf das Gebiet des ganzen Reiches oder überhaupt dessen Bestehen nicht als gerechtfertigt angesehen habe. Eine reichsgesetzliche Vorschrift, nach welcher die durch Art. 412 Abs. 2 Code pénal mit Strafe bedrohten Handlungen als straflos erscheinen, besteht nicht.

Es bedurfte allerdings, um der Landesgesetzgebung die Befugnis zum Erlasse eines Strafgesetzes und den vor Einführung des Strafgesetzbuches bestehenden landesgesetzlichen Strafbestimmungen ihre Geltung zu entziehen, nicht einer ausdrücklichen Vorschrift der Reichsgesetzgebung. Vielmehr ist nach § 2 des Einführungsgesetzes zum Strafgesetzbuche vom 2. Januar 1871 an das ganze Bundes- und Landesstrafrecht insoweit außer Kraft getreten, als es Materien betrifft, welche Gegenstand dieses Gesetzbuches sind, und dasselbe gilt für Elsaß-Lothringen nach Art. 2 des Gesetzes vom 30. August 1871 für die Zeit nach dem 1. Oktober 1871. Auch genügt es, um die Landesgesetzgebung von einem bestimmten Gebiete auszuschließen, daß die Reichsgesetzgebung sich desselben seinem ganzen Umfange nach bemächtigt hat. Wurde im Strafgesetzbuche eine zusammengehörige Gruppe von Rechtsverhältnissen zu einem Abschnitte in der Absicht zusammengefaßt, das ganze in dieser Weise abgegrenzte Rechtsgebiet in erschöpfender und abschließender Weise zu regeln, so bleibt für die Tätigkeit der Landesgesetzgebung auf diesem Gebiete kein Raum mehr. Wenn das Strafgesetzbuch bezüglich einer bestimmten, in ein derart abgeschlossenes Gebiet gehörigen Handlung schweigt, so hat dies die Bedeutung, daß dieselbe straflos sein solle. Es sind infolge der erschöpfenden Regelung der ganzen Materie alle auf diese bezüglichen, der Vergangenheit angehörigen Strafbestimmungen als beseitigt anzusehen, und es ist auch für die Zukunft der Landesgesetzgebung die Befugnis entzogen, für ein solches Gebiet strafgesetzliche Vorschriften zu erlassen. Eine Regelung dieser Art, welche die Ausschließung der Landesgesetzgebung von bestimmten Rechtsgebieten oder Gebietsabschnitten zur Folge hat, ist im Strafgesetzbuche nicht bloß insoweit erfolgt, als die einleitenden Bestimmungen und der erste von der Bestrafung im allgemeinen handelnde Teil in Frage stehen. Vielmehr wurden ebenso im besonderen Teile des Gesetzbuches die in den verschiedenen Abschnitten desselben behandelten Materien fast durchweg in erschöpfender Weise geregelt. Auch wird im Zweifel anzunehmen sein, daß die Regelung einer bestimmten Materie in abschließender Weise erfolgen sollte, da bei Einführung des Strafgesetzbuches in erster Linie der Zweck verfolgt wurde, auf dem Gebiete des Strafrechtes, soweit es tunlich erscheine, die Rechtseinheit herzustellen. Immerhin muß aber anerkannt werden, daß nicht in allen Abschnitten des Strafgesetzbuches zusammenhängende Materien in erschöpfender und abschließender Weise geregelt worden sind, vielmehr hier und da auch einzelne Vorschriften, die nur einen losen Zusammenhang haben, aus mehr äußerlichen Rücksichten zu einem Abschnitte zusammengefaßt wurden. Eine äußerliche Zusammenfassung dieser Art findet sich in Teil 2 Abschnitt 29 StGB., der von den Übertretungen handelt und dessen Vorschriften nur im einzelnen als Materien anzusehen sind, welche einen Gegenstand des Strafgesetzbuches bilden. Ebenso enthält aber Abschnitt 25 nicht die Regelung einer einheitlichen, in begrifflichem Zusammenhange stehenden Materie. Durch denselben sollte nicht die Bestrafung aller aus strafbarem Eigennutz entspringenden oder die Verletzung fremder Geheimnisse enthaltenden Handlungen in erschöpfender Weise geregelt werden. Vielmehr sind darin ganz verschiedenartige Strafbestimmungen zusammengestellt, welche zu keiner der einheitlich und erschöpfend geregelten Materien paßten. Die Überschrift „Strafbarer Eigennutz und Verletzung fremder Geheimnisse" bezeichnet nur ganz im allgemeinen die Natur der einzelnen in dem Abschnitte mit Strafe bedrohten Vergehen. Es darf aber aus derselben nicht gefolgert werden, daß alle in dem Abschnitte nicht erwähnten Handlungen, welche unter den Gesichtspunkt des strafbaren Eigennutzes oder der Verletzung fremder Geheimnisse gebracht werden können, nun straflos sind, also auch von der Landesgesetzgebung nicht mit Strafe bedroht werden dürfen. Diese Folgerung ist denn auch in der Rechtsprechung nicht in allgemeiner Weise gezogen worden. So wird beispielsweise anerkannt, daß die preußischen Verordnungen vom 5. Juli 1847 und 25. Juni 1867, welche das Spielen in den von anderen deutschen Staaten veranstalteten Lotterien und den Vertrieb der darauf bezüglichen Lose für strafbar erklärten, heute noch in Kraft stehen, obgleich diese Handlungen ebenso wie die in den §§ 284—286 StGB. vorgesehenen unter die Materie des strafbaren Eigennutzes gebracht werden müßten, wenn eine solche in diesem Gesetzbuche im Sinne des § 2 des Einführungsgesetzes gegeben wäre.

Vgl. Urtt. des RG. vom 24. Februar und 13. März 1880, Entsch. d. RG. in Strafs. Bd. 1 S. 219, 274.

Ebenso hat das Reichsoberhandelsgericht in seiner Eigenschaft als Kassationshof für Elsaß-Lothringen durch ein Urteil vom 7. September 1872,

vgl. Entsch. des ROHG. Bd. 24 S. 70,

anerkannt, daß nach dem Gesetze vom 19. Dezember 1850 in diesem Lande der gewohnheitsmäßige Wucher als strafbar erscheine, obgleich der Wucher auch unter der Herrschaft des preußischen Strafgesetzbuches vom

14. April 1851 in dem vom strafbaren Eigennutze handelnden Titel 25 unter § 263 mit Strafe bedroht war und auch nach dem Gesetze vom 24. Mai 1880 wieder zu den unter Abschnitt 25 fallenden strafbaren Handlungen gehört.

Prüft man von diesem Standpunkte aus, ob Art. 412 Code pénal eine Materie betrifft, welche Gegenstand des Strafgesetzbuches ist, so kommt man zu dem Ergebnisse, daß die Frage jedenfalls bezüglich des Abs. 2 verneint werden muß. Durch Art. 412 soll, wie sich aus der demselben vorangestellten Überschrift sowie aus dem Inhalte der Bestimmung ergibt, der Beeinträchtigung des freien Bietens bei öffentlichen Versteigerungen vorgebeugt werden, und zwar geschieht dies dadurch, daß diejenigen mit Strafe bedroht werden, welche durch die im Artikel bezeichneten Mittel andere verhindern, bei einer solchen Versteigerung mitzubieten. Eine derartige Vorschrift, wie sie Art. 412 Abs. 2 a. a. O. enthält, findet sich im Strafgesetzbuche nirgends. Ebensowenig ist diese Materie als Gegenstand des Strafgesetzbuches anzusehen, weil sie einem Rechtsgebiete angehört, welches in demselben in erschöpfender Weise geregelt worden ist. Im Entwurfe zu einem Strafgesetzbuche für den Norddeutschen Bund war in § 283 eine Bestimmung vorgesehen, durch welche der dem Art. 412 Code pénal zugrunde liegende Zweck erreicht werden sollte, und welche im wesentlichen mit § 270 des früheren preußischen Strafgesetzbuches übereinstimmt. Diese Vorschrift, deren Aufnahme in das Strafgesetzbuch die Aufhebung des Art. 412 Code pénal wie die des § 270 des preußischen Strafgesetzbuches zur Folge gehabt haben würde, ist aber im Reichstage abgelehnt, und infolge dieser Ablehnung ist die durch Art. 412 Code pénal geregelte Materie, jedenfalls soweit es sich um Abs. 2 handelt, nicht Gegenstand des Strafgesetzbuches geworden. Das frühere preußische Obertribunal hat allerdings in mehreren Entscheidungen die Ansicht ausgesprochen, in Teil 2 Abschn. 15 StGB. habe die unter gleicher Nummer und Überschrift behandelte Materie des „strafbaren Eigennutzes" nach der Absicht des Gesetzgebers neu und erschöpfend geregelt werden sollen; es sei deshalb infolge der anderweiten Regulierung dieser Materie § 270 preuß. StGB. als aufgehoben anzusehen.

Vgl. Beschl. vom 25. Juni, 19. November 1874 und 9. September 1875, Rechtspr. Bd. 15 S. 448, 801, Bd. 16 S. 568.

Allein der Auffassung, daß Abschnitt 25 eine einheitliche Materie des „strafbaren Eigennutzes" in erschöpfender Weise regele, konnte aus den oben dargelegten Gründen nicht beigetreten werden. Es erscheint vielmehr die in einem Beschlusse des Obertribunals vom 11. September 1874,

vgl. Rechtspr. Bd. 15 S. 555,

ausgesprochene Ansicht als richtig, nach welcher in diesem Abschnitte sehr verschiedenartige Vergehen zusammengefaßt wurden, welche nicht unter einen allgemeinen strafrechtlichen Begriff zu bringen waren. Für die Auffassung, nach welcher die Abhaltung anderer vom Mitbieten bei öffentlichen Versteigerungen nicht als Bestandteil einer „Materie des strafbaren Eigennutzes", sondern als besondere Materie erscheint, sprechen auch die Motive zu § 283 des Entwurfs zum Strafgesetzbuche. In diesen wurde (auf S. 137) ausgeführt, die in Frage stehenden Handlungen enthielten nach zwei Richtungen eine Rechtsverletzung, indem durch dieselben die von der zuständigen Instanz angeordneten Versteigerungen in ihren Wirkungen beeinträchtigt würden und insofern der öffentlichen Ordnung zuwidergehandelt, außerdem aber das vermögensrechtliche Interesse des Versteigerers geschädigt werde. Von einem inneren Zusammenhange dieser Vorschrift und den übrigen Bestimmungen des Entwurfes ist hier nirgends die Rede. Hiernach wurde Art. 412 Abs. 2 Code pénal durch Art. 2 des Einführungsges. vom 30. August 1871 nicht außer Kraft gesetzt.

Es wird nun zwar dafür, daß diese Vorschrift durch die Einführung des deutschen Strafgesetzbuches in Wegfall gekommen sei, noch weiter geltend gemacht, wie sich aus den Verhandlungen des Reichstages ergebe, sei § 282 des Entwurfes nicht abgelehnt worden, weil man die Regelung der Materie der Landesgesetzgebung habe überlassen wollen, vielmehr sei für die Mehrheit die Auffassung bestimmend gewesen, das vorgeschlagene Verbot erscheine als ungerechtfertigt und unwirksam, und es sei zweckmäßig, daß die „veraltete" Strafbestimmung beseitigt werde. Aber durch diese Verweisung auf die Entstehungsgeschichte des Strafgesetzbuches kann die Anwendung des Art. 2 Abs. 2 des Gesetzes vom 30. August 1871 nicht ausgeschlossen werden. Es kommt vielmehr lediglich darauf an, ob Art. 412 Code pénal eine Materie betrifft, welche Gegenstand des Strafgesetzbuches ist, und auf diese Frage beziehen sich die angezogenen Reichstagsverhandlungen nicht. Richtig ist zwar, daß die Redner, welche sich an den der Ablehnung des § 283 a. a. O. vorausgehenden Erörterungen beteiligten und die Ablehnung dieses Paragraphen befürworteten, geltend machten, durch denselben würden Handlungen mit Strafe bedroht, welche nicht als strafwürdig erschienen. Auch scheint bei dieser Verhandlung die Auffassung vorgeherrscht zu haben, infolge einer Ablehnung der erwähnten Vorschrift des Entwurfes würden die durch dieselbe mit Strafe bedrohten Handlungen im ganzen Reiche straflos sein. Aber abgesehen davon, daß bezüglich der Gründe, welche bei der Abstimmung der einzelnen Reichstagsmitglieder maßgebend waren, volle Gewißheit nicht zu erlangen ist, weil die Motive nicht Gegenstand der Abstimmung sind, würde auch die ausdrücklich ausgesprochene Meinung einer Mehrheit des Reichstages, daß eine bestimmte Vorschrift über eine von dem Strafgesetzbuche nicht berührte Materie durch einen Beschluß dieser Körperschaft ihre Geltung verliere, gegenüber der positiven Gesetzesvorschrift in Art. 2 des Einführungsges. für Elsaß-Lothringen nicht entscheidend sein. Für die Annahme, daß der Bundesrat von der Auffassung ausgegangen sei, falls die in § 283 des Entwurfes vorgeschlagene Vorschrift abgelehnt werde, müsse die in Frage stehende Tat, welche die Mehrheit der verbündeten Regierungen unzweifelhaft mit Strafe bedroht wissen wollte, im ganzen Reiche straflos bleiben, liegen übrigens auch genügende Anhaltspunkte nicht vor. In den Motiven zu dem Gesetze vom 26. Februar 1876, betreffend die Abänderung von Bestimmungen des Strafgesetzbuches, wurde zwar S. 65 zur Begründung von § 287a des Entwurfes, der mit § 283 des Entwurfes zu einem Strafgesetzbuche für den Norddeutschen Bund übereinstimmte, bemerkt, die in diesem Paragraphen im Anschlusse an die Strafgesetzbücher von Preußen (§ 270) und von Bayern (Art. 335) vorgeschlagene Vorschrift sei vom Reichstage gestrichen worden, weil die betreffenden Handlungen sittlich nicht als strafbar erachtet worden seien, und weil die Bestimmung bei den heutigen Verkehrsverhältnissen als entbehrlich, außerdem als unwirksam erschienen; dieser Annahme entgegen habe sich aber herausgestellt, daß der Mangel jener Strafbestimmung sowohl private als staatliche Interessen in empfindlicher Weise schädige. Ferner wurde hervorgehoben, die vorgeschlagene Vorschrift biete, wie die in Preußen und Bayern seit der Beseitigung der früher geltenden Strafvorschrift gemachten Erfahrungen bestätigten, einen entsprechenden Schutz gegen die Machinationen, welche auf die Vereitelung des Zweckes der öffentlichen Versteigerungen abzielten. Auch bei den Verhandlungen über § 287a a. a. O. des in Frage stehenden Entwurfes gingen sämtliche Redner von der Auffassung aus, daß die früher in Preußen und Bayern bestehenden, gegen die Beeinträchtigung des Zweckes der öffentlichen Versteigerungen gerichteteten Vorschriften ihre Kraft verloren hätten.

Vgl. Stenographische Berichte über die Reichstagsverhandlung vom 29. Januar 1876 S. 1011—1016.

Diese Annahme war zutreffend, soweit es sich um die bayerische Gesetzgebung handelt, da Art. 335 bayer. StGB. durch Art. 1 des bayer. Gesetzes vom 26. Dezember 1871, betr. die Einführung des deutschen Strafgesetzbuches, aufgehoben worden ist. Im übrigen ergibt sich aus den Verhandlungen nur, daß man damals der Ansicht war, es hätte auch § 270 preuß. StGB.s infolge der Einführung des deutschen Strafgesetzbuches seine Geltung verloren. Dagegen berechtigen die Materialien zum Gesetze vom 26. Februar 1876 nicht zu der Annahme, es sei die Absicht des Bundesrats gewesen, die erwähnten landesgesetzlichen Bestimmungen auch in dem Falle zu beseitigen, daß bei richtiger Auffassung des Begriffes „Materien, welche Gegenstand des Strafgesetzbuches sind“ diese Vorschriften nach § 2 des Einführungsges. in Kraft geblieben seien. Ganz abgesehen davon, daß man aus den im Jahre 1876 gemachten Äußerungen nicht ohne weiteres auf die im Jahre 1869 bestehenden Absichten zurückschließen darf, erklärt sich die Annahme, § 270 sei durch die Einführung des deutschen Strafgesetzbuches beseitigt worden, dadurch, daß das frühere preußische Obertribunal sich in einer Reihe von Entscheidungen für die Auffassung ausgesprochen hatte, § 270 a. a. O. habe seine Geltung verloren, die Anwendung desselben also tatsächlich ausgeschlossen war. Es ist anzunehmen, daß bei dieser Auffassung der Rechtsprechung des obersten Gerichtshofes in Preußen Rechnung getragen worden ist. Hierfür spricht nicht bloß die Entschiedenheit, mit welcher die Wiedereinführung der tatsächlich beseitigten Vorschrift verteidigt wurde, sondern auch der Umstand, daß das preußische Justizministerium in einer Verfügung vom 28. Februar 1874 von der Auffassung ausging, es sei zweifelhaft, ob § 270 preuß. StGB. durch die Einführung des deutschen Strafgesetzbuches seine Geltung verloren habe, und die Oberstaatsanwälte anwies, die Verfolgung der durch denselben mit Strafe bedrohten Handlungen zu veranlassen.

Noch weniger läßt sich dafür, daß Art. 412 Abs. 2 Code pénal als aufgehoben erscheine, die in dem angefochtenen Urteile angezogene Begründung des vom Bundesrate beschlossenen Entwurfes zu einem Gesetze, betreffend das Forststrafrecht und das Forststrafverfahren in Elsaß-Lothringen verwerten. In den Motiven zu diesem Gesetzentwurf wurde zwar bezüglich des Art. 22 Code forestier bemerkt, derselbe verweise bezüglich der

Strafe auf Art. 412 Code pénal; dieser sei aber nach der herrschenden Meinung mit Einführung des deutschen Strafgesetzbuches in Wegfall gekommen, so daß die im Art. 22 Code forestier bezeichneten Handlungen seitdem straflos seien (vgl. Vorhandlungen des Landesausschusses, Session VII S. 17).

II. **Sind die sog. allgemeinen Lehren des Strafrechts eine reichsrechtlich geregelte Materie?**[1]) E. II 34 (vgl. auch XXX 31).

Nach § 2 des Einführungsgesetzes zum deutschen Strafgesetzbuche bleiben die besonderen Vorschriften des Landesstrafrechts, namentlich über strafbare Verletzungen der Steuergesetze, neben dem Strafgesetzbuche in Kraft. Diese Disposition erstreckt sich nicht bloß auf die fortdauernde Gültigkeit derjenigen Landesgesetze, welche zur Zeit der Publikation des Strafgesetzbuches bereits galten, vielmehr wird damit auch ausgesprochen, daß das Reichsstrafgesetz dem weiteren Erlaß solcher Strafvorschriften nicht entgegensteht, welche den in § 2 bezeichneten Charakter haben, und dies gilt nicht bloß bezüglich der unmittelbaren Strafvorschrift, sondern auch bezüglich derjenigen strafrechtlichen Grundsätze, welche im allgemeinen Teil des Strafgesetzbuches getroffen sind. Die Landesgesetzgebung ist befugt, bezüglich derjenigen Materien, welche durch das Strafgesetzbuch nicht berührt sind, Bestimmungen zu treffen, welche von jenen allgemeinen Bestimmungen abweichen. Dies gilt insonderheit bezüglich der Verjährung der Strafverfolung und bezüglich der Strafumwandlung — in letzterer Beziehung innerhalb der durch § 3 des Einführungsgesetzes zum Strafgesetzbuche gezogenen Grenze.

III. **Konkubinat.** E. XXXIII 273.

Die Revision bestreitet die Gültigkeit des § 72 des badischen Polizeistrafgesetzbuches. Die Bestimmung verstoße gegen § 2 Abs. 1 des Einführungsgesetzes zum StGB., da die Materie der Sittlichkeitsdelikte, wie jede andere, unter welche das Konkubinat eingereiht werden könne, im Reichsstrafgesetzbuch erschöpfend geregelt sei.

Für diese Annahme liegen keine genügenden Gründe vor; die genannte landesgesetzliche Vorschrift ist durch den angeführten § 2 des Einführungsgesetzes nicht außer Kraft gesetzt.

Das Reichsstrafgesetzbuch hat eine Anzahl geringer strafbarer Handlungen ohne Rücksicht auf ihre innere Zugehörigkeit zu früheren Abschnitten in einem eigenen Abschnitt 29 unter der allgemeinen Bezeichnung: „Übertretungen" zusammengestellt. Wie die Motive bemerken, erhebt das Gesetz nicht den Anspruch, den Kreis derartiger Handlungen zu erschöpfen und deren ganzes Gebiet zu umfassen. Das Reichsstrafgesetzbuch selbst hat demnach verschiedenen Abschnitten, soweit sie Übertretungen übrig lassen, den Charakter der Abgeschlossenheit genommen. Der 29. Abschnitt des Gesetzes bildet also keine Materie, und die Tragweite seiner Einzel-

[1]) v. Liszt § 20 behauptet die völlige Unabhängigkeit der Landesgesetzgebung von den allgemeinen Vorschriften des StGB. (ebenso Beling § 9). Binding I 308 die ausnahmslose Anwendbarkeit derselben auch auf die in den betr. Spezialgesetzen vorgesehenen strafbaren Handlungen. Über die Mittelmeinungen s. Olshausen zu § 2 EGStGB. Nr. 3 ff.

bestimmungen geht nicht über ihren Sonderinhalt hinaus; sie erschöpfen das Gebiet der mindeststrafbaren Handlung nicht. Das sog. Polizeistrafrecht hat das Reichsstrafgesetzbuch nicht abschließend regeln wollen, wie allseits anerkannt ist.

Ausschließlich in diesem Rahmen aber bewegt sich die angegriffene landesgesetzliche Bestimmung; sie zeigt ihre spezifisch polizeiliche Tendenz in der Anordnung der Trennung der Zusammenlebenden und enthält weder den Tatbestand eines Verbrechens oder Vergehens, noch überhaupt eine Strafdrohung wegen Verletzung der Sittlichkeit. Dieses Landesgesetz richtet sich vielmehr gegen das dem Ehestand ähnliche Zusammenleben ehelich nicht verbundener Personen. Es droht keine Strafe an für unzüchtige Handlungen im einzelnen, die diese Personen begehen, sondern es stellt ihr Verhältnis zur Außenwelt unter Strafe, weil es die äußere Rechtsordnung stört, die die sog. wilde Ehe wegen des damit verbundenen öffentlichen Ärgernisses nicht dulden kann. Von diesem Standpunkte aus haben auch andere deutsche Bundesstaaten ähnliche polizeiliche Strafbestimmungen aufrecht erhalten oder erlassen (Bayern, Württemberg, Hessen, Braunschweig u. a.). Die Gesetze gegen das Konkubinat werden denn auch von der Rechtsprechung der obersten Gerichte als solche zum Schutze der öffentlichen Ordnung aufgefaßt.

Vgl. Annalen der badischen Gerichte Bd. 54 S. 308; Jahrbücher für württembergische Rechtspflege Bd. 2 S. 356; Blätter für die Rechtspflege in Thüringen und Anhalt Bd. 17 S. 368 n. F.

Wohl ist nicht zu verkennen, daß das Delikt in enger Beziehung zu der mit ihm verbundenen Sittlichkeitsverletzung steht; allein diese Beziehung begründet keinen Eingriff in die vom Reichsgesetz behandelte Materie der Sittlichkeitsdelikte, weil nicht sie, sondern andere gesetzgeberische Erwägungen den Ausgangspunkt bilden. Darum sind noch viele andere Landesgesetze trotz solcher Verwandtschaft von jeher als gültig erachtet worden, wie die Gesetze gegen das Spielen in staatlich nicht genehmigten Lotterien rc.

Vgl. auch Entsch. des RG. in Strafs. Bd. 6 S. 329, Bd. 16 S. 359; Rechtspr. des RG. in Straff. Bd. 10 S. 490 u. a.

Auch gründet das Urteil vom 12. Juli 1894 (Entsch. a. a. O. Bd. 26 S. 59) gleich jenem vom 1. April 1897 (Entsch. a. a. O. Bd. 30 S. 35) die teilweise Ungültigkeit eines badischen Landesgesetzes ausdrücklich nur darauf, daß dessen Tatbestand im Reichsstrafgesetzbuch vorgesehen ist.

Berührung eines Gegenstandes durch die Reichsstrafgesetzgebung ist hiernach mit erschöpfender Behandlung und abschließender Regelung nicht zu verwechseln.

Der Tatbestand des Konkubinates wird aber vom Reichsstrafgesetz nicht unter Strafe gezogen; es kommt deshalb nur noch darauf an, ob die Verletzung der öffentlichen Ordnung als Materie anzusehen ist, die das Reichsstrafgesetzbuch erschöpfend regelt. Schon der Überblick über den Inhalt des 7. Abschnittes (Teil II) des Reichsstrafgesetzbuches, der die entsprechende Überschrift trägt, läßt das Gegenteil erkennen. Er stellt sich als eine Sammlung innerlich verschiedenartiger Handlungen dar, die nur das gemeinsam haben, daß sie wider die öffentliche Ordnung gerichtet sind, durch welchen Umstand allein eine strafrechtliche Materie nicht gebildet werden kann.

Bei der Einführung des Reichsstrafgesetzbuches waren bezüglich des Konkubinates in den Einzelstaaten teils Rechtsstrafen, teils polizeiliche Verbote mit Exekutivstrafen in Geltung. Es fehlt an jeder Andeutung, daß dieser Zustand beseitigt, das allgemein bestehende Verbot aufgehoben und die Straflosigkeit des Konkubinates herbeigeführt werden sollte.

Das bloße Schweigen der gesetzgeberischen Faktoren ist doppelsinnig; es kann hier sowohl für die Ablehnung einer Strafbarkeitserklärung, als die einer Heranziehung zu reichsrechtlicher Regelung beweisen; mangels bestimmter Anhaltspunkte läßt es sich nur dahin deuten, daß an dem bestehenden Rechtszustande, jedenfalls soweit Übertretungsstrafen gegen die wilde Ehe Landesgesetz waren, nichts geändert werden sollte.

So gewiß die Gewinnung der Rechtseinheit auf dem Gebiete des Strafrechtes einer der Hauptzwecke des Reichsstrafgesetzes ist, so wenig konnte es das Ziel dieser Einheitsbestrebungen sein, Einzelstaaten, in denen polizeiliche Maßregeln ohne gerichtliches Urteil nicht gestattet sind, jedes Einschreiten gegen das Konkubinat unmöglich zu machen.

Die Vorschrift des § 72 des badischen Polizeistrafgesetzbuches enthält hiernach keinen ungesetzlichen Übergriff in eine Materie des Reichsstrafgesetzbuches.

Das Rechtsmittel war deshalb zu verwerfen.

IV. **Spielen in auswärtigen Lotterien.**

1. E. XXXIII 124 (vgl. auch X 221, oben S. 1).

Dem Gebiete einer „Materie" im Sinne des § 2 Abs. 1 des Einführungsgesetzes zum StGB. können je nach der Tendenz des Gesetzes weitere oder engere Grenzen gezogen sein; es bleibt mithin im Zweifel zu prüfen, innerhalb welcher Grenzen die einzelne Materie der Regelung im Strafgesetzbuch hat unterworfen werden sollen und unterworfen worden ist. Für die Entscheidung dieser Frage ist neben dem Inhalte der betreffenden Bestimmungen des Strafgesetzbuches selbst auch der Entstehungsgeschichte und insbesondere den amtlichen Motiven des Gesetzes die Bedeutung nicht zu versagen, wenngleich letztere an sich, wie vom Reichsgericht vielfach ausgesprochen ist, nicht dahin führen können, einer gesetzlichen Vorschrift einen anderen Sinn unterzulegen, als ihr nach dem Wortlaut und Zusammenhang des Gesetzes selbst zukommt. Aus dem Inhalt der §§ 284—286, 360 Nr. 14 StGB. läßt sich die Absicht einer Regelung der Materie auch hinsichtlich der landesgesetzlichen Verbote des Spielens in auswärtigen Lotterien um so weniger entnehmen, als die Vorschriften in § 284—286 a. a. O. im Systeme des Strafgesetzbuches dem Gesichtspunkt des strafbaren Eigennutzes und damit des Schutzes privater Interessen unterstellt sind, während jene Verbote dem Schutze der steuerfiskalischen Interessen des Einzelstaates dienen. Die Motive zu § 281 des Entwurfes, jetzt § 286 des Gesetzes aber enthalten den ausdrücklichen Ausspruch:

„Die Vorschriften über das Spielen in ausländischen Lotterien und das Kollektieren für dieselben werden durch § 281 nicht berührt."

Daß hier das Wort „ausländisch" nicht im Sinne von außerdeutsch gebraucht sein kann, ist bereits in den Urteilen vom 24. Februar und 13. März 1880 (Entsch. des RG. in Straff. Bd. 1 S. 221—222 und S. 278) dargelegt; für die Behauptung aber, daß jener Ausspruch nur eine „nebensächliche Bemerkung“ sei, hat die Revision selbst keinerlei Grund anzuführen vermocht. Seinem Inhalte nach bringt der Ausspruch die fortdauernde Gültigkeit der landesgesetzlichen Verbote des Spielens in auswärtigen Lotterien zu unzweideutigem Ausdruck, und es muß bei der prinzipiellen Bedeutung desselben für die Tragweite der in das Strafgesetzbuch aufzunehmenden Vorschriften über Lotterien vorausgesetzt werden, daß bei der Beratung des Gesetzentwurfs der Auffassung der Motive entgegengetreten worden wäre, wenn man dieselben für unzutreffend erachtet hätte. Um jeden Zweifel auszuschließen, hätte allerdings eine entsprechende Bestimmung in Abs. 2 des § 2 des Einführungsgesetzes zum StGB. aufgenommen werden können; allein, wenn man die in Frage stehenden landesgesetzlichen Verbote auch nicht zu den dort erwähnten „Steuergesetzen“ rechnen will, so kann doch aus der Nichterwähnung derselben neben den letzteren ein Gegengrund nicht hergeleitet werden, da in Abs. 2 a. a. O. keineswegs alle nicht vom Strafgesetzbuch betroffenen „besonderen“ Vorschriften des Reichs- und Landstrafrechtes zur Aufzählung gelangt sind.

Vgl. Entsch. des RG. in Straff. Bd. 1 S. 444.

Ist hiernach daran festzuhalten, daß die Vorschriften des Strafgesetzbuches der Gültigkeit des preußischen Gesetzes vom 29. Juli 1885 nicht entgegenstehen, so kann von einer Verletzung des § 2 Abs. 1 des Einführungsgesetzes zum StGB. oder des Artikel 2 der Reichsverfassung keine Rede sein. Um so weniger läßt sich die Ungültigkeit jenes Gesetzes aus reichsgesetzlichen Vorschriften herleiten, welche ganz anderen Rechtsgebieten, insbesondere denjenigen des Zoll- und Handelswesens, des Stempelwesens und der Gewerbeordnung angehören und mit der hier zu entscheidenden Frage in keinem Zusammenhange stehen. . .

2. E. XXXIII 335 (vgl. auch XXXIII 196).

Die Revision sucht zunächst aus den Bestimmungen des § 2 EG. zum StGB. in Verbindung mit den §§ 284—286 und 360 Nr. 14 StGB., sowie aus den Artt. 33 und 2 der Reichsverfassung die Ungültigkeit des preußischen Gesetzes vom 29. Juli 1885, betr. das Spielen in außerpreußischen Lotterien, herzuleiten. Das Reichsgericht hat indes in ständiger Rechtsprechung die aus diesen Vorschriften entnommenen Einwendungen gegen die Rechtsgültigkeit der Strafgesetze, welche von den einzelnen Bundesstaaten in betreff des Spielens in auswärtigen Lotterien und des Betriebes von Losen derselben erlassen sind, für unbegründet erklärt und in zahlreichen Entscheidungen die Rechtsbeständigkeit des preußischen Gesetzes vom 29. Juli 1885 anerkannt. Es liegt kein Grund vor, von dieser Auffassung abzugehen. Im weiteren beruft sich aber die Revision auch auf den § 763 des inmittelst in Kraft getretenen Bürgerlichen Gesetzbuches, um aus demselben zu folgern, daß die landesgesetzlichen Strafverbote in betreff des Vertriebes von Losen solcher Lotterien, welche durch einen der deutschen Bundesstaaten genehmigt sind, ihre Rechtsgültigkeit verloren haben. Um einen Fall dieser Art handelt es sich vorliegend, da der Angeklagte Lose der Lübeckschen Staatslotterie in Preußen, woselbst diese Lotterie nicht zugelassen ist, zum Kauf angeboten hat. Die Frage, ob der Rechtsbestand der einschlägigen landesgesetzlichen Strafvorschriften durch die erwähnte Bestimmung des Bürgerlichen Gesetzbuches berührt wird, ist in der Theorie bestritten. Aber schon der II. Strafsenat des Reichsgerichtes hat in einem Urteile vom 2. März d. J. (Rep. 459/00) sich dahin ausgesprochen, daß durch § 763 BGB. eine Änderung der auf den fiskalischen Interessen der Einzelstaaten beruhenden Strafgesetze, welche das Spiel in auswärtigen Lotterien zum Gegenstande haben, nicht herbeigeführt werde. Dieser Rechtsansicht ist beizupflichten. Der § 763 betrifft seinem Inhalt nach lediglich das bürgerliche Recht und fehlt es an jedem Anhalt dafür, daß derselbe oder überhaupt die Bestimmungen des Bürgerlichen Gesetzbuchs in das Strafrecht, soweit dies nicht seinerseits von den Regeln des Privatrechtes sich abhängig macht und deren Ergebnisse voraussetzt, haben eingreifen wollen, zumal der Art. 55 EG. zum BGB. sich — unter grundsätzlicher Ausschließung des öffentlichen Rechtes — auf die Bestimmung beschränkt, daß die privatrechtlichen Vorschriften der Landesgesetze außer Kraft treten und die Motive zum Entwurf I. Lesung (Bd. 1 S. 649) bezüglich des entsprechenden § 665 ausdrücklich hervorheben, daß der Entwurf hinsichtlich der Bestimmungen über das verbotswidrige Spielen in auswärtigen Lotterien nichts enthalte, auch die Verhandlungen der weiteren Stadien, welche das Bürgerliche Gesetzbuch bis zu seiner gesetzlichen Sanktion durchlaufen hat, nichts Gegenteiliges ergeben. Daraus, daß der § 763 dem Lotterievertrage, wenn die Lotterie staatlich genehmigt ist, im allgemeinen verbindliche Kraft beilegt — mag diese Rechtsverbindlichkeit nun, was wiederum streitig ist, sich auf das Herrschaftsgebiet des genehmigenden Einzelstaates beschränken oder auf das ganze Reich erstrecken — kann an sich auf die Unzulässigkeit eines strafrechtlichen Verbots, insbesondere innerhalb gewisser örtlicher oder sachlich gegebener Grenzen nicht geschlossen werden. Mit Recht ist in dieser Beziehung darauf hingewiesen worden, daß der § 134 BGB. selbst die Möglichkeit des Nebeneinanderbestehens eines privatrechtlich gültigen Rechtsgeschäfts und eines gesetzlichen Verbots offen läßt. Auch allgemeinen Grundsätzen widerspricht es nicht, daß unter besonderen Umständen die Vornahme civilrechtlicher gültiger Rechtsgeschäfte aus kriminalpolitischen, insbesondere gewerbepolizeilichen oder steuerlichen Gründen einer öffentlichen Strafe unterworfen wird. Aus Rücksichten, welche wesentlich dem finanziellen Interesse des Staates an der eigenen Lotterie dienen sollen, sind auch die Vorschriften des Gesetzes vom 29. Juli 1885 hervorgegangen. Die Vorinstanz konnte somit auch gegenüber dem Bürgerlichen Gesetzbuch die fortdauernde Gültigkeit dieses Gesetzes annehmen und entfällt damit auch die Anwendbarkeit des § 2 Abs. 2 StGB. auf den vorliegenden Fall.

V. **Streikpostenstehen.** E. XXXIV 126.

Die Strafbarkeit einer Aufforderung zum Ungehorsam gegen eine rechtsgültige Verordnung nach § 110 StGB. erfordert, daß die Verordnung nicht nur von der zuständigen Stelle in vorgeschriebener Form verkündet, formell verbindlich, sondern auch inhaltlich dem geltenden Rechte entsprechend, materiell gültig ist, wie daraus hervorgeht, daß der Ungehorsam gegen eine Verordnung von selbst deren erst mit vorschriftsmäßiger Bekanntmachung eintretende rechtliche Existenz voraussetzt, mithin das auf Beschluß des Reichstages eingefügte Wort „rechtsgültige“ den dabei ausdrücklich hervorgehobenen Sinn haben muß, die Übereinstimmung des Inhaltes mit dem bestehenden Rechte zu bezeichnen.

Die lübeckische Verordnung vom 21. April 1900 ist nach der amtlichen Erklärung, die der Senat dem Reichskanzler abgegeben hat, zum Schutze des Verkehres und der Ordnung in der Öffentlichkeit beschlossen, weil im Laufe der letzten Jahre bei Ausständen und Ausstandsversuchen das Aufstellen von Posten zu dem Zwecke, um neu anziehende oder zu den Arbeitsplätzen gehende Arbeiter zu informieren oder zu beeinflussen, regelmäßig zu schweren Ausschreitungen, zu Schlägereien, Körperverletzungen, Sachbeschädigungen, zu unerträglichen Störungen der Ruhe und Ordnung auf den Straßen und im öffentlichen Verkehr geführt hat. Allein dieser Zweck ist erst nach Erlaß der Verordnung durch jene Erklärung bekannt geworden und in der Verordnung selbst auch nicht andeutungsweise zum Ausdrucke gelangt, daher für ihre Auslegung ohne Bedeutung. Es ist unzulässig, den Zweck, dessen Erreichung der Gesetzgeber beabsichtig oder gewünscht hat, zur Auslegung eines Gesetzes zu verwerten, solange im Gesetze selbst der Zweck nicht einen, wenn auch unvollkommenen Ausdruck erhalten hat.

Deshalb, und weil die Verordnung sich auf jeden öffentlichen Ort ohne Einschränkung bezieht, weil auch die Strafbarkeit nicht davon abhängig gemacht ist, daß die Erhaltung der Sicherheit, Bequemlichkeit, Reinlichkeit oder Ruhe an dem öffentlichen Orte durch den näher bestimmten Aufenthalt gestört oder gefährdet wird, fällt die Verordnung nicht unter die in § 366 Nr. 10 StGB. dem Landesrechte vorbehaltenen Polizeiverordnungen.

Ihr Wortlaut ohne Rücksicht auf ihre Überschrift setzt einen Arbeiterausstand nicht voraus; er unterscheidet nicht, welchem Erfolge die bezweckte Beobachtung der Arbeiter einer Arbeitsstelle oder des Zuzugs von Arbeitern zu einer Arbeitsstelle dienen und in welcher Richtung der Wille der Arbeiter beeinflußt werden soll; er begrenzt nicht den weiten Begriff des öffentlichen Ortes. Die hieraus sich ergebenden unannehmbaren Folgerungen nötigen zu der statthaften Auslegung, daß die Überschrift einen Teil der Verordnung bildet.

Dann ist das Streikpostenstehen verboten, wie es sich geschichtlich entwickelt hat, und der Text dient zur Erläuterung des Begriffes.

Unter die Strafdrohung fällt der Aufenthalt gewerblicher Arbeiter, welche günstige Lohn- und Arbeitsbedingungen erlangen wollen, an einem öffentlichen Orte zu dem Zwecke, mit anderen Arbeitern in Verbindung zu treten, Arbeiter einer von dem Streik betroffenen Arbeitsstelle in der Richtung auf Fortsetzung der Arbeitseinstellung oder Anschluß an diese durch Ermahnnng, Belehrung, Überredung zu beeinflussen, dem Zuzug Arbeitswilliger durch Mitteilung über das Bestehen, die Beweggründe und Ziele der Arbeitseinstellung, die getroffenen Maßregeln und die beabsichtigten Schritte entgegenzutreten, die ortsanwesenden und zuziehenden Arbeiter zur Ermöglichung oder Erleichterung eine die gemeinsamen Ziele befördernde Beeinflussung zu beobachten.

Nun sind aber in § 152 RGewO. durch die Aufhebung aller darin bezeichneten Verbote und Strafbestimmungen Verabredungen und Vereinigungen gewerblicher Gehilfen, Gesellen oder Fabrikarbeiter, denen die anderen in der Gewerbeordnung ihnen insoweit gleichgestellten Arbeitnehmer hinzutreten, zur Erlangung günstiger Lohn- und Arbeitsbedingungen, insbesondere mittels Einstellung der Arbeit, auch für die Zukunft für straflos und erlaubt erklärt. Straflos ist also nicht nur der erste Abschluß der Verabredung oder Vereinigung mehrerer einschließlich aller Vorverhandlungen, welche dies Ergebnis haben sollen, sondern auch die Ausdehnung der abgeschlossenen Verabredung oder Vereinigung auf andere, weil darin ebenfalls eine Verabredung oder Vereinigung zwischen den bereits Zusammengeschlossenen und den neu Hinzutretenden liegt, ferner die Aufrechterhaltung des durch den Zusammenschluß geschaffenen Zustandes, weil durch die Straflosigkeit der Vereinbarung auch deren Erfüllung straflos wird. Straflos ist also vor und während der Arbeitseinstellung die Beratung über die zur Erlangung eines günstigen Arbeitsvertrages einzuschlagenden Maßregeln; die Einwirkung auf den Willen anderer dahin, daß diese an der Verabredung teilnehmen und ihr Folge leisten (vorbehaltlich der Beschränkung in § 153 RGewO.); die Beeinflussung, um bei Anhängern Einwirkungen im entgegengesetzten Sinne zu verhindern, abzuschwächen oder wirkungslos zu machen, oder um Gegner und Gleichgültige heranzuziehen, sei es durch Wort oder durch Schrift oder durch andere erlaubte Mittel, namentlich die Presse; die Ausführung der den gemeinsamen Zwecken dienenden Schritte; kurz die Vornahme aller Handlungen, welche der Herbeiführung, Fortdauer oder Unterstützung der Verabredung oder Vereinigung zu dienen bestimmt sind, notwendigerweise mit Einschluß des das Werben von Anhängern vorbereitenden Aufsuchens von Gelegenheit dazu. Denn diese sich als Vorbereitung der straflosen Verabredungen darstellenden Handlungen können nicht strafbar sein, wenn die Ausführung selbst straflos ist, und sie können auch durch die Landesgesetzgebung nicht unter Strafe gestellt werden. Diese ist, selbst bezüglich der Vorbereitungshandlungen zu Straftaten, durch die im Strafgesetzbuche gegebenen Rechtssätze über den Versuch gebunden.

Selbstverständlich sind bei Ausübung des Koalitionsrechtes die bestehenden Gesetze zu befolgen; eine nach einem bestehenden Strafgesetze strafbare Handlung wird nicht dadurch straffrei, daß sie das Mittel bildet, die Zwecke der Koalition zu fördern. Nur dies ist ausgesprochen in dem Urteile des erkennenden Senates vom 6. Oktober 1890 am Ende,

Entsch. des RG. in Straff. Bd. 21 S. (114) 120,

wo die Anwendbarkeit des § 240 StGB.s über Nötigung und des § 253 StGB. über Erpressung trotz der auf Erreichung der Koalitionszwecke gerichteten Absicht bejaht, nicht aber die Frage entschieden ist, ob gewisse Mittel als zur Eingehung und Durchführung der Koalition gehörig von der gesetzlichen Straflosigkeit der Koalition mit umfaßt werden.

Mit dem dargelegten Grundsatz des Reichsrechtes, welches im Zweifel die von ihm behandelten Materien abschließend regelt, in bezug auf die Straflosigkeit der auf eine Arbeitseinstellung sich beziehenden Handlungen tritt die Verordnung des Senates in Lübeck in Widerspruch. Denn sie stellt eine reichsgesetzlich straflose und erlaubte Vorbereitung der Beeinflussung von gewerblichen Arbeitern zum Zwecke der Einleitung, Aufrechterhaltung oder Förderung einer den Abschluß eines günstigen Arbeitsvertrages bezielenden Arbeitseinstellung unter Strafe, indem sie die Streikposten mit Strafe bedroht, welche, regelmäßig als Beauftragte einer in sich verbundenen Mehrheit, die Interessen der zu einer Verabredung oder Vereinigung der bezeichneten Art geneigten oder verbundenen Arbeiter durch das erlaubte Mittel der Beobachtung und Beeinflussung wahrnehmen wollen, namentlich die Ausdehnung des Streiks durch Beitritt Arbeitswilliger zu veranlassen suchen. Sie ist mithin insoweit nach Art. 2 der Reichsverfassung materiell ungültig, weil danach die von Reichs wegen verkündeten Gesetze den Landesgesetzen vorgehen und die Landesgesetze sowohl in der Form des Gesetzes im engeren Sinne, als auch in der Form der Verordnung mit materieller Gesetzeskraft nichtig sind, soweit die Reichsgesetzgebung positiv oder negativ eine gegenteilige Vorschrift erlassen hat.

Der Widerspruch mit § 152 RGew.O. umfaßt einen so wesentlichen Teil des Inhaltes der Verordnung, daß ihr in vollem Umfange die Gültigkeit abzusprechen ist, also auch insoweit, als sie bezogen werden kann auf Arbeitseinstellungen, welche nicht die Erlangung günstiger Lohn- und Arbeitsbedingungen bezwecken, und auf Arbeitnehmer, auf welche nicht der erörterte Grundsatz der Gewerbeordnung Anwendung findet. Es steht dahin, ob allein für solche weit selteneren Fälle die Verordnung überhaupt erlassen wäre.

Entschieden ist durch dieses Urteil nicht die Frage, ob nicht den Gefährdungen, welche mit dem Streikpostenstehen verbunden sein können, in anderer Weise durch Polizeiverordnungen entgegengetreten werden kann,

Rechtspr. d. RG. in Straff. Bd. 9 S. 359,

wo die Verurteilung aus einem preußischen Straßenpolizeireglement bestätigt ist, das unter Strafdrohung die Befolgung der straßenpolizeilichen Anordnungen der Aufsichtsbeamten vorschrieb.

§ 3. Die zeitliche Herrschaft der Strafrechtssätze.

Beling § 10, Berner § 122, Binding I 225, Binding Gr. I § 22, v. Liszt § 19, H. Meyer § 15, Frank und Olshausen zu § 2 StGB.

I. Bei der Feststellung, welches von mehreren Strafgesetzen das mildere im Sinne des § 2 Abs. 2 StGB. ist, ist nach E. XXXII 251 die Verjährungsfrage mit zu berücksichtigen.

II. Ein Wechsel der Strafgesetze im Sinne des § 2 StGB. liegt nach E. XXI 294 (betr. das Gesetz vom 28. Oktbr. 1878 gegen die gemeingefährlichen Bestrebungen der Sozialdemokratie) und nach E. XXXII 110 (betr. das RGes. v. 17. Juli 1881 wegen Bestrafung von Zuwiderhandlungen gegen die österreichisch-ungarischen Zollgesetze) nicht vor, wenn lediglich die Geltung eines Strafgesetzes abläuft; auch nach diesem Geltungsablauf dauert die Strafbarkeit fort.

III. Wechsel anderer auf die Strafbarkeit Einfluß übender Gesetze, als der eigentlichen „Strafgesetze."

1. E. XVI 171: Die Anwendbarkeit des § 328 StGB. mit Rücksicht auf § 2 Abs. 2 StGB. wird nicht dadurch ausgeschlossen, daß eine Aufsichtsmaßregel

im Sinne der erstgedachten Vorschrift nach deren Verletzung, aber vor der Aburteilung aufgehoben worden ist.

2. E. XXVII 98: Änderungen des bürgerlichen Rechts, kraft deren ein zur Zeit der Tat bestehendes gesetzliches Pfandrecht beseitigt wird, beseitigen die Strafbarkeit aus StGB. § 289 nicht. Vgl. auch E. XXXIV 157.

3. E. XXXI 227: Von einer Anwendung des § 2 Abs. 2 StGB. kann nur da die Rede sein, wo das Strafgesetz sich ändert, nicht aber da, wo das Strafgesetz selbst unverändert bleibt und nur diejenigen dem Strafgesetz nicht angehörigen Vorschriften Änderung erleiden, deren Verletzung das Strafgesetz mit Strafe bedroht (so zu beurteilen die Aufhebung der Kais. Verordn. v. 7. Januar 1880, betr. die Verhütung des Zusammenstoßes von Schiffen durch die Kais. Verordn. v. 9. Mai 1894).

§ 4. Das sog. internationale Strafrecht.

Beling § 11, Berner § 125, Binding Gr. I § 29; v. Liszt § 21, H. Meyer § 16, Frank und Olshausen zu § 3 ff. StGB.

I. Inland und Ausland.

1. E. XIII 411 (vgl. auch E. XVIII 242).

Halbstadt ist ein Ort in Böhmen, ungefähr zwei Kilometer von der preußischen Landesgrenze entfernt. Daselbst befindet sich auf Grund des zwischen dem Deutschen Reiche und Österreich-Ungarn wegen Herstellung einer Eisenbahn geschlossenen Vertrages vom 2. März 1877 ein deutsches Nebenzollamt unter preußischer Verwaltung. Das Amt trägt das preußische Wappen und die preußischen Farben. Bei demselben müssen alle zollpflichtigen Waren, welche auf dem Eisenbahnwege Altwasser-Chotzen von Österreich nach Deutschland gehen, zur zollamtlichen Behandlung angemeldet werden. Die Waren passieren sonst an der Grenze keine Zollstelle mehr und es sind die Warenführer hinter Halbstadt nicht mehr in der Lage, den zollgesetzlichen Vorschriften zu genügen. In Halbstadt hatte der Angeklagte seinen Amtssitz; er war von der Königl. preuß. Direktion der Breslau-Freiburger Eisenbahn der Zollverwaltung gegenüber als Bevollmächtigter bestellt, um namens seiner Auftraggeberin den ihr nach dem Vereinszollgesetze obliegenden Verpflichtungen nachzukommen. Im vorliegenden Falle sind der Hut Zucker sowie die Wollwaren in Halbstadt entdeckt und sind nicht weiter, also nicht über die Landesgrenze geschafft. Die Strafkammer hat bei Feststellung dieses Sachverhaltes angenommen, daß die Halbstadtsche Zollstelle als ein integrierender Teil des deutschen Zollgebietes zu betrachten sei. Jede dort vorkommende Übertretung, so führt das Urteil aus, sei vollbracht, das heißt abgeschlossen und vollendet, wenn die eingangspflichtigen (soll wohl heißen: einem Eingangszolle unterliegenden) Waren auf jener Eisenbahnstation ohne vorgängige Verzollung in Halbstadt zum weiteren Transporte über die Landesgrenze des deutschen Zollvereines gelangen sollen; entscheidend sei allein der Eingang der Waren bei dem Nebenzollamte in Halbstadt; der spätere Eingang über die deutsche Landesgrenze, wo es an jeder sonstigen Zollstelle fehle, sei unerheblich. Danach könne nicht zweifelhaft sein, daß die Straftat als im Inlande, das heißt innerhalb des Gebietes des Deutschen Reiches, verübt anzusehen sei.

Der Revision muß zugegeben werden, daß die Annahme des ersten Richters:

> die Halbstadtsche Zollstelle sei als integrierender Teil des deutschen Zollgebietes zu betrachten,

wörtlich verstanden, nicht haltbar erscheint. Der Vertrag vom 2. März 1877 läßt in räumlicher Beziehung die Landeshoheit des österreichischen Kaisers unberührt (Art. 5 des Vertrages). Weder der Ort Halbstadt noch die Räume des dortigen deutschen Zollamtes sind dem Deutschen Reiche abgetreten. Das sollen aber auch die hervorgehobenen Worte des Berufungsurteiles nicht zum Ausdruck bringen. Die nachfolgenden Erwägungen stellen außer Zweifel, daß jene Worte nur besagen sollen: die Station Halbstadt sei bezüglich des Überganges und der Verzollung der von Österreich nach Deutschland gehenden Waren rechtlich so anzusehen, als läge sie auf deutschem Zollgebiete. Insoweit ist aber der Ansicht des angefochtenen Urteiles beizutreten.

Die Anwendung der §§ 4 ff. StGB. ist nach § 2 des Einführungsgesetzes soweit ausgeschlossen, als reichsgesetzlich über Verletzung von Zollgesetzen abweichende Bestimmungen getroffen.

Nach Art. 13 des Vertrages vom 2. März 1877 soll der Betriebswechsel auf derjenigen Eisenbahnstation stattfinden, welche auf österreichischem Gebiete zunächst der Grenze bei Halbstadt zu errichten ist. Art. 15 des Vertrages bestimmt weiter:

> Auf der bezeichneten Grenzstation (Art. 13) wird zur Erreichung des im Art. 8 des Handels- und Zollvertrages zwischen Preußen und Österreich-Ungarn vom 9. März 1868 bezeichneten Zweckes von beiden Seiten je ein Grenzzollamt errichtet, bezw. mit dem anderen zusammengelegt werden.
>
> Diesen Grenzzollämtern sind beiderseits die den Verkehrsverhältnissen entsprechenden Abfertigungsbefugnisse einzuräumen.
>
> Die vertragschließenden Regierungen erklären sich bereit, diese Befugnisse zu erweitern, sobald und soweit die Ausdehnung des Verkehres dies erfordern sollte.

Der angezogene Art. 8 des Zollvertrages zwischen dem Zollvereine einerseits und Österreich andererseits vom 9. März 1868 (BGBl. S. 239) lautet wörtlich:

> Die vertragenden Teile werden auch ferner darauf bedacht sein, ihre gegenüberliegenden Grenzzollämter, wo es die Verhältnisse gestatten, je an einen Ort zu verlegen, so daß die Amtshandlungen bei dem Übertritte der Waren aus einem Zollgebiete in das andere gleichzeitig stattfinden können.

Nach Nr. 8 des Schlußprotokolles vom 9. März 1868 zu dem letztbezeichneten Vertrage (BGBl. S. 303) erhalten, falls Grenzzollämter auf das Gebiet des anderen Teiles verlegt werden, die Schlagbäume die Landesfarben des Territoriums, auf welchem sie stehen; das Amtsschild aber wird mit den Farben und Wappen des Landes, welchem das Amt angehört, versehen; falls gegenüberliegende Zollämter zusammengelegt werden, hat jedes der beiden Ämter die ihm als Ein- oder Ausgangsamt seines Staates obliegenden Funktionen zu vollziehen (vgl. die gleichlautenden Bestimmungen im Schlußprotokolle zum Handelsvertrage zwischen

Deutschland und Österreich-Ungarn vom 26. Mai 1880, RGBl. S. 142, sowie Art. 8 dieses Handelsvertrages, RGBl. von 1881 S. 123). Danach hat Österreich-Ungarn dem Deutschen Reiche und speziell dem preußischen Staate, welcher die Zölle von den aus Österreich nach Preußisch-Schlesien eingeführten Waren auf Grund des Art. 36 der Reichsverfassung zu erheben und zu verwalten hat, das Recht eingeräumt, auf österreichischem Gebiete zu Halbstadt insoweit Hoheitsrechte auszuüben, als dies zu dem in Art. 8 des Vertrages vom 9. März 1868 bezeichneten Zwecke erforderlich ist. Als solcher Zweck ist ausdrücklich bezeichnet:

> daß die Amtshandlungen der gegenüberliegenden Grenzzollämter der vertragenden Teile bei dem Übertritte der Waren aus einem Zollgebiete in das andere gleichzeitig stattfinden können.

Damit ist unzweideutig ausgesprochen, daß die Station Halbstadt als Ort des Übertrittes der Waren aus einem Zollgebiete in das andere anzusehen sei, geradeso als läge das dortige preußische Zollamt auf preußischem Boden. Bezüglich der aus Österreich in das Zollvereinsgebiet überzuführenden zollpflichtigen Waren gilt sonach die Eisenbahnstation Halbstadt als Vereinszollgrenze im Sinne des § 16 des VZG. vom 1. Juli 1869. Die Anmeldung der Waren zur zollamtlichen Behandlung sowie die Zahlung des Zolles muß bei dem deutschen Zollamte dort erfolgen. Wird demselben eine unrichtige Zolldeklaration vorgelegt, so ist der Zoll im Sinne des § 135 VZG. vorenthalten oder doch das Unternehmen, den Zoll vorzuenthalten, vollendet, also die Defraudations- oder Ordnungsstrafe des deutschen Gesetzes verwirkt, gleichviel ob die Waren später die deutsche Zollinie berühren oder nicht.

2. In E. XXXI 259 ist für Neutral-Moresnet bei Aachen ausgesprochen, daß dieses Gebiet zwar „Inland", Deutsches Reichsgebiet, daß aber auf Grund des Artikels 17 des zwischen Preußen und den Niederlanden (an deren Stelle nunmehr der Staat Belgien getreten ist) abgeschlossenen Grenzvertrages vom 26. Juni 1816 (preuß. GS. vom Jahre 1818, Anhang S. 77 ff.) das durch die frühere französische Staatsgewalt eingeführte Strafgesetzbuch, der Code pénal, noch als das zur Zeit örtlich geltende Strafgesetzbuch anzusehen sei.

II. **Berücksichtigung der nach ausländischem Recht geltenden Verjährungsfristen.** E. XXII 341.[1])

Die Frage, ob die Verjährungsfrist im Auslande fortlaufe, auch wenn im Inlande die Strafverfolgung begonnen hat, oder ob die Frage der Verjährung nach jenem Momente zu beurteilen sei, in welchem die Strafverfolgung beginnt, kann nur im Sinne der zweiten Alternative entschieden werden. Die ersterwähnte Auslegung des § 5 Ziff. 2 StGB. würde zur Folge haben, daß unter Umständen eine Strafverfolgung eingeleitet werden müßte, obgleich es noch unsicher erscheint, ob die Tat überhaupt verfolgbar ist; ferner, daß das Bestehen oder Nichtbestehen der in-

[1]) Übereinstimmend Hälschner Dtsch. Strafr. I 168; v. Liszt § 22 IV 1b; Olshausen 1 Abs. 2 zu § 5. Dagegen: Binding I 445 Anm. 15; H. Meyer § 16 Anm. 44; Frank II zu § 5; Beling Ztschr. f. StrWR. XVIII 268.

ländischen Strafklage von dem guten oder schlechten Willen ausländischer Behörden, von einer möglicherweise ganz ungerechtfertigten Rechtsansicht derselben abhängig sein würde, daß endlich auch der Schikane des Täters selbst der weitestgehende Einfluß darauf eingeräumt wäre, ob die Tat verfolgbar bleibt oder nicht, da die inländische Verfolgungsbehörde, wenn eine Verfolgung am Orte der Tat unterbleibt, wie meist dann, wenn ein Ausländer der Verfolgung sich alsbald entzieht, an eine unerstreckbare Frist für den Abschluß ihrer Verfolgungshandlungen gebunden wäre.

Abgesehen jedoch von diesen unzulässigen Konsequenzen einer im Sinne der ersten Alternative erfolgenden Auslegung des § 5 Ziff. 2 StGB. heißt es im Eingange dieses Artikels: „Im Falle des § 4 Nr. 3 bleibt die Verfolgung ausgeschlossen" usw. Es soll also unter den Voraussetzungen des § 5 Ziff. 1. 2 StGB. jede Verfolgung unterbleiben, obgleich sie nach § 4 Ziff. 3 StGB. gestattet wäre. Dies führt notwendig dahin, daß die Verfolgungsbehörde vor Einleitung eines Verfahrens zu erwägen hat, ob eine Strafklage im Inlande begründet ist. Muß diese Frage bejaht werden, so muß die Verfolgung ihren ungehemmten Lauf nehmen und kann nicht davon abhängig gemacht werden, ob später gewisse Verhältnisse eintreten, die von der Verfolgungsbehörde nicht abhängen. Die Strafprozeßordnung und das Strafgesetzbuch kennen keine bedingt zulässige Strafverfolgung, sondern dieselbe ist statthaft oder sie ist es nicht.

Im vorliegenden Falle lief die Verjährungsfrist in Österreich bis zum 19. Juli 1891. Die erste richterliche Vernehmung des Angeklagten fand am 13. Dezember 1890 statt. Die Anklageschrift lief am 21. März 1891 bei Gericht ein. Die Anklage wurde mithin erhoben und damit die Strafverfolgung gerichtshängig zu einer Zeit, in welcher die Tat in Österreich nicht verjährt war. Die Strafverfolgung war also zulässig und dies konnte nachträglich nicht wieder beseitigt werden.

§ 5. Der persönliche Geltungsbereich der Strafrechtssätze.

Beling § 12, Berner § 128, Binding I 667, Binding Gr. I § 25, v. Liszt § 24, H. Meyer § 17.

Kann die von einem Abgeordneten in Ausübung seines Berufs getane Äußerung auf Grund des § 199 StGB. zur Aufrechnung gegen eine andere Beleidigung benutzt werden?

E. IV 15:

Im August 1879 hielt der Angeklagte Redakteur D. in der evangelisch-lutherischen Konferenz zu Berlin einen die Gemeindeschulen betreffenden Vortrag; auf denselben nahm eine Rede Bezug, welche der preußische Landtags-Abgeordnete L. in dieser seiner Eigenschaft am 11. Februar 1880 in einer Sitzung des Abgeordnetenhauses zu Berlin hielt. Mit dieser Rede beschäftigte sich ein Artikel der N. N.schen Volkszeitung vom 17. Februar 1880, welcher vom Angeklagten, dem verantwortlichen Redakteur der Zeitung, verfaßt war; einige Sätze des Artikels veranlaßten den Abgeordneten L. zu einem Strafantrage gegen den Angeklagten wegen Beleidigung.

Die vorigen Richter haben gefunden, daß in dem Artikel zweifellos eine Beleidigung des Abgeordneten L. enthalten sei. Sie erklären indessen den

Angeklagten für straffrei, weil die Invektiven des Artikels sich nur als ein Wiederhall derjenigen beleidigenden Ausdrücke gegen die Berliner August-Konferenz darstellen, deren sich der Abgeordnete L. in seiner Rede vom 11. Februar schuldig gemacht und durch die er den Angeklagten auch persönlich angegriffen habe. Es wird daher festgestellt, der Angeklagte habe durch seinen Zeitungsartikel den Abgeordneten L. öffentlich beleidigt, dagegen habe auch der letztere in seiner Rede vom 11. Februar den Angeklagten öffentlich beleidigt und erscheine die Beleidigung des Angeklagten gegen L. nur als eine auf der Stelle erfolgte Erwiderung der Beleidigung des L. gegen den Angeklagten. Auf Grund dieser Feststellung haben die vorigen Richter, von der Befugniß des § 199 StGB. Gebrauch machend, den Angeklagten zwar der Beleidigung für schuldig erklärt, aber von Strafe und Kosten freigesprochen.

Die Revision der Staatsanwaltschaft hält hierdurch die §§ 11 und 199 StGB. in Verbindung mit dem Art. 84 der preußischen Verfassung für verletzt, denen zufolge ein Abgeordneter wegen der in Ausübung seines Berufs getanen Äußerungen nicht zur Verantwortung oder zur Rechenschaft gezogen werden dürfe.

Auch die vorigen Richter haben diesen Grundsatz nicht übersehen, sie erörtern jedoch in ihren Urteilsgründen, die Bestimmungen des § 11 und des Art. 84 müßten als Ausnahmebestimmungen strikt interpretiert werden und wollten nur besagen, daß ein Abgeordneter wegen beleidigender oder verleumderischer Äußerungen, die er in Ausübung seines Berufs getan, nicht zur Verantwortung gezogen werden könne, bezögen sich aber nicht auf den Schutz, welchen ein Abgeordneter wegen ihm zugefügter Beleidigungen zu beanspruchen habe; in dieser Beziehung ständen ihm nur dieselben Rechte zu, welche jedem anderen Staatsbürger im vierzehnten Abschnitt des zweiten Teils des Strafgesetzbuchs gewahrt worden seien.

Die im § 199 StGB. dem Richter erteilte Befugnis, in dem Fall, wenn eine Beleidigung auf der Stelle erwidert wird, beide Beleidiger oder einen derselben für straffrei zu erklären, setzt voraus, daß gegen beide in Rede stehenden Personen der Tatbestand einer Beleidigung festgestellt worden sei, wenngleich die erwiderte Beleidigung möglicherweise schon aus anderen Gründen straflos sein kann, namentlich weil kein Strafantrag gestellt worden oder ein persönlicher Strafausschließungsgrund vorhanden ist. Der Richter muß also, um von jener Befugnis Gebrauch zu machen, die beleidigenden Handlungen oder Äußerungen beider Personen vor sein Forum ziehen und nach Maßgabe der Bestimmungen des Strafgesetzbuchs beurteilen, und hat in dem hier vorliegenden Falle beide Personen für schuldig erklärt. Diesem Verfahren würde kein rechtliches Hindernis entgegenstehen, wenn die Vorschrift des § 11 StGB., daß Abgeordnete wegen ihrer in Ausübung des Berufs getanen Äußerungen nicht zur Verantwortung gezogen werden sollen, und wenn die entsprechende Verfassungsbestimmung keine weitere Bedeutung hätte, als für die Abgeordneten hinsichtlich solcher Äußerungen einen besonderen Strafausschließungsgrund einzuführen. Der § 11 StGB. hat jedoch eine andere und eine weitergehende Bedeutung.

Es ist darin und ebenso in den ihrem Sinne nach entsprechenden

Verfassungsbestimmungen zunächst ein Gewicht darauf gelegt, daß die Abgeordneten nicht außerhalb der Versammlung, deren Mitglieder sie sind, zur Verantwortung gezogen werden sollen; sodann spricht der Artikel 84 der preußischen Verfassung aus, daß sie nur auf Grund der Geschäftsordnung zur Rechenschaft gezogen werden sollen. In ähnlicher Weise sagt der Art. 30 der Reichsverfassung, kein Mitglied des Reichstages dürfe wegen der in Ausübung seines Berufes getanen Äußerungen gerichtlich oder disziplinarisch verfolgt oder sonst außerhalb der Versammlung zur Verantwortung gezogen werden. Das Muster dieser Art von Vorschriften hat der Artikel 9 der englischen bill of right von 1689 gegeben, welcher erklärt, daß the freedom of speech and debates or proceedings in parliament ought not to be impeached or questioned in any court, or place out of parliament. Hiermit wird ausgesprochen, daß über die Äußerungen der Abgeordneten *den Gerichten keine Jurisdiktionsbefugnis zukomme*, daß vielmehr der Reichstag oder Landtag selbst die einzige Stelle sei, wo über dieselben geurteilt werden dürfe. Die Kompensationsbefugnis des § 199 StGB. *kann aber nicht ausgeübt werden, ohne daß das Gericht, wenn die Äußerung eines Abgeordneten mit einer Beleidigung erwidert worden ist, auch die erstere als eine Beleidigung rechtlich qualifiziert, also ein gerichtliches Urteil über sie abgibt, während nach jenen Vorschriften der Verfassungen und nach § 11 StGB. die Gerichte keine Befugnis haben, sich mit solchen Äußerungen in der Art einer rechtlichen Beurteilung zu befassen.*[1]) Zugleich erhellt, daß mit den zitierten Vorschriften der Standpunkt eines bloßen Strafausschließungsgrundes verlassen ist.

Das gleiche folgt aus der Stelle, welche der § 11 StGB. im *System des Gesetzbuches* erhalten hat . . . . .

§ 6. Anwendbarkeit der Bestimmungen des StGB. auf militärische Delikte.

v. Liszt § 25, § 204 f.; Hecker, Lehrbuch des deutschen Militärstrafrechts § 1.

I. RMG. I 134 (vgl. auch das. 154):

Der § 2 MStGB. lautete im Entwurfe:

„Die allgemeinen Bestimmungen, welche das Strafgesetzbuch für das Deutsche Reich über die Bestrafung der Verbrechen und Vergehen enthält, finden auf die Bestrafung militärischer Verbrechen und Vergehen entsprechende Anwendung."

Die Motive bemerken hierzu, daß die Einteilung der im Entwurfe mit Strafe bedrohten Handlungen in militärische Verbrechen und Vergehen ihrem Wesen nach vollkommen der vom Strafgesetzbuche für das Deutsche Reich aufgestellten Einteilung in Verbrechen und Vergehen entspreche, und darum sich von selbst als Regel rechtfertige, die durch das Strafgesetzbuch

---

[1]) Übereinstimmend v. Liszt § 72, A. M. Binding I 676.

für das Deutsche Reich für Verbrechen und Vergehen gegebenen allgemeinen Bestimmungen mit der Maßgabe auf die militärischen Verbrechen und Vergehen anzuwenden, daß alle Bestimmungen, welche rücksichtlich der Verbrechen gelten, auf militärische Verbrechen, alle rücksichtlich der Vergehen geltenden Bestimmungen auf militärische Vergehen Anwendung finden.

Die Reichstagskommission gab dem § 2 des Entwurfes, und zwar in dessen zweiter Lesung, die Fassung, in welcher derselbe zum Gesetz erhoben worden ist, ohne daß die Protokolle über die Beratungen den Grund dieser Änderung ersehen lassen.

Es kann dahingestellt bleiben, ob § 2 schon in seiner ursprünglichen Form nicht bloß die im I. Teile des Reichsstrafgesetzbuchs enthaltenen allgemeinen Vorschriften, sondern auch die im II. besonderen Teile gegebenen Bestimmungen allgemeiner Natur auf die militärischen Verbrechen und Vergehen angewendet wissen wollte. Seine nunmehrige Fassung ist indessen im Sinne der letzteren Alternative zu verstehen. Dies wird auch von keiner Seite in Frage gestellt. Darüber jedoch, ob von den allgemeinen Vorschriften, welche sich im II. Teile des Reichsstrafgesetzbuchs finden, nur diejenigen, welche für alle Verbrechen und Vergehen Geltung haben, oder auch solche in Betracht kommen sollen, welche für besondere Arten von Verbrechen und Vergehen gelten, gewährt auch die jetzige Fassung des § 2 nicht vollständige Klarheit.

Immerhin schließt dessen Wortlaut die Auslegung, daß die letzteren Vorschriften gleichfalls darunter begriffen werden sollten, nicht nur nicht aus, sondern läßt sich insofern für dieselbe verwerten, als das Gesetz ohne jeden Vorbehalt von „allgemein in Beziehung auf Verbrechen und Vergehen geltenden Bestimmungen" spricht, und dieser Charakter auch Vorschriften, die nur für besondere Arten von Delikten gemeinsam gegeben sind oder bei verschiedenen Gattungen von Reaten wiederkehren, nicht zu versagen ist.

Unverkennbar aber tritt zutage, was der Gesetzgeber in dieser Richtung gewollt hat, wenn das Verhältnis des Militärstrafgesetzbuchs zum bürgerlichen Strafgesetzbuch und die Geschichte seiner Ausgestaltung ins Auge gefaßt wird. Schon bei Anfertigung des Entwurfes ist es, wie die Motive in ihrer Einleitung bemerken, „leitender Gedanke gewesen, das Militärstrafrecht in bezug auf systematischen Aufbau des Gesetzes tunlichst dem deutschen Zivilstrafrecht, insbesondere dem Strafgesetzbuche für das Deutsche Reich zu assimilieren, es mit den leitenden Gedanken desselben und dadurch mit den Anforderungen der heutigen Strafrechtswissenschaft in Einklang zu bringen, und zwar insoweit, als die besonderen Bedürfnisse des Heeres und die als oberstes Gesetz geltende Rücksicht auf Erhaltung der Disziplin in demselben damit vereinbar erschien." In noch erhöhtem Maße war sodann die Reichstagskommission und der Reichstag selbst bestrebt, das Militärstrafgesetzbuch überall an das bürgerliche Recht anzulehnen, und dieses Bestreben verlieh dem Entwurf eine solche Gestalt, daß in dritter Lesung des Reichstags, in welcher Änderungen nicht vorgenommen wurden, unwidersprochen gesagt werden konnte, das allgemeine bürgerliche Strafgesetz sei nun die Grundbasis des Rechtszustandes auch für das Heer. Das Militärstrafgesetzbuch stellt sich daher nicht als ein in sich abgeschlossenes, selbständiges Gesetz dar, sondern ist ein Ergänzungsgesetz, welches zwar den militärischen Bedürfnissen entsprechend mit derogatorischer Kraft Sonderbestimmungen trifft, sonst jedoch den gemeinschaftlichen Boden des allgemeinen Strafrechts nicht verläßt.

Der enge Anschluß an das bürgerliche Strafgesetzbuch nun brachte es nicht nur mit sich, daß die Deliktsbegriffe „schwere Körperverletzung", „Diebstahl", „Unterschlagung" aus demselben ohne weiteres und ohne Beifügung der Begriffsmerkmale in die §§ 97 und 123 bezw. 138 MStGB. herübergenommen, sondern fand insbesondere auch darin Ausdruck, daß bei der militärischen Qualifizierung der Vergehen des Diebstahls, der Unterschlagung und der Beschädigung von Dienstgegenständen — §§ 138, 137 MStGB. — ausdrückliche Vorschriften über die Strafbarkeit des Versuchs in das Militärstrafgesetzbuch nicht aufgenommen worden sind. Gerade diese Unterlassung aber zeigt, wie nachstehend ausgeführt, die Tragweite, welche die gesetzgebenden Faktoren dem § 2 MStGB. in bezug auf die allgemeinen Bestimmungen im II. Teile des Reichsstrafgesetzbuches beigelegt haben.

Der Entwurf zum Militärstrafgesetzbuch enthielt im § 56 die Bestimmung:

> „Der Versuch eines militärischen Verbrechens ist stets, der Versuch eines militärischen Vergehens nur dann strafbar, wenn das vollendete Vergehen mit einer längeren als sechsmonatlichen Freiheitsstrafe bedroht ist."

Damit war grundsätzlich die Strafbarkeit des Versuchs für alle Vergehen, namentlich auch für die militärisch qualifizierten Vergehen des Diebstahls, der Unterschlagung und der Beschädigung von Dienstgegenständen festgelegt und brauchte deshalb bei dem einzelnen militärischen Vergehen hierüber keine Bestimmung mehr vorgesehen werden. In der Kommission wurde der § 56 gestrichen. Nunmehr hätte gemäß § 2 MStGB. der allgemeine Grundsatz des § 43 RStGB., nach welchem der Versuch eines Vergehens nur in den vom Gesetz ausdrücklich bestimmten Fällen bestraft wird, auch auf die militärischen Vergehen Anwendung zu finden. Es mußte daher nach dem Vorbilde des bürgerlichen Strafgesetzbuchs bei den einzelnen militärischen Vergehen, bei welchen die Bestrafung des Versuchs geboten erschien, der Zusatz gemacht werden: „Der Versuch ist strafbar." Dies ist seitens der Reichstagskommission endgültig nur bei den §§ 75, 83 und 85 des Entwurfs, welche die Fahnenflucht, Verleitung zur Fahnenflucht und Selbstverstümmelung behandeln und als §§ 70, 78 und 81 mit diesem Zusatz in das Gesetz übergingen, also nur bei r e i n m i l i t ä r i s c h e n Reaten geschehen. Die §§ 137 und 138 MStGB. mit ihren militärisch qualifizierten Vergehen dagegen haben den gleichen Zusatz nicht erhalten.

Daß dem Gesetzgeber hierbei ein Übersehen unterlief, ist ihm um so weniger zuzutrauen, als nicht eine, sondern zwei verschiedene Strafbestimmungen in Frage standen. Abgesehen davon geht aus der bei der zweiten Beratung des Entwurfes im Reichstage vom Berichterstatter — Abgeordneten Dr. Lamey — bezüglich der Streichung des § 56 gemachten Äußerung: „Auch hier hat die Kommission keinen Grund gefunden, von der allgemeinen Regel des Reichsstrafgesetzbuchs abzugehen, und fand nur bei wenigen Gelegenheiten Anlaß, den Versuch besonders namhaft zu machen" unzweifelhaft hervor, daß eine durchgehende Prüfung der einzelnen militärischen Vergehen vorgenommen und der Zusatz: „Der Versuch ist strafbar" gemacht worden, wo es als notwendig erkannt wurde. Bei solcher Prüfung aber konnte es nicht außer acht bleiben, daß die entsprechenden §§ 242, 246 und 303 RStGB. den Versuch bei den nach ihnen strafbaren Vergehen mit Strafe bedrohen. Es erscheint mithin die Annahme nicht angängig, daß der Mangel gleicher Vorschrift bei §§ 137 und 138 MStGB. auf Versehen beruht, es ist vielmehr zu unterstellen, daß dieselbe mit vollem Bedachte weggelassen worden ist.

Diese Weglassung aber konnte nur erfolgt sein, entweder weil der Versuch zum militärischen Vergehen des Diebstahls, der Unterschlagung und der Beschädigung von Dienstgegenständen straflos bleiben sollte, oder weil derselbe nicht militärisch qualifiziert, sondern zufolge § 3 MStGB. nach §§ 242 bezw. 246 und 303 als gemeines Vergehen bestraft werden sollte, oder weil er mit Hilfe des § 2 MStGB. nach § 43 und den vorstehenden Bestimmungen des Reichsstrafgesetzbuchs als militärisches Vergehen geahndet werden sollte, der Zusatz: „Der Versuch ist strafbar", hierzu also nicht für nötig erachtet wurde.

Einer besonderen Erörterung, daß für den Gesetzgeber kein Grund vorlag, entgegen dem § 56 des Entwurfs den Versuch der bemerkten militärischen Vergehen ohne Strafandrohung zu lassen, bedarf es nicht. Der Soldat hat nicht weniger, sondern mehr Pflichten, als die übrigen Staatsbürger. Es ist undenkbar, daß nach dem Willen des Gesetzgebers Diebstahls- und Unterschlagungshandlungen des Soldaten straflos bleiben sollten, welche, von einer Zivilperson begangen, als ehrenrührige Straftaten geahndet werden.

Ebensowenig erscheint es zutreffend, die Strafen für den Versuch zu jenen militärischen Vergehen aus den §§ 242, 246 und 303 RStGB. zu entnehmen. Nach der im § 43 RStGB. über den Versuch gegebenen Begriffsbestimmung ist die versuchte Tat ein Teil der vollendeten Tat. Das subjektive und objektive Moment sind bei beiden die gleichen. Der Täter will einen militärisch qualifizierten Diebstahl ꝛc. begehen und hat mit der Ausführung eines militärisch qualifizierten Diebstahls ꝛc. begonnen. Das Delikt wächst sich nicht beim Fortschreiten der Ausführung bis zur Vollendung vom gemeinen zum militärischen Vergehen aus, sondern es kann sich in jedem Stadium des strafbaren Tuns nur um dieselbe Tat handeln, die folgerichtig im Stadium des Versuchs sowohl wie in demjenigen der Vollendung aus demselben Strafgesetze mit Strafe zu belegen ist. Es erscheint deshalb der Schluß gerechtfertigt, daß der Teil rechtlich nicht anders qualifiziert wird als das Ganze. Überdies wäre bei Bestrafung des Versuchs aus §§ 242, 246 und 303 RStGB. ein Konflikt mit der Bestimmung des § 44 Abs. 4 RStGB. unvermeidlich, da die Strafe für das versuchte Vergehen sich nach der für das vollendete Vergehen angedrohten Strafe zu richten hat. Überhaupt aber widerspräche es den Grundsätzen der bisherigen Gesetzgebung, wenn die vollendete Tat nach einem Strafgesetze beurteilt werden müßte.

Die Aufnahme des Zusatzes: „Der Versuch ist strafbar" kann demnach bei den §§ 137 und 138 MStGB. nur aus dem Grunde unterblieben sein, weil angenommen wurde, daß für die Bestrafung des Versuchs zu den darin normierten militärischen Vergehen bereits anderweitig, und zwar durch den hier allein in Frage kommenden § 2 MStGB. ausreichend Vorsorge getroffen sei. Daraus aber, und da sich dieser — übrigens mit der allgemeinen Bestimmung des § 43 RStGB. — in untrennlichem Zusammenhange stehende — Zusatz unbestreitbar als eine für besondere Arten von Vergehen allgemein gegebene Vorschrift darstellt, muß gefolgert werden, daß nach dem Willen des Gesetzgebers als in Beziehung auf Verbrechen und Vergehen allgemein geltende Bestimmungen im Sinne des Gesetzes auch solche Vorschriften anzusehen sind, welche für besondere Arten von Verbrechen und Vergehen allgemein Geltung haben. Dieser Folgerung steht auch der Umstand, daß dem § 138 MStGB. der Satz: „Zugleich kann auf Verlust der bürgerlichen Ehrenrechte erkannt werden" eingefügt wurde, obwohl derselbe eine bereits in § 248 RStGB. für Diebstahl und Unterschlagung allgemein gegebene Vorschrift enthält, nicht entgegen. Denn der Zusatz ist, wie anzunehmen, gemacht, weil das Militärstrafgesetzbuch den Verlust der bürgerlichen Ehrenrechte als Strafe bei den militärischen Vergehen überhaupt nicht kennt. Die Annahme selbst aber, daß die Strafbarkeit des Versuchs zu den militärischen Vergehen des Diebstahls, der Unterschlagung und der Beschädigung von Dienstgegenständen schon durch den § 2 MStGB. gedeckt erscheine, steht ganz im Einklange mit dessen eingangs angeführten Motiven, welche im weiteren Umfange nichts anderes sagen, als daß alle Vorschriften des Reichsstrafgesetzbuchs, welche sich auf Verbrechen beziehen, auch für militärische Verbrechen, alle sich auf Vergehen beziehenden Vorschriften auch für militärische Vergehen gelten.

Indes greift der Grundsatz des § 2 MStGB. durchaus nicht überall und bei jeder für besondere Arten von Verbrechen und Vergehen allgemein gegebenen Bestimmung Platz. Derselbe will keine absolut bindende Regel aufstellen, sondern zieht für sein Umfassungsgebiet selbst die Grenze, indem er verordnet, daß die darin bezeichneten Vorschriften auf militärische Verbrechen und Vergehen nur „entsprechende" Anwendung haben sollen. Der gesperrte Druck, mit welchem das Wort „entsprechend" in den Gesetzesmotiven erscheint, gibt deutlich zu erkennen, daß demselben bei der Interpretation besondere Beachtung zu teil werden soll. Seine Erklärung aber findet dieses Wort in den oben aus der Einleitung der Motive angeführten Bemerkung, daß das Militärstrafgesetzbuch dem Strafgesetzbuche für das Deutsche Reich nur insoweit zu assimilieren sei, als die Rücksicht auf Erhaltung der Disziplin im Heere damit vereinbar erscheine. Es scheiden also von der Anwendbarkeit des § 2 MStGB. alle Bestimmungen aus, welche dieser Aufforderung nicht entsprechen.

Unter diesem Gesichtspunkte betrachtet, erscheint zwar bei Verurteilungen aus § 140 MStGB. die Anwendbarkeit des § 335 RStGB. nicht bloß zulässig, sondern im militärischen Interesse sogar unentbehrlich und ist auch durch seinen Hinweis auf die vorangehenden §§ 321 bis 334 nicht gehindert, da derselbe nur bezweckt, auszudrücken, daß sich die Bestimmung auf alle Arten der aktiven wie der passiven Bestechung bezieht.

Anders aber verhält es sich mit der Anwendbarkeit der §§ 199, 200, 231 und 233 RStGB. auf die §§ 91, 121 und 122 MStGB. Die im § 91 vorgesehene Beleidigung teilt zwar die allgemeinen Voraussetzungen der Strafbarkeit mit den gemeinstrafrechtlichen Beleidigungen nach §§ 185 bis 187 RStGB. Allein durch ihre Aufnahme in das Militärstrafgesetzbuch ist ihre Stellung eine wesentlich andere geworden. Denn die im § 91 MStGB. unter Strafe gestellten Handlungen sind als eine eigene Deliktsform den Verfehlungen gegen die Pflicht der militärischen Unterordnung beigezählt und als selbständige militärische Vergehen qualifiziert. Sie richten sich daher ihrem inneren Wesen nach gegen die in der Person des Vorgesetzten beleidigte militärische Disziplin und greifen damit verletzend in ein Gebiet ein, auf welches die Erwägungen nicht passen, die den Gesetzgeber in erster Linie bei Aufnahme der im Abschnitte XIV Teil II Reichsstrafgesetzbuchs enthaltenen besonderen Bestimmungen leiteten. Hieraus ergibt sich, daß, während nach ausdrücklicher Vorschrift des § 51 MStGB. die strafrechtliche Verfolgung der Beleidigung von Vorgesetzten durch Untergebene ohnedies nicht von einem Antrage des Beleidigten abhängig gemacht werden kann, die Heranziehung der Vorschrift über Straffreierklärung bei einer auf der Stelle erwiderten Beleidigung nach § 199 und ebenso der Vorschrift über Zuerkennung der Publikationsbefugnis bei öffentlicher Beleidigung nach § 200 RStGB. für das militärische Vergehen der Beleidigung unbedingt ausgeschlossen ist. Gleiches aber muß auch von der Zuerkennung einer Buße nach § 231 und von der Aufrechnung nach § 233 RStGB. gelten, wenn es sich um eine von einem Vorgesetzten an einem Untergebenen begangene Körperverletzung oder um wechselseitig zwischen solchen auf der Stelle erwiderten leichten Körperverletzungen und Beleidigungen handelt, da hier auf Seite des Vorgesetzten der Mißbrauch der dienstlichen Autorität in den Vordergrund tritt.

Hiernach hat das Plenum des Reichsmilitärgerichts in Übereinstimmung mit dem Antrage des Obermilitäranwalts den eingangs erwähnten Rechtsgrundsatz beschlossen.

II. RMG. II 34.

Der Angeklagte hat eingewendet, daß der Vorderrichter zu Unrecht angenommen habe, daß § 193 RStGB. auf die Bestimmung des § 91 MStGB. nicht anwendbar sei. Diese Rüge ist unzutreffend. Die im § 91 a. a. O. vorgesehene Beleidigung teilt zwar die allgemeinen Voraussetzungen der Strafbarkeit mit der gemeinstrafrechtlichen Beleidigung aus §§ 185—187 RStGB., ihre Stellung ist aber, wie das Reichsmilitärgericht in dem Plenarbeschlusse vom 17. Mai 1901 [1]) ausgeführt hat, durch die Aufnahme in das Militärstrafgesetzbuch eine wesentlich andere geworden. „Denn die im § 91 MStGB. unter Strafe gestellten Handlungen sind als eine eigene Deliksform den Verfehlungen gegen die Pflicht der militärischen Unterordnung beigezählt und als selbständige militärische Vergehen qualifiziert."

Die seitens einer Person des Soldatenstandes verübte Verletzuug der Ehre und Achtung, welche der mili-

---

[1]) Oben S. 20 ff.

tärische Vorgesetzte und der im Dienstrange Höhere vermöge seiner Stellung zu beanspruchen hat, bedeutet eine Beeinträchtigung der militärischen Disziplin. Die Beleidigung im Sinne des § 91 MStGB. verletzt danach ein Rechtsgut, das aus Gründen der staatlichen Wohlfahrt eine besondere Rücksicht und einen besonderen Schutz gegen Angriffe in Anspruch nehmen muß. Diese Rücksicht fordert, daß in den Fällen des § 91 a. a. O. die besonderen Ausnahmevorschriften des § 193 RStGB., welche im Interesse einer milderen Auffassung der Schuldfrage bei der gewöhnlichen Beleidigung zugelassen werden konnten, außer Betracht bleiben müssen. Das Reichsmilitärgericht hat allerdings in dem oben erwähnten Plenarbeschluß ausgesprochen, „daß unter denjenigen Bestimmungen, welche in Gemäßheit des § 2 MStGB. nach der Vorschrift des deutschen Strafgesetzbuchs in Beziehung auf Verbrechen und Vergehen allgemein gelten, nicht allein diejenigen Bestimmungen zu verstehen sind, welche für alle Verbrechen und Vergehen gelten, sondern auch diejenigen, welche für eine besondere Art von Verbrechen und Vergehen gegeben sind." Es hat aber gleichzeitig weiter ausgeführt, daß der Grundsatz des § 2 durchaus nicht überall und bei jeder für besondere Arten von Verbrechen und Vergehen allgemein gegebenen Bestimmung Platz greife. Wie die Motive zum Entwurf eines Militärstrafgesetzbuchs bemerken, sei das Militärstrafgesetzbuch dem Strafgesetzbuche für das Deutsche Reich nur insoweit zu assimilieren, als die Rücksicht auf Erhaltung der Disziplin im Heere damit vereinbar erscheine. Es seien also von der Anwendbarkeit des § 2 MStGB. alle Bestimmungen ausgeschieden, welche dieser Anforderung nicht entsprechen. Eine solche Bestimmung ist nach den vorstehenden Ausführungen die Vorschrift des § 193 RStGB. Der Vorderrichter hat deshalb mit Recht angenommen, daß § 193 RStGB. auf 91 MStGB. nicht anwendbar ist.

Findet § 193 RStGB. auf § 91 MStGB. keine Anwendung, dann war die Strafbarkeit des Angeklagten auch nicht von der Feststellung abhängig, daß das Vorhandensein einer Beleidigung aus der Form der Äußerung oder aus den Umständen, unter denen sie geschah, hervorgeht.

Zweiter Abschnitt.

Der Strafanspruch.

§ 7. Kapitel 1. Das Strafensystem.

Beling § 15 ff., § 21; Berner § 91 ff.; Binding Gr. I § 89 ff.; v. Liszt § 59 H. Meyer § 56.

I. **Verhältnis von Gefängnis und Arrest zueinander.** RMG. III 154.

Durch Kriegsgerichtsurteil vom 8. April 1902 ist der Angeklagte wegen Betrugs, militärisch ausgezeichneten Diebstahls, militärisch ausgezeichneter Unterschlagung in zwei Fällen, Achtungsverletzung und Genußmittelentwendung zu zehn Wochen Gefängnis und einer Woche Haft, sowie zur Versetzung in die zweite Klasse des Soldatenstandes verurteilt worden.

Das Kriegsgericht hat in Ansehung der Achtungsverletzung eine Einzelstrafe von drei Wochen drei Tagen mittleren Arrest, in Ansehung des Diebstahls drei Wochen mittleren Arrest, wegen der beiden Unterschlagungen je zwei Wochen mittleren Arrest und wegen des Betrugs eine Woche Gefängnis als Einzelstrafen ausgeworfen und die Gesamtgefängnisstrafe unter Erhöhung der wegen Achtungsverletzung erkannten Einsatzstrafe gebildet. Das Kriegsgericht hat sich hierzu für befugt erachtet, obwohl die Einzelstrafe eine Arreststrafe ist, weil der mittlere Arrest überall im MStGB. als eine der Gefängnisstrafe gleichwertige behandelt werde, somit nur als Ausläufer der Gefängnisstrafe anzusehen sei, hiernach aber die Annahme, daß bei der Bildung der Gesamtstrafe eine als Einsatzstrafe behandelte Arreststrafe nicht über sechs Wochen erhöht werden könne, nicht zutreffend sei.

Der Gerichtsherr hat gegen dieses Urteil Berufung eingelegt und zwar, weil die Gesamtstrafe bei einer Einsatzstrafe von drei Wochen drei Tagen mittleren Arrest auf mittleren Arrest lauten müßte und die Dauer von sechs Wochen nicht übersteigen durfte.

Das Oberkriegsgericht hat das Urteil des Kriegsgerichts in Ansehung der Gesamtstrafe von zehn Wochen Gefängnis aufgehoben und insoweit den Angeklagten zu einer Gesamtstrafe von sechs Wochen mittleren Arrest verurteilt.

Das Oberkriegsgericht ist hierbei von folgender Rechtsauffassung ausgegangen:

Aus der Anführung der §§ 16, 17 und 24 MStGB. zu Satz 2 des § 53 eod., wo von Strafarten die Rede sei, gehe hervor, daß Gefängnis und Arrest besondere Strafarten, also nicht gleichartige Freiheitsstrafen seien. Nach § 74 Abs. 2 RStGB. habe bei ungleichartigen Freiheitsstrafen die Erhöhung der bei ihrer Art nach schwersten Strafe einzutreten. Da nun ein Geltungsverhältnis zwischen Gefängnis und Arrest gesetzlich nicht festgelegt sei, so könne die als Gesamtstrafe zu verhängende Strafart in diesem Falle nur nach der ihrer Dauer nach schwersten Strafe bestimmt werden. Dies sei im vorliegenden Falle die Strafe von drei Wochen drei Tagen mittleren Arrest. Bei dieser Strafart habe es nach § 74 a. a. O. bei Bildung der Gesamtstrafe zu bleiben; ihr gesetzlich zulässiger Höchstbetrag — sechs Wochen (§ 27 MStGB.) — dürfe nicht überschritten werden. Zu demselben Ergebnisse gelange man aber auch, wenn man die Mittelarreststrafe und die Gefängnisstrafe als gleichwertig betrachten wollte. Ein Überspringen von der Arreststrafe zur Gefängnisstrafe würde nach § 17 MStGB. auch nur dann zulässig sein, wenn die Einsatzstrafe allgemein auf Freiheitsstrafe lautete. Dies sei nicht der Fall und könne nicht der Fall sein; die Einheitsstrafe müsse vielmehr stets auf eine bestimmt bezeichnete Strafe lauten.

Gegen dieses Urteil hat der Gerichtsherr Revision eingelegt, Aufhebung des Urteils des Oberkriegsgerichts beantragt, soweit die Gesamtstrafe von sechs Wochen mittleren Arrestes in Frage komme, da in dieser Beziehung die §§ 16, 17, 54 M.=, 74 RStGB. verletzt worden seien, und zur näheren Begründung der Revision noch folgendes erklärt:

1. Entweder man gehe davon aus, daß Gefängnis mittlerer und strenger Arrest als Freiheitsstrafen verschiedener Art nicht anzusehen seien; dann könne unter Zugrundelegung einer Einsatzstrafe von mittlerem Arrest mit Rücksicht

auf eine konkurrierende Gefängnisstrafe bei Bildung der Gesamtstrafe die Dauer von sechs Wochen überschritten werden; nur müsse dann die Gesamtstrafe nicht als Arrest, sondern als Gefängnis erkannt werden. Denn § 17 MStGB. regele die Erscheinungsform einer und derselben Strafart und bestimme, daß die Dauer derselben bis zu sechs Wochen Arrest, darüber als Gefängnis oder Festungshaft in die Erscheinung zu treten habe.

2. Oder aber man fasse Arrest und Gefängnis als Freiheitsstrafen verschiedener Art auf, so sei Gefängnis die ihrer Art nach schwerere Strafe; es sei daher bei Konkurrenz von Arrest- und Gefängnisstrafen die betreffende Gefängnisstrafe einzusetzen und hieraus die Gesamtstrafe zu bilden.

Zur Begründung dieser Ansicht nimmt die Revision noch auf die Entscheidungen des Reichsgerichts Bd. XV S. 386 und 396 Bezug, nach welchen die Arreststrafe des Militärstrafgesetzbuchs der Haftstrafe des Reichsstrafgesetzbuchs gleichgestellt sei.

Die Revision ist form- und fristgerecht eingelegt; sie ist jedoch unbegründet.

In Frage steht, wie die Gesamtstrafe zu bilden sei, wenn als Einzelstrafen Arreststrafen und eine oder mehrere Gefängnisstrafen zusammentreffen, von denen jede die Dauer von sechs Wochen nicht übersteigt.

Maßgebend ist in dieser Beziehung § 54 MStGB., welcher vom Zusammentreffen zeitiger Freiheitsstrafen handelt. Hier wird grundsätzlich bestimmt, daß beim Zusammentreffen mehrerer zeitiger Freiheitsstrafen, also auch beim Zusammentreffen militärischer Straftaten mit bürgerlichen Verbrechen und Vergehen, auf eine einheitliche Gesamtstrafe nach den Vorschriften des bürgerlichen Strafgesetzbuchs (§§ 74—79) erkannt werden soll. Dagegen trifft dieser Paragraph keine Anordnung darüber, in welchem Verhältnisse die militärischen Arreststrafen zu den Freiheitsstrafen des bürgerlichen Strafrechts stehen sollen und in welcher Weise der erwähnten grundsätzlichen Bestimmung namentlich dann zu genügen ist, wenn Arrest mit der Gefängnisstrafe des bürgerlichen Strafgesetzbuchs zusammentrifft. Die Frage ist aber von Bedeutung gegenüber der Vorschrift in § 74 RStGB., nach welcher im Falle des Zusammentreffens ungleichartiger Freiheitsstrafen die h ä r t e s t e S t r a f a r t als Einsatzstrafe zu nehmen und durch Erhöhung derselben die Gesamtstrafe festzustellen ist. Es ist daher zu prüfen, ob der militärische Arrest nach dem Systeme des bestehenden Strafrechts als eine besondere S t r a f a r t und zwar als eine h ä r t e r e Strafart als die bürgerliche Gefängnisstrafe anzusehen ist, welche in betreff des Mindestbetrags der Dauer dem Arreste gleichsteht und ebenso wie der Arrest mit der Dauer eines Tages anfängt.

Zur Beantwortung dieser Frage erscheint es geboten, auf die Entstehungsgeschichte des § 54 MStGB. und die Gesichtspunkte, welche für das Strafensystem des Militärstrafgesetzbuches maßgebend waren, zurückzugreifen.

In Übereinstimmung mit dem früheren Preußischen Militärstrafgesetzbuche lag dem dem Reichstage vorgelegten Entwurf eines Militärstrafgesetzbuchs für das Deutsche Reich das Prinzip zugrunde, daß gegen Militärpersonen der Regel nach n i c h t auf die Strafarten des bürgerlichen Strafgesetzbuchs zu erkennen sei, daß vielmehr diese im gegebenen Falle in die besonderen militärischen Strafarten — Arrest, Festungsstrafe, Festungshaft — nach einem gesetzlich festgestellten Verhältnis umgewandelt werden mußten. Bei den Beratungen dieses Entwurfes im Reichstag und der von demselben eingesetzten Kommission wurde jedoch als der oberste und alle übrigen Rücksichten beherrschende Gedanke erklärt, „das Militärrecht mit den leitenden Grundsätzen des bürgerlichen Rechtes in Einklang zu bringen, soweit dieses irgend tunlich schien." Demzufolge wurde auch zum Strafsystem des bürgerlichen Strafgesetzbuchs — Gefängnisstrafe und Festungshaft — zurückgegriffen und das Prinzip durchgeführt, daß gegen Militärpersonen auch wegen militärischer Straftaten im Falle der Konkurrenz mit gemeinem Vergehen auf die Strafarten des bürgerlichen Strafrechts erkannt werden könne. Den militärischen Verhältnissen wurde jedoch hierbei insofern Rechnung getragen, als die wegen *militärischer* Vergehen verwirkte Freiheitsstrafe bis zu sechs Wochen als *Arrest* — Stubenarrest, gelinder, mittlerer und strenger Arrest — zu *erkennen* und zu verbüßen ist (§§ 16, 17, 19 ff. MStGB.). Die Arreststrafe ist sonach die einzige spezifisch *militärische* Freiheitsstrafe. Indem sie den anderen beiden Strafarten — Gefängnis und Festungshaft — im Gesetz ausdrücklich gegenübergestellt worden ist (§ 16 Abs. 1 MStGB.), wird sie gleichfalls als eine besondere Straf*art* anerkannt. Indem ferner das Gesetz ein Verhältnis dieser besonderen Strafart zu den wegen bürgerlicher Vergehen verwirkten Freiheitsstrafen von gleicher Dauer nicht festgestellt hat, wird zum Ausdrucke gebracht, daß auch in dieser Beziehung das vorgedachte Prinzip Geltung hat, daß mithin die militärischen Arreststrafen den bürgerlichen Freiheitsstrafen von gleicher Dauer gesetzlich gleichstehen.

Diese Auffassung hat das Reichsmilitärgericht bereits in dem I. Ergebnisse der von ihm gemäß § 113 MStGO. vorgenommenen Prüfung vertreten, indem es dort unter Nr. 117, betr. § 54 MStGB., § 74 RStGB. den Grundsatz aufgestellt hat:

> „Treffen Gefängnisstrafen und Arreststrafen zusammen, so sind diese *Strafarten gleichwertig*. Als Einsatzstrafe gilt die ihrer Dauer nach längste."

Wenn sonach im gegebenen Falle eine Arreststrafe und eine wegen einer bürgerlichen Straftat verwirkte Freiheitsstrafe von *gleicher Dauer* zusammentreffen, so ist dem Richter unbenommen, nach Würdigung der strafrechtlichen Schwere der einzelnen Handlungen die Straferhöhung bei der Arreststrafe oder der anderen Freiheitsstrafe eintreten zu lassen und somit als Gesamtstrafe auf Arrest oder die andere Strafart zu erkennen. Sind aber die wegen der militärischen und der bürgerlichen Vergehen festgesetzten Arrest- und Freiheitsstrafen *ihrer Dauer nach verschieden*, so ist die der Dauer nach längste Strafe als Einsatzstrafe zu nehmen und als Gesamtstrafe auf die Strafart dieser Einzelstrafe zu erkennen. Der Bemessung der Gesamtstrafe sind nun durch den zweiten Satz des § 54 Abs. MStGB. insofern Grenzen gezogen, als die Gesamtstrafe in keinem Falle den gesetzlich zulässigen Höchstbetrag der zu verhängenden Straf*art* übersteigen darf. Falls daher die Einsatzstrafe Arrest ist, ist im Hinblick darauf, daß Arrest eine besondere Straf*art* ist, die Dauer der Gesamtstrafe durch den gesetzlich zulässigen Höchstbetrag dieser Strafart begrenzt (§§ 17 Abs. 1, 24 zweiter Satz MStGB.).

Die Theorie und Praxis hat, soweit bekannt, überwiegend die in den vorstehenden Ausführungen dargelegte Rechtsauffassung vertreten; dies ist namentlich von seiten der Preußischen Militärgerichte unter Allerhöchster Zustimmung von je der Fall gewesen.

Die für die gegenteilige Meinung geltend gemachten Gründe vermag der erkennende Senat nicht als durchschlagend zu erachten.

Diese Meinung stützt sich in der Hauptsache auf die Ausführungen des Schriftführers der Kaiserlichen Immediatkommission zur Beratung des Militärstrafgesetzbuchs, Dr. Rubo, in dessen Textausgabe zum MStGB., Anm. 2 zu § 54, S. 84, letzter Absatz, bis S. 87. Rubo geht davon aus, daß die Arreststrafen für besondere S t r a f a r t e n nicht zu erachten seien, daß vielmehr nur die V o l l s t r e c k u n g bei ihnen besonders geregelt sei (S. 55, Anm. 2 zu § 17), und begründet diese Annahme durch Bezugnahme auf folgende Erwägungen:

> „Der Gesetzgeber habe im § 54 a. a. O. die Angabe eines Verhältnisses der Arreststrafen zu den anderen Freiheitsstrafen unterlassen. Der Richter müsse daher davon ausgehen, daß eine solche Angabe überhaupt nicht notwendig gewesen. Dies vermöge er auf Grund der Erwägung, daß die Arreststrafen als der nach unten sich erstreckende Abschluß der „Freiheitsstrafen", im Sinne des Militärstrafgesetzbuchs, ihrem Wesen nach die Ausläufer der Festungshaft und des Gefängnisses bilden. Für das Zutreffende dieser Annahme spreche nicht bloß der Umstand, daß der Höchstbetrag des Stubenarrestes, des gelinden und des mittleren Arrestes mit dem Mindestbetrage der Festungshaft und des Gefängnisses unmittelbar an einander grenzen, es komme hinzu, daß der Gesetzgeber selbst jenen Gedanken zum Ausdrucke gebracht habe. Obgleich nämlich § 54 Abs. 1 vorschreibe:
>
> „Die Gesamtstrafe darf in k e i n e m Falle den gesetzlich zulässigen Höchstbetrag der zu verhängenden Straf a r t übersteigen",
>
> so bestimme dennoch § 54 Abs. 2:
>
> „Bestehen die zusammentreffenden Freiheitsstrafen nur in Arreststrafen, so darf auch die Gesamtstrafe nur in Arrest bestehen."
>
> Durch diese beiden Anordnungen habe der Gesetzgeber dargetan, daß er die Arreststrafen n i c h t für besondere Straf a r t e n erachte. Wäre nämlich der Arrest eine besondere Straf a r t, so würde die Vorschrift des Abs. 2 durch Abs. 1 vollständig erschöpft und somit überflüssig sein, da nach Abs. 1 gerade beim Zusammentreffen von nur Arreststrafen eine andere als gleichfalls bloß in Arrest bestehende Gesamtstrafe ausgeschlossen sei.
>
> Indem nun der Gesetzgeber die Vorschrift des Abs. 2 aufgestellt habe, habe er zum Ausdrucke gebracht, es müßte dem Strafensysteme des MStGB. zufolge auch beim Zusammentreffen von nur Arreststrafen nicht auf eine in Arrest, sondern auf eine in Gefängnis oder Festungshaft bestehende Gesamtstrafe erkannt werden, wenn bei Erhöhung der verwirkten schwersten Arreststrafe der gesetzlich zulässige Höchstbetrag des Arrestes überschritten werde."

Diesen Ausführungen vermag der erkennende Senat nicht beizutreten. Derselbe geht zwar, wie schon dargelegt worden ist, gleichfalls davon aus, daß die Angabe eines Verhältnisses der Arreststrafen zu den anderen Freiheitsstrafen in § 54 MStGB. nicht notwendig war, allein nicht um deswillen, weil die Arreststrafen „als der nach unten sich erstreckende Abschluß" der Freiheitsstrafen im Sinne des MStGB. die Ausläufer der Festungshaft und des Gefängnisses bilden, sondern weil sie als besondere, dem Gefängnis und der Festungshaft gleichwertige Strafarten sich darstellen.

Wenn Rubo seine Meinung, daß die Arreststrafen Ausläufer der Festungshaft und des Gefängnisses seien, darauf stützt, daß der Höchstbetrag des Stubenarrestes, des gelinden und des mittleren Arrestes mit dem Mindestbetrage der Festungshaft und des Gefängnisses unmittelbar aneinander grenzen, so trifft diese Begründung beim strengen Arreste, dessen Höchstbetrag vier Wochen beträgt, nicht zu. Schon dieser Umstand läßt die Begründung Rubos nicht als stichhaltig erscheinen.

Weiter kann aber auch nicht anerkannt werden, daß der gegenteilige Gedanke vom Gesetzgeber selbst durch die Aufstellung der vorgedachten beiden Sätze zum Ausdrucke gebracht worden sei oder zum Ausdrucke hätte gebracht werden sollen. Es ist zwar richtig, daß — wenn man die Arreststrafen als besondere Strafarten ansieht — die Vorschrift des Abs. 2 des § 54 a. a. O. bereits in derjenigen des Abs. 1 grundsätzlich enthalten ist. Allein für den Gesetzgeber lag eine besondere Veranlassung vor, dessenungeachtet diese Vorschrift noch ausdrücklich aufzustellen. Dies ergibt die Entstehungsgeschichte dieser Gesetzesstelle. Diese Vorschrift ist nämlich aus dem dem Reichstage vorgelegten Regierungsentwurfe wörtlich herübergenommen worden.

Die besondere Aufstellung ist aber in den Motiven zu dieser Gesetzesstelle — zum § 65 des Entwurfes S. 84 — wie folgt gerechtfertigt worden:

> „Daß beim Zusammentreffen von nur Arreststrafen die Gesamtstrafe auch nur in Arrest bestehen dürfe, glaubte § 65 Abs. 2 um so mehr bestimmen zu sollen, als die Vorschrift von § 79 Teil I des preußischen Militärstrafgesetzbuchs, daß in einem solchen Falle die Gesamtstrafe auch in Festungsstrafe bestehen könne, sich als zu hart erwiesen hat."

Der Gesetzgeber wollte mithin mit der ausdrücklichen Aufstellung dieser Vorschrift einer unzutreffenden Auslegung des Gesetzes vorbeugen, eine Maßnahme, welche um so erforderlicher erschien, als in dem bis dahin geltenden MStGB. eine solche Auffassung geradezu zum Gesetz erhoben war (vgl. Herbst, Studien zum MStGB. S. 40 ff.).

Die Begründung, welche Rubo für seine Meinung von dem Charakter der Arreststrafen gibt, erscheint sonach auch in diesem Punkte nicht haltbar. Im Gegenteil ist gerade in der hier fraglichen Vorschrift des § 54 Abs. 2 Satz 1 MStGB. der vornehmlichste und unzweideutigste Beweis für die Annahme gefunden worden, daß die Arreststrafe als besondere Straf*art* zu gelten habe (vgl. Koppmann, Komm. zum MStGB., Anm. 3 Abs. 2 und 3 zu § 19 MStGB.).

Hierzu kommt, daß für die hier vertretene Auffassung, nach welcher den Arreststrafen der Charakter einer besonderen Strafart im Strafensysteme des MStGB. zukommt, der § 53 MStGB. — wie bereits das Oberkriegsgericht hervorgehoben hat, und Herbst a. a. O. S. 44, 45 ausführt — ein bedeutungsvolles Moment gib.

§ 53 MStGB. lautet:

„Wo dieses Gesetz eine erhöhte Freiheitsstrafe androht, kann dieselbe das Doppelte der für das betreffende Verbrechen oder Vergehen angedrohten Freiheitsstrafe erreichen; sie darf jedoch den gesetzlich zulässigen Höchstbetrag der zu verhängenden Strafart nicht übersteigen (§§ 16, 17, 24)."

Aus den im Gesetz in Klammern beigefügten Paragraphen ergibt sich dieser zulässige Höchstbetrag für die einzelnen Strafarten. Zunächst zählt § 16 die Freiheitsstrafen des MStGB. — Gefängnis, Festungshaft, Arrest — auf und bestimmt den Höchstbetrag der ersteren Strafarten, während § 17 die Zeitdauer des gelinden Arrestes regelt, § 24 endlich, welcher die Vollstreckung der Arreststrafen betrifft, normiert den Höchstbetrag des strengen Arrestes — vier Wochen.

Indem nun das Gesetz im § 53 vom gesetzlich zulässigen Höchstbetrage der zu verhängenden Strafart spricht und auf § 24, der diesen Höchstbetrag für den strengen Arrest bestimmt und nur wegen dieser Bestimmung in Bezug genommen sein kann, verweist, erkennt es bestimmt an, daß der strenge Arrest eine der Strafarten ist, deren Höchstbetrag nicht überschritten werden darf. Hat dieses aber für den strengen Arrest zu gelten, so trifft das gleiche auch für die anderen Arreststrafarten zu. Eine Unterscheidung in dieser Richtung zu machen, ist nach dem ganzen Systeme des MStGB. ausgeschlossen. Sind die Arreststrafen aber im § 53 MStGB. als besondere Strafarten im Verhältnisse zu den anderen Freiheitsstrafen anerkannt, so hat dasselbe auch für den unmittelbar folgenden § 54 zu gelten, insofern hier von dem gesetzlich zulässigen Höchstbetrage der zu verhängenden Strafart die Rede ist.

Allein ganz abgesehen hiervon, läßt schon, wie oben dargelegt worden ist, die Entstehungsgeschichte des MStGB. und die bestimmte Fassung des § 16 Abs. 1 desselben die Annahme gerechtfertigt erscheinen, daß die Arreststrafen besondere Strafarten sind. Hierfür spricht auch der Umstand, daß sie in Ansehung der Vollstreckung und der mit ihr in der Regel nicht verknüpften Ehrenstrafen als ein von der Gefängnisstrafe und der Festungshaft ganz verschiedenes Strafmittel sich darstellen, ebenso wie die beiden letzteren Strafarten, welche gleichfalls zu den Freiheitsstrafen des § 16 Abs. 1 gehören, voneinander verschieden sind. Die Annahme des entgegengesetzten Grundsatzes könnte nur dann gerechtfertigt erscheinen, wenn derselbe im Gesetz ausdrücklich ausgesprochen worden wäre. Dieses ist aber an keiner Stelle geschehen.

Diese Arreststrafen sind nun aber, wie weiter bereits ausgeführt worden ist, nicht nur besondere, sondern auch dem Gefängnisse gleichwertige Strafarten. Die von der Revision in dieser Richtung in Bezug genommenen Entscheidungen des Reichsgerichts können, wie das Oberkriegsgericht mit Recht bereits hervorgehoben hat, für die hier zur Entscheidung gestellte Frage nicht maßgebend sein, weil dieselben von Gesichtspunkten aus erfolgt sind, die im vorliegenden Falle nicht zutreffen.

Die Revision war nach alledem, dem Antrage des Obermilitäranwaltes entsprechend, als unbegründet zu verwerfen.

II. **Geldstrafe als Nebenstrafe?** E. XXIX 235:

Da nach § 44 Abs. 1 das versuchte Verbrechen oder Vergehen milder zu bestrafen ist, als das vollendete, so können die Strafandrohungen, welche das StGB. bezüglich der vollendeten Verbrechen und Vergehen enthält, auf den Versuch nicht erstreckt werden. Die besondere gesetzliche Regelung, deren die Versuchsstrafen hiernach bedürfen, ist in den folgenden Absätzen des § 44 und in § 45 getroffen. Nachdem in dem zweiten und dritten Absatze des § 44 die Strafen des versuchten Verbrechens in den Fällen bezeichnet sind, in welchen das vollendete Verbrechen mit dem Tode oder mit lebenslänglichem Zuchthaus oder mit lebenslänglicher Festungshaft bedroht ist, bestimmt der vierte Absatz, daß in den übrigen Fällen die Strafe bis auf ein Vierteil des Mindestbetrages der auf das vollendete Verbrechen oder Vergehen angedrohten Freiheits- und Geldstrafe ermäßigt werden kann, und schreibt der § 45 vor, daß, wenn neben der Strafe des vollendeten Verbrechens oder Vergehens die Aberkennung der bürgerlichen Ehrenrechte zulässig oder geboten ist, oder auf Zulässigkeit von Polizeiaufsicht erkannt werden kann, gleiches bei der Versuchsstrafe gilt. In dem Urteile des Reichsgerichts vom 12. November 1885, Entsch. des RG. in Straff. Bd. 13 S. 76, ist ausgeführt, daß bei dieser im Gegensatze zu der preußischen und französischen Strafgesetzgebung stehenden Gestaltung der Versuchsstrafe im deutschen Strafgesetzbuche der Richter bei der Festsetzung der Strafe des Versuchs aus der für das vollendete Verbrechen oder Vergehen gegebenen Strafandrohung keine anderen Nebenstrafen entnehmen dürfe, als die Aberkennung der bürgerlichen Ehrenrechte und die Zulässigkeit von Polizeiaufsicht. Aus dem Gesichtspunkte, daß bei dem Versuch Nebenstrafen außer den im § 45 bezeichneten regelmäßig nicht statthaft sind, muß auch die Frage entschieden werden, ob es zulässig ist, bei einer Verurteilung wegen versuchten Betruges aus den §§ 263, 43, 44, 45 StGB. neben der Gefängnisstrafe auf Geldstrafe zu erkennen. Als Hauptstrafe ist die Geldstrafe gekennzeichnet im § 1 StGB. durch die Bestimmung:

> „Eine mit Festungshaft bis zu fünf Jahren, mit Gefängnis oder mit Geldstrafe von mehr als 150 Mk. bedrohte Handlung ist ein Vergehen. — Eine mit Haft oder mit Geldstrafe bis zu 150 Mk. bedrohte Handlung ist eine Übertretung."

In Übereinstimmung hiermit bemerken die Motive zu dem Entwurfe des Strafgesetzbuchs: „In der Reihe der gegen Verbrechen und Vergehen angedrohten Strafen bilden die Todesstrafe, Zuchthaus, Festungshaft, Gefängnis und Geldstrafe die Hauptstrafen; die anderen Strafarten sind nur Nebenstrafen und können daher (mit der bezüglich der Einziehung im § 40 bestimmten Ausnahme) nicht als selbständig für sich bestehende, sondern immer nur in Verbindung mit einer jener Hauptstrafen verhängt werden" (Motive S. 22). Dem entsprechen die im ersten Abschnitte des ersten Teiles des Strafgesetzbuchs enthaltenen Bestimmungen.

Allgemein anerkannt und unbezweifelt ist die Beschaffenheit der Geldstrafe als Hauptstrafe in denjenigen Fällen, in welchen sie das Strafgesetzbuch allein oder wahlweise mit einer Freiheitsstrafe androht, streitig dagegen in der Theorie, ob die Geldstrafe als Hauptstrafe auch dann anzusehen ist, wenn sie kumulativ mit einer Freiheitsstrafe angedroht wird. Die Annahme, daß eine Strafe, welche in dem allgemeinen Teile des Strafgesetzbuchs als Hauptstrafe aufgeführt und behandelt ist, in dem besonderen Teile bald im Einklang mit dem Systeme als Hauptstrafe, bald unter Abstreifung dieses Charakters als Nebenstrafe behandelt sein sollte, bedarf zu ihrer Begründung jedenfalls eines unzweideutigen Ausdrucks in dem Gesetze. Fehlt es an einem solchen, so muß angenommen werden, daß die Strafe den Charakter, welcher ihr im allgemeinen beigelegt ist, auch in den besonderen Fällen behalten hat.

Die kumulative Androhung der Geldstrafe ist eine verschiedene, je nachdem sie obligatorisch oder nur fakultativ erfolgt. Eine obligatorische Androhung ist enthalten in den §§ 264 Abs. 1, 265 Abs. 1, 302 a—d, 349 in der Form, „— wird mit Zuchthaus (Gefängnis) und zugleich mit Geldstrafe bestraft." Aus der Form und dem Inhalte dieser Vorschriften ist dafür, daß die in demselben angedrohte Geldstrafe als Nebenstrafe gelten soll, nichts zu entnehmen, vielmehr ist durch Inhalt, Satzfügung und Wortfassung die Geldstrafe der Freiheitsstrafe völlig gleichgestellt und zum Ausdruck gebracht, daß die angedrohte Strafe sich aus 2 Faktoren, Freiheits- und Geldstrafe, zusammensetzt, welche in ihrer Verbindung die von dem Gesetzgeber gewollte Hauptstrafe bilden.

Anders gefaßt ist allerdings der hier in Betracht kommende erste Absatz des § 263:

> „Wer ......, wird wegen Betrugs mit Gefängnis bestraft, neben welchem auf Geldstrafe bis zu 3000 Mk., sowie auf Verlust der bürgerlichen Ehrenrechte erkannt werden kann."

Allein auch diese Fassung berechtigt nicht zu der Folgerung, daß der Gesetzgeber gewillt gewesen ist, die Geldstrafe ihres Charakters als Hauptstrafe zu entkleiden. Eine Strafe, die n e b e n einer anderen erkannt werden kann, ist nach dem Sprachgebrauche und der Bedeutung der Präposition „neben" eine solche, die in gleicher Linie mit der anderen, derselben zur Seite, erkannt werden kann. In einer anderen Bedeutung als der gewöhnlichen gebraucht auch das Strafgesetzbuch die Präposition nicht; so heißt es § 28 Abs. 3: „War neben der Geldstrafe auf Zuchthaus erkannt, so ist die an deren Stelle tretende Gefängnisstrafe nach Maßgabe des § 21 in Zuchthaus umzuwandeln". Hier wird also von den erkannten Strafen z u e r s t die Geldstrafe und n e b e n derselben eine unzweifelhafte Hauptstrafe, Zuchthaus, aufgeführt. Ebensowenig ist dadurch, daß in der Satzfügung des ersten Absatzes des § 263 der Geldstrafe eine unzweifelhafte Nebenstrafe, Verlust der bürgerlichen Ehrenrechte, unmittelbar angegliedert wird, ausgedrückt, daß Geld- und Ehrenstrafe in ihrer Bedeutung gleichgestellt und beide als Nebenstrafen angesehen werden sollen. Dagegen wird in dem zweiten Absatze des § 263: „Sind mildernde Umstände vorhanden, so kann ausschließlich auf die Geldstrafe erkannt werden", die in dem vorhergehenden Absatze kumultativ und fakultativ angedrohte Geldstrafe, losgelöst von ihrer Verbindung mit der Gefängnisstrafe, als die allein anzuwendende Hauptstrafe bezeichnet.

Es muß deshalb angenommen werden, daß die fakultative Geldstrafe des ersten Absatzes des § 263 ihren selbständigen Charakter bewahrt hat, dergestalt, daß, wenn die Geldstrafe neben der Gefängnisstrafe verhängt wird, beide Strafen als gleichbedeutsame Faktoren nebeneinander treten und in ihrer Verbindung die Hauptstrafe darstellen. Im Einklange hiermit steht der Wortlaut des § 44 Abs. 4, welcher von der Ermäßigung der angedrohten Freiheits- und Geldstrafe spricht und in dieser Fassung die im § 263 Abs. 1 kumultativ und fakultativ angedrohte Geldstrafe umfaßt. Demnach ist es zulässig, wegen versuchten Betrugs neben der Gefängnisstrafe auf eine Geldstrafe zu erkennen, welche das Gesetz als ein wirksames Strafmittel ansieht, um die gewinnsüchtige Absicht zu treffen und niederzuhalten.

III. **Öffentliche Bekanntmachung der Verurteilung.** E. VI 180 (vgl. auch XIV 327):

Der Tatbestand zweier Fälle der Majestätsbeleidigung in idealer Konkurrenz mit der Beleidigung des Fürsten Bismarck, das Vorhandensein zweier selbständiger Handlungen und die Öffentlichkeit der Beleidigung sind ohne erkennbaren Rechtsirrtum festgestellt. Zweifelhaft ist nur die von der Revision noch angeregte Frage, ob die Publikationsbefugnis mit Recht erteilt ist.

Nach § 73 StGB. kommt, wenn eine und dieselbe Handlung mehrere Strafgesetze verletzt, nur dasjenige Gesetz, welches die schwerste Strafe androht, zur Anwendung. Bestritten ist, ob hier unter dem die schwerste Strafe androhenden Gesetze nur die Strafandrohung oder sämtliche Bestimmungen des Gesetzes, mögen sie auch eine Strafe nicht androhen, zu verstehen sind. Diese Streitfrage bedarf indes im vorliegenden Falle keiner Erörterung. Denn nach der ersteren Auslegung muß im Falle der Idealkonkurrenz der Majestätsbeleidigung mit der einfachen Beleidigung, weil § 95 eine schwere Strafe androht, als § 185 StGB., die bei dem ersteren Vergehen nicht zulässige Urteilsbekanntmachung in Wegfall treten, sofern dieselbe als Strafe im Sinne des § 73 aufzufassen ist, und dieser Auffassung muß beigetreten werden.

Das Gesetz unterscheidet nicht zwischen öffentlicher und Privatstrafe. Es ist daher nicht von Belang, ob die Bekanntmachung der Verurteilung in einer oder der anderen Beziehung von denjenigen Strafen abweicht, welche ausschließlich den Charakter der öffentlichen Strafe tragen. Entscheidend ist vielmehr, ob diese Maßnahme als ein dem Gesetzesübertreter wegen Bruches der Rechtsordnung im öffentlichen Interesse angedrohtes Übel zu gelten hat und daher ihrem Wesen nach sich als Strafe darstellt. Dafür sprechen aber folgende Momente:

Unzweifelhaft ist die öffentliche Bekanntmachung einer Verurteilung geeignet, das durch die Hauptstrafe verhängte Leiden zu erhöhen, indem sie eine Beschämung des Schuldigen innerhalb des Kreises seiner Bekannten herbeiführt. Die gemeine Ansicht findet daher in der Bekanntmachung ein Strafübel. Ob dem einzelnen seiner Individualität nach das Übel sich als ein solches fühlbar macht, läßt den Begriff der Strafe unberührt.

Der pönale Charakter der Urteilsbekanntmachung tritt ferner darin hervor, daß die Kosten derselben nach § 200 StGB. dem Verurteilten zur Last fallen, ihm also zwangsweise eine pekuniäre Einbuße auferlegt wird.

Weiter spricht für diese Auffassung das im § 200 a. a. O. enthaltene Gebot für den Richter, unabhängig von einer Anregung des Beleidigten die Befugnis im Strafurteil zuzuerkennen, nicht minder die maßgebende Bestimmung des Strafrichters über die Art der Bekanntmachung und die Frist zu derselben.

Dazu tritt die Verpflichtung der mit Handhabung der Strafrechtspflege betrauten Behörden, auf Nachsuchen des Beleidigten die zur Vollstreckung der Maßregel erforderliche Hilfe zu leisten.

Unleugbar steht die Ermächtigung zur Veröffentlichung mit dem in der früheren deutschen Praxis ausgebildeten Institute der Abbitte und der Ehrenerklärung, bezw. des Verweises und Widerrufes im Zusammenhange. Diese Maßnahmen bezweckten aber neben der dem Beleidigten zu gewährenden Genugtuung die Demütigung des Beleidigers und wurden deshalb als Strafen angesehen, wobei im wesentlichen nur darüber Streit bestand, ob sie öffentliche Strafen, Privatstrafen oder ein Gemisch beider Strafnormen wären.

In Preußen behandelt ALR. I 6 unter der Rubrik: „Von den Pflichten und Rechten, welche aus unerlaubten Handlungen entstehen" die Lehre vom Schadensersatz, auch Genugtuung genannt, bemerkt aber im § 130 daselbst: „Die bei verübten Ehrenkränkungen zu leistende Privatgenugtuung ist im Kriminalrecht geregelt." Dort (II: 20. §§ 584 ff.) wurde diese, außer dem Ersatze für den an dem Körper oder an äußeren Glückumständen verursachten Schaden, durch Verweis, Abbitte, Ehrenerklärung zu gewährende Genugtuung genauer geregelt und daneben öffentliche Strafe angeordnet. Die preuß. Kabinettsordre vom 1. Febr. 1811 (GS. S. 149) hob „die sogenannte Privatgenugtuung", als in der Ausübung nachteilig und nur zu neuen Beleidigungen und Prozessen Veranlassung gebend, unter der Motivierung auf:

„Die Strafe, welche gegen den Beleidiger erkannt wird, ist für den Beleidigten eine hinlängliche Genugthuung; es muß ihm außerdem freistehen, eine Ausfertigung der Urteilsformel auf Kosten des Beleidigers zu verlangen und bei Beleidigungen, die durch Pasquille zugefügt worden, die erkannte Strafe öffentlich bekannt zu machen. Ich will daher die .... auf die Privatgenugtuung Bezug habenden Dispositionen .... hierdurch aufheben, dergestalt, daß in Zukunft in allen Injuriensachen nur auf die von dem Beleidiger verwirkte Strafe und auf keine sonstige Privatgenugtuung erkannt werden soll."

Auf diesem Standpunkte steht auch das preuß. StGB. § 163. Die preußische Doktrin und Praxis faßten demgemäß die fragliche Veröffentlichung als Teil der Strafe oder doch als Privatstrafe auf. Mit jenem § 163 stimmt aber § 200 RStGB. in seiner ursprünglichen Fassung fast wörtlich überein und die durch das Gesetz vom 26. Febr. 1876 herbeigeführte Änderung ist für den Charakter der Veröffentlichung ohne Belang.

Dieser Auffassung wird vorzugsweise entgegengesetzt, die Urteilsbekanntmachung im Falle des § 200 StGB. habe die Natur einer dem Verletzten behufs Ersatz des ideellen Schadens zu gewährenden Genugtuung. Allein ein prinzipieller Gegensatz zwischen Strafe und Genugtuung besteht nicht, im Verhältnisse zueinander schließt keiner dieser Begriffe den anderen aus. Von dieser Auffassung geht die erwähnte Kabinettsordre vom 1. Februar 1881 aus, indem sie in der Geld- und Freiheitsstrafe für den Beleidigten eine Genugtuung, für den Beleidiger eine Strafe erblickt. Ist daher auch im § 200 die Veröffentlichung der Verurteilung in der Absicht zugelassen, dem Beleidigten eine Genugtuung zu verschaffen, so ändert dieser Zweck doch nicht die Natur des dem Beleidiger angedrohten Übels. Auch läßt sie nicht behaupten, daß die Genugtuung allein dem Verletzten geleistet werde, denn der Staat gewährt durch seine Organe die Genugtuung als Sühne für die verletzte Rechtsordnung.

Diesen Erwägungen gegenüber fällt nicht ins Gewicht, daß § 200 StGB. es dem zunächst Beteiligten überläßt, von der ihm erteilten Befugnis Gebrauch zu machen. Denn dieses Recht ist nur eine weitere Ausdehnung des nach § 194 StGB. dem Beteiligten zustehenden Rechtes, durch Unterlassung des Antrages auf Strafverfolgung die Bestrafung zu hindern.

Ebensowenig kann dem Umstande Bedeutung beigemessen werden, daß T. I Abschn. 1 StGB. unter den dort aufgezählten Strafarten der Veröffentlichung der Verurteilung nicht gedenkt, weil dort auch andere Strafen, deren Charakter nicht in Zweifel gezogen werden kann, als der Verweis, die Überweisung an die Landespolizeibehörde, die Entziehung der Befähigung zur Beschäftigung im Eisenbahn- oder Telegraphendienste, nicht aufgezählt sind.

Endlich läßt sich auch gegen den pönalen Charakter der Urteilsbekanntmachung nicht geltend machen, daß diese Vorschrift der Bekanntmachung neben der „Strafe" gedenkt; denn dieses Wort verweist nur auf die in den §§ 185, 186, 187, 189 festgesetzten Hauptstrafen.

Zugegeben ist allerdings, daß das Prinzip der absoluten Exklusivität des härtesten Strafgesetzes, wie es im § 73 StGB. ausgesprochen ist, zu höchst bedenklichen Konsequenzen führt, insbesondere auch die in Fällen der vorliegenden Art zu ziehende Konsequenz dem Rechtsgefühle widerstrebt. Derartige Erwägungen können aber dem unbedingten Gesetzesgebote gegenüber eine Bedeutung für den Richter nicht beanspruchen.

Aus diesen Gründen ist das Urteil, insoweit es die Publikationsbefugnis erteilt, aufgehoben und in der Sache selbst der Wegfall dieser Befugnis erkannt.

In Konsequenz dieser Grundsätze, führt E. XVI 73 aus:

Das Gesetz will diese Strafe nur, wenn der Verletzte, Beleidigte, fälschlich Beschuldigte, sie will; es spricht dem Verletzten nur die Befugnis der öffentlichen Bekanntmachung zu; es überläßt ihm, von derselben Gebrauch zu machen, oder nicht, und zwar auch im § 165 StGB., obwohl es in diesem Falle die Strafverfolgung von dem Willen des Verletzten nicht abhängig macht. Der Gesetzgeber gibt dadurch zu erkennen, daß er das öffentliche Interesse bei der öffentlichen Bekanntmachung nicht für beteiligt ansieht. Dadurch gewinnt die Strafe der öffentlichen Bekanntmachung die Natur einer Strafe lediglich zur Genugtuung des Verletzten auch bei dem der Ehrverletzung überdies nahe verwandten Vergehen der falschen Anschuldigung.[1])

Kap. 2. Die strafbare Handlung.

A. Das Delikt als Handlung.

§ 8. I. Der Begriff der „Handlung".

Beling § 22, Berner § 62 ff., Binding Gr. I § 37, v. Liszt § 28, H. Meyer § 20, Frank und Olshausen zu § 1 StGB.

I. E. XI 58:

Von „Handlung" im Sinne des Strafmaßes kann nur dann die Rede sein, wenn das, was eine Person äußerlich tat, seinen Ursprung in dem freien Willen dieser Person hatte. Daher sind Handlungen einer Person, deren freie Willensbestimmung durch Geisteskrankheit ausgeschlossen war, nicht Handlungen im Sinne des Strafrechts. Wenn man sagt, eine solche Person sei für ihre Handlungen nicht verantwortlich oder es seien ihre Handlungen ihr nicht zuzurechnen, oder sie seien keine Verbrechen oder Vergehen, so drückt dies nur eine rechtliche Konsequenz davon aus, daß die Person in Wahrheit gar nicht gehandelt hat; was sie tat, trug nach dem vorstehend referierten Ausdrucke der preußischen Materialien nicht nur bloß den Schein eines Verbrechens, sondern auch bloß den Schein einer Handlung an sich. Die Worte des § 51 StGB.: „eine strafbare Handlung ist nicht vorhanden", können daher nicht dahin verstanden werden, es sei zwar eine Handlung im Rechtssinne, aber nicht eine strafbare Handlung vorhanden, sondern haben an dieser Stelle des Gesetzbuches den Sinn, daß im Sinne des Strafrechtes keine Handlung vorhanden ist.

II. **Trunkenheit im Militärstrafrecht.** RMG. II 93 führt aus:

Unter den die freie Willensbestimmung ausschließenden Zuständen von Bewußtlosigkeit (StGB. § 51) habe das Gesetz abnorme, vorübergehende Störungen des Selbstbewußtseins verstanden, und solche könnten unbestritten auch durch einen hohen Grad von Trunkenheit herbeigeführt werden. Dieser Satz gelte auch für das Militärstrafrecht.

Wenn § 49² MStGB. bestimme, daß bei gewissen strafbaren Handlungen die selbstverschuldete Trunkenheit keinen Strafmilderungsgrund abgeben soll, so greife er nicht in § 51 StGB. ein.

---

[1]) Ebenso Beling § 14 I 2. Abweichend v. Liszt § 58, welcher die öffentliche Bekanntmachung als Privatgenugtuung im Sinne von idealer Entschädigung des Verletzten auffaßt.

§ 9. II. Der Kausalzusammenhang.

Beling § 23, Berner § 62, Binding Gr. I § 58, v. Liszt § 29, H. Meyer § 28, Frank zu § 1 IV.

I. **Ursache, Bedingung des Erfolges.** E. V 29 (vgl. XXVII 80[1]):

Die Dienstmagd K. befand sich im Dienste der Angeklagten. Der Vorrichter hat festgestellt, daß Angeklagte die K. mittelst eines Schlages oder Stoßes, den sie ihr mit der Faust in das linke Auge versetzt, an deren Körper beschädigt und daß diese Verletzung zur Folge gehabt, daß die Beschädigte des Sehvermögens auf dem linken Auge beraubt ist.

Die Revision behauptete u. a. unrichtige Anwendung des § 224 StGB. Der Angriff wurde als unbegründet erachtet.

Der Vorrichter stellt in den Gründen seiner Entscheidung fest, daß die Verletzte mit skrofulösem Leiden behaftet und zur Heilung einer Augenentzündung in letzterer Zeit in ein Krankenhaus aufgenommen, sowie, daß die natürliche Anlage derselben zu Skrofelkrankheiten den Verlauf der Erblindung wesentlich zu fördern geeignet gewesen sei. Es wird erwogen, daß, wenn selbst der gedachte krankhafte Zustand der Verletzten zu der eingetretenen Folge der Erblindung derselben so wesentlich mitgewirkt haben sollte, daß ohne das Vorhandensein dieser Schädlichkeit die in Rede stehende Körperverletzung überhaupt nicht, oder doch nicht in dem eingetretenen Maße würde herbeigeführt sein, die Angeklagte als Urheberin der Körperverletzung dennoch auch in diesem Falle für den Erfolg derselben in vollem Umfange zu haften habe, weil festgestellt sei, daß dieselbe mit dem krankhaften Zustande, der Neigung ihrer Dienstmagd zu Skrofeln, wohl bekannt gewesen sei.

Die Revision rügt, daß der Vorrichter mit Unrecht der Angeklagten den eingetretenen Erfolg in seiner ganzen Schwere zurechne, weil es dazu nicht allein der Feststellung der Kenntnis von dem Zustande der Verletzten, *sondern auch des Bewußtseins seitens der Angeklagten von der sich aus jenem krankhaften Zustande ergebenden Gefährlichkeit ihrer Handlung bedurft habe.*

Dieser Einwand der Revision ist indessen nicht angetan, die beantragte Aufhebung des Urteils wegen unrichtiger Gesetzesanwendung zu rechtfertigen, weil die von dem Instanzrichter angenommenen Voraussetzungen in betreff des Einflusses des zur Zeit der Tat bereits vorhandenen Krankheitszustandes der Verletzten auf den Erfolg der von der Angeklagten begangenen Körperverletzung nach keiner Richtung hin geeignet sind, den festgestellten Tatbestand des § 224 StGB. zu beseitigen.

Das Strafgesetzbuch hat die Strafe der Körperverletzung überwiegend nach dem Erfolge abgestuft und nach letzterem den Begriff der Unterarten der Körperverletzung bestimmt, ohne dabei der verschiedenen Willensrichtung des Täters eine andere Berücksichtigung zuzugestehen, als dieselbe bei der Strafzumessung ermöglicht wird.

---

[1]) Über die übrigen Kausalitätstheorien von v. Bar, Thon, Sigwart, Birkmeyer, Binding usw. s. v. Liszt § 29 V.

Auf dieser Auffassung beruhen insbesondere die Vorschriften der §§ 224, 226 StGB. — vgl. auch §§ 227, 178, 307 Nr. 1, 314, 315 Abs. 2 das. — nach welchen die schwere Qualifizierung des Tatbestandes der Körperverletzung, soweit der schwere Erfolg nicht in der Absicht des Täters gelegen hat, lediglich von der Folge, welche die Körperverletzung gehabt hat, § 224 a. a. O., dem verursachten Erfolge, § 226 a. a. O., abhängig gemacht ist.

Handelte es sich danach im gegebenen Falle zunächst um den ursächlichen Zusammenhang der Tat der Angeklagten mit dem eingetretenen Erfolge und somit um die Frage, ob die eingetretene Erblindung der Verletzten auf die begangene Körperverletzung als Ursache zurückzuführen sei, so erscheint in dieser Richtung die von dem Vorrichter getroffene Feststellung, „daß in Folge des vorsätzlichen Schlages oder Stoßes der Angeklagten in das linke Auge der Verletzten die Ablösung der Netzhaut desselben eingetreten sei, welche sodann die Erblindung herbeigeführt habe," entscheidend, da dieselbe weder an sich noch in ihrer Begründung einen Rechtsirrtum erkennbar macht.

Insbesondere steht jener Feststellung die von dem Vorrichter zugelassene Voraussetzung, daß ohne das Vorhandensein des mehrgedachten Krankheitszustandes der Verletzten die Erblindung derselben durch die ihr von der Angeklagten zugefügte Körperverletzung nicht herbeigeführt sein würde, nicht entgegen.

Die in der älteren strafrechtlichen Doktrin herrschend gewesene Anschauung, daß ein ursachlicher Zusammenhang zwischen einer menschlichen Handlung und dem eingetretenen Erfolge nur dann anzunehmen stehe, wenn letzterer sich als ein notwendiger, ausschließlich durch die Tat herbeigeführter darstellt, wenn er unmittelbar bewirkt wurde und wenn das Tun allgemein und in jedem Fall, nicht bloß wegen individueller Verhältnisse, die eingetretene Wirkung gehabt haben würde, ist unrichtig. Es kommt nicht darauf an, ob der Erfolg allein und unmittelbar durch das Handeln der Angeklagten herbeigeführt ist oder ob zur Hervorbringung desselben andere, vorhergesehene oder unvorhergesehene Umstände mitgewirkt haben. Nach richtigen strafrechtlichen Grundsätzen kann vielmehr nur verlangt werden, daß die Handlung des Täters sich unter denjenigen Faktoren befunden habe, auf welche der Erfolg als Ursache zurückzuführen ist, daß nicht die Wirksamkeit des Tuns durch eine fremde Kausalität unterbrochen worden ist. Hiervon kann aber in einem Falle nicht die Rede sein, in welchem die Tat, von der eingetretenen schweren Folge um deswillen begleitet gewesen ist, weil dieselbe eine Person betroffen hat, deren individuelle Anlage zu Augenkrankheiten zwar den Erfolg mitbedingt, aber jedenfalls nicht selbständig bewirkt hat.

Die Vorgeschichte der §§ 224, 226 StGB. bestätigt, daß diese Auffassung in betreff der Erfordernisse des ursachlichen Zusammenhanges dwischen Tat und Folge und der Bedeutung mitwirkender Zwischenursachen zem Strafgesetzbuche zugrunde liegt. Zwar ist die zur Feststellung des rechtlichen Begriffes der Letalität bestimmte, gegen die frühere Doktrin gerichtete Vorschrift des § 185 des preußischen Strafgesetzbuches, daß es bei Feststellung des Tatbestandes nicht in Betracht kommt, ob die Verletzung nur wegen der eigentümlichen Leibesbeschaffenheit des Getöteten oder wegen der zufälligen Umstände, unter welchen die Tat zugefügt wurde, den tötlichen Erfolg gehabt hat, welche bei gleichem inneren Grunde auch auf schwere Körperverletzungen Anwendung zu finden hatte, in das Strafgesetzbuch nicht aufgenommen, jedoch, wie aus den Motiven, vergl. Motive S. 112 ff., hervorgeht, nur, weil die Richtigkeit jenes früher vielfach bestrittenen Grundsatzes in der Rechtsprechung keinem Zweifel begegnen werde.

Der Angriff der Revision erscheint aber weiterhin auch insofern hinfällig, als derselbe darauf gestützt ist, daß unter den von dem Vorrichter festgestellten oder doch zugelassenen Voraussetzungen auch im Falle des festgestellten ursachlichen Zusammenhanges von Tat und Erfolg letzterer dennoch nicht in seinem ganzen Umfange auf den Willen der Angeklagten zurückzuführen und ihr mithin auch nicht in diesem Umfange zuzurechnen sei. In dieser Richtung erscheint die Auffassung des Vorrichters, insofern derselbe der Angeklagten den eingetretenen Erfolg nur um deshalb zuzurechnen zu dürfen vermeint, weil sie den zurzeit der Tat bereits vorhandenen Krankheitszustand, ohne dessen Mitwirkung jener Erfolg — wie als möglich unterstellt wird — nicht eingetreten sein würde, gekannt habe, als eine rechtsirrtümliche, und dasselbe gilt von der weitergehenden Ausführung der Revision, daß gegen die Angeklagte nicht allein der Nachweis jener Kenntnis, sondern auch der Einsicht und des Bewußtseins zu führen gewesen wäre, daß ihre Tat in Verbindung mit dem Krankheitszustande der Verletzten die eingetretene schädliche Folge herbeiführen könne.

Allerdings haben sich in der Wissenschaft Anschauungen geltend gemacht, welche der Ausführung der Revision zur Seite stehen, insofern behauptet wird, daß auch nach Vorschrift der §§ 224, 226 a. a. O. die Strafe der schweren Körperverletzung bezw. der Körperverletzung mit tödlichem Erfolge *nur dann anwendbar erscheine, wenn die eingetretene Wirkung dem Täter zur Fahrlässigkeit angerechnet werden könne.* Es wird im wesentlichen geltend gemacht, daß die Feststellung eines äußerlichen Zusammenhanges zwischen Tat und Folge nach allgemeinen fundamentalen und daher ausnahmslos anzuwendenden Grundsätzen des Strafrechts die Strafbarkeit niemals begründen könne, solange nicht der Erfolg durch den Willen des Täters vermittelt werde; die Zurechnung könne nicht weiter reichen als die Handlung; Kasus sei niemals zuzurechnen. Auch müsse aus der Schwere der angedrohten Strafe (Zuchthaus) geschlossen werden, daß das Gesetz insbesondere im Falle des § 224 StGB. nicht beabsichtigt haben könne, dem Täter auch den nicht voraussehbaren Erfolg zum Vorsatze anzurechnen.

Hierbei wird zunächst übersehen, daß auch in abstracto richtige allgemeine Grundsätze nicht entscheiden können, wenn ihre Anwendung durch gesetzliche Sanktion ausgeschlossen ist. In der Tat enthalten aber auch die Vorschriften der §§ 224 ff. a. a. O. keine Abweichung von den in bezug genommenen allgemeinen strafrechtlichen Grundsätzen. Richtig ist, daß die Bejahung des materiellen ursächlichen Zusammenhanges zwischen Tat und Wirkung noch nicht die strafrechtliche Zurechnung der letzteren bedingt, und daß nur die von dem schuldhaften Willen erfüllte Wirkung der Handlung die strafrechtliche Verantwortlichkeit für den Erfolg nach sich ziehen kann. Aber es liegt unzweifelhaft auf dem Gebiete der Aufgaben der Gesetzgebung, nach der Natur des einzelnen Deliktes die Grenzen der strafrechtlichen Verantwortlichkeit des Täters und das Maß der Zurechnung seines vorsätzlichen Handelns zu bestimmen. Es ist daher auch ein Verstoß gegen die allgemeinen Grundsätze des Strafrechts nicht darin zu erkennen, wenn das Gesetz mit Rücksicht auf die Eigentümlichkeit des Deliktes der Körperverletzung — welches erfahrungsmäßig immer die Gefahr schwererer Erfolge, als beabsichtigt und vorausgesehen worden, mit sich führt — dahin gelangt ist, den Täter bei der begriffsmäßigen Feststellung desselben für die Folgen seines vorsätzlichen Handelns, ohne Unterscheidung von Absicht, Fahrlässigkeit oder Zufall verantwortlich zu machen, wobei in Betracht kommt, daß von letzterem, da auch die schwereren nicht vorausgesehenen Erfolge auf eine schuldbare Tätigkeit zurückzuführen sind und durch Unterlassung derselben vermieden werden konnten, überhaupt nicht wohl die Rede sein kann. Daß nun das Strafgesetzbuch sich, nach dem Vorbilde des preußischen Strafgesetzbuches, von der Auffassung derjenigen älteren Gesetzgebungen, welche der Voraussichtlichkeit oder der Nichtvoraussichtlichkeit des Erfolges bei der Normierung des Tatbestandes der Körperverletzung besondere Rechnung tragen, mit Bewußtsein abgewendet hat und zum Tatbestande der schweren Körperverletzung neben dem Vorsatze der Körperverletzung überhaupt lediglich den wirklich eingetretenen Erfolg, nicht auch eine Fahrlässigkeit in Beziehung auf die Herbeiführung des letzteren erfordert, ergibt schon der Wortlaut und der Zusammenhang der §§ 224, 225, 226, sodann aber auch die Entstehungsgeschichte der in Frage kommenden Vorschriften.

Vergl., was die §§ 193, 194 des preußischen Gesetzbuches betrifft, Goltdammer, Mat. II S. 409—415.

Bei der Beratung des Entwurfs des deutschen Strafgesetzbuches im norddeutschen Reichstage aber ist bei Erörterung der Strafdrohung für die schwere Körperverletzung, ohne Widerspruch zu finden, von dem Abgeordneten Planck geltend gemacht worden, daß nach der Intention des Gesetzes nur die absichtliche Mißhandlung vorausgesetzt werde, ohne daß der Erfolg mit derselben in einem solchen Zusammenhange zu stehen brauche, daß er dem Täter zur culpa zuzurechnen sei.

II. **Keine Unterbrechung des Kausalzusammenhangs durch fahrlässige Mitwirkung eines anderen.** E. I 373 [1]):

Nach den tatsächlichen Feststellungen des angegriffenen Urteils hat die Angeklagte eine mit aufgelöstem Arsenik gefüllte gewöhnliche Wein- oder Rumflasche offen auf das Fensterbrett der Wohnstube gestellt und sich dann aus derselben entfernt, obgleich ihr bei einiger Aufmerksamkeit die Möglichkeit

[1]) Vgl. Birkmeyer, Über Ursachenbegriff und Kausalzusammenhang im Strafrecht, Gerichtssaal Bd. XXXVII 275, 331, 109.

zum Bewußtsein gekommen sein würde, daß während ihrer Abwesenheit ein Mensch, insonderheit ihr dem Trunke ergebener Ehemann, aus der Flasche trinken und an dem Genusse der Flüssigkeit sterben könne. Es trat dann auch während der Abwesenheit der Angeklagten deren Ehemann in die Stube, trank ohne weiteres aus der Flasche und starb nach wenigen Stunden an den Wirkungen des Arseniks. Er war nicht frei von jedem Verschulden an seinem Tode, weil er sich unter den obwaltenden Verhältnissen zu einer näheren Prüfung der Flasche aufgefordert fühlen mußte, bevor er aus derselben trank. Dieser Tatbestand wird von dem Urteile rechtlich dahin gewürdigt: unerachtet der verschuldeten eigenen, von dem Willen der Angeklagten ganz unabhängigen Mitwirksamkeit ihres Ehemannes zu seinem Tode sei doch die Ursache dieses Todes in ihrem ganzen Umfange auf das Hinstellen und Stehenlassen der Giftflasche zurückzuführen. Denn ohne diese Tätigkeit der Angeklagten würde das Gelüste des Getöteten, aus der Flasche zu trinken, und die Folgen dieses Gelüstes nicht hervorgerufen worden sein. Es habe aber auch dieser Verlauf ihrer Kausalität von der Angeklagten als möglich vorhergesehen werden können und es sei darum der Tod ihres Ehemannes nicht allein von ihr verursacht worden, sondern es sei auch diese Verursachung eine verschuldete gewesen. Sonach müsse sie wegen fahrlässiger Tötung bestraft werden.

Die gegen die Verurteilung der Angeklagten eingelegte Revision wurde verworfen.

Die Revisionsschrift behauptet, die Anwendung des Begriffes der fahrlässigen Tötung setze voraus, daß die Handlung des Beschuldigten für sich allein, ohne das Hinzutreten der Handlungen anderer, den Erfolg herbeigeführt habe. Das ist aber nur insoweit richtig, als in der *Tätigkeit des Beschuldigten* allerdings die *volle Ursache* des eingetretenen Erfolges enthalten sein muß, wenn er für die Vollendung zur strafrechtlichen Verantwortung soll gezogen werden können. Ob dann auch noch die Tätigkeit anderer zur Herbeiführung des Erfolges behilflich gewesen ist, erscheint jedoch bedeutungslos. *Denn die in der Tätigkeit des Beschuldigten an und für sich begründete volle Ursachlichkeit kann durch den Umstand, daß auch andere für den Erfolg mitwirksam geworden sind, nicht zum Wegfall kommen.* Vorliegend ist tatsächlich angenommen worden, daß ohne das Hinstellen und Stehenlassen der Giftflasche der Ehemann der Angeklagten nicht getötet worden sein würde, daß also das Eintreten des ganzen Erfolges durch diese Tätigkeit der Angeklagten bedingt war, sonach aber auch die volle Ursachlichkeit in dieser Tätigkeit beruht. Daß der Ehemann der Angeklagten sich aus der Giftflasche den Tod trank, ist daher ein Teil deren eigener Kausalität, den sie auch verantworten muß, weil sie sich denselben bei gehöriger Aufmerksamkeit auf ihre Tätigkeit als möglich bevorstehend zum Bewußtsein gebracht haben würde. *Auch ein außergewöhnlicher Verlauf der eigenen Kausalität und der Hinzutritt von Zufälligkeiten zu derselben beseitigt keineswegs die Ursachlichkeit, wie auch nicht die Verantwortlichkeit für dieselbe, insofern die betreffenden Ereignisse erwartet worden waren, oder bei einiger Aufmerksamkeit als möglich bevorstehend hätten erkannt werden können.*

III. **Kausalität der Unterlassung.** E. XV 151 (vgl. XXIV 340):[1])

Nach den getroffenen Feststellungen hat der Dr. med. R., nachdem er die Krankheit des ihm am 28. Febr. 1886 vorgestellten, 3 1/2 Jahre alten Arno H. als die englische Krankheit, Rachitis, erkannt, die Anwendung des inneren Gebrauches von Phosphor bei demselben beschlossen, und zwar im Anschlusse an den von hervorragenden Vertretern der Heilkunde in neuerer Zeit, unter Bekämpfung entgegenstehender ernster Bedenken, verfochtenen Grundsatz, daß geeignete innere Gaben des an sich ein starkes Gift darstellenden Phosphors als einziges, für die notwendig anzustrebende Regeneration der Knochenbildung wirksames Mittel anzuwenden sei. Dr. R. hat am 2. März 1886 ein vom Angeklagten entworfenes Rezept einer phosphorhaltigen Arzneimischung, deren Zusammensetzung in den Gründen näher angegeben ist, gutgeheißen und den Angeklagten mündlich zur Anfertigung und Verabreichung der Arznei ermächtigt. Angeklagter hat dieselbe der Vorschrift entsprechend angefertigt, nach dem Verbrauche der ersten Flasche der Arznei seitens des erkrankten Kindes aber dann weiter dieselbe auf Verlangen der Mutter des letzteren am 7., 11., 16. und 20. März 1886 erneuert und der verehel. H. verabreicht, welche sie ihrerseits ihrem Sohne Arno in den vom Arzte am 2. März verordneten Einzeldosen eingegeben hat. Eine Mitwirkung des Dr. R. bei dieser viermaligen Erneuerung der Arznei hat nicht stattgefunden; er hat von ihr nichts gewußt, auch das Befinden des Arno H. bis zum Eintritte der weiteren Erkrankung desselben nicht kontrolliert. Am 22. März 1886 haben sich bei Arno H. Vergiftungssymptome gezeigt, welche trotz der nunmehr eingetretenen ärztlichen Behandlung durch Dr. R. und der Verabreichung der gebotenen Gegenmittel am 28. März 1886 zu dem, wie festgestellt, durch Phosphorvergiftung verursachten Tode des Arno H. geführt haben.

Die Vorinstanz erachtet den Tod des Knaben als durch die Fahrlässigkeit des Angeklagten verursacht, und sie findet das fahrlässige, eine schuldhafte Außerachtlassung der gebotenen Sorgfalt und Aufmerksamkeit in sich fassende Verhalten des Angeklagten darin, daß er zu der wiederholten Anfertigung der Arznei schritt, ohne vorher sich zu vergewissern, ob der Gesundheitszustand des Knaben fortgesetzt von dem Arzte beobachtet und namentlich der Fortgebrauch der Arznei von diesem autorisiert werde, ob deshalb die von der Ehefrau H. wiederholt verlangte Erneuerung der Arznei mit dessen Willen geschehe. — Die fahrlässige Handlungsweise, welche hiermit dem Angeklagten zur Last gelegt wird, hat demnach nicht sowohl in der positiven Handlung der viermaligen Erneuerung der Arznei, als vielmehr *in der Unterlassung bestanden, daß er zu dieser Erneuerung ohne die nach den Umständen gebotene Vergewisserung über das Vorliegen ärztlicher Genehmigung derselben schritt.* Um zur Verurteilung des Angeklagten wegen fahrlässiger Tötung zu gelangen, bedurfte es daher der Feststellung des Kausalzusammenhanges zwischen dem Tode des Arno H. und dieser schuldhaften Unterlassung, d. h. der Feststellung, daß der erstere

---

[1]) Über die verschiedenen Auffassungen in der Theorie, s. v. Liszt § 30.

gerade auf diese letztere als seine Ursache zurückzuführen sei. Dies ist anscheinend von der Vorinstanz verkannt worden. Der ursachliche Zusammenhang zwischen einem schuldhaften menschlichen Handeln (diesen Begriff in dem weiteren, die Unterlassung mit umfassenden Sinne verstanden) und dem eingetretenen schädlichen Erfolge erfordert nicht, daß das erstere die alleinige Ursache für den Eintritt des letzteren gewesen sei; ist der Erfolg durch eine Reihe ineinandergreifender und mitwirkender Faktoren herbeigeführt, so genügt es, wenn das schuldhafte Handeln auch nur eine der mehreren ursachlichen Bedingungen geschaffen hat. Andererseits liegt es aber in dem Begriffe des Verursachens, und somit auch des Mitverursachens, daß eine Handlung dann nicht als kausal wirkend angesehen werden kann, wenn der konkrete Erfolg auch ohne dieselbe eingetreten wäre. Ist dies der Fall, so hat eben die Handlung nicht eine der verursachenden Bedingungen gesetzt, sondern der Erfolg ist auf eine andere Ursache als die Handlung, zurückzuführen. Allerdings ist dieses nicht dahin zu verstehen, daß, wenn im konkreten Falle der Nachweis vorliegt, daß das schädigende Ereignis tatsächlich als Wirkung eines menschlichen Handelns eingetreten ist, zur Beseitigung des damit hergestellten Kausalzusammenhanges schon die bloße, schwer oder gar nicht zu berechnende Möglichkeit einer Ursache genüge, welche die gleiche Wirkung hätte haben können, wenn jene, tatsächlich wirksam gewordene Ursache nicht vorhanden gewesen wäre. Liegt dagegen Gewißheit, oder, was auf dem hier fraglichen Gebiet in der Regel als gleichwertig zu erachten sein wird, ein an Gewißheit angrenzender Grad von Wahrscheinlichkeit vor, daß der vom Gesetz bezeichnete Erfolg auch eingetreten sein würde, wenn das schuldhafte Handeln nicht vorausgegangen wäre, so ist damit zugleich der Beweis geliefert, daß dieses Handeln den auch ohne dasselbe eingetretenen Erfolg nicht verursacht habe.

Unbedenklich ist nun auf Grund der oben erwähnten Feststellungen mit dem Vorderrichter anzuerkennen einerseits, daß der Tod des Arno H. durch Phosphorvergiftung nicht eingetreten sein würde, wenn nicht das tödlich wirkende Gift seinem Körper in der vom Angeklagten viermal erneuerten Arznei zugeführt worden wäre, daß also der Erfolg des Todes auf die Tatsache dieser viermaligen Erneuerung ursächlich zurückzuführen ist, andererseits, daß die unmittelbare Folge der schuldhaften Unterlassung des Angeklagten — des Unterlassens jedesmaliger Einholung der speziellen Autorisation des Arztes zur Erneuerung — die gewesen, daß der den Tod verursachende fortgesetzte Gebrauch der Arznei tatsächlich ohne ärztliche Kontrolle erfolgt, die ärztliche Beobachtung des Knaben während dieser fortgesetzten Phosphorkur unterblieben ist. Damit ist aber noch nicht der Kausalzusammenhang zwischen diesem schuldvollen Unterlassen und dem Tode des Kindes konstatiert. Dieser würde unbedenklich vorliegen, wenn anzunehmen wäre, es würde bei pflichtmäßigem Handeln des Angeklagten der Tod des Knaben unterblieben sein, sei es, daß dann die erbetene ärztliche Genehmigung zur Erneuerung der Arznei versagt, die Kur also nicht fortgesetzt worden wäre, sei es, daß bei Fortsetzung derselben die durch Einholung der Genehmigung herbeigeführte ärztliche Kontrolle der Kur den Tod verhütet hätte. Wäre dagegen nach Lage der Sache zu konstatieren, daß auch bei pflichtmäßigem Handeln des Angeklagten die Erneuerung der Arznei und die Fortsetzung der Kur ganz in gleicher Weise, wie sie tatsächlich stattgefunden hat, sich vollzogen haben und von demselben Erfolge begleitet gewesen sein würde, so müßte dies zur Verneinung des Kausalzusammenhanges führen. Es würde hierdurch zwar an dem Vorliegen schuldhaften Verhaltens des Angeklagten als solchem nichts geändert. Das Gesetz stellt aber ein solches, wenngleich den Begriff der Fahrlässigkeit erfüllendes Verhalten nicht an sich, sondern nur unter der Voraussetzung unter Strafe, daß in ihm die Ursache eines bestimmten rechtswidrigen Erfolges gegeben ist, und dies ist eben nicht der Fall, wenn der letzte ganz in gleicher Weise auch ohne das schuldhafte Verhalten eingetreten wäre.

Nach der bezeichneten Richtung hin hat aber die Vorinstanz jede Erörterung unterlassen, obwohl solche nach den weiter getroffenen Feststellungen dringend geboten gewesen wäre. Das Instanzurteil bezeichnet es ausdrücklich als erwiesen, daß die Zusammensetzung der Arznei durchaus vorschriftsmäßig, die Größe der verordneten Tages- und einmaligen Dosen sachgemäß gewesen sei, auch die Anwendung der Arznei bei einem Kinde an sich wissenschaftliche Bedenken nicht erregen könne. Die Vorinstanz erwähnt ferner bei der Erörterung der wissenschaftlichen Zulässigkeit der Phosphorkur bei Rachitis „die ernsten Bedenken", zu denen diese Kur an sich Anlaß gebe, womit offenbar die besondere und spezifische Gefährlichkeit derselben gemeint sei, welche an anderer Stelle der Gründe dahin festgestellt wird, daß bei fortgesetztem Gebrauche von Phosphorarznei nach anscheinend eben vorhanden gewesenem guten Befinden der Kranke ganz plötzlich — also unvorhergesehener- und auch vom Arzte nicht vorherzusehenderweise — von Vergiftungserscheinungen befallen wird, die trotz Anwendung der gebotenen Gegenmittel zu raschem Tode führen. Sie stellt ferner — gegenüber dem Einwande des Angeklagten, welcher die Möglichkeit behauptet hatte, daß der Tod des Arno H. auch eingetreten sein würde, wenn die Erneuerung der Arznei jedesmal ärztlich angeordnet worden wäre — auf Grund des Gutachtens der Sachverständigen fest, daß ein auf Grund fortgesetzter Beobachtung und sorgfältiger Erwägung des Arztes fortgesetzter Gebrauch der fraglichen Arznei auch bei unglücklichem Ausgange der Kur keinen Vorwurf gegen den Arzt begründen könnte. Hiermit im Zusammenhange steht offenbar die Behauptung der Revision, die Sachverständigen hätten in der Hauptverhandlung ihr Gutachten dahin abgegeben, daß bei Rachitis nach der Natur dieser Krankheit der Phosphor unbedingt längere Zeit hindurch angewendet werden müsse, wenn er überhaupt etwas nützen solle . . . . Aus alledem geht soviel hervor, daß die unternommene Kur an sich, wie in ihrer Fortsetzung, während des erwähnten Zeitraumes sachgemäß und den Grundsätzen der Wissenschaft nicht zuwiderlaufend gewesen ist. Irgendwelche nachteilige Veränderungen in dem körperlichen Zustande des Knaben bis zur Einstellung des Gebrauches der Medizin, welche den Arzt auch bei fortgesetzter und sorgsamer Beobachtung zur Unterbrechung der Kur hätten veranlassen müssen oder können, sind nicht konstatiert. In deren Ermangelung erscheint aber auf Grund der über die spezifische Gefährlichkeit der Kur getroffenen Feststellung die Annahme indiziert, jedenfalls aber nicht ausgeschlossen, es sei auch im vorliegenden Falle der Eintritt der Vergiftungssymptome unvorhergesehen, bei anscheinend gutem Befinden des Knaben erfolgt, es würde also auch ein Anlaß, die Kur vorher zu unterbrechen, für den Arzt nicht vorhanden gewesen sein. Ist aber dies der Fall gewesen, dann würde auch der Tod des Arno H. nicht als die Folge der im concreto wirkungslos gebliebenen schuldvollen Unterlassung des Angeklagten, sondern als die Folge der der Kur innewohnenden Gefährlichkeit eingetreten sein, und es würde für den durch diese verursachten unglücklichen Ausgang der Kur, so wenig wie der Arzt, wenn er dieselbe kontrolliert hätte, ebensowenig auch der Angeklagte strafrechtlich verantwortlich gemacht werden können.

§ 10. III. Zeit und Ort der Tat.

Beling § 27, von Liszt § 31, H. Meyer 15 f., § 20, Frank zu § 3 StGB., Beling, Zeitschr. f. StrafWiss. Bd. XVII S. 311.

I. **Ort der Tat im allgemeinen.** E. XI 20 (vgl. auch X 420, XIX 147, XX 147, XXIII 155, XXV 424, XXX 98):

Man hat aus theoretischen und praktischen Gründen derjenigen Meinung den Vorzug zu geben, welche nicht auf den Ort, an welchem sich der Handelnde zurzeit seiner äußeren Tätigkeit befindet, ausschließliches Gewicht legt, sondern neben demselben auch denjenigen Ort, an welchem das Handeln den gewollten Abschluß erreicht, als entscheidend betrachtet, dergestalt, daß es zur Anwendung des inländischen Strafgesetzes genügt, wenn auch nur einer dieser Orte im Inlande belegen ist.

Das Wort „Handlung" ist an sich zweideutig. Man kann darunter verstehen die durch den Willen verursachte körperliche Bewegung des Handelnden ohne Rücksicht auf den bei derselben beabsichtigten Erfolg; man kann aber auch eben diesen Erfolg, welcher den Endpunkt, das Ziel der durch die Handlung im engeren Sinne in Vollzug gesetzten Veränderung der Außenwelt bildet, in der Weise in den Begriff hineinnehmen, daß man die durch die gewollte körperliche Bewegung hervorgerufene Kausalreihe bis zur Erreichung oder Verfehlung des Zieles als eine, durch die Absicht des Handelnden zu einer Einheit verbundene Handlung ansieht. Überall, wo es wesentlich auf die Wirkung des Handelns ankommt, wird es näher liegen, bei der Vorstellung der Handlung, als eines Geschehenen, von dem letztgedachten weiteren Begriffe derselben auszugehen, und dies gilt insbesonder auch dann, wenn von Handlungen, als juristischen Tatsachen, d. h. als Ursachen von Rechtsfolgen, die Rede ist, da ohne diese Wirkung das Handeln als körperliche Bewegung gedacht, juristisch bedeutungslos ist. Daß nun in diesem Sinne das Wort Handlung auch in dem § 3 a. a. O. zu verstehen ist, ergibt sich zur vollen Evidenz aus dem Beiworte: „strafbare". Denn diese Eigenschaft vermag dieselbe nur durch ihre rechtsverletzende Wirkung zu erlangen. Sie ist mithin als „strafbare" erst da zum Abschlusse gelangt, wo sie dasjenige Rechtsgut, durch dessen absichtliche oder fahrlässige Verletzung der staatliche Strafanspruch hervorgerufen wird, getroffen hat, und folgeweise kann der Ort, an welchem diese Wirkung eingetreten ist, auch wenn derselbe von dem Orte der körperlichen Tätigkeit des Handelnden verschieden ist, im Sinne des Strafgesetzes sehr wohl als Ort der Begehung der strafbaren Handlung angesehen werden.

In dem gleichen, den nächsten strafrechtlich relevanten Erfolg einschließenden Sinne ist der Begriff der Handlung vom Reichsgerichte auch bei Auslegung des den Anfangspunkt der Verjährung normierenden § 67 Abs. 4 StGB. trotz des hier beigefügten einschränkenden Zusatzes („ohne Rücksicht auf den Zeitpunkt des eingetretenen Erfolges") aufgefaßt.

Die Gegenmeinung scheint zum Teile durch eine nicht gerechtfertigte Ausdehnung des Begriffes „Erfolg" über die nächste strafrechtlich relevante Wirkung der Handlung hinaus beeinflußt zu sein. Sie führt überdies vornehmlich in denjenigen Fällen zu unannehmbaren Konsequenzen, in welchen vom Auslande her durch vom Willen des Handelnden gelenkte Werkzeuge strafbare körperliche Einwirkungen auf inländische Personen oder Sachen ausgeübt werden (z. B. beim Schießen, Werfen usw. über die Grenze) und macht ohne innere oder äußere Nötigung den Schutz inländischer Rechtsgüter in weitem Umfange von den Gesetzen des Auslandes abhängig, auf deren Gestaltung dem Deutschen Reiche selten ein maßgebender Einfluß zustehen wird. Das Gesagte findet in eminenter Weise auf Fälle der vorliegenden Art Anwendung, wo zum Schutze des Inlandes gegen das Ausland Verbote erlassen sind, deren Übertretung nur vom Auslande her denkbar, nach dessen Gesetzen aber regelmäßig, soweit nicht Staatsverträge eine Ausnahme bedingen, nicht strafbar ist.

II. **Ort der Tat bei Teilnahme.** E. XI 20 (vgl. auch E. XIX 149, XXV 424):

Die vorstehenden Ausführungen (vorstehend I) betreffen zwar zunächst *nur* die Fälle, in denen es sich um strafbare Handlungen *eines* Täters handelt. Dieselben geben aber auch die Grundsätze zur Beantwortung der Frage an die Hand, nach welchem örtlichen Rechte *mehrere* Teilnehmer an einer Straftat zu beurteilen sind, wenn die körperliche Tätigkeit der einzelnen zum Zweck der Herbeiführung des gewollten Erfolges teils im Auslande, teils im Inlande stattgefunden hat. Zuvörderst unterliegt es hinsichtlich der Missetäter keinem Bedenken, daß alle nach inländischen Strafgesetzen zu beurteilen sind, wenn auch nur durch die Tätigkeit eines von ihnen die strafbare Handlung im Inlande zur Vollendung gebracht ist. Dies folgt mit Notwendigkeit aus dem Prinzipe, daß *jeder Mittäter die Verantwortung für die innerhalb des Rahmens des gewollten Zusammenwirkens fallende Tätigkeit des Genossen trägt.* Was aber die hier in Frage stehende Beihilfe anbelangt, so kommt, sofern die körperliche Tätigkeit des Gehilfen und des Täters in verschiedenen Territorien stattgefunden hat, folgendes in Betracht:

Die Handlung der Beihilfe fällt in der Regel für sich nicht unter das Strafgesetz; sie wird vielmehr erst strafbar, *wenn die durch sie beförderte Haupttat zu einem dem Strafgesetze unterliegenden Erfolge vorgeschritten ist,* und erhält solchenfalls ihre strafrechtliche Qualifikation durch die Haupttat. Es wird daher auch diese Haupttat dem Gehilfen zur Verantwortung zugerechnet, weil und soweit deren Begehung seiner durch die Beihilfe betätigten Absicht entsprochen hat. Ist also die Haupttat seiner Absicht gemäß im Inlande verübt und ist erst hierdurch seine Handlung zu einer strafbaren geworden, so ist kraft der aczessorischen Natur der Beihilfe die Auffassung berechtigt, daß auch die im Auslande geleistete Beihilfe als eine im Inlande begangene strafbare Handlung zu gelten und dem inländischen Strafgesetze zu unterliegen habe. Es ist dies die nämliche Auffassung, welche in anderer Richtung dahin geführt hat, die Verjährung der strafbaren Anstiftung erst mit der Vollendung der Haupttat beginnen zu lassen.

Vergl. Entsch. des RG. in Strafs. Bd. 5 S. 282 ff.

So wie das gesamte strafbare Handeln eines Täters, welches im Auslande begonnen, aber im Inlande zur Vollendung gediehen ist, nach den Strafgesetzen des Inlandes zu beurteilen ist, so wird auch dem im Ausland tätig gewesenen Gehilfen die im Inlande konsumierte Haupttat als Vollendung seiner eigenen strafbaren Handlung zugerechnet.[1])

Hierdurch wird andererseits nicht ausgeschlossen, daß das inländische Strafgesetz auch dann einzugreifen hat, wenn im Inlande eine Beihilfehandlung zu einer im Auslande begangenen, auch nach dortigem Rechte strafbaren Haupttat geleistet ist.

Denn wie oben ausgeführt ist, kann die nämliche Handlung, je nachdem man sie von ihrer äußerlichen Seite als körperliche Tätigkeit der handelnden Person oder in Hinsicht auf ihre strafrechtlich relevante Wirkung betrachtet, sehr wohl den Gebieten verschiedener Staaten angehören, und die Rücksicht auf den Zweck der Strafe in Verbindung mit dem Verbote der Auslieferung deutscher Staatsangehörigen an das Ausland erfordert nicht minder als das natürliche Rechtsgefühl, daß das inländische Strafgesetz Anwendung finde, so oft eine strafbare Handlung auch nur nach einer jener Seiten dem Inlande angehört.

B. Die Rechtswidrigkeit.

§ 11. I. Die Notwehr.

Beling § 30, Berner § 58, Binding Gr. I § 75, v. Liszt § 33, H. Meyer § 30; Frank und Olshausen zu § 53 StGB.

I. **Begriff des „Angriffs“.** E. XXVII 44:

Die Beantwortung der in der Doktrin streitigen Frage, ob durch den Angriff eines nicht zurechnungsfähigen Menschen Notwehr im Sinne des § 53 StGB. begründet werden kann, hängt von der Ermittelung ab, was das Gesetz unter einem rechtswidrigen Angriffe versteht. Der nämliche Angriff kann zugleich nicht rechtswidrig sein für den, von welchem er ausgeht und rechtswidrig für den, gegen welchen er gerichtet ist. Der Täter, welcher zur Zeit der Begehung der Handlung sich in einem Zustande von Bewußtlosigkeit oder krankhafter Störung der Geisteskräfte befindet, durch welchen seine freie Willensbestimmung ausgeschlossen wird,

[1]) Ebenso hinsichtlich der Beihilfe E. XIX, S. 149 und hinsichtlich der Anstiftung E. XXV 426 A. M. Frank zu § 3 IV und die dort. Zit.

ist zu einer Handlung im strafrechtlichen Sinne nicht fähig (§ 51) und der von ihm vorgenommene Angriff für ihn nichts Rechtswidriges. Eine Rechtsverletzung fällt auch demjenigen nicht zur Last, der angreift, weil er sich hierzu aus einem unvermeidbaren Irrtume für befugt hält (§ 59). Der durch den Angriff eines Unzurechnungsfähigen oder im Irrtume Befindlichen Gefährdete hat aber nicht die Rechtspflicht, sich eine Beeinträchtigung seiner rechtlich anerkannten Interessen gefallen zu lassen, und deshalb ist der gegen solche Interessen gerichtete Angriff für den Angegriffenen ein rechtswidriger. Wäre die Notwehr davon abhängig, daß der Angriff dem Angegriffenen zur Schuld anzurechnen ist, so würde der Angegriffene nur dann zur Verteidigung übergehen dürfen, wenn er vorher ermittelt hätte, daß der Angreifer nicht in einem Zustand von Geistesstörung und nicht infolge eines unvermeidbaren Irrtumes handele. Eine solche Ermittelung ist regelmäßig unmöglich, wenn nicht der meist durch die Raschheit der Ausführung bedingte Erfolg der Verteidigung vereitelt werden soll. Wäre die Verschuldung des Angreifers entscheidend, so müßte folgerichtig auch das Maß der Schuld für die Art und den Umfang der erlaubten Abwehr von Bedeutung sein. Von alledem ist jedoch in dem § 53 StGB. nicht die Rede. In dem zweiten Absatze des § 53 wird diejenige Verteidigung, welche erforderlich ist, um einen gegenwärtigen rechtswidrigen Angriff von sich oder einem anderen abzuwenden, als Notwehr bezeichnet, also lediglich ein Angriff vorausgesetzt, der widerrechtlich ist, weil das Recht einen solchen Eingriff in fremde Interessen nicht erlaubt, und es wird lediglich nach der objektiven Beschaffenheit des Angriffes der Umfang der Verteidigungsmittel bemessen. In dem ersten Absatze des § 53 aber wird bestimmt, daß eine strafbare Handlung nicht vorhanden ist, wenn die Handlung durch Notwehr geboten war. Hiernach besteht das gesetzliche Notwehrrecht darin, daß der Angegriffene befugt ist, durch eine dem Angriffe angemessene Verteidigung ein Übel von sich abzuwenden, das ihm durch den Angriff droht und welches er zu erdulden rechtlich nicht verpflichtet ist, ohne daß es darauf ankommt, ob der Angriff von einem Zurechnungsfähigen oder von einem Unzurechnungsfähigen oder von einem in unabwendbarem Irrtume Handelnden ausgeht.

Wollte man der Ansicht der Revision beitreten, daß die Angriffe Geisteskranker nur Notstand (§ 54 StGB.) begründen, so würde man, da der § 54 nur eine Handlung zur Rettung aus einer gegenwärtigen Gefahr für Leib oder Leben des Täters oder eines Angehörigen für erlaubt erklärt, zu dem Ergebnisse gelangen, daß es unzurechnungsfähigen Personen gegenüber bei Angriffen, durch welche nur das Vermögen, nicht aber Leib und Leben gefährdet werden, ein Recht zur Verteidigung überhaupt nicht gibt, und bei Angriffen mit gegenwärtiger Gefahr für Leib oder Leben den Angegriffenen nur ein Angehöriger, nicht ein Fremder, verteidigen darf. Dies Ergebnis verletzt das natürliche Rechtsgefühl; es würde nur dann hingenommen werden können, wenn es, was, wie dargelegt, keineswegs der Fall, als Wille des Gesetzgebers einen Ausdruck gefunden hätte, der eine andere Auffassung ausschlösse.

In dem angefochtenen Urteile wird ohne nähere Erläuterung bemerkt, daß der Angeklagte nicht in Notwehr gehandelt habe, weil „in dem vorliegenden Falle das Emporhalten einer Gabel, begangen von einem Geisteskranken gegenüber seinem Wärter, sich als rechtswidriger Angriff nicht darstelle." Soll damit gesagt werden, daß bei der Eigenart der Krankheit und der Person des Pfleglings ein weiteres Vorgehen desselben gegen seinen Wärter nicht zu befürchten und deshalb für den letzteren keine ernstliche Gefahr vorhanden gewesen sei, so würde die Auffassung des ersten Richters nicht beanstandet werden können. Es kommt indes hierauf nicht an, da auch festgestellt wird, daß der Angeklagte das Maß der zur Notwehr erforderlichen Verteidigung erheblich überschritten hat, und zwar nicht in Bestürzung, Furcht oder Schrecken, und diese Feststellung genügt, um die Anwendung des § 53 StGB. auszuschließen.

II. **Erforderlichkeit der Verteidigung.** E. XVI 70:

Am Abende des 18. Juli vorigen Jahres entstand gelegentlich des Schulfestes, das zu S. gefeiert wurde und zu welchem sich auch einige Arbeiter aus L., darunter der Ziegler G. und Arbeiter R., eingefunden hatten, zwischen diesen und dem Angeklagten K. in und vor dem Gr.'schen Kruge zu S., welcher dem Angeklagten Z. gehört, aber an Gr. verpachtet ist, Streit, in dessen Verlauf K. dem G. einen Schlag mit einer Wagenrunge versetzte. Z., welcher sich bei Gr. befand, wollte sich von da nach seiner im Nebenhause gelegenen, etwa 20 Schritte entfernten Wohnung begeben, wurde indessen unterwegs von den L.'er Burschen mit Steinen beworfen und auch, nachdem er den Flur seines Hauses betreten, sowie, nachdem der von ihm zur Hilfe gerufene Zimmergeselle M. die Haustüre geöffnet hatte, dieses Werfen gegen das Haus und die geöffnete Türe fortgesetzt, so daß er fürchten mußte, getroffen zu werden. Er bewaffnete sich sodann mit einem Schlachtmesser, bestehend aus einem hölzernen Griff und einer ½ Fuß langen Klinge, trat mit M. auf die Straße, wo das Werfen mit Steinen von beiden Seiten von neuem begann, worauf die L.'er Arbeiter sich auf eine Entfernung von etwa 200 Schritten zurückzogen, während Z. und M. auf etwa 16 Meter von der Haustüre des ersteren vorgingen. Nun rief R. den L.'ern zu, „wir werden uns doch nicht von den S.'ern totschlagen lassen" und ging mit erhobener Runge unter „Hurrah" auf Z. los, wobei auch die anderen L.'er, etwa drei oder vier, welche ihm folgten, schrieen: „wir schlagen den Hund tot". Vor Z. angekommen, rief er diesem zu: „jetzt ist es mir ganz egal, ob ich das Hundeblut totschlage, worauf dieser erwiderte: „wenn es dir egal ist, ist es mir auch egal". Während aber R. mit der Runge zum Schlage nach Z. ausholte, bückte sich dieser, wodurch er dem geführten Schlage auswich und versetzte in demselben Momente, indem er auf R. zusprang, diesem mit dem Schlachtmesser einen Stich in das Gesicht.

Die Strafkammer verneint, daß Z. sich bei diesem Vorgange in Notwehr befunden habe oder daß er die Grenzen der letzteren in Bestürzung, Furcht oder Schrecken überschritten habe, weil Angeklagter sich nicht nur verteidigte, sondern gleichzeitig, als der Angriff R.'s erfolgte, auf diesen lossprang und ihn ebenfalls angriff. Auch habe er diesem Angriffe sehr wohl entgehen können, wenn er sich zurückgezogen hätte, wozu er genügende Zeit gehabt, weil er schon aus einer Entfernung von mehreren Schritten die angriffsweise Annäherung des R. wahrgenommen.

Diese beiden Gründe erweisen sich als rechtsbedenklich.

I. Zunächst übersieht die Strafkammer, indem sie dem Beschwerdeführer zum Vorwurfe macht, daß er sich nicht nur verteidigte, sondern den R. gleichzeitig selbst angriff, daß, wenn es sich um die Abwehr eines gegenwärtigen rechtswidrigen Angriffs handelt, diesem häufig nur dadurch wird begegnet werden können, daß der Angegriffene auch seinerseits zum Gegenangriff schreitet. Wie in jedem einzelnen Falle, so mußte auch hier daher die Prüfung des Instanzgerichts sich darauf erstrecken, ob, vorausgesetzt, daß ein gegenwärtiger rechtswidriger Angriff vorlag, zu dessen Anwendung der vom Beschwerdeführer geführte Angriff notwendig war, oder, falls dieses verneint wird, ob aus Bestürzung, Furcht oder Schrecken die Überschreitung der Verteidigungsgrenzen erfolgt sei. Diese Prüfung ist unterblieben.

2. Unrichtig aber ist auch weiter, wenn in solcher Allgemeinheit der Satz zur Anerkennung gelangt ist, daß Notwehr nicht vorliege, wenn der Angegriffene dem Angriffe dadurch hat ausweichen können, daß er sich zurückzieht. Gegenüber den über diese Frage sich entgegenstehenden Meinungen der Doktrin, von welchen die eine bei dem Vorliegen der Möglichkeit, sich dem Angriffe durch die Flucht zu entziehen, Notwehr unbedingt ausschloß,[1]) die andere dagegen solche ebenso ausnahmslos zulassen wollte,[2]) machte sich bei Beratung des § 41 des preuß. StGB. eine Mittelmeinung geltend, welche sich auch historisch mehr an die Rechtsanschauungen der Karolina und des § 523 II. 20 preuß. ALR. anschloß. Bei Erörterung der Frage, ob der Mangel eines anderen sicheren Mittels außer der Selbstverteidigung zur Abwehr des drohenden Angriffes, welches dem Angegriffenen bekannt und gleich zugänglich war, eine wesentliche Vorbedingung der Notwehr bilde, kam auch zur Sprache, ob unter diesen anderweiten Mitteln auch die Flucht zu begreifen sei. Man hat diese Frage weder allgemein bejahen noch verneinen wollen, indem vielmehr die konkrete Lage des Falles entscheiden müsse.

Vgl. Goltdammer, Materialien Bd. 1, S. 419, 420.

Hierbei ist entscheidend, daß das Gesetz, sowie dasselbe nicht bloß die Person des Angegriffenen, sondern neben dem Vermögen auch dessen Ehre durch das Recht der Selbstverteidigung hat schützen wollen, nicht hat verlangen können, daß als Mittel, dem Angriffe zu entgehen, die Flucht auch dann gewählt werde, wenn dieselbe nicht ohne eigenes Opfer an berechtigten Interessen bewirkt werden kann, namentlich also, wenn sich solche nach den Anschauungen des gesellschaftlichen Verkehrslebens unter den gegebenen Umständen als schimpflich oder unehrenhaft darstellen würde. Derartigen oft schwerwiegenden Unzuträglichkeiten braucht der Angegriffene zum Vorteile des widerrechtlichen Angreifers sich nicht auszusetzen. Dabei ist selbstverständlich, daß die Flucht auch dann nicht als wirksames Mittel, sich dem Angriffe zu entziehen, angesehen werden kann, wenn sie die Gefahr dieses Angriffes nicht beseitigt, vielmehr bei zu besorgender Verfolgung und unge-

---

[1]) Wächter in Beilagen zu Vorlesungen über das deutsche Strafrecht 1881. S. 176.

[2]) v. Liszt § 33.

decktem Angriffe möglicherweise noch vergrößert haben würde. Jener § 41 preuß. StGB. ist in Abs. 1, 2 mit der Ausdehnung auf strafbare Handlungen jeder Art bewußt in den § 53 RStGB. übernommen worden, vgl. Motive zu § 51 des Entwurfes S. 72, und die Auslegung desselben in dem erörterten Sinne kann um so weniger einem Bedenken unterliegen, als auch gesetzgeberische und praktische Rücksichten hierfür sprechen. Denn wie von dem Angegriffenen nicht verlangt werden kann, daß er sein vom Gesetze ihm verliehenes Schutzrecht durch Notwehr aufgebe, wenn dasselbe auf anderem Wege nur unter Unzuträglichkeiten und unter Aufgebung anderer schutzberechtigter Interessen ersetzt werden kann, so bildet es andererseits ein wohlberechtigtes Verlangen der Rechtsordnung, daß der, wenn auch widerrechtlich Angegriffene, die Abwehr des Angriffes durch einen auch seinerseits erfolgenden Verstoß gegen das Strafgesetz unterläßt, wenn das Recht auf Schutz auch ohne jedes Opfer in der angegebenen Richtung sich erreichen läßt.

Von diesen Gesichtspunkten aus fehlte es an jeder Prüfung in der angefochtenen Entscheidung.

III. **Verletzung Dritter durch die Notwehrhandlung.** E. XXI 168.

Am Sonntag den 24. November 1889 äußerte der evangelische Pfarrer M. in N., welcher mit einem Teile der Gemeinde und dem Bürgermeister B. daselbst wegen verschiedener Vorgänge zerfallen war, in der Kirche bei der Predigt vor versammelter Gemeinde und in Anwesenheit des Bürgermeisters B. u. a. zunächst folgendes: seine Predigt sei nicht an die offenbaren Verächter und Gottlosen gerichtet; diese Feinde des Kreuzes Christi hätten vor Jahren ihre Feindschaft gegen Gott noch einigermaßen verdecken können, da der Greuel der Verwüstung auch an heiliger Stätte gesessen (damit meinte der Pfarrer seinen Dienstvorgänger), jedoch können sie dies nicht mehr, da ihr erheuchelter Heiligenschein heruntergerissen sei u. s. f. Eine andere Stelle der Predigt lautete dahin: „Die Predigt von Christo hat diese Menschen unter uns gezwungen, daß sie den Gestank ihrer Gottlosigkeit überaus stinkend machen mußten; vor fünf Jahren haben diese Knechte des Teufels ihre Gesinnung und ihr Lieblingswerk einem Pfarrer angehängt und haben heuchlerisch vorgegeben, daß sie derlei Dinge verabscheuen;" — —: „Nachdem kam einer von ihnen zu mir in mein Studierzimmer und sagte mit erheuchelter Gemütsbewegung und mit feuchten Augen, wie er so erbaut sei von meinen Predigten und wie noch keine solchen auf dieser Kanzel gehalten worden seien, und sonstige ekelhafte Heucheleien." Diese Äußerung bezog sich auf den Bürgermeister B. und wurde von den Hörern und dem Bürgermeister auch so verstanden. Der letztere erhob sich und rief dem Pfarrer die Worte: „Ruhe! Ruhe!" zu und verließ mit einigen anderen Personen, übrigens ohne alles Geräusch, die Kirche. Nach der Angabe des Pfarrers trat hierdurch eine eigentliche Unterbrechung der Predigt nicht ein, obwohl derselbe im ersten Moment nach dem Auftritte von seinem wohl memorierten Konzepte abwich und wenige nicht darin befindliche Sätze einschaltete, bis er den verlassenen Faden seiner Rede wieder fortsetzte. Als der Pfarrer im Verlaufe seiner Predigt, in welcher er u. a. von Huren und Ehebrechern sprach, sowie daß in der Gemeinde selten sich eine Frauensperson vorgefunden habe, welche keusch in den Stand der Ehe getreten, hierdurch noch weitere Gemeindemitglieder verletzte, verließen noch etwa 15 Personen die Kirche. Bürgermeister B., wegen Vergehens gegen §§ 167, 339, 73 StGB. angeklagt, stützte seine Verteidigung darauf, daß er durch die Worte: „Ruhe! Ruhe!" lediglich sich selbst gegen die von seiten des Predigers ihm drohenden weiteren beleidigenden Angriffe habe wehren wollen. Das Instanzgericht nahm an: der Angeklagte sei nicht als Bürgermeister, als Beamter, welchem die Verwaltung der Ortspolizei nach der badischen Gemeindegesetzgebung zusteht, sondern nur als Privatperson gegen die von dem Prediger gegen ihn von der Kanzel herab gemachten persönlichen Angriffe aufgetreten; diese Angriffe hätten in Wirklichkeit Beleidigungen, Verletzungen der persönlichen Ehre (§ 185 StGB.) des B., zu welchen der Pfarrer kraft seines Amtes nicht berechtigt gewesen, enthalten und seien zur Zeit des Zurufes noch nicht abgeschlossen, es seien vielmehr noch weitere beleidigende Äußerungen zu erwarten gewesen; der Angeklagte habe daher im Stande der Notwehr sich befunden und seine Verteidigung maßvoll geführt; eventuell habe er jedenfalls im guten Glauben an sein Verteidigungsrecht und ohne den von § 167 StGB. erforderten Vorsatz gehandelt. Das Instanzgericht sprach deshalb den Angeklagten B. frei; die Staatsanwaltschaft legte Revision ein; dieselbe wurde verworfen.

Aus den Gründen:

Wie das Reichsgericht bereits ausgesprochen hat,

Entsch. des RG. in Straff. Bd. 16 S. 15,

ist die Strafbarkeit aus § 167 StGB. ausgeschlossen, wenn der Handelnde zu der Handlung, welche an sich eine Störung des Gottesdienstes darstellt, berechtigt war; die Widerrechtlichkeit des Tuns ist die aus dem Deliktsbegriffe sich unmittelbar ergebende und daher selbstverständliche Voraussetzung für die Anwendung des § 167 StGB.; war der Täter zu der Handlung aus irgend einem Grunde, z. B. durch seine Dienstpflicht als Beamter, oder kraft seines Hausrechtes, seiner Stellung als Familienhaupt 2c. befugt, so wohnt derselben der Charakter der Störung überhaupt nicht bei. Dieser Grundsatz führt notwendig zu der vom Instanzgerichte getroffenen Entscheidung. Die in einem Reichsgerichtsurteile,

Entsch. des RG. in Strafsachen Bd. 10 S. 43,

offen gelassene Frage, welche Schutzmittel gegen Ausschreitungen des Geistlichen beim Gottesdienste bestehen, und unter welchen Voraussetzungen in der Kirche ein berechtigtes Einschreiten gegen Handlungen eines Geistlichen erfolgen könne, ist für den vorliegenden Fall, in welchem ein gegenwärtiger rechtswidriger Angriff des Geistlichen auf die Ehre des Angeklagten und die Notwendigkeit der Verteidigung zur Abwendung desselben vom Instanzgerichte tatsächlich festgestellt ist, richtig dahin beantwortet, daß eine strafbare Handlung des Angeklagten, welcher dem Geistlichen wegen seiner beleidigenden Ausfälle gegen ihn in der Predigt Ruhe gebot, nicht vorhanden, da dieselbe durch Notwehr gerechtfertigt war. Das Recht der Selbstverteidigung gilt überall, wo die Voraussetzungen des § 53 StGB. vorliegen; das Recht braucht dem Unrechte nirgends zu weichen; Notwehr ist gegen jedermann und überall zulässig, soweit die gesetzlichen Voraussetzungen zutreffen, d. h. soweit ein gegenwärtiger rechtswidriger Angriff bestand, zu dessen Abwendung die Verteidigung erforderlich war. Der § 53 StGB. hat nicht bloß einen gegen die Person eines anderen geführten Angriff, sondern, wie die Allgemeinheit der Fassung zeigt und die Motive ausdrücklich hervorheben, jeden Angriff auf Leib, Leben, Ehre oder Vermögensgegenstände, jeden Eingriff in die Rechtssphäre einer anderen Person im Auge; Notwehr ist also auch zur Abwehr von Beleidigungen statthaft. Der Umstand, daß der Angriff von einem Geistlichen ausging, schließt das Verteidigungsrecht nicht aus; bei Unterstellung eines Angriffes auf das Leben, auf die Keuschheit wird hieran niemand zweifeln; dasselbe gilt aber auch vom Angriffe auf die Ehre. Auch der Ort steht vorliegend der Zulässigkeit der Verteidigung nicht entgegen; die Heiligkeit des Ortes mußte den Angreifer abhalten; der Angegriffene tritt dem Unrechte da entgegen, wo es geübt wird, er kann den Ort der Verteidigung nicht wählen; der Ort ist durch den Angriff gegeben, dem Angegriffenen aufgedrängt. Das Weggehen aus der Kirche konnte den Angeklagten gegen die Fortsetzung der Beleidigung nicht schützen; er hörte sie zwar dann nicht mehr; der Geistliche konnte aber erst recht vor der versammelten Gemeinde den Vorsteher derselben zu schmähen fortfahren; das Verlassen der Kirche war also kein Mittel der Abwehr. Die ausdrückliche Bezeichnung des Angeklagten, die Nennung des Namens des Bürgermeisters in der Predigt war nicht Bedingung für die Annahme eines beleidigenden Angriffes; es genügte, daß die Äußerung, in welcher die Beleidigung gefunden wurde, erkennbar den Bürgermeister betraf; der Angriff des Predigers galt, wie festgestellt, der Ehre des Bürgermeisters; der Angriff war nicht abgeschlossen, nicht beendet, als der Angeklagte sich zur Abwehr erhob und „Ruhe!" rief; es waren, wie gleichfalls feststeht, weitere Beleidigungen zu erwarten und diesen sollte halt geboten werden; die Angriffe des Geistlichen waren auch rechtswidrig; die Rechtswidrigkeit ist überall gegeben, wo nicht der Angegriffene verpflichtet ist, den Angriff über sich ergehen zu lassen; wenn nun auch der Geistliche den Beruf hat, durch Belehrung, Ermahnung und Tadel auf Besserung hinzuwirken, so hat er doch nicht das Recht zu Ehrenkränkungen, und der Betroffene hat nicht die Pflicht, persönliche Beleidigungen hinzunehmen; der Takt des gebildeten Mannes wird die Grenzlinie hier leicht zu finden wissen; der Angeklagte aber durfte die Äußerung des Geistlichen als einen Angriff auf seine Ehre auffassen, da die betreffenden Worte, wie das Instanzgericht feststellt, Beleidigungen enthielten. Daß durch den abwehrenden Zwischenruf des Angeklagten die Andacht der versammelten Gemeinde gestört wurde, die Handlung des Angeklagten also insofern auch gegen Dritte wirkte und diese belästigte, erscheint bei gegebener Sachlage unerheblich. Die tatsächlichen Feststellungen bezüglich der Notwehr des Angeklagten lassen hiernach in keiner Richtung einen rechtlichen Verstoß erkennen und tragen allein schon die Freisprechung, so daß es auf den weiteren Inhalt der Urteilsgründe nicht ankommt. War hiernach die Tat des Angeklagten Notwehr, so war sie auch kein grober Unfug; es ist daher auch die diesfallsige Prozeßrüge der Revision unbeachtlich. Das Rechtsmittel war hiernach zu verwerfen.

§ 12. II. Einwilligung des Verletzten.

Beling § 32, Berner § 53, Binding Gr. I § 74, v. Liszt § 35, H. Meyer § 38, Frank, Vorbemerkung zu § 51 u. § 223.

E. XXVIII 200:

Der I. Straffenat hat in den Urteilen vom 15. November 1880 und vom 9. November 1893, Entsch. des RG. in Straff. Bd. 2 S. 442, Bd. 24 S. 369, den Grundsatz aufgestellt,

daß der Versuch des Vergehens gegen § 216 StGB., welcher als solcher nicht gestraft werden könne, als Körperverletzung nach den §§ 223 ff. StGB. zu ahnden sei.

Dieser Auffassung hat der Feriensenat in dem Urteile vom 25. August 1892 (Reg. 2537/92) sich angeschlossen.[1])

Der II. Straffenat glaubte in der vorliegenden Rechtssache dem nicht beitreten zu können, beschloß vielmehr in der Annahme, daß die in Ausführung des Versuches eines Vergehens gegen § 216 StGB. verübte Körperverletzung nicht strafbar sei,

eine Entscheidung der Vereinigten Straffenate über die im Tenor bezeichnete Rechtsfrage herbeizuführen.

Sowohl der I. Straffenat und der Feriensenat, als auch der den Konflikt im Sinne des § 137 GVG. erhebende II. Straffenat gingen hiernach übereinstimmend von der Ansicht aus,

daß § 216 StGB. den Tatbestand eines selbständigen Deliktes, und zwar eines Vergehens enthalte, daß folgeweise der Versuch desselben, da er nicht ausdrücklich unter Strafe gestellt ist, nach § 43 Abs. 2 a. a. O. als solcher straflos sei.

Wenn aber der Oberreichsanwalt in der von ihm abgegebenen Erklärung beantragt, die Entscheidung in dem oben wiedergegebenen Sinn zu treffen, so hat er sich damit in der Frage,

ob § 216 den Tatbestand eines selbständigen Vergehens oder nur einen die Strafbarkeit des Mordes oder Todschlags vermindernden Umstand aufstelle,

auf einen der bisherigen Praxis des Reichsgerichts durchaus entgegenstehenden Standpunkt gestellt, der seiner präjudiziellen Natur wegen vorweg der Erörterung bedarf.

I. Der Ansicht des Oberreichsanwaltes von der Natur des im § 216 StGB. aufgestellten Deliktstatbestandes konnte nicht beigetreten werden. Es war vielmehr daran festzuhalten, daß § 216 den Tatbestand eines selbständigen Vergehens aufstelle. Namentlich spricht die Entstehungsgeschichte dafür. Der — erste — Entwurf eines Strafgesetzbuches für den Norddeutschen Bund vom Juli 1869 (der sog. Friedbergsche Entwurf) enthielt eine dem § 216 entsprechende Bestimmung so wenig, wie das preußische Strafgesetzbuch. In dem dem Reichstage des Norddeutschen Bundes vorgelegten Entwurfe enthielten zwar die §§ 206—210 und § 212 Bestimmungen, die denen des ersten Entwurfes ganz ent-

---

[1]) Ebenso v. Liszt § 35, Olshausen zu § 216 Nr. 5. A. M. Binding Gr. II § 114.

sprechend waren; eingeschaltet war jedoch eine mit § 216 StGB. völlig gleichlautende Vorschrift, zu der die Motive lediglich bemerken:

Es entspricht dem Rechtsgefühl, daß die Tötung eines Einwilligenden, wie sie der Entwurf näher charakterisiert, nicht mit der Strafe belegt werde, wie die gegen den Willen des Getöteten erfolgte Tötung. Aber das unbestrittene Sittengesetz, daß das Leben ein nicht veräußerliches Gut ist, läßt weder Straflosigkeit noch eine niedrig bemessene Strafe zu.

Der Entwurf hat deshalb im Anschlusse an die meisten deutschen Strafgesetzbücher zwar eine besondere Bestimmung über diesen Fall der Tötung aufgenommen, jedoch die Strafe auf den Mindestbetrag von drei Jahren Gefängnis festgesetzt.

Abgesehen von der Strafandrohung fand sich die jetzt in § 216 StGB. enthaltene Vorschrift gleichlautend im Art. 157 des revidierten Strafgesetzbuches für das Königreich Sachsen vom 1. Oktober 1868, sowie unter derselben Ziffer im — älteren — Strafgesetzbuche vom 13. August 1855, ja auch schon — lediglich mit der Abweichung, daß statt des Eingangswortes „Jemand" gesagt war: „Der Täter" — im Art. 125 des Kriminalgesetzbuches für das Königreich Sachsen vom 30. März 1838. Hier war jedoch die Bestimmung enthalten im Unterabschnitt „Totschlag", dem ein solcher über „Mord" voranging und einer über „Kindesmord" folgte, in den beiden jüngeren Strafgesetzbüchern folgte der Art. 157 den Art. 155, 156 über „Mord" und „Totschlag", wobei im Art. 156 selbst die Reizung zum Zorn als mildernder Umstand hervorgehoben war; in den Artt. 158, 159 folgten Vorschriften über „Unterstützung beim Selbstmorde" und „Kindesmord".

Wie Schwarze, Mitglied der Kommission sieben norddeutscher Juristen, die auf Grund des Friedbergschen Entwurfes den dem Reichstage vorgelegten (nur mit vereinzelten Abänderungen seitens des Bundesrates versehenen) Entwurf ausgearbeitet hat, im Gerichtssaal Bd. 34 S. 399 bezeugt, wurde die Bestimmung des § 216 auf seinen Antrag in den Entwurf bei Aufstellung desselben in der Bundeskommission aufgenommen. Er bemerkt, daß sie aus dem königlich sächsischen Gesetzbuche entlehnt worden sei, obgleich eine gleichlautende Vorschrift auch in anderen deutschen Gesetzbüchern zu finden sei und andere Gesetzgebungen — z. B. die Belgiens — das „Verlangen" als mildernden Umstand anerkannt hätten; er weist ferner darauf hin, daß die Bestimmung zu einer Zeit erlassen und in das deutsche Strafgesetzbuch aufgenommen sei, als es eine gemeinsame Strafprozeßordnung noch nicht gegeben habe, weshalb die Redaktion eine hiervon unabhängige und selbständige gewesen sei; die Tendenz der Vorschrift weise aber darauf hin, daß „man ein selbständiges Vergehen aufstellen wollte und in dieser Weise sei auch der Fall in Sachsen stets behandelt worden."

Wenn der Oberreichsanwalt im Anschluß an diese Auslassung bemerkt, es sei nicht ersichtlich, daß auch in den Herrschaftsgebieten der früheren Strafgesetzbücher von Thüringen, Hessen, Braunschweig, Hamburg und Lübeck, in denen gleichfalls eine derartige Bestimmung enthalten gewesen sei, der Fall stets wie im Königreich Sachsen behandelt worden sei, so ergibt ein Blick auf die Lage der Gesetzgebung in Deutschland vor Erlaß des Strafgesetzbuches, daß jedenfalls eine größere Gruppe deutscher Landesstrafgesetzbücher, nämlich derjenigen von

Braunschweig vom 10. Juli 1840 § 147, Hessen vom 17. September 1841 Art. 257, und des diesem nachgebildeten für Frankfurt a. M. vom 16. September 1856, Nassau vom 17. Mai 1849 Art. 250, Hamburg vom 30. April 1869 Art. 120,

vorhanden war, in denen — wie nach dem revidierten Strafgesetzbuche für das Königreich Sachsen — die Tötung eines Einwilligenden als ein besonderer Fall der Tötungsdelikte behandelt worden war. In eben diesem Sinne wurde die Bestimmung aber auch in den Entwurf der Bundeskommission aufgenommen. Dafür spricht Schwarzes Zeugnis, und es ergibt sich klar aus der ihr eingeräumten Stellung.

Die Bestimmung ist nicht an die Vorschriften der §§ 206, 207 des Entwurfes (§§ 211, 212 des Gesetzes) über Mord und Totschlag unmittelbar angeschlossen, was das Richtige gewesen sein würde, sobald es sich nur um die Aufstellung eines mildernden Umstandes zu den Verbrechen des Mordes und des Totschlages gehandelt hätte; sie folgt vielmehr erst auf die §§ 208—210 des Entwurfes (§§ 213—215 des Gesetzes) die lediglich von strafmildernden und straferhöhenden Umständen zum Totschlage handeln, und steht so unmittelbar vor der Bestimmung über Kindesmord (§ 212 des Entwurfes, § 217 des Gesetzes), dessen selbständige Natur bisher noch nicht angezweifelt ist.

Anzuerkennen ist freilich, daß die Fassung des § 216 StGB. der Bedeutung der Tötung eines Einwilligenden als eines selbständigen Vergehens nicht entspricht; allein sie erklärt sich aus der Hinübernahme der Vorschrift des Art. 125 des sächsischen Kriminalgesetzbuches, wo sie nur als besonderer Fall des Totschlages behandelt war, in den Art. 157 der neueren königlich sächsischen Strafgesetzbücher und aus diesen in das Reichsstrafgesetzbuch.

Man kann aber nicht — mit dem Oberreichsanwalte — sagen, es habe der von Schwarze verfolgte Gedanke der „Schöpfung eines selbstständigen Spezialdeliktes" zunächst im Entwurfe und dann im Gesetze selbst keinen Ausdruck gefunden; denn die Stellung, die der Vorschrift im § 211 des Entwurfes und im § 216 des Gesetzes angewiesen ist, erscheint als ein solcher Ausdruck. Es kommt hinzu, daß es von der sonst für das Strafgesetzbuch befolgten Redaktionsweise völlig abweichen würde, wenn in einer Vorschrift ohne Hinweis auf die in Betracht kommenden Paragraphen (vergl. dagegen § 228 StGB.) zu zwei Verbrechen — Mord und Totschlag — eine einheitliche Bestimmung über einen mildernden Umstand gegeben worden wäre.

Auch der weitere Gang der Entstehungsgeschichte spricht für die bisherige Auffassung von der selbständigen Natur der in § 216 StGB. mit Strafe bedrohten Tat.

Der Entwurf der Bundeskommission wurde in der in Betracht kommenden Beziehung vom Bundesrate unverändert angenommen und stimmte mit ihm somit der vom Reichstage vorgelegte Entwurf insoweit überein. In der Reichstagskommission, welcher Teil 2 Abschn. 16 des Entwurfes mit anderen Abschnitten zur Beratung überwiesen war, wurde § 211 des Entwurfes (§ 216 des Gesetzes) unverändert angenommen.

Vgl. Zusammenstellung des Entwurfes Teil II Abschn. 8—22 mit den Beschlüssen der Kommission in Nr. 85 der Aktenstücke des Reichstages, Stenographische Berichte der I. Legislaturperiode, Session 1870 Bd. 3 S. 354 ff.

In der zweiten Lesung im Plenum (Stenographische Berichte Bd. 2 S. 656 ff.) gelangten zwar bei § 206 des Entwurfes (§ 211 des Gesetzes) zur Beratung einmal ein Prinzipalantrag der Abgeordneten Lasker und Genossen, betreffend die Aufnahme mildernder Umstände beim Morde als Abs. 2 des § 206 des Entwurfes, alsdann ein Eventualantrag des Abgeordneten Schwarze für den Fall der Annahme mildernder Umstände, den Abs. 2 des § 206 so zu fassen:

„Ist die Tötung auf das ausdrückliche und ernstliche Verlangen des Getöteten erfolgt oder sind mildernde Umstände vorhanden, so ist" ꝛc.

Vgl. Stenographische Berichte Bd. 2 S. 656 Bd. 4 S. 427.

Beide Anträge wurden jedoch abgelehnt (Stenographische Berichte Bd. 2 S. 656), und zwar auf Grund einer Debatte, in deren Eingang der Berichterstatter der Kommission Evelt ausgeführt hatte, daß, wenn — nach dem Standpunkte der Kommission — mildernde Umstände überhaupt beim Morde zu verneinen seien, es nur zu erörtern bleibe, ob es sich vom praktischen Standpunkte empfehle, die Tötung des Einwilligenden als selbständiges Vergehen zu konstruieren oder nicht. Er gelangt zu dem Ergebnisse, daß ersterem der Vorzug zu geben sei und beantragt:

das Vergehen des § 211 als selbständiges Vergehen bestehen zu lassen.

Der § 211 (§ 216 des StGB.) wurde demnächst mit großer Majorität angenommen.

Zieht man das Ergebnis aus der gesamten Entstehungsgeschichte des § 216 StGB., so ergibt sich, daß alle mitwirkenden Faktoren die Tötung eines Einwilligenden als selbständiges Vergehen gewollt haben.

Diesem Ergebnisse entspricht auch, wie eingangs hervorgehoben, die bisherige Praxis des Reichsgerichtes. Wenn demgegenüber in der Erklärung des Oberreichsanwaltes im Anschlusse an die Bemerkung,

es falle die Frage, ob der Versuch aus § 216 StGB. als solcher straffrei sei, mit der ferneren Frage zusammen, ob § 216 den Tatbestand eines selbständigen Vergehens oder nur einen die Strafbarkeit des Mordes oder Totschlages vermindernden Umstand aufstelle,

darauf hingewiesen wird, daß für die letztere Ansicht — allerdings nur bei Erörterung prozeß-rechtlicher Konsequenzen, jedoch aus Gründen, welche dem materiellen Rechte angehörten — die Urteile des

II. Strafsenats vom 25. März 1884, Rechtspr. des RG. in Straff. Bd. 6 S. 225; I. Strafsenat vom 11. März 1885, Entsch. des RG. in Straff. Bd. 12 S. 253; III. Strafsenats vom 20. März 1890, Entsch. des RG. in Straff. Bd. 20 S. 351; II. Strafsenats vom 11. Januar 1895, Entsch. des RG. in Straff. Bd. 26 S. 363

sich ausgesprochen hätten, so kann der Ansicht, daß die Gründe, welche dazu führten, die Einwilligung des Getöteten im Verhältnisse zu den Vorschriften über Mord und Totschlag (StGB. §§ 211—212) als einen strafvermindernden Umstand im prozessualen Sinne (vgl § 262, 266, 295 StPO.) anzusehen, dem materiellen Rechte angehörten, nicht beigetreten werden. Es kann dies wenigstens nur insoweit zugegeben werden, als das materielle Strafrecht die Verbrechensbegriffe enthält und bei deren Aufstellung so verfahren werden kann, daß zu gewissen einfachen Tatbeständen andere Tatumstände, sei es strafvermindernd oder straferhöhend, hinzutreten. Dadurch wird aber an sich über die Selbständigkeit des zusammengesetzten Tatbestandes, als eigenartigen Deliktes, noch in keiner Weise entschieden.

Auch der I. und II. Strafsenat haben in ihrer seitherigen Rechtsprechung zweifellos auf dem Standpunkte gestanden, daß der materielle und der prozessuale Gesichtspunkt auseinander zu halten seien. Es geht dies mit Notwendigkeit daraus hervor, daß sonst die oben angeführten Urteile dieser Senate, die sich mit der prozessualen Frage beschäftigen, mit dem von beiden Senaten eingenommenen Standpunkte, daß der Versuch aus § 216 als solcher nicht strafbar sei, unvereinbar sein würden. Das Urteil vom 11. Januar 1895 läßt es deshalb auch ausdrücklich dahingestellt, ob das im § 216 vorgesehene Vergehen eine selbständige Straftat darstelle, und beantwortet die Frage, wie im schwurgerichtlichen Verfahren die Fragen zu stellen seien, aus ganz anderen, rein prozessualen Gesichtspunkten.

Das Urteil des III. Strafsenats vom 20. März 1890 erwähnt endlich lediglich gelegentlich und unter Bezugnahme auf das Urteil des II. Strafsenats vom 25. März 1884, daß — im Unterschiede von der Beihilfe im Verhältnisse zur Täterschaft — ein vom Gesetze besonders hervorgehobener mildernder Umstand unter anderen auch im § 216 enthalten sei.

Das Verhältnis der „Tötung eines Einwilligenden" zum „Mord" und zum „Totschlag" ist in materieller und in prozessualer Beziehung ein solches, wie es im Strafgesetzbuche wiederholt sich findet. Jene ist ein selbständiges Vergehen mit allen aus der Vergehensnatur zu ziehenden Konsequenzen, sein Tatbestand aber erscheint, wenn schon kein Gewicht darauf gelegt ist, ob die Tötung mit oder ohne Überlegung ausgeführt wird, dennoch positiv so gestaltet, daß die Feststellung:

der Täter sei durch das ausdrückliche und ernstliche Verlangen des Getöteten zur Tötung bestimmt worden,

strafvermindernd gegenüber den beiden Tatbeständen der §§ 211, 212 StGB. wirkt.

Das Verhältnis ist genau dasselbe, wie zwischen „Kindesmord" und „Mord" und „Totschlag"; hier erkennt jedoch auch der Oberreichsanwalt an, daß im § 217 ein „spezielles Tötungsdelikt" normiert sei; der Umstand aber, daß die Täterin eine Mutter ist, welche ihr uneheliches Kind in oder gleich nach der Geburt tötete, wirkt prozessual strafvermindernd gegenüber den Verbrechen aus den §§ 211, 212.

Ähnliches gilt vom Verhältnisse des sogenannten Mundraubes (§ 370 Ziff. 5) zum Diebstahle, während umgekehrt beim „Raube" dessen eigentümliche Deliktsnatur überall anerkannt wird, die Anwendung oder Androhung der Gewalt gegen die Person prozessual einen straferhöhenden Umstand zum Diebstahle bildet. Die Auffassung von der selbständigen

Vergehensnatur des im § 216 mit Strafe bedrohten Deliktes ist — außer in der bisherigen Praxis des Reichsgerichtes, wie ganz überwiegend in der Literatur — namentlich auch vom ehemaligen preußischen Obertribunale in dem Urteile vom 28. März 1878 (Oppenhoffs Rechtspr. Bd. 19 S. 175) vertreten, wo neben dem Wortlaute des § 216, seiner Stellung und seiner Entstehungsgeschichte als das für die Selbständigkeit des Vergehens Entscheidende der Umstand angeführt wird,

> daß die Tötung in dem Willen des Getöteten selbst ihren letzten Grund gehabt hat und sich deshalb nur als eine Verletzung des öffentlichen Interesses, nicht aber als ein Eingriff in das Recht des Individuums darstellt.

Dementsprechend ist auch in den Motiven zum Entwurfe des Strafgesetzbuches der Grund,

> daß die Tötung eines Einwilligenden nicht mit der Strafe belegt werden könne, wie die gegen den Willen des Getöteten erfolgte Tötung

zutreffend hervorgehoben worden.

Bei dieser Sachlage konnte der Ansicht des Oberreichsanwaltes nicht beigetreten werden; es mußte vielmehr an der bisherigen Auffassung, daß im § 216 StGB. der Tatbestand eines selbständigen Vergehens aufgestellt sei, festgehalten werden.

II. Enthält § 216 StGB. den Tatbestand eines selbständigen Vergehens, so ist der Versuch desselben, da er nicht ausdrücklich für strafbar erklärt ist, nach § 43 Abs. 2 StGB. straflos.

Der Versuch der Tötung eines Einwilligenden kann völlig fehlgeschlagen sein, er kann aber auch zu einer Körperverletzung im objektiven Sinne geführt haben, und für diesen Fall ist es fraglich,

> ob die in Ausführung eines solchen Versuches ausgeführte Körperverletzung nach Maßgabe der Vorschriften des Teils II Abschn. 17 StGB. bestraft werden kann.

Die Frage war zu bejahen.

Zunächst kann es nicht zweifelhaft sein, daß die in Ausführung eines Tötungsversuches herbeigeführte Körperverletzung eines Menschen auch subjektiv den Tatbestand einer vorsätzlichen Körperverletzung im Sinne des bezeichneten Abschnittes des Strafgesetzbuches erfüllt. Denn wer den Vorsatz hat, einen Menschen zu töten, hat mit Notwendigkeit auch den Vorsatz, diesen körperlich zu verletzen. Die Tötung eines Menschen anders als durch Verletzung seines Körpers ist nicht denkbar; mag das zur Tötung gewählte Mittel auch so rasch wirksam sein, daß dem Getöteten der Vorgang gar nicht zum Bewußtsein kommt, daß er insbesondere ein Schmerzgefühl nicht hat; immer muß sein Körper in einer Weise in Mitleidenschaft gezogen werden, daß die ihm widerfahrene Behandlung als Körperverletzung im Sinne des § 223 StGB. sich darstellt; denn die Schmerzerregung gehört nicht zum Begriffe derselben.

Hat aber der Tötungsversuch zu einer nach Obigem vorsätzlichen Körperverletzung des die Tötung Verlangenden geführt, liegt somit der Tatbestand einer an sich in Gemäßheit der §§ 223 ff. StGB. strafbaren Handlung vor, so ist kein durchgreifender Grund erfindlich, warum — in den Fällen der leichten vorsätzlichen Körperverletzung (§ 223) unter der Voraussetzung des Vorliegens eines rechtsgültigen Strafantrags — die Handlung nicht auch im konkreten Falle mit Strafe belegt werden sollte. Ist ein in den Strafgesetzen vorgesehener Tatbestand in subjektiver und objektiver Richtung erfüllt, sind also alle Voraussetzungen gegeben, die die bestehende Rechtsnorm für die Bestrafung voraussetzt, so hat letztere auch einzutreten, sofern nicht andere positive Normen die Bestrafung ausschließen, sofern also nicht Ausnahmen von der Regel nachweisbar sind. Solche bestehen hier nicht.

Insbesondere kann für die Straflosigkeit der Körperverletzung nicht geltend gemacht werden, daß das vollendete Vergehen des § 216 die in ihm notwendig enthaltene Körperverletzung völlig absorbiere. Der Grundsatz der Absorption der Strafnorm der §§ 223 ff. durch § 216 gilt eben nur, wenn und soweit eine nach § 216 strafbare Handlung vorliegt. Ist dies, weil die Tat in den Grenzen des Versuches geblieben, nicht der Fall, so fällt auch der Grund weg, welcher die Strafbarkeit der in der Handlung subjektiv und objektiv in die Erscheinung tretenden Körperverletzung ausschließt. Man hat den Grund für die Straflosigkeit der in Ausführung des Versuchs der Tötung eines diese Verlangenden verübten Körperverletzung ferner darin finden wollen, daß in dem Verlangen auch die Einwilligung in die Körperverletzung liege und diese die Strafbarkeit ausschließe. Die Vereinigten Strafsenate haben jedoch keine Veranlassung gefunden, auf die prinzipielle Frage,

> inwiefern die Einwilligung in eine Körperverletzung geeignet sei, deren Bestrafung auszuschließen,

im vorliegenden Falle einzugehen, denn sie stellten sich auf den bereits in dem Urteile des I. Strafsenats vom 9. November 1893, Entsch. des RG. in Strafs. Bd. 24 S. 369, vertretenen Standpunkt,

> daß insoweit die Absicht von entscheidender Bedeutung sei, und deshalb die Einwilligung zwar auf Tötung, nicht aber auf Körperverletzung gehe.

Auch ein anderer gegen die bisherige Praxis des Reichsgerichts häufig vorgebrachter Grund vermag nicht durchzugreifen. Man wendet ein, daß dasjenige Strafgesetz, welches gegen die vorsätzliche Körperverletzung anzuwenden sein würde, unter Umständen schwerer wäre, als selbst die gegen die vollendete Tötung des Einwilligenden sich richtende Strafandrohung des § 216. Denn während nach diesem auf Gefängnis von drei bis zu fünf Jahren zu erkennen ist, würde die schwere Körperverletzung nach § 224 (vom Falle des § 225 ganz abgesehen) bei Verneinung mildernder Umstände (§ 228) mit Zuchthaus bis zu fünf Jahren bestraft werden können, ja bei dem immerhin denkbaren Vorliegen der Voraussetzungen des § 229 auf noch höhere Zuchthausstrafen erkannt werden dürfen. Diese Möglichkeiten sind anzuerkennen; sie werden jedoch im Falle des § 224 zu praktischen Inkonvenienzen kaum führen, da schon die für den Regelfall gegebene Strafandrohung gestattet, auf Gefängnisstrafe zu erkennen, und zwar mit einem zulässigen Mindestbetrage von nur einem Jahre, die für den Fall mildernder Umstände ausschließlich angedrohte Gefängnisstrafe aber sogar bis auf einen Monat hinuntergehen kann. Es ist hiernach kaum zu erwarten, daß beim Vorliegen einer schweren Körperverletzung im Sinne des § 224 StGB. auf eine härtere oder höhere Strafe erkannt werden würde als wie § 216 sie kennt. Der Hinweis auf jene Möglichkeit — und das gilt namentlich im Hinblicke auf § 229 — beweist aber überhaupt nichts. Denn die danach zweifellos bestehende Disharmonie in den Strafandrohungen des § 216 einerseits und den gegen die vorsätzliche Körperverletzung in den bezeichneten Fällen gerichteten andererseits entspringt, wie schon das Urteil des Feriensenats vom 25. August 1892 (Reg. 2537/92) hervorhebt, lediglich positiven Einzelbestimmungen des Strafgesetzbuches, die darum nicht geeignet sind, die Anwendung allgemeiner Grundsätze des Strafrechtes auszuschließen. Dem Umstande, daß Unzuträglichkeiten möglich sind, vermag gegenüber dem gegebenen Gesetze ein Einfluß nicht eingeräumt zu werden, und das Gesetz geht dahin, daß jede mit Strafe bedrohte Handlung ihre Ahndung finde, soweit das Gesetz nicht selbst Ausnahmen bestimmt. Ebendeshalb kommt endlich auch dem Umstande keine Bedeutung zu, daß nach der im § 1 StGB. gegebenen Begriffsbestimmung die im § 216 mit Strafe bedrohte Handlung nur ein Vergehen darstellt, während die strafbaren Handlungen der §§ 224, 229 als Verbrechen zu bezeichnen sind. Allerdings kann hierdurch bedingt werden, daß materiell und auch prozessual verschiedene Grundsätze Platz greifen, je nachdem die Anklage aus § 216 wegen vollendeter Tötung oder im Falle des Versuches der Tötung wegen Körperverletzung erhoben wird; allein auch diese Unzukömmlichkeit muß als das Ergebnis der positiven Gesetzgebung hingenommen werden, ohne daß sie geeignet ist, eine andere Auffassung zu rechtfertigen.

Auf Grund dieser Erwägungen war die gestellte Frage, wie geschehen, zu bejahen.

§ 13. III. Erlaubter Waffengebrauch.

RGM. I 91.

Das Oberkriegsgericht hat auf Grund des § 124 MStGB. den Angeklagten, Maschinisten B., freigesprochen, weil

a) ein den Gebrauch der Waffe tatsächlich rechtfertigender Fall der äußersten Not und dringendsten Gefahr vorhanden gewesen sei,

b) der Anklagte sich zum Gebrauche der Waffe für berechtigt und verpflichtet gehalten habe.

Zur Begründung der Feststellung zu a) wird lediglich angeführt, daß die Disziplin durch das freche Gebahren auf das äußerste gefährdet, daß ferner ein anderes Mittel, diesem Notstande zu begegnen, untunlich, somit das vom Angeklagten angewandte Verfahren wohl berechtigt sei.

Das Oberkriegsgericht hat hiermit den im § 124 MStGB. enthaltenen Rechtsbegriff „äußerste Not und dringendste Gefahr" verkannt.

In dem Entwurfe zum MStGB. lautete der § 135:

„Als eine strafbare Handlung im Sinne der §§ 132 bis 134 ist es nicht anzusehen, wenn der Vorgesetzte bei dringender Gefahr, um den tätlichen Angriff eines Untergebenen von sich abzuwenden, oder, um die notwendige Befolgung eines Dienstbefehls zu erzwingen, von der Waffe gegen den Untergebenen Gebrauch macht."

Hierzu bemerken die Motive, daß diese Ausnahmebestimmungen durchaus erforderlich seien, um den Vorgesetzten im Falle eines außerordentlichen Notstandes die zur Erhaltung der Disziplin und öffentlichen Ordnung unumgänglich nötigen Mittel zu gewähren.

In der Kommission wurde dem § 129 folgende Fassung gegeben:

„Diejenigen Handlungen, welche der Vorgesetzte begeht, um einen tätlichen Angriff des Untergebenen abzuwehren, oder um seinen Befehlen im Falle der äußersten Not und dringendsten Gefahr Gehorsam zu verschaffen, sind nicht als Mißbrauch der Dienstgewalt anzusehen."

Dies gilt namentlich auch für den Fall, wenn ein Offizier in Ermangelung anderer Mittel, den durchaus notwendigen Gehorsam zu erhalten, sich in der Lage befunden hat, gegen den tätlich sich ihm widersetzenden Untergebenen von der Waffe Gebrauch zu machen."

Offenbar erschien die Fassung des Entwurfs zu weitgehend und es lag das Bestreben vor, die Anwendbarkeit des Paragraphen auf das äußerste Minimum zu beschränken.

Die abgeänderte Fassung wurde demnächst in § 124 Gesetz.

Für die zweite Alternative des Abs. 1 ist erforderlich das Vorliegen eines Falles der äußersten Not und dringendsten Gefahr. Diese Requisite sind, wie schon der Wortlaut ergibt, kopulativ gemeint, d. h. es müssen beide Voraussetzungen gegeben sein.

Erst dann kann von einem außerordentlichen Notstande gesprochen werden, welcher es im Interesse der Aufrechterhaltung der Ordnung und zur Beseitigung drohender Gefahr für die Disziplin dem Vorgesetzten zur Pflicht macht, die Befolgung seines Befehls um jeden Preis durchzusetzen.

Wenn das Oberkriegsgericht demgegenüber eine — allerdings hartnäckige — Gehorsamsverweigerung, die sich aber nicht in Gegenwart von weiteren Gemeinen abspielte, also eine aufreizende Wirkung auf solche nicht haben konnte, die ferner sich lediglich auf Worte und Gebärden beschränkte, dagegen keinerlei aggressiven Charakter zeigte, für ausreichend erachtet, um die Anwendung des § 124 MStGB. zu rechtfertigen, so läßt es außer acht, daß nach den vorstehenden Erörterungen des § 124 neben der Feststellung der Gehorsamsverweigerung noch eine Angabe derjenigen für erwiesen erachteten Tatsachen verlangt, aus denen auf die äußerste Gefahr für die Disziplin oder die Person des Vorgesetzten geschlossen werden muß.

Das Oberkriegsgericht hat vielmehr, wie die Gründe erkennen lassen, angenommen, daß jede hartnäckige Gehorsamsverweigerung in „Feindesland begangen" eine dringendste Gefahr für die Disziplin im Sinne des § 124 in sich schließe.

In gleicher Weise glaubt das Oberkriegsgericht den Begriff der „äußersten Not" schon dadurch als gegeben,

> daß ein anderes Mittel, dem Notstande zu begegnen, — d. h. die Durchführung des Befehls zu erzwingen — untunlich, das Verhalten des Angeklagten „sonach" wohlberechtigt sei.

Auch diese Ausführungen geben zu schweren Bedenken Veranlassung. Es wird zunächst vom Oberkriegsgerichte nicht gefragt, aus welchen

Gründen ein anderes Mittel zur Erzwingung des Gehorsams — etwa die Heranziehung eines anderen Untergebenen zur Unterstützung — untunlich war. Es ist ferner nicht ersichtlich, weshalb die sofortige Wegschaffung der Eimer dringend erforderlich erschien.

Vor allem aber zeigt sich in den Darlegungen des oberkriegsgerichtlichen Urteils, daß es das Eingreifen mit der Waffe jedesmal und zwar auch dann für wohlberechtigt erachtet, wenn der Befehl sich auf eine Privatangelegenheit bezieht und seine Durchführung für das Interesse des Dienstes ohne irgend welche Bedeutung ist.

Alles dies widerspricht dem Wortlaut und dem Sinne des § 124 MStGB., welcher nur im Falle der äußersten Not und der dringendsten Gefahr die Anwendung der Waffe gestattet.

b) Das Oberkriegsgericht hat allerdings die Freisprechung auch durch die Feststellung zu stützen versucht, daß der Angeklagte sich zum Gebrauche der Waffe für berechtigt und verpflichtet gehalten habe.

Es muß zunächst zugegeben werden, daß eine solche Feststellung tatsächlicher Natur, somit für das Revisionsgericht bindend sein kann, daß ferner eine solche Feststellung geeignet ist, den strafrechtlichen dolus und damit die Strafbarkeit selbst auszuschließen.

Das Berufungsgericht hat zur Begründung dieser tatsächlichen Feststellung sich lediglich auf „den ersten Richter", d. h. auf die Ausführungen des kriegsgerichtlichen Urteils bezogen.

In dem letzteren Urteil ist aber die Frage, ob der Angeklagte sich zum Gebrauche der Waffe für berechtigt und verpflichtet gehalten hat, überhaupt nicht erörtert. Das oberkriegsgerichtliche Urteil läßt also — auch bei Heranziehung des erstinstanzlichen Urteils — jegliche Angabe vermissen, aus welchen Gründen der bereits seit 2. Februar 1893 im Dienste befindliche Angeklagte sich zum Gebrauche der Waffe für berechtigt gehalten hat.

Bei dieser Sachlage ist eine Nachprüfung darüber, ob diese tatsächliche Feststellung auf rechtlich unanfechtbaren Erwägungen beruht, nicht möglich. Es steht völlig dahin, ob das Oberkriegsgericht sich den Gedankengang des Angeklagten im Augenblicke der Tat vergegenwärtigt und auf dieser Grundlage zu der Ausschließung des Bewußtseins der Rechtswidrigkeit gelangt ist oder ob es lediglich den eigenen Gedankengang dem Angeklagten unterstellt hat.

Da die Ausschließung des Bewußtseins der Rechtswidrigkeit nur auf die Erwägungen gestützt werden kann, welche den Angeklagten bei Begehung der Tat leiteten, so hätten diese Erwägungen festgestellt werden müssen.

Das Urteil wird also durch die Feststellung zu b nicht getragen.

§ 14. VI. Bindender Befehl.

Beling § 32, Berner § 56, Binding Gr. I § 79, v. Liszt § 35, H. Meyer § 38; Hecker Lehrb. des MilitStrafr. § 11.

RMG. I 61.

Durch Urteil des Kriegsgerichts wurden:

a) Unteroffizier R. wegen zweier fortgesetzter militärischer Verbrechen der

Anstiftung Untergebener zu zwei fortgesetzten militärischen Vergehen der falschen Meldungserstattung mit 42 Tagen mittlerem Arrest,

b) Gemeiner S. und

c) Gemeiner W.

je wegen eines fortgesetzten militärischen Vergehens der falschen Meldungserstattung mit 20 Tagen mittlerem Arrest bestraft.

Der den R. betreffende Teil des Urteils ist sofort rechtskräftig geworden, die von S. und W. eingelegten Berufungen wurden mit Urteil des Oberkriegsgerichts beim X. Armeekorps vom 1. Februar 1901 als unbegründet verworfen. Gegen dieses Urteil haben dieselben durch Erklärung zu Protokoll des Kompagniechefs Revision eingelegt und wie folgt begründet:

Die Verurteilung sei wegen Vergehens gegen die §§ 139 und 47 des MStGB. erfolgt und letzterer Paragraph dabei in zweifacher Richtung falsch angewendet. Nachdem sie auf wiederholten Befehl des Unteroffiziers R. gehandelt, ein solcher Befehl, auch wenn er gegen die Schießvorschrift verstoße, ein Befehl in Dienstsachen sei, könne ihnen nach dem bemerkten § 47 ein Vergehen überhaupt nicht zur Last gelegt werden; anderen Falles wären sie nicht Täter, sondern nur wegen Beihilfe nach § 49 des bürgerlichen StGB. zu bestrafen gewesen, für welche Beihilfe 20 Tage mittlerer Arrest eine zu strenge Strafe sei.

Die Revisionen können nicht als begründet erachtet werden.

Im Urteil des Oberkriegsgerichts ist folgender Tatbestand festgestellt:

Bei dem am 21. Dezember 1900 stattgehabten Schulschießen von Mannschaften der — (Truppenteil) — waren Unteroffizier R., sowie die Gemeinen S. und W. zum Dienste an der Scheibe als Anzeiger kommandiert. Ersterer hatte dabei nach der Schießvorschrift vom 3. März 1900 — §§ 104 ff. — zunächst die Verantwortung für gewissenhaftes Feststellen und Anzeigen des Treffergebnisses, während L. und W. nach Anweisung des Unteroffiziers abwechselnd die das Treffergebnis bezeichnenden Tafeln vor- und zurückschoben. Geschossen wurde die 3. Bedingung der 1. Schießklasse — 3 Schuß, 200 m, stehend, freihändig, Ringscheibe, kein Schuß unter 6. Um nun der alten Mannschaft, welche die Bedingung zum zweitenmal schoß, die Erfüllung derselben zu erleichtern und so die Schießübung rascher zu beendigen, veranlaßte R. vorsätzlich durch die Aufforderung: „Wir tun statt 5 Ring 6 hinaus" und dadurch, daß er in 27 Fällen ein höheres Treffergebnis, als geschossen war, zum Aufzeigen angab, den S. und W., die ihnen zum Aufzeigen falsch angegebene höhere Ringzahl als Treffergebnis aufzuzeigen, obwohl sie wußten, daß Weisung und Angaben des Vorgesetzten eine falsche Meldungserstattung bezweckten.

Diese Feststellungen lassen zunächst zwar zweifelhaft, ob S. und W. auf Grund von Befehlen des Unteroffiziers oder lediglich im Verfolg einer mit demselben getroffenen Vereinbarung gehandelt haben; insbesondere kann das Vorliegen von Befehlen in Dienstsachen nicht, wie vom Oberkriegsgerichte geschehen, deshalb verneint werden, weil ein auf die *Ausführung einer strafbaren Tat gerichteter Befehl nie ein Befehl in Dienstsachen sein kann. Eine solche Auffassung ist rechtsirrtümlich* und schlechterdings unvereinbar mit der Bestimmung des § 47 MStGB., welcher mit seiner Fassung: „Wird durch die Ausführung eines Befehls in Dienstsachen ein Strafgesetz verletzt“, unzweideutig zum Ausdrucke bringt, daß ein Befehl in Dienstsachen vorliegen kann, auch wenn durch dessen Ausführung ein Strafgesetz verletzt wird.

Die bemerkte Unklarheit der Entscheidungsgründe ist indes für die rechtliche Beurteilung der Tat deshalb ohne Bedeutung, weil das Ergebnis dieser Beurteilung das gleiche ist, mag man einen Befehl des Unteroffiziers oder eine Vereinbarung mit diesem als Grund des Handelns unterstellen.

Haben die Beschwerdeführer auf Befehl des Unteroffiziers gehandelt oder waren sie wenigstens der Meinung, daß ein solcher Befehl vorliege, so mußten sie, weil ihnen nach der tatsächlichen Feststellung bekannt war, daß der Befehl ein militärisches Vergehen der unrichtigen Meldungsabstattung bezweckte, gemäß Satz 2 des § 47 MStGB. als Teilnehmer beurteilt werden. Welcher Art aber die Teilnahme gewesen, ob speziell Täter- oder Gehilfenschaft vorlag, kann nur nach Maßgabe der für Anwendung des § 139 a. a. O. getroffenen tatsächlichen Feststellungen bemessen werden.

Diese enthalten darüber nichts, daß S. und W. die unrichtige Meldungsabstattung als eigene Tat gewollt haben, und müßte die Aufhebung des Urteils erfolgen, wenn hier die Annahme von Täterschaft durch solche Feststellung bedingt wäre. Dies ist jedoch nicht der Fall.

Wie jene Feststellung liegt, waren S. und W. zum Dienste an der Scheibe als „Anzeiger“ kommandiert, somit zum Anzeigen des wirklichen Treffergebnisses befehligt und konnte danach, wie dies auch die Schießvorschrift für die Infanterie in Ziffer 104 und 106 zum Ausdrucke bringt, jeder derselben für sich durch wissentlich falsches Anzeigen das militärische Vergehen der unrichtigen Meldungsabstattung begehen. In der Tat hat sowohl S. wie W. in mehreren Fällen mit dem nach Anweisung des Unteroffiziers betätigten Hinausschieben von Anzeigetafeln, die eine höhere Ringzahl als die geschossene aufwiesen, ein unrichtiges Treffergebnis angezeigt, und zwar in dem Bewußtsein, daß die angezeigte Ringzahl eine falsche war.

Damit aber erscheinen die gesamten Tatbestandsmerkmale des § 139 a. a. O. in subjektiver und objektiver Beziehung erfüllt, insbesondere haben S. und W. mit dem vollen, vom Strafgesetze vorausgesetzten strafbaren Willen gehandelt.

Solchen Falles mußte jeder derselben ohne weiteres, insbesondere auch ohne ausdrückliche Feststellung, daß sie die Tat als eigene gewollt haben, als Täter beurteilt werden. Eine Gehilfenschaft nach § 49 des bürgerlichen Strafgesetzes konnte bei dieser Sachlage gar nicht in Frage kommen (vergl. die Rechtsprechung des Reichsgerichts, insbesondere R. VIII, 189).

Die Notwendigkeit, die Beschwerdeführer als Täter zu behandeln, besteht nun aber ebenso, wenn dieselben lediglich auf Grund einer Vereinbarung mit dem Unteroffizier tätig waren. § 47 MStGB. scheidet solchen Fall überhaupt aus, weil dessen erste Voraussetzung, daß ein Befehl in Dienstsachen vorgelegen, nicht zutrifft. Im übrigen aber gilt für die rechtliche Beurteilung der Tat genau dasselbe, was für den ersteren Fall als maßgebend erachtet wurde.

Die rechtliche Beurteilung der Tat des Unteroffiziers R., speziell die Frage, ob dieser nach Maßgabe der tatsächlichen Feststellungen des angefochtenen Urteils als Anstifter und nicht vielmehr als Mittäter zu behandeln war, ist dem Revisionsgericht entrückt; für dieses kommt diesbezüglich nur in Betracht, daß letzteren Falles bei S. und W. Mittäterschaft anzunehmen wäre, was insofern bedeutungslos erschiene, als nach § 47 des bürgerlichen StGB. auch der Mittäter als Täter zu bestrafen ist.

Die für den Fall der Annahme einer Beihilfe geltend gemachte Rüge hinsichtlich der Strafzumessung stellt sich als gegenstandslos dar, nachdem S. und W., wie dargetan, mit Recht als Täter behandelt sind. Die unterlaufene rechtsirrtümliche Auslegung des § 47 MStGB. vermag den Bestand des Urteils nicht zu erschüttern, weil dieses nach den obigen Ausführungen keineswegs auf solchem Rechtsirrtume beruht, die für Anwendung des § 139 a. a. O maßgebenden tatsächlichen Feststellungen ebensowenig von demselben beeinflußt sind.

Die Verurteilung des S. und W. verstößt nach alledem gegen kein Strafgesetz, und waren deren Revisionen, wie geschehen, zu verwerfen.

Der Militäranwalt hatte beantragt, das oberkriegsgerichtliche Urteil nebst den ihm zu Grunde liegenden Feststellungen aufzuheben und die Sache zur anderweiten Verhandlung und Entscheidung in die Berufungsinstanz zurückzuverweisen. Er ging dabei von der auch vom preußischen Generalauditoriat vertretenen Auffassung aus, daß in den Fällen der vorliegenden Art der gehorchende Untergebene nach Maßgabe seiner Willensrichtung zu beurteilen sei. Der Untergebene sei hiernach als Mittäter zu bestrafen, wenn er die befohlene Tat als seine eigene gewollt, als Gehilfe, wenn er sie lediglich in Ausführung des ihm gewordenen Befehls vollbracht hat.

C. Die Schuld.

§ 15. I. Die Schuld im allgemeinen.

Beling § 33, Berner § 66 ff., Binding Gr. I § 46, v. Liszt § 36, H. Meyer § 25, Frank, Olshausen § 59 StGB.

I. RMG. II 133 betont, daß es im Strafrecht eine **Haftung für das Verschulden Dritter** (ohne eigenes Verschulden) nicht gibt.

II. Nichterfordernis einer Schuld hinsichtlich des Erfolges bei den als objektive Bedingungen der Strafbarkeit oder der erhöhten Strafbarkeit figurierenden Erfolgen. E. V 29, oben § 9.

III. **Verschulden des verantwortlichen Redakteurs.**

1. Trifft die Haftung nach RPreßGes. § 20 Abs. 2 den als verantwortl. Redakteur Benannten schlechtweg oder nur dann, wenn er tatsächlich als verantwortlicher Redakteur fungiert hat? Teilung der Verantwortlichkeit unter mehrere Redakteure. E. XXIII 9 (vgl. auch XXV 180):

Der Angeklagte gehört zu den verantwortlichen Redakteuren der in M.

erscheinenden Zeitung „Volksstimme, Sozialdemokratisches Organ für M. und Umgegend". Nach einem zwischen dem Verleger und dem Verleger der in B. unter dem Titel „Volksblatt für Anhalt ꝛc." erscheinenden Zeitung getroffenen Abkommen werden die einzelnen Nummern des Volksblattes für Anhalt durch einfachen Abdruck der entsprechenden Nummern der Volksstimme, jedoch mit Abänderung des Kopfes und des Schlusses, sowie unter Einstellung eines anderen Inseratenteiles, hergestellt. Der Angeklagte ist auf den einzelnen Nummern des Volksblattes als „verantwortlicher Redakteur für den politischen Teil" genannt, während für den Inseratenteil mehrere andere Personen als verantwortliche Redakteure tätig und auf den Nummern der Zeitung namentlich aufgeführt sind. Für den übrigen Inhalt der Zeitung ist ein gewisser K. als verantwortlicher Redakteur bestellt, aber nicht als solcher auf der Zeitung selbst benannt. Nach dem zwischen dem Verleger der „Volksstimme" und dem Angeklagten abgeschlossenen Vertrage, welcher auch für den Umfang der Tätigkeit des Angeklagten hinsichtlich des Volksblattes maßgebend ist, hatte sich die Redaktionstätigkeit des Angeklagten auf den Leitartikel und die mit der Überschrift „Politische Rundschau" versehene Abteilung der Zeitung zu erstrecken. Die Nummer 183 des „Volksblattes für Anhalt" enthielt unter der Überschrift: „Pariser Briefe. Aus dem Tagebuche einer Erzieherin" einen Artikel über einen Vortrag eines gewissen Thomas in Paris. In diesem Artikel finden sich die in den Urteilsgründen wörtlich wiedergegebenen Äußerungen. Sie enthalten nach der Auffassung des ersten Richters eine Beschimpfung der christlichen Kirche. Der Artikel ist weder als Leitartikel behandelt, noch unter die Rubrik „Politische Rundschau" aufgenommen.

Daß der Angeklagte den Artikel verfaßt oder zu dessen Abfassung mitgewirkt, oder daß er von dessen Inhalte vor der Veröffentlichung Kenntnis erlangt und mit dieser Kenntnis die Ausgabe der Nummer 183 angeordnet oder gefördert habe, ist im Urteile nicht festgestellt. Wenn das angefochtene Urteil angenommen hat, daß unter den festgestellten Verhältnissen eine strafrechtliche Haftung des Angeklagten sich auch aus der Vorschrift in § 20 Abs. 2 des Reichspreßgesetzes vom 7. Mai 1874 nicht ableiten lasse, so hat dies für rechtsirrtümlich nicht erachtet werden können.

Die strafrechtliche Haftung des Redakteurs einer periodischen Druckschrift für deren Inhalt kann auf die Vorschrift in § 20 Abs. 2 des Preßgesetzes **nur** unter der Voraussetzung gegründet werden, daß er auf dieser Druckschrift als deren verantwortlicher Redakteur genannt ist. Anderenfalls haftet er aus der angezogenen Gesetzesbestimmung überhaupt nicht; seine strafrechtliche Verantwortlichkeit tritt vielmehr nur dann ein, wenn sie aus den Vorschriften des allgemeinen Strafrechtes sich ergibt.

Ist er dagegen auf der periodischen Druckschrift als verantwortlicher Redakteur, und zwar ohne jede Einschränkung oder ausdrücklich als alleiniger verantwortlicher Redakteur genannt, so trifft ihn die in § 20 Abs. 2 des Preßgesetzes geordnete strafrechtliche Verantwortlichkeit und er kann sich hiervon nicht durch eine einseitige Verwahrung oder durch eine diese Haftung einer anderen Person zuweisende Erklärung befreien.

Der deutsche Gesetzgeber hat jedoch bei Erlaß des Preßgesetzes sich der Erwägung nicht verschließen können, daß es im praktischen Leben bei größeren periodischen Druckschriften, insbesondere bei größeren Zeitungen, unmöglich ist, die Redaktion einer einzigen Person dergestalt zu übertragen, daß der gesamte Inhalt der Druckschrift, Zeitung, das Arbeitsergebnis dieser einen Person bilde oder als solches zu gelten habe und daher auch die letztere die in § 20 Abs. 2 des Preßgesetzes normierte strafrechtliche Haftung für den gesamten Inhalt übernehmen müsse. Die Fülle und Mannigfaltigkeit des Inhaltes größerer Zeitungen, welcher die verschiedenartigsten Gebiete menschlichen Wissens und Wirkens, die abweichendsten Erscheinungen und Fragen des äußeren und inneren Lebens rc. umspannt, wird in der Regel die geistige und physische Arbeitskraft eines einzigen Redakteurs übersteigen. Die Bestellung eines einzigen Redakteurs würde daher nur auf Kosten der Güte des Inhaltes im weiteren Sinne, mithin nur zum Nachteile des Unternehmens wie auch des Publikums selbst erfolgen können und insofern auch einem gewissen öffentlichen Interesse widerstreiten. Es erscheint daher als ein berechtigtes, nicht abzuweisendes Bedürfnis des literarischen Verkehrs, daß die Redaktion derartiger größerer periodischer Druckschriften einer Mehrheit von Personen mit der Wirkung übertragen werden kann, daß eine jede derselben nur innerhalb des ihr zugewiesenen, bestimmt abgegrenzten Tätigkeitsgebietes als verantwortlicher Redakteur handelt und aus § 20 Abs. 1, 2 des Preßgesetzes haftet. Dieses Bedürfnis will auch das Preßgesetz befriedigen.

Der vorgelegte Entwurf zum Preßgesetze enthielt in § 6 Abs. 2 folgende Bestimmung: Die Benennung mehrerer Personen als verantwortliche Redakteure ist nur dann zulässig, wenn dieselbe in einer Form bewirkt wird, aus welcher mit Bestimmtheit zu ersehen ist, für welchen Teil der Druckschrift jede der benannten Personen die Redaktion besorgt.

Vgl. Verhandlungen des Deutschen Reichstages, zweite Legislaturperiode I. Session, Drucksachen 23.

In den beigegebenen Motiven wird hierzu bemerkt: „Der Entwurf gestattet die Aufstellung eines besonderen verantwortlichen Redakteurs für einzelne bestimmt bezeichnete Teile einer Zeitschrift, z. B. des Feuilletons, des Inseratenteiles. Der Hauptteil wird auch bei größeren Blättern immer unter der Leitung eines verantwortlichen Redakteurs (des Chefredakteurs) stehen müssen." Zuwiderhandlungen gegen diese Vorschrift wurden in § 49 des Entwurfes im wesentlichen nach denselben Prinzipien bestraft, welche den §§ 18, 19 des jetzigen Gesetzes zugrunde liegen. Auch entsprechen die Vorschriften in §§ 23 ff. des Entwurfes über die Beschlagnahme von Druckschriften im großen und ganzen den Bestimmungen in §§ 23 ff. des Gesetzes. Die mit der Vorberatung des Gesetzentwurfes beauftragte Kommission brachte anstatt der oben wiedergegebenen Bestimmung die folgende in Vorschlag: „Eine Teilung der Verantwortlichkeit ist zulässig. Wenn mehrere Personen als verantwortliche Redakteure benannt sind, so ist jede für den gesamten Inhalt der Druckschrift verantwortlich, wenn nicht aus Inhalt und Form der Benennung mit Bestimmtheit zu ersehen ist, auf welchen Teil der Druckschrift die ausschließliche Verantwortlichkeit einer jeden der benannten Personen sich beschränkt" (§ 7 des Entwurfes nach den Beschlüssen der Kommission). In dem Berichte der Kommission war hierzu bemerkt: „In bezug auf die im zweiten Absatze des § 6 in der Regierungsvorlage behandelte Teilung der Verantwortlichkeit der Redaktion wurde es für wünschenswert erachtet, die Zulässigkeit einer solchen Teilung ausdrücklich auszusprechen und den im zweiten Absatze des betreffenden Paragraphen der Regierungsvorlage ausgesprochenen Gedanken noch deutlicher zum Ausdrucke zu bringen, nämlich, daß bei mehreren Redakteuren mit aller Bestimmtheit ersichtlich sein muß, ob eine geteilte Verantwortlichkeit, und für welche Teile der Zeitschrift oder Zeitung dieselbe vorhanden sein soll. Im Zweifelsfalle wird ein jeder der genannten Redakteure als für das Ganze verantwortlich erscheinen. Während es übrigens nach dem Wortlaute der Regierungsvorlage zweifelhaft erscheint, ob eine Verantwortlichkeit mehrerer in solidum gestattet sein soll, war die Kommission der Überzeugung, daß durch die Zulassung der solidarischen Haftbarkeit mehrerer Redakteure der Presse eine berechtigte Erleichterung geschaffen werde, welche auch vom staatlichen Standpunkte aus nicht zu beanstanden sei.“ Die §§ 21, 22, 27 ff. des Kommissionsentwurfes lehnten sich den §§ 19, 23 ff. des Regierungsentwurfes im wesentlichen an.

Vgl. Verhandlungen des Deutschen Reichtages a. a. O. Drucksache Nr. 67.

Bei der Beratung des § 7 des Kommissionsentwurfes im Deutschen Reichstage (Stenographische Berichte, Sitzung vom 18. März 1874, S. 400 ff.) sprach sich zunächst der Abgeordnete Dr. Wolffson gegen das Prinzip der solidarischen Verantwortlichkeit mehrerer, ohne Bezeichnung bestimmter, abgegrenzter Gebiete ihrer Redaktionstätigkeit benannter verantwortlicher Redakteure aus, und ihm pflichteten mehrere andere Abgeordnete sowie der Bundeskommissar bei. Durch Beschluß des Reichstages wurde sodann der § 6 Abs. 2 der Regierungsvorlage mit der alleinigen Abänderung wieder hergestellt und als § 7 des Gesetzes angenommen, daß an die Stelle der Worte: „wenn dieselbe in einer Form bewirkt wird, aus welcher mit Bestimmtheit zu ersehen ist“ die Worte traten: „wenn aus Form und Inhalt der Benennung mit Bestimmtheit zu ersehen ist“.

Aus dieser Entstehungsgeschichte des Gesetzes in Verbindung mit den bereits angezogenen Vorschriften desselben ergeben sich nachstehende Folgerungen.

Bei einer Zeitung kann die Redaktionstätigkeit unter mehrere Redakteure dergestalt geteilt werden, daß ein jeder derselben nur in Ansehung des ihm zugewiesenen Redaktionsgebietes aus § 20 Abs. 2 des Preßgesetzes strafrechtlich verantwortlich ist. Diese geteilte Haftung setzt voraus, daß das jedem der mehreren Redakteure zugewiesene Tätigkeitsgebiet gegen die Arbeitsgebiete der übrigen Redakteure durch äußere, ohne weiteres in die Augen fallende Mittel in deutlicher, keinem Zweifel Raum lassender Weise abgegrenzt ist, also auch für den, der nur die äußere Einrichtung und Anordnung des Zeitungstextes, nicht den sachlichen Inhalt der einzelnen Zeitungsartikel, ins Auge nimmt, einen fest und klar bestimmten Teil der Zeitung umfaßt, und daß andererseits diese Verteilung der Redaktionsgeschäfte unter die mehreren Redakteure auf den einzelnen Nummern der Zeitung selbst in unzweideutigen Worten Ausdruck gefunden hat, dergestalt, daß darüber, ob und wie die Redaktionsgeschäfte verteilt sind, ausschließlich die hierauf bezügliche Angabe auf der Zeitung selbst entscheidet, etwaige zwischen dem Verleger der Zeitung und dem einzelnen Redakteur über die Verteilung der Redaktionsarbeiten getroffene abweichende Beredungen dagegen gänzlich außer Betracht bleiben müssen.

Aus der Entstehungsgeschichte der angezogenen Bestimmungen folgt aber weiter als erkennbarer Wille des Gesetzgebers, daß, wenn auf einer Zeitung mehrere Personen als verantwortliche Redakteure benannt sind, ohne daß hierbei ihnen äußerlich scharf gegeneinander abgegrenzte Teile der Zeitung als ausschließliche Gebiete ihrer Redaktionstätigkeit in deutlichen Worten zugewiesen werden, wenn sie also nur im allgemeinen als die verantwortlichen Redakteure genannt sind, oder wenn zwar auf der Zeitung bekundet ist, daß die Redaktion unter diese mehreren Redakteuren geteilt sei, hierbei aber über die Art und Weise der Teilung nichts bemerkt oder der äußere Umfang des einem jedem der Redakteure zugeteilten Tätigkeitsgebietes in unklarer, die gegenseitigen Grenzen nicht deutlich erkennbar machender Weise bezeichnet ist, diese Benennung rechtlicher Wirkung im Sinne des Preßgesetzes überhaupt entbehrt. Denn der Gesetzgeber erklärt im § 7 Abs. 2, indem er von dem in Abs. 1 aufgestellten allgemeinen Prinzipe eine Ausnahme gestatten will, nur eine der hier gegebenen Vorschrift entsprechende Benennung mehrerer Redakteure für zulässig, ebendamit von selbst aber auch jede andere, diese Vorschrift nicht erfüllende Benennung mehrerer Redakteure für unzulässig, also für eine solche, welche nicht zugelassen, nicht geduldet werden solle. Spricht jedoch der Gesetzgeber hiermit einer Benennung der letzteren Art die Fähigkeit rechtlicher Existenz unbedingt ab, so folgt mit Notwendigkeit, daß diese Benennung dem Gesetze gegenüber als nicht vorhanden betrachtet und behandelt werden muß, so daß ein Fall dieser Gestaltung demjenigen gleichsteht, wo überhaupt kein Redakteur auf der Zeitung benannt ist. Hieraus ergibt sich aber aus dem bereits oben Ausgeführten weiter, daß die — in unstatthafter Weise — benannten mehreren Redakteure für den Inhalt der Zeitung aus der Vorschrift in § 20 Abs. 2 des Preßgesetzes überhaupt nicht haften, eine strafrechtliche Verantwortlichkeit derselben vielmehr nur dann und nur insoweit besteht, als sie aus den Grundsätzen des allgemeinen Strafrechtes folgt. Dieses Ergebnis läßt sich auch nicht als mit den Tendenzen des Preßgesetzes in Widerspruch stehend und als ein unannehmbares bezeichnen. Das Preßgesetz hat in den §§ 19, 23 ff. Maßnahmen von einschneidender Bedeutung für den Fall der Nichtbeachtung der Vorschriften in § 7 gegeben, welche eine kräftige Reaktion wider solche Gesetzesverletzungen bieten, und ersichtlich ist der Gesetzgeber der Meinung gewesen, daß auf diesem Wege die Befolgung der angezogenen Vorschrift und damit die Herstellung der für die Anwendbarkeit der Bestimmung in § 10 Abs. 2 unentbehrlichen tatsächlichen Voraussetzungen am sichersten und schnellsten werde erreicht werden.

Es erscheint denkbar, daß auf einer Zeitung mehrere Personen als verantwortliche Redakteure genannt sind, auch einem jeden von ihnen ein bestimmter und äußerlich klar abgegrenzter Teil der Zeitung als ausschließliches Gebiet seiner Redaktionstätigkeit zugewiesen ist, diese Teile zusammengenommen aber nicht den gesamten Inhalt der Zeitung erschöpfen, so daß ein Teil übrig bleibt, rücksichtlich dessen es an der Benennung eines verantwortlichen Redakteurs gebricht.

Ein Fall dieser Art liegt nach der Annahme des ersten Richters hier vor.

Das Urteil stellt fest, daß bei der in Frage stehenden Zeitung, dem „Volksblatte für Anhalt usw." eine Zerlegung des Zeitungsinhaltes in drei Teile stattgefunden hat; der erste Teil war als der politische Teil bezeichnet, ein anderer Teil als der Inseratenteil, während der gesamte sonstige, mannigfaltige Inhalt der Zeitung den dritten Teil darstellte. Für den politischen Teil war der jetzige Angeklagte als verantwortlicher Redakteur bestellt und als solcher auf der Zeitung genannt; für den Inseratenteil fungierten mehrere andere Personen als verantwortliche Redakteure und waren, wie genügend festgestellt erscheint, auch als solche auf der Zeitung namhaft gemacht; für den noch übrigen Teil der Zeitung war ein gewisser K. als verantwortlicher Redakteur bestellt, dagegen nicht auf der Zeitung unter genauer, die äußeren Grenzen seiner Arbeitsaufgabe klar und scharf bestimmender Bezeichnung des ihm zugewiesenen Gebietes seiner Redaktionstätigkeit als verantwortlicher Redakteur für diesen Teil der Zeitung genannt. Während also in Wahrheit eine erschöpfende Teilung der gesamten Redaktionsgeschäfte unter mehrere Personen stattgefunden hatte, war diese Teilung auf der Zeitung selbst nur in der zuvor angegebenen unvollständigen Weise zum Ausdrucke gebracht worden. Eine solche nicht erschöpfende Benennung mehrerer Redakteure auf einer periodischen Druckschrift muß für unzulässig im Sinne der Vorschrift in § 7 Abs. 2 des Preßgesetzes angesehen werden; sie steht im offenen Widerspruche mit der erkennbaren Tendenz des Gesetzes. Das Preßgesetz will, daß bei einer periodischen Druckschrift jemand vorhanden sei, welcher für den gesamten Inhalt der Druckschrift ohne alle Rücksicht auf die Frage der Urheber- oder Täterschaft die strafrechtliche Verantwortung trage — von gewissen, für gerechtfertigt erachteten Einschränkungen dieses Grundsatzes hier abgesehen. Von diesem Gedanken geleitet, stellt der Gesetzgeber in § 7 Abs. 1 die allgemeine Norm auf, daß für jede periodische Druckschrift ein verantwortlicher Redakteur bestellt und auf der Druckschrift genannt sei. Von dieser allgemeinen Regel läßt der Abs. 2 — aus Gründen der Zweckmäßigkeit — eine Ausnahme zu: die Bestellung mehrerer Redakteure für den Fall, daß den hier normierten Erfordernissen genügt sei. Aus der bereits hervorgehobenen Tendenz des Gesetzes folgt jedoch ohne weiteres und mit Notwendigkeit, daß die Bestellung mehrerer Redakteure dem Willen des Gesetzes nur dann genügen kann, wenn diese mehreren Redakteure in Rücksicht auf die strafrechtliche Haftung aus § 20 Abs. 2 des Preßgesetzes die Person des der Regel nach zu bestellen gewesenen einen verantwortlichen Redakteurs vollständig decken, das heißt, wenn die nach dem bezüglichen Vermerke auf der periodischen Druckschrift den einzelnen Redakteuren zugeteilten Gebiete für ihre Redaktionstätigkeit den gesamten Inhalt der periodischen Druckschrift umspannen. Trifft dies nicht zu, so muß nach den bereits dargestellten Grundsätzen die in nicht erschöpfender Weise erfolgte Benennung einzelner verantwortlicher Redakteure auf der periodischen Druckschrift als rechtlich nicht vorhanden angesehen werden und die notwendige Folge ist dann auch hier, daß es für eine Anwendung der Vorschrift in § 20 Abs. 2 des Preßgesetzes an einem geeigneten Boden fehlt. Die erforderliche wirksame

Abhilfe bieten auch in diesem Falle die in den §§ 19, 23 ff. des Preßgesetzes geordneten Maßnahmen.

Da nach den erwähnten Feststellungen des angefochtenen Urteiles der Fall einer nicht erschöpfenden Benennung mehrerer verantwortlicher Redakteure hier gegeben ist, so folgt aus den vorstehenden rechtlichen Erwägungen, daß eine strafrechtliche Haftung des Angeklagten für irgend einen Teil des Inhaltes der hier in Frage stehenden Zeitung aus § 20 Abs. 2 des Preßgesetzes überhaupt nicht anerkannt werden kann. Die Freisprechung des Angeklagten erscheint hiernach schon von diesem Gesichtspunkte aus gerechtfertigt.

Entgegengesetzt E. XXVII 246 (vgl. auch XXI 23, XXXIV 187):

Das „Amtsblatt für Königslutter und Umgegend" ist eine zu Königslutter täglich — mit Ausnahme des Montags — erscheinende Zeitung. Der Veranstalter des Unternehmens ist der Angeklagte L. B. Er ist zugleich Eigentümer einer in Königslutter befindlichen Druckerei, in der die letzte Seite der aus vier Blättern bestehenden Zeitung gedruckt wird, während die drei ersten Seiten in der Druckerei des Angeklagten A. zu Berlin fertiggestellt werden. Zwischen L. B. und A. besteht ein Übereinkommen des Inhalts, daß A. die drei ersten Seiten, jedoch ohne Kopf, liefert gegen eine verabredete Vergütung. Er hatte aber bei der Zusammenstellung dieser drei Seiten nicht allein auf die ihm erteilten allgemeinen Anweisungen Rücksicht zu nehmen, sondern sich auch zur Aufnahme aller von B. gelieferten, sowie zur Fortlassung der von diesem beanstandeten Artikel verpflichtet. Außerdem stand es dem Angeklagten B. frei, die gelieferten halbfertigen Blätter überhaupt nicht auszugeben oder einen beanstandeten Artikel zu überdrucken oder auch ein ganz anderes Blatt herzustellen. Auf der dritten Seite am Fuße steht in kleiner Schrift „H. A. Berlin". Auf der vierten Seite, am Schluß des ganzen Blattes wurde der Angeklagte L. B. als Drucker, Verleger und verantwortlicher Redakteur bezeichnet; seit er aber vor 1 $^1/_2$ Jahren eine gegen ihn erkannte Zuchthausstrafe angetreten hat, zeichnet die Ehefrau (C. B.) als verantwortlicher Redakteur. Die Entscheidung darüber, ob die von A. gelieferten Blätter veröffentlicht werden sollten, stand von da an der Ehefrau B. zu; sie prüfte nicht allein die für die vierte Seite bestimmten Notizen, sondern auch den Inhalt der drei ersten Seiten und übte insofern die Tätigkeit des verantwortlichen Redakteurs aus, wenn sie auch bisher zu Beanstandungen keinen Anlaß gefunden hat.

Bei dieser Sachlage erscheint die Freisprechung des A. von der Anklage, dem § 7 des Preßgesetzes zuwider sich auf dem Blatte nicht als verantwortlicher Redakteur genannt zu haben, gerechtfertigt, wenn auch die Erörterungen des ersten Richters über den Begriff des verantwortlichen Redakteurs zu Bedenken Anlaß geben.

Die Strafkammer geht nämlich zunächst von folgenden Sätzen aus: „Verantwortlicher Redakteur ist die Person, die durch eine ausdrückliche Erklärung die strafrechtliche Verantwortung für den Inhalt der Druckschrift übernimmt . . . Es ist hier also bis zu einem gewissen Grade möglich, eine strafrechtliche Verantwortung freiwillig zu übernehmen . . . Eine Bestrafung dessen, der tatsächlich die Redaktion besorgt hat, ohne sich als verantwortlicher Redakteur zu bezeichnen, kann *erst dann* eintreten, wenn der *Inhalt gegen ein Strafgesetz* verstößt." Schon aus diesem Grunde, meint die Vorinstanz, könne A. wegen Unterlassung der Nennung nicht bestraft werden.

Im weiteren wird dann aber der Begriff des verantwortlichen Redakteurs dahin bestimmt: „Verantwortlicher Redakteur ist derjenige, der die endgültige Entscheidung über die zur Aufnahme gelangenden Artikel zu treffen hat und deren Inhalt mit seinem Namen deckt." Im vorliegenden Falle fehle es an der erstgedachten Voraussetzung, da A. nur vorläufig, nicht aber endgültig und in maßgebender Weise den Inhalt der Zeitung zusammengestellt habe und folglich seine Tätigkeit keine andere Bedeutung gehabt habe, als die anderer, neben dem verantwortlichen Redakteur stehender Geschäftsredakteure.

Die Strafkammer geht sonach von zwei verschiedenen Begriffen des „verantwortlichen Redakteurs" aus und scheint namentlich einen Unterschied machen zu wollen, je nachdem das Blatt einen strafbaren Inhalt habe oder nicht. Dies beruht auf einem Irrtum. Das Gesetz kennt nur *einen* Begriff des verantwortlichen Redakteurs; es erscheint von vornherein ausgeschlossen, daß ein und derselbe Ausdruck: „verantwortlicher Redakteur" in mehreren ganz verschiedenen Bedeutungen gebraucht sein sollte. Für eine solche Annahme gewährt jedenfalls das Gesetz selbst nicht den geringsten Anhalt: der „verantwortliche Redakteur", von dem die §§ 20, 21 des Preßgesetzes sprechen, ist kein anderer als der, den die §§ 7, 10, 11 im Auge haben. Rechtsirrtümlich ist es aber ferner, wenn die Vorinstanz in ihren beiden Definitionen die „Nennung" auf der einzelnen Nummer des Blattes als wesentliches, notwendiges Begriffsmerkmal des „verantwortlichen Redakteurs" hinstellt.

In der Literatur ist allerdings mehrfach die Ansicht vertreten, daß verantwortlicher Redakteur *derjenige und nur derjenige* sei, welcher mit seinem Willen auf der einzelnen Nummer der periodischen Zeitschrift genannt sei. Der Begriff „verantwortlicher Redakteur" sei *nicht* der Ausdruck eines tatsächlichen Verhältnisses, sondern verantwortlicher Redakteur werde man erst *durch* die freiwillige Nennung. Andere Schriftsteller vertreten dagegen die Meinung: verantwortlicher Redakteur sei, wer auf dem Blatte benannt und auch „wirklicher Redakteur" des Blattes sei. Beide Ansichten erachten also die Nennung auf der einzelnen Nummer für ein wesentliches Begriffsmerkmal, so daß für eine Zeitungsnummer strafbaren Inhaltes niemand *als verantwortlicher Redakteur* haften würde, wenn die im § 7 des Preßgesetzes vorgeschriebene Nennung unterlassen ist. Zur Begründung beider Ansichten wird regelmäßig hervorgehoben, daß in der Nennung die freiwillige Übernahme der Verantwortlichkeit liege. Nach der ersterwähnten Ansicht ist diese Willenserklärung die alleinige, nach der zweiten wenigstens eine notwendige Voraussetzung für die strafrechtliche Haftung. Es liegt auf der Hand, daß die Ansicht, wonach die Nennung das einzige entscheidende Moment bildet, dem Institute des Schein- oder Sitzredakteurs, des sog. Strohmannes, den freiesten Spielraum gewährt. Schein- oder Sitzredakteur ist, wer sich als verantwortlicher Redakteur hinstellen und strafen läßt, während ihm in Wahrheit die maßgebende Bestimmung über den Inhalt des Blattes nicht zusteht. Hält sich nun ein Zeitungsunternehmer einen solchen Sitzredakteur, so haftet nach jener Ansicht als verantwortlicher Redakteur nur dieser vorgeschobene Strohmann; denn nur dieser ist auf dem Blatte genannt. Die zweite der erwähnten Ansichten aber hat zur unmittelbaren Folge, daß die vom Gesetze gewollte strafrechtliche Haftung des verantwortlichen Redakteurs auf die leichteste Weise umgangen und vereitelt werden kann. Es brauchte nämlich auf der Zeitungsnummer, die einen Artikel strafgesetzwidrigen Inhalts bringt, nur eine falsche Angabe über den verantwortlichen Redakteur gemacht zu werden. Dann würde der Genannte nicht haften, weil er nicht der wirkliche Redakteur ist, dieser aber nicht, weil er nicht genannt wurde. Es steht aber überhaupt die Annahme einer strafrechtlichen Verantwortlichkeit, die von der Übernahme-Erklärung des betreffenden abhängig wäre oder gar ausschließlich durch sie begründet würde, in solchem offenbaren Widerspruch mit den Grundsätzen des modernen und namentlich des deutschen Strafrechtes, daß man sie nur dann zulassen könnte, wenn zwingende Gründe hergeleitet aus dem Wortlaute sowie dem Sinne und Zwecke des Gesetzes dafür sprächen. Aber gerade das Gegenteil ist der Fall. Dem Wortlaute des Gesetzes muß gerade Gewalt angetan werden, wenn man ihm folgen will. Bereits in dem Urteile des Reichsgerichtes vom 24. Juni 1890,

Entsch. d. RG. in Straff. Bd. 21 S. 23, ist dargelegt worden, daß die Bestimmung des § 7:

„Zeitungen . . . müssen auf jeder Nummer . . . den Namen des verantwortlichen Redakteurs enthalten",

das Vorhandensein eines solchen schon vor der Benennung und ohne dieselbe voraussetze. Der § 6 fordert, daß der Name und Wohnort des Druckers auf jeder Druckschrift anzugeben sei; aber niemand behauptet, daß es einen gemäß § 21 haftenden Drucker nicht gebe, wenn die Nennung der gesetzlichen Vorschrift zuwider unterblieben ist. Auch die §§ 10 und 11 des Gesetzes setzen einen bestimmten, ein für allemal vorhandenen verantwortlichen Redakteur voraus. Die Bestimmung in § 18 Ziff. 2, daß mit Geldstrafe bis zu 1000 Mk. usw. bestraft werden sollen Zuwiderhandlungen gegen die Bestimmungen des § 7, welche durch falsche Angaben mit Kenntnis der Unrichtigkeit begangen werden, würde geradezu sinnlos sein, wenn die Nennung und die darin enthaltene Erklärung, die Verantwortung zu übernehmen, das wäre, was den verantwortlichen Redakteur schafft und seine Haftung begründet. Von seiten derjenigen, die trotzdem an dieser Ansicht festhalten, ist geltend gemacht worden: allerdings sei der Gesetzgeber in den angeführten Paragraphen von der Ansicht ausgegangen, daß der verantwortliche Redakteur unabhängig von der Nennung existiere; der Gesetzgeber habe sich aber hierbei „über den anderweiten Inhalt des Gesetzes geirrt". Diese Annahme ist juristisch unmöglich. Irren können nur physische Personen, der „Gesetzgeber" aber ist nur eine Bezeichnung für den in verfassungsmäßiger Form erklärten übereinstimmenden Willen der gesetzgebenden Faktoren: was das Gesetz ausspricht, ist der Wille des Gesetzgebers.

Aber das, was der klare Wortlaut besagt, entspricht auch völlig der nachweisbaren Tendenz des Gesetzes. Schon in dem Berichte der Reichstagskommission wird hervorgehoben:

„Die Verantwortlichkeit des Redakteurs sinkt zu einer bloßen Phrase herab, wenn man ihr nicht eine reale Bedeutung vindiziert und nicht letztere aus der Natur des Redaktionsgeschäftes ableitet.“

Die „Natur des Redaktionsgeschäftes“ aber besteht, wie derselbe Bericht ausführt, darin, daß der Redakteur die ihm zugehenden Beiträge als Materialien behandelt, die er nach selbständiger Prüfung und Entschließung aufnimmt oder als ungeeignet zurücklegt. Auch bei der Beratung des Gesetzentwurfes im Plenum wurde von allen Seiten, wie auch vom Regierungsvertreter nachdrücklich hervorgehoben, daß das Institut des vorgeschobenen Redakteurs, des sog. Strohmannes, tunlichst zu bekämpfen sei. Wollte man aber diese Gedanken verwirklichen, so ergab sich als grundlegendes Prinzip, daß verantwortlicher Redakteur der und nur der ist, der diese Stellung mit dem Willen des Unternehmers oder Eigentümers der Zeitung wirklich bekleidet und kraft derselben darüber zu verfügen hat, ob ein Beitrag wegen strafbaren Inhaltes zurückzuweisen ist oder Aufnahme finden kann. Weil er diese Stellung inne hat und deshalb zur Prüfung und Entscheidung berechtigt und verpflichtet ist, stellt das Gesetz in § 20 Abs. 2 gegen ihn die Vermutung auf, daß er den Artikel mit Kenntnis und Verständnis des Inhaltes veröffentlicht habe, indem es davon ausgeht, daß dies „in der Regel der Ausdruck des materiellen Sachverhaltes sei“. Die vorgeschriebene Nennung des verantwortlichen Redakteurs aber hat nur den Zweck und die Bedeutung, das Publikum und die Behörden fortgesetzt darüber auf dem Laufenden zu erhalten, wer der verantwortliche Redakteur ist, wen daher die in den §§ 20 Abs. 2, 21 ausgesprochene Verantwortlichkeit trifft und wem die in den §§ 10 und 11 normierten Pflichten obliegen. Die mit Wissen und Willen des Betreffenden geschehene Nennung enthält die eigene Erklärung, das Bekenntnis des Genannten, daß er der verantwortliche Redakteur sei. Liegen keine besonderen Gründe vor, die diese Erklärung widerlegen, so können die Anklagebehörde und das Gericht sich an ihn halten; er kann sich nicht dadurch für beschwert erachten, daß seiner eigenen, formell und öffentlich abgegebenen Erklärung geglaubt wird. In diesem Sinne ist es auch ganz zutreffend, wenn in dem Kommissionsberichte bemerkt wird, es enthalte keine unzulässige Präsumption, wenn der von dem verantwortlichen Redakteur abgegebenen Erklärung, daß er verantwortlich für den Inhalt sei, Glauben geschenkt werde. Damit wird die in § 20 Abs. 2 ausgesprochene Präsumption motiviert. Irrtümlich aber ist es, wenn dem Gesetze untergelegt wird, die Angabe des Namens schaffe den verantwortlichen Redakteur; vielmehr muß der verantworliche Redakteur, wenn er als solcher eine Erklärung abgeben soll, schon existieren. Hieraus folgt aber, daß dann, wenn erweislich ein anderer, als der Genannte, der wirkliche Redakteur ist, eine falsche Angabe vorliegt, die unter die Strafbestimmungen des § 18 Ziff. 2, bezw. § 19 Ziff. 1 fällt, aber keineswegs den wirklichen Redakteur von seiner Verantwortlichkeit befreit, noch den Staat zwingt, sich mit seinem Strafanspruche an den bloßen Schein- oder Sitzredakteur, den vorgeschobenen Strohmann, zu halten. Nur so wird man den ausgesprochenen Grundgedanken des Gesetzes, der Verantwortlichkeit eine reale Bedeutung zu geben, „sie aus der Natur des Redaktionsgeschäftes abzuleiten", gerecht.

Diese Auffassung findet aber eine weitere Stütze und Bestätigung, wenn man die historische Entwicklung in Betracht zieht. Das Institut des „verantwortlichen Redakteurs" ist hervorgegangen aus dem gérant responsable.

An die Stelle des gérant, dessen Existenz und Haftung völlig unabhängig von der Nennung auf der einzelnen Nummer des Blattes war, trat in Deutschland der „verantwortliche Redakteur". Dieser führte zuerst das badische Gesetz vom 28. Dezember 1831 ein, ihm folgten verschiedene andere deutsche Preßgesetze, die sämtlich die Bestellung eines ein für allemal bestimmten verantwortlichen Redakteurs vorschrieben. Abweichungen finden sich nur darin, daß einige Gesetze — wie z. B. das bayerische vom 17. März 1850, das preußische vom 12. Mai 1851 — bestimmten, der verantwortliche Redakteur sei auf jedem Blatte, Stücke oder Hefte zu nennen, während andere — wie z. B. das königlich sächsische vom 24. März 1870 — außer der Nennung auf jeder Nummer auch eine generelle Anzeige über die Person des verantwortlichen Redakteurs bei der Polizeibehörde forderten. Nirgends aber war die Existenz des verantwortlichen Redakteurs von der Nennung auf der einzelnen Nummer abhängig, diese sollte nur die Behörden und das Publikum in fortlaufender Kenntnis von der Person dessen, der die Stellung des verantwortlichen Redakteurs bekleidet, halten. Hieran hat das deutsche Preßgesetz vom 7. Mai 1874 angeknüpft. In diesem wie in den vorangegangenen Preßgesetzen wird der Begriff des verantwortlichen Redakteurs als ein herkömmlicher, bekannter vorausgesetzt. Keine Andeutung findet sich im Gesetze, daß von nun an unter der längst üblichen Bezeichnung „verantwortlicher Redakteur" etwas ganz anderes als bisher zu verstehen sei. —

Die bisherige Rechtsprechung ist keine gleichmäßige und übereinstimmende gewesen. Das vormalige preußische Obertribunal hat in dem Urteile vom 16. Mai 1876,

Goltdammer, Archiv Bd. 24 S. 477,

sich dahin ausgesprochen: Der Umstand, daß dem Angeklagten von seinem Vater, dem Inhaber der R.'schen Buchhandlung, die Redaktion zur selbständigen Führung überwiesen worden sei, habe zu der Annahme des Instanzgerichtes genügt, daß Angeklagter der verantwortliche Redakteur des Olper Tageblattes sei; die unterbliebene Nennung des Angeklagten auf Nr. 48 des Tageblattes (die den strafbaren Artikel enthielt) schließe seine Haftung nicht aus.

In demselben Sinne hat auch das Reichsgericht (IV. Senat) in dem Urteile vom 24. Juni 1890,

Entscheid des RG. in Straff. Bd. 21 S. 23,

erkannt: Die Vorschriften in §§ 7 und 18 des Preßgesetzes hätten das Vorhandensein eines verantwortlichen Redakteurs „schon vor der Benennung, ohne dieselbe und entgegen einer fälschlichen Bezeichnung zur Voraussetzung."

Übereinstimmend hiermit wird auch in dem Beschlusse der Vereinigten Straffenate des Reichsgerichtes vom 6. Juni 1891,

Entsch. des RG. in Strafs. Bd. 22 S. 65,

bemerkt:

Die Vorschrift des § 20 Abs. 2 wolle nicht den im Abs. 1 vorangestellten Grundsatz der Herrschaft des allgemeinen Strafgesetzes durchbrechen. Sie bringe den Gedanken zum Ausdruck: wer die Stellung des verantwortlichen Redakteurs einer periodischen Druckschrift übernommen und in dieser Eigenschaft das Erscheinen eines Preßerzeugnisses strafbaren Inhaltes ermöglicht hat, der hat die Vermutung gegen sich, daß der gesamte Inhalt der Druckschrift mit seinem Wissen und Willen veröffentlicht worden sei."

Demgemäß wird auch in dem Urteile des Reichsgerichtes gegen O. und H. vom 5. Juni 1894,

Entsch. des RG. in Strafs. Bd. 25 S. 404,

hervorgehoben: das Instanzgericht habe den Umstand, daß der Angeklagte die betreffende Nummer gezeichnet habe, zutreffend als Beweismoment dafür gewürdigt, daß er verantwortlicher Redakteur sei.

Geht man von der vorstehend näher dargelegten und in den mitgeteilten Entscheidungen unzweideutig anerkannten Auffassung aus, so war der Angeklagte A. nicht verantwortlicher Redakteur des „Amtsblattes für Königslutter"; denn nach dem festgestellten Sachverhalte lieferte er nur Beiträge, über deren Aufnahme oder Nichtaufnahme anderen die maßgebende Bestimmung zustand.

In Abweichung von der vorerwähnten Auffassung wird in dem Urteile des Reichsgerichtes (III. Senates) vom 15. März 1894,

Entscheid des RG. in Strafs. Bd. 25 S. 180,

die Ansicht vertreten: „Der § 7 des Preßgesetzes verlange ausdrücklich, daß jede Nummer einer periodischen Zeitschrift den Namen und Wohnort des verantwortlichen Redakteurs enthalte, daß also diejenige Person benannt werde, welche die „Verantwortlichkeit für den Inhalt der Druckschrift übernimmt und sich zu dieser Verantwortlichkeit bekennt." Ebenso wird in dem Urteile desselben Senates vom 17./24. März 1892,

Entsch. des RG. in Strafs. Bd. 23 S. 9,

das entscheidende Gewicht auf die Nennung gelegt. Auch in der Entscheidung des II. Strafsenates vom 3. Mai 1895 gegen W., Rep. 1550/95 wird unter Bezugnahme auf das Urteil des III. Senates (Entsch. a. a. O. Bd. 23 S. 9) der Satz aufgestellt: Die strafrechtliche Haftung des Redakteurs einer periodischen Druckschrift kann auf die Vorschrift des § 20 Abs. 2 des Preßgesetzes nur unter der Voraussetzung gegründet werden, daß er auf dieser Druckschrift als verantwortlicher Redakteur genannt ist. Hiernach liegt allerdings eine Meinungsverschiedenheit der Senate vor, zumal der IV. Senat davon ausgeht, daß das Preßgesetz nur einen Begriff des verantwortlichen Redakteurs kennt und es mithin gleichgültig ist, welcher einzelne der vom verantwortlichen Redakteur handelnden Paragraphen in Frage steht. Trotzdem war die Sache nicht dazu angetan, die Entscheidung der vereinigten Strafsenate gemäß § 137 GVG. einzuholen. Denn auch bei Zugrundelegung der Ansicht, daß die Nennung das allein wesentliche oder doch ein wesentliches Merkmal des Begriffes des „verantwortlichen Redakteurs" bilde, würde die Revision der Staatsanwaltschaft zu verwerfen sein, da eine Nennung des A. gerade nicht stattgefunden hat. Der jetzt erkennende Senat ist also durch die zuletzt erwähnten Urteile nicht behindert, die sachgemäße Entscheidung zu treffen.

2. Aus dem Vorstehenden ergibt sich zugleich die Grundlosigkeit des Revisionsangriffes gegen die Freisprechung der Ehefrau B. von der Anklage, auf der vierten Seite des Blattes die falsche Angabe gemacht zu haben, daß sie „die verantwortliche Redaktion auch für die ersten drei Seiten habe". Die Vorinstanz erachtet für erwiesen, daß der Angeklagten, seit ihr Ehemann seine Zuchthausstrafe angetreten, die maßgebende Bestimmung über den gesamten Inhalt des Blattes zugestanden habe. Danach war die Annahme berechtigt, daß die Angeklagte C. B. sich nicht fälschlich als verantwortlicher Redakteur bezeichnet habe und folglich die Anklage in diesem Punkte hinfällig sei.

2. „Besondere Umstände" im Sinne des § 20 Abs. 2 des RPreßG. E. XXII 75 (vgl. auch XXII 221, XXXI 211):

Die Meinungsverschiedenheiten, welche sich in der Frage der Anwendbarkeit der allgemeinen Schuldausschließungsgründe, insbesondere des § 193 StGB., auf den verantwortlichen Redakteur einer periodischen Druckschrift geltend gemacht haben, nehmen ihren Ausgang von den Zweifeln, zu denen das innere Verhältnis der Abs. 1, 2 im § 20 des Preßgesetzes vom 7. Mai 1874 zueinander, sowie überhaupt Sinn und Bedeutung der im § 2 a. a. O. aufgestellten Rechtsnorm Anlaß geben. Die letztere verdankt ihre Entstehung nach Inhalt wie Wortfassung der Kommission des Reichstages. Soviel aus dieser Entstehungsgeschichte mit einiger Sicherheit gefolgert werden kann, ruht die Vorschrift auf etwa nachstehenden gesetzgeberischen Gedanken: Gegenüber dem Prinzipe einer stufenweise geordneten, durch rechtliche Fiktionen verstärkten Verantwortlichkeit, wie solches dem Regierungsentwurfe des Preßgesetzes zugrunde lag, sollte der Grundsatz der Unterordnung der Presse unter das gemeine Recht zum herrschenden Prinzipe erhoben werden. Deshalb stellt der § 20 in Abs. 1 den Satz an die Spitze:

> „Die Verantwortlichkeit für Handlungen, deren Strafbarkeit durch den Inhalt einer Druckschrift begründet wird, bestimmt sich nach den bestehenden allgemeinen Strafgesetzen."

Dieser Grundsatz sollte ganz allgemein im gesamten Preßstrafrechte zur Verwirklichung gelangen, also auf dem Gebiete der periodischen Presse nicht weniger, wie auf dem der nichtperiodischen Presse. Der unbeschränkten Durchführung des Prinzipes stellten sich aber warnend die Erfahrungen entgegen, welche in Preußen auf dem Boden des preußischen Preßgesetzes vom 12. Mai 1851 und des den gleichen Grundsatz vertretenden § 34 dieses Gesetzes in der Rechtsprechung gemacht worden waren. Die preußischen Gerichte, unter Billigung des preußischen Obertribunals, verlangten grundsätzlich für den die Täterschaft eines Redakteurs betreffenden Anschuldigungsbeweis den strikten Nachweis der vom Angeschuldigten gewollten und verursachten Veröffentlichung, verwarfen die Heranziehung bloßer Beweisvermutungen und wiesen jede Anklage ab, welche jenen Beweis nicht zu erbringen vermochte. Da das letztere der Regel nach praktisch unausführbar war, hatte sich in Preußen tatsächlich die strafrechtliche Verantwortlichkeit der Redakteure verflüchtigt zu einer formalen in Gemäßheit des § 37 des preußischen Preßgesetzes durch bloße Geldbuße sühnbaren Haftung für fahrlässige Verschuldung von Preßdelikten. Um derartigen Preßzuständen zu begegnen, um, wie man sich im Berichte der Reichstagskommission ausdrückte, „der Strafjustiz den nötigen Rückhalt zu sichern" und die übliche „Ausflucht" der Redakteure, den strafbaren Artikel erst nach der Veröffentlichung kennen gelernt zu haben, zu erschweren, wurde dem im § 20 Abs. 1 des Preßgesetzes vorangestellten Prinzipe im Abs. 2 der Satz hinzugefügt:

> „Ist die Druckschrift eine periodische, so ist der verantwortliche Redakteur als Täter zu bestrafen, wenn nicht durch besondere Umstände die Annahme seiner Täterschaft ausgeschlossen wird."

Hiermit wurde entfernt nicht beabsichtigt, den vorangestellten Grundsatz der Herrschaft der allgemeinen Strafgesetze materiell zu durchbrechen, oder eine neue Gattung nur von Zeitungsredakteuren zu verübender Preßdelikte zu schaffen. Man wollte im Gegenteile die Herrschaft der allgemeinen Strafgesetze auch auf dem Gebiete der periodischen Presse dadurch gewährleisten, daß man den Strafverfolgungsbehörden die Führung des Anschuldigungsbeweises erleichterte, die Überführung des schuldigen Redakteurs sicherte und solchergestalt eine ernsthafte strafrechtliche Verantwortlichkeit für die Delikte der periodischen Presse herstellte. Die Bedeutung der Vorschrift im Abs. 2 a. a. O. in ihren Verhältnissen zum Abs. 1 ist also wesentlich eine deklaratorische. Sie bringt den Gedanken zum Ausdrucke: Wer die Stellung des verantwortlichen Redakteurs einer periodischen Druckschrift übernommen und in dieser Eigenschaft das Erscheinen derartiger Preßerzeugnisse ermöglicht hat, der hat die Vermutung mit seinem Wissen und Willen geschehener Veröffentlichung des gesamten Inhalts der Druckschrift stets dergestalt gegen sich, daß diese Vermutung als gesetzliche Regel solange gegen ihn streiten soll, bis sie durch „besondere Umstände" als ausnahmsweise im Einzelfalle nicht zutreffend besonders entkräftet wird. Mehr als eine Beweisvermutung und eine Abweichung von den allgemeinen strafprozessualen Grundsätzen freier Beweiswürdigung enthält hiernach der § 20 Abs. 2 a. a. O. nicht.

Es fragt sich, wie weit diese Beweisvermutung greift, und was unter dem Begriffe der hiernach zu präsumierenden „Täterschaft" des Redakteurs zu verstehen ist. Gerade an dieser Stelle setzen vornehmlich die Zweifel ein, welche für die Behandlung der jetzigen Schuldausschließungsgründe ausschlaggebend werden. Geht man davon aus, daß „Täter" im Sinne des § 20 Abs. 2 a. a. O. der den vollen subjektiven wie objektiven Tatbestand einer strafbaren Handlung in sich verkörpernde Delinquent ist, so gelangt man mit Notwendigkeit zu dem Schlusse, daß die gesetzliche Präsumtion der „Täterschaft" den subjektiven Tatbestand mit umfaßt, und folgeweise beim Vorliegen objektiv strafbaren Inhalts einer periodischen Druckschrift der strafbare Vorsatz des Redakteurs ohne weitere Prüfung solange präsumiert werden muß, bis dem Richter durch „besondere Umstände" das Gegenteil nachgewiesen wird. Auf diesem Standpunkte stehen wesentlich die Ausführungen im Urteile des Reichsgerichtes vom 22. April 1887.

Vgl. Entsch. des RG. in Strafs. Bd. 16 Nr. 3 S. 16 ff.

Solcher Auffassung stellen sich jedoch die erheblichsten Bedenken entgegen. Von vornherein erscheint es nach der oben berührten Entstehungsgeschichte des § 20 des Preßgesetzes als gewiß, daß man bei Unterstellung einer derartigen im Gesetze mitenthaltenen „besonders“ zu widerlegenden Präsumtion zu materiell rechtlichen Konsequenzen gelangt, welche weit über das erkennbar von der Gesetzgebung verfolgte Ziel hinausgehen. Während gesetzgeberisch lediglich beabsichtigt wurde, den Beweis bewußter, mit voller Kenntnis des Inhaltes erfolgter Veröffentlichung gegen den Redakteur sicherzustellen, gegen den letzteren die regelmäßig mit jeder bewußt gewollten Veröffentlichung einer bestimmten Druckschrift verknüpfte strafrechtliche Verantwortlichkeit des gewöhnlichen Veröffentlichers zu realisieren, würde der Redakteur fortan mit einer Doluspräsumtion belastet sein, die ihn erheblich ungünstiger stellte als den sonst nach allgemeinen Strafgesetzen verantwortlichen Urheber eines strafbaren Preßerzeugnisses. Man würde dann entweder innerhalb derselben Zeitung strafrechtliche Unterschiede machen müssen zwischen der Haftung des Redakteurs für Artikel, die er nachweisbar selbst verfaßt bezw. vorsätzlich veröffentlicht hat, und solchen, bei denen seine Täterschaft nur vermutet wird, oder man würde denselben Autor nach verschiedenen Grundsätzen haftbar erklären, je nachdem er einen von ihm verfaßten Aufsatz mittels selbständiger, nicht periodischer Druckschrift oder als Redakteur in der von ihm redigierten Zeitschrift veröffentlicht hat. Es würden sich ferner die unlösbarsten Schwierigkeiten ergeben, sobald Delikte in Frage kommen, welche, jenachdem der Vorsatz des Täters von dieser oder jener Beschaffenheit ist, einen durchaus verschiedenen Charakter annehmen, und nunmehr entschieden werden soll, ein wie gearteter Vorsatz im konkreten Falle gesetzlich zu vermuten ist. Der mögliche Ausweg, zu unterscheiden zwischen eigentlichen und uneigentlichen Preßdelikten, oder doch zwischen solchen Delikten, welche unmittelbar in der Veröffentlichung den vollen objektiven wie subjektiven Tatbestand einer strafbaren Handlung darstellen, und solchen, welche außerhalb der Veröffentlichung selbst liegende Tatsachen oder tatsächliche Beziehungen der Außenwelt zur Strafbarkeit voraussetzen, würde ohne den festen Boden positiver Rechtsnormen als Grundlage, durch die Eröffnung einer Fülle neuer, mehr oder weniger willkürlicher, künstlicher, überall anfechtbarer Distinktionen die vorhandenen Schwierigkeiten für die Rechtsprechung nur noch steigern.

Nach alledem erscheint der Schluß gerechtfertigt, daß die Wirkung der im § 20 Abs. 2 a. a. O. aufgestellten Präsumtion sich nicht weiter zu erstrecken hat, als es die Befriedigung des praktischen Bedürfnisses erfordert, daß der Anschuldigungsbeweis nach der Richtung, aber auch nur nach der Richtung hin unterstützt und gesichert werden soll, wo sich nach den bisherigen Erfahrungen die repressive Kraft der Strafgesetze unzureichend erwiesen hatte, und daß dieser Mangel lediglich in dem unsicheren Erweise der vom Redakteur gewollten, d. i. der mit Kenntnis und Verständnis des Inhaltes von ihm vorsätzlich verursachten Veröffentlichung hervorgetreten ist. Daß er die Druckschrift mit Kenntnis und Verständnis des Inhaltes vorsätzlich veröffentlicht hat, soll gegen den Redakteur kraft gesetzlicher Vermutung ohne weiteres so lange als erwiesen gelten, bis das

Gegenteil dargetan ist. Weil die Art, wie im konkreten Falle der Redakteur seines Amtes gewaltet, wie er den zu veröffentlichenden Stoff geprüft, die Veröffentlichung angeordnet hat und er solchergestalt der eigentliche intellektuelle Urheber der Publikation geworden ist, in der Regel unerkennbar im Dunkel des Redaktionsbureaus verborgen bleibt, deshalb sollte hier eine gesetzliche Vermutung intellektueller Urheberschaft nachhelfend eintreten. Was dagegen die andere Frage anbetrifft, mit welchem strafrechtlichen Vorsatze der Redakteur als wirklicher oder vermuteter Täter der Veröffentlichung in dem eben begrenzten Sinne gehandelt hat, so wird diese durch die Norm des § 20 Abs. 2 a. a. O. nicht berührt. Steht der intellektuelle Urheber der Veröffentlichung fest, dann bietet jene Frage bei der periodischen Presse nicht mehr Schwierigkeiten, wie der nicht periodischen Presse gegenüber. Daß der Redakteur einer Zeitschrift als Herausgeber der einzelnen Nummer der Regel nach mehr fremden Stoff verarbeitet und publiziert, als der Verfasser einer einzelnen Broschüre, bedingt nur einen unwesentlichen tatsächlichen Unterschied; dem Herausgeber eines Sammelwerkes gegenüber verschwindet der Unterschied vollends. Der Regel nach wird es hier wie dort eine tatsächliche Frage bleiben, ob je nach der Beschaffenheit des in Rede stehenden Deliktes und des von ihm erforderten Vorsatzes, je nach der zweifellosen und unmittelbaren Verkörperung des Vorsatzes in dem vorliegenden objektiven Tatbestande für Bestreiten, Prüfen und Erörtern des subjektiven Tatbestandes mehr oder weniger Raum übrig bleibt. Insoweit wird also in zahlreichen Fällen die Vermutung intellektueller Urheberschaft einer Veröffentlichung strafbaren Inhaltes tatsächlich zugleich das Vorhandensein strafbaren Vorsatzes mitumfassen. Daher kann auch nicht die Rede davon sein, als führe der hier vertretene Standpunkt dahin, nun etwa regelmäßig noch einen besonderen Nachweis des Dolus gegen den Redakteur zu fordern. Worauf es hier ankommt, ist lediglich die Ablehnung der Folgerung, als suppliere schon die Norm des § 20 Abs. 2 a. a. O. den strafbaren Vorsatz, ist die Betonung der Forderung, daß der verantwortliche Redakteur gleich jedem anderen bekannten Autor und Veröffentlicher eines Preßerzeugnisses strafbaren Inhaltes mit der Einrede, ohne strafbaren Vorsatz gehandelt zu haben, gehört werden muß.

Zu dem gleichen Ergebnisse führt die wörtliche Auslegung des § 20 Abs. 2 a. a. O. Das geltende Strafrecht braucht den Ausdruck „Täter" in dem weitesten Sinne der kausalen Urheberschaft eines rechtsverletzenden Erfolges, ohne dabei entscheidendes Gewicht auf schuldhafte oder nicht schuldhafte Täterschaft zu legen. Gelegentlich, wo der Gegensatz der Deliktsformen von Alleintäterschaft und Teilnahme (Mittäterschaft, Gehilfenschaft ꝛc.) in Frage ist (§§ 47, 49, 50, 63, 257 StGB.), wird unter dem „Täter" der hauptsächliche oder alleinige Delinquent verstanden. An anderen Stellen (§§ 51, 52, 53 Abs. 2, 54 StGB.) bezeichnet das Gesetz als „Täter" auch den schuldlosen, im Zustande der Willensunfreiheit, der Notwehr, des Notstandes handelnden Verursacher einer Rechtsverletzung. Mit diesem legalen Sprachgebrauche befindet sich der hier vertretene Satz in voller Übereinstimmung, daß die Worte im § 20 Abs. 2 a. a. O.: „ist als Täter zu bestrafen", nur besagen sollen, der Redakteur haftet strafrechtlich als bewußter, mit Kenntnis und Verständnis des Inhaltes handelnder Verursacher der Veröffentlichung. Die hiervon unabhängige Frage, mit welchem, wie beschaffenen Vorsatze die Veröffentlichung bewirkt worden ist, wieweit der „Täter" auch subjektiv für seine Tat strafrechtliche Verantwortlichkeit zu tragen hat, bedarf in jedem Einzelfalle besonderer Entscheidung.

Hieraus aber folgt für die vorangestellte Rechtsfrage eine zweifache Konklusion. Erstens erscheint es unstatthaft, zwischen dem in Gemäßheit des § 20 Abs. 1 nach den allgemeinen Strafgesetzen verantwortlichen und dem in Gemäßheit des § 20 Abs. 2 kraft gesetzlicher Vermutung haftbaren Redakteur, zwischen dem wirklichen und dem präsumtiven „Täter" des in einer periodischen Druckschrift verübten Preßdeliktes materiell-rechtlich unterscheiden zu wollen. Ob der Beweis bewußter Urheberschaft der Veröffentlichung in dem obigen Sinne mit den gewöhnlichen Beweismitteln (Geständnis, Zeugen, Urkunden, Anzeichen u. dgl.) oder mit Hilfe einer unwiderlegt gebliebenen gesetzlichen Vermutung geführt wird, dafür ist allerdings § 20 Abss. 1, 2 von Bedeutung. Steht aber einmal die „Täterschaft" fest, dann hat jeder materielle Unterschied zwischen wirklichem oder präsumtiven Täter ein Ende. Zum zweiten ist hiermit zugleich ausgesprochen, daß die allgemeinen Strafgesetze, insoweit sie die materiellen Grundsätze vom Dolus enthalten, also die gesetzlichen Schuldausschließungsgründe mitsamt der den Beleidigungsvorsatz regelnden Norm des § 193 StGB. dem verantwortlichen Redakteur in gleichem Maße und mit der gleichen Wirkung zur Seite stehen, wie jedem anderen „Täter" eines Preßdeliktes, und daß diese Schuldausschließungsgründe begrifflich nicht den „besonderen Umständen" zugezählt werden dürfen, durch deren Nachweis eine für die Schuld streitende Vermutung besonders entkräftet werden müßte.

Im Zusammenhange mit den zuletzt ausgeführten Erwägungen mußte sodann in eine Erörterung der weiteren Frage eingetreten werden, welche Bedeutung den „besonderen Umständen" positiv beizumessen sei, deren Erweis die im § 20 Abs. 2 a. a. O. aufgestellte Vermutung zu widerlegen berufen ist. Geht man davon aus, daß der Grundsatz der Herrschaft der allgemeinen Strafgesetze für die periodische wie für die nichtperiodische Presse in erster Reihe maßgebend bleibt, daß bezüglich der periodischen Presse lediglich die Führung des Anschuldigungsbeweises durch eine gesetzliche Präsumtion ergänzt worden ist, daß Grund und Zweck dieser Präsumtion sich auf den Nachweis vorsätzlicher, mit voller Kenntnis des Inhaltes verursachter Veröffentlichung beschränkt, im übrigen aber der kraft solcher Präsumtion haftbar gemachte Redakteur materiellrechtlich, vor allem hinsichtlich des Dolus, dem sonstigen bewußten Urheber eines strafbaren Preßerzeugnisses vollkommen gleichsteht, so zwingen diese Vordersätze zu dem Schlusse, daß die „besonderen Umstände" des § 20 Abs. 2 a. a. O. alle tatsächlichen Momente umfassen müssen, durch welche mit der Annahme vorsätzlicher Veröffentlichung zugleich jeder strafbare Vorsatz ausgeschlossen wird. Einen Redakteur, welcher erwiesenermaßen an der Herstellung und Veröffentlichung eines Preßerzeugnisses strafbaren Inhaltes in keiner Weise vorsätzlich mittätig geworden ist, dennoch zum dolosen Täter des Strafdeliktes stempeln zu wollen, würde zweifellos eine so wesentliche Durchbrechung der gemeinrechtlichen Grundsätze vorsätzlicher

Verschuldung enthalten, wie sie nur auf dem Boden unzweideutiger positiver Gesetzesnormen für statthaft erachtet werden könnte.

Die bisherige Rechtsprechung des Reichsgerichts hat an der Hand des für die Entstehung des § 20 a. a. O. charakteristischen legislativen Materiales die „besonderen Umstände" des Abs. 2 a. a. O. in einem engeren Sinne ausgelegt. Auf Grund der innerhalb der Reichstagskommission wie im Plenum des Reichstages gefallenen Äußerungen einzelner Mitglieder, auf Grund des bei der Fassung des Abs. 2 beliebten Wechsels der Ausdrücke — „besondere" für „konkrete Umstände" —, auf Grund endlich der klar erkennbaren Absicht des Abs. 2, eine effektive Verantwortlichkeit der Redakteure herzustellen, erschien es geboten und gerechtfertigt, die Vermutung wissentlich gewollter Veröffentlichungen nur durch solche Umstände für widerlegbar zu erklären, welche sich als außerordentliche, ungewöhnliche, unverschuldete bezeichnen ließen. Wem hierdurch vorgebeugt werden sollte, war die naheliegende Gefahr, durch willkürliche Abwälzung der eigentlichen, aktuellen Redaktionstätigkeit durch Vorschiebung von Scheinredakteuren oder durch sonstige auf Umgehung des Gesetzes berechnete Manöver die vom § 20 Abs. 2 angestrebte Verantwortlichkeit völlig illusorisch zu machen. Eine erneute Prüfung aller dieser Gesichtspunkte hat zu dem Ergebnisse geführt, daß den gegen die bisherige einschränkende Auslegung des Begriffs „besondere Umstände" sprechenden Bedenken der Vorrang vor den gegenteiligen Argumenten einzuräumen sei. Gegenüber den unsicheren, dunkeln, sich mannigfach widersprechenden, kaum einen klar leitenden Gedanken zum Ausdruck bringenden Äußerungen der Reichstagsmitglieder, wie sie in der Entstehungsgeschichte des § 20 hervortreten, mußten zwei Gründe entscheidend ins Gewicht fallen. Sollen „besondere" Umstände nicht lediglich „besonders" zu erweisende, von der, der Vermutung zugrunde liegenden Regel abweichende, sondern qualitativ besonders geartete Umstände bedeuten, dann muß diese besondere Qualifikation auch begrifflich bestimmbar sein. Ohne solche klar begrenzte begriffliche Bestimmung verliert sich der Ausdruck in das Gebiet reiner Willkür. Für eine derartige feste Begriffsbestimmung fehlt es aber sowohl im Gesetze wie in der Natur der Sache an allen Unterlagen. Ausdrücke, wie „ausnahmsweise", „ungewöhnlich", „außergewöhnlich", „außerordentlich", behalten eine rein relative Bedeutung ohne feste, begriffliche Grenzen. Sodann ordnet das Preßgesetz im § 21 noch besonders die fahrlässige Verschuldung für Preßdelikte und die Haftbarkeit der Redakteure für solche Fahrlässigkeitsschuld. Will man zur Widerlegung der im § 20 Abs. 2 aufgestellten Vermutung nur solche „besondere Umstände" gelten lassen, welche nach Annahme des Strafrichters mit sorgsamer Pflichterfüllung vereinbar sind, folgeweise alle derartigen Umstände von der Klausel ausschließen, welche eine schuldhafte Nachlässigkeit in Erfüllung der Redaktionspflichten einschließen, so gelangt man unabwendbar zu der Verurteilung wegen doloser Täterschaft auf Grund des § 20 des Preßgesetzes, obwohl erwiesenermaßen nur fahrlässige Täterschaft im Sinne des § 21 des Preßgesetzes vorliegt. Man schuldet dann Antwort auf die Frage, wie sich die eine und die andere Fahrlässigkeit voneinander scheiden, und wo die Grenze für das Anwendungsgebiet der §§ 20, 21 untereinander hinsichtlich der Redakteure periodischer Druckschriften zu suchen ist.

Der Ausweg aus diesem Dilemma, zwischen Graden von Fahrlässigkeit zu unterscheiden, etwa die gröbste Form derselben dem § 20, die leichteren Formen dem § 21 zuzuweisen, mußte nach der ganzen Entwickelung, welche die Lehre von der Fahrlässigkeit im neueren Strafrechte genommen hat, als ungangbar abgelehnt werden. Überzeugt man sich aber von der Unlösbarkeit des solchergestalt formulierten Problemes, entschließt man sich, dem § 21 des Preßgesetzes sein volles Recht und sein klar begrenztes Anwendungsgebiet zu belassen, dann zwingt auch diese Erwägung zu dem Schlusse, daß an sich die „besonderen Umstände" des § 20 Abs. 2 a. a. O. alle Tatmomente begreifen, welche die Annahme vorsätzlich, mit Kenntnis und Verständnis des Inhaltes verursachter Veröffentlichung nach den gewöhnlichen Grundsätzen des Strafprozesses im Einzelfalle zu widerlegen geeignet sind. Hierin findet zugleich diejenige Auffassung ihre Widerlegung, welche in dem § 20 Abs. 2 a. a. O. nicht lediglich eine Präsumtion, sondern die Fiktion der Täterschaft und die Beschränkung des Gegenbeweises auf die äußere Stellung und Pflichterfüllung des Redakteurs betreffende Tatumstände erkennen will.

Daß mit solcher wesentlichen Erweiterung des zulässigen Exkulpationsbeweises zugunsten der Redakteure die oben angedeuteten Gefahren einer möglichst unverantwortlich redigierten Tagespresse sich mehren können, ist nicht verkannt worden. Der Beruf des Strafrichters, die repressive Kraft des Strafgesetzes ungeschwächt zu erhalten, vermag sich indessen nicht weiter zu betätigen, als dem Strafgesetze selbst repressive Kraft beiwohnt. Daß durch die hier vertretene Auslegung der §§ 20, 21 des Preßgesetzes der Präsumtion des § 20 Abs. 2 a. a. O. das beste Teil realer Wirksamkeit entzogen werde, kann im übrigen nicht zugegeben werden. Zunächst darf in dieser Beziehung nicht übersehen werden, daß, wenn das Gesetz eine gewisse tatsächliche Beweisvermutung aufstellt, und nur deren Widerlegung durch Gegenbeweise zuläßt, der Strafrichter unbedingt verpflichtet ist, jener Vermutung so lange ihre volle gesetzliche Wirksamkeit zuzuerkennen, bis sie durch die entgegengesetzte Evidenz positiv aufgehoben wird. Bebürdet auch § 20 Abs. 2 den Redakteur nicht formal mit der Beweislast der die Annahme der Täterschaft ausschließenden „besonderen Umstände", so folgt doch zweifellos aus dem Wesen der primär wirkenden gesetzlichen Vermutung, daß Ankläger wie Richter mit Anrufung der letzteren ihrer Pflicht, den Überführungsbeweis zu führen, genügt haben, daß sie das Hervortreten und Erbringen der Gegenbeweise, sei es von seiten des Redakteurs, sei es von anderer Seite, abzuwarten haben, und daß die Gegenbeweise, um wirksam zu werden, stark genug sein müssen, dem Richter eine positive, die gesetzliche Vermutung aufhebende Überzeugung zu verschaffen. Tun sie das letztere nicht, wirken sie über ein non liquet nicht hinaus, so bleibt die gesetzliche Vermutung gegen den Redakteur in ihrer vollen, ungeschwächten Kraft bestehen. Halten die Strafgerichte diesen legalen Standpunkt mit Ernst und Nachdruck fest, dann bleibt mindestens für das Vorbringen unwahrer Ausflüchte wenig Raum.

Andererseits wird die Bedeutung des dolus eventualis auf dem vorliegenden Gebiete intellektueller Verantwortlichkeit für Preßdelikte nicht unbeachtet bleiben dürfen. Die Stellung des Redakteurs einer Zeitung oder Zeitschrift und die Natur dieser Redaktionstätigkeit bringen es unter normalen Verhältnissen mit sich, daß, insoweit sich der Redakteur fremder literarischer Kräfte (Mitredakteure, Mitarbeiter, Korrespondenten usw.) regelmäßig bedient, er deren Tätigkeit regelt und stetige geistige Wechselbeziehungen zwischen ihnen stattfinden. Zwischen dem Redakteur und derartigen Mitarbeitern wird in der Regel Einverständnis wie über Tendenz der Zeitschrift, so auch über Inhalt und Form der darin zu veröffentlichenden Artikel obwalten. Von dem Grade solchen Einverständnisses wird dann meist die größere oder geringere Genauigkeit in der redaktionellen Prüfung des von fremder Hand gelieferten, durch die Zeitschrift zu veröffentlichenden Stoffes abhängen. Schon hieraus folgt, daß beispielsweise die Einrede eines Redakteurs, einen unter seiner Redaktion veröffentlichten Artikel vorher nicht „gelesen" zu haben, von vornherein völlig bedeutungslos ist. Der Umstand schließt nicht aus, daß ihm der Inhalt des fraglichen Artikels von dritter Seite mitgeteilt worden ist oder daß er sonst von dem Inhalte genaue Kenntnis erlangt hat. Worauf es ankommt, ist ja allein, ob der Redakteur, gleichviel auf welchem Wege, mindestens soviel Kenntnis und Verständnis von dem Inhalte des strafbaren Artikels erlangt hat, daß anzunehmen ist, er habe diesen Inhalt vorausgesehen, gebilligt und die Veröffentlichung desselben mit in seinen Willen aufgenommen. Es werden daher nur solche Umstände geeignet sein, den eventuellen Vorsatz auszuschließen, welche dem Strafrichter die volle Überzeugung gewähren, die Veröffentlichung sei gegen den Willen des Redakteurs erfolgt, derselbe würde bei Kenntnis oder doch Verständnis des Inhalts die Veröffentlichung unterlassen haben.

Nun darf freilich auch der Begriff des dolus eventualis nicht über die durch das Wesen vorsätzlicher Verschuldung bedingten Grenzen ausgedehnt werden. Die Möglichkeit, daß es einem auf Umgehung des Gesetzes hinstrebenden Redakteur einmal gelingt, durch den Nachweis einer, ohne jede ihm mittelbar oder unmittelbar zum Vorsatze zuzurechnende Mitverursachung bewirkten Veröffentlichung sich der vollen Haftbarkeit aus § 20 des Preßgesetzes zu entziehen, bleibt hiernach offen. Doch wird der Regel nach in solchem Falle pflichtwidriges und fahrlässiges Verhalten des Redakteurs um so zweifelloser hervortreten und die Strafsanktion des § 21 des Preßgesetzes mit dem bis zu einem Jahre Gefängnis hinaufreichenden Höchstbetrage immer noch genügende Handhaben nachdrücklicher Repression darbieten. Daneben wird der Redakteur den Nachweis seiner Schuldlosigkeit an der Veröffentlichung kaum zu erbringen imstande sein, ohne zugleich den wahren Urheber der Veröffentlichung namhaft zu machen und solchergestalt die Überführung und Bestrafung des für das Preßdelikt verantwortlichen Täters zu sichern. Für die Interessen der Strafrechtspflege kommt es aber entscheidend nicht sowohl darauf an, daß die von der Tagespresse verübten strafbaren Handlungen unter allen Umständen an den Redakteuren voll gesühnt werden, als vielmehr darauf, daß sie überhaupt an dem schuldigen Täter ihre gerechte Ahndung finden.

Alle diese Erwägungen mußten zur Verneinung der der Entscheidung der vereinigten Strafsenate unterliegenden Rechtsfrage führen.

IV. **Zeitpunkt des Verschuldens** (actiones liberae in causa). E. XXII 423.

Nach den in dem Urteile enthaltenen Feststellungen fuhr der Angeklagte mit seinem einspännigen Milchwagen in schnellem Trabe eine verkehrsreiche Straße entlang, auf welcher mehrere Arbeiter mit der Ausführung von Pflasterarbeiten beschäftigt waren, unterließ es, die Arbeiter, als er sich ihnen näherte, durch Zuruf zu warnen, warf einen derselben, welcher dem herankommenden Fuhrwerke den Rücken zuwendete, bei der Weiterfahrt um, überfuhr ihn und brachte ihm so verschiedene erhebliche Verletzungen bei.

Gegenüber dem Einwande des Angeklagten, daß er für den Unfall nicht verantwortlich gemacht werden könne, weil er damals sinnlos betrunken und außerstande gewesen sei, sein wildes Pferd vor der Unglücksstelle zum Stillstehen zu bringen, wird von der Strafkammer folgendes erwogen:

„Der Angeklagte sei allerdings bei dem Vorfalle betrunken und sein Pferd sehr wild gewesen. Ob bei dem Überfahren seine freie Willensbestimmung infolge sinnloser Trunkenheit ausgeschlossen gewesen sei, könne dahingestellt bleiben, da, auch wenn dies der Fall, der Tatbestand des § 230 Abs. 2 StGB. für vorliegend erachtet werde. Es stehe nämlich fest, daß der Angeklagte, der die Eigenschaft seines Pferdes gekannt habe und aus den regelmäßig in seinem Berufe als Milchfahrer unternommenen Fahrten habe wissen müssen, daß die von ihm zu durchfahrende Straße zu den verkehrsreichsten Plätzen der Stadt zähle, sich im Zustande der Willensfreiheit kurz vor dem Überfahren in starke Trunkenheit versetzt habe. Bei einiger Aufmerksamkeit habe der Angeklagte als Folge des Genusses übermäßiger Mengen geistiger Getränke die bevorstehende Trunkenheit und die durch dieselbe bedingte Gefahr für die auf der Straße bei der bevorstehenden Fahrt ihm Begegnenden voraussehen und deshalb das starke Trinken unterlassen müssen. Weil er dies nicht getan, habe er fahrlässig gehandelt, durch schuldvolle Versäumung einer möglich gewesenen Vorsicht, sowie mit Übertretung seiner Berufspflicht die Körperverletzung eines anderen verursacht und sich nach § 230 Abs. 2 StGB. strafbar gemacht."

Hiernach ist der von der Revision vermißte Anspruch, ob die Behauptung des Angeklagten, er sei zur Zeit der Tat bewußtlos und seiner freien Willensbestimmung beraubt gewesen, für erwiesen oder nicht erwiesen erachtet werde, in dem Urteile enthalten; denn es wird festgestellt, daß der Angeklagte nicht unzurechnungsfähig, sondern willensfrei und handlungsfähig war, als er das tat, was als die Ursache des schädlichen Erfolges angesehen wird. Die Revision irrt, wenn sie annimmt, daß eine strafbare Handlung deshalb nicht vorliegen könne, weil der Angeklagte in dem Augenblicke des Überfahrens in einem Zustande von Bewußtlosigkeit sich befunden habe, durch welche seine freie Willensbestimmung ausgeschlossen gewesen sei.

Nicht darauf kommt es an, ob der Täter in dem Augenblicke, in welchem der rechtswidrige Erfolg eintritt, handlungsfähig ist, sondern darauf, ob er zurechnungsfähig war, als er die Handlung vornahm, welche den Erfolg gehabt hat. Je nachdem er den später eingetretenen Erfolg seiner Handlung wollte oder zwar nicht wollte, aber doch als möglich voraussehen konnte, hat er denselben vorsätzlich oder aus Fahrlässigkeit verursacht, und er ist dieserhalb verantwortlich, mag er auch zu

der Zeit, als der Erfolg eintrat, in einem Zustande von Bewußtlosigkeit sich befunden haben, durch welchen seine freie Willensbestimmung ausgeschlossen war. Hier handelt es sich um die Frage, ob der Angeklagte durch Fahrlässigkeit die Körperverletzung eines anderen verursacht hat. Die Bejahung der Frage wird durch die Darlegungen des Vorderrichters gerechtfertigt.

Wenn freilich die Ursache der Körperverletzung, wie die Revision meint, lediglich in dem Akte des Überfahrens zu finden wäre, so würde der Angeklagte seine sinnlose Trunkenheit als Schuldausschließungsgrund geltend machen können, da die Tätigkeit eines Bewußtlosen, für sich allein betrachtet, diesem nicht zur Schuld zuzurechnen ist. Allein das, was der Angeklagte im Zustande der Trunkenheit vollführte, ist nicht loszulösen von dem, was er bewußt und willensfrei getan hatte, bevor er sich in diesen Zustand versetzte. Der Angeklagte wird in dem Urteile als selbständiger „Milchfahrer" bezeichnet, der als solcher mit seinem Milchfuhrwerke regelmäßig von seinem Wohnorte S. nach C. und von da zurückfuhr, und es wird zutreffend angenommen, daß er diese Fahrten in Ausübung seines Berufes vornahm. Da die Zurückbeförderung des Fuhrwerkes aus der Stadt ihm ebensogut oblag wie die Hinbeförderung, und da das Fuhrwerk, nachdem er mit demselben in der Stadt angelangt war, seiner Obhut und Leitung unterstellt blieb, so handelte er dadurch, daß er sich in einen Zustand versetzte, in welchem es ihm unmöglich wurde, die ihm obliegende Obhut und Leitung so auszuüben, wie es seine Pflicht war, schuldbar und vernachlässigte seine Berufspflicht. Der Angeklagte wußte, daß er seinen mit einem sehr wilden Pferde bespannten Wagen durch die Straßen der Stadt C. zurückzuführen hatte; bei einiger Aufmerksamkeit hätte er, wie festgestellt wird, voraussehen müssen, daß er durch sein fortgesetztes Trinken in Trunkenheit geraten, in diesem Zustande mit seinem Wagen über einen der verkehrsreichsten Plätze der Stadt fahren und die dort verkehrenden Menschen dadurch gefährden würde. Hätte der Angeklagte bei der Fahrt durch die Stadt die Zügel seines wilden Pferdes einem bewußtlosen Dritten in die Hand gegeben, so würde er rechtlich nichts anderes getan haben, als was er jetzt getan hat. In dem einen wie in dem anderen Falle hat er bewußt und willensfrei eine Handlung vorgenommen, durch welche die unverständige Leitung des Fuhrwerkes durch eine unzurechnungsfähige Person herbeigeführt wurde, und er muß, da die mangelhafte Leitung den Erfolg gehabt hat, daß ein Mensch körperlich verletzt worden ist, diesen schuldbar verursachten und voraussehbaren Erfolg seiner Handlung vertreten.

§ 16. II. Die Zurechnungsunfähigkeit.

Beling § 35, Binding Gr. I § 37 ff., v. Liszt § 38, H. Meyer § 23, Frank und Olshausen zu § 51 ff. StGB., § 55 StGB.

Kindliches Alter. E. VI 187 (vgl. auch XXI 192):

Die Angeklagte hat durch zwei verschiedene selbständige Handlungen Diebstähle an Holz von einem umschlossenen Holzplatze dergestalt ausgeführt, daß ein noch nicht zwölf Jahre alter Knabe durch ein unter der Einfriedigung im Erdboden befindliches, nicht für einen Erwachsenen, wohl aber für ein Kind zureichendes Loch von der Straße aus auf den Holzplatz hindurchkroch und der Angeklagten das Holz hinüberreichte. Die Vorinstanz geht von der Annahme aus, daß, wenn auch „die Tat mit Hilfe eines noch nicht zwölfjährigen Knaben verübt" sei, der durch das vorbezeichnete Loch in den Hof eingestiegen sein möge, doch ein Einsteigen im rechtlichen Sinne nicht vorliege, weil in Gemäßheit des § 55 StGB. der Knabe strafrechtlich nicht selbst als Täter, sondern nur als Werkzeug des Täters gelten könne, und deshalb, da die Angeklagte mittels dieses Werkzeuges den Diebstahl von außen her, also ohne einzusteigen, vollführt habe, lediglich die Merkmale des einfachen, nicht die des schweren mittels Einsteigens verübten Diebstahls vorliegen.

Der Staatsanwaltschaft ist darin beizupflichten, daß dieser Entscheidungsgrund auf einem Rechtsirrtum beruht. Der § 55 StGB. stellt nicht den Grundsatz auf, daß eine „strafbare Handlung nicht vorhanden ist", wenn dieselbe von einer noch nicht zwölf Jahre alten Person begangen sei, sondern er verordnet, abweichend von dem Wortlaute der §§ 51—54 StGB. lediglich, daß ein solcher Täter „strafrechtlich nicht zu verfolgen ist". Dadurch ist, wie der durch die Novelle vom 26. Februar 1876 dem § 55 StGB. hinzugefügte Absatz 2 beweist, nicht einmal ausgeschlossen, daß der Täter anderweitig korrektionell oder disziplinarisch zur Strafe gezogen wird; nur die Zulässigkeit gemeiner krimineller Verfolgung und Bestrafung wird verneint. Auch läßt sich nicht behaupten, daß durch die Vorschrift des § 55 StGB. die Zurechnungsfähigkeit der Strafunmündigen schlechthin mit der Wirkung beseitigt sei, daß schon aus diesem subjektiven Grunde nicht von „strafbaren Handlungen" solcher Personen gesprochen werden könne.

Es kann zugegeben werden, daß in dieser Beziehung weder der Wortlaut des § 55 StGB. in seiner jetzigen Fassung, noch die amtlichen Motive von unbedingter und zwingender Beweiskraft sind. Die wechselnde Ausdrucksweise in den §§ 51—55 StGB. „eine strafbare Handlung ist nicht vorhanden" und (der Täter) „kann nicht strafrechtlich verfolgt werden" braucht nicht notwendig auf bewußter Verschiedenheit des Grundgedankens zu beruhen, und es ließe sich sehr wohl behaupten, daß beispielsweise im § 54 StGB., wo im Falle des Notstandes das Vorhandensein einer „strafbaren Handlung" verneint wird, auch dieser Ausdruck wiederum nur im Sinne der persönlichen Straflosigkeit des Täters gebraucht werden kann. Die Motive andererseits sprechen ebenso davon, das Gesetz „kehre dadurch, daß es annehme, der Mensch ermangele bis zu einem gewissen Lebensalter der strafrechtlichen Zurechnungsfähigkeit überhaupt, zu der deutschrechtlichen Auffassung zurück," wie sie an anderer Stelle diesen Gesichtspunkt doch wieder nur in dem Sinne verwerten, es solle, abweichend von dem Code pénal und von der durch den Code beeinflußten preußischen und bayerischen Gesetzgebung eine legale Altersgrenze für die strafrechtliche Verfolgbarkeit jugendlicher Personen statuiert werden. Auch würde die Frage, auf den § 55 StGB. beschränkt und in dieser Beschränktheit abstrakt erörtert, kaum ein besonderes strafrechtliches Interesse von praktischer Bedeutung darbieten, ob man nun das von einer Person unter zwölf Jahren verübte Delikt als ein begrifflich nicht existierendes, als die strafrechtlich indifferente Handlung eines gesetzlich Unzurechnungsfähigen, oder als die nur wegen der persönlichen Eigenschaften des Delinquenten kriminell nicht verfolgbare Straftat grundsätzlich definieren will. Die praktische Bedeutung der Frage liegt nicht hier, sondern auf dem Gebiete des Zusammenwirkens einer gesetzlich strafunmündigen Person in den äußeren Formen strafbarer Teilnahme mit anderen strafmündigen Personen. Und nach dieser Richtung hin erscheint es unhaltbar, die Mitwirkung der Strafmündigen zur Herstellung des Tatbestandes einer strafbaren Handlung anders aufzufassen, als es der Gesichtspunkt einer nur persönlichen Unverfolgbarkeit der letzteren bedingt. *Gesetzgebung und Rechtsprechung haben sich mit der Tatsache des täglichen Lebens abzufinden, daß fortgesetzt Kinder unter zwölf Jahren mit Erwachsenen gemeinschaftlich delinquieren.* Es kann nicht die Rede davon sein und würde allen Grundsätzen des Strafrechtes widersprechen, wollte man die Straflosigkeit im Handeln des Kindes zur Straflosigkeit des gesamten Deliktes erweitern. Es würde aber nicht minder zu unzureichenden und für zahlreiche Fälle schlechthin untauglichen Konsequenzen führen, wollte man mit der Vorinstanz prinzipiell das Kind stets nur als Werkzeug in der Hand des Erwachsenen ansehen und von diesem Gesichtspunkte aus die Mitwirkung des ersteren als die eigene, unmittelbar zuzurechnende Handlung des Erwachsenen qualifizieren. Tatsächlich wird in einzelnen Fällen der verbrecherische, bewußte Wille des Kindes und sein bewußtes Handeln die wesentlichsten Elemente des Tatbestandes einer Straftat so vollständig erfüllen, die Mitwirkung des Strafmündigen sich so zweifellos nur in der Form accessorischer Beistandleistung, strafgesetzlicher Beihilfe vollziehen, daß die Annahme, das Kind sei nur Mittel in der Hand des Teilnehmers gewesen, als widersinnig schlechthin auszuschließen ist. — Deshalb muß allerdings daran festgehalten werden, daß der § 55 StGB. nach seinem Wortlaute, nach seiner Vorgeschichte, wie nach seinem Zusammenhange mit den übrigen Strafvorschriften lediglich eine *auf die Person des Strafunmündigen beschränkte Unverfolgbarkeit desselben begründet*, daß er potentiell auch bei den Strafunmündigen das Dasein strafbaren Willens und strafbaren Handelns im weiteren Sinne nicht ausschließt, und deshalb auch *strafbare Teilnahme an der Straftat solcher Personen begrifflich zulässig ist.* Die entgegengesetzte Annahme der Vorinstanz, ein noch nicht zwölfjähriger Knabe, weil aus § 55 StGB. nicht strafbar, könne stets nur als Werkzeug der mitbeteiligten strafmündigen Angeklagten, niemals als Mittäter oder Gehilfe, oder diese Angeklagte niemals als Mittäterin oder Gehilfin des Strafunmündigen strafrechtlich in Betracht kommen, vermag daher die getroffene Entscheidung nicht zu rechtfertigen.

§ 17. III. Der Vorsatz.

Beling § 37, Berner § 67 ff., Binding Gr. I § 47, v. Liszt § 39, H. Meyer § 25, Frank und Olshausen zu § 59 StGB.

I. **Vorstellungs- und Willenstheorie.** Im Sinne der ersteren E. V 317, XVI 363, XVIII 167: vorsätzlich handle in Beziehung auf einen gewissen Erfolg, wer das Bewußtsein habe, daß seine Handlung diesen Erfolg notwendig herbeiführen werde.

II. **Bewußtsein der Rechtswidrigkeit.** Das RG. schwankt. E. XXI 313 bezeichnet das Bewußtsein der Rechtswidrigkeit als „ein bei allen vorsätzlichen Delikten stillschweigend vorausgesetztes Erfordernis"; vgl. auch II 376, XVI 50, XXVII 401. Entgegengesetzt E. XV 158 (vgl. auch XII 275, XIX 253, XX 393, XXVI 265):

Das angefochtene Urteil hat festgestellt, daß der Angeklagte im Jahre 1886 zu K. Dynamit in Besitz gehabt hat, ohne polizeiliche Erlaubnis dazu nachweisen zu können. Diese Feststellung entspricht dem Tatbestande des § 9 Abs. 1 des Gesetzes gegen den verbrecherischen und gemeingefährlichen Gebrauch von Sprengstoffen vom 9. Juni 1884 in objektiver Beziehung, und da ferner für erwiesen angenommen worden, daß der Angeklagte nach der im § 14 bestimmten Frist gewußt habe, daß er das im Jahre 1883 gekaufte Dynamit noch in seinem Besitze und eine polizeiliche Erlaubnis nicht eingeholt hatte, so ist auch die subjektive Voraussetzung für die Strafverhängung aus dem genannten § 9, das vorsätzliche Handeln, gegeben.

Die gleichwohl erfolgte Freisprechung begründet die Strafkammer damit, es habe dem Angeklagten jedes Bewußtsein der Rechtswidrigkeit gefehlt; ohne solches bestehe keine Verschuldung, das Gesetz von 1884 enthalte keine diesem allgemeinen strafrechtlichen Grundsatze widersprechende Spezialbestimmung; der nicht polizeilich erlaubte Besitz von Dynamit sei an und für sich nichts Unerlaubtes, nichts Unsittliches, und es sei darum dem Angeklagten, an dessen Wohnort Dynamit nicht häufig gebraucht und Zeitungen nicht gelesen werden, zu glauben, daß er von dem Verbotensein solchen Besitzes seit Herbst 1884 durchaus nicht gewußt habe.

Diese Begründung beruht auf Rechtsirrtum. Richtig ist allerdings, daß das Gesetz vom 9. Juni 1884 nichts von dem deutschen allgemeinen Strafrechte abweichendes Besonderes in der betreffenden Beziehung normiert, aber es ist rechtsirrig, wenn das Urteil der Strafkammer den Satz aufstellt: jede Bestrafung verlange, daß dem Täter bei vorsätzlichen Delikten das Bewußtsein seiner Schuld, das Bewußtsein der Rechtswidrigkeit seiner Handlung innewohne. Einen solchen Satz stellt das Strafgesetzbuch nicht auf, und er ist auch „aus dem Sinne und Zusammenhange der gesetzlichen Vorschriften" (Motive zum Entwurfe der Strafprozeßordnung S. 212) nicht als Rechtsnorm im Sinne des § 376 StPO. zu begründen. Vielmehr hat die Rechtsprechung des Reichsgerichtes in Übereinstimmung mit der überwiegenden Zahl der Rechtslehrer wiederholt und bestimmt den gegenteiligen Grundsatz zum Ausdrucke gebracht, daß das Bewußtsein der

Normwidrigkeit nicht zum Begriffe des Vorsatzes gehört. Den entgegengesetzten, erst bezeichneten, allerdings in der Theorie vereinzelt lebhaft vertretenen Satz hat offenbar die Strafkammer unter dem von ihr aufgestellten Erfordernisse des Bewußtseins der Rechtswidrigkeit verstanden, sie meint die strafrechtliche Rechtswidrigkeit und unterscheidet mit der eben erwähnten Doktrin das Bewußtsein der gestörten Rechtsordnung (der Normwidrigkeit) von dem der Strafbarkeit (der staatlichen Strafandrohung). Es handelt sich also bei der Auslegung des einschlagenden Entscheidungsgrundes nicht um das in einzelnen Fällen, in denen das Strafgesetzbuch den Begriff der Widerrechtlichkeit in die Begriffsbestimmung von Vergehen aufgenommen hat, erforderliche Bewußtsein des Mangels eines subjektiven Rechtes, wie bei dem Hausfriedensbruche (§§ 123, 124 StGB.), der Freiheitsberaubung (§ 239), der Nötigung (§ 240), dem Diebstahle (§ 242), der Munitionsaneignung (§ 291), der Amtsnötigung (§ 339) u. a., sondern um das als Inhalt jedes strafrechtlichen Dolus angenommene Erfordernis der Kenntnis der Strafbarkeit. Hinsichtlich des allgemeinen Begriffes des Vorsatzes ist aber die Unterscheidung zwischen der Strafnorm und der Strafandrohung ohne Bedeutung und ebensowenig als das Bewußtsein von dem speziellen Strafgesetze, das Bewußtsein von dem rechtlichen Gebote oder Verbote für die Verschuldung Voraussetzung (vgl. Entsch. des RG. in Straff. Bd. 1 S. 99, 273, Bd. 12, S. 277, besonders Bd. 2 S. 269), sondern die Schuldbarkeit des Vorsatzes lediglich durch die objektive Rechtswidrigkeit bedingt.[1])

III. **Dolus eventualis.** E. XVI 363 (vgl. auch XXI 420, XXXIII 4, RMG. III 298):

Das Urteil stellt als Ausgangspunkt für den Beweis des subjektiven Tatbestandes auf, daß nach dem Wortlaute des § 352 StGB. — „Gebühren, von denen er weiß, daß der Zahlende sie nicht schuldet" — zum Tatbestande das positive Wissen, die zweifellose Überzeugung des Täters davon gehöre, daß die von ihm erhobenen Gebühren nicht geschuldet werden, daß aber der sog. dolus eventualis zu einer Verurteilung nicht ausreiche, daß es also nicht genüge, wenn der Täter im Zweifel über seine Berechtigung zur Erhebung von Gebühren sich auf die ihm bewußte Gefahr hin, den Tatbestand des Vergehens zu erfüllen, über die Zweifel wegsetzt und unberechtigte Gebühren erhebt. Die Anschauung hat das Urteil an verschiedenen Stellen noch weiter zum Ausdrucke gebracht, und es läßt keinen Zweifel darüber, daß es den Dolus nur „in dem hervorgehobenen Sinne" verneint und nur von diesem Standpunkte aus geprüft hat. Die angeführte Grundlage der erstinstanzlichen Beurteilung ist aber rechtsirrig.

Das Strafgesetzbuch läßt nirgend hervortreten, daß es

---

[1]) Ebenso v. Liszt § 39; H. Meyer § 25. Dagegen Binding Gr. I §§ 46, 47, 40; Normen Bd. II 486; Beling § 37; Ders. Ztschr. f. StrRWiss. XVIII 278.

den in der Theorie aufgestellten Unterschieden im Begriffe des strafrechtlichen Vorsatzes, jenachdem die Vorstellung des Erfolges der Tat eine bestimmte oder unbestimmtere ist, sei es überhaupt, sei es in einzelnen Fällen einen Einfluß auf die Frage der Verschuldung und Verantwortung der Tat beilege. Indem es nur Vorsatz oder Fahrlässigkeit als Schuldformen kennt, nimmt es ersteren überall an, wo der Täter mit der Vorstellung der Verursachung des normwidrigen Erfolges durch seine Tat handelt, beschränkt ihn nicht auf den Fall, wo der Erfolg das Motiv der Handlung ist, aber auch nicht auf den, wo die Absicht auf die Herbeiführung des Erfolges gerichtet ist. Motiv und Absicht aber sind von ihm ausnahmsweise in den Tatbestand einzelner Strafverbote aufgenommen, dagegen ist der bestimmte Vorsatz nirgends ausgezeichnet, *und der subjektive Tatbestand ist dann stets zu bejahen, wenn der Wille den eingetretenen Erfolg irgendwie, direkt, alternativ, eventuell umfaßt.* Mit Unrecht glaubt das angefochtene Urteil in dem vom § 352 a. a. O. gebrauchten Worte „weiß“ eine Besonderheit zu finden, daraus die Meinung des Gesetzes, daß ein bestimmter Vorsatz erforderlich sei, herleiten zu sollen. Das Wissen ist nichts anderes als das Bewußtsein, die Vorstellung von der Ursächlichkeit. Das gilt nicht nur da, wo das Strafgesetzbuch das Wort „wissentlich“ in die Begriffsbestimmung eines Vergehens aufgenommen (vgl. §§ 48 Ziff. 2, 49, 156, 257, Ziff. 1, 276, 324, 364 a. a. O.), sondern auch, wo das Wissen in unmittelbaren Zusammenhang mit einem einzelnen Tatbestandsmerkmale gebracht ist (vgl. §§ 131, 171, 259, 270, 338, 352, 353 a. a. O.).

Insbesondere trifft es nicht zu, wenn der Angeklagte aus der Fassung des § 259 a. a. O. folgern zu können glaubt, daß hier in dem „annehmen müssen“ der sog. Eventualdolus zum Ausdrucke gebracht und deshalb der § 352 a. a. O. enger zu verstehen sei, denn das Reichsgericht hat bereits ausgesprochen, daß jene Worte lediglich Bedeutung für die Beweisfrage des Dolus überhaupt, mit dem Eventualdolus so wenig, als mit der Fahrlässigkeit zu tun haben und neben ihnen der erstere seine Bedeutung auch bei der Hehlerei behält.

Wenn daher das Urteil annimmt, es könne dahingestellt bleiben, ob der Angeklagte seine Zweifel über die Gesetzlichkeit erhobener Gebühren unterdrückt, ob er in der Sucht nach Gebühren zu dem Gesetze widersprechenden Annahmen gelangt sei, und unbekümmert um die Mittel auf möglichst raschen und hohen Verdienst ausgehend auf die Gefahr hin, unberechtigte Gebühren zu erheben, gehandelt habe, so legt es den für den § 352 a. a. O. erforderlichen Dolus zu enge aus. *Nur der irrige gute Glaube von der Berechtigung würde das rechtswidrige Bewußtsein ausschließen, das Gebiet des Zweifels über die Berechtigung dagegen fällt ebenmäßig, wie das „volle Bewußtsein“ die „volle Überzeugung der Nichtberechtigung“ in die Verschuldung, wenn trotz dieses Zweifels die Tat gewollt war.* Die Beweisfrage kann unter Umständen in solchen Fällen eine schwierige sein, die prinzipielle Entscheidung aber beruht in dem Satze, daß der subjektive Tatbestand vorsätzlicher Vergehen immer dann erfüllt ist, wenn der Täter weiß, daß derjenige Erfolg, von dem das Gesetz die Strafbarkeit abhängig macht, durch seine Handlung herbeigeführt werden könne, und mit diesem Erfolge, wenn er eintritt, einverstanden ist, d. h. ihn eventuell gewollt hat.

E. XXXII 302: Dolus event. reicht da nicht aus, wo das Gesetz ein Handeln „wider besseres Wissen" erfordert.

IV. **Irrtum.**

1. Tat- und Rechtsirrtum. E. II 269 (vgl. auch RMG. I 200):

Das Strafgesetzbuch fordert für die Anwendung seiner Bestimmungen, soweit es nicht im einzelnen Falle eine besondere Willensrichtung des Täters voraussetzt, mehr nicht, als daß der Täter das Bewußtsein derjenigen Umstände gehabt habe, in welchen das Gesetz die Merkmale einer strafbaren Handlung erblickt. Fehlt die Kenntnis von Tatumständen, welche zum gesetzlichen Tatbestande gehören, so greift § 59 StGB. Platz. Liegt dagegen die Kenntnis der Tatbestandsmerkmale vor, so ist ein Irrtum über die Strafbarkeit der Handlung einflußlos. Es ist in Theorie und Praxis kein Zweifel darüber, daß die Unwissenheit des Täters über das Bestehen des speziellen Strafgesetzes ohne Einfluß sei.

Dazu E. IV 325:

Es besteht kein allgemeines Prinzip, wonach ein Rechtsirrtum von strafrechtlicher Haftbarkeit für ein doloses Vergehen usw. überhaupt nicht entschuldigen soll, und außerdem kann ein Irrtum, welcher nicht Dasein und Sinn des Strafgesetzes als solchen betrifft, vielmehr bei vorhandener Kenntnis des Angeklagten von der bestehenden Strafnorm sich auf zivilrechtliche oder kirchenrechtliche Bestimmungen, bezw. auf die im Einzelfalle zutreffenden faktischen Voraussetzungen für Anwendung des Strafgesetzes, bezieht, als ein tatsächlicher Irrtum sich darstellen.

2. Tragweite des § 59 StGB. Nach E. IV 98, VI 405, XVI 150, XVIII 337, XIX 298, XXI 189 usw. bezieht sich § 59 StGB. nur auf die Unkenntnis der zum gesetzlichen Tatbestand gehörenden und der straferhöhenden Tatumstände, dagegen nicht auf die Unkenntnis strafvermindernder, strafausschließender und strafaufhebender Tatumstände, auch nicht auf den Irrtum bezüglich des Motivs, der Kausalität der Handlung oder des Erfolges.

3. Aberratio ictus und error in persona. E. XIX 179:

Der Angeklagte ist wegen vorsätzlicher Körperverletzung verurteilt worden, weil er in der Absicht, den Heinrich H. zu mißhandeln, den Christian W., welchen er für den Heinrich H. gehalten, mißhandelt habe. Die Revision bringt gegen diese Verurteilung die Einwendung vor, es falle dem Angeklagten nur der straflose Versuch einer Mißhandlung des Heinrich H. in Verbindung mit einer fahrlässigen Mißhandlung des Christian W. zur Last. Denn der Vorsatz desselben sei nicht auf die Mißhandlung des Christian W. gerichtet gewesen. Diese Einwendung ist jedoch nicht begründet, weil es nur darauf ankommen kann, daß der Angeklagte den Menschen, welchen er mit seinem Schlage hat treffen wollen, auch wirklich mit seinem Schlage getroffen hat. Allerdings befand sich derselbe, indem er sich den Heinrich H. als den Gegenstand seiner beabsichtigten Mißhandlung individualisierte, in einem Irrtume. Allein dieser Irrtum ist darum ohne Bedeutung, weil der Christian W. mit dem Heinrich H. vor dem Gesetze, da es die rechtswidrige Mißhandlung eines jeden beliebigen Menschen verbietet, gleichwertig, und sich sonach der Täter, wenn er mit seinem Willen einen Menschen rechtswidrig verletzt, bewußt ist, daß er diesem Verbote auch für den Fall vorsätzlich zuwiderhandele, daß der Verletzte eine andere als die von ihm gemeinte Person sein sollte. Wäre freilich die von dem Angeklagten beabsichtigte Verletzung des Heinrich H. eine rechtswidrige nicht gewesen, so würde demselben auch die aus Irrtum stattgefundene Verletzung des Christian W. nicht als eine vorsätzlich rechtswidrige zugerechnet werden können. Aber es besteht zwischen dem Heinrich H. und dem Christian W. im Hinblick auf die Tat des Angeklagten nur die rechtliche Verschiedenheit, daß ihn das vorausgegangene Verhalten des H. in große Erregtheit versetzt hatte, und diese Tatsache ist bei der Strafzumessung zu seinen Gunsten von dem Urteil berücksichtigt worden.

In der bezeichneten Weise hat sich denn auch bereits das Reichsgericht in seiner Entscheidung vom 29. Dezember 1888, Entsch. des RG. in Straff. Bd. 18 S. 337, bezüglich des sog. error in persona ausgesprochen. Die von der Revision angerufenen Entscheidungen Bd. 2 S. 335 und Bd. 3 S. 384 aber beschäftigen sich nicht mit diesem Irrtume in der Person, sondern mit der Aberration, mit dem Falle also, daß ein Irrtum des Täters bezüglich der Person, welche getroffen werden soll, nicht besteht, und vielmehr nur infolge eines nicht erwarteten Kausalverlaufes eine andere Person als die gemeinte getroffen wird. Hatte der Täter seinen Gegner mit einem Schlage verletzen wollen, er verfehlt ihn aber und verletzt eine neben demselben stehende andere Person, die er sich nicht als den Gegenstand seines Schlages ausersehen hatte, so kann allerdings behauptet werden, den Menschen, welchen er habe treffen wollen, habe er nicht getroffen, und er würde darum in diesem Falle auch nur des Versuches in etwaiger Konkurrenz mit Fahrlässigkeit schuldig befunden werden dürfen. Und insbesondere könnte auch hier die Erwägung, daß die beiden in Frage stehenden Menschen den gleichen Rechtsschutz genießen, nicht zu dem Ergebnisse führen, daß der Vorsatz des Täters auf den wirklich getroffenen Menschen gerichtet gewesen sei.

4. Putativnotwehr.

E. XXI 189: Wie das Reichsgericht in dem Bd. 1 S. 23 der Rechtsprechung veröffentlichten Urteile ausgeführt hat, ist die Frage, ob in einem gegebenen Falle die gewählte Art der Verteidigung erforderlich war, um einen gegenwärtigen rechtswidrigen Angriff abzulenken, nicht nach der subjektiven Auffassung des Handelnden, sondern nach der objektiven Sachlage zu beurteilen.[1]) Liegt daher in Wirklichkeit ein gegenwärtiger rechtswidriger Angriff nicht vor, so kann weder von

[1]) A. M. Wächter, Vorlesungen S. 179, welcher die subjektive Auffassung des Angegriffenen entscheiden läßt, eine Mittelmeinung vertritt Binding 751 durch Konstituierung eines homo sapiens.

einer gerechtfertigten Notwehr (§ 53 Abs. 1), noch von einem gemäß § 53 Abs. 3 straflosen Exzesse der Notwehr die Rede sein. Wohl aber erscheint, wie das angezogene Urteil weiter ausführt, die Strafbarkeit des Handelnden, soweit es sich um ein vorsätzliches Delikt handelt, wegen mangelnden Dolus ausgeschlossen, wenn der Angeklagte irrtümlicherweise der Ansicht war, daß die fragliche Handlung durch Notwehr geboten oder die von ihm gewählte Art der Verteidigung zur Abwehr erforderlich sei. Dieser Auffassung haben sich mehrfache spätere Urteile des Reichsgerichtes angeschlossen, Rechtspr. des RG. Bd. 6 S. 576; Entsch. des RG. in Strafs. Bd. 4 S. 98, Bd. 6 S. 405, und der Senat findet keine Veranlassung, von der bisherigen Rechtsprechung des Reichsgerichts abzuweichen. Geht man aber von jener Rechtsansicht aus, so muß die angefochtene Entscheidung der Strafkammer beanstandet werden.

Glaubte der Angeklagte, daß B. ihn angreife, so konnte er allerdings nicht wegen vorsätzlicher Körperverletzung bestraft werden, wenn er sich auf diejenige Verteidigung beschränkte, die zur Abwehr des von ihm angenommenen Angriffes erforderlich war, oder wenn er zwar dieses Maß der Verteidigung überschritt, aber infolge eines tatsächlichen Irrtums die gewählte Art der Abwehr für geboten hielt und zwar in beiden Fällen, weil es ihm an dem rechtwidrigen Vorsatze fehlte. Nun stellt aber der Vorderrichter tatsächlich fest: der Angeklagte sei zwar über die Grenze der Verteidigung gegen den von ihm irrtümlich angenommenen Angriff hinausgegangen, es sei aber anzunehmen, daß er dies in Bestürzung, Furcht oder Schrecken getan habe. Der Vorderrichter wendet sonach zugunsten des Angeklagten die Vorschrift des § 53 Abs. 3 StGB., die — wie oben angeführt — nur für den Fall gegeben ist, daß wirklich die Voraussetzung der Notwehr, ein gegenwärtiger rechtswidriger Angriff, vorliegt, auf den Fall der putativen Notwehr an, während für diesen Fall vielmehr zu prüfen war, ob der Angeklagte sich in einem tatsächlichen Irrtum über das Maß der gebotenen Verteidigung befunden habe. Diese beiden Fragen sind aber keineswegs gleichbedeutend. Es ist begrifflich nicht ausgeschlossen, daß der im Affekt Handelnde vorsätzlich handelt: mithin kann auch derjenige, der in Bestürzung, Furcht oder Schrecken die Grenze der gebotenen Abwehr überschreitet, dies mit Bewußtsein, also vorsätzlich tun. Nur bei einem wirklichen rechtswidrigen Angriffe aber erklärt das Gesetz die im Affekte der Bestürzung usw. begangene Überschreitung ohne Rücksicht auf das Vorhandensein des Bewußtseins für straflos, indem es davon ausgeht, daß derjenige, welcher einen rechtswidrigen Angriff unternimmt, sich gefallen lassen muß, daß der Angegriffene in der Bestürzung usw. das nötige Maß überschreitet. Bei einem bloß eingebildeten Angriffe fällt diese Erwägung fort, es kann, wie ausgeführt, nicht der Affekt der Bestürzung usw., sondern nur der auf tatsächlichem Irrtum beruhende Mangel des Dolus die Straflosigkeit bewirken.

Der Vorderrichter verletzt aber weiter das Gesetz dadurch, daß er nicht nach § 59 StGB. prüft und erörtert, ob der Irrtum, vermöge dessen der Angeklagte sich angegriffen glaubte, ein entschuldbarer, vermeidbarer war. Denn schließt auch der tatsächliche Irrtum — gleichviel ob verschuldet oder nicht — im Falle putativer Notwehr den Dolus aus, so kommt doch vorliegend in Betracht, daß eine Körperverletzung auch aus Fahrlässigkeit begangen werden kann. Eine Freisprechung des Angeklagten von der wegen Körperverletzung erhobenen Anklage wäre daher nur gerechtfertigt gewesen, wenn der erste Richter festgestellt hätte, daß der Angeklagte auch bei Anwendung der den Umständen nach gebotenen Aufmerksamkeit und Besonnenheit den Irrtum, in dem er sich befand, nicht vermeiden konnte, und dieser folglich kein schuldhafter war.

V. **Vorsatz und Absicht.**

E. I 173: Wohl wird in einer Anzahl von Strafbestimmungen, in welchen die Absicht schlechthin oder eine näher gekennzeichnete Absicht als Tatbestandsmerkmal hervorgehoben wird, die Absicht gleichbedeutend mit Zweck oder Motiv des Handelns genommen, als der auf einen gewissen Erfolg der Handlung gerichtete Wille. An anderen Stellen aber ist die Absicht als gleichbedeutend mit Vorsatz, absichtlich gleichbedeutend mit vorsätzlich oder wissentlich gebraucht. In Übereinstimmung mit dem gemeinen Sprachgebrauche wird hier das absichtliche Handeln wie sonst das vorsätzliche oder wissentliche Handeln in Gegensatz zu einem Handeln aus Versehen und Nachlässigkeit gestellt. Es umfaßt diejenigen Fälle, in welchen der Täter zwar aus anderen Motiven handelt, aber mit dem Bewußtsein, daß seine Tat eine Verletzung der ihm obliegenden Pflicht einschließt, daß sie mit einem verbotenen Erfolge verknüpft ist. Deshalb ist sie von dem Gesetze in derselben Weise unter Strafe gestellt, wie wenn der Täter den rechtswidrigen Erfolg unmittelbar gewollt hätte. Bei der Feststellung des Sinnes, in welchen der Ausdruck jedesmal gebraucht ist, kommt vornehmlich die Natur der strafbaren Handlung und der Zweck der betreffenden Strafbestimmung in Betracht. — Dazu E. XI 381: Wenn auch das StGB. das Wort „Absicht" in verschiedenen Bedeutungen, namentlich mehrfach als gleichbedeutend mit dem Vorsatze gebraucht, so wird man doch nach dem gewöhnlichen Sprachgebrauche in denjenigen Stellen, wo davon die Rede ist, daß der Täter in einer bestimmten Absicht gehandelt habe, unter der Absicht den Endzweck des Handelns, also die direkte Richtung des schuldhaften Willens auf einen bestimmten Erfolg, zu verstehen haben, soweit nicht bei einzelnen Gesetzesbestimmungen besondere Gründe zu einer anderen Auslegung zwingen.

E. V 317: Der Art. IV Nr. 1 der preuß. Verordnung vom 25. Juni 1867 erfordert zwar den Vorsatz der Beförderung, spricht aber nicht von einer Absicht, daher kein Grund vorliegt, den Vorsatz hier in anderem als dem regelmäßigen Sinne zu nehmen. In diesem Sinne handelt vorsätzlich in Beziehung auf einen gewissen Erfolg, wer das Bewußtsein hat, daß seine Handlung diesen Erfolg notwendig herbeiführen werde, ohne daß es darauf ankommt, ob der Zweck seines Handelns in diesem oder in einem anderen Erfolge bestand. Denn die als notwendig erkannten Folgen der Handlung werden von dem Handelnden in den Willen aufgenommen, auch wenn ihm an diesen Folgen nichts liegt, also seine Absicht nicht auf Herbeiführung derselben gerichtet ist.

E. XXVII 241 (vgl. auch XVI 150, XXIV 255):

Zum Tatbestande des § 288 StGB. gehört die Absicht des Schuldners, die Befriedigung des Gläubigers zu vereiteln.

Die Anwendung dieser Vorschrift setzt mithin voraus, daß der Wille des Angeklagten bei der Veräußerung oder Beiseiteschaffung von Bestandteilen seines Vermögens auf die Herbeiführung des bezeichneten Erfolges direkt und bestimmt gerichtet gewesen ist. Zur Erfüllung des fraglichen Tatbestandsmerkmals genügt es deshalb nicht, wenn ein Schuldner die Veräußerung oder das Beiseiteschaffen mit dem Bewußtsein vorgenommen hat, daß die Befriedigung des Gläubigers dadurch unmöglich gemacht oder beeinträchtigt werden könne, und diesen Erfolg nur eventuell mit in seinen Vorsatz aufgenommen hat. Der bloße Eventualdolus wird von dem Begriffe der Absicht im Sinne des § 288 a. a. O. nicht getroffen. Andererseits ist es aber in Ansehung dieses Merkmales nicht nötig, daß die Vereitelung der Befriedigung des Gläubigers gerade den Endzweck des Schuldners, die Vorstellung dieses Erfolges also das Motiv für die vorgenommene Handlung gebildet hat.

Als direkt und bestimmt gewollt erscheint ein Erfolg schon dann, wenn der Täter seinen Eintritt als notwendige, unvermeidliche Folge seines Handelns voraussieht und mit solchem Bewußtsein zu Ausführung schreitet, mag es auch nicht diese, sondern eine andere, nebenher- oder vorangehende Vorstellung sein, aus welcher der Antrieb zur Tat entsprungen ist.

§ 18. IV. Die Fahrlässigkeit.

Beling § 38, Berner §§ 71 ff., Binding Gr. I § 48, v. Liszt § 42, H. Meyer § 26, Frank und Olshausen zu § 59 StGB.

E. XIX 51 (vgl. auch VI 42, XIX 51, XXX 25):

Nach den erstinstanzlichen Feststellungen ist der Angeklagte K. überführt, bei dem Herabwinden eines Ballens Häute vom zweiten Stockwerke eines Lagerhauses nach dem Hofe herunter, insbesondere bei der Befestigung des fraglichen Ballens mittels Einschleifens am Windehaken, dergestalt „ordnungswidrig und unvorsichtig" gehandelt zu haben, daß er das Herausfallen des Ballens aus der Schleife als Folge der ungenügenden Befestigung voraussehen konnte. Erwiesenermaßen ist diese vorhersehbare Folge eingetreten; der Ballen ist der Schleife entglitten, in den Hof hinuntergestürzt und hat hier den unter dem Windeaufzuge auf einem Wagen stehenden Botenfuhrmann F. erheblich körperlich beschädigt.

Die Erwägungen, auf Grund deren der Vorderrichter trotzdem zu dem Schlusse gelangt ist, die vorbezeichnete Körperverletzung als nicht vorhersehbar dem Angeklagten K. nicht zur Fahrlässigkeit zuzurechnen, beruhen, wie die Revision zutreffend rügt, unverkennbar auf einer zu engen und deshalb unrichtigen Auffassung der Fahrlässigkeitsschuld.

Jene Erwägungen laufen im wesentlichen darauf hinaus: der Angeklagte, welcher unter den obwaltenden Verhältnissen entschuldbarerweise „recht wohl von der Annahme ausgehen durfte", F. werde sich nicht auf dem Wagen unterhalb des Aufzuges, sondern in einer geschützten Stellung im Lagerhause befinden, habe die gegen seine Annahme eingetretene Beschädigung des F. nicht vorhergesehen, auch in der tatsächlich erfolgten konkreten Gestalt nicht vorherzusehen gebraucht. Hierbei geht das Urteil in zwiefacher Richtung fehl. Daß K. tatsächlich weder wußte, noch auch vermutete, der von ihm auf die Gefahr des Hinunterstürzens hinunterbeförderte Ballen werde unten den F. treffen und zu Boden schlagen, ist für den Begriff der Fahrlässigkeit bedeutungslos. Gerade dieser sein Irrtum über die verursachende Natur, die Kausalität seiner Handlung scheidet sein Verhalten als fahrlässiges vom vorsätzlichen. Hätte er den Unfall als Folge des von ihm hinabgeschleuderten Ballens wirklich vorausgesehen, so würde er mindestens mit eventuellem Dolus gehandelt haben und die Körperverletzung des F. würde als vorsätzlich zugefügte ihm haben zugerechnet werden können. Entscheidend ist allein die Möglichkeit des Vorhersehens und die Vermeidlichkeit des Irrtums. Nur, wenn der Instanzrichter zu der Überzeugung gelangte, der fragliche Irrtum des K., dessen Verhalten er selbst als „unvorsichtig" bezeichnet, sei ein unvermeidlicher, es sei dem Angeklagten unmöglich gewesen, die Vorstellung von der Kausalität seines Tuns zu gewinnen, durfte er die Vorhersehbarkeit des eingetretenen Erfolges verneinen. Hierbei aber — und dies ist der zweite gegen das Urteil zu erhebende Vorwurf — kann niemals die Frage in der Art gestellt werden, ob der unvorsichtig Handelnde den von ihm verursachten Schaden gerade genau in derjenigen konkreten Gestaltung, wie sie tatsächlich erfolgt ist, pflichtmäßig in den Kreis seiner Vorstellungen aufnehmen mußte. Eine derartige Voraussicht, eine so spezialisierte Vorhersehbarkeit liegt außerhalb des Bereiches der menschlichen Dinge.

Was vom Reichsgerichte bezüglich der einzelnen Zwischenglieder in einer Kette kausal bedingter Ereignisse und ihrer Vorhersehbarkeit ausgeführt worden, Entsch. des RG. in Strafs. Bd. 6 S. 146, gilt in analoger Weise hinsichtlich des Erfolges, der ja nur das letzte abschließende Glied der in Frage stehenden Kausalitätsreihe abgibt. Vorhersehbar und deshalb vermeidlich, kann auch hier nur das Schlußergebnis in seinen wesentlichsten allgemeinen Umrissen, in seiner generischen, gewisse Rechtsgüter gefährdenden Beschaffenheit sein. Wer einen schweren Gegenstand auf eine belebte Straße zum Fenster hinauswirft, muß pflichtmäßig die Vorstellung haben, daß dadurch Leben und Gesundheit der auf der Straße verkehrenden Menschen geschädigt werden können. Diese und nur diese Art von Rechtsgüterverletzung ist für ihn vorhersehbar. Welcher konkrete Mensch aber durch den hinausgeworfenen Gegenstand möglicherweise getroffen werden kann, durch welchen Zufall gerade dieser Mensch auf die Straße und in die Linie des Wurfes gekommen, in welcher Weise derselbe verletzt wird usw., alles dies bleibt außer aller menschlichen Voraussicht. Für die fahrlässiges Tun verbietende Rechtsnorm ist aber lediglich der allgemeine Rechtsschutz in seiner generellen, gewisse Rechtsgüter in ihrer kategorischen Gestalt umfassenden Absicht von Bedeutung, nicht der besondere Mensch A. mit der gerade ihm zu teil gewordenen besonderen Beschädigung. Jedermann ist verpflichtet, sein Handeln so einzurichten, daß dasselbe nicht kausal werde für schädigende Ereignisse einer gewissen, vom Gesetze bezeichneten Gattung, deren Eintreten im Kreise des menschlichen Vorstellungsvermögens liegt. Ist dann aber eine jener vom Gesetze bezeichneten Rechtsverletzungen von dem unvorsichtig

Handelnden tatsächlich verursacht worden, dann ist für die Frage der Vorhersehbarkeit nur noch zu untersuchen, ob das konkret eingetretene Ereignis seiner Gattung, bezw. seiner allgemeinen Beschaffenheit nach in die Kategorie der vorhersehbaren und deshalb vermeidlichen Ereignisse hineinfällt, oder ob dasselbe schlechthin außerhalb des Bereiches der vorhersehbaren und deshalb vermeidlichen Ereignisse verblieben ist. Trifft jene Voraussetzung zu, dann gehört der fragliche Unfall auch dem Bereiche der vorhersehbaren Folgen menschlicher Handlungen an, und seine Verursachung ist, als auf pflichtwidrigem Verhalten beruhend, zur Fahrlässigkeitsschuld zuzurechnen.

Diese Grundsätze auf den vorliegenden Fall angewendet, ergeben, daß, da die Körperverletzung des F. als durch unvorsichtiges Verhalten des Angeklagten verursacht feststeht, für die Fahrlässigkeitsschuld des letzteren lediglich noch zu entscheiden war, ob er nach seiner Erfahrung und nach dem gewöhnlichen Verlaufe der Dinge voraussehen konnte und mußte, daß durch den, aus der losen Schlinge in den Hof hinunterstürzenden Ballen irgend ein den fraglichen Hof passierender oder sich dort aufhaltender Mensch — gleichviel, ob F. oder irgend ein anderer, getroffen und geschädigt werden könne. Das angefochtene Urteil erklärt zwar in der Einleitung der betreffenden Erwägungen es nur für „bedenklich", dem Angeklagten die pflichtmäßige Voraussicht zu imputieren, daß „ein Mensch" sich unten in der Nähe des Aufzuges aufhalten und durch den herausgefallenen Ballen werde verletzt werden. Die weiteren Ausführungen des Urteils zeigen aber unzweideutig, daß der Vorderrichter nur geprüft hat, ob Angeklagter vorausgesehen, F. werde dieser „Mensch" sein, F. werde sich „sofort wieder auf den Wagen begeben", F. werde es an „der nötigen Vorsicht fehlen lassen", und daß, weil solches dem Angeklagten nicht zugerechnet werden könne, weil er auch von seinem Standpunkt aus sich überhaupt nicht zu überzeugen vermochte, „ob F. in der Nähe des Wagens oder auf diesem sich befand," deshalb die Fahrlässigkeitsschuld verneint wird. Daß etwa die Umstände, unter denen gerade F. zu Schaden gekommen, solche gewesen, wie sie K. als, sei es den F., sei es einen anderen, möglicherweise gefährdend schlechthin nicht vorhersehen konnte, wird nirgends gesagt. Auf das Fehlerhafte dieser Auffassung ist schon oben hingewiesen. Hier mag noch hinzugefügt werden, daß der Vorderrichter auch darin zu irren scheint, daß er auf die eigene Unvorsichtigkeit des F., der sich von dem unter dem Aufzuge stehenden Wagen nicht rechtzeitig entfernt hat, wesentliches Gewicht zu legen scheint. An anderer Stelle erkennt das Urteil selbst an, daß, trotz der angeschlagenen Warnungen und der sonst üblichen Vorsichtsmaßregeln auf dem N.schen Hofe, auf dem der Unfall sich ereignet hat, Nichtachtung der mit dem Aufzuge verbundenen Gefahren abseiten der auf dem Hofe verkehrenden Leute nicht zu den seltenen Erscheinungen gehörte. Traf dies zu, dann waren derartige Unachtsamkeiten Dritter auch für den Angeklagten vorhersehbar und er hatte sein Verhalten pflichtmäßig so einzurichten, daß es auch nicht im Zusammenwirken mit der Lässigkeit Dritter Schaden verursachte. Dann hob aber auch die dem F. selbst zur Last fallende Unvorsichtigkeit dessen Beschädigung nicht aus dem Kreise der im allgemeinen für K. vorhersehbaren Folgen seines Handelns heraus, und der von ihm verursachte Unfall bleibt um nichts weniger ein fahrlässig verschuldeter.

Kap. 3. Die Erscheinungsformen der strafbaren Handlung.

§ 19. A. Vollendung und Versuch.

Beling § 39, Berner §§ 74 f., Binding Gr. I §§ 52 ff., v. Liszt § 46, H. Meyer §§ 30 f., Frank und Olshausen zu § 43 StGB.

I. **Strafbarkeit des absolut untauglichen Versuchs.** E. I 439 (vgl. auch I 451, VIII 189, 351, XVII 158):

Das angefochtene Urteil des Landgerichts hat festgestellt, daß die Angeklagte I. den Entschluß, das Verbrechen der Abtreibung zu verüben, durch Handlungen, welche einen Anfang der Ausführung dieses Verbrechens enthalten, betätigt hat, indem sie während ihrer Schwangerschaft zu dem Zwecke, ihre Leibesfrucht abzutreiben, mehrmals eine ihr von dem Mitangeklagten II. zugestellte bittere, dunkelfarbige Flüssigkeit, welche sie zur Herbeiführung des beabsichtigten Erfolges für geeignet hielt, zu sich nahm, und daß der Angeklagte II. die Angeklagte I. zur Begehung des Verbrechens der Abtreibung dadurch vorsätzlich bestimmt hat, daß er ihr, während sie, wie er wußte, schwanger war, mehrmals eine Flüssigkeit, welche er zur Abtreibung der Leibesfrucht für geeignet hielt, zustellte und sie überredete, dieselbe zur Erreichung dieses Zweckes einzunehmen, und hat, auf Grund dieser Tatsachen und weil das angewendete Mittel die beabsichtigte Wirkung nicht gehabt, also das beabsichtigte Verbrechen nicht zur Vollendung gekommen, die Verurteilung der Angeklagten I. wegen Versuchs der Abtreibung der Leibesfrucht im Sinne der §§ 218 und 43 StGB., die des Angeklagten II. wegen Anstiftung zu diesem Verbrechen im Sinne des § 48 StGB. erkannt.

Beide Angeklagte fechten diese Verurteilung wegen Verletzung der Vorschriften des Strafgesetzbuches über den Versuch an; sie gründen die gegen das Urteil eingelegte Revision auf den in demselben enthaltenen Ausspruch, daß nicht erwiesen sei, ob das angewendete Mittel, welches die beabsichtigte Wirkung nicht gehabt hat, überhaupt den beabsichtigten Zweck zu erfüllen geeignet gewesen, und finden in der gleichwohl erfolgten Anwendung des Gesetzes einen Verstoß gegen die Rechtsnorm, daß der Versuch mit absolut untauglichen Mitteln straflos sei.

Da die als unrichtiger Weise nicht angewendet bezeichnete Rechtsnorm direkt im Strafgetzbuche nicht aufgestellt ist und die Straflosigkeit des Versuches, wenn dieser ohne Rechtsirrtum festgestellt worden, auf den angegebenen Grund hin aus § 46 StGB. nicht herzuleiten ist, so kann die Frage nur die sein, ob aus dem Begriffe des (strafbaren) Versuches wie ihn der § 43 StGB. gibt, der gedachte Rechtssatz als bestehend zu entnehmen ist.

Die Beantwortung dieser Frage hängt zunächst von der Auslegung der Worte des Gesetzes ab, daß zur Strafbarkeit des Versuches eine Betätigung des Entschlusses, das Verbrechen zu begehen, durch Handlungen gehöre, welche einen Anfang der Ausführung dieses Verbrechens enthalten. Die letztangeführten Worte sind einer doppelten Auslegung fähig und haben auch eine solche verschiedene Auslegung gefunden. Man hat sie teils von solchen Handlungen verstanden, welche imstande sind, den zur Vollendung des Verbrechens gehörenden Erfolg herbeizuführen (Anfang der Vollendung des Verbrechens), andererseits von solchen, welche der Täter für geeignet hält, diese Wirkung zu äußern (Anfang der Ausführung des Täters). Für die Entscheidung, ob das Strafgesetzbuch mit den beregten Worten die eine oder die andere dieser Auffassungen habe zum Ausdruck bringen wollen, ist von erheblichem Werte, die Entstehung dieser Wortfassung ins Auge zu nehmen. Dieselbe ist nicht neu. Aus der französischen Gesetzgebung herstammend, hat sie in gleicher oder doch sehr ähnlicher Weise Eingang in fast allen strafrechtlichen Kodifikationen im laufenden Jahrhundert, vornehmlich auch in denen Deutschlands, gefunden. Auch da hat sie den gleichen Zwiespalt der Meinungen zufolge gehabt. Es ist derselbe Gegensatz, welcher, wie dem Gesetzesausdruck gegenüber, so auch in der theoretischen Begründung der Strafbarkeit des Versuchs aus rechtsphilosophischen und kriminalpolitischen Gründen seit dem Beginn einer wissenschaftlichen Konstruktion der Grundbegriffe des Strafrechts aufgetreten ist. Als das Strafgesetzbuch für den Norddeutschen Bund entstand, war der Rechtsgedanke von der Strafbarkeit des in die äußere Erscheinung getretenen verbrecherischen Entschlusses ohne Rücksicht auf die Möglichkeit seiner objektiven Verwirklichung in verschiedenen Rechtsgebieten Deutschlands geltendes Recht; er fand sich mehrfach in der bisherigen Gesetzgebung vertreten (vergleiche die Strafgesetzbücher für Oldenburg 1814, Hannover 1840, Sachsen-Altenburg 1841) und hatte auch trotz der dem § 43 desselben entsprechenden Definition des Versuchs in einer Reihe von Strafgesetzbüchern Ausdruck gefunden (vgl. die von Braunschweig 1840, Hessen-Darmstadt 1841, Nassau 1849, Thüringen 1850, Königreich Sachsen 1855, gleichwie Baden 1845). Schon dieser Sachlage gegenüber läßt es sich nicht annehmen, daß das jene Gesetzgebungen ersetzende neue Gesetzbuch mit der in Rede stehenden Fassung diese Streitfrage habe zum Austrag bringen mögen. Kommt nun aber hinzu, daß die Motive zum Gesetzbuch ausdrücklich aussprechen, daß es nicht in der Absicht liege, die in mehreren Strafgesetzbüchern unternommene Regelung der Streitfrage, ob oder inwieweit der Versuch mit untauglichen Mitteln oder an untauglichem Objekt strafbar sei, auch hier vorzunehmen, dann muß man nach dem Wortlaut des Gesetzes beide Auslegungen für gleichberechtigt halten und kann aus der Ausdrucksweise des Gesetzes eine Entscheidung auch nicht indirekt herleiten, sondern muß dieser Fassung des Paragraphen die Bedeutung für den Begriff der Ausführungshandlung vorbehalten.

Jene Entscheidung wird vielmehr gegenüber dieser Stellung des Gesetzgebers zu der Frage über die Grenzen der Strafbarkeit des Versuches lediglich aus den inneren Gründen für die Strafbarkeit überhaupt entnommen werden können und müssen, und die Revision kann nur dann Erfolg haben, wenn die Unrichtigkeit des landgerichtlichen Urteils aus den dem § 43 StGB. zugrunde zu legenden strafrechtlichen Prinzipien, wie sie die Wissenschaft festgestellt hat, sich ergibt. Darüber nun kann kein Zweifel aufkommen, daß im Versuche der verbrecherische Wille diejenige Erscheinung ist, gegen welche das Strafgesetz sich richtet, im Gegensatz zu dem in der Vollendung zutage tretenden aus dem verbrecherischen Willen hervorgegangenen rechtswidrigen Erfolge. An und für sich würde jede Beziehung auf die Vollendung als den Gegensatz des Versuches außer Rücksicht zu bleiben haben und mehr nicht zu verlangen sein, als daß der verbrecherische Gedanke sich in äußeren Handlungen kundgegeben habe. Aber weil es manche Handlungen gibt, die aus verbrecherischem Entschluß hervorgegangen, doch an sich so wenig als der Gedanke des Verbrechens objektiv eine Gefahr für die öffentliche Rechtsordnung in sich tragen und weil ohne solche Gefährdung ein Strafrecht nicht gegeben, so verlangt eine viel verbreitete Lehre, daß die Handlungen, wenn sie als Versuch strafbar sein sollen, in einem Kausalverhältnis zur Vollendung, in welcher diese für jede Strafe notwendige Gefährdung oder Verletzung des Rechtes enthalten ist, stehen müssen. Nur solche Handlungen sollen strafbar sein, die, wenn die Vollendung nicht durch selbständige, vom Willen des Täters unabhängige Umstände gehindert worden wäre, die Vollendung würden zur Folge gehabt haben. Die Wissenschaft hat das Unhaltbare dieser Theorie überzeugend nachgewiesen. Der Kausalzusammenhang zwischen einer Handlung und dem durch dieselbe beabsichtigten Erfolge ist niemals durch das Dasein oder Fehlen eines einzelnen Zwischenereignisses unbedingt gegeben oder aufgehoben, sondern jedes auf den endlichen Ausgang Einfluß äußernde Ereignis oder Verhältnis gibt stets als einzelner Kausalitätsfaktor nur eine größere oder geringere Möglichkeit oder Wahrscheinlichkeit des letzteren, niemals die Gewißheit seines Eintrittes oder Nichteintrittes. Die Freigebung der jede Möglichkeit einer Vollendung ausschließenden Handlungen von der Strafbarkeit als Versuch würde nicht die Beschränkung des strafbaren Versuches nur auf die eine teilweise Vollendung enthaltenden, weil es solche nicht gibt, sondern die Straflosigkeit jedes Versuches zum Resultate haben. Denn kausal für den Erfolg ist eine Handlung nie, wenn ein Erfolg nicht eingetreten; der Nichteintritt zeigt eben, daß sie nicht kausal war. Aber es darf auch weiter gesagt werden, daß es im allgemeinen derartige Handlungen, die unter allen Umständen ungeeignet seien, den beabsichtigten Erfolg hervorzurufen, in Wirklichkeit garnicht gibt, im Einzelfalle dagegen jede Handlung, die nicht zum Erfolge geführt hat, als eine zu dessen Hervorbringung absolut ungeeignete sich erwiesen hat. Auf den Unterschied zwischen Handlungen mit den absolut untauglichen und mit nur relativ untauglichen Mitteln kann die Strafbarkeit oder Straflosigkeit des Versuches nicht gegründet werden, und will man nicht letztere bei allen Handlungen mit untauglichen Mitteln statuieren, so läßt sich kein Grund dafür geltend machen, dieselbe bei den ersteren eintreten zu lassen. Auch bei ihrer Anwendung hat der Täter das getan, was er als zur Verwirklichung seines verbrecherischen Entschlusses geeignet angesehen hat und damit seine Auflehnung gegen die Rechtsordnung betätigt. Sein Irrtum über die Tauglichkeit seiner Handlung kann auf deren Strafbarkeit keinen Einfluß haben. Daß das beabsichtigte Verbrechen bei dem Versuche stehen blieb, hat jedesmal in einem Irrtum des Täters seinen Grund, weil er die das Ausbleiben des Erfolges bewirkenden Umstände bei seinem Plane zur Verwirklichung des gefaßten Entschlusses nicht richtig in Anschlag gebracht hat. Gleichgiltig muß es aber bleiben, in Beziehung auf welche tatsächlichen Voraussetzungen, die nötig waren, um das Verbrechen zustande zu bringen, er geirrt hat, ob das der Vollendung entgegengetretene Hindernis im Verlaufe der Handlung eingetreten oder bereits bei deren Beginn vorhanden war, ob die vom Täter nicht in Rechnung gezogenen Kausalitätsfaktoren außer ihm liegende Verhältnisse oder Tätigkeiten sind, oder ob er über die Wirksamkeit seiner eigenen Handlungen geirrt, ob über die Wirksamkeit eines gebrauchten Mittels seiner Art oder Menge nach oder seiner Anwendung nach, ob über das als Mittel gebrauchte Objekt selbst oder über die ihm beigemessenen oder übersehenen Qualitäten.

Es ist mithin nicht irrig, wenn das Landgericht zur Strafbarkeit des Versuches mehr nicht erfordert hat, als daß die Handlung von dem Täter in der Vorstellung unternommen worden, sie werde zur Herbeiführung des beabsichtigten Erfolges führen.

Jedoch einschränkend E. XXXIII 321:

Solche Kräfte, die lediglich dem Glauben oder Aberglauben, der Vorstellung oder dem Wahne angehörig, nicht in der wissenschaftlichen Erkenntnis und Erfahrung des Lebens begründet seien, könnten vom Richter nicht als Quelle realer Wirkungen anerkannt werden, sondern seien in rechtlicher Beziehung weder als taugliche, noch als relativ oder absolut untaugliche, d. h. überhaupt nicht als „Mittel“ zur Herbeiführung irgend welcher Veränderung in der Welt des Tatsächlichen anzusehen.

II. **Vorbereitung und Versuch.**

E. IX 86: Daß, wenn durch die fragliche Anfangshandlung auch nur ein Tatbestandsmerkmal des fraglichen Verbrechens oder Vergehens existent geworden, eine strafbare Versuchshandlung vorliege, entspricht der Praxis des Reichsgerichts. Ob aber unter Umständen nicht auch ohne die Erfüllung dieser Voraussetzung der verbrecherische Entschluß sich derartig betätigt haben kann, daß das Delikt in die Erscheinung getreten ist und man seine „Ausführung“ als „angefangen“ bezeichnen muß, wird durch den obigen Rechtssatz noch nicht entschieden.

Die Rechtsprechung wird sich bescheiden müssen, je nach der verschiedenen Natur der verschiedenen strafbaren Handlungen, die Grenzlinien der beginnenden „Ausführung“ des einzelnen Delikts, der Absicht der Gesetzgebung und dem Rechtsbedürfnisse folgend, tunlichst zu bestimmen.

Nach E. XV 56 ist die Grenzlinie zwischen Vorbereitungs- und Versuchshandlungen keine feste und es deshalb in der Regel eine Frage lediglich tatsächlicher Natur, ob eine Handlung in den Kreis jener oder dieser fällt. Doch steht nach E. XIII 213 unbestritten fest, daß, wenn die Handlung des Täters einen weiteren Erfolg noch nicht gehabt hat, als daß damit die Herbeischaffung der Mittel oder Werkzeuge zur Begehung der Straftat selbst oder zur Realisierung eines einzelnen Tatbestandsmoments bezielt und erreicht ist, von einem Anfange der Ausführung der Tat selbst noch nicht gesprochen werden kann.[1])

III. **Begriff des „Unternehmens".** E. III 28 (vgl. auch VIII 354):

Der Ausdruck „Unternehmen" umfaßt nach seinem Wortverstande und nach der Absicht des Gesetzgebers alle zur Erreichung eines bestimmten Vorhabens, hier der Verleitung zum Meineide, vorgenommenen Handlungen, unangesehen, ob der Erfolg des Vorhabens erreicht wird, und in diesem Sinne ist die Aufforderung eines anderen, einen Dritten zum Meineide zu verleiten, ebenfalls ein Unternehmen, diesen Dritten zum Meineide zu bestimmen, eine auf Erreichung dieses verbrecherischen Vorhabens abzielende Handlung. Der Rechtsbegriff des Unternehmens beschränkt sich an und für sich nicht auf Handlungen, durch welche das Vorhaben unmittelbar zur Ausführung gebracht werden soll. Eine solche, offenbar dem Begriff an sich nicht immanierende Einschränkung hat derselbe im Falle des § 82 StGB. bei dem Verbrechen des Hochverrates erfahren. Hier ist die positive Vorschrift aufgestellt, daß als ein Unternehmen, durch welches das Verbrechen des Hochverrates vollendet wird, nur Handlungen anzusehen sind, durch welche das Vorhaben unmittelbar zur Ausführung gebracht werden soll. In dieser Weise ist aber der Begriff im § 159 StGB. nicht eingeschränkt, und es kann nicht als zulässig erscheinen, in der Bestimmung des § 82 a. a. O. eine generelle Definition des fraglichen Begriffes zu finden und den Worten des § 159 den Sinn beizulegen, in welchem das Wort „Unternehmen" im § 72 speziell in Beziehung auf Handlungen gebraucht ist, durch welche das Verbrechen des Hochverrates vollendet wird. Auch derjenige, der einen anderen auffordert einen Dritten zum Meineide zu verleiten, begeht somit eine Handlung, welche auf Erreichung seines Vorhabens, den Willen dieses Dritten zum Meineide zu bestimmen, abzielt, und unternimmt somit diese Verleitung zum Meineide, sollte auch der Aufgeforderte dieser Aufforderung nicht nachkommen. Fällt aber diese Aufforderung unter den Tatbestand des im § 159 vorgesehenen selbständigen Delikts, so kommt es nicht darauf an, ob nach allgemeinen strafrechtlichen Grundsätzen die Aufforderung, einen Dritten zur Verübung eines Verbrechens zu bewegen, als erfolglose Anstiftung zur Anstiftung straflos bleibt, wenn der Aufgeforderte dieser Aufforderung nicht Folge leistet.

---

[1]) cf. Frank § 43 I.

B. Täterschaft und Teilnahme.

§ 20. I. Mittäterschaft.

Beling § 40, Berner § 83, Binding Gr. I § 63, v. Liszt § 50, H. Meyer § 33, Frank und Olshausen zu § 47 StGB.

I. **Unterschied zwischen Mittäterschaft und Beihilfe.** E. III 181 (vgl. XXVI 345, 351, XXVIII 304):

Durch das angegriffene landgerichtliche Urteil ist tatsächlich festgestellt worden, daß die Angeklagten B. und L. die K. D. trotz ihres ernstlich geleisteten Widerstandes, also mit Gewalt, zu Boden geworfen haben und B. den Beischlaf mit der Genötigten ausübte. Ausdrücklich wird hierbei hinsichtlich des Angeklagten L. noch weiter tatsächlich erwogen, sein Wille sei im Hinblick auf das ausgeführte Verbrechen der Notzucht nur darauf gerichtet gewesen, die von B. zur Begehung des Verbrechens entwickelte Tätigkeit zu unterstützen und diesem hierdurch die Ausführung der Tat zu erleichtern, nicht aber auf Selbstbegehung derselben. Gegen die hiernach stattgefundene Verurteilung des Angeklagten L. nur wegen Beihilfe zur Notzucht wendet die Revisionsschrift ein, die Vergewaltigung sei ein Tatbestandsmoment der Notzucht. Der Angeklagte L. habe sich aber, indem die D. von ihm und B. gemeinschaftlich überwältigt worden sei, dieses Tatbestandsmoments schuldig gemacht und darum als Mittäter des Verbrechens in Betracht gezogen werden müssen. Die Revision wurde verworfen.

Nach § 47 StGB. bedingt die gemeinschaftliche Ausführung einer strafbaren Handlung für jeden der Mitwirkenden die Bestrafung als Täter. Objektiv genügt zur gemeinschaftlichen Ausführung jede Mitwirksamkeit, ohne daß es hierbei auf ein größeres oder geringeres Maß der äußerlichen Tätigkeit ankommt. Die Mitwirksamkeit der gemeinschaftlichen Ausführung kann sonach hinsichtlich ihrer äußeren Beschaffenheit auch diejenige eines Gehilfen sein. Da nun aber auch der Täter, welcher andere Täter nicht zur Seite hat, und der Gehilfe die Tat gemeinschaftlich ausführen, so würde zwischen ihnen und den Missetätern eine Verschiedenheit nicht bestehen, der Gehilfe also stets Mittäter sein, wenn diese Verschiedenheit aus der objektiven Beschaffenheit der gemeinschaftlich geäußerten Tätigkeit hergeleitet werden müßte. Darum kann die Verschiedenheit zwischen Hilfeleistung und Mittäterschaft nur eine subjektive, durch die Verschiedenheit des Willens des Gehilfen und des Mittäters begründete sein. Und zwar haben sich die Motive in dieser Richtung dahin ausgesprochen: Die Mitwirkung des Gehilfen kennzeichne sich dadurch, daß sie die Tat selbst als diejenige eines Dritten behandle, zu welcher die Hilfe geleistet werde, während die Mitwirkung des Mittäters aus der Absicht entspringe, die Tat als seine eigene, beziehentlich als die seiner Komplizen zu unterstützen und zur Vollendung zu bringen. Will aber hiernach der Mittäter seine eigene Tat zur Vollendung bringen, der Gehilfe aber nur eine fremde Tat, diejenige des Täters, unterstützen, so kann hierin nur die Bedeutung gefunden werden, daß der Gehilfe nur einen von demjenigen des Täters abhängigen Willen haben darf, er also seinen Willen demjenigen des Täters dergestalt unterwirft, daß er es ihm anheimstellt, ob die Tat zur Vollendung kommen solle oder nicht. Im Gegensatz zu diesem abhängigen Willen des Gehilfen erkennt hingegen der Mittäter einen den seinen beherrschenden Willen nicht an. Sein Wille ist vielmehr von der gleichen Beschaffenheit wie derjenige aller übrigen Mittäter, und es soll daher nach seiner Auffassung das Verbrechen zwar unter deren Wirksamkeit zur Existenz gebracht werden, ohne daß er jedoch den Willen derselben als maßgebend für den seinigen betrachtet.

Nun ist zwar der Angeklagte L., indem er in Gemeinschaft mit V. die D. überwältigte, nicht allein für die Vergewaltigung, sondern zugleich auch für die Ausübung des Beischlafes mitwirksam gewesen. Denn derselbe wurde durch die Vergewaltigung ermöglicht. Er hat sich also der Mitwirkung zu dem vollen Verbrechen der Notzucht schuldig gemacht und ist darum auch nicht allein für die Vergewaltigung, sondern auch für die stattgefundene Ausübung des Beischlafes, mithin für das ganze Verbrechen, bestraft worden. Aber seine Mitwirkung konnte nur als eine beihelfende in Betracht gezogen werden, weil er eben die Beischlafsvollziehung nicht als seine Tat vornehmen, dieselbe vielmehr dem Angeklagten V. überlassen wollte, und, wie gesagt, die Eigenschaft als Mittäter oder Gehilfe nicht durch die äußere Beschaffenheit der Mitwirkung zum Verbrechen bedingt wird. Täter und Mittäter müssen das ganze Verbrechen als ihre Tat realisieren wollen; dieses Erfordernis aber trifft auf den Angeklagten L. nicht zu.

Als irrig muß hiernach die Unterstellung der Revisionsschrift bezeichnet werden, daß derjenige, welcher eines von den mehreren Tatbestandsmomenten eines Verbrechens realisiere, das ganze Verbrechen als Täter zur Ausführung bringe. Denn ein einzelnes Tatbestandsmoment ist nicht das Verbrechen, welches vielmehr nur in der Gesamtheit seiner konkretisierten Tatbestandsmomente gefunden werden kann. Darum darf aber auch die Frage, ob jemand des Verbrechens als Täter oder Gehilfe schuldig sei, nicht von seinem Verhältnis zu einem einzelnen Tatbestandsmoment abhängig gemacht, sondern es muß zur Beantwortung dieser Frage das Verhältnis, in welches er sich zu dem Verbrechen selbst gesetzt hat, untersucht werden. Zu dem Verbrechen der stattgefundenen Notzucht aber war das Verhältnis des Angeklagten L. nach den Feststellungen des Urteils nur dasjenige eines Gehilfen.

II. **Erforderlichkeit des Vorsatzes bei sämtlichen Mittätern.**

E. XVII 414 (vgl. III 7): (Zur Mittäterschaft) gehört, daß nicht bloß objektiv eine Gemeinsamkeit der Tat vorhanden ist, sondern auch, daß beide mit dem Dolus der gemeinschaftlichen Verübung gehandelt haben. Jeder von ihnen muß bei dem gewollten Zusammenwirken sich der Rechtswidrigkeit seines Tuns bewußt gewesen sein. Gegen jeden muß objektiv und subjektiv der volle Tatbestand des Vergehens vorliegen. Danach sind die Tatbestandsmomente der Mittäterschaft nicht erfüllt, wenn einer von ihnen sich irrtümlich zu der Tat für berechtigt hielt, somit ohne Dolus handelte.

§ 21. II. Anstiftung und Beihilfe.

Beling § 40, Berner §§ 84 f., Binding Gr. I § 67, v. Liszt § 51, H. Meyer §§ 34 f., Frank und Olshausen zu § 48 und 49 StGB.

I. Akzessorität der Anstiftung und der Beihilfe.

1. E. XIV 102[1]) (vgl. auch XXXI 395):

Der erste Richter stellt fest, daß die Angeklagte Therese W. eine gegen sie erkannte Gefängnisstrafe zu erstehen hatte, daß sie aber im gemeinschaftlichen Zusammenwirken mit ihrer Mutter, der Mitangeklagten Walburga W., die die ihnen befreundete Barbara L. dazu bestimmte, die fragliche Strafe für sie zu erstehen. Barbara L. ist deshalb wegen Begünstigung aus § 257 StGB., Therese W. wegen Anstiftung zu diesem Reate schuldig anerkannt, Walburga W. aber von der Anstiftung freigesprochen, wobei bemerkt wurde, daß § 257 Abs. 2 StGB. die von einem Angehörigen gewährte Begünstigung als straflos erkläre und diese Bestimmung so allgemein laute, daß sie nicht nur den Fall treffe, wenn der Angehörige selbst dem Täter die Begünstigung leiste, sondern auch jenen, wo er dieselbe durch einen Dritten leisten lasse. Ein rechtlicher Grund für eine Unterscheidung bestehe nicht, da das Strafgesetz den Anstifter ebensowohl als Teilnehmer eines bestimmten Reates behandele, wie den Mittäter, dessen Straflosigkeit außer Zweifel stehe. Die gegen die Freisprechung der Walburga W. aus § 257 Abs. 2 a. a. A. gerichtete Revision des Staatsanwaltes, welche Verletzung der §§ 48, 257 StGB. rügt, wurde verworfen.

Richtig ist, daß gemäß § 48 Abs. 2 StGB. die Strafe des Anstifters nach demjenigen Gesetze festzusetzen sei, welches auf die Handlung Anwendung findet, welche der Täter begangen und zu welcher jener angestiftet hat. Es ist also die Ansicht, als ob der Anstifter ein intellektueller Urheber der Tat und deshalb stets einem Täter oder Mittäter der strafbaren Handlung gleich zu behandeln sei, vom Strafgesetzbuche abgelehnt, der Anstifter vielmehr lediglich als Teilnehmer der von einem anderen begangenen strafbaren Handlung angenommen und deswegen der Anstiftung, wie der Beihilfe im Verhältnisse zur Handlung des Täters nur ein akzessorischer Charakter verliehen. Folgerichtig erachtet auch das Strafgesetzbuch die Strafbarkeit des Anstifters von der Begehung der Tat durch einen anderen abhängig; es muß daher der objektive wie subjektive Tatbestand der Handlung gegeben sein, um die Strafbarkeit des Anstifters zu begründen. Hat hierbei das Strafgesetz, welches auf die von dem Täter verübte strafbare Handlung anwendbar ist, den Ausgangspunkt für Bemessung der Strafbarkeit der weiteren Teilnehmer zu bilden, so kommt bei der Bestimmung des auf die Anstifter oder Gehilfen anzuwendenden Strafgesetzes vor allem die objektive Beschaffenheit der durch den Täter verschuldeten Rechtsverletzung in Betracht, wie dieselbe durch Inhalt, Richtung, Gegenstand und Erfolg seiner subjektiven Tätigkeit qualifiziert ist. Es kann aber auch nicht zweifelhaft sein, daß bei jenen

[1]) s. dazu die Zitate bei Meyer § 34.

Reaten, deren Tatbestand an und für sich durch ein bestimmtes, persönliches Verhältnis des Täters bedingt ist oder welche durch das Vorhandensein eines solchen Verhältnisses eine besondere Qualifizierung erleiden, auch diese Momente bei Bestimmung der Strafbarkeit des Anstifters in Betracht zu ziehen sind; denn auch sie sind für die Frage, welches Strafgesetz auf die vom Täter verübte strafbare Handlung anzuwenden sei, von Bedeutung. Eine Konsequenz dieser akzessorischen Natur der Anstiftung im Gegensatze zum maßgebenden Einflusse der Handlung des Täters ist die Möglichkeit der Anstiftung zum sog. delictum proprium, wobei beispielsweise ein Nichtbeamter zu einem Beamtenverbrechen anstiften kann.

Die Abhängigkeit der Strafbarkeit der Anstiftung von dem Charakter der Haupttat erstreckt sich aber nicht auf die Modalitäten der Anwendung des durch die Handlung des Täters bestimmten Strafgesetzes auf die einzelnen Mitschuldigen, also nicht auf die Strafzumessung, nicht auf die gesetzlich bestimmten Strafmilderungs- oder Strafschärfungsgründe und nicht auf die bei dem einen oder anderen Beteiligten etwa vorhandenen Strafausschließungs- oder Strafaufhebungsgründe. Bezüglich der Strafzumessung ist dies in den Motiven zum damaligen § 48 StGB. eingehend erörtert, bezüglich der strafmildernden oder strafschärfenden persönlichen Eigenschaften oder Verhältnisse ist durch die positive Bestimmung des § 50 StGB. ausdrücklich anerkannt, daß diese Tatumstände nur bei demjenigen Täter oder Teilnehmer (Mittäter, Anstifter, Gehilfen) in Betracht zu kommen haben, bei welchem sie vorliegen. Aus der Natur der Sache ergibt sich, daß das um so mehr bezüglich der strafausschließenden Momente gelten muß, und es wurde offenbar vom Gesetzgeber als selbstverständlich vorausgesetzt, daß diese jedem Beteiligten persönlich zugute kommen müssen, sofern nicht durch das Vorhandensein eines Strafausschließungsgrundes in der Person des Täters der Tatbestand des betreffenden Straffalles derartig beeinflußt wird, daß überhaupt keine strafbare Handlung mehr vorhanden ist. Die in den Motiven zu § 50 StGB. betonte Absicht des Gesetzgebers, daß ein jeder lediglich nach dem Grade seiner Verschuldung, wie sie sich nach seiner Tätigkeit und seinen Verhältnissen gestaltet, bestraft werde, muß naturgemäß bei Strafausschließungsgründen nicht minder durchschlagend erscheinen als bei bloßen Schärfungs- oder Milderungsgründen.

Es kann daher keinem Bedenken unterliegen, daß die Straflosigkeit eines dolos Handelnden, aber strafunmündigen Täters den Anstifter nicht von der Strafe befreit, und ebensowenig kann der Anstifter zu einer am Täter geahndeten Handlung dann bestraft werden, wenn er seinerseits sich als strafunmündig erweist. Einen solchen auf die persönlichen Verhältnisse des Angeklagten basierten Strafausschließungsgrund enthält aber die Bestimmung des § 257 Abs. 2 StGB., wenn sie die Begünstigung für straflos erklärt, welche dem Täter oder Teilnehmer von einem Angehörigen gewährt worden ist, um ihn der Bestrafung zu entziehen. Es kann also bei Anwendung des § 257 Abs. 2 a. a. O. nicht gesagt werden, daß auf den Anstifter ein anderes Strafgesetz angewendet werde, als auf den Täter; denn § 257 Abs. 2 ist im Verhältnisse zu Abs. 1 ebenda kein anderes Strafgesetz, er enthält weder eine Strafnorm, noch einen strafrechtlichen Tatbestand, er bestimmt vielmehr nur eine auf persönliche Verhältnisse des aus § 257 Abs. 1 zu Bestrafenden gestützte ausnahmsweise Ausschließung der Strafbarkeit aus letzterer Gesetzesstelle. Die Anwendung des § 257 Abs. 2 a. a. O. auf den Anstifter setzt daher gerade voraus, daß an und für sich der auf den Täter angewendete § 257 Abs. 1 auch dem Anstifter gegenüber anwendbar erscheine, daß also dessen Verschulden nach dem für den Täter maßgebenden Gesetze zu würdigen wäre, weil außerdem gar kein Anlaß vorläge, auf die Ausnahmebestimmung des § 257 Abs. 2 zu rekurrieren. Die Grundsätze über die Strafbarkeit des Anstifters und das hierbei anzuwendende Gesetz stehen daher der Ausdehnung des in § 257 Abs. 2 StGB. normierten Strafausschließungsgrundes auf den Anstifter nicht entgegen.

2. Durchführung der Akzessorietät auch bei Verschiedenheit solcher persönlicher Eigenschaften und Verhältnisse unter den Beteiligten, die die Strafbarkeit begründen (Beamteneigenschaft, Eigenschaft als Militärperson usw.); Unanwendbarkeit des § 50 StGB.

E. VI 414 (vgl. auch XXV 234, XXVII 158, XXVIII 100):

Die Strafkammer des Landgerichts hat unter der Annahme, „daß A. K., Steuererheber in B., im Sommer 1879 als zur Aufnahme öffentlicher Urkunden befugter Beamter innerhalb seiner Zuständigkeit in einem von ihm den Angeklagten M. K. ausgestellten Transportschein vorsätzlich die rechtlich erhebliche Tatsache, Küfer L. habe ein größeres Quantum Wein von Z. an einen außerhalb des Großherzogtums (Baden) wohnenden Abnehmer abgesandt, falsch beurkundet, und daß M. K. den Steuererheber zu dieser Handlung durch Überredung vorsätzlich bestimmt hat“, auf Grund der §§ 48 und 348 StGB. den Angeklagten M. K., Weinhändler in O., wegen Anstiftung zur falschen amtlichen Beurkundung verurteilt. Die Revision des Angeklagten M. K. macht geltend, die Strafkammer habe mit Unrecht angenommen, daß der Angeklagte als Nichtbeamter sich der Anstiftung zu einem Beamtendelikte habe schuldig machen können, und habe damit § 48 StGB. verletzt. Die Revision wurde verworfen.

Nach § 48 Abs. 1 StGB. wird als Anstifter bestraft, wer einen anderen zu der von demselben begangenen strafbaren Handlung vorsätzlich bestimmt hat. Das Gesetz hat hiernach zum strafrechtlichen Begriff der Anstiftung nur gefordert, daß jemand durch seine Tätigkeit vorsätzlich die Ursache der von einem anderen begangenen strafbaren Handlung geworden ist, nicht aber, daß bezüglich seiner diejenigen persönlichen Eigenschaften vorhanden sind, welche etwa erforderlich sind, um die strafbare Handlung als Täter begehen zu können. Es ist daher der Begriff der Anstiftung auch zu einem Beamtendelikte nicht dadurch ausgeschlossen, daß derjenige, welcher den Beamten zu dem Beamtendelikte vorsätzlich bestimmt hat, seinerseits, weil er nicht selbst die Beamteneigenschaft besitzt, das Beamtendelikt als Täter nicht hätte begehen können.

Bezüglich der Strafe des Anstifters ist in § 48 Abs. 2 StGB. als Regel aufgestellt, daß sie nach demjenigen Gesetze festzusetzen sei, welches auf die Handlung Anwendung findet, zu welcher er wissentlich angestiftet hat. Von dieser Regel ist in § 50 StGB. eine Abweichung dahin getroffen, daß, wenn das Gesetz die Strafbarkeit einer Handlung nach den persönlichen Eigenschaften oder Verhältnissen desjenigen, welcher dieselbe begangen hat, erhöht oder vermindert, diese besonderen Tatumstände dem Täter oder demjenigen Teilnehmer (Mittäter, Anstifter, Gehilfe) zuzurechnen sind, bei welchem sie vorliegen (vergl. hierüber auch die Motive zu dieser Gesetzesstelle — § 48 des Entwurfes — und die Motive zu § 217 StGB. — § 212 des Entwurfes). Die Bestimmung des § 50 StGB. ist jedoch auf ihren Wortlaut zu beschränken; sie trifft daher dann nicht zu, wenn erst durch das Vorhandensein gewisser persönlicher Eigenschaften oder Verhältnisse die Strafbarkeit der Handlung des physischen Täters an sich begründet wird, sie also ein notwendiges Merkmal der Straftat bilden. Im Falle des § 348 Abs. 1 StGB. ist nun aber für die dort bezeichnete physische Tat die Eigenschaft eines zur Aufnahme öffentlicher Urkunden befugten Beamten eine notwendige Voraussetzung der Strafbarkeit der Handlung des physischen Täters überhaupt, nicht etwa ein bloß die Strafbarkeit des physischen Täters erhöhender Umstand.

Wie das Reichsgericht schon angenommen hat, daß auch ein Dritter sich der Anstiftung zu der in § 218 Abs. 1 StGB. mit Strafe bedrohten, bezüglich der physischen Täterschaft eine Schwangere voraussetzenden Tat (Entsch. des RG. in Strafs. Bd. 3 S. 163, 164, Bd. 4 S. 306), und daß ein Gläubiger sich der Anstiftung zu der in § 211 KO. mit Strafe bedrohten, bezüglich der physischen Täterschaft einen Schuldner voraussetzenden Tat schuldig machen könne, kann sich daher auch ein Nichtbeamter der Anstiftung eines Beamten zu der in § 348 Abs. 1 StGB. mit Strafe bedrohten Handlung schuldig machen.

II. **Verhältnis mehrerer Formen der Beteiligung hinsichtlich derselben Tat zueinander.**

1. In E. II 145, X 409, XI 39, XVI 374, XXVI 198, XXVII 273, XXXIII 401 ist ausgesprochen, daß bei mehrfacher Beteiligung derselben Person an einem Delikte in verschiedenen, leichteren und schwereren Formen allein die schwerste Form in Betracht kommt.

2. Einem Mittäter geleistete Beihilfe speziell.

E. XXXVI. 25: Als Gehilfe wird bestraft, wer „dem Täter" zur Begehung des Vergehens wissentlich Hilfe geleistet hat; daraus ergibt sich, daß im Sinne des Gesetzes nur zu einer fremden, zur Tat eines anderen, Beihilfe geleistet werden kann, nicht zu einem Vergehen, dessen „Täterschaft", sei es die alleinige oder die gemeinschaftlich mit anderen verübte, demjenigen selber zur Last fällt, der die Hilfe geleistet haben soll. Im Falle der einem Mittäter geleisteten Beihilfe ist diese immerhin zur Begehung der eigenen Tat geleistet und geht rechtlich in dieser ebenso auf, wie die Anstiftung des Mittäters in der gemeinsam begangenen Haupttat.

3. Idealkonkurrenz zwischen Anstiftung zu einer Tat und dem Delikt des § 115 StGB. RMG. II 212:

Mag auch nach den allgemeinen Bestimmungen des RStGB. eine Bestrafung des Mittäters wegen Anstiftung zu der gemeinschaftlich begangenen Tat grundsätzlich ausgeschlossen sein, so kommt doch dem § 115 MStGB. gegenüber dem § 48 RStGB. eine besondere Bedeutung zu. Der § 115 MStGB. hat den Mißbrauch der Dienstgewalt oder der dienstlichen Stellung des Vorgesetzten gegenüber dem Untergebenen aus dem Rahmen der im § 48 RStGB. gegebenen Mittel der Anstiftung herausgehoben und — wie schon dessen Stellung in dem die einzelnen Verbrechen und Vergehen behandelnden zweiten Teile des Gesetzes ergibt — mit Rücksicht auf militärische Verhältnisse und Interessen gegenüber den anderweiten Mitteln der Anstiftung eines Untergebenen durch den Vorgesetzten gerade dieses Mittel zu einem selbständigen militärischen Delikte gestaltet, dessen Begehung auch neben der Bestrafung wegen der dem anstiftenden Vorgesetzten zur Last fallenden Teilnahmehandlung besonders, und zwar, wie das Gesetz ausdrücklich hervorhebt, mit erhöhter Strafe geahndet werden soll.

III. **Teilnahme an einer Versuchshandlung.**

1. Anstiftung zum Versuch im allgemeinen; Fall des Agent provocateur. E. XV 315 (vgl. XVI 19):

Die Angeklagte Z. erhebt Beschwerde wegen unrichtiger Anwendung des Strafgesetzes bei ihrer Verurteilung, sowohl wegen Anstiftung der Mitangeklagten M. T. und M. Z. zum Versuche der Abtreibung deren Leibesfrucht, als wegen Hilfeleistung zu dem von der Mitangeklagten E. E. ausgeführten ebensolchen Versuche. Zugleich macht die Revision der Staatsanwaltschaft geltend, daß die A. Z., welche wegen Anstiftung der Mitangeklagten J. W. zu gleichem Versuche und wegen Hilfeleistung zu derartigem, von der Mitangeklagten P. R. unternommenen Versuche von der Anklage zur Verantwortung gezogen wurde, wegen Teilnahme an diesen Versuchshandlungen hätte verurteilt werden sollen, während das angefochtene Urteil hiervon abgesehen hat.

Zur Begründung ihrer Beschwerde beruft sich die Angeklagte A. Z. auf die vom angefochtenen Urteile selbst festgestellte Tatsache, daß die Mittel, welche anzuwenden sie die genannten Mitangeklagten bestimmte, oder welche sie den weiter bezeichneten Mitangeklagten zum Gebrauch zukommen ließ, wie sie gewußt, zur Abtreibung einer Leibesfrucht völlig untauglich gewesen seien, so daß sie sich bestimmt bewußt gewesen, es könne auf ihr Anstiften zum Gebrauche des Mittels, oder durch das Überlassen desselben zur Anwendung eine Abtreibung einer Leibesfrucht niemals verursacht werden. Dagegen geht die Staatsanwaltschaft zur Stützung ihrer Revision davon aus, daß die für die A. Z. bestehende Gewißheit der Unschädlichkeit der von ihr gereichten Mittel einen rechtlichen Einfluß hinsichtlich der fraglichen Schuld nicht zu äußern vermöge.

Faßt man lediglich den Wortlaut des § 48 StGB. ins Auge, so kann man zur Ansicht gelangen, daß zur strafbaren Anstiftung in subjektiver Beziehung nichts weiter erfordert werde, als der Wille, zur Begehung einer strafbaren Handlung zu bestimmen. Ob der Wille des Anstifters auf Ausführung der Tat oder nur auf Herbeiführung eines strafbaren Versuchs gerichtet sei, wäre gleichgültig; es würde genügen, daß der Angestiftete die Ausführung der Tat will, und dieser Wille vom Anstifter vorsätzlich bestimmt ist. Gleiche Grundsätze müßten auch dem Gehilfen (§ 49 StGB.) gelten, d. h. es würde genügen, daß der Gehilfe wüßte, der Täter sei willens, die Tat auszuführen, und daß die Tat oder ein strafbarer Versuch derselben wirklich erfolgt sei.

Solche Prinzipien würden dahin führen, daß auch derjenige wegen Teilnahme durch Anstiftung oder Beihilfe gestraft werden müßte, welcher gar nicht den Willen gehabt hat, daß eine Straftat zur Ausführung gelange, welcher z. B. wußte, daß wegen absoluter oder relativer Untauglichkeit der anzuwendenden Mittel die Ausführung der Tat unmöglich sei, also nur ein erfolgloser Versuch eintreten könne. Ja es würde sogar derjenige wegen Teilnahme strafbar sein, welcher gerade in der Absicht, die Ausführung der Straftat zu verhindern, gehandelt hätte, weil auf diese Absicht nichts ankäme, und auch von ihm gesagt werden könne, er habe im Bewußtsein gehandelt, daß der Täter die Ausführung der Tat wollte, also ein strafbarer Versuch die Folge seines Handelns sein werde.

Daß diese Ergebnisse vom Gesetze gewollt seien, ist nicht anzunehmen; sie erscheinen mit den Grundprinzipien des Strafrechts nicht vereinbar.

Wenn das Strafgesetzbuch den Anstifter und den Gehilfen straft, so geschieht dies nicht etwa deshalb, weil dieselben Schuld oder Mitschuld daran tragen, daß ein anderer sich strafbar macht und verurteilt wird, sondern weil sie dazu mitwirken, daß eine der gemeingefährlichen Handlungen, welche als solche im Teil II des Strafgesetzbuches mit Strafe bedroht sind, verübt werde; ihr Wille muß also folgerichtig auf Verübung einer solchen Handlung gerichtet sein. Der bloße Wille, den erfolglosen Versuch einer solchen Handlung herbeizuführen, bezw. zu unterstützen, kann unmöglich genügen; es fehlt jeder gesetzgeberische Grund, diesen Willen, der an sich nicht gemeingefährlich, ja unter Umständen Gemeingefährliches zu verhüten bestrebt ist, für strafbar zu erklären. Das Gesetz straft bei dem Versuche, in Ermangelung der Tat, lediglich den durch Versuchshandlungen betätigten Willen; es wäre aber prinziplos, beim Anstifter und Gehilfen, auch von diesem Willen ganz abzusehen, also Strafe zu verhängen, wo beides fehlt — Tat und Wille.

Diese allgemeinen Erwägungen führen dazu, sowohl den Anstifter als den Gehilfen nur strafbar zu erachten, wenn und soweit ihr Wille auf Ausführung der Straftat gerichtet ist, bei welcher Voraussetzung Strafe allerdings auch dann eintritt, wenn die Ausführung nur zu einem strafbaren Versuche gediehen ist.

Der im übrigen richtige Grundsatz, daß der Dolus des Täters und der Dolus des Anstifters und Gehilfen sich nicht überall zu decken brauchen, wird hierdurch nicht in Frage gestellt.

Vorstehende Lösung läßt sich mit dem Texte des Gesetzes bei richtiger Auslegung wohl vereinigen. Faßt man zunächst den § 49 StGB. ins Auge, so soll als Gehilfe bestraft werden, wer dem Täter zur Begehung des Verbrechens oder Vergehens durch Rat und Tat wissentlich Hilfe geleistet hat. Unter „Verbrechen und Vergehen" versteht hier das Gesetz diejenigen Handlungen, welche im zweiten Teile des Strafgesetzbuches als solche gekennzeichnet sind, also nicht den bloßen Versuch, d. h. den durch Handlungen, welche einen Anfang der Ausführung dieser Verbrechen oder Vergehen enthalten (§ 43), betätigten Entschluß, mag auch der Versuch, insofern er Verbrechens- oder Vergehensstrafe nach sich zieht, im allgemeinen auch als Verbrechen, bezw. Vergehen zu bezeichnen sein. Dem entsprechend bezeichnet das Wort: „wissentlich", daß der Wille des Gehilfen auf die Straftat selbst gerichtet sei, daß er das Bewußtsein haben müsse, Hilfe zur Ausführung der Straftat zu leisten, es daher nicht genügen könne, wenn sein Wille lediglich darauf gerichtet ist, einen erfolglosen Versuch zu unterstützen. Jenes Wort hat daher nicht bloß den Sinn, daß der Gehilfe im Bewußtsein gehandelt habe, es sei der Täter entschlossen, die Tat zu verüben, sondern auch, daß sein eigener Wille auf Beihilfe zur wirklichen Ausführung der Tat gerichtet sei.

In gleicher Weise verhält es sich auch bei der Anstiftung (§ 48, StGB.), obgleich hier der Gesetzestext Schwierigkeiten bereitet. Zweifellos hat auch hier das Gesetz zunächst die Tat selbst und nicht den bloßen Versuch im Auge, wie schon daraus erhellt, daß es sinnlos wäre, davon zu sprechen, daß jemand zum Entschlusse, einen bloßen Versuch zu begehen, bestimmt werde. Ebenso wie in § 49 a. a. O. das Wort „wissentlich" wird aber auch in § 48 das Wort „vorsätzlich" nicht bloß den Sinn haben, daß der Anstifter den Willen des Täters vorsätzlich bestimmt habe, die Ausführung der Tat herbeizuführen. Mag auch der bloße Wortlaut des Gesetzes eher dazu führen, einseitig nur auf den Willen zur Bestimmung des Entschlusses Wert zu legen, so erscheint doch auch die vorstehende Auslegung mit dem Wortlaute recht gut vereinbar, wenn man dem Worte „vorsätzlich" die besagte weitere Bedeutung gibt, und sie muß, als dem Sinne und Geiste des Gesetzes entsprechend, als die richtige erachtet werden. Gerade bei der Anstiftung muß noch mehr als beim Gehilfen der auf Ausführung der Tat gerichtete Wille von Bedeutung sein, da das Gesetz dem Anstifter die gleiche Strafe androht, wie dem Täter, und es doch unmöglich Absicht desselben sein konnte, einer Person die volle Strafe des Versuches zu geben, von welcher die Ausführung der Tat selbst gar nicht gewollt ist.[1])

Es ist demnach der von der Revision der Angeklagten A. Z. vertretenen Ansicht beizustimmen, daß die vom Urteile festgestellten Tatumstände die rechtliche Folgerung nicht gestatte, es falle ihr in den erörterten Richtungen Anstiftung oder Beihilfe zu den Versuchen der Mitangeklagten zur Last, ihre wirklich vorhandene, oder vermeintlich bestehende Leibesfrucht abzutreiben.

2. Beihilfe zu versuchtem Delikt. E. XVII 377 (vgl. auch XV 315, XVI 25):

Die Angeklagte hatte der schwangeren J. auf deren Verlangen zur Abtreibung der Leibesfrucht eine Flüssigkeit verkauft, welche die J. eingenommen hatte, aber ohne Erfolg, da sie zur Abtreibung absolut untauglich war, was der Angeklagten bekannt war. Die von der Staatsanwaltschaft gegen das die Angeklagte freisprechende Urteil eingelegte Revision ist verworfen worden.

Festgestellt ist, daß die Angeklagte gewußt hat, daß das von ihr der J. verabreichte Mittel zur Abtreibung der Leibesfrucht absolut untauglich war, und daß sie dasselbe der J. unter Täuschung derselben ver-

---

[1]) Für Bejahung der Frage, ob eine Anstiftung zu dem Versuch einer strafbaren Handlung möglich sei, insbesondere Olshausen Nr. 21, mit RG. übereinstimmend v. Liszt § 52.

abreicht hat, um für die fast wertlose Flüssigkeit den verlangten Preis von 5 M. und damit einen Vermögensvorteil, auf den sie kein Recht hatte, zu erlangen. Der erste Richter straft die Angeklagte deshalb wegen Betruges, den sie gegen die J. verübt hat.

Damit ist der strafrechtlich verfolgbare Tatbestand der Beihilfe zum Versuche der Abtreibung der Leibesfrucht seitens der J. verneint. Denn der Wille des Gehilfen muß immer darauf gerichtet sein, daß ein Verbrechen oder Vergehen verübt werde, und daraus folgt, daß strafbare Beihilfe nur denkbar, wenn der Gehilfe will, daß der Täter die Tat vollende, nicht auch dann, wenn der Gehilfe nur will, daß die Tat versucht, aber nicht wirklich ausgeführt werde, wenn er also das Zustandekommen des Deliktes nicht will, dasselbe durch seine Tätigkeit vielleicht gerade verhindern will. Der Täter selbst, der von vornherein die Vollendung der Tat nicht will, sondern es bei dem Versuche belassen will, setzt logisch von vornherein selbst die Unwirksamkeit der Ursache, aus welcher die Tat sich als Folge ergeben würde, wenn sie gewollt wäre, und begeht nach dem §§ 43, 46 StGB. eine auch nicht einmal als Versuch strafbare Handlung, weil der Versuch nach den §§ 43, 46 StGB. das Wollen der vollendeten Tat voraussetzt. Für den Gehilfen kann nichts anderes gelten. Will er das Verbrechen oder Vergehen nicht, will er vielmehr, daß es nicht vollendet werde und daß es bei dem Versuche bleibe, so begeht er eine strafbare Handlung jedenfalls nicht, wenn er durch seine eigene Handlung wissentlich die Ursache der Nichtvollendung der Tat setzte. Auf sein, im vorliegenden Falle verwerfliches Motiv kommt vom Standpunkte des Strafrechts aus nichts an.

IV. **Teilnahme an einer fahrlässig begangenen Haupttat.**

1. Anstiftung dazu. E. XXIII 175:[1])

In der Anklagesache gegen Pf. von F. wegen Meineides im Sinne des § 154 StGB. und die beiden Beschwerdeführer wegen Anstiftung beantragte der Verteidiger des ersteren die Stellung einer Hilfsfrage aus § 163 StGB. und der Staatsanwalt bezüglich des Sp. und W. eine solche aus § 160 StGB. Der Schwurgerichtshof entsprach dem Antrage des Verteidigers, lehnte aber den Antrag des Staatsanwaltes ab und stellte von Amts wegen gegen Sp. und W. Hilfsfragen auf Anstiftung zu fahrlässigem Falscheid, welche er, wie er näher ausführte, für zulässig hielt und welche nach seiner Meinung auch den Tatbestand des § 160 StGB. umfaßten. Die Geschworenen verneinten die Hauptfragen auf Meineid und Anstiftung hierzu, und bejahten diejenigen auf fahrlässigen Falscheid und Anstiftung zu diesem Vergehen; darauf erging das Urteil des Schwurgerichts, wonach Pf. wegen fahrlässigen Falscheides zu einer Gefängnisstrafe von 10 Monaten, die beiden Beschwerdeführer wegen Anstiftung zu diesem Vergehen jeder zu einer solchen von 6 Monaten verurteilt wurden; dieses Urteil ist gegen Pf. rechtskräftig geworden. Sp. und W. ergriffen dagegen die Revision und rügen Verletzung der §§ 48, 163 StGB., da eine Anstiftung zu einem Fahrlässigkeitsvergehen

---

[1]) Übereinstimmend v. Liszt § 52 I a, Frank IV zu StGB. T. 1 Abschn. 3, H. Meyer § 32 Anm. 16. Dagegen Binding Gr. I § 67 I 3, Olshausen 18 zu § 48; Beling, Ztschr. f. StrRWiss. XVIII S. 272.

undenkbar sei; die Staatsanwaltschaft rügt Verstoß gegen § 269 StPO. durch Ablehnung der Hilfsfrage aus § 160 StGB.; die Beschwerden sind begründet.

Das Strafgesetzbuch gibt in § 48 in Übereinstimmung mit der herrschenden Auffassung des gemeinen Rechts und der deutschen Strafgesetzbücher, insbesondere des preußischen (§ 34), die Begriffsbestimmung der Anstiftung; die Auslegung kann nach Wortlaut und Motiven (S. 64) nicht zweifelhaft sein: der Anstifter bestimmt einen anderen zur Tat dadurch, daß er in demselben den Willen, die Tat zu begehen, vorsätzlich hervorruft. Die Motive sagen: die Tat der Angestifteten ist die Folge der vorsätzlichen Einwirkung des Anstifters auf den Willen des Angestifteten; um diesen Grundgedanken der Anstiftung schärfer hervorzuheben, sei die Fassung gewählt und die Worte: „angereizt oder verleitet", welche das preußische Gesetz neben das Wort „bestimmt" gesetzt hatte, gestrichen worden. Die Anstiftung ist nach dem Gesetze eine Form der Teilnahme; der Anstifter erweckt in der Person des Angestifteten den Entschluß zur Verübung der strafbaren Handlung und nimmt durch diese intellektuelle Einwirkung auf den Willen des Täters an dessen Willensbetätigung, der strafbaren Handlung, teil. Aus dieser Begriffsbestimmung der Anstiftung ergibt sich, daß dieselbe nur bei dem vorsätzlichen Delikte möglich ist und bei dem Fahrlässigkeitsvergehen, wo der Täter die Rechtsverletzung nicht gewollt und nur dadurch verschuldet hat, daß er bei seinem Verhalten die erforderliche Vorsicht und Aufmerksamkeit nicht beobachtet hat, ausgeschlossen ist. Dagegen kann nicht eingewendet werden, daß § 48 StGB. selbst als ein Mittel der Anstiftung die Herbeiführung oder Beförderung eines Irrtums anführt; der Irrtum ist hier nur insofern Anstiftungsmittel, wenn der Angestiftete trotz des Irrtums die Tat mit dem Tatbestandsdolus verübt hat, also z. B. wenn der Irrtum in betreff des Beweggrundes erregt wurde.

2. Beihilfe zu fahrlässig begangener Haupttat. E. X 8:

Es kann nicht bezweifelt werden, daß, wenn der Wille des Angeklagten Julius J. darauf gerichtet gewesen wäre, durch seine Verabreichung eines Streichholzes an seinen Bruder Konrad J. diesem nicht etwa bloß das Anmachen eines Feuers zum Kaffeekochen in der hohlen Eiche zu ermöglichen, sondern auch darauf, mittels dieses Feuers einen Waldbrand herbeizuführen, der Umstand, daß Konrad J. von dem letzteren Willen des Julius J. keine Kenntnis besessen und seinerseits eine solche Absicht nicht gehabt hat, und die ohne seine Absicht eingetretene Folge der Inbrandsetzung der Waldung durch das Anmachen von Feuer in der Eiche dem Konrad J. nur zur Fahrlässigkeit zuzurechnen, Julius J. seinerseits strafbar wäre, jedoch nicht etwa nach den Strafnormen wegen fahrlässiger Herbeiführung eines Brandes, sondern nach jenen über vorsätzliche Brandstiftung (und zwar als Täter unter Benutzung des Konrad J. als Werkzeuges). Ausdrücklich zu erörtern, und bezw. zu verneinen, ob ein solcher Wille — ein Vorsatz der Brandstiftung — bei Julius J. vorhanden gewesen, hatte das urteilende Gericht keinen Anlaß, da der Verweisungsbeschluß nur auf das Vergehen der fahrlässigen Brandstiftung gerichtet und in der Hauptverhandlnng nicht etwa ein Antrag auf Bestrafung wegen vorsätzlicher Brandstiftung gestellt worden war.

Das urteilende Gericht hat auch nach dem ganzen Zusammenhange der Entscheidungsgründe nicht etwa verneint, daß, wenn der tatsächliche Sachverhalt so gewesen wäre, gleichwohl eine Freisprechung des Julius J. einzutreten gehabt hätte, sondern hat, von der Unterstellung ausgehend, daß weder bei Konrad, noch bei Julius J. der Wille, einen Waldbrand herbeizuführen, vorgelegen, den Satz ausgesprochen, daß zu den bloßen Fahrlässigkeitsvergehen eine Beihilfe, nämlich eine aus den Strafnormen über Fahrlässigkeit zu ahndende Beihilfe als solche, nicht gegeben sei. Diese Rechtsansicht aber kann nach dem Strafgesetzbuche für rechtsirrtümlich nicht erachtet werden.

Nach § 49 StGB. wird „als Gehilfe bestraft, wer dem Täter zur Begehung des Verbrechens oder Vergehens durch Rat oder Tat wissentlich Hilfe geleistet hat". Damit ist nicht etwa ausgesprochen, daß er zu der äußeren Handlung des Täters wissentlich Hilfe geleistet haben müsse, sondern daß er zu ihr als zu einer ein Verbrechen oder Vergehen bildenden Straftat, sonach in Kenntnis der verbrecherischen Willensrichtung des Täters, Hilfe geleistet haben müsse, daß er die Tat eines anderen als eine ein Verbrechen oder Verbrechen bildende Straftat habe fördern wollen. Es muß hiernach die Willensrichtung des Hilfeleistenden auf die Entstehung des Verbrechens oder Vergehens gerichtet sein. Damit hat das Gesetz in deutlicher Weise zu erkennen gegeben, daß, soweit der Begriff einer Beihilfe in Frage komme, es nicht genüge, daß eine Handlung eines anderen durch eine an sich wissentlich vorgenommene Handlung eine Förderung erfahren habe, sondern daß der Fördernde mit dem Willen gehandelt haben müsse, ein Verbrechen oder Vergehen zu fördern. Eine solche bewußte und gewollte Förderung einer Straftat liegt aber bei demjenigen nicht vor, welcher das, was eine Strafbarkeit begründet, nicht gewollt, daher dann nicht, wenn er nur eine an sich strafbare Handlung eines anderen fördern wollte, diese aber einen nicht beabsichtigten Erfolg herbeiführt, dessen Eintritt erst eine Strafbarkeit für einen anderen begründet.

Das geltende Strafgesetz stellt hiernach eine strafbare Beihilfe zu einem bloßen Fahrlässigkeitsvergehen nicht auf. Insbesondere kann auch aus dem Umstande, daß zur Bestrafung als Gehilfe die Kenntnis desjenigen, welchem Hilfe geleistet wird, von der Hilfeleistung nicht erforderlich ist, ein berechtigter Schluß darauf, daß das geltende Strafgesetz eine strafbare Beihilfe zu einem Fahrlässigkeitsvergehen aufstellte, nicht gezogen werden.[1])

V. **Unterschied zwischen Anstiftung und Beihilfe.** E. XIII 265:

Wie das angefochtene Urteil feststellt, haben die drei Beschwerdeführer auf Bitten der Mitangeklagten S. u. W., welche nach vorausgegangener und angenommener Herausforderung zum Zweikampfe entschlossen, aber darüber uneinig waren, ob, wie die Herausforderung lautete, mit Säbeln, oder, wie der Geforderte verlangte, mit Pistolen gekämpft werden sollte, behufs Erledigung dieser Differenz und Bestimmung der Kampfwaffen ein Ehrengericht gebildet und nach einem vergeblichen Versuche, den Streit in Güte beizulegen, ihren ehrengerichtlichen Spruch dahin abgegeben, „die gefallenen Beleidigungen könnten durch eine gewöhnliche Säbelmensur geschlichtet werden". Daraufhin

---

[1]) A. M. Olshausen Nr. 18; mit RG. übereinstimmend v. Liszt § 52.

hat zwischen S. und W. ein Zweikampf auf Säbel stattgefunden. In der Erwägung, daß, wie den Beschwerdeführern bekannt war, ihre vorgeschriebene Tätigkeit dahin abzielte und tatsächlich dahin wirksam geworden ist, ein der Ausführung des Zweikampfes entgegenstehendes Hindernis, die Uneinigkeit über die zu wählenden Waffen, durch ihren für die Duellanten maßgebenden Ausspruch zu beseitigen, also den Zweikampf selbst durch Rat zu fördern, hat die Vorinstanz die gesetzlichen Merkmale strafbarer intellektueller Beihilfe im Sinne des §§ 201, 205, 49 StGB. gegen die drei Beschwerdeführer als vorliegend erachtet. Diese Gesetzesanwendung erscheint rechtlich unbedenklich.

Zunächst ist es allerdings, wie das Urteil zutreffend hervorhebt, für den Begriff wissentlicher Beihilfe völlig bedeutungslos, hypothetisch zu erörtern, ob die Ausführung der Tat nicht auch ohne die fragliche Hilfeleistung erfolgt wäre und inwieweit die letztere gerade eine notwendige Vorbedingung der Tat bildete. Es genügt, daß tatsächlich die bewußte Mitwirkung des Gehilfen psychisch oder physisch eines derjenigen Elemente abgegeben hat, aus denen sich die Tat, so, wie sie konkret ausgeführt worden ist, nach der objektiven und subjektiven Seite hin zusammensetzt. Daß der Täter schon *ohnedies zur Tat entschlossen war und der Gehilfe den schon vorhandenen Deliktswillen nur in irgend einer Weise unterstützt oder gefördert hat*, bedingt den *wesentlichsten* Unterschied zwischen dem sich dem *Willen des Täters unterordnenden* Gehilfen und dem den *Verbrechenswillen erst erzeugenden* Anstifter.

VI. **Vorsatz des Anstifters.** E. XXXIV 327.

Die Revision behauptet Verletzung der §§ 48 und 218 StGB., sie sucht auszuführen, daß die Anstiftung sich nur auf eine bestimmte Handlung richten könne, nach dem Ausspruche des Vorderrichters aber „ein sicherer Beweis dafür, daß in *diesem* (dem H.schen) Falle der Angeklagte, Ehemann B., seine Hand mit im Spiele gehabt hätte, nicht erbracht sei." Der Revision kann hierin nicht Recht gegeben werden. Um strafbare Anstiftung annehmen zu können, genügt allerdings nicht die Bestimmung eines anderen zu einer verbrecherischen Gesinnung oder Willensrichtung überhaupt, daher regelmäßig nicht die Aufforderung eines anderen zu Straftaten im allgemeinen, sei es auch einer bestimmten Art, wenn nicht trotz der Allgemeinheit der Aufforderung die Verübung der demnächst begangenen konkreten Straftat erweislich im Willen des Auffordernden gelegen hat. Aber das Gesetz erfordert nicht, daß der Anstiftende außer dem Willen des Täters zu der konkreten Tat auch die einzelnen Umstände der Verübung bestimmt; für diese ist er verantwortlich, soweit sie nicht außerhalb seines erkennbaren Willens liegen. Daß der Anstiftende sich die konkrete Tat („*die* von dem anderen begangene strafbare Handlung", § 48 StGB.) nur in ihren Hauptmerkmalen, nicht aber so, wie sie wirklich ausgeführt ist, vorstellen kann, folgt schon daraus, daß diese Tat stets in der Zukunft liegen muß, daher genau nicht bestimmt sein kann. Für die Frage, ob ein dem Anstiftenden bewußter ursächlicher Zusammenhang zwischen der Anstiftung und ihrem Mittel und der konkreten, demnächst begangenen Straftat besteht, muß es hiernach darauf ankommen, was dem

Anstiftenden als das Wesentliche erschienen ist; Gestaltungen der Straftat, welche für ihn nicht wesentlich gewesen sind, können jenen Zusammenhang nicht ausschließen. Hiernach ist in jedem einzelnen Falle tatsächlich zu prüfen, ob der Zusammenhang vorliegt. Von den einzelnen Umständen der Tat werden häufig Ort, Zeit und Art der Verübung als unwesentlich erscheinen.

Es ist aber nicht ausgeschlossen, daß auch die Person, gegen welche sich die Straftat richten soll, dem Anstifter unwesentlich ist, insbesondere, wenn es ihm nur auf die Erlangung einer Sache bestimmter Art ankommt oder wenn ein dauernder Erwerb durch verbrecherische Tätigkeit eines anderen in einer im voraus näher ins Auge gefaßten Art und Weise beabsichtigt ist.

Bei Zugrundelegung dieser rechtlichen Gesichtspunkte kann es nicht für rechtsirrtümlich gehalten werden, wenn der Vorderrichter in der von ihm als erwiesen angenommenen Handlungsweise des Angeklagten Anstiftung gefunden hat. Der Angeklagte, welcher, wie im angefochtenen Urteile festgestellt ist, bereits vor seiner Verheiratung mit der Mitangeklagten aus der Beförderung der Abtreibung einen Erwerb gemacht hatte, hat wenige Tage nach seiner Verheiratung, am 5. oder 6. November 1900, seiner Ehefrau eröffnet, daß er in der „Morgenpost" eine Annonce folgenden Inhalts habe einrücken lassen: „Rat und Hilfe in Frauenleiden. Frau B., D.straße 49a"; er hat ihr an zwei Mutterspritzen gezeigt, wie man sie zur Abtreibung zu benutzen habe, und hat sie zu überreden gesucht, denjenigen Frauen, welche sich demnächst melden würden, damit Seifenwasser einzuspritzen. Mehrere demnächst von seiner Ehefrau, welche seinem Ansinnen zunächst nicht Folge leisten wollte, zurückgewiesene Frauen, welche sich gemeldet hatten, hat der Angeklagte, wie festgestellt, an eine andere ihm bereits bekannte Frau, welche sich mit Abtreibung abgab, verwiesen, in der Hoffnung, etwas von dem Verdienste zu erhalten. Er hat seiner Frau wiederholt vorgehalten, wie leicht sie durch Abtreibung ihrer bedrängten Lage ein Ende machen könnten. Am 15. November 1900 ist, wie weiter festgestellt wird, dann eine Ehefrau H., welche infolge einer eine andere Adresse als die obengenannte angebenden Annonce ihren Besuch bei dieser angekündigt hatte, durch einen nicht ermittelten jungen Mann der Ehefrau des Angeklagten mit der Bemerkung zugeführt, er habe mit ihrem Ehemanne, dem Angeklagten, schon alles vereinbart; sie solle an jener Frau eine Einspritzung mit Seifenwasser machen und sodann ein Sitzbad über warmem Salzwasser verabreichen. Die Ehefrau des Angeklagten „ist nun endlich der Wirkung der Überredung ihres Ehemannes unterlegen, zumal sie den jungen Mann für einen Abgesandten ihres Mannes halten mußte", und hat an der Ehefrau H. die ihr angegebenen Manipulationen vorgenommen, wobei sie die eine der ihr von dem Angeklagten gezeigten Mutterspritzen angewendet hat. Der Vorderrichter hat nun zwar nicht als sicher erwiesen angenommen, daß der Angeklagte in diesem H.schen Falle „seine Hand mit im Spiele gehabt hat", hält dies aber für die Frage der Anstiftung für unwesentlich, weil der Wille des Angeklagten dahin gegangen sei, daß seine Ehefrau alle Frauenspersonen, welche sich bei ihnen melden und zur Vernichtung ihrer Leibesfrucht geneigt sein würden, in der erforderlichen Weise behandeln sollte und ihm dabei die Persönlichkeit der sich meldenden

Frauenzimmer völlig gleichgültig, und es ihm ebenso gleichgültig gewesen sei, ob sie auf Grund seiner eigenen Annoncen oder etwa auf Grund von Angaben oder Empfehlungen dritter Personen den Weg zu seiner Wohnung finden würden. Es liege daher der Fall H. im Bereiche seines verbrecherischen Willens und er sei in Wahrheit derjenige gewesen, welcher seine Ehefrau durch seine Überredung vorsätzlich zu dieser Tat bestimmt habe. — Was der Angeklagte nach diesen Feststellungen getan hat, geht über ein Geneigtmachen zu strafbaren Handlungen gewisser Art weit hinaus. Der Angeklagte hat danach seine Ehefrau in seiner Wohnung förmlich dazu eingesetzt, sich meldende Frauenspersonen in der mehrerwähnten Art und Weise zu behandeln, und hat sie mit den dazu erforderlichen Gerätschaften versehen, welche denn auch zur Anwendung gebracht sind. Die konkrete Gestaltung der nach seinem Willen von der Mitangeklagten, seiner Ehefrau, auszuführenden Abtreibungsmanipulationen, wie er sie als wesentlich ins Auge faßte, bestand darin, daß dieselben in seiner und seiner Ehefrau Wohnung, mit bereits konkret bereitgestellten Werkzeugen, in einer bestimmt vorgeschriebenen Weise, unter Empfangnahme einer ihm auszuhändigenden oder für die ehelichen Bedürfnisse zu verwendenden Geldvergütung vorgenommen werden sollten. Nicht seinem Willen entsprechend erscheint eine Begrenzung des Kreises der Personen, an welchen Abtreibungsversuche vorgenommen werden sollten, auf diejenigen, welche sich gerade auf Grund der von ihm zu erlassenden Annoncen melden würden; von den Mitteln, ohne deren Benutzung er Zuspruch von Kundinnen in seiner Wohnung zu erhalten nicht hoffen konnte, war die Erlassung von Annoncen unter Angabe seiner Wohnung nur ein besonders geeignetes, allein der Zuspruch von aus anderem Anlasse ihm zugekommenen Kundinnen entsprach nach Annahme des Vorderrichters in gleicher Weise seinen Absichten, da es ihm nur auf Erlangung von Verdienst ankam und er daher an dem Wege, auf welchem ihm Kundinnen zukamen, kein Interesse haben konnte. Ebensowenig konnte ihm angesichts dieses Zweckes auf die Individualität des zu schädigenden Rechtsgutes — des keimenden Lebens der Leibesfrucht der sich einstellenden Frauenspersonen — etwas ankommen ...

VII. **Widerruf der Anstiftung.**

E. XX 259. Die Revision bekämpft ... die Verurteilung des Angeklagten Heinrich B. sen. und dessen Ehefrau Wilhelmine B. wegen Anstiftung ihres Sohnes, des Angeklagten Heinrich B. jun., zu dem von diesem verübten Vergehen der Beschädigung eines Grabmales als auf Rechtsirrtum beruhend und widerspruchsvoll begründet. Die Tat ist ausgeführt von B. jun. allein. Es ist aber festgestellt, daß die beiden erstgenannten Angeklagten, die Eltern B., gemeinschaftlich handelnd ihre beiden Kinder, den Angeklagten Heinrich B. jun. und die Zeugin Wilhelmine B. unter Einsetzung ihres väterlichen Ansehens, öfters aufgefordert haben, die Zerstörung des Grabmales auszuführen, und daß sie hierdurch diese beiden zu dem Entschlusse bestimmt haben, an dem schließlich zur Verübung ausersehenen Sonntagabend die Zerstörung gemeinschaftlich in das Werk zu setzen. Als beide sich nach Eintritt der Dunkelheit zu dem Gange nach dem Friedhofe gerüstet hatten, hat allerdings der Vater B. ihnen gesagt, sie, die Wilhelmine, solle es allein tun und der Bruder sie nur begleiten, da auf sie kein Verdacht fallen würde und damit sie später beschwören könne, ihr Bruder habe es nicht getan.

Nachdem aber beide an der Kirchhofsmauer angelangt waren, ist Wilhelmine durch die Unmöglichkeit, ihrerseits die Mauer zu übersteigen, an dem Betreten des Kirchhofes und der Ausführung der Tat verhindert worden. Der Bruder B. jun. ist allein übergestiegen und hat das Grabmal zerstört. — Bei der rechtlichen Beurteilung dieser Vorgänge würden zunächst erhebliche Zweifel nach der Richtung hin entstehen können, ob überhaupt in der oben wiedergegebenen Äußerung des Vaters B.: „sie solle es allein tun ꝛc." ein Widerruf der vorher an seinen Sohn gerichteten Aufforderung, die Tat in Gemeinschaft mit seiner Schwester zu begehen, und nicht vielmehr nur eine veränderte Anweisung über die Art und Weise der gemeinschaftlichen Ausführung der Tat enthalten gewesen sei. Der Vorderrichter hat in seiner Erklärung einen Widerruf der an B. jun. vorher wiederholt gerichteten Aufforderung erblickt; er hat aber festgestellt, daß ungeachtet dieser Erklärung der Angeklagte B. jun. zu der Begehung der Tat doch nur durch die vorher von seinen Eltern auch an ihn gerichtet gewesene Aufforderung bestimmt worden ist, daß nur diese Aufforderung in ihm bestimmend gewirkt hat, daß durch diesen Widerruf der bestimmende Einfluß, den die Anstifter vorher auf ihn ausgeübt hatten, nicht aufgehoben worden sei. Diese Feststellung läßt die Verurteilung des Angeklagten B. sen. und Ehefrau B. wegen Anstiftung als frei von Rechtsirrtum erscheinen. Die Revision unterstellt zunächst einen anderen Sachstand, wenn sie behauptet, es sei überhaupt n u r an die Wilhelmine B. die Aufforderung zur Begehung der Tat gerichtet und daher nur dieser gegenüber eine Anstiftungstätigkeit entwickelt worden. Ferner enthält das Urteil nicht die als unverständlich bezeichneten Worte „Widerruf des bestimmten Einflusses", sondern es stellt, wie bereits erwähnt, fest, daß durch den Widerruf „der bestimmende Einfluß, den die Anstifter v o r h e r auf den Täter ausgeübt hatten, nicht aufgehoben worden sei". Gerade diese Feststellung trägt die Verurteilung. Die strafbare Anstiftung setzt nach § 48 StGB. voraus: die Begehung der Haupttat und die vorsätzliche Bestimmung des Täters zu dieser Begehung durch eines der in § 48 bezeichneten Mittel. Der Fall, daß nach Entwicklung der anstiftenden Tätigkeit und der durch sie verursachten Entstehung des Entschlusses zur Begehung der Tat in dem Angestifteten der Anstifter die Anstiftung zurücknimmt, die Aufforderung zur Begehung der Tat ꝛc. widerruft, ist im Strafgesetzbuche nicht besonders vorgesehen. Er ist deshalb nach allgemeinen Grundsätzen zu behandeln. Hat der Widerruf den Erfolg, daß die Tat unterbleibt oder daß durch denselben der vorher erzeugt gewesene bestimmende Einfluß wieder aufgehoben wird, der Angestiftete den von ihm infolge der Anstiftung gefaßten Entschluß zur Begehung der Tat aufgibt, so entfällt die Strafbarkeit der Anstiftung; in dem ersteren Falle wegen Fehlens der Haupttat, im letzteren Falle, selbst wenn der vorher durch die Anstiftung zur Begehung der Tat entschlossen Gewesene dennoch zu deren Ausführung schreitet, infolge der Unterbrechung und Beseitigung des ursächlichen Zusammenhanges zwischen der früheren Anstiftung und der Begehung der Tat. Ist dagegen die tatsächlich geschehene Verübung der

Tat ungeachtet des erklärten Widerrufes doch das Ergebnis und die Folge der vor dem Widerrufe liegenden Anstiftung, dann ist sie auch dem Anstifter gemäß § 48 StGB. zuzurechnen. Die in der Literatur geäußerte Annahme, schon die Tatsache, daß der Widerruf zu der Kenntnis des Angestifteten kommt, befreie den Anstifter von der Verantwortung, „weil er die zum Erfolge hinwirkenden Bedingungen, die er schuldhaft gesetzt, auch wieder vernichtet habe", ist nicht haltbar. Der Fall ist wohl denkbar, daß die von dem Anstifter auf den Täter vor dem Widerrufe ausgeübte Willensbestimmung ungeachtet des Widerrufs fortwirkt, der Widerruf keine Wirkung auf den Täter äußert, dieser vielmehr zur Begehung der Tat nur und allein durch die Anstiftung und deren auf seinen Willen bereits geäußerten Einfluß bestimmt wird. Dann aber ist es dem Anstifter eben nicht gelungen, die von ihm gesetzten und ihm nach dem Gesetze zuzurechnenden Bedingungen für den Eintritt des strafbaren Erfolges zu vernichten; die Voraussetzung für die Bestrafung der Anstiftung, Begehung der Straftat infolge der geübten Willensbestimmung, liegt vor.

VIII. **Anstiftung des Untergebenen durch den militärisch Vorgesetzten** im Sinne des § 115 MStGB. RMG. I 146.

Nach § 115 MStGB. soll „als Täter" oder „als Anstifter" der Vorgesetzte bestraft werden, der durch Mißbrauch seiner Dienstgewalt oder seiner dienstlichen Stellung einen Untergebenen zu der von demselben begangenen, mit Strafe bedrohten Handlung vorsätzlich bestimmt hat. Der § 115 gebraucht den Begriff „Anstifter" im Sinne des § 48 RStGB. Die Anstiftung aber setzt voraus: einmal, daß in dem Anzustiftenden der Entschluß zur Begehung einer strafbaren Handlung hervorgerufen, und sodann, daß von ihm die strafbare Handlung oder doch ein strafbarer Versuch derselben begangen wird. Wie § 48 a. a. O. spricht auch § 115 MStGB. von einer „von demselben begangenen strafbaren bezw. mit Strafe bedrohten Handlung". Begangen aber ist eine strafbare Handlung nur dann, wenn alle Tatbestandsmerkmale, die objektiven wie die subjektiven, in der Person des Täters erfüllt sind. Wo gegen den Täter nur der objektive, nicht aber der subjektive Tatbestand der strafbaren Handlung nachgewiesen ist, kann eine Verurteilung wegen Anstiftung nicht eintreten. Handelte der Täter ohne den zur Anwendung des Strafgesetzes erforderlichen rechtswidrigen Vorsatz, so nahm er zwar den äußeren Tatbestand einer strafbaren Handlung vor, aber ohne die betreffende strafbare Handlung zu begehen.

Nach der Feststellung des Berufungsgerichts fehlte auf seiten des A. das subjektive Moment. Es konnte daher nach dem Gesagten diese Feststellung eine Bestrafung des S. als Anstifter gemäß §§ 115, 139, 53 MStGB., § 48 RStGB. nicht begründen.

Das Urteil des Berufungsgerichts beruht hiernach auf einem Rechtsirrtum und ist deshalb gemäß §§ 399, 411 MStGB. mit den ihm zugrunde liegenden Feststellungen aufzuheben.

Gelangt das Berufungsgericht jedoch bei erneuter Prüfung zu dem Ergebnisse, daß A. im Glauben an die Richtigkeit der Angaben des S. bezüglich seines dritten Schusses, also nicht in rechtswidriger Absicht, und ohne den zur Anwendung des Strafgesetzes erforderlichen Vorsatz gehandelt hat, so kann es sich nur fragen, ob S. als „Täter" auf Grund der §§ 115, 139 MStGB. zu bestrafen ist.

Indem der § 115 a. a. O. vorschreibt, daß der Vorgesetzte in den dort vorgesehenen Fällen „als Täter oder als Anstifter" zu bestrafen sei, hat das Gesetz die Möglichkeit ins Auge gefaßt, daß derjenige, der infolge der Einwirkung des Vorgesetzten dem Willen desselben entsprechend gehandelt hat, wegen Mangels des rechtswidrigen Vorsatzes straflos zu bleiben habe. In diesen Fällen würde der Vorgesetzte, wie oben ausgeführt, als Anstifter nicht angesehen werden können. Deshalb hat das Gesetz Fürsorge getroffen dahin, daß der Vorgesetzte in den Fällen, in denen er als Anstifter nicht anzusehen ist, die strafrechliche Verantwortung so tragen soll, als ob er selbst der Täter sei. Er ist zwar nicht physischer, aber doch mittelbarer — fingierter — Täter, der die Rechtswidrigkeit des Handelns für den dafür nicht verantwortlich zu machenden Untergebenen zu vertreten hat und zwar auch in solchen Fällen, wo er selbst als unmittelbarer Täter die strafbare Handlung nicht hätte begehen können.

Daß in diesem Sinne der im § 115 MStGB. gebrauchte Ausdruck „als Täter" zu verstehen ist, bestätigt die Entstehungsgeschichte dieser Gesetzesbestimmung, welche darüber nicht im Zweifel läßt, daß der Gesetzgeber unter allen Umständen den Vorgesetzten, der einen Untergebenen durch Mißbrauch seiner Dienstgewalt zu einer mit Strafe bedrohten Handlung vorsätzlich bestimmt hat, scharf geahndet wissen will, sei es nun „als Anstifter", oder, sofern dies wegen des fehlenden Vorsatzes auf seiten des Untergebenen nicht möglich ist, „als Täter", indem fingiert werden soll, der Vorgesetzte habe die betreffende strafbare Handlung selbst begangen. Zu diesem Schlusse wird man um so mehr gedrängt, wenn man den durch die Reichstagskommission zur Beratung des vorgelegten Entwurfs eines Militärstrafgesetzbuchs in das Gesetz aufgenommenen § 116 a. a. O. mit in Betracht zieht, welcher schon die unternommene, also ohne Erfolg gebliebene Bestimmung eines Untergebenen zu einer mit Strafe bedrohten Handlung absolut strafbar macht und mit Freiheitsstrafe bis zu einem Jahre bedroht.

Vorliegend hatte nur A., nicht auch S. eine Meldepflicht hinsichtlich der Eintragung in die Schießkladde. Nichtsdestoweniger wird S., wenn er nicht „als Anstifter" strafbar erscheinen sollte, „als Täter", d. h. so bestraft werden müssen, als ob er selbst vorsätzlich die Meldung unrichtig abgestattet hätte, und zwar unter Verschärfung der Strafe, entsprechend den Bestimmungen des § 53 MStGB.

IX. **Vorsatz des Gehilfen.** E. XI 87:

Das Urteil erklärt die Beschwerdeführerin Witwe E. für schuldig, der mitangeklagten Dienstmagd S. im Januar 1884 zum Versuche der Abtreibung der Leibesfrucht durch Rat und Tat wissentlich Hilfe geleistet zu haben (§§ 218, 43, 49 StGB.). Soviel den objektiven Tatbestand der Beihilfe betrifft, gibt die Begründung des Urteils keinen Anlaß zu Bedenken; denn die Mitangeklagte S. hat zu dem von ihr gemachten Versuche der Abtreibung die Mittel gebraucht und die Anweisungen befolgt, welche ihr von der E. durch die Vermittlung der mitangeklagten H. zugegangen waren. Es ist aber auch ferner für bewiesen erachtet worden, daß die E. die Mittel und die Anweisungen an die H. gab, damit dieselben zum Zwecke der Abtreibung von einer Person, welche jene für schwanger hielt, benützt würden, daß sie also mit dem Vorsatze der Beihilfe zu einem Verbrechen gegen § 218 a. a. O. handelte. Dagegen ergibt sich aus den Urteilsgründen nicht, daß sie wußte und wollte, daß ihre Beihilfe gerade der S. zu teil werde; vielmehr ist darin gesagt, die H. habe ihr mitgeteilt, sie komme im Auftrage der Frau N., welche sich schwanger fühle und von einem Abortivmittel Gebrauch machen wolle, und es fehlt nach den Urteilsgründen an jeder Veranlassung zu der Annahme, daß die E. in die Mitteilung der H. Zweifel gesetzt oder von dem Vorhaben der S. Kenntnis gehabt habe.

Der Instanzrichter geht davon aus, es genüge zur Verurteilung wegen Beihilfe, daß die E. der H. das von ihr für ein Abortivmittel gehaltene Getränk in der Absicht gegeben habe, durch dasselbe bei einer nach ihrer Meinung schwangeren Person die Abtreibung zu bewirken, und es sei gleichgültig, ob sie angenommen habe, das Mittel sei für die N. bestimmt, während tatsächlich die S. es gebrauchen wollte und gebrauchte.

Daß dies für gleichgültig zu erklären gewesen sei, bestreitet die Revisionsschrift aus dem Grunde, weil, wenn die Absicht der E. dahin gegangen sei, der N. Beihilfe zu leisten, keine strafbare Tat vorliege, da die N. das Verbrechen nicht begangen und nicht einmal versucht habe, strafbare Beihilfe aber das Dasein der Haupttat voraussetze. Bei der Beschwerde handelt es sich also um die Frage, was dem Gehilfen hinsichtlich der Person des Haupttäters bekannt sein müsse, um ihn wegen der geleisteten Beihilfe strafbar zu machen.

Die Worte des § 49 StGB.: „wer dem Täter zur Begehung des Verbrechens — — wissentlich Hilfe geleistet hat“, können nicht in dem Sinne genommen werden, als müsse der Gehilfe notwendig gewußt haben, wer der Täter sei; sie verlangen nur, daß ihm bekannt gewesen, es solle eine Tat von solcher Beschaffenheit, daß dadurch die wesentlichen Begriffsmerkmale eines bestimmten Verbrechens oder Vergehens gedeckt sind, begangen werden, weil ohne solche Kenntnis der Vorsatz, ein bestimmtes Verbrechen oder Vergehen zu unterstützen, nicht gedacht werden kann, und speziell die Worte „dem Täter“ bringen zum Ausdruck, daß der Gehilfe nicht selbst den Vorsatz eines Täters gehabt haben darf, sondern sich im Gegensatz zum Täter nur als den Beförderer einer fremden Tat gedacht haben muß. Die Individualität des Täters gehört nicht zu den wesentlichen Begriffsmerkmalen der Tat, und selbst da, wo gewisse persönliche Eigenschaften desselben auf den rechtlichen Charakter und die Strafe der Tat Einfluß haben, kommt es regelmäßig nur auf diese Eigenschaften, die vielen Personen anhaften können, nicht aber noch weiter auf die Individualität desjenigen an, dem sie im konkreten Falle angehaftet haben: der Gehilfe ist strafbar, weil er zu einer mit Strafe bedrohten Tat von bestimmter Beschaffenheit, nicht weil er einem nach Stand, Namen usw. bestimmten Täter geholfen hat. Kommt dem Gehilfen nicht zur Kenntnis, wer der Täter ist, so wird dies zeigen, daß er die Beihilfe nicht aus Interesse für den Täter leistete; es wird aber oft gerade durch diesen Umstand die subjektive Verschuldung des Gehilfen erhöht erscheinen, namentlich in der Weise, daß der Mangel eines Interesses für den Täter auf dem Motive der Gewinnsucht beruht und aus der gewerbsmäßigen Art sich ergibt, wie die Leistung der Beihilfe jedermann zur Verfügung gestellt wird.

Andererseits muß feststehen, daß der Wille des Gehilfen darauf gerichtet gewesen ist, zu derjenigen konkreten Tat, die begangen oder versucht worden ist, Hilfe zu leisten, und läßt sich nicht in Zweifel ziehen, daß die Tat des A. nicht die nämliche konkrete Tat ist, wie die gleichartige eines anderen Täters B. Wenn daher der Gehilfe zu der Tat bestraft werden soll, ohne daß Rücksicht darauf genommen wird, ob die eine oder die andere Person Täter war, so wird vorausgesetzt, daß diese Abstraktion von der Person des Täters ihre Grundlage in einer entsprechenden Abstraktion im Vorsatze des Gehilfen habe, vermöge welcher der letztere die Tat befördern wollte, einerlei, ob der Täter A. oder B. sei, oder so, daß er wenigstens mit eventuellem Vorsatze die Tat auch dann befördern wollte, wenn sie nicht, wie er zunächst annahm, von dem einen, sondern wenn sie von dem andern Täter ausgeführt werde. Denn nach dem allgemeinen strafrechtlichen Grundsatze kann er nicht für eine vorsätzliche Tat, die völlig außerhalb seines Willens lag, verantwortlich gemacht werden. Selbstverständlich handelt es sich hierbei nur um die Identität des Täters, nicht um die Identität des Namens desselben oder um die Bekanntschaft des Gehilfen mit diesem Namen. Wäre also im vorliegenden Falle der Wille der E. aus irgend einem Grunde ausschließlich darauf gerichtet gewesen, der N. zum Verbrechen der Abtreibung zu helfen, und hätte die H. das Mittel, welches sie von jener erhielt, ohne Vorwissen und auch ohne nur eventuelle Einwilligung derselben der S. gegeben, und diese, nicht die N. es benutzt, so würde die E. nicht bestraft werden können, denn die Tat der S. war eine andere, als die der N. gewesen sein würde, und zu dieser Tat hätte die E. subjektiv außer jeder Beziehung gestanden. Es wäre dann eine Sachlage eingetreten, wie in jedem Falle eines sogenannten Exzesses des Täters gegenüber dem Vorsatze des Gehilfen, beziehungsweise des Angestifteten gegenüber dem Vorsatze des Anstifters. Von einem solchen Exzesse könnte dagegen nicht die Rede sein, wenn die E. zwar geglaubt hätte, die Person, für welche die H. das Mittel abholte, heiße oder sei die N., nicht die S., wenn sie jedoch das Mittel hergegeben hätte, damit die H. es derjenigen Person zustelle, in deren Auftrage sie gekommen und die von ihr als eine Person Namens N. bezeichnet worden war. In diesem Falle ließe sich höchstens sagen, der Vorsatz der E. sei nicht weiter gegangen, als auf Beihilfe zu einer von der damaligen wirklichen Auftraggeberin der H. zu verübenden Abtreibung, und die E. würde sich mit ihrem Irrtum über den indifferenten Namen derselben nicht entschuldigen, auch nicht, wie sie es in der Hauptverhandlung tat, behaupten können, sie habe mit der Person der S., welche die damalige Auftraggeberin war, nicht in irgend welcher direkten oder indirekten Verbindung gestanden.

X. **Beihilfe zu Beihilfe.** E. XXIII 305.

Ein weiterer Rechtsirrtum tritt in den Urteilsgründen bezüglich des dem Beschwerdeführer Hk. beigemessenen Gehilfenvorsatzes hervor. Es wird für erwiesen erachtet, daß Hk. von den Defraudationen des D. nichts gewußt, daß „er nur der verehelichten H. für ihre Person und sonst niemand hat behilflich sein wollen", tatsächlich auch nur der H. Hilfe geleistet hat. Dementsprechend ist Hk. der Beihilfe zur Beihilfe schuldig befunden, und die Strafe in Anwendung der §§ 44, 49 StGB. unter zwiefacher Reduktion der Strafe des Haupttäters D. bemessen worden.

Zunächst erscheint die hier versuchte Konstruktion einer Beihilfe zur Beihilfe unhaltbar. Hält man mit einiger begrifflicher Schärfe daran fest, daß jede strafbare Teilnahme eine strafbare Haupttat voraussetzt, daß strafbare Beihilfe objektiv nur unter der Voraussetzung einer verübten oder doch versuchten Haupttat, und subjektiv nur unter der Voraussetzung eines auf die Unterstützung einer solchen Haupttat gerichteten Vorsatzes unterstellt werden kann, so folgt hieraus ohne weiteres, daß Beihilfe zur Beihilfe, für sich allein, also ohne jede Verbindung mit einer Haupttat gedacht, einen Widersinn abgibt. Denkbar und im praktischen Leben nicht selten sind zweifellos Fälle, in denen dem Gehilfen eines Deliktes ein zweiter Gehilfe zur Seite steht, der letztere äußerlich ausschließlich mit dem ersten in Verbindung steht, dem zweiten Gehilfen auch innerlich die Person des Haupttäters gleichgültig ist. Muß aber, um den Gehilfenvorsatz herzustellen, dem zweiten Gehilfen voll bewußt sein, daß und was der erste Gehilfe subjektiv und objektiv zu delinquieren gewillt ist, so schließt dieses Bewußtsein auch selbstredend das deliktische Verhältnis des ersten Gehilfen zum Haupttäter und die Beziehung der sekundären Beihilfe zur Haupttat ein. Mit anderen Worten: Beihilfe zur Beihilfe ist nur ein verfehlter Ausdruck für die Form einer mittelbaren Beihilfe zur Haupttat und kann nur in dieser Form strafrechtlich in Betracht kommen. Vorliegendenfalls würden also die Handlungen des Hk. sich sehr wohl zur Anwendung des § 49 StGB. eignen, wenn derselbe überführt wäre, bestimmt oder unbestimmt (dolus eventualis) gewußt zu haben, daß die H. beabsichtige, mit den ihr durch seine, des Hk., Beihilfe zugegangenen Waren irgendeinem haupttätigen Defraudanten bei der Einschwärzung nach Österreich-Ungarn behilflich zu sein. Was man sich aber bezüglich des Vorsatzes des Hk. darunter vorstellen soll, daß er ausschließlich der H. „und sonst niemand" habe helfen wollen, bleibt völlig dunkel. Irgend eine Vorstellung muß ihm bei seinem Tun vernünftigerweise innegewohnt, und irgendetwas, was die H. mit den Waren vorhabe, muß ihm vorgeschwebt haben: schloß er in seiner Vorstellung und seinem Willen jeden Dritten aus, dann muß es eine selbständige Tat der H. gewesen sein, die er unterstützen wollte. Hierüber war das Urteil Auskunft zu geben schuldig.

Damit hängt ein ferneres Bedenken untrennbar zusammen. Geht der Vorsatz des nur mittelbar mit dem Haupttäter in Beziehung stehenden Gehilfen bestimmt dahin, nur dem A. bei einem Delikte Hilfe leisten zu wollen, und diese Hilfe wird gegen seinen Willen dem B. zuteil, dann decken sich bezüglich der Beihilfe nicht mehr Vorsatz und Tat, und die Beihilfehandlung muß wegen Mangels des Vorsatzes straflos bleiben.

Daraus folgt, daß, wenn Hk. etwa von der Annahme ausging, die H. wolle selbständig defraudieren, und er aus Gutmütigkeit oder aus sonstigen, nur der H. gegenüber wirksamen Motiven auch nur diese bei von ihr selbständig ausgeführten Defraudationen unterstützen wollte, während ihm jede Absicht, einen beliebigen, ihm unbekannten, in Österreich wohnhaften Dritten und dessen Einschwärzungen zu unterstützen, fernlag, Hk. nicht mehr für das verantwortlich gemacht werden kann, was die H. gegen seinen Willen als Gehilfin des D. tat.

XI. **Beihilfe zur Anstiftung.** [1])

E. XIV 318 (gegen IV 60):

Der Angeklagte L. ist wegen vorher zugesagter, seines eigenen Vorteiles wegen in fortgesetzter Tat geleisteter Begünstigung, d. h. Beihilfe des der Anstiftung der neun Mitangeklagten zur Zolldefraudation schuldigen Kaufmannes K. in B. zu einer Geldstrafe von 2000 M. verurteilt.

Er rügt Verletzung der §§ 257, 48 StGB. und behauptet, es sei ein Widersinn, Beihilfe des Anstifters unter den obwaltenden Umständen anzunehmen, eine Beihilfe zur Anstiftung müßte in Beziehung zu der Handlung des Anstifters stehen und eine solche Beziehung liege nicht vor.

Die Revision läßt zweifelhaft, ob die rechtliche Möglichkeit einer Beihilfe des Anstifters überhaupt oder nur das Dasein einer solchen Beihilfe in vorliegendem Falle bestritten werden soll. Wie das Reichsgericht in einer Entscheidung vom 8. Juni 1883, vgl. Entsch. des RG. in Straff. Bd. 8, S. 317 ff. aus der Geschichte und Fassung des § 257 Abs. 3 StGB. nachgewiesen hat, ist die im voraus zugesagte Begünstigung, da sie die Begehung der Tat erleichtert, also die innere Natur der Teilnahme hat, eine wirkliche Beihilfe, und nicht etwa nur eine mit der Strafe der Beihilfe belegte Art der Begünstigung. Das Wesen der Beihilfe liegt in der wissentlichen Förderung einer fremden Straftat durch Rat oder Tat vor oder bei der Verübung. Der Anstifter, welcher einen anderen zu der von demselben begangenen strafbaren Handlung durch Geschenke oder Versprechen, durch Drohung, durch Mißbrauch des Ansehens oder der Gewalt, durch absichtliche Herbeiführung oder Beförderung eines Irrtums oder durch andere Mittel vorsätzlich bestimmt hat, ist Teilnehmer der Handlung. Die Beihilfe kann sich dem Anstifter gegenüber durch Einwirkung auf seinen Entschluß, Bestärkung seines Vorsatzes, Gewährung der Mittel zur Anstiftung oder durch Mitwirkung bei Werbung des Täters äußern; *jede Unterstützung des Anstifters in seiner Anstiftungshandlung vom ersten Stadium der Entschließung bis zu dem letzten der Bestimmung des Angestifteten zur Straftat erscheint begrifflich als Beihilfe zur Anstiftung.* Es ist also unrichtig, wenn die Revision die rechtliche Möglichkeit einer solchen Beihilfe überhaupt in Abrede zieht, eine Beihilfe zur Anstiftung ist allerdings konstruierbar, und wird auch von den meisten Kommentatoren zugelassen; auch hat das preußische Obertribunal, vgl. Rechtsprechung des preuß. Obertrib. Bd. 15 S. 238, dieselbe angenommen.

§ 22. III. Mittelbare Täterschaft.

Beling § 40, Binding Gr. I § 64, v. Liszt § 50, H. Meyer § 27, Frank III. Abschn. S. 66, Olshausen zu § 48.

Der Begriff der mittelbaren Täterschaft wird vom RG. insbesondere in E. I 146, III 96, IV 256, VI 187, 336, XII 67, XVIII 419, XXI 14, XXVI 242, XXIV 86, XXVIII 109 anerkannt.

---

[1]) Ebenso wie RG.: Olshausen Nr. 22 a. A. M. v. Liszt § 52, H. Meyer § 32.

§ 23. C. Verbrechenseinheit und Verbrechensmehrheit.

Beling § 41, Berner §§ 145 ff., Binding Gr. I §§ 60 f., v. Liszt §§ 54 ff., H. Meyer §§ 61 ff., Frank und Olshausen zu § 73 und 74 StGB.

I. **Handlungseinheit bei Einheit der Körperbewegung.** E. XXI 63.

Notwendige Voraussetzung für die Annahme mehrerer juristisch selbständiger Handlungen ist immer eine Mehrheit von natürlichen Tätigkeitsakten; nur wo diese vorliegt, hat der Tatrichter zu prüfen, ob die einzelnen Akte eine rechtlich selbständige Bedeutung haben, oder ob eine juristische Einheit des gesamten Tuns anzunehmen ist. Wenn dagegen schon vom Standpunkte der natürlichen Betrachtung aus nur eine einzige Körperbewegung, z. B. ein Stoß, ein Schlag vorliegt, kann eine Mehrheit rechtlich selbständiger Handlungen überhaupt nicht in Frage kommen.

Daß der Vorderrichter diese Rechtsgrundsätze beachtet hat, ist aus der Urteilsbegründung nicht zu erkennen. Denn wenn auch der von ihm festgestellte Vorgang nach seiner Annahme sich aus mehreren Tätigkeitsakten zusammensetzt, so hat er diese doch nicht etwa so geschieden, daß er in einem derselben die Körperverletzung, in einem anderen die Sachbeschädigung gefunden hat, sondern ist anscheinend davon ausgegangen, daß Angeklagter durch denselben Stich, mittels dessen er die Körperverletzung ausführte, auch die ebenfalls in seinen Vorsatz aufgenommene Sachbeschädigung verwirklichte. Eine einzige Körperbewegung wird aber dadurch, daß sie von zwei verschieden gerichteten Vorsätzen getragen wird, nicht in zwei äußere Handlungen zerlegt.

II. **Verwirklichung einer zum Tatbestande eines vorverübten Delikts gehörigen Absicht.**

In E. XI 355, XV 426, XVIII 286 ist ausgesprochen, daß die Handlung, durch die der Täter eine zum Tatbestande eines zuvor von ihm verübten Delikts gehörige Absicht verwirklicht, nicht als selbständige Tat in Betracht kommt.

III. **Das fortgesetzte Verbrechen.**

1. Seine Geltung nach positivem Recht. E. IX 127:

Wenn es auch richtig ist, daß das Strafgesetzbuch ein fortgesetztes Verbrechen im technischen Sinne nicht kennt, so ist es doch, wie das Reichsgericht schon wiederholt ausgesprochen hat, andererseits unbedenklich und mit dem System des Strafgesetzbuches wohl vereinbar, daß eine Mehrheit von Einzelhandlungen als eine Tat dann aufgefaßt werden kann, wenn unter den Einzelhandlungen ein derartiger tatsächlicher und geistiger Zusammenhang besteht, daß der natürlichen Auffassung des Sachverhaltes nach keine Handlung als eine selbständige, sondern nur jede der nachfolgenden Handlungen als eine Fortsetzung der vorausgehenden erscheint. Es wurde wiederholt erörtert, daß es Sache der tatsächlichen Feststellung des Instanzrichters sei, ob im einzelnen Falle mehrere nach Willens- und Tatseite geschiedene selbständige Handlungen anzunehmen, oder ob die ganze Tätigkeit eines Angeklagten als eine sowohl der äußeren Erscheinung nach zusammenhängende, wie von demselben straf-

baren Willen getragen sich charakterisiere, welche demnächst als eine Handlung aufzufassen sei.

2. Das fortgesetzte Delikt erfordert nach E. XXII 235, XXIII 300, XX 316, RMG. II 265 einen von vornherein gefaßten einheitlichen Vorsatz.

3. Ein bloßes Zusammenhängen mehrerer deliktischer Akte genügt zur Annahme eines fortgesetzten Verbrechens nicht. E. IV 188:

Die beiden Angeklagten A. H. und J. H. sind in gemeinsamer Verabredung und Ausführung mit dem Mitangeklagten F. in das Haus des N. widerrechtlich eingedrungen und haben auf der Diele vorsätzlich den Tagelöhner K. über eine Mehlkiste niedergestoßen; darauf hat A. H. von K. abgelassen, die aus der Wohnstube auf die Diele heraustretende Ehefrau N. niedergeschlagen, den Ehemann N. beiseite gestoßen, demnächst, während alle drei Angeklagten die Aufforderung des N., sich zu entfernen, unbeachtet ließen, die Ehefrau N. in die Wohnstube verfolgt, dort dieselbe niedergestoßen und am Halse gewürgt; endlich hat J. H. auch der Aufforderung des zu Hilfe herbeigerufenen Gutsherrn, des Eigentümers des N.schen Hauses, das letztere zu verlassen, durch fortgesetztes Verweilen auf der Diele und wiederholte Öffnung der verschlossenen Tür entgegengehandelt. Das Urteil stellt gegen die drei Angeklagten alle wesentlichen Tatbestandsmerkmale des gemeinschaftlich begangenen Hausfriedensbruchs im Sinne des § 123 StGB., gegen A. und J. H. diejenigen der gemeinschaftlich gegen K. verübten vorsätzlichen Mißhandlung im Sinne des § 223a StGB., gegen A. H. endlich diejenigen der gegen den Schmied N. und dessen Ehefrau, gegen die letztere wiederholt, verübten vorsätzlichen Mißhandlung tatsächlich fest, erklärt sodann aber sowohl sämtliche hiernach festgestellte Körperverletzungen unter sich als „ein fortgesetztes Vergehen, nur eine selbständige Handlung", wie „mit Rücksicht auf die tatsächliche Einheit des gesamten Treibens der Angeklagten, welches aus dem .... Entschlusse hervorgegangen anzusehen ist, den Hausfrieden zu stören", und die „auf Erregung von Streit und Tätlichkeiten gerichtete Absicht" zu verwirklichen, die von den beiden Angeklagten H. begangenen Körperverletzungen mit dem vollführten Hausfriedensbruch für „ideal konkurrierend", und bestraft deshalb unter Anwendung des § 73 StGB. die Angeklagten A. und J. H. lediglich auf Grund des § 223a StGB.

Diese Anwendung des § 73 StGB. ist unhaltbar und beruht auf einer Verkennung des Begriffs „eine und dieselbe mehrere Strafgesetze verletzende Handlung." Zunächst ist es schon bezüglich der als ein identisches Vergehen zusammengefaßten Körperverletzungen rechtsirrtümlich, wenn die Begründung für diese Annahme, trotz der festgestellten, nach Zeit, Ort, Objekt und Art der Mißhandlung völlig getrennten Mehrheit der Tätigkeitsakte, lediglich in der Bezeichnung derselben als ein „fortgesetztes" Vergehen gefunden wird. Der Begriff des „fortgesetzten" Delikts hat keine im Strafgesetzbuch derartig anerkannte legale Bedeutung, daß seine sprachliche Anwendung ohne weiteres verständlich wäre. Um von diesem Begriff Gebrauch zu machen, müssen in Auflösung desselben die tatsächlichen Feststellungen erkennen lassen, daß das Instanzgericht eine äußerlich gegebene Mehrheit menschlicher Handlungen als einen in Wirklichkeit einheitlichen Willensakt tatsächlich aufgefaßt hat. Ob dies bei einer

Mehrheit gegen verschiedene Personen, verschiedenartig und zeitlich hintereinander verübter vorsätzlicher Körperverletzungen überhaupt denkbar ist, kann dahingestellt bleiben. Die vorliegenden Feststellungen enthalten kein Moment, welches zur Annahme einer fortgesetzten vorsätzlichen Körperverletzung berechtigte.

Was aber sodann die weiter vom angefochtenen Urteil unterstellte Identifizierung der Körperverletzungen mit dem Hausfriedensbruch anlangt, so ist es ebenso unrichtig, die Einheit der Handlung mit der „Einheit des gesamten Treibens der Angeklagten" zusammenzuwerfen, wie es auf einem offenbaren Rechtsirrtume beruht, die „Einheit des Entschlusses," die Einheit der auf „Erregung von Streit und Tätlichkeiten gerichteten Absicht" zum entscheidenden Kriterium für die Anwendbarkeit des § 73 StGB. zu erklären. Denn in ersterer Beziehung liegt es auf der Hand, daß ein zusammenhängendes verbrecherisches „Treiben" nicht mehr besagt als die Entwickelung einer mannigfaltigen, aber irgendwie persönlich, zeitlich, oder örtlich verbundenen verbrecherischen Tätigkeit; die Mehrheit einer Reihe selbständiger Delikte wird dadurch objektiv nicht im entferntesten ausgeschlossen. Und bezüglich der unterstellten Einheitlichkeit der verbrecherischen Absicht ist es eine Verwechselung vom Beweggrund oder vom Enderfolg mit dem zum Tatbestande eines Delikts gehörenden strafbaren Vorsatz, welche hier die Urteilsgründe beirrt. Denn die Absicht, Streit und Tätlichkeiten zu erregen, deckt sich weder mit dem festgestellten Vorsatz der Körperverletzung noch mit dem des Hausfriedensbruchs; nur als Motiv oder als gewollter Endzweck des einen, wie des anderen Vergehens ist diese Voraussetzung verständlich. Zudem ist der in der Doktrin aufgestellte Satz, daß die Einheit der Absicht allein entscheide, ob und wieviel Momente einer menschlichen Tätigkeit als eine Handlung betrachtet oder in eine Mehrheit strafbarer Handlungen zerlegt werden dürften, nicht dahin zu verstehen, als ob es ohne Rücksicht auf die objektiven Momente des verbrecherischen Tatbestandes lediglich von der subjektiven Willkür des Handelnden abhängen soll, eine Mehrheit von Deli ten zu einem Delikt zusammenzufassen. Denn nicht der Handelnde, sondern das Recht bestimmt, was als eine Rechtsverletzung zu betrachten sei, und daß der Handelnde eine Mehrheit von Rechtsverletzungen in seine Absicht aufnahm und in eine Handlung zusammenfaßte, kann nicht bewirken, daß die mehreren Rechtsverletzungen nur als eine zu betrachten wären, kann nicht hindern, daß eine jede der mehreren Rechtsverletzungen als eine strafbare Handlung darum betrachtet wird, weil eine jede beabsichtigt und vorsätzlich verursacht war. Deshalb konnte nach Maßgabe der erstrichterlichen Feststellungen für die Strafzumessung nicht der § 73 StGB., sondern es mußte der § 74 StGB. zur Anwendung kommen, und zwar sowohl bezüglich der Mehrheit der gegen K., gegen den Ehemann N. und gegen die Ehefrau N. verübten vorsätzlichen Körperverletzungen, wie bezüglich des daneben als selbständige Handlung festgestellten Hausfriedensbruches.

4. Bedeutung der Einheitlichkeit des fortgesetzten Delikts für die Beurteilung der Teilnahmehandlungen. E. XVII 228:

Das angefochtene Urteil geht tatsächlich davon aus, daß die nach und nach in verschiedenen Akten erfolgte Fortschaffung der M.schen Mobilien aus der von W. gemieteten Wohnung ein einheitliches Delikt des M. im Sinne des § 289 StGB. darstelle. Dieser Voraussetzung entsprechend ist M. folgerichtig wegen Fortschaffung seiner sämtlichen Mobilien, also auch wegen der erst nach dem Strafantrage vom 29. Dezember erfolgten Wegschaffung verurteilt worden.

Nun ist klar, daß, wenn hiernach zugunsten des M. die Grundsätze vom fortgesetzten Vergehen insofern Anwendung gefunden haben, als wegen objektiver Identität des verletzten Rechtsgutes und wegen subjektiver Einheitlichkeit des Willensentschlusses Deliktseinheit angenommen wurde, diese lediglich juristische Fiktion ausschließlich mit der Person des Haupttäters individuell zusammenhängt und für die begriffliche Erfassung der Haupttat bestimmend ist. Denn die eine, wenn auch nicht ausschließliche, so doch wesentliche Vorbedingung dieser juristischen Deliktseinheit, die Einheitlichkeit des Entschlusses, trifft nur in der Subjektivität des Haupttäters zu; sobald und soweit diese subjektive Vorbedingung entfällt, verliert die juristische Abstraktion des fortgesetzten Deliktes den Boden, und die natürliche Tatsache, daß unter der juristisch fingierten Deliktseinheit eine Mehrheit von Einzelhandlungen verborgen ist, welche jede, für sich betrachtet, alle Merkmale eines selbständigen Deliktes an sich trägt, tritt wieder in ihr Recht. Diese Wirkung der wieder in Kraft tretenden Deliktsmehrheit muß sich insbesondere in den Beziehungen des Haupttäters eines fortgesetzten Deliktes zu seinem Teilnehmer, Gehilfen, Begünstigern äußern. Jede der an sich selbständigen, und eine selbständige Straftat darstellenden Einzelhandlungen, aus welchen sich das fortgesetzte Delikt des Haupttäters zusammensetzt, kann ihre besonderen Mitwirkenden haben, welche eben nur an diesem und an keinem anderen Teile des fortgesetzten Deliktes beteiligt sind. Es ist ohne weiteres klar, daß solche Teilnahme in ihrer strafrechtlichen Form auch nur beurteilt werden darf nach Maßgabe der nunmehr in ihrer deliktischen Selbständigkeit wirkenden Einzelhandlung, an welche sich die Teilnahme anschließt.

Was dieser Einzelhandlung von seiten des Haupttäters an verbrecherischer Tätigkeit vorausgegangen ist und was ihr nachfolgt, trifft unter obiger Voraussetzung den Haupttäter allein. Ob aber der Teilnehmer als Mittäter, Anstifter, Gehilfe oder Begünstiger im Sinne der §§ 47—49, 257 StGB. anzusehen ist, muß ausschließlich von seinem Verhältnisse zu derjenigen Einzelhandlung aus gewürdigt werden, an der er sich beteiligt hat, nicht vom Gesichtspunkte einer Teilnahme oder Begünstigung zu der kollektiven Gesamtheit des fortgesetzten Deliktes. Hieraus folgt weiter, daß auch gegenüber einer mehrfachen Beteiligung derselben Person an einem einheitlichen Delikte die sonst maßgebenden Grundsätze von realem und idealem Zusammentreffen, von der Subsidiarität der Gesetze und der Gesetzeskonkurrenz in ihrer Anwendung auf Teilnahme und Begünstigung wesentliche Änderungen erleiden müssen, sobald die vielgestaltigen Formen solcher Teilnahme oder Begünstigung bei einem fortgesetzten Delikte in Frage kommen. Dieselbe Person kann je nach der subjektiven Beschaffenheit ihres verbrecherischen Vorsatzes ebensowohl in realem Zusammentreffen sich einer mehrfachen Teilnahme an verschiedenen, für diese Person selbständigen Einzeldelikten, wie einer einheitlich fortgesetzten Teilnahme an einem einheitlichen Delikte schuldig machen. Dieselbe Person kann in realem Zusammentreffen trotz vorliegender juristischer Einheit der Haupttat erst Begünstiger, sodann Gehilfe, später Anstifter, zuletzt Mittäter an je einer, an sich ein selbständiges Delikt darstellenden Einzelhandlung des Haupttäters werden. — Vorliegenden Falles hat der Angeklagte erwiesenermaßen zuerst Anfang Januar 1887, nachdem ein Teil der M.schen Sachen bereits aus der Mietswohnung entfernt und in bezug auf diese Sachen das Delikt des § 289 StGB. vollendet war, die letzteren im Interesse des M. verkauft und den Erlös an M. abgeführt. Unbedenklich kann hierdurch und in bezug auf diese Sachen der Angeklagte sich nur der Begünstigung im Sinne § 257 StGB. schuldig gemacht haben. — Er hat sodann einige Tage später kraft neuen Auftrages des M. und kraft neuen Entschlusses seinerseits einen anderen Teil der M.schen Sachen in Kenntnis des daran haftenden Zurückbehaltungsrechtes unmittelbar aus der Wohnung fortschaffen geholfen, sich also als Gehilfe an der Wegnahme beteiligt und sich in bezug auf diese Sachen nach § 49 StGB. strafbar gemacht. Da ferner, wie der Instanzrichter feststellt, für den Angeklagten die beiden Akte, an denen er sich beteiligte, selbständige Einzeldelikte darstellten und auch seine Teilnahmehandlungen objektiv wie subjektiv ihre Selbständigkeit bewahrten, konnte derselbe wegen real zusammentreffenden Vergehens gegen § 257 und § 49 StGB. verurteilt werden. Trotz dieses realen Zusammentreffens behielten diese Vergehensformen aber ihren juristischen Charakter als Begünstigungs- bezw. Beihilfehandlungen zu einem juristisch einheitlichen Delikte des Haupttäters M., welches in seiner Gesamtheit, auch bezüglich der dem Strafantrage zeitlich nachfolgenden Fortsetzung, der Strafverfolgung unterlag. Unterlag aber das gesamte einheitliche Delikt des M. der Strafverfolgung, so folgt aus dem Grundsatze des § 63 StGB. mit logischer Notwendigkeit, daß auch die dem Strafantrage zeitlich nachfolgenden Begünstigungs- und Beihilfehandlungen, trotz ihrer begrifflichen Selbständigkeit zueinander, als durch den Strafantrag mitergriffen strafgerichtlich verfolgt werden durften.

IV. **Das gewerbsmäßige Delikt.**

E. XII 388 (vgl. auch V 397, 370): Zur Gewerbsmäßigkeit eines Betriebes ist der Wille des Handelnden erforderlich, eine fortgesetzte auf Erwerb gerichtete Tätigkeit auszuüben. Zur Erfüllung dieses Begriffsmerkmales kann schon eine einzelne Handlung ausreichen, sofern sie nämlich den auf ihre Wiederholung gerichteten Erwerbswillen betätigt. Wird die Gewerbsmäßigkeit aus der Wiederholung der Handlung geschlossen, so muß zwischen den einzelnen Handlungen ein Zusammenhang in der Art vorhanden sein, daß sie als aus dem einheitlichen Willen des Handelnden, sich einen fortgesetzten Erwerb zu verschaffen, hervorgegangen sich darstellen.

V. **Idealkonkurrenz.** Erforderlichkeit einer Feststellung aller ideal konkurrierenden Delikte; Bedeutung für den Rückfall.

E. IV 180 (vgl. auch XVIII 193, XXVII 86): Die Strafkammer konnte, nachdem sie in derselben Handlung mit Grund ein Zusammentreffen verschiedener Straftaten im Sinne des § 73 StGB. und nicht etwa die bloße Konkurrenz verschiedener Strafgesetze erkannt hatte, sich auf eine ausdrückliche Entscheidung über die schwerere Gesetzesverletzung nicht beschränken, da nach § 263 StPO. die Tat nach allen sich darbietenden rechtlichen Gesichtspunkten der Prüfung des Richters unterliegt und das Ergebnis dieser Prüfung in dem Urteile zum Ausdruck zu bringen ist, woran auch der Umstand nichts ändert, daß bei vorliegender Verübung mehrerer verschiedenartiger Delikte durch dieselbe Handlung für die Strafestsetzung nur die schwerere Strafandrohung zur Anwendung kommt, indem in der hiernach bemessenen Strafe stets auch diejenige für die geringere Straftat mit enthalten ist, welche dabei als Strafausmessungsgrund sich darstellt oder wenigstens als ein solcher ohne Rechtsirrtum verwendet werden kann.

Die Anschauung der Strafkammer, daß, um einen Ausspruch über das konkurrierende Delikt notwendig zu machen, die Schuldigsprechung eine praktische Folge in Ansehung der zu erkennenden Strafe haben müsse, sei es, daß die Anwendung eines anderen als des im Eröffnungsbeschlusse angegebenen Strafgesetzes, oder sei es, daß die Berücksichtigung eines die Strafbarkeit erhöhenden Umstandes durch das konkurrierende Delikt einzutreten habe, übersieht, daß es sich um die Festsetzung der Strafe hierbei überhaupt nicht handelt, sondern um Wahrung des Grundsatzes, daß Angeklagter derjenigen Delikte, deren er sich durch seine Handlung schuldig gemacht hat, nach dem Zwecke des Verfahrens auch schuldig erkannt werden muß, und daß diese Schuldigerkennung, auch wenn sie eine besondere, von derjenigen für das schwerere Vergehen äußerlich getrennte Strafe nicht zur Folge hat, deshalb nicht einer Nichtbestrafung gleichsteht, sondern für die Frage eines demnächstigen Rückfalles ihre praktische Bedeutung besitzt.

VI. **Gesetzeskonkurrenz.**

E. XIV, 386: Der Begriff der Gesetzeskonkurrenz erfordert, daß die mehreren Strafgesetze denselben Tatbestand aufstellen und sich nur dadurch unterscheiden, daß das eine Gesetz eines oder mehrere der Begriffsmerkmale in engerer Begrenzung und spezieller Gestaltung enthält. Nur unter dieser Voraussetzung ist eine Handlung, welche mehrere Strafgesetze verletzt, nicht gemäß § 73 StGB., sondern nach dem spezielleren Gesetze, auch wenn dasselbe das mildere ist, zu strafen.

VII. **Realkonkurrenz.** Unterschied von dem fortgesetzten Verbrechen. E. XVII 102 (vgl. XXVII 19, RMG. II 265):

Der Angeklagte, seit dem Jahre 1872 als etatsmäßiger Kanzleibeamter des Bezirkspräsidiums zu Straßburg i. E. ohne Vorbehalt angestellt, ließ sich von Paris aus Geld zahlen und versprechen, unter anderem auch eine fortlaufende Monatsrente, um Aktenstücke und Nachrichten, von denen er wußte, daß ihre Geheimhaltung der französischen Regierung gegenüber für das Wohl des Deutschen Reiches erforderlich war, dieser Regierung mitzuteilen. Er führte dieses Vorhaben aus, indem er Verwaltungsberichte, welche immer, und Verfügungen, welche zum Teil geheimzuhalten waren, nach Paris gelangen ließ. Die Verwaltungsberichte wurden vierteljährlich von den Bezirkspräsidien in Metz, Kolmar und Straßburg an das Ministerium in Straßburg erstattet.

Der beim Bezirkspräsidium in Straßburg beschäftigte Drucker Gl. hatte die Verwaltungsberichte dieses Präsidiums in einer gewissen Anzahl von Exemplaren zu autographieren; er wurde durch den Angeklagten bewogen, ein Exemplar mehr zu drucken und dasselbe dem Angeklagten einzuhändigen. Auch die Verfügungen der Bezirksregierung zu Straßburg hatte Gl. in bestimmter Anzahl zu drucken. Von den sekreten und von einigen nicht sekreten Verfügungen fertigte er auf Verlangen des Angeklagten mehr an und gab es dem letzteren. Von den nicht sekreten Verfügungen, die an mehrere Behörden geschickt werden sollten, wurden immer einige Abdrücke mehr, als unmittelbar gebraucht werden sollten, hergestellt und in einem Wandschranke, der sich in einem Geschäftszimmer der Kanzlei befand, aufbewahrt; der Angeklagte entnahm daraus diejenigen, die er nach Paris schicken wollte und nicht schon von Gl. erhalten hatte. Die erwähnten überzähligen Exemplare der nicht sekreten Verfügungen hatte Gl. zu dem Zwecke herzustellen, damit sie künftig entweder an Behörden amtlich verschickt, oder damit sie solchen Beamten der Bezirksregierung, die sie zu besitzen wünschen möchten, zu deren Benutzung und Eigentum ausgehändigt werden könnten.

Die Tätigkeit des Angeklagten fällt in der Gesamtheit ihrer Entwicklung unter den Begriff der Bestechung (§ 332 StGB.), des Landesverrates (§ 92 Ziff. 1 StGB.) und des Vergehens gegen § 133 StGB., welches letztere Vergehen sich zugleich als Diebstahl (§ 242 StGB.) charakterisiert, und zwar verstieß der Angeklagte gegen jede einzelne dieser gesetzlichen Bestimmungen nicht bloß durch einen Tätigkeitsakt, sondern durch eine Reihe solcher Akte, welche sich über eine längere Zeit in der Weise ausdehnte, daß jeder Akt den vollen Tatbestand des Gesetzes in sich enthielt. In Beziehung auf jede einzelne der angeführten Gesetzesstellen hat jedoch die Handlungsweise des Angeklagten die Merkmale eines fortgesetzten, also rechtlich einheitlichen Deliktes. Denn soviel die Bestechung betrifft, ließ der Angeklagte von vornherein durch Annahme von Geldzahlungen und Geldversprechungen sich nicht zu einer bloß einmaligen Verletzung seiner Amtspflicht, sondern zu einer sukzessiv zu wiederholenden Verletzung derselben von qualitativ gleicher Art bestimmen; sein Vorsatz richtete sich von Anfang an auf das Ganze dieser pflichtwidrigen Tätigkeit, wie denn andererseits auch der Zweck, zu welchem ihm die Geldvorteile von Frankreich aus gegeben und versprochen wurden, erst durch das Ganze dieser Tätigkeit erreicht werden sollte; beides zeigt sich unter anderem in dem dem Angeklagten erteilten und von ihm angenommenen Versprechen einer fortlaufenden Monatsrente von 100 Frcs. für die Pflichtverletzungen, zu denen er sich anheischig machte. Zugleich verletzte jeder Einzelakt solcher Pflichtwidrigkeit die nämliche Rechtsnorm des § 332 a. a. O. Die gleichen Merkmale rechtlicher Einheit des Deliktes finden sich bei den vom Angeklagten verübten landesverräterischen Akten, welche zusammen die Gegenleistung ausmachten, die er für das ihm versprochene oder bezahlte Geld ausführte; auch hierbei ging sein Vorsatz von vornherein auf die von ihm demnächst vorgenommene Gesamtleistung, und die letztere verstieß in ihren einzelnen Akten gegen die nämliche Rechtsnorm des § 92 Ziff. 1 a. a. O. Und nicht anders steht es mit der dritten Gruppe der vom Angeklagten verübten Handlungen, der Beiseiteschaffung und Zueignung von Schriftstücken; die hierauf gerichteten Einzelakte bildeten erst in ihrer Gesamtheit das von Anfang an vom Angeklagten gewählte Mittel zur Durchführung seines landesverräterischen Vorsatzes und verstießen sämtlich gegen die nämlichen Rechtsnormen der §§ 133, 242 a. a. O. Daher hat der Gerichtshof angenommen, daß sich der Angeklagte nur eines Verbrechens der Bestechung, eines Landesverrates und einer Beiseiteschaffung von Schriftstücken, welche zugleich Diebstahl war, schuldig gemacht hat. Das letztere Vergehen verletzt als eine und dieselbe Handlung sowohl den § 133 als auch den § 242 StGB. und ist deshalb, dem Grundsatze der Idealkonkurrenz (§ 73 StGB.) gemäß, aus dem § 133 Abs. 2, welcher die schwerere Strafe androht, zu bestrafen.

Dagegen stehen die vom Angeklagten verübten Delikte der Bestechung, des Landesverrates und der Beseitigung von Schriftstücken unter sich im Verhältnisse selbständiger Handlungen, also der Realkonkurrenz (§ 74 StGB.). Zwar läßt sich ein innerer Zusammenhang zwischen denselben nicht verkennen. Denn der Umstand, daß dem Angeklagten von französischer Seite Geld gegeben und versprochen worden war, welcher ein wesentliches Merkmal im Tatbestande der Bestechung ausmacht, bildete für den Angeklagten das Motiv, wodurch er zum Landesverrate getrieben wurde, und diejenige Handlung, für welche ihm das Geld gegeben und versprochen wurde, war gerade die Verübung dieses Landesverrates; die Beiseiteschaffung der Drucksachen war das dem Angeklagten erforderlich erscheinende Mittel für die Ausführung des Landesverrates, war also ebenfalls durch die Bestechung herbeigeführt und stand zugleich im Kausalzusammenhange mit dem Landesverrate. Dazu kommt, daß eine Einheit des Entschlusses des Angeklagten in der Weise, daß er sogleich, nachdem er sich hatte bestechen lassen, die Beiseiteschaffung der Drucksachen als das von ihm zu benutzende Mittel sich vorsetzte, als vorhanden anzunehmen ist; war doch der Angeklagte schon bei seiner ersten Zusammenkunft mit V. von diesem aufgefordert worden, Verwaltungssachen nach Paris zu schicken. Allein eine Verbindung dieser Art genügt nicht, den drei Delikten die Natur einer und derselben Handlung zu verleihen. Zunächst fielen die einzelnen Akte, die zum Tatbestande der Bestechung, zu dem des Landesverrates und zu dem des Vergehens gegen § 133 a. a. O. gehörten, zeitlich auseinander und unterschieden sich in ihrer natürlichen Beschaffenheit; das Geldempfangen war etwas anderes, als das Wegnehmen der Drucksachen und die Mitteilung der letzteren nach Paris. Soviel die Einheit des Entschlusses angeht, so bildet sie einen Faktor der Einheitlichkeit mehrerer zeitlich getrennter Handlungen als eines fortgesetzten Deliktes nur unter der Voraussetzung, daß sie verbunden ist mit einem verbrecherischen Vorsatze, der sich gegen das nämliche Rechtsgut und gleichzeitig gegen das nämliche, von Anfang an oder wenigstens im Verlaufe der Ausführung in den Vorsatz aufgenommene Gesamtobjekt richtet, und daß das angegriffene Rechtsgut eine Verletzung in quantitativ größerem oder geringerem Umfange, also auch in quantitativen Abschnitten in der Weise zuläßt, daß die einzelnen auf die Verwirklichung jedes Teiles gerichteten Tätigkeitsakte die gleiche rechtliche Beschaffenheit haben, indem sie sämtlich im allgemeinen den nämlichen strafbaren Tatbestand erfüllen. Es fallen dann die einzelnen Akte zwar zeitlich auseinander und bilden nicht ein einziges Tun im natürlichen Sinne, aber nur deshalb, weil ein einziger Tätigkeitsakt nicht ausreicht, um den gefaßten Vorsatz in seinem quantitativen Gesamtumfange zu realisieren. Auf der Identität des Rechtsgutes also, gegen welches sich alle sukzessiven Akte richten, und auf der Möglichkeit einer quantitativ größeren oder geringeren Verletzung dieses Rechtsgutes einerseits, und andererseits darauf, daß der Vorsatz auf eine Gesamtverletzung dieses Rechtsgutes geht, beruht das Wesen des fortgesetzten Deliktes. Die Rechtsgüter jedoch, welche die Objekte der Bestechung, des Landesverrates und der Beiseiteschaffung von Schriftstücken (§ 133 a. a. O.) bilden, sind wesentlich voneinander verschieden; die Bestechung verletzt die Beamtentreue, der Landesverrat die Staatsbürgertreue und die Staatssicherheit nach außen, die Beiseiteschaffung von Schriftstücken, wie sie der § 133 a. a. O. mit Strafe bedroht, die öffentliche Ordnung in einer bestimmten Richtung.

Zugleich läßt zwar jedes dieser Rechtsgüter eine quantitativ größere oder geringere Verletzung zu, so daß jedes einzelne derselben das Objekt eines fortgesetzten Deliktes werden kann; aber in der Bestechung als solcher liegt auch keine noch so geringe Verletzung der Staatsbürgertreue und der Staatssicherheit nach außen, im Landesverrate als solchem keine Verletzung der Beamtentreue, in beiden keinerlei Verletzung der öffentlichen Ordnung in dem Sinne wie sie der § 133 a. a. O. schützen will. Selbstverständlich würde dasselbe auch vom Diebstahl der Abdrücke gelten, dessen rechtliches Objekt fremdes Eigentums- und Besitzrecht bildet; es kommt darauf aber wegen der Idealkonkurrenz dieses Diebstahles mit dem schwerer strafbaren Vergehen gegen § 133 a. a. O. hier nicht an. Wiederholt hat sodann die Rechtsprechung des Reichsgerichtes darauf hingewiesen, daß, wenn man die durch die Einheit eines Entschlusses charakterisierte Planmäßigkeit einer länger dauernden Tätigkeit, auf welches letzte Ziel sie auch ausgehen mag, für sich allein schon genügen lassen wollte, um alle Stadien dieser Tätigkeit trotz ihrer Verschiedenartigkeit zur juristischen Einheit der Handlung zu verbinden, man zu dem Ergebnisse gelangen würde, daß alle möglichen Delikte zu einem einzigen fortgesetzten Delikte werden könnten, bloß weil der Täter ihre sukzessive Verübung als Mittel zu dem letzten Ziele, welches er sich setzte, für diensam erachtet hat, so daß das Belieben des Täters allein den Rechtsbegriff der Einheit der Handlung für jeden konkreten Fall bestimmen würde; es existiert aber kein Rechtssatz, welcher dem subjektiven Ermessen des Täters einen derartigen Einfluß einräumte, und auch die strafrechtliche Theorie, welche den Begriff des fortgesetzten Deliktes geschaffen hat, ist soweit nur selten gegangen. Die Selbständigkeit der Handlung im Sinne des § 74 a. a. O. wird also dadurch, daß sie das Mittel zur Verübung einer anderen Handlung oder der Zweck der letzteren war, oder daß in ihr das Motiv für eine andere Handlung lag, nicht beeinträchtigt.

Kap. 4. Die Verknüpfung der Strafe mit der strafbaren Handlung.

§ 24. A. Die leitenden Grundsätze für die Strafbarkeit.

Beling § 42, Binding Gr. I § 103 ff.

I. In E. XIII 224 wird ausgeführt, daß die Terminologie des Vereinszollgesetzes vom 1. Juli 1869 und anderer Finanzgesetze in Ansehung des Wortes „Vergehen" sich nicht mit der Terminologie des StGB. (Trichotomie, § 1 StGB.) deckt.

II. **Strafbarkeit der Fahrlässigkeit bei Schweigen des Strafgesetzes über die Schuldform.** E. XXII 43:

Die beiden Revidenten sind wegen Zuwiderhandlung gegen die §§ 115, 146 Ziff. 1 Gew.O. bestraft, jedoch nicht wegen vorsätzlicher, sondern wegen fahrlässiger Verübung. Hiergegen haben dieselben Revision wegen irriger Anwendung des Strafgesetzes, und zwar vor allem deshalb ergriffen, weil fahrlässige Verfehlung angenommen worden sei, obleich nur vorsätzliche Zuwiderhandlung i n § 146 Ziff. 1 Gew.O. mit Strafe bedroht sei. Dies ist unrichtig. Eine Bestimmung, wie sie ältere deutsche Strafgesetzbücher, z. B. Art. 6 des bayerischen Strafgesetzbuches vom 10. November 1861, enthalten haben, wonach die Strafbestimmungen desselben nur auf vorsätzlich begangene Handlungen anzuwenden waren, wenn die Anwendung auf fahrlässige Rechtsverletzungen nicht ausdrücklich vorgesehen war, besteht in der Reichsstrafgesetzgebung nicht. Selbst im Reichsstrafgesetzbuche bestehen Bestimmungen, bei welchen nur durch Interpretation des Gesetzes und aus der Natur der Tat gefolgert werden kann, daß sie auch auf fahrlässiges Verschulden des Täters anzuwenden seien, wenn dies auch in der Regel ausdrücklich gesagt ist; weit häufiger ist dies in den besonderen Gesetzen der Fall, welche Strafbestimmungen enthalten. Es muß deshalb in jedem einzelnen Falle, in welchem das Gesetz einen Zweifel zuläßt, untersucht werden, welches der Wille des Gesetzgebers war. Dieser Aufgabe ist das Reichsgericht in zahlreichen, unter § 146 Ziff. 2 Gew.O. fallenden Strafsachen nachgekommen und hat entschieden, daß Gewerbetreibende, welche fahrlässigerweise, indem sie es an der nötigen Überwachung fehlen lassen, Arbeiterinnen oder jugendlichen Arbeitern den §§ 135, 136, 139a Gew.O. zuwider Beschäftigung geben, der Strafe des § 146 verfallen.

Die erste Revisionsbeschwerde, die Verurteilung wegen fahrlässiger Zuwiderhandlung sei deshalb rechtsirrig, weil § 146 Gew.O. keine ausdrückliche Strafandrohung für die fahrlässige Begehung der dort bezeichneten strafbaren Handlungen enthalte, ist also unbegründet. Es muß vielmehr untersucht werden, ob die den Beklagten zur Last gelegten Handlungen auch bei fahrlässiger Verübung der Strafbestimmung des § 146 unterliegen.

Diese Frage war zu bejahen. Die Reichsgewerbeordnung hat eine größere Anzahl von Bestimmungen zum Schutze der Arbeiter getroffen, welche unbedingt festgehalten werden sollen und für deren Einhaltung dieselbe die Gewerbetreibenden, d. h. die Inhaber derjenigen Geschäfte, in welchen die Arbeiter beschäftigt sind, verantwortlich macht. Würden dieselben auf Untergebene, Werkführer, Vorarbeiter 2c. diese Verantwortlichkeit übertragen, und sich damit entschuldigen können, daß die verbotenen Handlungen ohne ihr Wissen oder vielleicht sogar gegen allgemeine Anordnungen geschehen seien, so würden die gesetzlichen Gebote häufig umgangen werden. Das Gesetz legt deshalb den Gewerbetreibenden die Verpflichtung auf, solche Vorkehrungen zu treffen, daß überhaupt die Verletzung des Gesetzes in ihren Gewerbebetrieben hintangehalten wird. Zu diesen Bestimmungen gehören auch jene des § 115, welcher den Gewerbetreibenden unbedingt die Pflicht auferlegt, die Löhne ihrer Arbeiter bar auszuzahlen und denselben keine Waren zu kreditieren. Diese Pflicht ist verletzt, wenn die Gewerbetreibenden schuldhaft zulassen, daß den Geboten zuwidergehandelt wird, d. h. wenn sie es unterlassen, diejenigen Vorkehrungen zu treffen, welche geeignet sind, die Zuwiderhandlung zu verhindern. Sie sind also auch für ungenügende Aufmerksamkeit verantwortlich, oder mit anderen Worten, sie haften auch für fahrlässige Zulassung des Verbotenen.

Der I. Strafsenat hat sich in dieser Weise schon durch Urteil vom 9. Januar 1882,

Entsch. des RG. in Strafs. Bd. 5, S. 426, ausgesprochen und findet keinen Grund, von dieser Anschauung abzugehen. Es erscheint mithin auch die Revisionsbeschwerde unbegründet, welche die rechtsirrige Anwendung des § 146 Ziff. 1 behauptet, weil die fahrlässige Verübung nicht strafbar sei.

In RMG. I 169 ist ausgesprochen, daß das Vergehen der vorschriftswidrigen Behandlung Untergebener (MStGB. § 121) auch fahrlässig begangen strafbar sei.

§ 25. B. Strafausschließung.

Beling § 43, Berner § 52, Binding Gr. I § 76, § 80, v. Liszt § 44, S. 119, S. 143, H. Meyer § 44, Frank und Olshausen, Vorbemerkung zu § 51 StGB.

Notwehrexzeß. RMG. I 69.

Nach der Feststellung des Berufungsrichters befand sich der Angeklagte am 30. September 1900 in Gesellschaft mehrerer Ulanenunteroffiziere in L., wo getanzt wurde. Es kam hierbei zwischen den Unteroffizieren und Zivilisten zu Streitigkeiten und als dem Angeklagten mitgeteilt wurde, der Tischlergeselle E. habe die Unteroffiziere beschimpft, ging er, nachdem er das Seitengewehr umgeschnallt hatte, quer durch den Saal auf E. zu. Im Gehen lockerte er das Seitengewehr. Als E. den Angeklagten kommen sah, stand er auf und erhob, da er einen Angriff erwartete, einen Stuhl zur Abwehr. Als der Angeklagte nun sein Seitengewehr noch weiter aus der Scheide zog, erhielt er von E. einen Stoß mit dem Stuhle gegen die Hand. E. ließ darauf den Stuhl fallen und ergriff die Flucht. Der Angeklagte verfolgte ihn mit gezogenem Seitengewehr und versetzte ihm mit demselben einen Hieb auf den Kopf, infolgedessen E. zusammenbrach. Auf Grund dieses Sachverhaltes hat der Vorderrichter den Angeklagten wegen gefährlicher Körperverletzung und rechtswidrigen Waffengebrauchs durch ein und dieselbe Handlung bestraft. Er hat angenommen, daß eine straflose Überschreitung im Sinne des § 53 Abs. 3 RStGB., wie solche der erste Richter für dargetan erachtet hat, nicht vorliege.

Der Angeklagte nimmt in der Revisionsrechtfertigung der Strafausschließungsgrund des § 53 Abs. 3 RStGB. für sich in Anspruch. In Abs. 3 a. a. O. ist bestimmt:

„Die Überschreitung der Notwehr ist nicht strafbar, wenn der Täter in Bestürzung, Furcht oder Schrecken über die Grenzen der Verteidigung hinausgegangen ist.“

Eine Überschreitung der Notwehr im Sinne des § 53 a. a. O. kann nur dann in Frage kommen, wenn die Voraussetzungen der Notwehr selbst vorliegen. „Notwehr ist“ nach Abs. 2 des § 53 a. a. O. „diejenige Verteidigung, welche erforderlich ist, um einen gegenwärtigen, rechtswidrigen Angriff von sich oder einem anderen abzuwehren.“ Der Angeklagte kann demnach die Bestimmung des Abs. 3 a. a. O. nur dann in Anspruch nehmen, wenn er bei Verübung der Tat in der Lage war, sich gegen einen gegenwärtigen rechtswidrigen Angriff verteidigen zu müssen. Ein „gegenwärtiger“ Angriff ist nur dann als vorliegend anzusehen, wenn der Angriff bereits begonnen hat und *noch nicht beendigt* ist. Im vorliegenden Falle hat nun der Vorderrichter festgestellt, daß E., nachdem er mit dem Stuhle den Stoß gegen die Hand des Angeklagten getan, den Stuhl fallen gelassen und die Flucht ergriffen hat, und daß auch eine Wiederholung des Angriffs nach Lage der Sache ausgeschlossen war. Nach dieser Feststellung war der Angriff des E. zu der Zeit, als der Angeklagte dem E. mit seinem Seitengewehre den Hieb auf den Kopf versetzte, bereits beendigt. Ein gegenwärtiger Angriff war nicht vorhanden und deshalb war eine Verteidigung seitens des Angeklagten überhaupt nicht erforderlich.

§ 26. C. Strafzumessung.

Beling § 44, Berner §§ 137 ff., Binding Gr. I § 104; v. Liszt § 68, H. Meyer § 58, Frank und Olshausen zu § 2 StGB.

I. Leugnen, Geständnis als Strafzumessungsgründe. RMG. III 68.

Richtig ist, daß, weil der Angeklagte eine gesetzliche Verpflichtung zum Eingeständnisse der von ihm begangenen strafbaren Handlung nicht hat, ihm das Leugnen derselben auch nicht als Straferhöhungsgrund zur Last gelegt werden darf. Andererseits ist es aber durchaus gerechtfertigt, das Geständnis eines Angeklagten als Strafmilderungsgrund zu berücksichtigen, so daß also die Strafe verschieden bemessen werden kann, je nachdem der Angeklagte die von ihm begangene Tat leugnet oder eingesteht.

II. Minder schwere Fälle. RMG. I 35.

Das Berufungsgericht hat den Angeklagten, Sergeanten Z., unter der tatsächlichen Feststellung,

am 1. November 1900 zu D. auf dem Schießstande den Füsilier N. während der Ausübung des Dienstes insofern vorsätzlich körperlich gemißhandelt zu haben, als er denselben mit der Faust ins Gesicht schlug und zwar derart, daß ein (bereits defekter Zahn des N. vollständig und ein anderer zur Hälfte abbrach.

der Mißhandlung eines Untergebenen — §§ 122, 55 Ziff. 2 MStGB. — für schuldig erachtet und dabei einen minder schweren Fall auf Grund folgender Erwägungen als vorhanden angenommen: „Die Handlungsweise des Angeklagten stelle sich zwar objektiv unzweifelhaft als eine rohe Ausschreitung gegen einen Untergebenen dar; strafmildernd sei jedoch in Betracht zu ziehen, daß die Tat in hochgradiger Erregung verübt worden sei. N. habe beim Abladen der Scheiben eine Ringscheibe beschädigt; hierdurch sei der Angeklagte, welcher als Schießunteroffizier für die ordnungsmäßige Beschaffenheit der Scheiben Sorge zu tragen hatte, zum Zorn gereizt und augenblicklich zu seiner Tat hingerissen worden. Es liege also nicht eine wohlüberlegte, ruhig erwogene Tätlichkeit, sondern eine durch plötzlichen Affekt hervorgerufene Ausschreitung vor, welche die an sich grobe Gewalttätigkeit des Angeklagten in einem milderen Lichte erscheinen lasse. Hierzu komme die völlig makellose Vergangenheit und sehr gute Führung des Angeklagten während der langjährigen Dienstzeit."

Gegen dieses Urteil hat der Gerichtsherr form- und fristgemäß Revision eingelegt unter der Begründung, daß das Gericht im Widerspruche mit dem Inhalte der Akten einen minder schweren Fall aus § 122 MStGB. zu Unrecht angenommen habe, daß das Urteil mithin auf einer unzutreffenden Auslegung des § 122 a. a. O. beruhe und ungesetzlich sei.

Die Revision konnte für begründet nicht erachtet werden.

Die Annahme eines minder schweren Falles gründet sich vorliegend allerdings nur auf Umstände, die in der Person des Täters liegen, also lediglich subjektiver Natur sind: große Erregung und lange tadellose Führung. Nun haben zwar die Motive zu § 58 MStGB. den Satz aufgestellt, daß unter minder schweren Fällen nur objektiv leichtere Fälle zu verstehen seien. Daß aber der Gesetzgeber diesen Satz gebilligt habe, ist nicht ersichtlich.

Im bürgerlichen Strafgesetzbuche herrscht das System der „mildernden Umstände", bei denen unbestritten die subjektiven wie die objektiven Umstände zur Geltung kommen, und es wird deshalb dort mit Recht da, wo ausnahmsweise auch „minder schwere Fälle" Berücksichtigung finden sollen, diese Berücksichtigung auf objektiv leichtere Fälle beschränkt.

Das Militärstrafgesetzbuch kennt aber, wo es selbständig Strafandrohungen aufstellt, „mildernde Umstände" überhaupt nicht; es kennt nur „minder schwere Fälle".

Es ist nun ungeachtet der Motive zu § 58 a. a. O. davon auszugehen, daß das Militärstrafgesetzbuch das System der Strafmilderung selbständig geregelt hat, und es liegt kein Grund zu der Annahme vor, daß es dabei die in der Person des Täters liegenden, eine mildere Auffassung rechtfertigenden Umstände habe vollständig außer acht lassen wollen. Dem entsprechen auch die Motive zu dem Entwurfe (§ 311) der jetzt geltenden Militärstrafgerichtsordnung.

Die Praxis hat, soweit bekannt, allgemein diese Auffassung vertreten. Dies ist namentlich von seiten der preußischen Militärgerichte unter Allerhöchster Zustimmung von je der Fall gewesen. Die gegenteilige Auffassung würde auch dahin führen, daß der Vorgesetzte im Verhältnisse zum Untergebenen ungleich schlechter gestellt würde, was nicht als Absicht des Gesetzes angenommen werden kann. Dem Untergebenen stehen, falls er durch den Vorgesetzten zu einer Insubordination gereizt worden ist, die weitgehenden Strafmilderungsvorschriften des § 98 MStGB. zur Seite.

Für den Vorgesetzten aber fehlt es bei Mißbrauch der Dienstgewalt an einer solchen Vorschrift; für ihn besteht nur der Schutz des § 124 a. a. O. Hat er, vielleicht bis aufs Blut gereizt, sich zu einer Mißhandlung eines Untergebenen hinreißen lassen, und ist eine schwere Körperverletzung die Folge, die objektiv als leichter Fall nicht angesehen werden könnte, so müßte, auch wenn der Vorgesetzte von tadellosester Führung war, nach § 123 Abs. 1 MStGB., auf Zuchthaus erkannt werden — gegen den Offizier wie gegen den Unteroffizier.

Dies alles läßt die Auffassung gerechtfertigt erscheinen, daß hinsichtlich der Voraussetzungen eines „minder schweren Falles" im Sinne des Militärstrafgesetzbuchs die Straftat nicht ausschließlich nach ihrer objektiven Seite, sondern in allen ihren Beziehungen, also auch nach der subjektiven Seite hin, in Betracht kommt.

III. **Anwendbarkeit der Straferhöhungsgründe des § 55 MStGB. auf fahrlässige Straftaten.** RMG. I 290.

Der Wortlaut des § 55 a. a. O. gibt an sich keinen Anlaß, seine Anwendung auf fahrlässige Straftaten auszuschließen; es wird sich durchweg des ganz allgemeinen Ausdrucks „strafbare Handlungen" bedient, welcher nicht nur bürgerliche und militärische Vergehen und Verbrechen, sondern auch vorsätzliche und fahrlässige Delikte in sich begreift.

Der Umstand, daß unter Ziffer 1—3 des angeführten Paragraphen — abgesehen von dem Handeln während der Ausübung des Dienstes — nur Handlungen angeführt sind, zu welchen ihrer Natur nach ein Vorsatz gehört, könnte allerdings zu dem Schlusse führen, es habe der Gesetzgeber auch für den Fall, wenn die Tat während der Ausübung des Dienstes begangen wird, nur an ein vorsätzliches Handeln gedacht. Diese Folgerung ist aber weder zwingend, noch auch entspricht sie den militärischen Interessen.

Denn, wenn davon ausgegangen werden muß, daß Rücksichten militärischer Art, insbesondere auf die Manneszucht, dafür bestimmend waren, eine Erhöhung der Strafe unter den in Ziffer 1—3 des § 55 a. a. O. enthaltenen Voraussetzungen eintreten zu lassen, so ist nicht abzusehen, weshalb bei fahrlässigem Verschulden von Militärpersonen der angeführte Gesichtspunkt nicht ebenso begründet sein sollte wie bei vorsätzlichem Handeln. Die strengen Formen der Ausübung des Dienstes fordern einen besonderen Grad von Aufmerksamkeit und Vorsicht. Nicht nur der Vorsatz, sondern auch die Fahrlässigkeit, insbesondere die Leichtfertigkeit, sind geeignet, diese Formen in schädigendster Weise zu durchbrechen. Ebensowenig kann für diese Frage die Erwägung, daß bei Anwendung des § 55 a. a. O. auch auf fahrlässige Delikte eine Anzahl fahrlässiger militärischer Reate (zu vergleichen §§ 62, 142, 148 MStGB.) zu militärischen Verbrechen werden können, deshalb von ausschlaggebender Bedeutung sein, weil damit eine Abweichung vom geltenden bürgerlichen Strafrechte, welches in seinem Strafsysteme fahrlässige Delikte nicht als Verbrechen qualifiziert wissen will, herbeigeführt wird. Denn überall da, wo besondere militärische Interessen, vornehmlich die Disziplin, in Betracht kommen, sind der Gleichstellung des bürgerlichen und des Militärrechts Grenzen gezogen. Überdies ist schon — da der militärische Ungehorsam (MStGB. § 92) auch fahrlässig begangen werden kann — im § 93 a. a. O. ein militärisches fahrlässiges Delikt mit einer Verbrechensstrafe bedroht. Der angeführte Grundsatz des bürgerlichen Rechtes hat also im MStGB. Aufnahme nicht gefunden.

IV. **Persönliche Eigenschaften und Verhältnisse, die die Strafbarkeit erhöhen, im Sinne des § 50 StGB.**

Hierher rechnet E. XXV 266 die Gewerbs- und Gewohnheitsmäßigkeit.

D. Strafenkonkurrenz.

§ 27. Die Bestrafung bei Idealkonkurrenz.

Beling § 41, § 46, Berner § 145, Binding Gr. I § 61, v. Liszt § 56, H. Meyer § 62, Frank und Olshausen zu § 73 StGB.

I. Die der **Bestrafung** konkurrierender Delikte zu Grunde liegende **legis ratio**. E. XVIII 193:

Eine Auslegung des § 73, welche zu einem innerlich so unhaltbarem Ergebnisse (— Schuldigsprechung nur unter dem Gesichtspunkt des schwereren Strafgesetzes —) führt, verkennt zugleich die Aufgabe, mit der allein die §§ 73 bis 79 StGB. zu tun haben und den rechtsgeschichtlichen Zusammenhang der Paragraphen mit der früheren Gesetzgebung und der einschlägigen Theorie. Dieser Teil des Gesetzes beschäftigt sich mit der Frage, wie die gesetzliche Strafandrohung für den Fall zu bemessen sei, wenn jemand nicht wegen eines Deliktes, sondern wegen mehrerer Delikte zu der nämlichen Aburteilung gelangt oder (§ 79) gelangen würde, wenn dem Richter die sämtlichen Delikte schon zur Zeit des Urteiles bekannt wären. Diese Frage war in der Wissenschaft, im gemeinen Rechte und bei Erlaß der Partikulargesetze vielfach behandelt worden, und es hatten sich die bekannten Ansichten von einer Kumulierung der mehreren Strafen, einer Absorbierung der einen durch die andere Strafe, und einer teilweisen Absorbierung oder sonstigen Abschwächung des Kumulationsprinzipes gebildet. Zwischen diesen verschiedenen Lösungen der alten Streitfragen hatte sich der Gesetzgeber auch bei Erlaß des deutschen Strafgesetzbuches zu entscheiden, und dies ist in den §§ 73—79 geschehen. Bei mehreren selbständigen Handlungen ist die Entscheidung zugunsten einer abgeschwächten Kumulation der mehreren Strafen ausgefallen (§ 74), weil, wie die Motive sagen, „die Wissenschaft und die Mehrzahl der neuen Gesetzbücher anerkannt haben, daß bei dem Zusammentreffen mehrerer mit Freiheitsstrafe bedrohter Handlungen eine vollständige Verbüßung sämtlicher durch sie verwirkter Strafen eine ungerechtfertigte Verschärfung der Strafen selbst enthalten würde, da die Schwere der Strafe intensiv härter wirkt, je länger sie andauert". Es ist also die Rede von einer Bestrafung aller einzelnen zur Aburteilung gelangenden Delikte, aber es ist das gesetzliche Strafmaß für all diese Delikte im Vergleiche mit dem Strafmaße, welches sich aus der Kumulierung sämtlicher verwirkter Einzelstrafen ergeben würde, herabgesetzt worden.

Im Falle der Verletzung mehrerer Strafgesetze durch eine und dieselbe Handlung (§ 73) erschien eine solche Herabsetzung des gesetzlichen

Strafmaßes noch nicht als ausreichend, und der Gesetzgeber entschied sich dahin, daß in solchem Falle an die Stelle der mehreren Strafdrohungen für die Einzeldelikte eine andere Strafdrohung trete, und zwar eine solche, die der Drohung für das schwerste Einzeldelikt gleich sei. Der Gedanke des Gesetzgebers war nicht der, daß die zur Aburteilung stehende, „mehrere Strafgesetze" verletzende Handlung nicht nach allen ihren strafrechtlichen Beziehungen abgeurteilt und bestraft werden sollte, sondern lediglich der, daß die Strafdrohung und die Bestrafung der Handlung in allen ihren strafrechtlichen Beziehungen auf ein Maß vermindert werden sollte, welches im Gesetze der Kürze wegen durch Verweisung auf die Strafdrohung des verletzten schwersten Gesetzes zum Ausdrucke gebracht worden ist. Dies ist der Sinn der Worte des § 73: „es kommt nur dasjenige Gesetz, welches die schwerste Strafe androht, zur Anwendung", das heißt, es ist aus dem schwersten Gesetze zu ersehen, welche Strafe den sämtlichen Strafgesetzverletzungen im deutschen Strafgesetzbuche gedroht ist. Einzuräumen hat man, daß die Worte des § 73 zweideutig klingen. Anders sprechen die Motive zu § 73 den Gedanken des Gesetzgebers aus: „bei der idealen Konkurrenz ist nur auf die Strafe des schwereren Verbrechens zu erkennen"; dieser Ausdruck ist insofern richtiger, als er jeden Gedanken ausschließt, als ob keine Verurteilung wegen der geringeren Delikte stattfinden solle, aber ebenfalls zweideutig hinsichtlich der Frage, ob nur das schwerste oder ob alle konkurrierenden Delikte zur Bestrafung kommen sollen. Jedoch fügen die Motive hinzu: „Der Paragraph erkennt den Satz des gemeinen Rechtes, daß bei der idealen Konkurrenz nur auf die Strafe des schwereren Verbrechens zu erkennen sei, an." Der Paragraph soll also das gemeine Recht wiedergeben. Nun war zwar im gemeinen Rechte der Satz, daß poena major absorbet minorem, nicht unbestritten, diejenigen aber, welche diesen Satz im gemeinen Rechte fanden, — und nach den Motiven hat ihn auch der Gesetzgeber des deutschen Strafgesetzbuches darin gefunden, — verstanden ihn stets in dem Sinne, daß durch die Strafe des schwersten Deliktes auch die übrigen Delikte als abgebüßt gelten sollten, daß die letzteren also durch jene Strafe mit bedroht und bestraft würden.

Auf diese Weise steht die nach § 73 zu verhängende Strafe zugleich in innerlicher Übereinstimmung mit der Gesamtstrafe des § 74. Auch die letztere ist eine Strafe für die sämtlichen strafbaren Handlungen und tritt an die Stelle der sämtlichen verwirkten Einzelstrafen, auch bei ihr geht das Gesetz von einer der Einzelstrafen, und zwar von der schwersten, aus, nur nicht von der angedrohten, sondern von der verwirkten schwersten Strafe. Aber während das Gesetz, wenn mehrere selbständige Handlungen vorliegen, bestimmt, daß die schwerste verwirkte Strafe erhöht werden muß, ist dies nicht geschehen, wenn nur Eine Handlung vorliegt, teils, weil dieser Fall als der leichtere angesehen wurde, teils, weil die gesetzliche vorgeschriebene Erhöhung der verwirkten schwersten Strafe durch das Ermessen des Richters mittels erhöhter Zumessung der angedrohten schwersten Strafe in jedem Einzelfalle ersetzt werden kann, und, wie man annahm, in der Regel auch ersetzt werden würde.

Für die vorstehende Auslegung spricht sodann folgende Erwägung. Sollte durch die Anwendung des die schwerste Strafe androhenden Gesetzes (§ 73) die Handlung nur insofern, als sie gegen das schwerste der verletzten mehreren Gesetze verstößt, zur Bestrafung kommen, so hätte, was oben schon bemerkt wurde, der § 73 einen gesetzlichen Strafausschließungsgrund geschaffen, indem z. B. der Betrug für ausnahmsweise straffrei erklärt worden wäre, wenn die betrügerische Handlung zugleich Fälschung und als solche schwerer strafbar ist.

Dann aber wäre der richtige Platz für den Paragraphen der vierte Abschnitt des allgemeinen Teiles des Strafgesetzbuches unter der Überschrift: „Gründe, welche die Strafe ausschließen usw. gewesen", nicht der fünfte Abschnitt mit der Überschrift: „Zusammentreffen mehrerer strafbarer Handlungen", um so mehr, da diese Überschrift nur auf den Fall der Real-, nicht auf den Fall der Idealkonkurrenz paßt, da bei Idealkonkurrenz nicht mehrere strafbare Handlungen zusammentreffen, sondern nur Eine solche Handlung vorhanden ist (§ 73: „wenn eine und dieselbe Handlung usw."). Die Stellung des § 73 in dem fünften Abschnitt beweist daher, daß im Falle der Idealkonkurrenz ebensowenig, wie im Falle der Realkonkurrenz, an Strafausschließung gedacht worden ist.

In betreff der bisherigen Rechtsprechung braucht hier nur erwähnt zu werden, daß die preußische Praxis zu § 55 StGB. von 1851 die Verurteilung wegen aller ideal konkurrierenden Delikte gerade zu dem Zwecke gefordert hat, damit künftig die Rückfallsstrafe begründet sei, Oppenhoff, Preußisches Strafgesetzbuch Note 7 zu Art. 25 des Einführungsgesetzes und Note 11 zu § 55 des Gesetzes, und daß das Reichsgericht in dem schon vom Instanzrichter angezogenen Urteile, Entsch. des RG. in Strafs. Bd. 4 S. 180 ff., sich dahin ausgesprochen hat, die Schuldigerkennung wegen der geringeren Delikte besitze praktische Bedeutung für die Frage eines demnächstigen Rückfalles, und die aus der schwereren Strafdrohung bemessene Strafe enthalte auch die Strafe für die geringeren Delikte in sich.

Durch die obenerwähnte Exklusivität der Strafe aus dem schwersten Gesetze wird aber die hier zu entscheidende Frage, ob diese Strafe auch hinsichtlich der geringeren Delikte die Rückfallsstrafe zu begründen vermöge, gar nicht berührt.

Der Grundsatz jener Ausschließlichkeit bestimmt lediglich über Art und Größe der bei der Idealkonkurrenz zu erkennenden Strafe, nicht darüber, welche Bedeutung diese Strafe für die leichter strafbaren konkurrierenden Delikte und demgemäß für den Rückfall hat.

II. Grundsatz der **„absoluten Exklusivität des härteren Strafgesetzes"** (also Ausschluß auch des Strafminimums des milderen Gesetzes). Ausgesprochen in E. III 390, VI 180, VIII 84, XVI 302, RMG. I 218, II 26.

III. Der Fall der s. g. **gleichartigen Idealkonkurrenz** ist **nach Analogie der Vorschrift des § 73 StGB.** zu entscheiden. E. II 255.[1]

[1] Übereinstimmend mit R. G. H. Meyer § 62; A. M. v. Liszt § 56, welcher die gleichartige Idealkonkurrenz weder als Konkurrenz überhaupt noch auch als Idealkonkurrenz in dem von ihm erörterten Sinn ansieht.

§ 28. II. Die Bestrafung bei Realkonkurrenz.

Beling § 41, § 46, Berner § 145, Binding Gr. I § 61, v. Liszt § 57, § 73, H. Meyer § 63, Frank und Olshausen zu § 74 StGB.

I. **Bildung einer Gesamtstrafe aus 2 Einzelstrafen,** von denen die eine nur in einem Tage Gefängnis besteht. E. XXX 141 (vgl. auch XVI 284):

Aus den gegen die Angeklagte festgesetzten Einzelstrafen von einer Woche Gefängnis wegen Diebstahls und einem Tage wegen Betruges hat die Vorinstanz eine Gesamtstrafe von einer Woche und einem Tage Gefängnis gebildet. Das verstößt gegen § 74 Abs. 3 StGB., nach welchem das Maß der Gesamtstrafe den Betrag der verwirkten Einzelstrafen nicht erreichen darf. Soll aber einerseits nach § 74 Abs. 1 StGB. die Bildung der Gesamtstrafe durch Erhöhung der verwirkten schwersten Einzelstrafe erfolgen und ist andererseits nach § 19 Abs. 2 StGB. die Dauer der Gefängnisstrafe zu bemessen, so ist im vorliegenden Falle die Bildung einer Gesamtstrafe, welche allen gesetzlichen Vorschriften entspräche, unmöglich. Bei einer solchen Kollision der gesetzlichen Bestimmungen hat das Reichsgericht bereits in ähnlich liegenden Rechtsfällen das in § 74 Abs. 3 a. a. O. ausgesprochene Verbot der Strafenkumulation für undurchbrechbar erklärt.

Vgl. Urteil des IV. Senates vom 25. Mai 1887, Rep. 1059/86, und Entsch. d. RG. in Straff. Bd. 16 S. 284.

Soll das Interesse des Angeklagten nicht verletzt werden, so bleibt in Fällen, wie der vorliegende, nichts übrig, als die Kollision der Gesetzesbestimmungen in der Weise zu lösen, daß von der Erhöhung der schwersten Einzelstrafe abgesehen wird, und diese die Bedeutung der Gesamtstrafe annimmt.

II. **Verlust der Ehrenrechte bei Gesamtstrafe.** E. XXXVI 89.

Weil der § 32 keine Unterscheidung zwischen Einzelstrafe und Gesamtstrafe macht, ist unter der Hauptstrafe, an welche die Nebenstrafe angeschlossen werden kann, die erkannte Strafe zu verstehen. Erkannt wird im Falle des § 74 nur die Gesamtstrafe. Deshalb ist nur neben dieser, nicht neben den Einzelstrafen, die Ehrenstrafe zu verhängen. Der § 76 Abs. 1 StGB. beseitigt den möglichen Zweifel, ob die Nebenstrafe auch dann ausgesprochen werden darf, wenn sie nicht neben allen Einzelstrafen, die der Bildung der Gesamtstrafe zugrunde liegen, zulässig ist. Er gibt zugleich zu erkennen, daß es die Gesamtstrafe im Gegensatz zu den Einzelstrafen ist, welche die Grundlage für die Ehrenstrafe bildet, wie im Abs. 2 für die Nebenstrafe der Zulässigkeit von Polizeiaufsicht ausdrücklich die Statthaftigkeit ihrer Verhängung „neben der Gesamtstrafe“ ausgesprochen wird. Hätte das Gesetz die Aberkennung der bürgerlichen Ehrenrechte neben den Einzelstrafen für zulässig erachtet, so wäre Anlaß zu einer Bestimmung darüber gewesen, ob die gesamte Dauer durch Zusammenrechnung der einzelnen Zeiträume oder etwa nach Art der Gesamtfreiheitsstrafe zu finden war.

III. **Zulässigkeit einer Gesamtstrafe** nach § 79 StGB. nur, wenn die Taten sämtlich vor Verkündigung (nicht Rechtskraft) des früheren Strafurteils begangen sind. E. III 213 (vgl. auch IV 53, VI 292, XVIII 333, RMG. II 261, III 26):[1])

Das Reichsstrafgesetzbuch hat, mit Verlassen des vom preußischen Strafgesetzbuch §§ 56 ff. unter Ermäßigungen beibehaltenen sogenannten Häufungssystemes, für die Ahndung mehrerer reell zusammentreffender, von derselben Person begangener Verbrechen oder Vergehen, wodurch mehrzeitige Freiheitsstrafen verwirkt werden, das System der Gesamtstrafe eingeführt, wonach in Würdigung der infolge einer vollständigen Verbüßung sämtlicher durch die einzelnen Straftaten verwirkten Strafen unverhältnismäßig erhöhten Härte der Bestrafung die für das schwerste Verbrechen oder Vergehen zu verhängende Strafe als Grundlage festgestellt, mit Berücksichtigung der übrigen Delikte zwar angemessen erhöht, dabei jedoch die Schranke beobachtet werden soll, daß das Maß der Gesamtstrafe den Betrag der verwirkten Einzelstrafen nicht erreichen und eine bestimmte Zeitdauer der gewählten Strafart nicht übersteigen darf.

Diese Vorschriften der §§ 74—78 StGB., welche eine gleichzeitige Aburteilung der zusammentreffend vorliegenden Verbrechen zur Voraussetzung haben, finden nach StGB. § 79 auch dann Anwendung:

> „wenn, bevor eine erkannte Strafe verbüßt, verjährt oder erlassen ist, die Verurteilung wegen einer strafbaren Handlung erfolgt, welche vor der früheren Verurteilung begangen war."

In Theorie und Rechtsprechung hat diese Bestimmung mannigfache Zweifel hervorgerufen und verschiedene Auslegung gefunden.

Zwar sind die in § 79 aufgestellten Bedingungen insoweit klar, als erfordert wird: 1. die Begehung einer oder mehrerer als Verbrechen oder Vergehen sich darstellender Strafhandlungen, 2. vorgängige Verurteilung wegen einer oder mehrerer Straftaten (Verbrechen oder Vergehen), 3. darauf — also abgesondert — folgende Verurteilung wegen der jetzt zum Erkenntnis vorliegenden Delikte unter 1., und 4. nicht bereits stattgehabte Erledigung der zu 2. erkannten Strafe durch Verbüßung, Verjährung oder Erlaß; allein bestritten wird u. a. die Bedeutung des Sinnes, in welchem der im letzten Satze des § 79 auftretende Ausdruck „vor der früheren Verurteilung begangen war" zu nehmen sei.

Es stehen sich in dieser Hinsicht vorzugsweise zwei Ansichten gegenüber.

Auf der einen Seite wird behauptet, es sei an der bezeichneten Stelle eine rechtskräftige Verurteilung gemeint, so daß die mildere Norm des § 79 auch demjenigen neuerdings Angeklagten zu statten komme, welcher die nunmehr abzuurteilende Straftat in einem Zeitpunkte begangen habe, welcher vor der Rechtskraft des älteren Erkenntnisses liege, während die Gegner als Grenze für zeitliche Anwendbarkeit des § 79 schon ein verkündigtes früheres Strafurteil bestimmen, so daß nach dieser Verkündigung verübte Verbrechen usw. von der Gesamtstrafe nach § 79 ausgeschlossen, vielmehr selbständig mit der regelmäßigen ordentlichen Strafe zu belegen seien.

Die Verteidiger beider Absichten berufen sich auf gewöhnlichen und technischen Sprachgebrauch bezüglich des Wortes: „Verurteilung", auf

---

[1]) Anderer Meinung Olshausen zu § 79 Nr. 15.

Motive und Entstehungsgeschichte des Strafgesetzbuchs und auf die in Betracht zu ziehenden strafprozessualen Vorschriften.

In der gegenwärtigen Sache ist das Landgericht von der dem Angeklagten günstigeren, auch von dem früheren preußischen Obertribunal geteilten Ansicht ausgegangen und hat deshalb im Hinblick auf StGB. § 79 überhaupt eine Gesamtstrafe verhängt, welche — der Anschauung des Staatsanwalts entgegen — auch die von dem Angeklagten am Abende des 17. August 1880, also am Abende desselben Tages, an welchem das erste schöffengerichtliche Urteil gefällt wurde, gegen R. verübte Beleidigung strafrechtlich in sich begreift. Es erscheint die oben abgedruckte strengere Ansicht den Gesetzen entsprechend.

Von den wider diese geltend gemachten Gründen entfällt zunächst die Betonung des Satzes: „in dubio mitius", wenn ein erhebliches Bedenken rücksichtlich der Richtigkeit der anderen Ansicht nicht besteht.

Auch ein weiter verwertetes Moment muß vorliegend ausgeschieden werden. Man macht nämlich geltend, das neue Urteil dürfe aus § 79 StGB. so lange nicht erteilt werden, bis das frühere noch nicht rechtskräftig geworden sei, weil es bis dahin an einer prozessualen Grundlage für Bestimmung einer Gesamtstrafe fehle. Das jetzt angefochtene Urteil des Landgerichts ist aber am 28. Oktober 1880 und sohin, wie dessen Gründe feststellen, zu einer Zeit gefällt worden, wo das in der früheren Strafsache gegen den Angeklagten in der Berufungsinstanz ergangene Erkenntnis desselben Gerichts vom 14. Oktober 1880 bereits die Rechtskraft beschritten hatte.

Im übrigen ist zunächst die Behauptung irrig, es sei unter Verurteilung sprachüblich, insbesondere nach der Terminologie des Strafgesetzbuches, nur eine rechtskräftige Verurteilung zu verstehen. Daß im gewöhnlichen Leben das bezeichnete Wort solcher Beschränkung nicht unterliegt, bedarf keiner besonderen Ausführung.

Zu solcher Einengung führt aber auch nicht die Ausdrucksweise des Strafgesetzbuches. Ein Blick in § 5 Nr. 1, §§ 36, 93, 190 StGB. (vgl. § 154 Abs. 2 das.) ergibt unzweideutig, daß das Strafgesetzbuch die Rechtskraft eines Strafurteils, wo es auf dieselbe als Kennzeichen einer Verurteilung Gewicht legt, der Regel nach ausdrücklich hervorhebt. An sich ist deshalb „Verurteilung" die einfache Tatsache der von irgend einem Gerichte erklärten Schuldigsprechung (zur Strafe), gleichgültig, ob diese stattgehabte Verurteilung rechtskräftig und damit vollstreckbar geworden.

Solche Unterscheidung in § 79 StGB. hineinzutragen, erscheint um so weniger zulässig, als die Worte „vor der früheren Verurteilung begangen war" sich unmittelbar an den Vordersatz „die Verurteilung wegen einer strafbaren Handlung erfolgt", anschließen, mithin beim Mangel jener angedeuteten oder angezeigten Verschiedenheit des Sinnes gerade in der Bedeutung dieses vorhergehenden Satzes aufzufassen sind. Dieser Satz aber, welcher eben nur den neuerdings erfolgten Ausspruch zum Gegenstand nimmt, bezeichnet selbstredend nur die tatsächliche Fällung des späteren Erkenntnisses, dessen Rechtskraft erst nachfolgend eintritt.

Die Entstehungsgeschichte des § 79 StGB. bietet der gegenteiligen Ansicht keine Stütze.

Wenn die Motive des § 77 des revidierten Entwurfes des Strafgesetzbuches für den Norddeutschen Bund (jetzt § 79) besagen, „es leide die Bestimmung sowohl auf den Fall Anwendung, wenn während der Verurteilung begangene strafbare Handlungen derselben Person zur Anzeige und Aburteilung gelangen, als wenn dies während der Verbüßung einer wegen einer einzelnen Handlung erkannten Strafe erfolgt und nunmehr erst eine Realkonkurrenz sich darstellt", so läßt sich daraus nicht mit dem früheren preußischen Obertribunal der gesetzgeberische prinzipielle Gedanke herleiten, daß die Nachsicht des § 79 StGB. jedem Angeklagten gewährt werde, welcher eine Strafhandlung bis zur Rechtskraft des früheren Urteils — als Bedingung der Strafverbüßung — begangen habe, weil augenscheinlich die Motive zur Beseitigung sonst möglicher Zweifel nur feststellen wollen, daß eine zusätzliche mildere Verurteilung einzutreten habe, gleichgültig, ob das neue, vor vollständiger Vollstreckung der früheren Strafe ergehende Urteil sich mit einer oder mehreren Straftaten zu befassen habe, die vor der älteren Verurteilung begangen worden, und ob die Vollziehung der dieserhalb erkannten Strafe bereits begonnen habe.

Mehr Licht über den gesetzgeberischen Gedanken wird durch die Motive zu § 66 des ersten Entwurfes des Strafgesetzbuches beschafft.

Wenn daselbst bemerkt ist, daß die Bestimmung in § 65, woselbst eine ermäßigte Anwendung des Häufungsprinzips bei gleichzeitiger Aburteilung real zusammentreffender Verbrechen usw. beantragt war, auch auf erst nach erfolgter Verurteilung sich ergebende, vorher begangene Straftaten deshalb ihre Wirkung äußern müsse, weil unerheblich, ob die verschiedenen strafbaren Handlungen gleichzeitig oder nacheinander zur Aburteilung gelangen, so ist damit als — auch dem jetzigen noch milderen § 79 unterliegendes — maßgebendes Prinzip die Erwägung hingestellt, es solle die günstigere Beurteilung des Angeklagten auch in den Fällen eintreten, wo Zufälligkeiten, die dem Angeklagten nicht zum Nachteil gereichen dürfen, z. B. Unkenntnis des Richters von den anderen Fällen, die gleichzeitige Aburteilung sämtlicher Delikte hindern, es solle der zweite Richter die Sache so ansehen, als ob bereits dem zuerst urteilenden Richter die Tatsache der Konkurrenz und damit der Fall in seiner Totalität und in der Gleichzeitigkeit der Begehung sämtlicher Delikte vorgelegen habe (vgl. fernere Verwertung dieses Gesichtspunktes unter anderer prozessualer Gestaltung der Sache in StPO. §§ 492 und 494 Abs. 3).

Der erste Richter hätte aber begreiflich diese Rücksichtnahme nur dann walten lassen können, wenn die gleichzeitige Aburteilung für ihn möglich war, eine Möglichkeit, die durch Verübung in einem Zeitpunkte, welcher seinem Urteil nachfolgte, ausgeschlossen ist.

Derselbe Gesichtspunkt prägt sich sodann auch in der Fassung des § 79 StGB. selbst aus.

Die Vorschriften der §§ 74—78 sollen unter den betreffenden Voraussetzungen beobachtet werden. Es wird sohin nicht ein neues Prinzip aufgestellt, vielmehr das Gebiet des § 74 durch die Ermöglichung nachträglicher Anwendung erweitert. Wie deshalb für § 74 der Zeitpunkt der Urteilsfällung die zeitliche Grenze bestimmt, so ist auch zu § 79 StGB. die strafbare Handlung vor der früheren Verurteilung begangen, wenn sie vor Verkündigung des ersten verurteilenden Erkenntnisses begangen ist. Straftaten also, welche nach einem solchen Urteil verübt sind, wenn auch schon vor Eintritt der Rechtskraft desselben, werden durch § 79 StGB. nicht beherrscht, unterliegen vielmehr der regelmäßigen selbständigen Bestrafung.

Dieser grammatisch und historisch gerechtfertigten Auslegung steht noch der innere Grund zur Seite, daß die Tatsache eines verurteilenden Ausspruchs von weiteren Straftaten in erhöhtem Maße abmahnen soll, während durch Erstreckung der „Begehung" der Tat bis zum Eintritt der Rechtskraft derjenige Angeklagte, welcher mittels Rechtsmittel den Eintritt derselben hinausrückt, sich die mildere Beurteilung, nach § 79 auf längere Zeitdauer sichern könnte, derjenige aber, welcher durch Verzicht auf Rechtsmittel sich der Strafe unterwirft und diese verbüßt, gleicher Begünstigung verlustig werden würde.

§ 29. E. Die Straftilgungsgründe.

Beling § 47, Berner §§ 153 ff., Binding Gr. I §§ 111 ff., v. Liszt §§ 74 ff., H. Meyer §§ 44 ff., Frank und Olshausen, Vorbemerkung zu § 51 StGB.

I. **Verjährung.**

1. **Die Bestimmungen des Strafgesetzbuches über die Verjährung der Strafverfolgung** — so führt E. XII 436 aus (vgl. auch XXX 31), — **sind nicht ausschließlich prozeßrechtlicher Natur, sondern gehören wesentlich dem materiellen Rechte an.**[1])

Die Folge des Eintrittes der Verjährung ist nicht sowohl der **Wegfall einer prozessualen Voraussetzung für die Statthaftigkeit der Strafverfolgung,** als vielmehr **der Wegfall des materiellen Rechtes des Staates zur Strafverfolgung, des staatlichen Strafanspruches selbst und damit der Strafbarkeit der an sich von dem Gesetze unter Strafe gestellten Tat.** Die Gesetzesvorschriften, welche als die Folge des Zeitablaufes den Wegfall dieses Strafanspruches und der Strafbarkeit der Tat anordnen, gehören deshalb als solche dem materiellen Strafrechte an.

Abweichend hiervon sieht E. XIV 383 die Verjährung als **prozessuales** Hindernis an, welches der zu verfolgenden Handlung den Deliktscharakter nicht nimmt.

2. **Beginn der Verjährung im allgemeinen.** E. XXVI 261 (vgl. auch XXI 228):

Der Angeklagte hat im Jahre 1874 eine Villa gebaut, die später (1882) im Wege der Zwangsversteigerung in andere Hände überging. Bei dem Bau war eine Ofenanlage gemacht, welche gegen eine baupolizeiliche Vorschrift und nach Annahme der Vorinstanz auch gegen allgemein anerkannte Regeln der Baukunst verstieß. Im Januar 1893 wurde infolge dieser mangelhaften Ofenanlage die Villa in Brand gesetzt. Die Vorinstanz geht bei der Beurteilung der Verjährungsfrage davon aus, daß das Vergehen des § 330 StGB. mit der Fertigstellung des Baues vollendet gewesen und daher jetzt längst ver-

---

[1]) Ebenso v. Liszt § 76. Olshausen Nr. 2, sieht das Institut der Verjährung als ein solches gemischten Charakters an, derart, daß es seinem Grunde zwar dem materiellen Recht angehört, positivrechtlich aber eine sein juristisches Wesen beeinflussende prozessualische Einkleidung erhalten hat. Binding I 815 sieht die Verjährung lediglich als prozessuales Institut an.

jährt sei. Anlangend das Vergehen fahrlässiger Brandstiftung, hat die Strafkammer folgendes erwogen. Zwar beginne im allgemeinen die Verjährung dann, wenn die Strafbarkeit einer Handlung von Umständen abhänge, welche ihr nachfolgten, erst mit dem Eintritte dieser Umstände. In solchen Fällen dagegen, wo eine auch an sich strafbare Handlung durch den Eintritt eines nachfolgenden Umstandes eine andere Qualifikation erhalte, beginne die Verjährung nicht erst mit dem Eintritte dieses Umstandes, sondern bereits mit der Vollendung der Handlung. Es müsse daher hier untersucht werden, wann das Verhalten des Angeklagten, durch welches er sich nach § 330 strafbar gemacht, sein Ende erreicht habe. Dieser Zeitpunkt sei aber mit der Zwangsversteigerung der Villa im Jahre 1882 eingetreten, weil der Angeklagte von da an nicht mehr imstande gewesen sei, den ihm durch seine Unachtsamkeit bei der Bauausführung „etwa" entgangenen Fehler bei Setzung des Ofens zu ermitteln und ihm abzuhelfen. Demgemäß erachtete die Vorinstanz auch die Verfolgung der Brandstiftung für verjährt und sprach den Angeklagten frei.

Auf die Revision der Staatsanwaltschaft wurde das Urteil der Strafkammer aufgehoben aus folgenden Gründen:

Verfehlt ist der Angriff der Revision gegen die Annahme der Vorinstanz, daß die Verfolgung der dem Angeklagten zur Last gelegten Zuwiderhandlung gegen § 330 StGB. verjährt sei. Der § 330 erfordert nichts weiter, als daß anerkannte Regeln der Baukunst bei Leitung oder Ausführung eines Baues verletzt worden sind, und daß die regelwidrige Herstellung in ihrem zur Zeit der Anlage bestehenden Zustande eine Gefahr für andere herbeigeführt hat. Demgemäß hat das Reichsgericht in konstanter Rechtsprechung angenommen, daß das Vergehen jedenfalls mit der Vollendung und Abnahme des Baues begangen sei, und die Verjährung mit diesem Zeitpunkte beginne.

Vgl. Entsch. d. RG. in Straff. Bd. 6 S. 129, Bd. 9 S. 155.

Dieser Auffassung, von der abzuweichen der Senat sich nicht veranlaßt sieht, hat sich die Vorinstanz angeschlossen und deshalb mit Recht das Vergehen des § 330 als verjährt angesehen, da das hier in Rede stehende Haus nach dem festgestellten Sachverhalte schon im Anfange des Jahres 1883 erbaut und weiter veräußert war.

Nicht ohne Grund bemängelt dagegen die Revision die weitere Annahme des ersten Richters, daß auch das Vergehen der fahrlässigen Brandstiftung verjährt sei.

Der § 67 Abs. 4 StGB. versteht unter „Tat" die Gesamtheit der Umstände, mit deren Zusammentreffen das Delikt in seinen gesetzlichen Begriffsmerkmalen vorliegt.

Vgl. Entsch. des RG. in Straff. Bd. 5 S. 282.

Das Vergehen der fahrlässigen Brandstiftung setzt nun nicht bloß die regelwidrige Tätigkeit des Angeklagten, sondern auch den Ausbruch des Brandes als Wirkung jenes Verhaltens voraus. Daher beginnt die Verjährung bei diesem Vergehen nicht schon mit dem Handeln (Unterlassen), welches die Ursache des Brandes war, sondern erst mit dem Eintritte des Brandes.

Vgl. Entsch. des RG. in Straff. Bd. 9 S. 155.

Für die Verjährung der Brandstiftung würde es deshalb an sich bedeutungslos sein, ob das fahrlässige Verhalten des Angeklagten sich noch nach der normwidrigen Herstellung der Ofenanlage fortsetzte; denn erst mit dem Brande des Hauses, der am 5. Januar 1893 stattgefunden hat, trat die Vollendung des Vergehens und der Beginn der Verjährung ein.

Es ist aber ferner ein in der Theorie und Praxis anerkannter Rechtsgrundsatz, daß, wenn durch eine und dieselbe Handlung mehrere Strafgesetze verletzt werden (§ 73 StGB.), die Verfolgbarkeit der Tat aus dem einen der mehreren rechtlichen Gesichtspunkte nicht dadurch ausgeschlossen wird, daß sie, aus einem anderen Gesichtspunkte betrachtet, verjährt ist.

Vgl. Entsch. d. RG. in Strafs. Bd. 6 S. 374; Oppenhoff, Rechtsprechung des Obertribunales Bd. 14 S. 185, Bd. 18 S. 381.

Die Notwendigkeit dieser Annahme ergibt sich schon daraus, daß man sonst zu dem unannehmbaren Ergebnisse gelangen müßte, die Verfolgung z. B. eines Mordes sei verjährt, wenn die Tat in Idealkonkurrenz mit einer Übertretung (z. B. Schießen an bewohnten Orten) verübt wurde und bezüglich dieser die Verjährungsfrist von drei Monaten abgelaufen ist. Geht man aber von jenem Rechtsgrundsatze aus, so ist es für die Frage, ob das Vergehen der fahrlässigen Brandstiftung verjährt ist, unerheblich, ob durch das regelwidrige und unvorsichtige Setzen des Ofens, — worin die Vorinstanz das fahrlässige Handeln findet — auch schon für sich das Vergehen des § 330 StGB. vollendet wurde. Hinsichtlich der fahrlässigen Brandstiftung konnte der Lauf der Verjährung immer erst mit dem Eintritte des Brandes beginnen.

Allerdings wird in dem vom ersten Richter angezogenen Urteile des Reichsgerichtes,

Entsch. des RG. in Strafs. Bd. 9 S. 152,

eine andere Auffassung vertreten. Es wird darin ausgeführt (S. 155):

> Im § 67 Abs. 4 StGB. werde unter „Handlung“ nicht bloß das äußerliche Handeln, sondern auch der Erfolg verstanden, sofern dessen Eintritt zum Tatbestande des Vergehens gehöre; unter den Begriff des „Erfolges“ im Sinne des § 67 Abs. 4 fielen nur solche Umstände, welche den Charakter einer „bereits vorliegenden strafbaren Handlung“ näher bestimmten. Daher würde die Ansicht des ersten Richters, daß die Verjährung der fahrlässigen Brandstiftung erst mit dem Eintritte des Brandes zu laufen begonnen habe, richtig sein, wenn nicht schon die fahrlässige Handlung des Angeklagten für sich allein betrachtet ein Vergehen enthielte. (Daran schließt sich die Ausführung, daß das vom ersten Richter festgestellte Verhalten des Angeklagten ohne Rücksicht auf den späteren Brand schon den Tatbestand des § 330 StGB. erfülle.)

Dieser Auffassung steht entgegen, daß die vorangestellten Sätze über den Begriff des „Erfolges“ im Sinne des § 67 Abs. 4 a. a. O. als richtig anzuerkennen sind, wenn es sich um Eine Handlung und Ein Delikt handelt,

Entsch. d. RG. in Strafs. Bd. 5 S. 282,

aber nicht auf den Fall übertragen werden können, wenn eine Handlung schon für sich allein ein Delikt enthält, dann aber durch Hinzutritt eines weiteren Umstandes den Tatbestand eines zweiten Vergehens verwirklicht. Hier kann sich nicht die mit dem Zeitpunkte der Handlung beginnende Verjährung des ersten Deliktes auch auf das zweite erstrecken, welches noch gar nicht zur Vollendung gelangt ist. In diesem Sinne ist auch bereits früher, wie schon erwähnt, vom Reichsgerichte entschieden worden.

Vgl. Entsch. d. RG. in Strafs. Bd. 6 S. 374.

Trotz der sich aus dem Vorstehenden ergebenden Meinungsverschiedenheiten der beiden Senate bedurfte es nicht der Verweisung an die vereinigten Strafsenate, da die in dem Urteile vom 2. November 1883 getroffene Entscheidung nicht auf der vorerwähnten Rechtsansicht beruht. Bei Zugrundelegung dieser Rechtsansicht hätte sich nämlich ohne weiteres der Einwand der Verjährung als begründet dargestellt; denn die Handlung des Angeklagten, welche den Brand verursacht hat, war als Vergehen gegen § 330 StGB. nach der Annahme des gedachten Urteiles jedenfalls schon mit der Fertigstellung und Abnahme des Hauses im Jahre 1873 oder 1874 begangen, und es war seitdem längst die Verjährungsfrist von fünf Jahren abgelaufen. Aber die Ausführungen am Schlusse des Urteiles ergaben, daß der Senat auf Grund anderer Erwägungen die angefochtene Entscheidung aufgehoben und namentlich noch eine Prüfung für erforderlich erachtet hat, wann das fahrlässige Verhalten des Angeklagten, welches den Brand herbeiführte, sein Ende erreicht habe.

3. **Einfluß der Verjährung auf die Teilnahme.** E. V 282 (vgl. auch IX 152, XI 20, XXI 228).

Nach § 67 Abs. 4 StGB. sollen die in den vorhergehenden Absätzen bestimmten nach Inhalt der Entwurfsmotive mit geringen Abweichungen dem preuß. Strafgesetzbuche entnommenen Fristen für die Strafverjährung mit dem Tage beginnen, an welchem die „Handlung" begangen ist, ohne Rücksicht auf den Zeitpunkt des eingetretenen Erfolges. Es liegt hierin eine grundsätzliche Abweichung von dem § 46 Abs. 3 des preuß. Strafgesetzbuches, insofern als dieses letztere in Übereinstimmung mit der Wissenschaft und Gesetzgebung anderer deutscher Staaten den Tag des begangenen Deliktes entscheiden ließ, mithin da, wo der strafrechtliche Charakter einer Tat sich erst durch den Erfolg derselben entschied, den Beginn der Verjährung bis zum Eintritt dieses Erfolges suspendierte.

Die Wortfassung des Gesetzes führt dabei zu dem Zweifel, was unter der „Handlung" vorliegend hat verstanden sein sollen, ob lediglich die äußere Betätigung des Willens, wie in § 51 StGB., lautend: „wenn der Täter zur Zeit der Begehung der Handlung sich in einem Zustande von Bewußtlosigkeit usw. befand", oder die strafbare Handlung in ihrer Totalität mit Ausnahme des erst später eintretenden Erfolges. Denn es gibt neben der Handlung im weiteren Sinne und dem schließlichen Erfolge noch eine Reihe besonderer Umstände, welche, ohne immer zu dem einen oder anderen zu gehören, Vorbedingungen für die Existenz gewisser strafbarer Handlungen bilden, sei es, daß sie die Handlung begleiten, wie viele Formen der Beihilfe, oder ihr vorausgehen, wie die Haupttat im Verhältnisse zu der Begünstigung (StGB. § 257) oder ihr nachfolgen, wie die Konkurserkennung oder Zahlungseinstellung beim Bankerott (KO. §§ 209, 210), oder die Auflösung der Ehe bei der Eheerschleichung und dem Ehebruche (StGB. §§ 170, 172). Hierhin gehört auch die Haupttat gegenüber der Anstiftung.

In allen den Fällen, in denen die Strafbarkeit der Handlung von Umständen abhängt, welche derselben nachfolgen, würde die Verjährung beginnen, bevor noch von einer strafbaren Handlung die Rede wäre. Es kann dieses nicht die Absicht des Gesetzes gewesen sein; es sprechen vielmehr erhebliche Gründe für die Annahme des Begriffes „Handlung" in einem engeren Sinne mit Einschluß der genannten Umstände, so daß also der Sinn des Gesetzes dahin gehen würde, daß die Verjährung beginnen soll, sobald die strafbare Handlung in ihren konkreten Voraussetzungen vorliegt und daher, wo diese Voraussetzungen zeitlich getrennt sind, erst mit dem Eintritte der letzten derselben, was nur da eine Ausnahme erleidet, wo der strafbare Charakter einer bereits vorliegenden strafbaren Handlung sich definitiv erst durch den noch unbestimmten schließlichen Erfolg entscheidet, indem dieser Erfolg für den Beginn der Verjährungsfrist nicht abgewartet werden soll. Es gilt diese Ausnahme nicht bloß von den Fällen, wo ohne Erfolg eine strafbare Handlung nur als Versuch zu charakterisieren sein würde, sondern auch von der einfachen Körperverletzung aus § 223 StGB. in ihrer Fortentwicklung zur schweren Körperverletzung (StGB. § 224) oder derjenigen mit tödlichem Erfolge, ferner von den gemeingefährlichen Verbrechen oder Vergehen in T. II Abschn. 27 (§§ 306—328 StGB.), also von solchen Delikten, deren Strafbarkeit in ihrer einfachen Gestaltung sich wegen des daraus hervorgegangenen schwereren Erfolges (StGB. §§ 307 Ziff. 1, 302, 314, 315, 321 Abs. 2, 322, 323, 324, 326, 327, 328) in einem Grade, welcher für die Verjährung von Einfluß ist, erhöht.

Zunächst kommt für die Auslegung die Terminologie des Strafgesetzbuches in Betracht, — welche, abgesehen von den §§ 68, 72, worin von richterlichen Handlungen die Rede ist — in den §§ 61, 63 und 71, welche ebenfalls die Verjährungsfrist und die derselben einigermaßen analoge Antragsfrist betreffen und dem § 67 teils unmittelbar vorhergehen, teils nachfolgen, überall unter „Handlung" die strafbare Handlung des Angeklagten versteht. Bezüglich des § 61 ist von dem Reichsgericht bereits anerkannt, daß derselbe nur strafrechtlich verfolgbare Handlungen zum Gegenstand habe und deshalb für das Vergehen des Ehebruchs bei Bestimmung des Beginns der Antragsfrist die Erlassung und erfolgte Rechtskraft des Scheidungsurteils einzubegreifen sei.

Auch § 69 das. läßt sich als eine Anerkennung dieses Grundsatzes ansehen. Hiernach soll, wenn der Beginn oder die Fortsetzung eines Strafverfahrens von einer Vorfrage abhängt, deren Entscheidung in einem anderen Verfahren erfolgen muß, die Verjährung bis zu dessen Beendigung ruhen. Mag man unter diesen Vorfragen allein prozessuale Voraussetzungen der Strafverfolgung, wie im Falle der §§ 164, 191 StGB., oder auch materielle Voraussetzungen für die Existenz des Deliktsbegriffes verstehen, wie die Entscheidung des Civilrichters über Auflösung der Ehe bei der Eheerschleichung und dem Ehebruche oder die Konkurseröffnung bei dem strafbaren Bankerott, so würde doch im einen wie im anderen Falle dadurch die Vorschrift anerkannt sein, daß **solange noch eins dieser Momente für die Strafbarkeit oder Strafverfolgbarkeit der Handlung fehlt, von einem Beginnen der Verjährung nicht die Rede sein kann.** Das Reichsgericht hat den § 67 in dem hier vertretenen Sinne bereits angewendet, indem es im Falle des einfachen Bankerotts durch unterlassene Bilanzziehung (KO. § 210 Ziff. 3) die Verjährung aus § 67 StGB. nicht mit der fraglichen Unterlassungshandlung, sondern mit dem eingetretenen Zustande der Zahlungseinstellung oder des eröffneten Konkurses beginnen ließ.

Diese Ansicht vermeidet die Anomalien, welche dem Gesetze in der entgegengesetzten Auslegung zum Vorwurfe gemacht worden sind.

Es würde dann ausgeschlossen sein, daß im Strafrechtssysteme eine Reihe strafbarer Handlungen vorkommt, welche deshalb straflos bleiben, weil ihre Strafbarkeit und Strafverfolgbarkeit erst zu einem Zeitpunkte beginnt, wo den Angeklagten bereits die Verjährung schützt, ja deren Straflosigkeit teilweise in der Hand des Täters selbst liegt, indem er z. B. die Anstiftung auf Verübung der Haupttat erst nach Ablauf der Verjährungsfrist richtet. Derartige Abweichungen von den Regeln des vernünftigen Rechts ließen sich als vom Gesetzgeber gewollt nur anerkennen, wenn dafür der unzweideutige Wortlaut und Wille ersichtlich wäre. Daß dieses nicht der Fall, beweist sowohl die tiefgehende Meinungsverschiedenheit, welche in der Doktrin über die Frage herrscht, als die kurze Andeutung der Motive zu § 65 des Entwurfs, womit die Vorschrift in § 67 Abs. 4 StGB. gerechtfertigt wird. Wenn daselbst gesagt wird:

> „Über den Lauf der Verjährung ist nur angeordnet, daß derselbe mit dem Tage der begangenen Tat anfängt. Die besondere Bestimmung, daß hierbei der Zeitpunkt nicht maßgebend sei, an welchem der zur Vollendung des Verbrechens erforderliche Erfolg eingetreten ist, erledigt einen Zweifel",

so ist diese Äußerung sehr wohl dahin aufzufassen, daß unter der begangenen Tat eine schon an sich strafbare Tat zu verstehen ist, bei welcher der Erfolg nur als Bedingung der vollen oder erhöhten Strafbarkeit in Betracht kommt.

Wollte man aber in dieser Beziehung noch Bedenken hegen, so läßt doch die sich unmittelbar anschließende weitere Bemerkung:

> „durch die Anordnung, daß mit dem Tage des begangenen Verbrechens die Verjährung beginne, sollte einer Streitfrage über den Endpunkt der Verjährung vorgebeugt werden",

darüber keinen Zweifel, daß der Gesetzgeber sich **nicht das bloße äußere Handeln, sondern die begangene strafbare Handlung als den Anfangspunkt der Verjährung gedacht hat.** Für diese Annahme spricht auch die Wahrscheinlichkeit; denn es läßt sich nur schwer unterstellen, daß, wenn das Gesetz sich von der Absicht hätte leiten lassen, außer der neuen Stellung, welche dem Erfolge eingeräumt wird, auch noch weitere so tief einschneidende Abweichungen von dem § 46 des preußischen Strafgesetzbuches, welcher im allgemeinen zu Grunde gelegen hat, zu treffen, und ein seither unbekanntes Prinzip in die Ver=

jährungslehre hineinzutragen, dieses ohne jede Erwähnung in den Motiven geschehen wäre.[1])

Würde hiernach schon von allgemeinen Gesichtspunkten aus bei der Anstiftung, wie bei der Beihilfe, die Verjährungsfrist erst mit der Haupttat beginnen müssen, so kann dabei auch der Umstand nicht in das Gewicht fallen, daß die Haupttat sich als eine Wirkung des Anstiftungsaktes darstellen muß. Denn die Anstiftung für sich ist, abgesehen von positiv-gesetzlichen Ausnahmen, ein strafrechtlich indifferenter Akt, wenn nicht die Haupttat hinzutritt; nicht einmal ein Versuch würde vorliegen, so daß also erst im Wege der Zurückbeziehung der Haupttat auf die Anstiftung diese ihren strafbaren Charakter gewinnt. Dieses akzessorische Verhältnis der Handlung des Anstifters zu derjenigen des Täters muß dahin führen, daß erst mit Verübung der letzteren auch erstere als strafbar verjähren kann.

4. **Über den Beginn der Verjährung bei Kollektiv-, fortgesetzten und fortdauernden Vergehen** siehe E. VI 412, X 203, XIV 145, XXII 161, bei **Unterlassungsdelikten** E. VIII 390, IX 353.

5. **Unterbrechung der Verjährung durch eine richterliche Handlung.** E. XXIX 234:

Für die Frage, ob die Verjährung nach Maßgabe des § 68 StGB. unterbrochen ist, kommen nach Lage der Akten zunächst die Verfügungen der Amtsgerichte zu Lewin vom 17. Oktober 1890 und zu Wünschelburg vom 6. November 1890 in Betracht. Dieselben sind auf eine von der zuständigen Staatsanwaltschaft zu den Entmündigungsakten des Angeklagten W. gerichtete Anfrage um Auskunft darüber ergangen, ob dort neuerdings Tatsachen bekannt seien, welche die Wiederaufhebung des Entmündigungsbeschlusses rechtfertigen würden.

Das Amtsgericht Lewin äußerte sich darauf verneinend mit dem Bemerken, daß die Vormundschaftsakten an das Amtsgericht Wünschelburg abgegeben seien, welches die ihm urschriftlich übersandte Anfrage ebenfalls verneinend beantwortete, unter Hinzufügung einer Mitteilung über nichtamtliche Wahrnehmungen des Richters. Diese Auskunft ist daher von den betreffenden Gerichten nur in ihrer Eigenschaft als Civilprozeßrichter (vgl. §§ 593ff. der CPO.) bezw. als Vormundschaftsbehörde erteilt worden und erscheint deshalb nicht als eine wegen der begangenen Tat gegen den Täter gerichtete, also zur Unterbrechung der Verjährung geeignete richterliche Handlung. Denn solche Handlungen müssen von einem in gesetzlicher Weise mit der betreffenden Untersuchung befaßten Richter, also in seiner Funktion als Strafrichter ausgegangen sein. Inwiefern eine auf Ersuchen des Strafrichters vorgenommene Handlung die Verjährung zu unterbrechen vermag, kann hier unerörtert bleiben, weil die Staatsanwaltschaft und nicht das Gericht die ersuchende Behörde war. Wenngleich ferner den Amtsgerichten gerichtsverfassungsmäßig auch die Bearbeitung der Strafsachen und die Erledigung der Requisitionen des Staats-

[1]) Übereinstimmend Olshausen zu § 66 Nr. 9; A. M. v. Liszt § 77; H. Meyer § 45; Frank zu § 67 II.

anwaltes übertragen ist, so ist doch vorliegend die Tätigkeit der Amtsgerichte zu Lewin und Wünschelburg nicht in ihrer Eigenschaft als Strafverfolgungsbehörde in Anspruch genommen worden. Eine vom Civilprozeß- oder Vormundschaftsrichter auf Grund ihrer Akten erteilte Auskunft ist als solche zweifellos nicht zur Unterbrechung der Verjährung der Strafverfolgung geeignet; ebensowenig aber ist dies der Fall, wenn sie, wie der Inhalt des Schreibens des Amtsgerichtes Wünschelburg erkennen läßt, sich auf private Wahrnehmungen des Richters erstreckt. Wie die Akten ergeben, ist die nächste strafrichterliche Handlung frühestens am 21. Oktober 1895 vorgenommen worden, wo vom Instanzgerichte behufs Unterbrechung der Verjährung auf Antrag der Staatsanwaltschaft Akten, betreffend ein anderes gegen den Angeklagten eingeleitetes Strafverfahren, eingefordert sind. Zu dieser Zeit war aber die am 20. September 1889 begonnene und durch die Verfügungen der Amtsgerichte zu Lewin vom 17. Oktober und zu Wünschelburg vom 6. November 1890 nicht unterbrochene Verjährung bereits abgelaufen.

II. **Rücktritt vom Versuch.**

1. Rücktritt vom Versuch auch bei denjenigen Versuchshandlungen, die als delicta sui generis unter Strafe gestellt sind? E. X 324.

Die Rüge des Angeklagten geht dahin, daß, da die Strafkammer als erwiesen angenommen, daß Beschwerdeführer, nachdem er anfänglich den Zeugen B. zum Zeugnisse über eine unwahre Tatsache aufgefordert, demselben später mitgeteilt habe, daß er seiner Aussage gar nicht bedürfen würde, da er bereits andere Zeugen gefunden habe, hierin aber ein Rücktritt von dem Unternehmen der Meineidsverleitung liege, der Strafbefreiungsgrund aus § 46 StGB. zugunsten des Beschwerdeführers habe zur Anwendung gebracht werden müssen. Die Voraussetzung, wovon die Revisionsbegründung ausgeht, daß das Verbrechen aus § 159 a. a. O. begrifflich nichts anderes als ein Versuch sei, daher auch die auf letzteren bezüglichen Vorschriften darauf Anwendung finden müßten, ist unrichtig. Denn mag es auch nicht zu bestreiten sein, daß das Verbrechen des erfolglosen Unternehmens, zum Meineide zu verleiten (§ 159 StGB.), sich historisch und in Fortbildung des § 130 preuß. StGB. aus der Lehre von dem Versuche, welche früher diese Tat als straflos erkannt hatte, herausentwickelt hat, indem das fortschreitende Rechtsbewußtsein dahindrängte, dieselbe wegen ihrer Gemeingefährlichkeit unter Strafe zu stellen, so handelt es sich gegenwärtig eben nicht mehr um einen Verbrechensversuch, sondern um ein vollendetes Verbrechen, auf welches bloß mit Rücksicht auf seinen genetischen Zusammenhang mit der Versuchslehre deren Grundsätze nicht ohne weiteres Anwendung zu finden haben. Die Natur des Delikts aus § 159 StGB. wird vielmehr zunächst aus sich selbst zu beurteilen sein, und von diesem Gesichtspunkte aus muß es für richtig erachtet werden, daß der § 46 a. a. O. darauf keinerlei Anwendung finden kann. Die Strafbefreiungsgründe des § 46 a. a. O. beruhen auf der kriminalpolitischen Rücksicht, daß auch dann, wenn der Täter bereits mit der Ausführung einer strafbaren Handlung begonnen habe, das beabsichtigte Delikt aber noch nicht zur Vollendung gekommen ist, der Anreiz zur Vollendung der Tat, somit also auch des dadurch herbeigeführten schweren Bruches der Rechtsordnung dadurch vermindert werden müsse, daß für das Aufgeben der Tat oder die Verhinderung des Erfolges Straflosigkeit zugesichert wird; das Fortschreiten des Versuches zur Vollendung soll dadurch gehindert werden. Hat aber, wie dieses bei § 159 StGB. der Fall, das Gesetz unter speziellen Voraussetzungen das Vorhandensein eines Versuches für ein so schweres Delikt angesehen, daß es sich veranlaßt fand, dasselbe aus dem Versuchssysteme herauszulösen und als neue Deliktsspezies, welche davon, ob die Anstiftung gelungen und der falsche Eid geleistet worden ist, also von der akzessorischen Natur der Anstiftung ganz absieht, mit einer besonderen Strafe zu belegen, so kann nicht davon die Rede sein, lediglich deshalb, weil die Bedingungen des § 46 a. a. O. vorliegen, die beabsichtigte Behandlung der Tat aus § 159 a. a. O. als selbständiges vollendetes Delikt wieder aufzuheben und letztere in die Kategorie der Versuchshandlungen zurückzuversetzen, aus welcher sie gerade hat entfernt werden sollen. Zu solcher Annahme würde es einer positiven Gesetzesvorschrift bedurft haben, welche nicht vorliegt.

2. Welchen Einfluß hat der Rücktritt des Täters auf den Teilnehmer? E. XIV 23 (vgl. XVI 347).

Die Straflosigkeit des Täters im Falle des § 46 Ziff. 1 a. a. O. beruht auf der Erwägung, daß dessen Rücktritt vom Versuche, als aus freier Entschließung desselben hervorgehend, seinen verbrecherischen Willen als einen minder nachhaltigen erweist, und auf der kriminalpolitischen Rücksicht, daß die Möglichkeit, auch nach Beginn der Ausführung einer strafbaren Handlung der Strafe zu entgehen, manchen bewegen kann, von der schon begonnenen Handlung abzustehen, beide Momente treffen auf den zurücktretenden Täter zu, nicht auf den Anstifter oder den Gehilfen. Diese würden zwar wegen der akzessorischen Natur ihrer Teilnahme nicht bestraft werden können, wenn das Gesetz soweit ginge, den Rücktritt des Täters vom Versuche als einen Schuldausschließungsgrund anzuerkennen; dies ist jedoch nicht die Meinung des Gesetzes, da dasselbe, abweichend vom preußischen Strafgesetzbuche, zum Begriffe des Versuches die Unfreiwilligkeit der Nichtvollendung der Straftat nicht fordert, und da die Motive dies damit begründen, „daß es nur für einen Ausschließungsgrund der an und für sich verwirkten Strafe zu erachten sei, wenn der Täter die Ausführung der beabsichtigten Handlung aufgegeben habe, ohne an dieser Ausführung durch Umstände gehindert worden zu sein, welche von seinem Willen unabhängig waren.[1])

§ 30. Anhang. 1. Die Buße.

Beling § 48, Berner § 109, Binding Gr. I § 102, v. Liszt § 67, H. Meyer § 50, Frank und Olshausen, Vorbemerkung zu 51 ff.

I. **Charakter der Buße.** E. XV 352 (vgl. auch XII 224, XVII 190, XXIV 398):

Die Verurteilung ist wegen schwerer Körperverletzung im Sinne des § 224 StGB. erfolgt. Durch die Handlung des Angeklagten, einen Fußtritt auf die Geschlechtsteile des Verletzten, ist der Verlust der Zeugungsfähigkeit

---

[1]) Übereinstimmend v. Liszt § 48; Frank zu § 46 V.

desselben verursacht worden. Das Instanzgericht hat neben der Strafe auf eine von dem Angeklagten an den Verletzten zu bezahlende Buße von 800 Mk. erkannt. Bei der Festsetzung dieses Betrages ging das Gericht davon aus, daß dem Verletzten zunächst 300 Mk. als Entschädigung für Verpflegungskosten, Lohnverlust und ausgestandene Schmerzen und sodann 500 Mk. als Vergütung für den Verlust „des großen Gutes der Zeugungsfähigkeit, dessen sich der Verletzte, ein verheirateter Mann, noch einige Jahre hätte erfreuen können", zu gewähren seien.

Die Revision des Angeklagten rügt die Verletzung des § 231 StGB. Es wurde geltend gemacht: der Verlust der Zeugungsfähigkeit stelle sich nicht als ein Vermögensnachteil dar, wie ihn jene Gesetzesstelle voraussetze; jedenfalls habe, nachdem schon ein Schmerzensgeld in Berechnung genommen worden, nicht auch noch eine Vergütung für den Verlust der Zeugungsfähigkeit bewilligt werden können.

Die Revision wurde verworfen.

Das Reichsgericht hat allerdings wiederholt ausgesprochen, daß die Buße keine Strafe, sondern eine in der Entschädigung des Verletzten bestehende Genugtuung ist, auf welche im Strafverfahren neben der Strafe erkannt werden kann. An dieser Auffassung ist festzuhalten.

Das Strafgesetzbuch, welches in Fällen der Beleidigung (§ 188) und der Körperverletzung (§ 231) eine Buße zuläßt, hat hinsichtlich des Wesens dieses Institutes den Standpunkt des Entwurfes verlassen. Der Entwurf des Strafgesetzbuches enthielt nämlich in § 184 Abs. 3 für Fälle der Beleidigung die Bestimmung:

> „Auf Verlangen des Verleumdeten kann zugunsten desselben neben der Strafe auf eine Buße bis zu dem Betrage von Eintausend Talern erkannt werden",

und in § 225 für Fälle der Körperverletzung die Vorschrift:

> „Auf Verlangen des Verletzten kann zu seinen Gunsten bei einer vorsätzlichen Körperverletzung, welche ihm ohne seine Schuld zugefügt worden, neben der Strafe auf eine Buße bis zum Betrage von Eintausend Talern erkannt werden. Für diese Buße haften die zu derselben Verurteilten als Gesamtschuldner."

Aus diesen Bestimmungen in Verbindung mit deren Begründung in den Motiven ergibt sich, daß der Entwurf die Buße als eine Privatstrafe aufgefaßt hat. Durch die Beschlüsse des Reichstages trat jedoch eine Änderung ein. Auf Antrag der Abgeordneten L. und Gen., vgl. Verhandlungen des Reichstages des Norddeutschen Bundes von 1870 Bd. 4, Anlagen, S. 428, 430, 432, wurden vom Reichstage die nunmehr in den §§ 188, 231 StGB. enthaltenen Bestimmungen angenommen. Vgl. Verhandlungen des Reichstages a. a. O., Bd. 1, Stenographische Berichte S. 652, 668.

Aus diesen Gesetzesstellen geht unzweifelhaft hervor, daß die Buße den Charakter einer Entschädigung hat, denn in § 188 StGB. wird dieselbe davon abhängig gemacht, daß die Beleidigung nachteilige Folgen für die Vermögensverhältnisse, den Erwerb oder das Fortkommen des Beleidigten mit sich bringe, und es ist weiter bestimmt, daß eine erkannte Buße die Geltendmachung eines weiteren Entschädigungsanspruches ausschließe. In dem § 231 sind zwar die in § 188 a. a. O. hervorgehobenen tatsächlichen Voraussetzungen nicht aufgenommen, allein auch hier ist vorgeschrieben worden, daß eine erkannte Buße die Geltendmachung eines weiteren Entschädigungsanspruches ausschließt.

II. **Die Entschädigung,** welche sich als Gegenstand der Buße darstellt, ist nicht beschränkt auf die **Vergütung rein vermögensrechtlicher Nachteile.** Das oben zitierte Urteil E. XV 352 fährt fort:

Es entsteht nun aber die in der Wissenschaft bestrittene Frage, ob die Entschädigung, welche sich als Gegenstand der Buße darstellt, auf die Vergütung rein vermögensrechtlicher Nachteile beschränkt ist. Daß die in § 188 a. a. O. hervorgehobenen nachteiligen Folgen für die Vermögensverhältnisse und den Erwerb nur Vermögensnachteile sein können, ist selbstverständlich; ob dies auch hinsichtlich der weiter erwähnten nachteiligen Folgen für das Fortkommen anzunehmen, kann hier unentschieden bleiben, denn im vorliegenden Falle handelt es sich nur um die Anwendung des § 231 StGB. und bezüglich dieser Gesetzesstelle ist die oben aufgeworfene Frage jedenfalls zu verneinen. Die Einschränkung der Buße auf Entschädigung für (entstandene oder zu erwartende) Vermögensnachteile ist in § 231 nicht zum Ausdrucke gebracht worden und läßt sich insbesondere aus der Bezeichnung, welche das Gesetz für das neu eingeführte Institut gewählt hat, nämlich aus dem Ausdrucke „Buße“, nicht herleiten. Zu einer gegenteiligen Annahme könnte man auch in dem Falle nicht gelangen, wenn davon auszugehen wäre, daß der § 188 StGB. nur Vermögensnachteile voraussetze, denn die dort hervorgehobenen tatsächlichen Erfordernisse sind, wie erwähnt, in den § 231 nicht aufgenommen worden, und es ergeben sich aus der Fassung der letzteren Gesetzesstelle auch keine Anhaltspunkte dafür, daß von derselben jene tatsächlichen Erfordernisse des § 188 a. a. O. stillschweigend vorausgesetzt werden.

Die Entstehungsgeschichte des Gesetzes läßt sich gleichfalls nicht für die letztere Unterstellung und ebensowenig nach anderer Richtung für die Annahme verwerten, daß der § 231 a. a. O. nur Vermögensnachteile des Verletzten im Auge habe. Die Fassung der §§ 188, 231 beruht, wie oben ausgeführt worden ist, auf Anträgen von Abgeordneten. Zur Begründung des auf den § 231 a. a. O. bezüglichen Antrages hat der Antragsteller L. im Reichstage folgendes ausgeführt:

> „Der Antrag entspricht derjenigen Anschauung, welcher das hohe Haus bei den Beleidigungen bereits Ausdruck gegeben hat. Wir haben hier nur fortgelassen den darauf gerichteten Beweis, daß ein Nachteil entstanden sei. Bei der Beleidigung ist dies nicht immer der Fall, und wir haben deswegen bei der Beleidigung nur dann die Buße für verwirkt erachtet, wenn der Nachteil nachgewiesen ist. Bei der Körperverletzung nehmen wir an, daß schon in der Verletzung der Nachteil nachgewiesen ist. Da wir nicht die Strafe, sondern die Entschädigung dabei ins Auge gefaßt haben, und der Beleidigte nur, wenn er beschädigt ist, der körperlich Verletzte aber immer zum Schadenersatze kommen soll, so ist fahrlässige und vorsätzliche Körperverletzung hierin gleichzustellen“.

Vgl. Verhandlungen des Reichstages a. a. O. Bd. 1, Stenogr. Berichte S. 668.

Die Anträge der Abgeordneten L. und Gen. sind, ohne daß von

irgend einer Seite Widerspruch erhoben worden wäre, von der Majorität des Reichstages angenommen worden und sind sodann in das Gesetz übergegangen.

Auf Grund des Ausgeführten muß davon ausgegangen werden, daß die Anwendbarkeit des § 231 StGB. schon durch die Körperverletzung an sich, nämlich durch den strafbaren Eingriff in die Integrität des Körpers begründet wird, und daß es lediglich dem Ermessen des Richters anheimgegeben ist, die Bedeutung der Körperverletzung für den Verletzten, sowohl in vermögensrechtlicher Beziehung, als auch nach anderer Richtung in Geld abzuschätzen und eine Vergütung festzusetzen, durch welche der Verletzte nicht bloß für die etwaige Beschädigung seines Vermögens, sondern auch für seinen durch die Verletzung verursachten, wenn auch mit Vermögensnachteilen nicht verknüpften, körperlichen oder psychischen Schaden, nämlich für die Störung seines Wohlbefindens, für die von ihm erlittenen Schmerzen, für die Beeinträchtigung oder den Verlust seiner Fähigkeit zur Ausübung körperlicher oder geistiger Funktionen und für die ihm dadurch auferlegten Entbehrungen entschädigt werden soll. Aus der Bestimmung: es schließe eine erkannte Buße die Geltendmachung eines weiteren Entschädigungsanspruches aus, folgt aber, daß die Buße den vermögensrechtlichen Schaden immer umfaßt, nicht aber, daß sie auf denselben beschränkt ist.

§ 31. Anhang 2. Subsidiäre Haftung.

Beling § 49, v. Liszt S. 251 Anm. 5, H. Meyer § 32, § 50.
E. XXV 294.

Der Provinzialsteuerdirektor von Ostpreußen führt darüber Beschwerde, daß der erste Richter unterlassen hat, den Angeklagten H. wegen der von seinem Gewerbegehilfen verwirkten Geldstrafe von 13029,60 Mk. für subsidiär haftbar zu erklären. Der erste Richter erklärt einen solchen Ausspruch für unzulässig,

> weil § 153 VZG. den darin bezeichneten Personen, welche selbst an einer Defraudation mitbeteiligt sind, nicht über ihre eigene und solidarische Verpflichtung für die verwirkte Strafe noch eine subsidiäre Haftung für die gleiche Strafe ihrer Mittäter, sondern eine der strafrechtlichen Haftung sich nähernde subsidiäre Haftung nur für den Fall auflege, daß sie selbst bei der Defraudation nicht beteiligt sind, wie dies unzweifelhaft sich aus den Überschriften der §§ 149, 153 a. a. O. ergebe.

Die Steuerbehörde ist dagegen der Meinung, daß die subsidiarische Verhaftung der in § 153 aufgeführten Personen dadurch nicht ausgeschlossen werde, daß sie selbst wegen Beteiligung an dem Zollvergehen mit Strafe belegt werden.

Der Senat ist der Ansicht der Steuerbehörde beigetreten.

Das Gesetz unterscheidet nicht, ob der handel- oder gewerbetreibende Ehemann oder Vater bei dem Zollvergehen mitbeteiligt ist oder nicht. Innere Gründe für eine solche Unterscheidung sind nicht vorhanden.

Wie schon das preußische Obertribunal in den Gründen des Plenarbeschlusses vom 12. November 1855 ausgeführt hat, würde die entgegenstehende Ansicht zu der unannehmbaren Konsequenz führen, daß, wenn mehrere unvermögende Leute des Gewerbetreibenden das Vergehen gemeinschaftlich verübt haben, also ein jeder von ihnen in die volle Strafe verurteilt wird, der Prinzipal, wenn er sie angestiftet hat, nur die einfache Geldstrafe, im Falle nicht dolosen Verhaltens aber ein Vielfaches der Strafe zu zahlen hätte, sonach das dolose Verhalten privilegiert wäre.

Die hier vertretene Ansicht findet auch in der geschichtlichen Entwickelung der Bestimmungen über Haftbarkeit anderer für Steuer- und Zollvergehen eine Bestätigung . . . .

Die für die entgegenstehende Ansicht vorgebrachten Gründe erachtet der Senat nicht für haltbar.

Wenn in dem Urteile des preußischen Obertribunals vom 19. Oktober 1854 geltend gemacht ist, der Geschäftsherr könne nach allgemeinen strafrechtlichen Grundsätzen nicht neben der ihn treffenden Strafe noch für die gegen andere verhängten Strafen haftbar gemacht werden, so ist dabei übersehen, daß die eigentümliche Einrichtung der subsidiären Verhaftung in den verschiedenen Steuer- und Zollgesetzen und in § 19 des preußischen Jagdpolizeigesetzes vom 7. März 1850 (GS. S. 165) überhaupt nicht mit den allgemeinen Grundsätzen des Strafrechtes in Einklang zu bringen ist, sondern auf besonderen Zweckmäßigkeitsgründen beruht.

Ein Gegensatz zwischen der Vorschrift in § 149 VZG. und der in § 153 daselbst kann als vorhanden nicht anerkannt werden. Durch die Randvermerke:

zu § 149: „Strafe der Teilnahme"
zu § 153: „subsidiarische Vertretungsverbindlichkeit dritter Personen"

wird der letztere Paragraph nicht in Gegensatz zu ersterem gestellt; die „dritten Personen" stehen vielmehr im Gegensatze zu den „Dienern", „Lehrlingen" usw. Die Randvermerke sind aus dem preußischen Gesetze vom 23. Januar 1838 übernommen, und hier werden, wie sich aus § 56 ergibt, die Worte „dritte Personen" und „ein anderer" als gleichbedeutend gebraucht. Die Auslegung des ersteren Ausdrucks dahin, daß zu den dritten nur die Nichtbeteiligten zu rechnen seien, würde nur dann möglich sein, wenn sich § 153 unmittelbar an § 149 anschlösse; in den §§ 150 bis 152 werden aber über Vollstreckung der Freiheitsstrafen und über Ordnungsstrafen Bestimmungen getroffen.

Besonderer Teil.

Die einzelnen Arten von strafbaren Handlungen.

Erster Abschnitt.

Strafbare Handlungen wider einzelne.

Kap. 1. Delikte wider Gesundheit und Leben.

§ 32. A. Die Körperverletzung.

Beling § 52, Berner S. 529, Binding L. §§ 12 ff., v. Liszt §§ 87 ff., H. Meyer § 69, Frank und Olshausen zu § 223 StGB.

I. **Begriff der Körperverletzung.** E. XXIX 58 (vgl. auch XXXII 113):

Die Angeklagten haben den Schreiner Z. in bewußtem und gewolltem Zusammenwirken festgehalten und ihm gegen seinen Willen gewaltsam mit einer Schere Stücke des Bartes weggeschnitten. Sie sind wegen Vergehens der Nötigung (§§ 240, 247 StGB.) verurteilt. Den Antrag des Staatsanwaltes, die Handlung zugleich als Vergehen der Körperverletzung nach §§ 223, 223a StGB. zu bestrafen, hat die Strafkammer abgelehnt, mit der Begründung, daß Z. durch die Handlung der Angeklagten weder körperlich mißhandelt noch an der Gesundheit beschädigt worden sei. Irgend ein Schmerzgefühl oder körperliches Unbehagen sei bei ihm nicht hervorgerufen worden. Die Revision des Staatsanwaltes rügt Verletzung der §§ 223, 223a, weil Schmerzerregung kein Begriffsmerkmal, sondern nur eine gewöhnliche Folge der Mißhandlung sei, und ihre Ausführungen lehnen sich an eine Entscheidung des Reichsgerichts vom 16. April 1889,

vgl. Entsch. d. RG. in Straff. Bd. 19 S. 136.

In dem dort beurteilten Falle handelt es sich jedoch nur um die Frage, ob die Behandlung eines Menschen mit Schlägen gegen Kopf und Wangen, die unter normalen Zuständen als Mißhandlung gelte, dann nicht als solche zu strafen sei, wenn dieser Mensch sich infolge einer

Krankheit (Blödsinn) oder infolge gefühlaufhebender Mittel (Schwefeläther, Chloroform usw.) im Zustande von Gefühllosigkeit befindet, so daß die Mißhandlung keinen Eindruck auf das Empfindungsvermögen des Objektes erzeugt. Man könnte schon aus dieser Verbindung des Mangels an Schmerzgefühl mit abnormen Zuständen folgern, daß für normale Zustände die Erregung solchen Gefühles als ein Kriterium der Mißhandlung zugegeben sei. Jedenfalls dürfen die weiteren Ausführungen nur im Zusammenhange mit der erwähnten Frage gedeutet werden. Wenn also dort die Mißhandlung als ein Behandeln, wie es nicht sein sollte, ein unangemessenes, schlimmes, übles Behandeln erklärt wird, so sollte hiermit keine allgemeine Definition gegeben, sondern nur hervorgehoben werden, daß im gewöhnlichen Sprachgebrauche kein Unterschied gemacht werde, ob das Objekt die Behandlung als eine unangemessene, schlimme, üble empfindet oder nicht. Denn sonst wäre, da bei allen strafbaren Handlungen, die sich gegen die Person richten, ein Behandeln dieser Person, wie es nicht sein sollte, ein unangemessenes Behandeln, stattfindet, mit einer solchen Definition der Begriff der Körperverletzung (Mißhandlung) zu einem so ausgedehnt subsidiären oder ideell konkurrierenden gemacht, wie es weder dem Sprachgebrauche noch nachweislich der Absicht des Gesetzes entspricht. Es muß vielmehr, um der Rechtsprechung eine sichere Grundlage zu bewahren, an der vom Reichsgericht schon wiederholt anerkannten Begriffsbestimmung festgehalten werden, daß die körperliche Mißhandlung, wie sie in §§ 223 ff. StGB. mit Strafe bedroht ist, in der vorsätzlichen und rechtswidrigen Einwirkung auf den Körper eines anderen besteht, durch welche in diesem eine Störung des körperlichen Wohlbefindens hervorgerufen wird — mag sie zu seinem Bewußtsein kommen oder nicht. Dies ist auch der Standpunkt des Urteiles vom 16. April 1889, wie dessen Schlußabsatz deutlich erkennen läßt, und entspricht dem Wortlaute des § 223, der durch Gleichstellung der körperlichen Mißhandlung mit der Beschädigung der Gesundheit genügend zum Ausdrucke bringt, daß geistige Mißhandlung Erregung geistigen oder seelischen Unbehagens an sich nicht unter den Begriff der Körperverletzung fällt. Selbstverständlich ist nicht ausgeschlossen, daß durch die körperliche Einwirkung mittelbar — durch Störung des Nervensystems — auch die geistige Sphäre des Mißhandelten in Mitleidenschaft gezogen wird, wie hinwieder, daß die Störung des körperlichen Wohlbefindens auch durch eine die Sinnennerven ohne körperliche Berührung seitens des Angreifers treffende Einwirkung geschehen kann.

Hierbei bedarf jedoch sowohl der Begriff des Wohlbefindens als auch der seiner Störung einer gewissen Beschränkung. Beide sind nur relativ: das heißt unter Wohlbefinden ist nur der Zustand zu verstehen, der ohne die fragliche Einwirkung bestehen würde, so daß auch der Zustand eines sich bereits übel Befindenden darunter fällt, und die Störung muß von einer gewissen Erheblichkeit sein, sonst käme man dahin, in jeder Zufügung einer der kleineren Unannehmlichkeiten des Lebens, in jeder Beleidigung des Geruchs- oder Geschmackssinns u. dgl. eine fahrlässige oder vorsätzliche Körperverletzung zu erblicken.

Sache des vernünftigen Ermessens ist es, bei Prüfung der tatsächlichen Verhältnisse die Grenze zu finden; und wenn die Strafkammer zu der Feststellung gelangt ist, durch die Handlung der Angeklagten sei irgend ein Schmerzgefühl oder körperliches Unbehagen nicht hervorgerufen worden, so war es nicht rechtsirrig, den Begriff einer Körperverletzung nicht anzunehmen.

Die Revision meint, es widerstreite dem Rechtsgefühle und sei von der Gesetzgebung sicher nicht gewollt, daß es gänzlich straflos bleibe, wenn jemand einer schlummernden Person, sei es aus Rachsucht oder Neid, sei es aus Verehrung, um sich ein Andenken zu verschaffen, widerrechtlich Bart oder Zopf abschneidet. Man kann zugeben, daß wenigstens im vorliegenden Falle sich das Rechtsgefühl durch die Verurteilung wegen Nötigung noch nicht befriedigt findet, weil diese nur die Gewalttätigkeit zur Erzwingung einer beliebigen Handlung oder Duldung trifft, der rechtswidrige Eingriff in die persönliche Unversehrtheit aber ungesühnt geblieben, ja nicht einmal im Strafmaß berücksichtigt zu sein scheint. Allein damit wäre der staatsanwaltschaftliche Antrag so, wie er gefaßt, nicht gerechtfertigt und es ist zweifelhaft, ob eine Verurteilung dessen, der einem andern hinterlistig eine Locke zum Andenken abschneidet, wegen gefährlicher Körperverletzung mit Waffengebrauch — wie der Antrag des Staatsanwaltes will — dem Rechtsgefühle nicht noch mehr zuwiderlaufen würde.

Der Gesichtspunkt der Verletzung der körperlichen Unversehrtheit genügt hierfür nicht, weil die Unversehrtheit des Körpers an und für sich kein strafrechtlicher Begriff und ihre Verletzung nicht absolut, sondern nur in Beziehung auf die Rechtsgüter, gegen die sich der rechtswidrige Angriff richtet, unter Strafe gestellt ist. Und hier ist der Punkt, von welchem aus der Revision stattzugeben war. Das verletzte Rechtsgut kann zwar und wird in der Regel das körperliche Wohlbefinden sein, so in einem Falle des Zopfabschneidens, den v. Schwarze in der Allgemeinen Gerichtszeitung für das Königreich Sachsen (Bd. 16 S. 247) mitgeteilt hat; dann liegt zweifellos Körperverletzung vor. Das Gesetz hat aber auch Tätlichkeiten vorgesehen, bei denen dies nicht der Fall ist, sondern das Rechtsgut der Ehre verletzt wird (§ 185 StGB.). Nach dieser Seite hat die Strafkammer die Handlung der beiden Angeklagten noch nicht geprüft, obgleich der Verletzte durch seinen Strafantrag das Gericht in die Lage versetzt hatte, die Tat auch nach diesem Gesichtspunkte gemäß § 263 StPO. zu beurteilen. Daß der Verletzte die Tat als Sachbeschädigung aufgefaßt und hierwegen den Strafantrag gestellt hat, war belanglos, da ein Irrtum des Antragstellers über die rechtliche Qualifikation dem richterlichen Urteile nicht vorgreift, und ein Zweifel über die Identität der Tat, wegen deren der Strafantrag gestellt worden, nicht bestehen dürfte. Ob nun im gegebenen Falle das Abschneiden des Bartes gegen den Willen des Betroffenen eine Kundgebung der Geringschätzung seiner Persönlichkeit enthielt, ist Sache der tatsächlichen Feststellung. Da aber die Bejahung dieser Frage keinenfalls einen Rechtsirrtum erkennen ließe, vielmehr gegebenenfalls die zutreffende Bestrafung für ein bis zur körperlichen Verunglimpfung auf gewisse Dauer getriebene Mißachtung der fremden Persönlichkeit ermöglichen, und diese Seite der Tat zu dem Vergehen der Nötigung im Verhältnisse der ideellen Konkurrenz stehen würde, so unterliegt das Urteil der Aufhebung.

II. **Ärztliche Operation.** E. XXV 376.

Der freisprechenden Entscheidung der Vorinstanz ist folgender Tatbestand zugrunde gelegt. Der Angeklagte ist Oberarzt der chirurgischen Abteilung des sog. Vereinshospitals in H. Diesem Hospital wurde am 13. Juni 1893 die damals 7 Jahre alte, an einer tuberkulösen Vereiterung des Fußwurzelknochens leidende Tochter des Gastwirts K. von dessen Ehefrau zugeführt, nachdem der das Kind bis dahin behandelnde Arzt eine Operation für notwendig erklärt hatte. Am 23. Juni 1893 hat Angeklagter zunächst durch Resektion der Fußknochen dem Fortschreiten der Krankheit Einhalt zu tun versucht, jedoch ohne Erfolg. Die Weiterverbreitung der tuberkulösen Infektion würde nach dem Gutachten der Sachverständigen das Kind mit „chronischem Siechtum", „schließlich mit dem Tode" bedroht haben. Daraufhin ist am 28. Juli 1893 die Amputation des Fußes im Hospital durch einen Vertreter des Angeklagten vorgenommen worden. Inzwischen hatten über die Frage dieser operativen Eingriffe Verhandlungen zwischen dem Angeklagten und dem Vater der Patientin, dem Gastwirt K. begonnen. Letzterer, als Anhänger der sog. Naturheilkunde, ein grundsätzlicher Gegner der Chirurgie, erklärte schon am 20. und 21. Juni 1893 dem Angeklagten persönlich, er wolle auf jede Gefahr hin, nicht, daß sein Kind zum Krüppel werde, und widerspreche jeder Operation. Angeklagter will seinerseits von dieser Unterredung den Eindruck erhalten haben, als sei auf sein Zureden schließlich K. mit der Amputation einverstanden gewesen. Am 22. Juni erschien jedoch K. von neuem im Hospital, sprach dort nur die dienende Schwester C. und wiederholte dieser gegenüber „klar und deutlich", daß er die beabsichtigte Operation nicht erlaube. Obwohl die C. noch am selben Tage diesen erneuerten Widerspruch des Vaters dem Angeklagten mitgeteilt hat, hat derselbe hierfür wiederum keine Erinnerung behalten. Unmittelbar vor dem Beginn der Resektion am 23. Juni 1893, meldete sich K. zum dritten Male im Krankenhause, um nunmehr sein Kind fortzuholen. Die Schwester Ö., an welche sich K. dieserhalb wendete, übermittelte die Meldung sofort an den Angeklagten. „Der Vater ist da und will sein Kind holen." Angeklagter erwiderte: „Jetzt ist es zu spät, ich werde später mit dem Vater sprechen" — die Patientin lag damals bereits, für die Operation vorbereitet, in der Narkose, — und schritt zur Resektion. Nach der Amputation des Fußes sind tuberkulöse Erscheinungen nicht wieder aufgetreten, die Kräfte haben zugenommen und das Kind hat sich bisher weiter entwickelt.

Das angefochtene Urteil hat den dieserhalb wegen Körperverletzung — §§ 223, 223a StGB. — angeschuldigten Angeklagten aus einer zweifachen Erwägung freigesprochen. Einmal wird in objektiver Beziehung der Rechtssatz aufgestellt, daß die der K.schen Tochter bei der Operation — Resektion der Fußknochen — zugefügten Körperverletzungen weder als „Gesundheitsschädigungen", noch als „Mißhandlungen" im Sinne des § 223 StGB. angesehen werden können, weil die Gesundheit der Patientin durch die Operation nicht verschlechtert, sondern gebessert wäre, es im übrigen aber einen begrifflichen Widerspruch enthielte, „eine zweckmäßige, vernünftige, ja notwendige Behandlung mittels operativen Eingriffes" als „Mißhandlung" zu qualifizieren. Deshalb sei es vorliegendenfalls rechtlich gleichgültig, ob Angeklagter mit oder gegen den Willen des Vaters das in des letzteren väterlicher Gewalt befindliche unmündige Kind operiert habe. In einer mehr eventuellen Erwägung wird ferner angenommen, daß Angeklagter zwar, als er die Operation begann, sich dessen bewußt war, daß der Vater des Kindes die Operation nicht wolle, daß er jedoch zuversichtlich darauf gerechnet habe, es werde ihm nachträglich gelingen, den Willen des Vaters, den er für unvernünftig, dem Kinde schädlich und deshalb nicht ernsthaft gehalten, in seinem Sinne wieder umzustimmen. Sonach fehle sowohl die objektive wie die subjektive Rechtswidrigkeit.

Diese Erwägungen sind nicht geeignet, die Freisprechung des Angeklagten zu rechtfertigen.

Zunächst erscheint es verfehlt, mit der Vorinstanz den zum Zweck des Heilverfahrens vorgenommenen chirurgischen Eingriffen in die Unversehrtheit des Körpers und der Gliedmaßen eines Menschen schon um deshalb objektiv den Charakter einer unter § 223 StGB. fallenden „Mißhandlung" absprechen zu wollen, weil nach gewöhnlichem Sprachgebrauche unter „Mißhandeln" lediglich ein unangemessenes, schlimmes oder übles, niemals aber ein an sich vernünftiges und zweckmäßiges Handeln zu verstehen sei. Als man statt der mehr kasuistischen Fassung des § 187 des preußischen Strafgesetzbuches:

„wer vorsätzlich einen anderen stößt oder schlägt oder demselben eine andere Mißhandlung oder Verletzung des Körpers zufügt",

die jetzige Formulierung des § 223 StGB. wählte:

„wer vorsätzlich einen anderen körperlich mißhandelt oder an der Gesundheit schädigt,"

wollte man mit dem Ausdrucke „körperlich mißhandeln" im weitesten und allgemeinsten Sinne alle unmittelbar und physisch dem körperlichen Organismus zugefügten Verletzungen zusammenfassen. Daß dazu auch entstellende Beeinträchtigungen der körperlichen Unversehrtheit mindestens in ihren wesentlichen Bestandteilen, also erheblichere Substanzverletzungen, der Verlust einzelner Gliedmaßen und dergl. zu rechnen sind, kann angesichts des § 224 Strafgesetzbuches nicht zweifelhaft sein.

Daß die Norm des § 223 StGB. rechtswidriges Handeln voraussetzt, ist freilich gewiß, und daraus wird zu folgern sein, daß eine nicht rechtswidrig zugefügte Körperverletzung keine strafbare Mißhandlung ist. Unhaltbar aber ist es, das „nicht rechtswidrige" darein setzen zu wollen, daß der Zweck oder gar der Erfolg der Körperverletzung sich als dem Verletzten heilsam, als vernünftig darstelle. *Objektiv rechtswidrig ist jedes an sich normwidrige Handeln, solange dem Handelnden nicht ein die Norm einschränkendes, selbständiges Recht zur Seite steht.* Daß jemand nach eigener Überzeugung oder nach dem Urteile seiner Berufsgenossen die Fähigkeit besitzt, das wahre Interesse seines Nächsten besser zu verstehen, als dieser selbst, dessen körperliches oder geistiges Wohl durch geschickt und intelligent angewendete Mittel vernünftiger fördern zu können, als dieser es vermag, gewährt jenem entfernt nicht irgend eine rechtliche Befugnis, nunmehr nach eigenem Ermessen, in die Rechtssphäre des anderen einzugreifen, diesem Gewalt anzutun und dessen Körper willkürlich zum Gegenstande gutgemeinter Heilversuche zu benutzen. Das Absurde einer solchen Unterstellung springt mit besonderer Schärfe in die Augen, wenn man erwägt, daß das hier behauptete, durch den vernünftigen Zweck begründete „Recht", will man demselben überhaupt einen Sinn beilegen, folgerichtig dahin führt, das subjektive Belieben, den rein subjektiven Glauben des einzelnen an seine Fähigkeit und Geschicklichkeit im Wohltun zum rechtsbildenden, Rechte schaffenden und Rechtsnorm aufhebenden Faktor zu erheben. Was hiervon der Vorinstanz jedem Arzte, jedem Kranken gegenüber als „Recht" zu Körperverletzungen und Mißhandlungen eingeräumt wird, würde mit der gleichen logischen Notwendigkeit jedem, der sich für heilkundig hält, jedem gegenüber, den er für krank ansieht, zuzugestehen sein. Weshalb beispielsweise das, was dem Arzte um seiner physischen Heilzwecke willen ohne weiteres erlaubt sein soll, nicht ebenso dem um das Heil der Seele besorgten Geistlichen zu gestatten ist, und weshalb der vernünftig-humane Zweck nur Körperverletzungen, nicht auch Freiheitsberaubungen, Nötigung, Sachbeschädigung, Hausfriedensbruch und zahlreiche ähnliche Delikte aus dem Bereiche rechtswidriger Handlungen herauszuheben geeignet ist, bleibt in diesem Gedankengange dunkel. Nicht minder schwierig würden sich auf dem Boden der vorinstanzlichen Rechtsanschauungen die Konflikte gestalten, wenn gleichzeitig mehrere Heilkundige sich denselben Patienten zum Objekte eines gleich rationellen nur in der Methode verschiedenartigen Heilverfahrens auserlesen haben, und entschieden werden soll, welchem von ihnen das bessere „Recht" beiwohnt. — Vollends untauglich für das Strafrecht gestaltet sich aber der Gesichtspunkt, nach den unberechenbaren Zufälligkeiten des Erfolges, also nach den der Tat in unbestimmter Zukunft nachfolgenden Eventualitäten begrifflich unterscheiden zu wollen, ob eine an sich alle gesetzlichen Merkmale des § 223 StGB. an sich tragende Körperverletzung ein Delikt darstellt oder nicht.

Der gelegentlich in der Doktrin gemachte Versuch, ein sog. Berufsrecht des Arztes an sich, oder doch des staatlich approbierten Arztes zur selbständigen Grundlage irgend welcher dem letzteren über den Körper von Kranken zustehenden originären Befugnisse zu erheben, erscheint für sich allein eben so unzureichend, als leitender Grundsatz für die Lösung der hierzu entscheidenden Fragen zu dienen. Innerhalb des heute geltenden öffentlichen Rechtes Deutschlands ist der Betrieb der Heilkunde ein freies Gewerbe, das jedermann ohne Rücksicht auf Kenntnisse, Vorbildung, Erfahrung, Geschick, Verleihung usw. offen steht. Den „Beruf" hierfür besitzt jeder, der sich selbst solchen Beruf zuschreibt. Nachdem der letzte Rest der früher mit dem ärztlichen Stande verbunden gewesenen öffentlich-rechtlichen Pflichten durch die deutsche Gewerbeordnung beseitigt worden ist, kann ebensowenig mehr von irgend welchen aus dem freien Berufe entspringenden Rechten gesprochen werden. Die „Approbation", wie sie § 29 der Gewerbeordnung regelt, gewährt wohl eine Befugnis, den Titel „Arzt" und dergl. zu führen, und eine gewisse Qualifikation, amtliche Funktionen anvertraut zu erhalten. Bezüglich der Berufsrechte und Berufspflichten unterscheidet sich im übrigen der approbierte Arzt in nichts von dem nichtapprobierten Arzte. In jedem Falle ist nicht abzusehen, wie die sog. „Approbation" die Kraft besitzen könnte, ursprünglich und ohne weiteres irgend ein konkretes Rechtsverhältnis zwischen dem Arzte A. und dem Patienten B. zu begründen, und wie unter den zahlreichen „approbierten" Ärzten gerade diesem Arzte Gewaltherrschaft über diesen Patienten entstehen soll. Auch wäre es ein befremdlicher Rechtssatz, die

Privilegien der Straflosigkeit, welche man jedem von einer deutschen Behörde geprüften und „approbierten" jungen Chirurgen für seine operativen Experimente bereitwillig zugesteht, dem vom Auslande herbeigerufenen erprobten Operateur nur um deshalb zu versagen, weil ihm die deutschrechtliche „Approbation" abgeht.

Im übrigen vermögen auch die Anhänger selbständiger ärztlicher Berufsrechte sich der Erkenntnis nicht zu verschließen, daß unter allen Umständen diese freien Rechte ihre Schranke in dem entgegengesetzten Willen des verfügungsfähigen Kranken, dessen Angehörigen oder sonstigen rechtlichen Repräsentanten finden. Muß man aber diese Beschränkung einräumen, dann liegt darin auch das Zugeständnis, daß es an sich nicht das Berufsrecht des Arztes, sondern in erster Reihe der Wille des Kranken ist, welcher den ersteren legitimiert, Körperverletzungen straflos zu verüben, wo sie, von irgend einem dritten verübt, zu strafbaren Delikten werden, daß der ärztliche Beruf als solcher, die mit ihm verknüpften Qualitäten des Wissens und Könnens, Sachkunde, Erfahrung, Geschick, staatliche Anerkennung, immerhin dazu angetan sind, dem den Arzt an das Krankenbett berufenden Rechtswillen einen vernünftigen, sittlich beachtenswerten Inhalt zu verleihen, daß es aber grundsätzlich und wesentlich diese auf privater Willkür ruhende Berufung, nicht der gewerbliche Beruf als solcher ist, aus dem die rechtlichen Prärogativen des Arztes seinem Patienten gegenüber entstammen.

Es bedarf an dieser Stelle keiner Erörterung der Frage, inwieweit die Einwilligung des Verletzten als allgemeines Prinzip tauglich ist, ein Kriterium der Rechtmäßigkeit bezw. Rechtswidrigkeit gewisser Handlungen abzugeben, ob insbesondere das Delikt der Körperverletzung schlechthin bezw. der leichten oder einfachen Körperverletzung durch die Einwilligung des Verletzten aufgehoben wird, und welche Bedeutung in dieser Beziehung der bisherigen Rechtsprechung des Reichsgerichtes beiwohnt.

Vgl. Entsch. des RG. in Strafs. Bd. 2 S. 442, Bd. 6 S. 61.

Für das Verhältnis zwischen Arzt und Patienten wird innerhalb der Sphäre des bürgerlichen wie des peinlichen Rechtes an der zwischen beiden Personen bestehenden Willensübereinstimmung unter allen Umständen als dem leitenden und entscheidenden Gesichtspunkte festzuhalten sein. Mag man es Auftrag, Vollmacht, Dienstmiete, Werkverdingung oder wie sonst nennen: in jedem Falle ist es der Wille des Kranken bezw. seiner Angehörigen und gesetzlichen Vertreter, welcher überhaupt gerade diesen Arzt beruft, die Behandlung dieses Kranken zu übernehmen. Solange solcher Wille nicht tätig geworden ist, besteht der Regel nach zwischen beiden Kategorieen von Personen keinerlei rechtliche Beziehung. Hält man dieses fest, dann ergibt sich die weitere Folgerung auch von selbst, daß Inhalt und Umfang der dem Arzte solchergestalt eingeräumten Befugnisse in Anwendung aller Mittel seiner Kunst sich nicht minder regeln muß durch den Rechtswillen des Kranken. Gewiß ist der Arzt zu der Annahme befugt, daß der Kranke oder dessen Willensvertreter, die im Vertrauen auf seine Kunst ihm die Behandlung der Krankheit übertragen haben, sich folgeweise auch seinem Rate unterordnen, seine Weisungen befolgen, sich seine Heilmittel gefallen lassen werden, ihm daher bei allen seinen Eingriffen in den Organismus des zu Heilenden die Zustimmung jener zur

Seite steht. Auf dem Boden solcher tatsächlichen Vermutungen wird dann allerdings für die Auslegung des vernünftigen Willens der Beteiligten der staatlich anerkannte oder sonst bewährte Beruf des Arztes zweifellos von erheblicher Bedeutung werden.

So werden sich unbedenklich für die viel erörterten Ausnahmefälle, in denen wegen Bewußtlosigkeit, Geisteskrankheit, Unzurechnungsfähigkeit des Patienten, oder bei Gefahr im Verzuge wegen Abwesenheit der Vertreter des Kranken sich eine ausdrückliche Willensentschließung der hierfür zuständigen Personen nicht erzielen läßt, oder die Willensäußerungen des Kranken oder seiner Angehörigen unklar, unsicher, schwankend lauten, wertvolle praktische Folgerungen zugunsten des guten Glaubens und der berechtigten Voraussetzungen des behandelnden Arztes im Sinne eines ihm aktuell zur Seite stehenden Konsenses der Beteiligten ergeben. So gewiß aber der verfügungsfähige Kranke durch Berufung des Arztes zwecks Heilung seines Leidens dem Arzte nicht eine unbeschränkte Gewaltherrschaft über seine Person eingeräumt hat, so gewiß der Auftrag zum Heilverfahren jederzeit von ihm widerrufen, der eine Arzt durch einen anderen ersetzt werden kann, so gewiß ist derselbe Kranke auch befugt, der Anwendung jedes einzelnen Heilmittels, seien es innerlich wirkende Medikamente, seien es äußere operative Eingriffe, rechtswirksam Weigerung entgegenzusetzen. Und mit dem Moment solcher Weigerung des zurechnungsfähigen Kranken oder seiner gesetzlichen Willensvertreter erlischt auch die Befugnis des Arztes zur Behandlung und Mißhandlung einer bestimmten Person für Heilzwecke. Folgeweise handelt derjenige Arzt, welcher vorsätzlich für Heilzwecke Körperverletzungen verübt, ohne sein Recht hierfür aus einem bestehenden Vertragsverhältnisse oder der präsumtiven Zustimmung, dem vermuteten Auftrag hierfür legitimierter Personen herleiten zu können, überhaupt unberechtigt, d. i. rechtswidrig, und unterliegt der solche Delikte verbietenden Norm des § 223 StGB. Noch zweifelloser tritt solche Rechtswidrigkeit hervor, wenn der Arzt gegen den erklärten Willen jener Person handelt.

Diese Grundsätze, auf den vorliegenden Fall angewendet, würden zur Schuldlosigkeit des Angeklagten führen, solange er [nach dem Anlaß zur Aufnahme des K.schen Kindes in das Hospital und dessen chirurgische Abteilung hierin den Konsens der Eltern zu operativen Eingriffen erblickte, und daraufhin, ohne spezielle und ausdrückliche Erklärungen der letzteren einzuholen, zur Operation schritt. Da aber feststeht, daß, ehe er mit der Resektion der Fußknochen seine operativen Eingriffe begann, der gesetzliche Vertreter des zu operierenden Kindes den Auftrag zur ferneren ärztlichen Behandlung desselben positiv widerrufen und die Zustimmung zur Operation des Fußes ausdrücklich verweigert hat, trägt das Verfahren des Angeklagten objektiv alle Merkmale der Rechtswidrigkeit an sich.

Angeklagter ist ferner aber auch für überführt erachtet, sich bei seinem Handeln der vorbezeichneten Rechtswidrigkeit bewußt gewesen zu sein. Dieses den subjektiven Tatbestand des § 223 StGB. erfüllende strafbare Bewußtsein kann dadurch nicht aufgehoben werden, daß, wie das Urteil des weiteren ausführt, Angeklagter darauf rechnete, zukünftig und nachträglich die Zustimmung des besser informierten Vaters zu erlangen.

Stand dem Angeklagten zur Zeit, da er die hier inkriminierten Körperverletzungen verübte, kein Recht auf solche Verübung zur Seite, und war er sich des Mangels dieser, sein Handeln begleitenden, rechtlichen Befugnis im Momente der Resektion bewußt, so war mit dem ersten Messerschnitt, den er gegen den Körper des Kindes ausführte, auch das Delikt vollendet, und der Strafanspruch des Staates begründet. Diese öffentlich-rechtliche Tatsache konnte durch keine Privatwillkür mehr aus der Welt geschafft werden. Was dem Instanzrichter hier als nachträgliche Zustimmung und Einwilligung vorschwebt, geht im wahren Rechtssinne nicht über die Bedeutung einer nachträglichen Verzeihung einer einmal verübten Rechtsverletzung hinaus. Zu wirken vermag der Wille des Menschen nur auf gegenwärtige und zukünftige, nicht auf vergangene Dinge: ob der in der Narkose seiner Fußknochen oder des ganzen Fußes beraubte Patient nachträglich die Amputation billigt oder mißbilligt, kann Geschehenes weder in seiner objektiven, noch in seiner subjektiven Gestalt ungeschehen machen. Wie lange sollte die Frage einer durch eine solche, dem Strafrechte völlig unbekannte und nachträgliche Ratihabition bedingten Regelmäßigkeit einer Operation und die davon abhängige Frage der Deliktsverübung in der Schwebe bleiben, wollte man es dem gegen den Willen des Kranken operierenden Arzte überlassen, durch langwierige Verhandlungen wissenschaftliche Diskussionen den Kranken oder seine Angehörigen nachträglich von der Nützlichkeit und Notwendigkeit der vollzogenen Operation zu überzeugen! Denn unter allen Umständen müßte objektiv die strafrechtliche Wirksamkeit solcher nachträglichen Ratihabition feststehen, wenn subjektiv der bloßen Hoffnung des Arztes auf die letztere rechtliche Beachtung geschenkt werden soll.

Dasjenige, was das Urteil in dieser Beziehung als Mangel subjektiver Rechtswidrigkeit bezeichnet, ist in Wahrheit auch nicht der Glaube des Angeklagten an sein Recht, sondern seine Überzeugung, das leibliche Wohl des kranken Kindes besser zu verstehen, als dessen Vater, für die Operation vernünftigere Gründe zu besitzen, als der in dem Glauben an die Naturheilkunde befangene K. gegen dieselbe geltend machte, und hierdurch, falls es zu späteren Erörterungen hierüber käme, dem letzteren an Argumenten überlegen zu sein. Daß in der Tat auf eine derartige Überhebung des sachkundigen Arztes über den beschränkten Laienverstand die Darstellung des Urteils hinausläuft, erhellt auch daraus, daß der letztere ausdrücklich anerkennen muß, Angeklagter hätte, als er unmittelbar vor der Operation den Widerspruch des Vaters erfuhr, ohne jeden Schaden für die Kranke die Operation auf Tage und Wochen hinausschieben können. Nicht also, weil eine imminente Gefahr ihn berechtigte, anzunehmen, daß die Operation jetzt und gerade jetzt notwendig vorgenommen werden und deshalb jeder Vernünftige die am 23. Juni vollzogene Resektion billigen müsse, sondern weil er von seinem überlegenen Standpunkte des Chirurgen den Widerspruch des Vaters überhaupt für unbeachtlich hielt, ist er mit vollem Bewußtsein gegen den Widerspruch vorgegangen. Und in diesem Zusammenhange ist auch die unklare Wendung der Urteilsgründe, welche die vom Angeklagten zwischen einem „wirklichen ernsten Willen" und dessen Gegenteil gemachte Unterscheidung hervorhebt, bedeutungslos. Einmal ist auch der im Affekte, in der „Aufwallung" gefaßte Willensentschluß ein im Rechtssinne tatsächlich vorhandener, ernsthafter, rechtswirksamer Wille. Und sodann will offensichtlich das Urteil mit jener Wendung nicht mehr sagen, als daß Angeklagter überhaupt nicht geneigt war, die Ansichten und Willensmeinungen des Gastwirtes K. über chirurgische Operationen „ernsthaft“ zu nehmen. Das mag medizinisch gerechtfertigt und menschlich im höchsten Maße entschuldbar gewesen sein; strafrechtlich hat Angeklagter normwidrig gehandelt, und ein nach §§ 223 ff. StGB. zu ahndendes Delikt verübt.

III. **Strafbarkeit einer mißlungenen „Tötung auf Verlangen“ unter dem Gesichtspunkt der Körperverletzung.** E. XXVIII 212: [1])

Enthält § 216 StGB. den Tatbestand eines selbständigen Vergehens, so ist der Versuch desselben, da er nicht ausdrücklich strafbar erklärt ist, nach § 43 Abs. 2 StGB. straflos.

Der Versuch der Tötung eines Einwilligenden kann völlig fehlgeschlagen sein, er kann aber auch zu einer Körperverletzung im objektiven Sinne geführt haben, und für diesen Fall ist es fraglich,

> ob die in Ausführung eines solchen Versuches verübte Körperverletzung nach Maßgabe der Vorschriften des Teils II Absch. 17 StGB. bestraft werden kann.

Die Frage war zu bejahen.

Zunächst kann es nicht zweifelhaft sein, daß die in Ausführung eines Tötungsversuches herbeigeführte Körperverletzung eines Menschen auch subjektiv den Tatbestand einer vorsätzlichen Körperverletzung im Sinne des bezeichneten Abschnittes des Strafgesetzbuches erfüllt. Denn wer den Vorsatz hat, einen Menschen zu töten, hat mit Notwendigkeit auch den Vorsatz, diesen körperlich zu verletzen. Die Tötung eines Menschen anders als durch Verletzung seines Körpers ist nicht denkbar; mag das zur Tötung gewählte Mittel auch so rasch wirksam sein, daß dem Getöteten der Vorgang gar nicht zum Bewußtsein kommt, daß er insbesondere ein Schmerzgefühl nicht hat, immer muß sein Körper in einer Weise in Mitleidenschaft gezogen werden, daß die ihm widerfahrene Behandlung als Körperverletzung im Sinne des § 223 StGB. sich darstellt; denn die Schmerzerregung gehört nicht zum Begriffe derselben.

Hat aber der Tötungsversuch zu einer nach Obigem vorsätzlichen Körperverletzung des die Tötung Verlangenden geführt, liegt somit der Tatbestand einer an sich in Gemäßheit der §§ 223 ff. StGB. strafbaren Handlung vor, so ist kein durchgreifender Grund erfindlich, warum — in den Fällen der leichten vorsätzlichen Körperverletzung (§ 223) unter der Voraussetzung des Vorliegens eines rechtsgültigen Strafantrages — die Handlung nicht auch im konkreten Falle mit Strafe belegt werden sollte. Ist ein in den Strafgesetzen vorgesehener Tatbestand in subjektiver Richtung erfüllt, sind also alle Voraussetzungen gegeben, die die bestehende Rechtsnorm für die Bestrafung voraussetzt, so hat letztere auch einzutreten, sofern nicht andere positive Normen die Bestrafung ausschließen, sofern also nicht Ausnahmen von der Regel nachweisbar sind. Solche bestehen hier nicht.

---

[1]) Vgl. Beling, Ztschr. f. StrRWiss. XVIII 285.

Insbesondere kann für die Straflosigkeit der Körperverletzung nicht geltend gemacht werden, daß das vollendete Vergehen des § 216 die in ihm notwendig enthaltene Körperverletzung völlig absorbiere. Der Grundsatz der Absorption der Strafnorm der §§ 223 ff. durch § 216 gilt eben nur, wenn und so weit eine nach § 216 strafbare Handlung vorliegt. Ist dies, weil die Tat in den Grenzen des Versuches geblieben, nicht der Fall, so fällt auch der Grund weg, welcher die Strafbarkeit der in der Handlung subjektiv und objektiv in die Erscheinung tretenden Körperverletzung ausschließt.

Man hat den Grund für die Straflosigkeit der in Ausführung des Versuches der Tötung eines diese Verlangenden verübten Körperverletzung ferner darin finden wollen, daß in dem Verlangen auch die Einwilligung in die Körperverletzung liege, und diese die Strafbarkeit ausschließe. Die vereinigten Straffenate haben jedoch keine Veranlassung gefunden, auf die prinzipielle Frage,

> inwiefern die Einwilligung in eine Körperverletzung geeignet sei, deren Bestrafung auszuschließen,

im vorliegenden Falle einzugehen, denn sie stellten sich auf den bereits in dem Urteile des I, Straffenates vom 9. November 1893,

Entsch. des RG. in Straff. Bd. 24 S. 369, vertretenen Standpunkt,

> daß insoweit die Absicht von entscheidender Bedeutung sei, und deshalb die Einwilligung zwar auf Tötung, nicht aber auf Körperverletzung gehe.

Auch ein anderer gegen die bisherige Praxis des Reichsgerichtes häufig vorgebrachter Grund vermag nicht durchzugreifen. Man wendet ein, daß dasjenige Strafgesetz, welches gegen die vorsätzliche Körperverletzung anzuwenden sein würde, unter Umständen schwerer wäre, als selbst die gegen die vollendete Tötung des Einwilligenden sich richtende Strafandrohung des § 216. Denn während nach diesem auf Gefängnis von drei bis zu fünf Jahren zu erkennen ist, würde die schwere Körperverletzung nach § 224 (vom Falle des § 225 ganz abgesehen) bei Verneinung mildernder Umstände (§ 228) mit Zuchthaus bis zu fünf Jahren bestraft werden können, ja bei dem immerhin denkbaren Vorliegen der Voraussetzungen des § 229 auf noch höhere Zuchthausstrafen erkannt werden dürfen. Diese Möglichkeiten sind anzuerkennen; sie werden jedoch im Falle des § 224 zu praktischen Inkonvenienzen kaum führen, da schon die für den Regelfall gegebene Strafandrohung gestattet, auf Gefängnisstrafe zu erkennen, und zwar mit einem zulässigen Mindestbetrage von nur Einem Jahre, die für den Fall mildernder Umstände ausschließlich angedrohte Gefängnisstrafe aber sogar bis auf Einen Monat hinuntergehen kann. Es ist hiernach kaum zu erwarten, daß beim Vorliegen einer schweren Körperverletzung im Sinne des § 224 StGB. auf eine härtere oder höhere Strafe erkannt werden würde, als wie § 216 sie kennt.

Der Hinweis auf jene Möglichkeit — und das gilt namentlich im Hinblicke auf § 229 — beweist aber überhaupt nichts. Denn die danach zweifellos bestehende Disharmonie in den Strafandrohungen des § 216 einerseits und den gegen die vorsätzliche Körperverletzung in den bezeichneten Fällen gerichteten andererseits entspringt, wie schon das Urteil des Feriensenates vom 25. August 1892 (Rep. 2537/92) hervorhebt, lediglich positiven Einzelbestimmungen des Strafgesetzbuches, die darum nicht geeignet sind, die Anwendung allgemeiner Grundsätze des Strafrechtes auszuschließen. Dem Umstande, daß Unzuträglichkeiten möglich sind, vermag gegenüber dem gegebenen Gesetze ein Einfluß nicht eingeräumt zu werden, und das Gesetz geht dahin, daß jede mit Strafe bedrohte Handlung ihre Ahndung finde, soweit das Gesetz nicht selbst Ausnahmen bestimmt.

Ebendeshalb kommt endlich auch dem Umstande keine Bedeutung zu, daß nach der im § 1 StGB. gegebenen Begriffsbestimmung die im § 216 mit Strafe bedrohte Handlung nur ein Vergehen darstellt, während die strafbaren Handlungen der §§ 224, 229 als Verbrechen zu bezeichnen sind. Allerdings kann hierdurch bedingt werden, daß materiell und auch prozessual verschiedene Grundsätze Platz greifen, je nachdem die Anklage aus § 216 wegen vollendeter Tötung oder im Falle des Versuches der Tötung wegen Körperverletzung erhoben wird; allein auch diese Unzukömmlichkeit muß als das Ergebnis der positiven Gesetzgebung hingenommen werden, ohne daß sie geeignet ist, eine andere Auffassung zu rechtfertigen.

IV. „**Das Leben gefährdende Behandlung**". E. VI 396:

Wie die amtlichen Motive zu dem durch die Novelle vom 26. Februar 1876 eingeschalteten § 223 a StGB. ergeben, ist die Gesetzgebung bei Aufstellung des hier streitigen Begriffsmerkmales einer „das Leben gefährdenden Behandlung" von der Erwägung ausgegangen, daß, um alle denkbar gefährlichen Begehungsarten der Körperverletzung strenger zu pönalisieren, es nicht genügt, die Anwendung eines gefährlichen *Instrumentes* als Mittel der Körperverletzung zum qualifizierenden Tatbestandsmoment zu erheben, es vielmehr angemessen erscheint, „eine *jede* das Leben gefährdende Behandlung *auf gleiche Linie* mit dem Gebrauche der oben bezeichneten gefährlichen Werkzeuge zu setzen". Dabei ist ausdrücklich der Gedanke vorangestellt, der Entwurf knüpfe bei seiner beabsichtigten Erhöhung des Strafmaßes gegen „durch Roheit und Rücksichtslosigkeit" ausgezeichnete Körperverletzungen, „nicht an die Folgen der Mißhandlung an, sondern habe geglaubt, das Mittel, dessen sich der Täter bedient hat, als das erschwerende Merkmal hinstellen zu müssen". Hieraus ergibt sich ohne weiteres, daß es für den Begriff einer „das Leben gefährdenden Behandlung" nicht darauf ankommt, ob in irgend einem Zeitpunkte tatsächlich eine imminente Lebensgefahr als Folge der Mißhandlung eingetreten ist, sondern lediglich darauf, ob die „Behandlung" geeignet war, eine solche Lebensgefahr herbeizuführen. Dabei ist freilich nicht zu verkennen, daß die letztere Frage wiederum nur geprüft werden kann nach Maßgabe der konkreten Verhältnisse des Einzelfalles, also unter Abwägung der individuellen Beschaffenheit des gemißhandelten Menschen und der individuellen Schädlichkeit der gegen Körper und Gesundheit in Bewegung gesetzten Einwirkungen. Wenn man in denjenigen Fällen, wo ein bestimmtes, mit klar erkennbaren Eigenschaften versehenes Werkzeug in Frage steht, hiernach immerhin noch in der Lage ist, die Gefährlichkeit des Mittels an sich zu bestimmen, so wird es doch nur in den seltensten Fällen zulässig sein, von einer „Behandlung" zu sprechen, welche „*an sich*", also im absoluten, von den konkreten Verhältnissen losgelösten Sinne als schlechthin „lebensgefährlich“ zu gelten habe. Der Ausdruck „Gefahr“ und Gefährdung bedeutet die größere oder geringere Wahrscheinlichkeit eines in naher oder entfernter Zukunft nach menschlicher Erfahrung und den Gesetzen der Kausalität zu erwartenden schädlichen Ereignisses. Wie stark die Wahrscheinlichkeit und wie nahe die danach zu befürchtende Eventualität sein muß, um von vorhandener Gefahr sprechen zu können, läßt sich eben nur für den Einzelfall entscheiden. Dieselbe konkrete Mißhandlung wird erfahrungsgemäß für ein neugeborenes Kind oder für einen kranken Menschen als lebensgefährlich angesehen werden müssen, die einer erwachsenen gesunden Person der Regel nach gar keine Gefahr erbringt.

Werden diese Grundsätze auf das angefochtene Urteil angewendet, so muß die Rüge unrichtiger Auffassung des im vorstehenden erörterten Begriffsmerkmales des § 223 a StGB. als berechtigt angesehen werden. Das Urteil stellt tatsächlich fest, daß der Angeklagte seinem 7 1/2 Monate alten Kinde mit der Hand vorsätzlich zwei Schläge an den Kopf versetzt, ihm dadurch gewisse näher beschriebene Verletzungen zugefügt, daß der ärztliche Sachverständige indessen den Zustand des ihm alsbald nach der Mißhandlung zugeführten Kindes für „nicht bedenklich“ gehalten, deshalb auch keinen Grund zur „Besorgnis“ gefunden hat, und folgert lediglich hieraus: „daß durch die vom Angeklagten dem Kinde erteilten Schläge das Leben des letzteren nicht gefährdet worden ist.“ Dabei wird jedoch ausdrücklich hinzugefügt, es sei allerdings zuzugeben: „daß Schläge mit der Hand gegen den Kopf eines 7- bis 8monatlichen Kindes, dessen Kopfnähte noch offen sind — wie hier der Fall gewesen —, geführt, welche die oben erwähnten Spuren hinterlassen, im allgemeinen lebensgefährlich sind.“

In dieser so begründeten Feststellung, insbesondere in den Worten „Schläge . . . welche die oben erwähnten Spuren hinterlassen,“ kann nur die Annahme gefunden werden, daß die konkrete Mißhandlung, welche der Angeklagte seinem Kinde zugefügt hat, der Regel und den Grundsätzen der Erfahrung nach allerdings geeignet war, einer Lebensgefährdung des gemißhandelten Kindes als ursachliches Mittel zu dienen und diese Wirkung nur im vorliegenden Falle ausnahmsweise nicht zur Erscheinung gekommen ist. Nach den obigen Ausführungen ist dieser Entscheidungsgrund nicht haltbar. Denn dadurch wird dem § 223 a StGB. zuwider nicht die Art der Mißhandlung als solche mit den ihr in concreto anhaftenden kausalen Qualitäten, sondern der Erfolg zum entscheidenden Kriterium einer das Leben gefährdenden Behandlung erhoben.

V. **Waffe im Sinne des § 148 MStGB.** RMG. II 245.

Der Ausdruck „Waffe“ kommt im Militärstrafgesetzbuche wiederholt vor, ohne daß eine Definition des Begriffs „Waffe“ gegeben worden wäre. Ebensowenig findet sich im Reichsstrafgesetzbuch eine solche Begriffserklärung.

Durch die Novelle vom 26. Februar 1876, durch welche der § 223 a in das Reichsstrafgesetzbuch eingefügt ist, wird unter anderem die vorsätzliche Körperverletzung mittels einer „Waffe“ unter Strafe gestellt.

Bei der zweiten Beratung der der XII. Kommission zur Vorberatung überwiesenen Paragraphen des Gesetzentwurfes, betreffend Abänderung von Bestimmungen des Strafgesetzbuches für das Deutsche Reich vom 15. Mai 1871, erklärte der Berichterstatter Dr. von Schwarze, daß unter „Waffen" nicht bloß diejenigen Gegenstände zu verstehen sind, die man im gewöhnlichen Leben als Hieb-, Stich-, Stoß- und Schußwaffe bezeichnet, sondern daß jeder Gegenstand hierunter begriffen sei, mittels dessen durch mechanische Einwirkung auf den Körper eines anderen eine Verletzung herbeigeführt werden kann. (Stenographische Berichte über Verhandlungen des deutschen Reichstags, 2. Legislaturperiode III. Session 1875/76 S. 802.)

In militärtechnischem Sinne ist hier der Begriff „Waffe" allerdings zu weit gefaßt. Denn unter „Waffen" im Sinne der §§ 148, 149 MStGB. sind nur Dienstwaffen — d. h. zu militärischer Verwendung bestimmte Waffen — zu verstehen, wie sich aus der Stellung dieser beiden Vorschriften in dem Abschnitt XI — der „Sonstige Handlungen gegen die militärische Ordnung" mit Strafe bedroht — ergibt. Hierunter fallen insbesondere Schußwaffen. Und daß gerade die unvorsichtige Behandlung von Schußwaffen durch den § 148 MStGB. getroffen werden sollte, ergibt sich aus den Motiven zum Militärstrafgesetzbuche.

Der Entwurf zum Militärstrafgesetzbuche spricht im § 158 (jetzt § 148) von Schußwaffen, gegen deren in den Quartieren mannigfach vorkommendes mutwillige und leichtfertige Handhaben den Bewohnern vorzugsweise Schutz geboten werden soll.

Erst durch die Beschlüsse der Kommission wurde anstatt „Schußwaffe" der allgemeinere Ausdruck „Waffe" gesetzt. (Drucksachen des deutschen Reichstages, 1. Legislaturperiode III. Session 1872 Nr. 5 S. 115 bezw. Nr. 122 S. 34.)

Der Zweck der gewählten Fassung ist der, zu vermeiden, daß hinsichtlich des unvorsichtigen Gebrauchs von Schußwaffen einerseits und sonstigen Waffen andererseits verschiedene Strafgesetze zur Anwendung kämen.

Immerhin handelt es sich nur um Dienstwaffen, aber um einen Kreis von Dienstwaffen, der größer ist als derjenige, den der § 149 MStGB. im Sinne hat. Diese Gesetzesnovelle spricht von „seiner Waffe".

Das Reichsmilitärgericht hat in seinem Urteile vom 15. Januar 1902 Nr. 20. 02 den Begriff „seine Waffe" dahin ausgelegt, daß darunter solche Waffen zu verstehen sind, welche der Soldat als solcher zu tragen berechtigt ist, einerlei, ob sie ihm eigentümlich oder ob sie einem Kamerad gehören und einerlei, ob sie ihm oder ob sie einem Kameraden irgendwelcher Dienstkategorie zum dienstlichen Gebrauch überlassen sind.

Es würde nun dem allgemein gefaßten Ausdrucke „Waffen" des § 148 MStGB. widersprechen, falls hierunter nur diejenigen „Waffen" gemeint sein sollten, welche der Soldat außer oder im Dienste zu tragen oder zu führen pflegt.

Auch bietet der Wortlaut des Gesetzes keinen Anhalt dafür, daß hierunter nur solche Waffen fallen, die speziell zur Ausrüstung des Soldaten gehören, und in deren Handhabung er genau unterrichtet und mit allen Einzelheiten des Mechanismus er vertraut ist.

Der § 148 MStGB. begreift vielmehr auch alle diejenigen Waffen, welche den Soldaten — sei es zur Ausbildung, sei es zu vorübergehenden Übungszwecken — dienstlich geliefert sind.

Dies ergibt sich namentlich aus dem mit dem § 148 a. a. O. von dem Gesetzgeber erstrebten Zwecke.

Wie bereits hervorgehoben ist, zeigt die Entstehungsgeschichte des § 148 MStGB., daß hauptsächlich gegen das unvorsichtige Umgehen mit Schußwaffen ein strafrechtlicher Schutz gewährt werden sollte.

Das Zielgewehr ist nun eine Schußwaffe. Seine Geschosse haben, wenn auch eine geringere Durchschlagskraft als die der eigentlichen Dienstgewehre, immerhin eine solche, um eine Körperverletzung oder Tötung von Menschen herbeizuführen. (Schießvorschrift für die Infanterie 1899 Anlage 1 zu 5.)

Das Zielgewehr wird ferner lediglich zur Erreichung militärischer Zwecke benutzt. Nach Anlage 1 zu 1 der eben angeführten Vorschrift fördert das Zielgewehr die Schießausbildung; es bietet die Möglichkeit, die Fehler des Schützen zu erkennen und zu beseitigen. Endlich wird in der Anlage 1 zu 7 daselbst eine Reihe von Sicherheitsmaßregeln angeführt, welche beim Schießen mit dem Zielgewehre zu beobachten sind.

Alles dies läßt erkennen, daß militärischerseits das Zielgewehr als eine Schußwaffe angesehen wird, welche, wie das eigentliche Dienstgewehr, zu dienstlichen Zwecken benutzt, und bei dessen Benutzung eine gleich erhöhte Aufmerksamkeit vom Soldaten verlangt wird. Demgegenüber ist es unerheblich, daß der Soldat mit allen Einzelheiten im Mechanismus des Zielgewehrs nicht bekannt gemacht wird, und daß letzteres zur eigentlichen Ausrüstung des Mannes nicht gehört.

Die Revision führt ganz folgerichtig aus, daß — wenn nur diejenigen Dienstwaffen, welche zur Ausrüstung gehören und in deren Handhabung der Soldat genau unterrichtet ist — als Waffen im Sinne des § 148 MStGB. anzusehen sind, alle diejenigen Gewehre nicht darunter fallen würden, welche gemäß Verfügung des Königlichen Kriegsministeriums vom 4. Juni 1892 II a 5402 einzelnen Truppenteilen zur Ausbildung von Unteroffizieren und Mannschaften dienstlich überlassen sind, um, wie es in der angezogenen Verfügung heißt, die Schießausbildung zu fördern und Lust und Liebe zum Schießen zu erwecken. Diese Gewehre stehen, wenn auch von einer anderen Modellart, in Beziehung auf ihre sonstigen Eigenschaften und Wirkungen den eigentlichen Dienstgewehren vollkommen gleich, und es ist deshalb nicht abzusehen, weshalb der Gesetzgeber nur gegen das unvorsichtige Umgehen mit dem eigentlichen Dienstgewehre strafrechtlichen Schutz gewähren sollte, obgleich die unvorsichtige Behandlung anderer, zwar nicht zur Ausrüstung des Soldaten gehörender Schußwaffen die gleiche Gefahr mit sich bringt.

Das Zielgewehr ist nun allerdings kein Gewehr früheren Modells, sondern es ist durch vorgenommene Veränderungen aus einem früheren Dienstgewehr entstanden (Schießvorschrift für Infanterie 1899 Anlage 1 zu 2); auch ist die Durchschlagskraft des Geschosses eine geminderte, da sie nur für geringere Entfernungen ausreicht. Aber diese Umstände nehmen dem Zielgewehre nicht den Charakter einer gefährlichen Schußwaffe, da seine Geschosse auf nähere Entfernung dieselbe Gefahr mit sich bringen, wie die Geschosse anderer Gewehre.

Ein Gleiches gilt hinsichtlich der Munition des Zielgewehrs. Sobald solche dienstlich den Truppen zu Ausbildungs- und Übungszwecken in militärischem Interesse überwiesen wird, ist die Zielmunition als Munition im Sinne des § 148 MStGB. anzusehen, und zwar ist eine unvorsichtige Behandlung dieser Munition auch dann denkbar, wenn die Munition sich in dem Laufe eines Gewehrs befindet. Die Ansicht des Oberkriegsgerichts geht daher fehl, wenn ausgeführt wird, eine unvorsichtige Behandlung von Munition im Sinne des § 148 a. a. O. sei dann nicht festzustellen, „wenn die benutzte Munition sich in der Waffe befinde und ihre Entladung durch unvorsichtige Behandlung der letzteren erfolgt sei."

Das Gewehr und seine Ladung bilden ein Ganzes, und die unvorsichtige Behandlung des Gewehrs erstreckt sich auch auf die in ihm befindliche Munition. Die zu beobachtenden Sicherheitsmaßregeln bei einem geladenen Gewehre verfolgen unter anderem den Zweck, eine nicht beabsichtigte verfrühte Entladung und die dadurch herbeigeführten Gefahren zu verhindern. Das Gesetz würde die gefährlichste Art der Verwendung von Munition außer acht lassen, wenn es nicht in der unvorsichtigen Behandlung eines geladenen Gewehrs zugleich eine unvorsichtige Behandlung seiner Ladung sähe.

Unbedenklich würde daher sogar die unvorsichtige Behandlung eines mit dienstlicher Munition geladenen Privatgewehrs als Verstoß gegen § 148 MStGB. anzusehen sein, sofern durch das Geschoß Menschen verletzt oder getötet sind.

§ 33. B. Die Tötung im eigentlichen Sinne.

Beling § 53, Berner S. 506 ff., Binding §§ 7 ff., v. Liszt §§ 81 ff., H. Meyer § 64, Frank und Olshausen zu §§ 211—217 StGB.

I. Von welchem Zeitpunkte an schützt das Strafgesetz die persönliche Integrität im Geburtsakte?

Diese Frage beantwortet, zugleich unter Reprobierung einer früheren Ansicht, E. IX 131 (vgl. auch XXVI 178).

Die Strafkammer stellte fest, daß der Angeklagte am 8. Juni 1882 nach W. zur Leistung geburtshilflicher Dienste gerufen, bei der ledigen Anna K., nachdem bei dieser gegen Mittag die ersten Wehen eingetreten und gegen 4 Uhr das Fruchtwasser abgegangen war, des normalen Beckens der Gebärenden ungeachtet und obwohl der Kopf des Kindes noch beweglich über dem Beckeneingange stand, bei dem Mangel eines jedweden einen Notstand begründenden Momentes zu einer derartigen Anlegung der Zange an den Kopf des Kindes schritt und bei ungleicher Stellung der beiden Zangenteile Extraktionsversuche in solcher Weise machte, daß die Knochen des Kopfes zertrümmert wurden und die Substanz des Gehirns unter bedeutenden, das damalige Leben des Kindes erweisenden, Blutergüssen verletzt wurde. Es erblickt das erkennende Gericht in der Anwendung der Zange unter den gegebenen Umständen bei der dem Angeklagten erkennbaren Möglichkeit der eingetretenen Folge eine fahrlässige Handlung und in derselben die alleinige Ursache des durch die Kopfverletzungen bewirkten Todes des lebenden Kindes, es gelangte jedoch das Urteil zur Freisprechung von der erhobenen Anklage wegen fahrlässiger Tötung eines Menschen deshalb, weil das Kind zur Zeit, als ihm die bezeichneten Verletzungen beigebracht wurden, sich noch vollständig im Mutterleibe befunden und mit keinem Teile denselben verlassen gehabt habe, ein solches Treten an die Außenwelt aber zur Annahme des Beginns der Geburt und Erfüllung des Begriffes des Menschen notwendig sei.

Das Strafgesetz hat durch die Fassung des vom § 217 mit Strafe bedrohten Tatbestandes des Kindesmordes, indem die vorsätzliche Tötung des unehelichen Kindes nicht bloß gleich nach der Geburt, sondern auch „in" derselben als möglich vorausgesetzt wurde, grundsätzlich jedem Kinde, ohne Unterschied unehelicher oder ehelicher Abstammung, den Schutz des Gesetzes auch schon vor dessen vollendeter Geburt und vor dessen Eintritt in ein selbständiges, von der Mutter unabhängiges Leben noch während des Zustandes, in welchem es sich im Verlaufe des Geburtsvorganges befindet, zugesichert. Da innerhalb dieses Verlaufes das Strafgesetz keinerlei Unterscheidung trifft, ist der Schluß berechtigt, daß jener Schutz sich auf den Geburtshergang in seinem vollen Umfange von dessen Beginne bis zur Trennung des Kindes von der Mutter erstrecke. Es läßt sich daher entscheidendes Gewicht nicht auf den Umstand legen, daß § 218 StGB. die Schwangere, welche ihre Frucht vorsätzlich im Mutterleibe tötet, wegen besonders gestalteten Verbrechens bestraft, denn es ist die Auffassung zulässig, daß die der Abtreibung gleichgestellte Tötung der Frucht im Mutterleibe, verübt zur Zeit vor dem Beginne der Geburt, der Vorschrift des § 217 a. a. O., der Tötung der Frucht während der Geburt entgegengestellt ist, und daß das Gesetz der in den Geburtsakt eingetretenen, wenn auch noch im Mutterleibe befindlichen Frucht, indem es diese selbst schon dem Kinde gleichstellt und als solches bezeichnet, einen erheblich erhöhteren Schutz angedeihen lassen will. Es ergibt sich daher keineswegs, daß etwa in Fällen, wo eine Frucht vor oder in der Geburt, aber im Mutterleibe getötet wurde, allein § 218 anwendbar erscheint, und § 217 a. a. O. ausschließlich da, wo das Kind, sei es teilweise oder vollständig, während der den Tod verursachenden Verletzung sich außerhalb des Mutterleibes befunden habe. Vielmehr ist es in dem Falle, wenn die Geburt begonnen hat, für den Tatbestand der Tötung rechtlich nicht erheblich, ob sich das Kind noch im Mutterleibe oder bereits außer demselben, ganz oder mit irgend einem Körperteile, befand.

Der Beginn der Geburt ist auch nicht erst alsdann als eingetreten zu erachten, wenn die lebende Frucht ganz oder teilweise aus dem Mutterleibe herausgetreten ist,[1] sondern schon dann vorhanden, sobald die naturgemäßen Ausstoßungsversuche eingetreten, um die Frucht nach außen zu treiben.

Der Grund des Strafgesetzes, der in der Geburt begriffenen Frucht, dem werdenden Kinde das volle Recht auf Leben einzuräumen und seine Integrität wie die eines schon geborenen Menschen zu schützen, kann nicht als ein solcher gedacht werden, welcher abhängig davon hätte gemacht werden sollen, daß die Geburt bereits soweit gediehen sei, um einen aus

[1]) Dies fordert Meyer § 64, v. Liszt § 80 legt Gewicht auf die Möglichkeit der Atmung durch die Lungen.

der Mutterscheide hervorragenden Körperteil des Kindes ersichtlich werden zu lassen. Es ist nicht abzusehen, warum die Gesetzgebung im Hergange der Geburt selbst eine Veranlassung hätte finden sollen, in einem Teile des Geburtsaktes das fragliche Recht dem Kinde zu gewähren, diesem aber in anderem Abschnitte des Geburtsvorganges jenes Recht zu versagen. Es besteht kein innerer Grund, denjenigen, welcher das Leben der im Geburtsvorgange begriffenen Frucht fahrlässig vernichtet, alsdann nicht zu bestrafen, wenn ihm der Geburtsakt gestattet, die Frucht zur Verletzung zu erreichen, obwohl solche noch innerhalb des Muttermundes liegt, während der Verletzende zu bestrafen ist, wenn er dieselbe Verletzung am nämlichen Teile der Frucht, sobald dieser aus der Mutterscheide hervorgetreten, zufügt.

Da nun die angeführten Feststellungen des Urteiles außer Zweifel setzen, daß der Akt der Geburt für die damals lebende Frucht der Gebärenden begonnen hatte, die tötenden Verletzungen vom Angeklagten mithin an einem vom Strafgesetze als Kind, welches in der Geburt sich befand, und als rechtsfähige Persönlichkeit erachteten Gegenstande vorgenommen wurden, hat die Strafkammer, von einem Rechtsirrtume geleitet, dem Kinde die Eigenschaft des Menschen abgesprochen.

Die Bezugnahme auf das Urteil des Reichsgerichts vom 8. Juni 1880 rechtfertigt die entgegengesetzte Beurteilung der Handlung des Angeklagten nicht. Dieses Urteil hatte die nunmehr zu lösende Frage nicht zu beantworten. Es erklärte ausdrücklich, daß die Frage, wann der Geburtsakt beginne, ob insbesondere die Tatsache, daß die Geburtswehen begonnen, zugleich den Anfang der Geburt bezeichne, für den damals zu beurteilenden Fall ohne praktische Bedeutung sei. Die dennoch an die Frage geknüpfte Erörterung hatte demnach keinen Einfluß auf die früher getroffene Entscheidung, und es ist die Ausführung, daß das Kind den Schoß der Mutter verlassen haben müsse, um als „Mensch" in Betracht zu kommen, nur als eine gelegentlich geäußerte Ansicht zu würdigen. Die im vorliegenden Falle oben geltend gemachte Auslegung der Gesetzesworte „in der Geburt" würde auch zu dem völlig gleichen Ergebnisse in dem Falle geführt haben, welcher am 8. Juni 1880 vom Reichsgerichte zu entscheiden war, da derselbe die Tötung einer Frucht betraf, welche zur Zeit der Verletzung aus dem Schoße der Mutter mit einem Arme herausgetreten gewesen ist.

II. **Genügt** es zur Erfüllung der gesetzlichen Merkmale des Mordes, daß festgestellt wird: der Angeklagte habe einen Menschen **„vorsätzlich und mit Überlegung"** getötet? E. VIII 276.

Die den Geschworenen dahin vorgelegte Frage:

„Ist der Angeklagte K. Kr. schuldig, vorsätzlich und mit Überlegung seine Mutter, die Witwe Kr. in H., durch Beibringung von Gift getötet zu haben?"

ist durch formgerechten Spruch bejaht worden; das angefochtene Urteil hat hierauf den § 211 StGB. zur Anwendung gebracht, und es ist K. Kr. wegen Mordes zum Tode verurteilt. Die solchergestalt festgesetzte Schuld erfüllt nicht die gesetzlichen Merkmale des Verbrechens des Mordes.

Der § 211 StGB. schreibt vor:

„Wer vorsätzlich einen Menschen tötet, wird, wenn er die

Tötung mit Überlegung ausgeführt hat, wegen Mordes mit dem Tode bestraft."

Nachdem der § 175 preuß. StGB. bestimmt hatte:

„Wer vorsätzlich und mit Überlegung einen Menschen tötet, begeht einen Mord",

bemerkten die Motive zum ersten Entwurfe des Strafgesetzbuches für den Norddeutschen Bund zur Rechtfertigung der befürworteten Aufrechthaltung der Fassung des § 175: „Der Entwurf hat . . . eine Abänderung des preußischen Strafgesetzbuches nicht vorgenommen und sich auch denjenigen Gesetzgebungen nicht angeschlossen, welche noch besonders unterscheiden: ob das Moment der Uberlegung beim Fassen des Entschlusses oder bei der Ausführung, oder in beiden Fällen vorhanden war (S. 157)." Im direkten Gegensatze zu diesem so motivierten Regierungsentwurfe beschloß die Bundesratskommission die jetzt vorliegende Formulierung des § 211 StGB. und heben die amtlichen Motive zum § 211 a. a. O. ausdrücklich hervor, daß eine „Abänderung der Begriffsbestimmung" des preußischen Strafgesetzbuches insofern stattgefunden habe, als in Anlehnung an das königlich sächsische Strafgesetzbuch die Zeit der Ausführung der Tat als die entscheidende erachtet, und deshalb beim Morde das Erfordernis aufgestellt worden sei, daß die Tötung mit Überlegung ausgeführt wird.

Es handelt sich also nicht um eine bloß redaktionelle, sondern um eine begriffliche Verschiedenheit zwischen dem Tatbestande des „vorsätzlichen Tötens" mit Überlegung im Sinne des § 175 preuß. StGB. und demjenigen des „vorsätzlichen, mit Überlegung ausgeführten Tötens" im Sinne des § 211 StGB.[1]) Die Gesetzgebung verfolgte die ausgesprochene Absicht, gewisse in Praxis und Theorie aufgeworfene Zweifel darüber zu beseitigen, ob eine mit überlegtem Vorsatze geplante, aber ohne Überlegung ausgeführte Tötung dem Morde oder dem Totschlage zuzurechnen sei, und entschied sich für die letztere Alternative. Gerade, weil derartige Fälle denkbar sind, und weil die Fassung des preußischen Strafgesetzbuches die Auslegung gestattete, daß, wenn nur bei Fassung des Entschlusses oder überhaupt in irgend einem Momente von Beschließung der Tat bis zu ihrer aktuellen Verwirklichung Überlegung vorgewaltet habe, die einmal von einem solchen Momente der Überlegung begleitete Tötung schlechthin als überlegter Mord zu gelten habe, entschloß man sich, die Fassung des § 175 a. a. O. einzuengen und das Requisit überlegter Ausführung für den Begriff des Mordes zu fordern.

Bei so klar vorliegenden Absichten und authentischen Erklärungen der Gesetzgebung kann nichts darauf ankommen, ob die hier erörterte Unterscheidung eine rationelle sei, ob ihr auch nur ein psychologisch richtiger Gedanke zugrunde liegt. Der Richter hat das Gesetz anzuwenden, wie es sein Wortlaut und die klar erkennbare Absicht des Gesetzgebers gebietet; gerade bei der mit der Frage der Todesstrafe zusammenhängenden viel bestrittenen Abgrenzung zwischen den Verbrechen des Mordes und des Totschlages erscheint es als unabweisbare Pflicht, an den positiven gesetzlichen Merkmalen des Mordes unbedingt festzuhalten.

---

[1]) von Liszt hält die Abweichung für durchaus unwesentlich.

Richtig ist, daß die Praxis des vormaligen preußischen Obertribunales zum Teil von einer anderen Auffassung geleitet gewesen zu sein scheint. Während in einem Urteile dieses Gerichtshofes vom 13. Juni 1871 (vergl. Stenglein, Zeitschr. für Gerichtspraxis N. F. Bd. 1 S. 150) am Schlusse ausdrücklich anerkannt wird, daß § 211 StGB. abweichend vom § 175 preuß. StGB. nur mit Überlegung ausgeführte Tötungen dem Morde zurechne, und ein Urteil vom 13. Juli 1876 (vergl. Oppenhoff, Rechtspr. Bd. 17 S. 507) für die Fassung der Versuchsfrage daran festhält, die Überlegung dürfe nicht lediglich in das Moment des Entschlusses, sondern müsse in das Moment der Ausführungshandlungen gelegt werden, scheinen zwei andere Urteile desselben Gerichtes vom 2. Mai 1872 und 6. Januar 1876 (vergl. Oppenhoff, a. a. O. Bd. 13 S. 292 und Bd. 17 S. 9) ohne weitere Begründung die Fassung des § 211 RStGB. und § 175 preuß. StGB. für ganz gleichbedeutend erklären zu wollen. Gegenargumente gegen die oben vertretene Rechtsansicht waren hieraus nicht zu entnehmen. Im übrigen darf auch hierbei nicht übersehen werden, daß, wenn das frühere preußische Strafprozeßrecht mit seiner Trennung zwischen Tat- und Rechtsfrage im Schwurgerichtsverfahren es zulässig erscheinen lassen mochte, ein die Schuld des Mordes im Sinne des § 175 preußischen StGB. bejahendes Verdikt im Wege der Subsumtion rechtlich zur Grundlage für die Anwendung des § 211 RStGB. zu benutzen, doch der jetzt maßgebende § 293 StPO., welcher mit der Feststellung der „gesetzlichen Merkmale“ der Straftat zugleich die Subsumtion den Geschworenen zuweist, eine derartige rechtliche Identifizierung des einen Tatbestandes mit dem anderen für die heutige richterliche Urteilsfindung in Schwurgerichtssachen schlechthin ausschließt. Bedarf es hiernach zur Anwendung des § 211 StGB. der ausdrücklichen Feststellung, daß die Tötung mit Überlegung ausgeführt worden, so ist ohne weiteres klar, daß der Spruch der Geschworenen, auf welchem das angefochtene Urteil ruht, die Verurteilung des K. Kr. wegen Mordes nicht rechtfertigt. Der Spruch erklärt zwar für erwiesen, daß bei der Tat des Angeklagten Überlegung mitgewirkt hat, läßt es aber ungewiß, ob in der „entscheidenden Zeit der Ausführung“ (Motive) diese Überlegung vorhanden gewesen ist. Deshalb konnte das Urteil nebst der Feststellung, die ihm zugrunde liegt, nicht aufrecht erhalten werden.

§ 34. C. Die Abtreibung.

Beling § 54; Berner S. 522 ff., Binding L. § 11, v. Liszt § 94, H. Meyer § 72, Frank und Olshausen zu §§ 218 ff. StGB.

Stellung der Abtreibung im System und Versuch derselben. E. IV 302 (vgl. auch IV 380, XXI 14):

Das Reichsstrafgesetzbuch reiht die Verbrechen der Abtreibung den im Abschnitt XII behandelten „Verbrechen und Vergehen wider das Leben“ ein und unterscheidet vier Fälle: 1. die Abtreibung durch die Mutter (§ 218 Abs. 1); 2. die unentgeltliche Abtreibung durch einen Dritten mit Einwilligung der Mutter (§ 218 Abs. 3); 3. dasselbe Verbrechen gegen Entgelt begangen (§ 219); 4. die Abtreibung durch einen Dritten ohne Wissen oder Willen der Mutter (§ 220 a. a. O.). Die Verbrechen zu 2 und 3, welche sich nach Maßgabe der Bestimmungen im allgemeinen Teile des Strafgesetzbuches (§§ 47 ff.) als Teilnahme an der Tat eines anderen darstellen würden, sind zu selbständigen Reaten gemacht, dergestalt, daß es insbesondere dem dritten Täter nicht zu statten kommt, wenn die Schwangere selbst aus irgend einem ihre Schuld ausschließenden Grunde, z. B. wegen mangelnder Zurechnungsfähigkeit, straflos bleibt. Diese beiden Verbrechen haben aber den vollendeten Tatbestand des Verbrechens der Abtreibung beziehentlich Tötung der Leibesfrucht zur notwendigen Voraussetzung, d. h. der verbrecherische Erfolg, die Abtreibung oder Tötung, muß infolge der angewendeten, beigebrachten, beziehentlich verschafften Mittel eingetreten sein.

Dies ergibt zunächst der Wortlaut der beiden Strafsatzungen, wonach mit Strafe bedroht ist: Derjenige, welcher „die" Mittel zu „der" Abtreibung oder Tötung angewendet, beigebracht, beziehentlich verschafft „hat". Es ist damit zum Ausdruck gebracht, daß die Anwendung usw. der Mittel einem anderen Ereignis gegenüber als in der Vergangenheit liegend gedacht ist, und dieses Ereignis ist die bewirkte Abtreibung der Leibesfrucht. Das Strafgesetzbuch bedient sich durchgehends des Zeitwortes im Präteritum zur Bezeichnung solcher Handlungen, welche erst durch den Erfolg, den sie gehabt haben, beziehentlich durch diejenige Tat, welche darauf begangen ist, strafbar werden oder eine höhere Strafe zur Folge haben, z. B. §§ 48 bis 50, 281 ff. das. (jetzt §§ 209—212 RKO.); während es der Regel nach bei Bezeichnung und Definition der Mißtaten das Präsens des Zeitwortes gebraucht, z. B. § 211, 212, 217, 218 Abs. 1, 223, 242 u. a. das. Ebenso deutet die Fassung: „die" Mittel zu „der" Abtreibung oder Tötung auf diejenigen Mittel hin, welche die Abtreibung oder Tötung der Leibesfrucht wirklich herbeigeführt haben. Zu § 219 ist in den Worten „abgetrieben oder getötet hat" der eingetretene Erfolg der Voraussetzung der Strafbarkeit bestimmt hervorgehoben. Diese Annahme wird auch durch die Motive zu § 219 das. bestätigt.

Danach ist, wie in dem gleichartigen milderen Falle des § 218 Abs. 3 StGB., so auch für den schwereren Fall des § 219 das. der Eintritt des verbrecherischen Erfolges als Vorbedingung der Bestrafung des Dritten hingestellt.

Aus dieser beschränkten Beziehung der §§ 218 Abs. 3 und 219 a. a. O. auf die vollendete Tat der Abtreibung bezw. Tötung der Leibesfrucht folgt, daß diese Strafbestimmungen außer Anwendung bleiben, wenn die Abtreibung bezw. Tötung nicht vollendet, sondern nur versucht ist. Der in beiden Strafvorschriften vorgesehene Reat kommt dann nicht mehr in Frage, weder in der Gestalt eines vollendeten, noch in der eines versuchten Delikts. Nur in dem Falle, wenn die Abtreibung wirklich erfolgte, ist die Tat des Dritten, welcher dazu die Mittel mit Einwilligung der Schwangeren angewendet usw. hat, als selbständiges Delikt unter Strafe gestellt, während sonst die Tat in den Rahmen der allgemeinen Grundsätze über Teilnahme zurückfällt.

Der Versuch setzt begriffsmäßig Nichtvollendung der Tat, hier also die nicht erfolgte Abtreibung der Leibesfrucht voraus, während die wirklich erfolgte Abtreibung der Leibesfrucht Voraussetzung nicht bloß des vollendeten Verbrechens gegen die §§ 218 Abs. 3 und 219 StGB., sondern dieser Delikte überhaupt ist. Daher ist ein Versuch dieser Delikte nicht denkbar.[1]) Deshalb ist auch die Berufung auf die §§ 43 ff. StGB., welche den Grundsatz der Strafbarkeit des Versuchs eines Verbrechens im allgemeinen aussprechen, für die hier besprochenen beiden Ausnahmsfälle unzutreffend.

Hat ein Dritter mit Einwilligung der Schwangeren Mittel behufs einer Abtreibung gegen Entgelt oder unentgeltlich angewendet oder beigebracht, beziehentlich gegen Entgelt verschafft, die Schwangere jedoch auf diese Weise ihre Frucht nicht abgetrieben, sondern nur abzutreiben versucht, so kann nur von einer Teilnahme des Dritten an dem Abtreibungsversuche der Schwangeren, also an dem im § 218 Abs. 1 vorgesehenen Verbrechen die Rede sein. Hinsichtlich des § 219 ist dies bereits in dem Erkenntnis des Reichsgerichts vom 9. Februar 1880 (Entsch. in Straff. Bd. 1 S. 194) anerkannt. Das im § 218 Abs. 3 vorgesehene Verbrechen unterliegt aber in dieser Beziehung nach der Absicht des Gesetzgebers, wie sie namentlich in den oben angegebenen Motiven Ausdruck gefunden hat, ganz derselben Beurteilung. Beide Delikte unterscheiden sich voneinander nur dadurch, daß im Fall des § 219 der Dritte gegen Entgelt gehandelt haben muß, und daß in diesem Fall der Tatbestand auch auf die Verschaffung von Mitteln ausgedehnt ist.

§ 35. D. Raufhandel.

Beling § 57, Berner § 227 f., Binding L. § 19, v. Liszt § 92, H. Meyer § 76, Frank und Olshausen zu § 227 StGB.

E. XXXII 33.

Folgender Tatbestand ist festgestellt: Die Angeklagten Sch., W. und S. aus M. beschlossen, die drei Mitangeklagten F., Z. und J. aus O., die bei einem Wirtshausbesuch in M. die Eifersucht der Erstgenannten erregt hatten auf ihrem Heimweg „ordentlich zu jagen". Sie eilten ihnen voraus und bewarfen die Herankommenden mit Prügeln, was die Angegriffenen mit Steinwürfen erwiderten. Als beide Parteien unter fortwährendem beiderseitigen Werfen einander nahe gekommen waren, rief F. den Gegern aus M. zu, sie möchten herkommen, wenn sie etwas wollten, und nun sprang Sch. auf F. zu und schlug mit einem Prügel nach ihm traf jedoch nicht, da F. dem Schlage auswich. Sofort zog F. sein Taschenmesser und versetzte dem in gebückter Stellung vor ihm stehenden Sch. einen Stich in die Wirbelsäule, worauf er entfloh, während die übrigen die Schlägerei noch eine Zeitlang fortsetzten. Folge des Messerstiches war Siechtum des Sch. F. ist hierwegen eines Verbrechens der schweren Körperverletzung (§ 224 StGB.) in idealer Konkurrenz mit dem Vergehen des Raufhandels (§ 227 StGB.), S. und W. des Vergehens des Raufhandels (§ 227 StGB.) für schuldig erkannt, und F. neben einer zweijährigen Gefängnisstrafe zur Zahlung einer Buße von

[1]) A. M. Meyer § 72, Olshausen zu § 219 Nr. 3; von Liszt § 94 nimmt strafbaren Versuch an, wenn, obwohl die Handlung des Lohnabtreibens fehlschlug oder unvollendet blieb, doch — infolge anderweiter Tätigkeit — die Abtreibung erfolgte.

3000 Mk. an Sch. verurteilt. Die Angeklagten Z., F. und Sch. sind freigesprochen.

Gegen die Freisprechung des Sch. hat der Staatsanwalt ... und gegen seine Verurteilung F. Revision eingelegt.

Bei Prüfung dieser Beschwerden ist zunächst klar — übrigens auch unbestritten —, daß der Angriff der drei Angeklagten aus M. auf die drei Mitangeklagten rechtswidrig war und der zweiten Begehungsform des § 227 Abs. 1 StGB. entsprach. Das Urteil stellt fest, daß sie den Streit ohne begründete Veranlassung begonnen haben.

Von den drei Angegriffenen nimmt das Urteil ohne Rechtsirrtum an, daß sie „wenigstens anfangs" befugt waren, sich zu verteidigen, und es war Sache der tatsächlichen Feststellung, ob das Werfen mit Steinen in Ausübung des Verteidigungsrechtes geschah. Das Urteil bejaht dies mit der Erklärung, daß sie in den Beginn der Schlägerei ohne ihr Verschulden hineingezogen worden seien, und es ist nicht zu beanstanden, daß gegen einen aus der Ferne begonnenen rechtswidrigen Angriff auch die Verteidigung bereits aus der Ferne geführt werden kann und darf. Es besteht ferner kein Bedenken, einen solchen wechselseitigen Kampf mehrerer, auch wenn er auf einer Seite in berechtigter Abwehr geführt wird, unter den Begriff einer Schlägerei zu bringen und daher die Bestimmungen über verschuldete oder nichtverschuldete Beteiligung daran an Stelle der Bestimmungen über Notwehr anzuwenden.

Gleichwohl sind nur zwei dieser Angegriffenen freigesprochen worden... Dagegen ist der Dritte, F., wie erwähnt, verurteilt, unter der Feststellung, dieser habe sich, nachdem er anfangs ohne Verschulden in die Schlägerei hineingezogen worden sei, im Laufe derselben dadurch schuldhaft beteiligt, daß er seine Gegner provoziert und absichtlich und ohne Nötigung einen derselben körperlich verletzt habe. Unter der Provokation ist offenbar der Zuruf an die Angreifer, sie möchten herkommen, wenn sie etwas wollten, verstanden, und es ist nicht rechtsirrtümlich, hierin insofern eine Verschuldung an der Schlägerei zu erblicken, als dadurch Veranlassung gegeben wurde, den Fernkampf, wenigstens zwischen zwei Gegnern, in einen Nahekampf zu verwandeln, ohne daß dadurch die Schlägerei im ganzen unterbrochen wurde.

Soweit also § 227 auf ihn angewendet wurde, scheitern die Angriffe der Revision an den unangreifbaren tatsächlichen Feststellungen, selbst wenn der Einwand der Notwehr bezüglich der von F. nach seinem schuldhaften Eintritt in den weiteren Verlauf der Schlägerei begangenen Körperverletzung sich als begründet ergeben sollte.

Denn die schuldhafte Beteiligung an einer Schlägerei ist in § 227 ganz unabhängig davon, wem die darin herbeigeführte schwere Körperverletzung oder Tötung zur Last fällt, zum Gegenstande einer selbständigen Strafdrohung gemacht, die sich nicht gegen die an jener Verletzung Beteiligten, sondern gegen jeden schuldhaft an der S c h l ä g e r e i Beteiligten „schon wegen dieser Beteiligung" richtet. Darum besteht einerseits keine Gesetzeskonkurrenz zwischen § 227 und § 224 StGB., und ist andererseits der Einwand der Notwehr bei § 227 als unverträglich mit dem Begriffe einer schuldhaften Beteiligung ausgeschlossen. . . .

Dadurch, daß F. nun ausschließlich mit Sch. zusammengeriet und nachdem er diesen verwundet hatte, entfloh, er also, wie die Revision sagt, nichts getan hat, was dem Begriffe eines gemeinschaftlichen Zusammenwirkens mit seinen Kameraden entsprach, wird der Begriff der Beteiligung an einer Schlägerei nicht aufgehoben. Denn ein Zusammenwirken gehört überhaupt nicht zu den Merkmalen einer Schlägerei; sie kann auch dann vorliegen, wenn jeder gegen jeden steht, und der einzelne mit keinem anderen gemeinschaftliche Sache macht. . . .

Anders liegt die Sache bezüglich der Körperverletzung. Sie bedarf selbständiger Prüfung, weil sie, wie schon erörtert, ein selbständig mit Strafe bedrohter Teil der Schlägerei ist. Die Frage, ob sie in Notwehr begangen worden sei, kann nicht mit dem Hinweise erledigt werden, daß der Täter nicht unverschuldet bei der Schlägerei beteiligt war, in der sie zugefügt worden. Wie die Strafbarkeit dieser Beteiligung begründet ist, selbst wenn der Beteiligte gar keine Körperverletzung darin verübt, so bleibt sie ebenso selbständig bestehen, wenn er eine Körperverletzung darin begangen hat. Ob die Körperverletzung, als solche, strafbar sei, ist ausschließlich nach allgemeinen Grundsätzen zu beurteilen, und da jeder in einer Schlägerei gemachte Angriff rechtswidrig ist, berechtigt er auch gemäß § 53 StGB. zur Abwehr. Während § 227 subsidiarischen Charakter hat, insofern hier hauptsächlich der Fall getroffen wird, daß zwischen Angriff und Abwehr nicht scharf unterschieden und die Täterschaft der einzelnen Körperverletzungen nicht bewiesen werden kann,

Entsch. des RG. in Straff. Bd. 11 S. 237,

bleiben die gesetzlichen Bestimmungen in voller Kraft, wo diese Hindernisse nicht bestehen, und aus dem wirren Ganzen bestimmte Handlungen, die einen anderen Tatbestand, als den des § 227 erfüllen, hervortreten. Dies ist hier eine nach § 224 StGB. strafbare Körperverletzung. . . .

Selbstverständlich treten dann aber auch die hierauf bezüglichen allgemeinen Strafausschließungsgründe in volle Wirksamkeit.

Vgl. Entsch. des RG. in Straff. Bd. 3 S. 236, 238.

Hiervon geleitet, hat die Strafkammer mit Recht den Einwand der Notwehr der Prüfung unterzogen; sie hat ihn aber für unbegründet erklärt, nachdem sie zuerst dahingestellt gelassen hat, ob überhaupt dann, wenn der Angriff vom Angegriffenen herausgefordert und demnach verschuldet war, die Rechtswidrigkeit desselben und die Statthaftigkeit der Notwehr nicht ausgeschlossen sei. Dies ist nicht der Fall. Die Herausforderung war kein Angriff; der Angriff des Herausgeforderten war rechtswidrig, seine Verschuldung wurde durch die Herausforderung nur abgeschwächt.

Die Strafkammer erklärt sodann die Notwehr für ausgeschlossen, weil „im vorliegenden Falle die Verteidigung des Angeklagten zur Abwehr des Angriffes nicht erforderlich war". (Folgt die Erörterung dieses Punktes.)

. . . Es bleibt nun die Revision des Staatsanwaltes gegen die Freisprechung des Sch. zu würdigen. Das Urteil erkennt zuvörderst an, daß bezüglich seiner (des Sch.) alle Tatbestandsmerkmale des § 227 gegeben sind, was durchaus zutrifft. Bereits in den Entsch. des RG. in Straff. Bd. 9 S. 380, Bd. 11 S. 238 ist der Nachweis geführt, daß der dem § 195 PrStGB. ursprünglich zugrunde gelegene Gedanke einer Präsumtion der Verschuldung an der Körperverletzung oder Tötung wegen der Beteiligung an der Schlägerei schon dort im Laufe der Beratungen **aufgegeben** worden, und daß in § 227 RStGB. lediglich die Tatsache dieser Beteiligung mit einer „gleichsam polizeilichen" Strafe bedroht ist. Gleichwohl und im Widerspruch damit geht das Urteil von der Annahme aus, nicht sowohl die Beteiligung an der Schlägerei, als vielmehr die durch dieselbe verursachte Körperverletzung oder Tötung solle nach § 227 bestraft werden. Die Rechtsirrigkeit dieser Annahme ergibt sich aus dem bereits Gesagten. Unrichtig und ohne Anhaltspunkt in der Entstehungsgeschichte des Gesetzes ist also die Aufstellung, die Bestimmungen des § 227 hätten u. a. darin ihren Grund, daß die Möglichkeit bestehe, jeder Beteiligte habe die Verletzungen mitverursacht. Das würde dem Gesichtspunkte einer Verdachtsstrafe entsprechen, der gerade zurückgewiesen werden muß.

Vgl. Entsch. des RG. in Straff. Bd. 9 a. a. O.; Hälschner, Strafrecht Bd. 2 S. 109 Nr. 2.

Nur wenn die erwähnten Unterstellungen richtig wären, erschiene die Folgerung begründet, daß bezüglich dessen, den nachgewiesenermaßen jene Präsumption nicht treffen kann, die ratio legis versage. Ist aber § 227 anwendbar auf solche Beteiligte, die zwar verschuldeterweise in die Schlägerei hineingezogen wurden, von denen aber bewiesen ist, daß sie der darin begangenen Körperverletzung ferne standen — was die Strafkammer selbst durch die Verurteilung der Mitangeklagten W. und S. anerkennt —,

vgl. die oben angeführten reichsgerichtlichen Entscheidungen und Entsch. des RG. in Straff. Bd. 8 S. 369,

ist vielmehr die vorgekommene Verletzung eine rein objektive Voraussetzung der Strafbarkeit nach § 227, so besteht kein innerer Grund, einen der Beteiligten deswegen, weil er diese Verletzung nicht zugefügt hat, den Verletzten selbst, von der Anwendung dieses Strafgesetzes auszunehmen.

Vgl. Frank zu § 227 III; Rubo desgl. Nr. 5; Rüdorff-Stenglein desgl. Nr. 4.

Was hiergegen vorgebracht werden kann, ist nur gegenüber der Strafbarkeit bei Körperverletzung zutreffend, die aber, wie erörtert, ganz anderer Natur ist.

Die Entscheidungen des preußischen Obertribunales und anderer Gerichtshöfe und einige Rechtslehrer, die der erstrichterlichen Ansicht zur Seite stehen, beschränken die postulierte Straflosigkeit des Verletzten auf den Fall, daß nicht noch ein anderer in der Schlägerei verletzt worden sei, und meinen (wie Meyer, Strafrecht 5. Aufl. S. 499), es liege nicht im Sinne des Gesetzes, auch den Verletzten selbst wegen Teilnahme am Raufhandel zu strafen. Die ersterwähnte Beschränkung wäre nur erklärlich auf dem Standpunkte der Präsumtion, hat aber in dem wahren Grunde des Gesetzes, der Rücksicht auf die Gefährlichkeit des Raufhandels, keine Stütze.

Und wird dieser Grund — ausschließlich oder in Verbindung mit der Rücksicht auf die Schwierigkeit des Beweises der Täterschaft hinsichtlich der darin vorkommenden Körperverletzungen — ins Auge gefaßt, dann liegt es auch im Sinne des Gesetzes, den Verletzten zu bestrafen, weil auch er die Gefährlichkeit mitverschuldet hat, die das Gesetz unterdrücken will.

Endlich kann nicht von Rücksichten der Billigkeit die Rede sein, denn der Schaden, den der einzelne Beteiligte unter der von ihm selbst mitwirkend heraufbeschworenen Gefahr genommen hat, benahm dieser Gefahr in der Richtung gegen die übrigen Beteiligten nichts an Stärke, beweist sie vielmehr. Die erlittene Verletzung ist keine Sühne für das rechtswidrige Verhalten des Verletzten, sondern einfache Folge desselben, die der Schlägerei nur das schwere Gepräge gibt, wegen dessen der Gesetzgeber sie schon als solche für strafbar erklärt.

Der Revision des Staatsanwaltes war daher stattzugeben.

§ 36. E. Zweikampf.

Beling § 58, Berner S. 498 ff., Binding L. § 18, v. Liszt § 93, H. Meyer § 75, Frank und Olshausen zu §§ 201 ff. StGB.

Tödliche Waffe; studentische Schlägermensur. E. VIII 87:[1])

Durch das Urteil der Strafkammer war der Angeklagte K. von der gegen ihn erhobenen Anklage eines Vergehens des Zweikampfes freigesprochen, der Angeklagte R. dagegen eines Vergehens der gefährlichen Körperverletzung unter mildernden Umständen schuldig befunden und deshalb zu Mk. 40 Geldstrafe bezw. acht Tagen Gefängnis verurteilt worden.

Beide Angeklagte hatten nach den Feststellungen des Urteils am 4. Februar 1882 zu Erlangen nach feststehenden Regeln — dem Erlanger Komment — eine sog. Konvenienzpaukerei ausgefochten, in deren Verlauf K. von seinem Gegner leicht an der linken Wange verwundet wurde. Die Duellanten hatten sich der gewöhnlichen geschliffenen Studentenschläger und der herkömmlichen Schutzmittel bedient, nur blieben die Köpfe, abgesehen von der Brille, unbedeckt.

Das Instanzgericht erachtete den Tatbestand des § 205 StGB. nicht für gegeben, weil ein geschliffener Studentenschläger weder die B e s t i m m u n g hat, noch unter den hier festgestellten Umständen g e e i g n e t war zur Beibringung tödlicher Verletzungen, daher nicht als tödliche Waffe erscheine. Es wurde dann weiter ausgeführt, daß die angewendeten Schutzvorrichtungen jede tödliche Verletzung der geschützten Körperteile, — welche allein bei einem solchen Kampfe gefährlich bedroht seien, — ausschließen und daß auch auf dem freigebliebenen Kopfe nur unter außergewöhnlichen Umständen eine lebensgefährliche Verletzung beigebracht werden könne; dagegen wurde angenommen, daß sich der Angeklagte R., welcher seinem Gegner eine Verwundung beigebracht hatte, des Vergehens der Körperverletzung mit einer Waffe schuldig gemacht habe, während bei seinem Gegner in dieser Beziehung nur ein strafloser Versuch vorliege.

Die Revision des Staatsanwaltes rügte unrichtige Anwendung des Gesetzes, weil nicht gegen beide Angeklagte § 205 StGB. angewendet worden sei, da die gebrauchten Studentenschläger tödliche Waffen im Sinne des angeführten Gesetzes seien.

Derselben wurde stattgegeben.

---

[1]) Ebenso Olshausen Nr. 11.

Richtig ist, daß zum Tatbestande des § 205 StGB. ein Zweikampf „mit tödlichen Waffen" gehört: denn wenn auch dieses Tatbestandsmoment nur in § 201 a. a. O. bei der Herausforderung zum Zweikampfe ausdrücklich angeführt ist, so kann doch darüber kein Zweifel bestehen, daß derselbe für den ganzen vom Zweikampfe handelnden 15. Abschnitt des Strafgesetzbuches und insbesondere für die Strafnorm des § 205 a. a. O. ebenfalls stillschweigend vorausgesetzt wird.[1]) Rechtsirrtümlich aber ist die Annahme, daß eine Waffe schon deshalb nicht als eine tödliche erscheine, weil sie nicht die Bestimmung habe, tödliche Verletzungen herbeizuführen, oder weil sie unter den festgestellten konkreten Umständen nicht hierzu geeignet gewesen sei.

1. Die Entstehungsgeschichte des vormaligen preußischen Strafgesetzbuches, dessen Vorschriften in der Materie des Zweikampfes nahezu unverändert in das Reichsstrafgesetzbuch übergegangen sind, läßt entnehmen, daß das Beiwort „tödlich" den Waffen um deswillen beigesetzt wurde, um gegenüber älteren Bestimmungen des Allg. preußischen Landrechtes, welche von „sich auf den Stock oder andere minder gefährliche Werkeuge herausfordern oder schlagen" gesprochen hatten, den Zweikampf auf die Waffen im technischen Sinne, Schuß-, Hieb-, Stich- oder Stoßwaffen, welchen man ohnehin die Eigenschaft der „Tödlichkeit" beimaß, zu beschränken. Es handelt sich also nicht um Waffen, welche gerade zum Töten bestimmt sind,[2]) sondern nur um technische Waffen überhaupt, welche als solche bei bestimmungsgemäßem Gebrauche geeignet sind, tödliche Verletzungen herbeizuführen.

Nicht minder ergeben die bei Revision der früheren Entwürfe des preußischen Strafgesetzbuches gemachten Äußerungen, daß nach der Intention des Gesetzgebers der Begriff „tödlich" nur nach der Beschaffenheit der Waffe an sich, der ihr zukommenden Eigenschaft, in abstracto tödlich zu wirken, bemessen, keineswegs aber durch wechselnde konkrete Umstände, wie Art des Kampfes und der Ausrüstung des Duellanten, beeinflußt werden soll. Demgemäß kann auch den bei den studentischen Duellen herkömmlichen Schutzvorrichtungen ein Einfluß auf die Qualität der im Kampfe gebrauchten Waffen nicht eingeräumt werden; denn die schützende Beschaffenheit derartiger Vorrichtungen, welche zudem keineswegs überall gleich sind, ermöglicht wohl, im einzelnen Falle festzustellen, daß die tödliche Wirksamkeit der Waffen für die Duellanten durch die Schutzvorrichtungen aufgehoben worden sei, keineswegs kann aber hieraus der Schluß gezogen werden, es sei die Eigenschaft der Waffe verändert und mit an sich nicht tödlichen Waffen gekämpft worden.[3])

2. Dafür, daß die Gesetzgebung den Ausdruck „tödlich" im abstrakten Sinne gebraucht hat, spricht weiter der Umstand, daß das Gesetz an der einzigen Stelle, wo es sich des Beiwortes tödlich im 15. Abschnitte bedient, nämlich im § 210 StGB., dieses in Verbindung nicht mit dem Zweikampfe selbst (§ 205 a. a. O.), sondern lediglich mit der Heraus-

---

[1]) Hier sind sämtliche Schriftsteller einig, cf. v. Liszt § 93.
[2]) So Olshausen Nr. 11.
[3]) A. M. Meyer § 75, nach dem nicht mehr ein Kampf mit derartigen Waffen als solchen vorliegt.

forderung zum Zweikampfe getan hat. Schon die Herausforderung soll die Tödlichkeit der Waffe erkennen lassen. Damit kann aber nur die Tödlichkeit der Waffengattung als solcher gemeint sein, nicht die konkreten Modalitäten der Kampfesart, da solche nicht regelmäßig schon bei der Herausforderung, sondern häufig erst später durch die Sekundanten festgestellt werden.

Nicht minder spricht für die abstrakte Bestimmung des Begriffes der Tödlichkeit, daß, wenn eine Strafnorm von „tödlichen Waffen" schlechthin spricht, und den Zweikampf als solchen unter Strafe stellt, ohne Rücksicht auf den Ausgang des Kampfes und auf die Wirkungen der Waffen, sie eben nur die Waffengattung in abstracto, nicht ihre, von den verschiedensten zufälligen Umständen bedingte konkrete tödliche Wirksamkeit im Auge haben kann.

3. Auch die Konsequenzen, welche sich aus einer konkreten Beurteilung des Waffenbegriffes ergeben, und welche dazu führen würden, daß in jenen Fällen, in welchen mit Rücksicht auf Schutzvorrichtungen und sonstige Umstände „nicht tödliche Waffen" angenommen werden, für die im Zweikampfe zugefügten Verletzungen die Strafen der Körperverletzung verhängt werden müßten, sind so abnorm, daß sie nicht als vom Gesetzgeber beabsichtigt angesehen werden können.

Abgesehen davon, daß bei Zweikämpfen mit tödlichen Waffen, somit unter der Voraussetzung, daß auch Zweikämpfe mit nicht tödlichen Waffen vorkommen könnten, in den schwereren Fällen die Strafen der Tötung und Körperverletzung gemäß § 207 StGB. nur gegen diejenigen verhängt werden sollen, welche die Duellregeln vorsätzlich übertreten, also sich der milderen Bestrafung durch die Duellgesetze unwürdig gemacht haben, sollen in den leichtesten und relativ ungefährlichsten Fällen immer die Strafen der Körperverletzung angewendet werden, welche bei einem immerhin nicht ausgeschlossenen schweren Erfolge (§ 224 StGB.) sogar in Zuchthausstrafe bestehen können.

Es erscheint kaum annehmbar, daß derselbe Zweikampf, welcher mit denselben Waffen und nach denselben Kampfesregeln durchgefochten wird, mit allen seinen möglichen Folgen bald als ein wirkliches Duell, bald als eine gewöhnliche Rauferei behandelt werden soll, jenachdem durch die Schutzvorrichtungen die Gefahr eines tödlichen Ausganges näher oder ferner gerückt ist, und daß überdies ersteren Falles die zugefügten, einfachen wie schweren Verletzungen durch die Duellstrafen absorbiert, letzteren Falles als allgemeine Körperverletzungen im Sinne der §§ 223 ff. a. a. O. bestraft werden sollen.

Als besonders unzukömmlich tritt aber die Tatsache hervor, daß das Strafgesetzbuch selbst bei den lebensgefährlichsten Zweikämpfen Sekundanten und Ärzte, sowie unter Umständen auch Kartellträger straflos läßt, während bei leichten studentischen Duellen, sobald die in denselben zugefügten Verletzungen wegen Mangels der Qualität der „tödlichen Waffen" nach dem 17. Abschnitte des Strafgesetzbuches bestraft werden müßten, alle diese Personen als Teilnehmer an den vorgekommenen Körperverletzungen zu behandeln sein würden.

Wenn für die Straflosigkeit der Studentenduelle geltend gemacht wird, daß diese während der Herrschaft des preußischen Strafgesetzbuches unter besondere, dort vorbehaltene, disziplinäre Reglements gefallen seien, und deshalb auch jetzt nicht dem gemeinen Strafrechte unterstellt werden dürften, so geht diese Ansicht von der irrigen Voraussetzung aus, als habe während der Geltung des preußischen Strafgesetzbuches neben dem gemeinrechtlichen Tatbestande des Zweikampfes jemals ein besonderer Tatbestand für Studentenduelle, etwa für Zweikämpfe mit nicht tödlichen Waffen oder dergleichen bestanden.

Dies ist aber keineswegs der Fall. Alle Besonderheiten, welche den Studentenduellen in Preußen eingeräumt waren, hingen untrennbar mit dem persönlichen eximierten Gerichtsstande der Studenten, niemals mit Unterschieden in den Merkmalen des Tatbestandes zusammen. Das Studentenduell mit den hier in Rede stehenden Schutzvorrichtungen war immer ein Zweikampf mit tödlichen Waffen, der nur je nach dem Erfolge, jenachdem eine erhebliche Verwundung eingetreten war oder nicht, der Bestrafung seitens der ordentlichen Gerichte auf Grund des § 168 StGB. unterfiel oder der Ahndung seitens der akademischen Disziplinargerichte überlassen blieb. Die Unterscheidung kam mit Emanation des Reichsstrafgesetzbuches in Wegfall, da bei diesem von einem stillschweigenden Vorbehalte, wie ihn Preußen bei Einführung seines Strafgesetzbuches für seine akademische Gerichtsbarkeit gemacht hatte, nicht die Rede sein konnte. Auch hat Preußen selbst in dem Gesetze vom 29. Mai 1879 über die Disziplin an den Landesuniversitäten die Exemtion der Studierenden von der Anwendung der allgemeinen Strafgesetze jeglicher Art in Wegfall gebracht. Seit dem Inkrafttreten des Reichsstrafgesetzbuches unterstehen daher alle dem Tatbestande des 15. Abschnittes des Strafgesetzbuches entsprechenden Duelle der Studierenden dem gemeinen Rechte, sobald sie also nur mit Duellwaffen im technischen Sinne, d. h. mit solchen Waffen ausgefochten werden, welche an sich und ohne Rücksicht auf die konkreten Umstände des Kampfes zur Beibringung tödlicher Verletzungen geeignet sind.

Auf den vom ersten Richter für erwiesen angenommenen Tatbestand findet daher der § 205 StGB. Anwendung. Weder von einem Spezialdelikte, für welches den Landesgesetzgebungen überlassen bliebe, die geeignet scheinenden Strafnormen festzusetzen, noch von einer im Reichsstrafgesetzbuche stillschweigend sanktionierten gänzlichen Straflosigkeit kann bei einem Zweikampfe der festgestellten Art die Rede sein, bei welchem durch Anwendung von Schutzvorrichtungen vielleicht die Lebensgefahr, nicht aber die Möglichkeit der schwersten körperlichen Verletzungen ausgeschlossen wird.

---

§ 37. Kap. 2. Delikte wider die persönliche Freiheit.

Beling § 59, Berner S. 542 ff., Binding L. §§ 21 ff., v. Liszt §§ 98 ff., H. Meyer §§ 77 ff., Frank und Olshausen zu §§ 234 ff. StGB.

I. **Nötigung.**

1. Erfordernisse der Strafbarkeit in subjektiver Beziehung; Begriff der Widerrechtlichkeit [1]) (vgl. auch E. II 286 (vgl. auch III 179, VIII 302, XII 194):

[1]) v. Liszt § 100 sieht das Moment der Widerrechtlichkeit bald im Nötigungsmittel, bald im Nötigungszweck. Über die verschiedenen Auffassungen der „Widerrechtlichkeit" cfr. Olshausen Nr. 11.

In der Auffassung der Vorderrichter ist ein Rechtsirrtum in betreff des strafbaren Charakters des der Anklage zugrunde liegenden Vergehens nicht erkennbar gewesen; namentlich ist das Erfordernis der Ernstlichkeit des Willens korrekt behandelt und in dem Ausspruche des zweiten Richters zum Ausdruck gelangt, daß es für den Tatbestand des im § 240 StGB. bedrohten Vergehens gleichgültig erscheine, ob die Drohung ernstlich gemeint sei, sobald sie nur auf den Bedrohten den Eindruck einer ernstlich gemeinten machen konnte, und der Drohende sich dieser Eigenschaft bewußt war. Denn hiermit hat nach dem ganzen Zusammenhange der Entscheidungsgründe nur ausgesprochen werden sollen, daß die Ernstlichkeit des Willens, die Drohung auszuführen, nicht erforderlich sei. Hierüber sich auszusprechen, hatte der Appellationsrichter ganz besondere Veranlassung, indem ihm die Widerlegung der Behauptung des Angeklagten oblag, welcher ausgeführt hatte, die Handlung sei straflos, weil er mit dem Bedrohten in gutem Vernehmen gestanden, die Handlung, mit der er gedroht, nicht auszuführen beabsichtigt, vielmehr nur im Scherz gehandelt habe.

Nicht aber hät mit jenen Worten ausgedrückt werden sollen, es bedürfe nicht der Ernstlichkeit der Nötigung. Das Erfordernis der Ernstlichkeit des Handelns im allgemeinen, beziehentlich des auf Erreichung des verbrecherischen Zweckes gerichteten Willens ist, wie bei allen vorsätzlichen Vergehungen, so auch bei der Nötigung wesentliche Voraussetzung der Schuld. Allein dieses Moment ist von den Vorderrichtern auch richtig erkannt und gewürdigt, indem festgestellt worden, daß der Angeklagte den Entschluß, einen anderen durch Androhung eines Verbrechens zu einer Handlung zu nötigen, gefaßt und diesen Entschluß durch Vornahme der näher bezeichneten Handlungen auch auszuführen unternommen habe.

Ebensowenig kann es als rechtsirrtümlich angesehen werden, wenn die Vorderrichter die Widerrechtlichkeit des Handelns schon in dem Verbrecherischen des angewendeten Mittels erblickt und hierzu nicht auch den Nachweis erfordert haben, daß der Angeklagte auf die Handlung, zu welcher er nötigen wollte, kein Recht gehabt habe. Denn gerade das ist das Charakteristische der Nötigung, daß auch die Erzwingung einer an sich erlaubten und selbst einer solchen Handlung, auf welche der Nötigende einen civilrechtlich gegründeten Anspruch hat, dann strafbar wird, wenn zu jenem Zwecke die in § 240 StGB. angeführten Mittel in Anwendung gebracht worden. Gerade dieses Moment unterscheidet wesentlich mit die Nötigung von der Erpressung, bei deren Tatbestande zu der Tatsache der Anwendung von Gewalt oder Drohung überdies noch das Merkmal der Widerrechtlichkeit des beabsichtigten Zweckes hinzutreten muß. [1])

2. Ratio legis des § 240 StGB.; Begriff der „Gewalt bei der Nötigung". E. XIII 49:

Der Kaufmann C. hatte dem Schneidermeister R. Stoff zur Anfertigung von Mänteln gegeben, verweigerte aber unter Ausstellungen die Bezahlung

---

[1]) Ebenso v. Liszt § 100, Frank a. a. O.

der Arbeit. R. und dessen Ehefrau wollten ohne Zahlung die gefertigten Mäntel im Geschäftslokal des C. nicht lassen. Dieser entfernte sich, um polizeiliches Einschreiten zu veranlassen, und befahl seinem Kommis W. — der strafrechtlich nur als Werkzeug des C. angesehen ist — die R.schen Eheleute einzuschließen, um sie am Fortschaffen der Mäntel zu hindern. Dieser Befehl ist nicht vollständig ausgeführt, vielmehr nur eine Tür des Geschäftslokals verschlossen worden, ein anderer Ausgang aber unverschlossen geblieben. Die R.schen Eheleute hielten sich indes für eingeschlossen.

Hieraus ist vom ersten Richter gefolgert, daß zwar eine Freiheitsberaubung im Sinne des § 239 StGB. nicht zur Ausführung gelangt, wohl aber der Tatbestand des § 240 StGB. erfüllt worden sei.

Die Revision suchte u. a. auszuführen, daß das Begriffserfordernis der Gewalt in unzureichender Weise festgestellt sei. Dem ist nicht beigetreten worden aus folgenden Gründen:

Der erste Richter ist davon ausgegangen, daß der Begriff der Gewalt im § 240 StGB. nicht auf „Gewalt an der Person" oder „gegen eine Person" zu beschränken sei. Eine körperliche Berührung, überhaupt ein Unternehmen körperlicher Überwältigung des zu Nötigenden ist nicht für notwendig zur Erfüllung des Begriffs erachtet worden.

Diese Auslegung entspricht dem Wortlaute im Gegensatze zu anderen Gesetzesstellen, in denen „Gewalt gegen eine Person" ausdrücklich in Gegensatz zur „Gewalt" an sich gestellt ist, wie im § 255 gegenüber § 253 StGB., oder doch ausdrücklich Gewalt „gegen eine Person", wie in §§ 122 Abs. 3, 249 StGB., oder Gewalt „an" einer Person gefordert wird, wie in § 117 Abs. 2 im Gegensatze zu Abs. 1 und in § 176 Abs. 1 a. a. O.

Die Auslegung entspricht dem Zwecke des Gesetzes, welcher dahin geht, die *Freiheit der Entschließung des einzelnen zu Handlungen, Duldungen oder Unterlassungen vor widerrechtlichem Zwange zu schützen.* Unter den Begriff der Gewalt im Sinne des § 240 a. a. O. fällt daher auch jede unmittelbare oder mittelbare Einwirkung auf den Körper eines anderen, welche geeignet ist und darauf abzielt, die freie Willensentschließung desselben zu hindern und ihn auf diese Weise zu einer Handlung, Duldung oder Unterlassung zu nötigen. *Eine solche Einwirkung kann in der Entziehung der persönlichen Freiheit ohne Rechtsirrtum gefunden werden.* Es bedarf zu einer solchen Einwirkung nicht einmal der Aufwendung physischer Kraft, sie kann auch durch ein Unterlassen, z. B. Entziehung der Nahrung oder durch Aufrechterhaltung eines ohne verbrecherischen Vorsatz herbeigeführten Zustandes der Freiheitsentziehung, erfolgen.

Im vorliegenden Falle ist die Freiheitsberaubung zum Zwecke der Nötigung mittels Einschließens bewirkt worden, und in letzterem konnte auch ohne Rechtsirrtum die Anwendung physischer Kraft und eine Gewalt an Sachen gefunden werden, welche unter den Begriff Gewalt im Sinne des § 240 StGB. fällt, *wenn sie auch nur indirekt gegen eine Person gerichtet ist und darauf abzielt, den Widerstand derselben zu brechen oder auszuschließen.*

Ein Rechtsirrtum läßt sich also nicht erkennen, wenn im vorliegenden

Falle in dem mit dem Verstecken des Schlüssels verbundenen Verschließen der Türe des Geschäftslokales Gewalt im Sinne des § 240 StGB. gefunden ist. Dies Verfahren ist hier mit Recht auf eine Stufe gestellt mit dem gewaltsamen körperlichen Verhindern des Weggehens mit den strittigen Mänteln.

3. Möglichkeit einer Idealkonkurrenz zwischen Nötigung und Körperverletzung. E. XXXIII 339.

Die Vorinstanz nimmt als erwiesen an, der Angeklagte habe der Zeugin T. mit Gewalt das Hemd heruntergerissen, sie um die Hüften erfaßt, gewaltsam über den Sessel gebeugt, so daß sie mit den Knien den Fußboden berührte, und ihr in dieser Lage mehrere wuchtige Schläge auf das Gesäß versetzt. Die Vorinstanz nimmt ferner an, daß die Absicht des Angeklagten war, die T. unter ganz verletzenden und beschämenden Umständen und in grausamer Form zu züchtigen. Sie hat daher die ganze, von der Absicht getragene, Tätigkeit des Angeklagten, welche mit dem gewaltsamen Herunterreißen des Hemdes begann und mit den Schlägen ihr Ende erreichte, als eine einheitliche Handlung angesehen. Darin ist ein Rechtsirrtum nicht zu finden. Rechtlich bedenkenfrei ist ferner die Annahme, daß diese einheitliche Handlung sowohl den Tatbestand der Nötigung zu einer Duldung (§ 240 StGB.) als den der vorsätzlichen Körperverletzung erfüllte, und daß das rechtliche Verhältnis der beiden vorliegenden Vergehen zueinander das der Idealkonkurrenz sei. Eine sogenannte Gesetzeskonkurrenz zwischen den §§ 223 und 240 StGB. ist nicht vorhanden. Keines der beiden Vergehen bildet einen bloßen Teil des Tatbestandes des anderen, und es fehlt daher an der Voraussetzung einer Konsumtion der einen Strafandrohung durch die andere. Zur Begehung einer Nötigung, auch wenn sie durch Gewalt begangen wird, bedarf es nicht einer Körperverletzung, und andererseits setzt die Verübung einer Körperverletzung nicht notwendig voraus, daß Gewalt angewendet wird, wie sich z. B. bei der Vergiftung und ähnlichen Gesundheitsbeschädigungen, sowie der Mißhandlung eines sich im Zustande der Bewußtlosigkeit befindenden Menschen zeigt. Daraus ergibt sich zugleich, daß die Strafandrohungen gegen Körperverletzung und Nötigung auch nicht in dem Verhältnisse eines allgemeineren zu dem spezielleren Strafgesetze stehen, da die beiden Tatbestände sich nicht decken, sondern zum Teil verschiedenartige Merkmale haben.

Vgl. auch E. XXXI 301. Anders E. XXV 147.

II. **Freiheitsberaubung.**

1. Wegnahme der Kleider. E. VI 231 (vgl. außerdem XVII 128, XXVII 360):

Das angefochtene Urteil hat den Tatbestand des im § 239 StGB. vorgesehenen Vergehens lediglich dahin festgestellt, daß der Angeklagte die Kleidungsstücke von zwei sich nackt in einem Flusse badenden Personen erst von der Stelle am Ufer, wo sie von den Badenden niedergelegt waren, entfernt, dann nach einem 3—4 Minuten davon entlegenen Hause hat bringen lassen, wonächst sie nach Verlauf von etwa 1/4 Stunde bis 1 Stunde den Eigentümern zurückgegeben wurden, und daß der Angeklagte hierdurch mittels physischen Zwanges die gedachten Personen, die Konsumwärter N. und G., verhindert hat, sich in angekleidetem Zustande fortzubegeben. Diese Feststellung enthält nicht die gesetzlichen Merkmale des zur Anwendung gebrachten § 239 StGB.

Wenn der § 239 StGB. vorschreibt:

> „wer vorsätzlich und widerrechtlich einen Menschen einsperrt oder auf andere Weise des Gebrauches der persönlichen Freiheit beraubt, wird mit Gefängnis bestraft",

so mögen immerhin die Worte „auf andere Weise", wie sie jetzt lauten, den in einem früheren Entwurfe (1830) des preußischen Strafgesetzbuches (§ 210) gebrauchten Worten „auf ähnliche Weise" (vgl. Goltdammer, Materialien Bd. 2 S. 450) nicht mehr gleichstehen und mag daraus gefolgert werden, daß die „auf andere Weise" bewirkte Freiheitsberaubung äußerlich der „Einsperrung" oder „Gefangenhaltung" nicht ähnlich zu sein braucht; notwendig erfordert der Begriff der „Beraubung" und der begriffliche Gegensatz zur Nötigung im Sinne des § 240 StGB., daß eine, wenn auch vorübergehende, doch in ihrer Wirkung vollständige Aufhebung der persönlichen Freiheit stattgefunden hat. Eine bloße Beschränkung in der Wahl des Aufenthaltes nach dieser oder jener konkreten Richtung hin, eine bloße Erschwerung der freien Bewegung genügt zweifellos nicht. Deshalb ist es von vornherein unzureichend, wenn die Vorinstanz eine „Beraubung" der persönlichen Freiheit der beiden Konsumwärter schon darin erblicken will, daß dieselben behindert waren, sich anzukleiden und angekleidet die Badestelle zu verlassen. Nicht das Ankleiden und der angekleidete Zustand steht in Frage, sondern die Aufhebung der persönlichen Freiheit. In dieser letzteren aber waren die durch die Handlungsweise des Angeklagten Betroffenen wohl beengt, aber keineswegs derartig vergewaltigt, daß sie als Gefangene oder absolut Unfreie angesehen werden konnten. Sie blieben unbehindert, sich nach Willkür im Wasser weiter aufzuhalten, das Wasser ohne die Kleider zu verlassen, sich ihre Kleider, sei es vom Angeklagten, sei es aus dem B.schen, nur wenige Minuten entfernten Hause, wo sie niedergelegt waren, wieder zu holen. Sie haben tatsächlich, wie das Urteil weiter feststellt, sich aus dem Wasser fortbegeben und, in einem trockenen Graben versteckt, die kurze Zeit gewartet, bis ihnen die Kleidungsstücke zurückgebracht wurden. Das alles sind keine Umstände, die sich als Freiheitsberaubung rechtlich qualifizieren lassen.

Wollte man indessen auch die tatsächliche Auffassung der Vorinstanz dahin verstehen, daß die Unmöglichkeit, sich anzuziehen, positiv auf N. und G. dahin physisch eingewirkt hat, daß sie an einer bestimmten Stelle, sei es nun das Wasser, sei es der trockene Graben, unbedingt willenlos festgehalten wurden, so fehlt es doch an jeder Feststellung, daß *gerade hierauf* der Vorsatz des Angeklagten gerichtet war. Und in dieser Verbindung kommt es allerdings in Betracht, daß der Angeklagte solchen Vorsatz in Abrede gestellt, nur in der Absicht gehandelt haben will, erst das Erscheinen der nackten Personen auf dem Ufer in Gegenwart der ihn begleitenden Tante momentan zu verhindern, demnächst, um ihre Persönlichkeit durch Retention der Kleidungsstücke zu identifizieren, und daß die Vorinstanz diese tatsächlichen Einreden nicht für widerlegt erachtet hat. Es geht vielmehr aus den Urteilsgründen hervor, daß der Angeklagte über diesen Zweck hinaus nicht in dem Bewußtsein gehandelt hat, N. und G. an einem bestimmten Aufenthaltsort festzuhalten. Es ist nicht einmal festgestellt worden, daß der Angeklagte von ihrem Aufenthalte im Graben überhaupt Kenntnis gehabt hat.

2. Die Möglichkeit einer Idealkonkurrenz von Freiheitsberaubung und Nötigung wird bejaht in E. XXXI 301 (vgl. auch XXXIII 339, oben S. 196); anders E. XXV 147.

Kap. 3. Delikte wider die Ehre.

§ 38. A. Die gewöhnliche Beleidigung.

Beling § 60, Berner S. 476, Binding L. §§ 31 ff., v. Liszt §§ 95 ff., H. Meyer § 83, Frank und Olshausen zu §§ 185 ff. StGB.

I. **Können auch Kinder oder andere unzurechnungsfähige Personen beleidigt werden?** E. X 372 (vgl. auch XXVII 366, XXIX 398):

Bei Verletzung von Personen an Leben, Leib oder Gut ist es für den Tatbestand der in Frage kommenden Reate ohne Bedeutung, ob der Verletzte sich zurzeit der Tat im Zustande der Bewußtlosigkeit befunden hat oder nicht, ferner ob der Verletzte von der Verletzung seines Rechtes jemals Kenntnis erhalten hat oder nicht. Das gleiche muß auch bei Angriffen gegen die Ehre gelten. *Die Beleidigung erfordert nur eine vorsätzliche und rechtswidrige Kundgebung der Mißachtung eines anderen.* Ist, wie im vorliegenden Falle, die Kundgebung zur Kenntnis eines Dritten gelangt, so ist für den Tatbestand des § 185 StGB. gleichgültig, ob und eventuell aus welchem Grunde die Verletzung dem Verletzten unbekannt geblieben ist. Unerheblich ist selbst der Umstand, daß dem Beleidigten das Bewußtsein seiner Ehre überhaupt fehlte, wie dies bei unentwickelten Kindern und bei Geisteskranken zutreffen kann.[1])

Allerdings werden für die Frage, ob eine bestimmte Kundgebung für beleidigend erachtet werden kann, die persönlichen Eigenschaften und Beziehungen des Angegriffenen regelmäßig nicht ohne Bedeutung sein; daraus läßt sich jedoch *nicht* als Grundsatz herleiten, *daß das Bewußtsein von der stattgehabten Beleidigung auf seiten des Gekränkten zum Tatbestande des* § 185 gehöre. Ist aber der Tatbestand dieses Vergehens nicht einmal von der Kenntnis des Vorganges seitens des Beleidigten abhängig, so vermag auch der Umstand, daß eine Person, trotz erlangter Kenntnis des Vorganges, die Beleidigung als solche nicht empfindet, den Tatbestand der Beleidigung nicht auszuschließen. Gewöhnlich wird in solchen Fällen keine Bestrafung eintreten, aber nur, weil

---

[1]) v. Liszt S. 340, der bezüglich der Geisteskranken mit RG. übereinstimmt, macht bei Kindern den Unterschied, ob sie in irgend einen Pflichtkreis eingetreten sind oder nicht. Nur im ersteren Falle nimmt er Möglichkeit der Beleidigung an.

regelmäßig der Verletzte einen Antrag auf Strafverfolgung zu stellen keinen Anlaß haben wird; dieser Hinderungsgrund entfällt aber, sobald eine dritte Person in Vertretung des Verletzten oder kraft eigenen Rechtes sich zum Antrage entschließt.

Insoweit der Verletzte zu den Unzurechnungsfähigen gehört, erkennt die Revision selbst an, daß für die Frage, ob eine Beleidigung verübt ist, die Empfindung des Verletzten nicht in Betracht zu ziehen ist; warum aber der Fall, daß der zurechnungsfähige Verletzte nicht zum Verständnisse der Kundgebung gelangt, einer abweichenden Beurteilung unterliegen soll, ist nicht abzusehen. Die Revision versucht zwar, die von ihr beliebte Unterscheidung in der Weise zu begründen, daß sie als Konsequenz der von ihr bekämpften Anschauung hinstellt, in jeder außerehelichen Beischlafsvollziehung, auch wenn sie mit der vollsten Zustimmung des weiblichen Teiles vor sich gehe, müsse dann eine Beleidigung der Frauenehre gefunden werden. Dieser Schluß ist indes nicht gerechtfertigt, da es Handlungen absolut beleidigenden Charakters nicht gibt, für die Feststellung des objektiven wie des subjektiven Tatbestandes der Beleidigung vielmehr stets die Umstände des konkreten Falles in Betracht kommen.

II. **Beleidigungsfähigkeit von kollektiven Personeneinheiten und von Behörden.** E. IV 75 (vgl. XXIII 247, XXXI 185, XXXIII 46):[1]

Die Behauptung des Angeklagten, daß eine Behörde als solche nicht beleidigt werden könne, ist unzutreffend. Richtig ist, daß juristische Personen, Korporationen oder andere durch einen Kollektivbegriff befaßte Personenmehrheiten nicht als solche, sondern nur insofern beleidigt werden können, als mittels der Beleidigungen die einzelnen durch den Kollektivbegriff bezeichneten physischen Personen betroffen werden, da die Ehre ein Attribut der Persönlichkeit und nur diese einer Ehrenkränkung fähig ist. Das positive Recht hat jedoch von diesem aus dem Begriffe der Beleidigung sich ergebenden Satze Ausnahmen gemacht, indem das Strafgesetzbuch in § 197 die Möglichkeit einer Beleidigung gegen eine gesetzgebende Versammlung des Reiches oder eines Bundesstaates oder gegen eine andere politische Körperschaft und in § 196 die Möglichkeit einer Beleidigung gegen eine Behörde anerkennt. Mit Unrecht nimmt der Angeklagte an, daß der § 196 lediglich die Antragsbefugnis regelt, über die materielle Strafbarkeit der Beleidigung aber keinerlei Bestimmung treffe. Denn abgesehen davon, daß der § 196 ausdrücklich von einer „Beleidigung gegen eine Behörde" spricht, wäre es unverständlich, wie der Gesetzgeber dazu hätte gelangen sollen, die Antragsbefugnis für ein Vergehen zu statuieren, welches, wenn die Ansicht des Angeklagten richtig wäre, gar nicht begangen werden konnte. Der § 196 hätte dann nicht lauten müssen:

> Wenn die Beleidigung gegen eine Behörde, einen Beamten . . . begangen ist,

sondern:

---

[1]) Übereinstimmend v. Liszt § 95 und Olshausen Nr. 12. Weitergehend Frank, der insofern bei Kollektivpersönlichkeiten passive Beleidigungsfähigkeit annimmt, als sie bestimmte soziale Aufgaben nach außen hin zu erfüllen haben.

Wenn die Beleidigung gegen Beamte, bezw. gegen Mitglieder einer Behörde . . . . . begangen ist.

Gerade der Umstand, daß in § 196 neben der Behörde der Beamte, also neben dem Kollektivbegriffe die physische Person genannt wird, läßt mit aller Sicherheit darauf schließen, daß der Gesetzgeber die Möglichkeit der Beleidigung einer Behörde angenommen hat. Die praktische Bedeutung dieser durch die Gesetzgebung geschaffenen Ausnahme von der aus dem Begriffe der Beleidigung sich ergebenden Regel ist die, daß die Behörde in Beziehung auf Ehrenkränkungen als Personeneinheit behandelt wird, daß es daher nicht erforderlich ist, festzustellen, daß durch die Beleidigung alle oder doch einzelne bestimmte Mitglieder der Behörde, sondern nur, daß die als Person gedachte Behörde als solche beleidigt ist. Dies ist aber im vorliegenden Falle vom ersten Richter geschehen.

III. **Wesen der Beleidigung** (insbesondere Scherz). E. XII 140:

Nach den Feststellungen begaben sich der Angeklagte und der Erbpächter M. auf die Gerichtsschreiberei des Amtsgerichts Hagenow und erbaten und erhielten daselbst durch den Aktuariatsgehilfen T. Einsicht des Grund- und Hypothekenbuches der M.schen Hufe. T. forderte die Gebühr mit 75 Pfg., welche M. bezahlte und T. an den Kassenberechner Aktuar P. ablieferte. Dabei wandte Angeklagter sich an T. mit der Äußerung: „Dohn sie dat nich en beten billiger" und fügte hinzu: „ob dor nich en beten Schmuh bi wir?" Es geschah dies in Anwesenheit mehrerer in der Gerichtsschreiberei beschäftigter Subalternbeamten und des Amtsrichters H., des Nebenklägers und jetzigen Beschwerdeführers. Auf T.s Entgegnung: „wie meinen Sie das?" erklärte Angeklagter, indem er jenem dabei auf die Schulter klopfte: er wisse doch, daß es nur Spaß sei.

Auf Grund dieser Feststellungen und in der Erwägung, daß Angeklagter, indem er jene Fragen an T. richtete, überall nur im Scherze und ohne das Bewußtsein der Ehrenkränkung gesprochen habe, ist der erste Richter zur Freisprechung des Angeklagten gelangt.

Es kann der Revision zugegeben werden, daß wenn die Freisprechung des Angeklagten allein auf die Feststellung gegründet wäre, Angeklagter habe die, den Gegenstand der Anklage bildende, Äußerung im Scherze getan, solche Begründung nicht ausreichen würde, um das Urteil zu tragen: denn der Umstand, daß eine Handlung im Scherze geschehen, schließt nicht unter allen Umständen das Vorhandensein einer Beleidigung, insbesondere nicht notwendig das Bewußtsein des Täters aus, daß der durch den Scherz Betroffene sich gleichwohl an der Ehre gekränkt fühlen könne, oder daß die Umstände des Falles den Scherz selbst als einen unstatthaften, die Ehre des anderen verletzenden erscheinen lassen. Daher muß, wenn von dem der Beleidigung Angeklagten der Einwand des Scherzes erhoben wird, unter Berücksichtigung der Beschaffenheit der inkriminierten Handlung, der Umstände, unter welchen sie erfolgt ist, und des persönlichen Verhältnisses der Beteiligten geprüft werden, ob der Täter darauf rechnen konnte, daß der andere, mit dem er sich den „Scherz" machte, den Vorgang als einen Scherz auffassen werde; nur wenn er gegründete Veranlassung zu dieser Annahme hatte, kann ihm geglaubt werden, daß ihm das Bewußtsein der Widerrechtlichkeit fehlte. Nach den Urteilsgründen hat der erste Richter diese Grundsätze nicht verkannt.

Derselbe hat zunächst aus den Umständen des Falles, aus der auf Erfahrung gegründeten Wissenschaft des Angeklagten von der Höhe der Gerichtsgebühr und deren Einziehung zur Gerichtskasse, sowie aus der Anwesenheit der in der Gerichtsschreiberei befindlichen Amtspersonen den Schluß gezogen, daß Angeklagter, indem er an den Aktuariatsgehilfen T. obige Frage richtete, weder die Höhe der Gerichtsgebühr, noch die Integrität des T. ernstlich in Zweifel gezogen, sondern vielmehr überall nur im Scherze geredet habe. Diese Feststellung selbst ist rein tatsächlicher Natur und dem Angriffe wegen Rechtsirrtums entzogen.

Nun fahren allerdings die Gründe fort:

> Dann aber enthielten die betreffenden Worte trotz ihres Wortlautes keine Beleidigung. Scherzhaft gemeinte Worte sollen eben in der Wirklichkeit nicht den Sinn haben, welcher den Worten an sich zukommt, sollen, wenn auch an sich beleidigend, nicht den beleidigenden Sinn haben — —

und hiermit hat der erste Richter eine Wendung gebraucht, welche das Bedenken nahe legen könnte, daß damit ein, alle Fälle des Scherzes umfassender — und in solcher Ausdehnung irrtümlicher — Rechtssatz ausgesprochen sein sollte. Dieses Bedenken wird aber beseitigt durch die weiteren, eine Einschränkung auf den vorliegenden Fall bekundenden, Erwägungen. Dieselben lauten nämlich dahin:

> Wenn ferner Angeklagter in seiner sozialen Stellung als Tierarzt und älterer Mann dem 26 Jahre alten Aktuariatsgehilfen T. gegenüber wohl erwarten konnte, daß dieser von ihm einen Scherz als solchen annehmen würde, so hatte er mit Recht das Bewußtsein bei seinen Äußerungen, daß T. sich durch die scherzhaft gemeinten Worte, wie sie keinen beleidigenden Sinn haben sollten, auch nicht beleidigt fühlen würde. Es fehlte ihm das Bewußtsein der Ehrenkränkung.

Es ist offenbar hierdurch eine Feststellung getroffen, welche nicht als rechtliche Konsequenz einer rechtsirrtümlichen Anschauung von der möglichen Tragweite eines Scherzes aufzufassen, sondern als tatsächliche Folgerung aus den konkreten Umständen des Falles erscheint und als solche nicht mittels Revision anfechtbar ist. Das von der Revision angedeutete Bedenken, daß der erste Richter das Lokal, in welchem der Vorfall sich abgespielt, sowie die Stellung der Beteiligten und die Tatsache der Gegenwart unbeteiligter Amtspersonen nicht in Rücksicht gezogen habe, ist nach obigem von der Hand zu weisen, auch konnte von dem Vorderrichter der Umstand, daß Angeklagter sofort vor sämtlichen Anwesenden seine Äußerung als Scherz deklarierte, mit berücksichtigt werden.

Hiernach wird die Freisprechung durch die dem Verdachte eines Rechtsirrtumes keinen Raum gebende tatsächliche Feststellung getragen, daß dem Angeklagten das ein Requisit des Vergehens der Beleidigung bildende Bewußtsein der Ehrenkränkung gefehlt habe.

IV. **Wahrnehmung berechtigter Interessen.**

1. Im allgemeinen. E. XV 15 (vgl. VI 406, X 361, XXIV 304, XXVI 76, XXXI 194. RMG. I 177):

Der § 193 StGB. beruht darauf, daß die äußerlich sich als Nichtachtung fremder Persönlichkeit darstellende Handlung nicht strafbar, weil nicht rechtswidrig ist, wenn sie in Ausübung eines Rechtes erfolgt, welches neben oder über dem Rechte auf Achtung der Person steht, weil und insoweit in solchem Falle die Handlung sich nur äußerlich gegen die Person richtet, ihrem inneren Wesen nach aber nicht gegen die Person, sondern auf die Ausübung des Rechtes gerichtet ist. Der Grundgedanke des § 193 ist derselbe, welcher die Straflosigkeit des Handelns in der Notwehr und im Notstande begründet, und Mißhandlung, Freiheitsberaubung, Hausfriedensbruch als straflos, weil nicht rechtswidrig, erscheinen läßt, wenn sie in Ausübung eines Züchtigungsrechtes, eines Rechtes zur Verhaftung, Durchsuchung erfolgt oder zur Abwehr eigener oder fremder Gefahr. Von diesem Gedanken aus läßt der § 193 die Vorhaltungen und Rügen Vorgesetzter gegen Untergebene, dienstliche Anzeigen und Urteile, tadelnde Kritik von Leistungen, welche zur Kritik bestimmt, und Äußerungen zur Ausführung oder Verteidigung von Rechten straflos, weil und insoweit in allen diesen Fällen ein Recht (der Kritik, der Rüge, der Vorhaltung, Anzeige) ausgeübt wird oder geschützt werden soll. Von diesem Gedanken aus ist auch die allgemeine Kategorie der ähnlichen Fälle im § 193 zu bestimmen und der Fall der Äußerung „zur Wahrnehmung berechtigter Interessen“ zu beurteilen. Das Gesetz stellt nicht die Wahrnehmung jedes Interesses gleichwertig neben die Ausübung eines Rechtes oder die Ausführung oder Verteidigung von Rechten, sondern fordert die Wahrnehmung eines berechtigten Interesses. Damit ist nicht bloß ausgedrückt, daß der Wahrnehmende subjektiv zur Wahrnehmung des Interesses befugt sein muß, sondern auch der Kreis der vom Gesetze berücksichtigten Interessen objektiv begrenzt. Objektiv berechtigte Interessen sind aber nur solche, welche das Recht anerkennt und zwar auch gegenüber dem Rechte auf Achtung der Person anerkennt.

Diese Beschränkung ergibt sich als notwendig aus dem oben entwickelten Sinne der Bedeutung des § 193. Ob ein objektiv berechtigtes Interesse in diesem Sinne vorliegt, ist in jedem einzelnen Falle zu prüfen, aber nicht bloß Sache tatsächlicher, sondern auch rechtlicher Prüfung, da der Begriff des berechtigten Interesses im Sinne des § 193 ein Rechtsbegriff ist.

2. Wahrnehmung von berechtigten Interessen Dritter, insbesondere von Seiten der Presse. E. XXX 42 (vgl. auch XXV 67, XXVI 76, XXIX 147):

Wie das Reichsgericht in neuerer Zeit wiederholt ausgeführt hat, setzt der Begriff der „berechtigten Interessen“ im Sinne des § 193 voraus, daß es sich um eigene Angelegenheiten des Täters, um eine ihn selbst nahe angehende Sache handelt.

Vgl. Entsch. des RG. in Straff. Bd. 25 S. 67, Bd. 26 S. 76, Bd. 29 S. 147.

Unter den Begriff solcher Sachen können allerdings auch Interessen Dritter fallen, wenn der Täter sie kraft Amtes oder Berufes zu vertreten hat, oder wenn er mit jenen anderen Personen durch solche nahe Beziehungen verbunden ist, welche es bei billiger Beurteilung als gerechtfertigt erscheinen lassen, daß er ihre Sache als seine eigene angesehen hat. Beispielsweise mag hier hingewiesen werden auf die berufsmäßige Tätigkeit eines Anwaltes oder Geschäftsführers, das Amt des Vormundes, sowie auf das Verhältnis zwischen Ehegatten oder Eltern und Kindern. Wenn nun auch darüber, ob solche besonderen Verhältnisse und Beziehungen vorhanden sind, der Richter unter verständiger Beurteilung der konkreten Sachlage zu entscheiden hat, so beruht es doch auf einer Verkennung des hervorgehobenen grundsätzlichen Standpunktes, wenn der erste Richter davon ausgeht, daß schon der einfache „Auftrag der Beerensucher" an den Angeklagten, als Zeitungsredakteur ihnen zu ihrem Rechte zu verhelfen, die Annahme rechtfertige, daß der Angeklagte eine auch ihn nahe angehende Sache verfochten habe. Aus einem derartigen Auftrage, der sich im wesentlichen nur als ein Zutragen des Stoffes zu dem beleidigenden Artikel, verbunden mit dem Ersuchen um Veröffentlichung, darstellt, läßt sich weder eine nahe Beziehung des Angeklagten zu den „Beerensuchern", noch sein Beruf, ihre Sache zu vertreten, herleiten. Wollte man das Gegenteil annehmen, so würde das praktisch nichts anderes bedeuten, als eine Anerkennung der vom Reichsgerichte bereits öfter zurückgewiesenen Ansicht, daß der Zeitungsredakteur ein Privilegium habe, vermeintliche Übelstände, die ihn selbst gar nicht berühren, straflos durch Verbreitung ehrenrühriger und nicht erweislich wahrer Mitteilungen über andere Personen zu bekämpfen. Eine solche Schutzlosigkeit der Ehre gegenüber Angriffen der Tagespresse hat das Gesetz nicht beabsichtigt.

E. XXV 363.

Richtig ist, daß die Eigenschaft des Angeklagten als Zeitungsredakteur zur Annahme berechtigter Interessenwahrung nicht ausreicht, weil die Presse, wenn sie bei Gelegenheit der Besprechung öffentlicher Vorkommnisse die Ehre anderer angreift, einen bevorzugten Anspruch auf den Schutz des § 193 StGB. nicht hat.

Vgl. Entsch. d. RG. in Straff. Bd. 23 S. 285. Aber die weiteren Ausführungen: daß das allgemeine Interesse, welches der Angeklagte als Bewohner von E. an dem den Gegenstand der inkriminierten Preßerzeugnisse bildenden Vorfalle hatte, kein berechtigtes sei, daß es ferner an einer individuellen Beziehung des Artikelschreibers zu der darin besprochenen Angelegenheit fehle, und daß dieser Mangel zu der Annahme führe, er habe nicht einmal geglaubt, berechtigte Interessen wahrzunehmen, geben zu rechtlichen Bedenken Anlaß. Unter dem „allgemeinen Interesse", welches den Begriff der berechtigten Interessen im Sinne von § 193 StGB. nicht erfüllt, ist, wie die Gründe der von der Vorinstanz angezogenen Entscheidung des Reichsgerichtes,

Entsch. desselben in Straff. Bd. 23 S. 422 ff.,

deutlich an die Hand geben, das Interesse, das die Gesamtheit der Staatsbürger an den Vorgängen des Lebens, an allen öffentlichen Einrichtungen usw. nimmt, zu verstehen, und dieses für jedermann vorhandene Interesse vermag nicht ehrenkränkende Besprechungen straflos zu machen. Daraus, daß den Gegensatz zu jener Gesamtheit die Einzelperson bildet, folgt aber nicht, daß etwa nur Interessen höchstpersönlicher Natur in § 193 StGB. in Frage stehen. Zahlreiche Vorkommnisse des Lebens sind so geartet, daß sie eine Mehrzahl von Individuen, insbesondere einen in sich als Ganzes organisierten und dadurch gegen die Allgemeinheit abgegrenzten Personenkreis, wie dies ein Verein, eine Genossenschaft, eine Land- oder Stadtgemeinde ist, sei es ideell, sei es materiell, berühren und die Teile des Ganzen mehr oder minder in Mitleidenschaft versetzen. Dadurch, daß in solchen Fällen ein für eine große Zahl von Menschen innerhalb einer bestimmten Vereinigung gemeinsames Interesse existiert, hört die dem zugrunde liegende Sache nicht auf, für jeden einzelnen eine ihn nahe angehende, in diesem Sinne individuelle zu sein. Der Vorderrichter verkennt daher den Begriff berechtigter Interessenwahrung, indem er, was von dem Allgemeininteresse aller Staatsangehörigen gilt, überträgt auf das innerhalb der Bewohnerschaft einer Stadt allen gemeinsame Interesse, und hieraus den Grund entnimmt, die individuelle Beziehung des Angeklagten zu dem in den vier Artikeln behandelten Vorfall sowohl als auch dessen Glauben daran, daß er berechtigte Interessen wahrnehme, zu verneinen. Statt dessen wäre, unter Anhalt an die zu diesem Behufe noch näher zu erörternde Stellung des Angeklagten innerhalb der Gemeinde E. und die ihm insofern zukommenden Rechte und Pflichten zu untersuchen gewesen, ob er in ideeller oder materieller Beziehung durch das Vorkommnis mit der angeblich vermittels Täuschung der Stadtvertretung zustande gekommenen Erhöhung des K.schen Gehaltes so nahe berührt wurde, daß ihm daran gelegen sein mußte, eine Aufklärung der Sache herbeizuführen oder doch, ob er das Interesse, welches die Gemeindemitglieder an der Aufklärung der Sache hatten, aus sittlich berechtigten Gründen wahrnehmen zu sollen gemeint hat. Hierbei würde alles das Bedeutung zu gewinnen vermocht haben, was von der Vorinstanz zugunsten des Angeklagten bei der Strafabmessung festgestellt worden ist. Darin, daß — wirkliche oder vermeintliche Interessenwahrnehmung vorausgesetzt — der Angeklagte hierzu den Weg der Besprechung der Angelegenheit in der von ihm redigierten, an dem betreffenden Orte erscheinenden Zeitung gewählt hat, würde an und für sich ein Hindernis für die Gewährung des Schutzes von § 193 StGB. nicht liegen, weil, wie das Reichsgericht auch schon anerkannt hat,

Entsch. d. RG. in Strafs. Bd. 5 S. 379,

es Fälle gibt, in denen das betreffende Interesse nur durch die Öffentlichkeit gewahrt werden kann. Auch daraus, daß hinterher die in den Artikeln in Beziehung auf den Baurat K. behauptete ehrenrührige Tatsache sich als nicht erweislich wahr herausgestellt hat, könnte ein Grund gegen die Anwendbarkeit von § 193 StGB. nicht entnommen werden, weil diese Vorschrift voraussetzt, daß objektiv der volle Tatbestand einer Ehrverletzung gegeben ist. ...

3. Absicht, zu beleidigen. E. XX 100 (vgl. XXIII 40):

Das Urteil hat die Äußerung, es sei von dem Kreisausschusse ein bestehendes Gesetz mit Füßen getreten worden, als beleidigend erkannt, die Angeklagten aber freigesprochen, weil dieselbe zur Verteidigung berechtigter Interessen und nicht in der Absicht, zu beleidigen, geschehen sei. Die Revision des Staatsanwaltes meint aber, in anerkanntem Gegensatze zu der Rechtsprechung des Reichsgerichtes, wenn die Formen und Umstände der betreffenden Äußerung ergäben, daß sich die Angeklagten der beleidigenden Eigenschaften dieser Äußerung auch nur bewußt gewesen seien, so hätten sie wegen derselben verurteilt werden müssen. Die Revision verwarf das Reichsgericht mit folgenden Ausführungen:

Der § 193 StGB. beruht auf dem Gedanken, daß an und für sich beleidigende Äußerungen straflos bleiben sollen, wenn sie zum Zwecke der Rechtsverteidigung geschehen seien. Ist dies der Fall, so wird die Straflosigkeit der Äußerung selbst dann nicht beseitigt, wenn sie zugleich auch noch durch andere Motive veranlaßt worden war. Nur in dem Falle, daß sich aus den Formen und Umständen einer solchen Äußerung das Vorhandensein einer Beleidigung ergibt, soll dieselbe bestraft werden können. Das Gesetz kann hierbei nicht den Fall unterstellt haben, daß in den Formen und Umständen eine selbständige, nicht zur Rechtsverteidigung bestimmte, Beleidigung hervortritt. Denn daß eine derartige Beleidigung nach allgemeinen Grundsätzen beurteilt werden muß, versteht sich von selbst. Vielmehr geht das Gesetz hierbei von dem Falle aus, daß die Formen und Umstände, unter welchen eine zur Rechtsverteidigung bestimmte Äußerung geschehen ist, das Vorhandensein einer gerade in ihr enthaltenen Beleidigung erkennen lassen. Nun handelt es sich aber, wie gesagt, im § 193 StGB. um Äußerungen, welche an und für sich beleidigend sind, deren beleidigende Eigenschaft also sofort offen liegt, und es würde darum nicht verständlich sein, warum noch besondere Formen und Umstände von dem Gesetze verlangt werden, welche diese Eigenschaft der Äußerung erkennen lassen. Zugleich ist es ebenfalls selbstverständlich und bedurfte darum keiner gesetzlichen Berücksichtigung, daß man für eine an und für sich beleidigende Äußerung nicht bestraft werden kann, wenn man sich dieser Eigenschaft derselben nicht bewußt gewesen ist. Hieraus aber ergibt sich, daß das Gesetz, indem es die Formen und Umstände einer an und für sich beleidigenden Äußerung in bezug nimmt, nicht daran gedacht haben kann, daß schon das durch dieselben offenbarte Bewußtsein dieser beleidigenden Eigenschaft als Beleidigung bestraft werden solle. Denn dieses Bewußtsein wird hier regelmäßig vorliegen, und es würde sonach der § 193 StGB. überhaupt kaum von rechtlicher Bedeutung sein. Kann es aber nicht schon das durch die Formen und Umstände einer an und für sich beleidigenden Äußerung offenbarte Bewußtsein dieser Eigenschaft sein, welches die Bestrafung für Beleidigung nach sich ziehen soll, so kann das Gesetz auch gerade nur die auf Beleidigung gerichtete Absicht gemeint haben, welche bestraft werden soll, wenn sich aus den Formen und Umständen einer zum Rechtsschutze vorgebrachten an und für sich, wie bewußt, beleidigenden Äußerung zu erkennen gibt. Es konnte auch das Gesetz zu einem anderen Ergebnisse überhaupt nicht gelangen, wenn es den Grundsatz aussprechen wollte, daß man mit an und für sich beleidigenden Äußerungen seine rechtlichen Interessen straflos wahrnehmen dürfe.[1])

4. Die Anwendbarkeit des § 193 auch auf die Verleumdung bejaht E. XVI 139, XXXIV 222.

V. **Objektive und subjektive Bedeutung der Nichterweislichkeit** der behaupteten oder verbreiteten Tatsachen im Sinne des § 186 StGB. (üble Nachrede). E. VIII 171 (vgl. IX 151, XIX 386, XXV 355):

Die Beschwerdeführer rügten die unrichtige Anwendung des § 186 StGB., indem sie geltend machten, es fehle die Feststellung des Bewußtseins der Angeklagten, daß die behaupteten Tatsachen unbewiesen seien. Ihre Revision wurde jedoch verworfen.

Nach § 186 a. a. O. ist derjenige strafbar, welcher in Beziehung auf einen anderen eine Tatsache behauptet oder verbreitet, welche denselben verächtlich zu machen oder in der öffentlichen Meinung herabzuwürdigen geeignet ist, wenn nicht diese Tatsache erweislich wahr ist. Nach subjektiver Richtung wird außer der Vorsätzlichkeit der Handlung nur das Bewußtsein des Täters vorausgesetzt, daß die in Beziehung auf den anderen behauptete Tatsache geeignet ist, die oben bezeichneten Wirkungen hervorzubringen. Dagegen ist das Bewußtsein des Täters, daß die Tatsache unbewiesen oder unerweisbar sei, nicht erforderlich. Durch die Worte: „wenn nicht diese Tatsache erweislich wahr ist“ hat das Gesetz die Strafbarkeit nur für den Fall ausgeschlossen, daß die fragliche Tatsache erwiesen ist. Die Meinung des Täters, daß die Tatsache erwiesen oder erweisbar sei, schließt zwar den Tatbestand des § 187 StGB. aus, ist aber für den § 186 ohne Bedeutung. Das Gesetz ging von der Erwägung aus: „es könne von demjenigen, welcher eine derartige Tatsache behaupte oder verbreite, verlangt werden, daß er die Beweise für sie beibringe und nicht ohne solche die Ehre eines anderen schädige. Der Schutz, welchen der gute Name des einzelnen verlangen könne, müsse höher stehen, als die Rücksicht darauf, daß das Mißlingen des Beweises im einzelnen Falle neben der bona fides des Angeschuldigten vorkommen könne“ (Motive S. 68).

§ 39. B. Die Majestätsbeleidigung.

Beling § 61, Berner S. 373 ff., Binding L. §§ 38 ff., v. Liszt § 168, H. Meyer § 119, Frank und Olshausen § 95 StGB.

Stellung der Majestätsbeleidigung im System; ihr Unterschied von der gemeinen Beleidigung. E. V 46 (vgl. auch II 213, VIII 338, XXIII 347, XXXII 236):

Gegen den Angeklagten ist als erwiesen angenommen, daß er in seiner Eigenschaft als verantwortlicher Redakteur der Zeitung „B. N.“ in Nr. 84 dieser Zeitung die Verhandlung vor der dritten Strafkammer des Landgerichts I zu Berlin gegen den Schlächtergesellen F. wegen Majestäts-

[1]) A. M. Frank zu § 193 IV und die dort Cit.

beleidigung unter vollständiger Wiederholung der von diesem gebrauchten Schmährede zur Veröffentlichung gebracht habe. Die Strafkammer hat hierin nach der konkreten Sachlage eine abermalige Majestätsbeleidigung erkannt Das RG. ist dem beigetreten.

Die behauptete Gesetzesverletzung durch Nichtanwendung des § 193 StGB. auf den vorliegenden Fall kann schon aus dem Grunde nicht zutreffen, weil der § 193 auf Majestätsbeleidigungen keine Anwendung findet.[1])

Hat zwar die Majestätsbeleidigung mit der gemeinen Beleidigung die allgemeinen Vorbedingungen, welche deren Strafbarkeit begründen, gemein, so ist ihr doch in dem Systeme des Strafgesetzes eine wesentlich andere Stellung eingeräumt, welche schon äußerlich eine völlige Analogie beider Delikte in ihrer strafrechtlichen Behandlung und ein Hinüberziehen der für die gemeine Beleidigung geltenden Sondervorschriften des Abschn. XIV T. II des Strafgesetzbuches auf das Gebiet der Beleidigung des Landesherrn (Abschn. II das.) ausschließt. Es hat dieses seinen Grund in der besonderen Natur der Majestätsbeleidigung, welche, indem sie sich gegen die Ehre des Kaisers und des Landesherrn richtet, ein Rechtsgut verletzt, das, aus Gründen des öffentlichen Rechts und der staatlichen Wohlfahrt, eine besondere Rücksicht und einen erhöhten Schutz gegen Anfechtungen in Anspruch nehmen kann und nehmen muß, weil es sich dabei um die körperlichen Vertreter des Reichs- und Staatsgedankens, die Personifikation des Reiches und Staates selbst handelt. Diese Rücksicht, soweit dieselbe bereits in der großen Verschiedenheit der angedrohten Strafe für beide Deliktsarten Ausdruck gefunden hat, läßt es auch berechtigt erscheinen, daß die besonderen Ausnahmevorschriften hinwegfallen, welche im Interesse einer milderen Auffassung des Schuldmomentes und der Strafverfolgbarkeit bei der Privatbeleidigung zugelassen werden konnten. Rücksichtlich der Wahrheitseinrede (StGB. § 192) ist dieses bereits bei einer früheren Veranlassung von dem Reichsgerichte anerkannt. Vgl. Entsch. in Straff. Bd. 2 S. 213.[2])] Für die Anwendbarkeit des § 193 liegen innere Gründe ebenfalls nicht vor. Insoweit daselbst die allgemeinen Grundsätze über Dolus zu Gunsten der Privatbeleidigung eine Abschwächung erfahren haben, finden sie nach den vorausgegangenen Erörterungen auf die Majestätsbeleidigung keine Anwendung.

Wollte man den § 193 hier zulassen, so würde mit demselben Rechte auch die Anwendbarkeit des § 194 StGB. behauptet werden können, in welcher Beziehung jedoch in Theorie und Praxis kein Streit darüber besteht, daß es für derartige Delikte eines Strafantrages nicht bedarf, weil hier nicht, wie bei der Privatbeleidigung, öffentliche Interessen nur in zweiter Linie berührt werden.

---

[1]) Übereinstimmend Olshausen Nr. 7, A. M. v. Liszt § 168, nach welchem alle Sätze, welche, sei es aus dem Begriff der Beleidigung, sei es aus den allgemeinen Begriffen des Strafrechtes, sich ergeben, uneingeschränkt auf die Majestätsbeleidigung Anwendung finden müssen, mögen sie auch zufällig in dem XIV. Abschnitt des StGB. Aufnahme gefunden haben.

[2]) Übereinstimmend Olshausen Nr. 7, A. M. v. Liszt § 168.

Ergibt sich hiernach aus der Unanwendbarkeit des § 193, daß bei der Majestätsbeleidigung nicht, wie die Revision behauptet, von einem berechtigten Interesse, welches dadurch wahrgenommen werde, und folgeweise von einer besonderen Feststellung die Rede sein kann, daß das Vorhandensein der Beleidigung aus der Form der Äußerung oder aus den sonstigen Umständen des Falles hervorgehe, so bedurfte es auch keiner Erörterung von diesem Gesichtspunkte aus, ob in dem Umstande, daß es sich um das Referat über eine öffentliche Gerichtssitzung handelte, ein berechtigtes Interesse der Presse an der Weiterverbreitung der als strafbar erkannten Äußerung zu finden sei. Nach den allgemeinen Grundsätzen aber, welche dabei entscheiden, muß allerdings anerkannt werden, daß nicht jede derartige Reproduktion eine Beleidigung bildet, daß aber, je nach Beschaffenheit des Falles, eine solche sehr wohl darin gefunden werden kann. Denn nach der objektiven Seite wird es kaum zweifelhaft sein, daß durch Weiterverbreitung der von einem Dritten verübten Majestätsbeleidigung die Ehre des Beleidigten von neuem und nach Umständen schwerer, als in dem abgeurteilten Falle verletzt werden kann, indem sie die Wirkungen des letzteren erweitert und durch Ausdehnung auf einen größeren Kreis der Kenntnisnahme verschärft. Es ist dieses nicht, wie die Revision glaubt, eine notwendige Folge des § 170 GVG., indem die daselbst statuierte Öffentlichkeit der Gerichtsverhandlungen nicht zur weiteren Veröffentlichung der dortigen Vorgänge berechtigen kann, wenn und soweit dadurch die Ehre anderer und zumal jener unter dem erhöhten Schutze des Strafgesetzes stehenden Personen verletzt wird. Sache des Täters ist es dabei, daß er im einzelnen Falle erwägt, ob die öffentliche Reproduktion der Beleidigung von seiten eines anderen eine neue Beleidigung des Betreffenden begründet, und diese Erwägung wird vielfach, wie auch im vorliegenden Falle von seiten des erkennenden Gerichts geschehen, zu der Bejahung führen, wenn ohne jeden sonst ersichtlichen rechtfertigenden Zweck die Beleidigung selbst ihrem schwer verletzenden Wortinhalte nach in die Publikation mit aufgenommen wird, während sich allerdings Fälle denken lassen, in denen in der Weiterverbreitung einer derartigen Äußerung eine neue Majestätsbeleidigung um deshalb nicht gefunden werden kann, weil mit Rücksicht auf den ersichtlichen Zweck der weiteren Verbreitung das Bewußtsein von dem ehrenkränkenden Charakter derselben für ausgeschlossen erachtet werden muß.

§ 40. C. Delikte gegen die Geschlechtsehre.

Beling § 62, Berner S. 458 ff., Binding L. §§ 49—57, v. Liszt §§ 105 ff., H. Meyer § 143, Frank, Olshausen zu §§ 171 ff. StGB.

Wesen der Notzucht. E. IV 23:

Der Angeklagte hat die am 26. September 1876 geborene P. P. an sich gelockt, sie trotz ihres Schreiens auf den Rücken geworfen, ihr die Kleider aufgehoben, die Beine auseinandergerissen, sodann aber ihr, um sie am Schreien zu verhindern, den Mund zugehalten und seinen Geschlechtsteil mit Gewalt in denjenigen des Kindes hineingetrieben. Die hiernach von dem Staatsanwalte beantragte Verurteilung des Angeklagten wegen Notzucht wurde abgelehnt und die Strafe nur nach § 176 Ziffer 1 und 3 StGB. zugemessen, weil eine immissio seminis nicht stattgefunden habe.

Die immissio seminis ist indessen keineswegs ein Erfordernis der vollendeten Notzucht. Nicht allein die gegenwärtige allgemeine Rechtsüberzeugung und die bisherige Rechtsprechung verwerfen die entgegengesetzte Anschauung einer früheren Zeit, durch welche lediglich die Verhängung der dem vollendeten Delikte angedroht gewesenen exorbitanten Strafe vorgebeugt, dieselbe beziehungsweise auf die Strafe des Versuches zurückgeführt werden sollte, sondern es findet auch dieses Erfordernis in dem Strafgesetzbuche keine Begründung. Denn dasselbe verlangt zur vollendeten Notzucht nur den vollzogenen Beischlaf. Für den Begriff des Beischlafs aber ist die immissio seminis bedeutungslos. Nur für die Möglichkeit einer Schwängerung würde sie von Belang sein. Diese Möglichkeit braucht jedoch nicht untrennbar mit dem Beischlafe verbunden zu sein und ist jedenfalls von dem Strafgesetzbuche nicht als Voraussetzung der Anwendbarkeit des § 177 in Bezug genommen worden. Entfällt hiernach der Grund, aus welchem das Urteil die Strafe der Notzucht nicht ausgesprochen hat, so muß auch die nahe liegende Frage bejaht werden, ob denn überhaupt an einem vierjährigen Kinde rechtlich eine Notzucht ausgeübt werden könne. Geht man freilich davon aus, daß das Wesen der Notzucht in dem Beischlafe bestehe, welcher gegen den durch Gegenwehr kundgegebenen Willen der Frauensperson an derselben mit Gewalt vollzogen werde, und eine im Besitze der weiblichen Ehre sich befindliche Frauensperson voraussetze, so muß auch der von der Genotzüchtigten geleistete Widerstand gerade zum Schutze der weiblichen Ehre geleistet werden, und es kann dann allerdings ein Kind, welches noch kein Bewußtsein seiner weiblichen Ehre hat, darum aber in seinem sittlichen Selbstgefühle nach dieser Richtung nicht verletzbar ist, nicht Gegenstand des Verbrechens sein. Dieser Auffassung, welche in der Notzucht wesentlich eine der weiblichen Ehre und Würde zugefügte Injurie erblickt, hat sich jedoch das Strafgesetzbuch nicht angeschlossen. Es betrachtet vielmehr die Notzucht als die schwerste Form des Verbrechens gegen die Sittlichkeit überhaupt und hat darum dasselbe von der individuellen Beziehung zu der Genotzüchtigten losgelöst.

Kap. 4. Delikte gegen den Rechtsfrieden.

§ 41. Bedrohung.

Beling § 63, Berner S. 402, S. 628, Binding L. § 24 (S. 128 f.) § 30, v. Liszt § 121 S. 405, S. 584, H. Meyer § 107, § 110, Frank und Olshausen zu § 241 StGB.

I. Nach E. IV 10 **braucht die Bedrohung nicht geeignet zu sein, in dem Bedrohten die Furcht vor der Verwirklichung hervorzurufen.**

II. **Gibt es bedingte Drohungen?** E. XX 180.

Nach der tatsächlichen Feststellung des Urteils hat der Angeklagte dem in seinem Zimmer befindlichen Bergmanne E. zugerufen: „er werde ihn kalt machen, zu einer Leiche, er solle verrecken". Gegen die hiernach erfolgte Verurteilung des Angeklagten in Gemäßheit des § 241 StGB. wird von der Revision eingewendet, die Drohung sei eine bedingte gewesen, denn sie müsse dahin ergänzt werden, „für den Fall E. aus seinem Zimmer herauskomme".

Diese Einwendung ist jedoch verfehlt, weil die Drohung selbst immerhin keine bedingte war und vielmehr nur die Zufügung des angedrohten Übels als eine bedingte bezeichnet werden könnte. In diesem Sinne bedingt ist jede Drohung, weil sie darauf hinweist, daß sie erst in der Zukunft verwirklicht werden solle, wenn der Drohende hierzu in die Lage kommen werde. Lediglich darin besteht das Wesen der Drohung, daß der Bedrohte durch das ihm für den zukünftigten Vollzug angekündigte Übel sich beunruhigt fühlen soll, und es ist daher ohne Bedeutung, ob der Drohende diesen Vollzug ernstlich gemeint, oder sich der Bedrohte wirklich beunruhigt gefühlt hatte.

Kap. 5. Delikte gegen private Rechte an und auf Sachen.

§ 42. A. Diebstahl und Unterschlagung.

Beling §§ 64, 66, Berner S. 551 ff., Binding L. §§ 72—76, v. Liszt §§ 126—132, H. Meyer § 89, § 88, Frank und Olshausen zu §§ 242 u. 246 StGB.

I. **Begriff der „Sache"** (insbes. Elektrizität). E. XXIX 112. (vgl. auch XXXII 165):

Die Vorinstanz geht zutreffend davon aus, daß als eine „Sache" im Sinne des § 242 StGB. nur ein Stück der raumerfüllenden Materie gelten könne, also Körperlichkeit des Gegenstandes wesentliches Begriffsmerkmal sei. Diese Annahme findet ihre Begründung nicht in Sätzen des bürgerlichen Rechtes, d. h. der verschiedenen zur Zeit in Deutschland geltenden Privatrechtssysteme, und wird daher auch nicht berührt durch Entscheidungen des Reichsgerichts, die sich auf civilrechtlichen Normen und Anschauungen aufbauen und sich auf privatrechtliche Verhältnisse beziehen, sondern der strafrechtliche Begriff der beweglichen Sache ist ein einheitlicher, selbständiger, öffentlich-rechtlicher, und hat nach dem natürlichen Wortsinne und Sprachgebrauche des Reichsstrafgesetzbuches Körperlichkeit des Gegenstandes zur Voraussetzung.

Schon die Motive zum preußischen Strafgesetzbuch,

Goltdammer Materialien Bd. 2 S. 458,

bemerken:

> „Bewegliche Sache. Sie ist ausdrücklich in allen Entwürfen genannt, und es versteht sich — wie dies auch zum Überfluß im Staatsrat anerkannt wurde —, daß hier nur der natürliche, nicht der zivilrechtliche Begriff entscheidend ist. Es gehören daher einerseits hierher Teile unbeweglicher Sachen, welche zum Zwecke des Diebstahles davon getrennt werden, andererseits aber werden die unkörperlichen Sachen von dem Begriffe ausgeschlossen, bei ihnen ist eine contractatio undenkbar."

In Übereinstimmung mit dieser Anschauung über die Selbständigkeit des strafrechtlichen Begriffes „der beweglichen Sache“ führt das vormalige preußische Obertribunal mit Bezug auf das Reichsstrafgesetzbuch in dem Urteile vom 25. Juli 1874,

vgl. Stenglein Zeitschrift N. F. Bd. 4 S. 164,

aus, die Terminologie und die Begriffsbestimmungen, welche in den Gesetzen eines einzelnen Bundesstaates vorkämen, könnten als Normen für die Auslegung der Vorschriften des Deutschen Strafgesetzbuches nicht in betracht kommen, wenn nicht die Satzungen dieses Gesetzbuches, der dabei erstrebten Einheit zuwider, der verschiedensten Auslegung unterworfen sein sollten, vielmehr seien die Vorschriften des Reichsstrafgesetzbuches wesentlich aus diesem selbst zu erklären und es müßten daher seine Wortbegriffe dem Zwecke des Strafgesetzbuches gemäß stets so aufgefaßt werden, wie sie dem gewöhnlichen Leben am nächsten stehen. Danach könne es einem begründeten Zweifel nicht unterliegen, daß eine Quittung über eine gezahlte Schuld „eine körperliche bewegliche Sache“ im Sinne des § 242 StGB. bilde, welche als solche des Besitzes und der Besitzentziehung fähig sei. Ferner hat das Reichsgericht in den Urteilen am 8. Februar 1881 und 19. Juni 1885,

Entsch. des RG. in Straff. Bd. 12 S. 313,

anerkannt, daß unter einer „beweglichen Sache“ im Sinne des § 246 StGB. nur ein körperlicher Gegenstand verstanden werden könne. Selbstverständlich erscheint die Annahme ausgeschlossen, daß das Strafgesetzbuch den Ausdruck „bewegliche Sache“ hinsichtlich der so nahe verwandten Delikte des Diebstahls und der Unterschlagung in verschiedenem Sinne verwendet habe.

Setzt hiernach der § 242 StGB. als Gegenstand des Diebstahles und der § 246 als Gegenstand der Unterschlagung ein Stück Materie, gleichviel, ob sie sich in festem, flüssigem oder gasförmigem Zustande befindet, voraus, so ist es rechtlich nicht zu beanstanden, wenn die Vorinstanz den Tatbestand sowohl des Diebstahles als der Unterschlagung verneint. Eine Rechtsfrage ist es, ob der Begriff der „Sache“ im Sinne der §§ 242 und 246 StGB. Körperlichkeit voraussetzt oder nicht; aber die Entscheidung darüber, ob Elektrizität ein Stoff, ein körperliches oder eine bloße Kraft, eine Bewegung kleinster Teile ist, die an oder in Körpern unter gewissen Bedingungen stattfindet, kann nicht auf Grund von Rechtsnormen, sondern lediglich auf Grund naturwissenschaftlicher Forschung getroffen werden. Die Ausführungen des in erster Instanz vernommenen Sachverständigen, denen die Vorinstanz sich im wesentlichsten anschließt, ergeben, daß es sich hier um ein Problem handelt, welches von der Naturwissenschaft noch nicht endgültig gelöst ist, und daß sich noch verschiedene Ansichten und Theorieen gegenüberstehen. Es kann daher jedenfalls keine Rede davon sein, daß notorisch oder allbekanntermaßen die Elektrizität ein Fluidum d. h. ein Stoffliches flüssiger oder gasförmiger Art sei. Wenn sich daher der erste Richter auf Grund der stattgehabten Beweisaufnahme und namentlich der Ausführungen des Sachverständigen für die Ansicht entschieden hat, daß die Elektrizität kein Fluidum, kein Stoff irgend welcher körperlichen Art, sondern eine Kraft, ein Zustand sei, in den gewisse Gegenstände durch technische Manipulationen versetzt werden, so ist darin auf keinen Fall ein Rechtsirrtum zu finden. Ob die Ansicht der

Vorinstanz vom Standpunkte der heutigen Naturwissenschaft das Richtige trifft, darüber kann nach den bestehenden Gesetzen (§ 376 StPO.) das Reichsgericht eine autoritative Entscheidung nicht treffen.

Die Staatsanwaltschaft beruft sich für ihre Ansicht, daß der elektrische Strom Gegenstand eines Diebstahles sein könne, auf das Urteil des Reichsgerichtes vom 10. März 1887.

Vgl. Entsch. des RG. in Zivils. Bd. 17 S. 269.

Diese Bezugnahme beruht jedoch auf einem Mißverständnisse, welches sich übrigens auch mehrfach in der Literatur findet. In dem gedachten Urteile wird es vielmehr ausdrücklich als eine allgemein geltende Wahrheit anerkannt, daß der elektrische Strom nicht eine von Natur der Selbständigkeit fähige körperliche Sache, sondern eine in den Körpern wirkende, in ihnen zur Entwicklung gelangende Kraft sei. Damit ist die Frage nach der Möglichkeit eines Diebstahles, der unter den § 242 StGB. fällt, im Sinne der Vorinstanz entschieden. Die weiteren Ausführungen des gedachten reichsgerichtlichen Urteils beschäftigen sich lediglich mit der Frage, ob der elektrische Strom Gegenstand eines Lieferungsvertrages sein könne, ob er als eine Sache im Sinne des § 981 ALR. I 11 anzusehen sei. Diese Frage wird bejaht, indem der Zivilsenat ausführt, daß der Begriff der Sache im Sinne der gedachten landrechtlichen Spezialbestimmung nicht auf körperliche Sachen einzuschränken sei. Es liegt auf der Hand, daß durch diese Ausführung des reichsgerichtlichen Urteiles die hier zu entscheidende strafrechtliche Frage in keinerlei Weise berührt wird.

II. **Das Eigentum an der Sache ist nach bürgerlichem Recht zu beurteilen.** So z. B. E. I 343, III 150, XXII 354, XXVII 11, RMG. II 99, 173.

III. **Gewahrsam.**

1. Begriff, insbesondere sein Verhältnis zum bürgerlichrechtlichen Besitzbegriff: E. XXXIV 252.

Die Strafkammer stellt fest, daß der von der Witwe G. ernannte Testamentsvollstrecker Dr. K. in B., nachdem er in der Nacht vom 29. zum 30. Juni 1900 die telegraphische Nachricht von dem im Laufe des Tages in W. erfolgten Tode der Frau G. erhalten hatte, am Morgen des 30. Juni sogleich zu dem Angeklagten, dem Eigentümer des Hauses, in dem die Verstorbene in B. gewohnt hatte, sich begeben, ihm ein Schriftstück, in dem er von dieser ermächtigt worden war, sich im Falle ihres Todes in den Besitz ihres Nachlasses zu setzen, vorgezeigt hat, und daß ihn darauf der Angeklagte in die G.sche Wohnung, die er mit dem ihm von Frau G. bei ihrer Abreise nach W. übergebenen Korridorschlüssel öffnete, geführt hat. Die Türen innerhalb der Wohnung waren jedoch verschlossen, die Schlüssel waren nicht zur Hand, und es wurde davon Abstand genommen, die Türen öffnen zu lassen. Am 2. Juli kam Dr. K. wieder, ließ die Zimmertüren durch einen Schlosser öffnen und stellte den Inhalt der Behältnisse, insbesondere des Geldschrankes der Verstorbenen, fest. Einige Tage später ergab sich, daß eine große Zahl von Sachen fehlten. Diese gemeinschaftlich gestohlen zu haben, sind der Angeklagte und die mit ihm zusammenlebende Frau T. von der Strafkammer für schuldig erklärt.

In ihrer Revision machen sie unter anderem geltend, die Annahme des Tatbestandes des § 242 StGB. beruhe auf Rechtsirrtum.

Bei der Erörterung der Frage, in wessen Gewahrsam die Nachlaßgegenstände gewesen seien, betrachtet der erste Richter die Geschehnisse am 30. Juni und 2. Juli 1900 als einen einheitlichen Vorgang. Auf dieser Grundlage ist seine Annahme, Dr. K. habe den Gewahrsam an ihnen gehabt, allerdings einwandsfrei. Denn daß vor dem Tode der Frau G. der Angeklagte den Gewahrsam an ihrer in der Mietwohnung befindlichen Habe erlangt habe, ist vom ersten Richter weder ausdrücklich angenommen, noch sind Tatsachen festgestellt, aus denen es gefolgert werden müßte. Die Sachdarstellung des Urteils ergibt vielmehr, daß Frau G. trotz ihrer Abreise diesen Gewahrsam behalten hat. Mit ihrem Tode hat er aufgehört. Die Handlungen, die ihr Testamentsvollstrecker am 30. Juni und am 2. Juli 1900 in der Wohnung vornahm, insbesondere die Eröffnung der Zimmertüren und des Geldschrankes, sowie die Durchsuchung der Behältnisse innerhalb der Zimmer und ihre Wiederverschließung, konnten unbedenklich als Erlangung des Gewahrsams über den Nachlaß in der Wohnung angesehen werden.

Allein in den Urteilsgründen wird ausdrücklich gesagt, es habe sich nicht feststellen lassen, an welchen Tagen die Angeklagten die einzelnen Gegenstände entwendet hätten.

Damit ist freilich nicht gemeint, sie könnten es in der Zeit zwischen dem Tode der Erblasserin und dem Morgen des 30. Juni getan haben; denn der erste Richter geht offenbar davon aus, daß sie erst bei oder nach der ihnen von Dr. K. hinterbrachten Nachricht von dem Tode der Frau G. auf den Gedanken gekommen seien, Gegenstände aus der Wohnung zu entwenden. Dagegen läßt das Urteil allerdings die Möglichkeit offen, daß die Begehung solcher Entwendungen in die Zeit zwischen dem 30. Juni und dem 2. Juli fiel. Unterstellt man dies, so könnte der Tatbestand des Diebstahls nur bejaht werden, wenn anzunehmen wäre, daß Dr. K. den Gewahrsam nicht erst am 2. Juli, sondern schon am 30. Juni erlangt habe. Denn die Anwendung des § 242 StGB. setzt voraus, daß das äußere Verhältnis, in dem sich die fremde Sache zu jemanden im Zeitpunkte der Tat befand, so beschaffen ist, daß von „Wegnahme“ gesprochen werden kann. Entwendungen aus einer Erbschaft sind daher nur dann als Diebstahl zu betrachten, wenn die Erbschaftssachen in der tatsächlichen Gewalt einer Person, und zwar einer anderen, als des Täters, stehen.

Vgl. Entsch. des RG. in Strafs. Bd. 10 S. 257, insbesondere 260.

Ohne Bedeutung hierfür ist es, daß der § 857 BGB. bestimmt, der Besitz gehe auf den Erben über; denn der § 242 will nicht ein im bürgerlichen Recht anerkanntes Verhältnis schützen, sondern er setzt nur voraus, daß sich die Sache im tatsächlichen Gewahrsam einer Person befinde, d. h. in einem Zustande, vermöge dessen die Person die physische Möglichkeit besitzt, über die Sache mit Ausschließung anderer zu verfügen. Gleichwie bei dieser in der Rechtsprechung des Reichsgerichtes entwickelten Bestimmung des Begriffes des Gehorsams die bürgerlich-rechtlichen Normen der früheren Landesrechte nicht ausschlaggebend waren,

Entsch. des RG. in Strafs. Bd. 5 S. 42. 218 ff., insbesondere 219, S. 222 ff., insbesondere S. 223, Bd. 29 S. 209, Bd. 30 S. 88 ff., insbesondere 89,

so kann es auch jetzt die Vorschrift des § 857 BGB. nicht sein.

Der Bestand des angefochtenen Urteils hängt demnach von der Frage ab, ob schon die Feststellungen über die am 30. Juni geschehenen Tatsachen ausreichen, die rechtliche Annahme des ersten Richters zu tragen, daß die Nachlaßgegenstände im Gewahrsam des Dr. K. gewesen seien.

Diese Frage ist zu bejahen.

Für ihre Beurteilung ist schon der Umstand nicht ohne Bedeutung, daß sich Dr. K. am Morgen des 30. Juni bei dem Angeklagten, dem Vermieter der Erblasserin und dem Verwahrer des Schlüssels zu ihrer Wohnung, in der Weise einführte, daß er das Schriftstück vorzeigte, in dem ihn die Erblasserin ermächtigt hatte, im Falle ihres Todes sich sofort in den Besitz ihrer Wohnung und ihres gesamten Nachlasses zu setzen. Dieser, das Ziel seines Auftretens bezeichnenden Handlung des Angeklagten folgten zwei Tatsachen nach, die ihm die physische Gewalt über den Nachlaß in der Wohnung verschafften:

a) Der Angeklagte hat sich mit ihm nach der G.schen Wohnung begeben und sie ihm geöffnet;

b) Dr. K. hat ihm den Wohnungsschlüssel zur Aufbewahrung in seiner Vertretung belassen.

Allerdings hat Dr. K., weil er große Eile hatte und den Versteck der Zimmerschlüssel so wenig kannte, wie der Angeklagte, es unterlassen, die Zimmertüren durch einen Schlosser öffnen zu lassen, allein in die äußere Lage, zu den in den Zimmern befindlichen Nachlaßgegenständen zu gelangen, war er durch die Eröffnung der Wohnung versetzt, und die Urteilsgründe bieten keinen Anhaltspunkt dafür, daß er gehindert gewesen wäre, die Durchsuchung der Räume und Behältnisse, die er am 2. Juli vornahm, sogleich vorzunehmen. Statt dessen hat er sich die Möglichkeit, das Aufgeschobene nachzuholen, dadurch gesichert, daß er dem Angeklagten den Wohnungsschlüssel beließ, damit ihn dieser nunmehr für ihn aufbewahre.

Wenn jemand unter Umständen, wie sie hier vorlagen, in der vom Urteile festgestellten Weise handelt, so entspricht es durchaus der natürlichen Auffassung, anzunehmen, daß er die Wohnung unter seine tatsächliche und ausschließliche Gewalt bekommen habe. Daraus folgt dann ohne weiteres, daß er auch den Gewahrsam an den in den Räumen und Behältnissen der Wohnung befindlichen Nachlaßgegenstände erlangt hat.

Die Rüge der Verletzung des § 242 erweist sich daher nicht als begründet. . . .

2. Mitgewahrsam. E. XXX 88:

Der Angeklagte, welcher als Lehrling in mehreren Apotheken die von Geschäftskunden als Zahlung erhaltenen Gelder sich zugeeignet hat, ist des Diebstahls schuldig erachtet. Die Revision macht geltend, daß der Sachverhalt nicht die Begriffsmerkmale des Diebstahles, sondern nur diejenigen der Unterschlagung ergebe. Sie ist zurückgewiesen worden aus folgenden Gründen:

Die Urteilsgründe müssen allerdings insofern Bedenken erregen, als im Beginne der die rechtliche Beurteilung enthaltenden Ausführungen auf das zivilrechtliche Verhältnis der Apothekenbesitzer zu den dem Angeklagten für sie auf den Ladentisch gelegten oder in die Hand gegebenen Geldbeträgen Gewicht gelegt wird. Denn der Gewahrsam bildet ein tatsächliches

Verhältnis, für dessen Vorhandensein oder Nichtvorhandensein die am betreffenden Orte geltenden civilrechtlichen Vorschriften über Besitz und Detention nicht maßgebend sind.

Aus dem weiteren Inhalte der Urteilsgründe erhellt aber, daß für den ersten Richter nicht der erwähnte Gesichtspunkt, sondern die tatsächliche Beschaffenheit des Vorganges, die Zahlungsleistung in den Geschäftsräumen der Apothekenbesitzer an den Angeklagten als eine in diesen angestellte Person entscheidend gewesen ist. Auf der in dieser Richtung festgestellten Grundlage aber durfte Gewahrsam der Geschäftsherren an dem Gelde und Wegnahme aus diesem Gewahrsam angenommen werden.

Es liegt im Wesen des Gewahrsames als einer physischen, mit Ausschließung anderer verbundenen Herrschaft über die Sache, daß der Inhaber einer Räumlichkeit auch den Gewahrsam der in dieser befindlichen Gegenstände hat, sofern nicht ein Dritter an einzelnen derselben vermöge besonderer Verhältnisse zu ihnen eine den Inhaber der Räumlichkeit zurückdrängende Macht ausübt. Nicht in den Gewahrsam des Wohnungsinhabers fallen solche Sachen, welche eine die Wohnung betretende Person als die ihrigen mit sich führt. Dagegen darf ein Hindernis für den Gewahrsam des Wohnungsinhabers nicht schon deshalb angenommen werden, weil überhaupt andere Personen in der Wohnung sich befinden. Mögen diese auch vorübergehend, z. B. weil der Wohnungsinhaber sich zeitweise entfernt hat, den Sachen näher und zu einer Einwirkung auf sie leichter imstande sein als er, so vermag dies an sich seine Herrschaft noch nicht aufzuheben, vielmehr bleiben solche Möglichkeiten, solange nicht der Entschluß zu ihrer Benutzung gefaßt und auch durch Hinnahme der Sachen betätigt wird, für die Herrschaftsverhältnisse ohne Belang. Erfolgt aber die Hinnahme, so stellt sie sich eben als Wegnahme aus dem bis dahin fremden Gewahrsam dar. Insbesondere steht die Anwesenheit solcher Personen, welche durch Dienst- oder Anstellungsverhältnis von dem Wohnungsinhaber abhängig sind, der Annahme seines Gewahrsames nicht entgegen. Auch wenn diese sich mit einzelnen Gegenständen zu beschäftigen, sie zu säubern oder sie zu bearbeiten und zu diesem Behufe in ihre Hände zu nehmen haben, so bleibt der Gewahrsam unberührt; derselbe wird infolge der möglichen Kontrolle in Verbindung mit dem Abhängigkeitsbewußtsein der erwähnten Personen aufrecht erhalten.

Vgl. Entsch. d. RG. in Straff. Bd. 2 S. 1; Rechtspr. des RG. in Straff. Bd. 3 S. 711, Bd. 7 S. 302.

Es kann auch keinem gegründeten Zweifel unterliegen, daß z. B. Gelder in einer offenen, den Angestellten des Geschäfts zugänglichen Wechselkasse im Gewahrsame des Geschäftsinhabers sich befinden.

Im vorliegenden Falle sind die Gelder vom Angeklagten selbst vereinnahmt, es hat auch nicht festgestellt werden können, daß er sie alle oder doch einen bestimmten Teil von ihnen vor der Aneignung in eine Kasse des Geschäftsherrn gelegt hätte, hierdurch wird aber eine Änderung in der rechtlichen Beurteilung nicht notwendig herbeigeführt. Es ist davon auszugehen, daß Sachen, die von jemand in den Räumen eines anderen in dessen Abwesenheit, aber auf seine besondere oder allgemeine Anweisung niedergelegt werden, in den Gewahrsam des Inhabers der Räume fallen, schon ehe er von der Niederlegung Kenntnis erlangt. Diese Wirkung wird auch durch die Anwesenheit einer anderen Person nicht ausgeschlossen, da deren Stellung eine derartige zu sein vermag, daß sie dem Eintritte der Herrschaft des Wohnungsinhabers über den Gegenstand ein Hindernis nicht bereitet. Und wenn die Gegenstände durch die Hände einer in den Räumen bediensteten Person gehen, so steht auch das nicht entgegen. Man kann nicht als Grundsatz aufstellen, daß in solchen Fällen der Gewahrsam zunächst der den Gegenstand in Empfang nehmenden Person erworben werde und erst durch einen Akt derselben, z. B. durch Niederlegen in eine Kasse, auf den Geschäftsinhaber übergehen könne. Die Umstände eines jeden einzelnen Falles, als welche u. a. der Wille der die Sache überreichenden Person, das Verhalten des Angestellten ihr gegenüber und das Maß der, auch bei vorübergehender Abwesenheit des Geschäftsherrn, möglich bleibenden Aufsicht über jenen müssen bestimmend dafür sein, ob die Sachen zunächst in den Gewahrsam des Angestellten oder unmittelbar in den des Geschäftsherrn übergehen. Aufgabe des Tatrichters ist es, diese Umstände zu würdigen. Da vorliegendenfalls in den Zahlungsakten der Wille des Zahlenden, Eigentum wie Gewahrsam auf den Geschäftsinhaber zu übertragen, klar zum Ausdrucke kam, der Angeklagte durch Entgegennahme des Geldes sich ihm fügte, der Geschäftsinhaber und sein Gehilfe auch nie gleichzeitig dauernd abwesend gewesen zu sein scheinen, ein gewisses Maß von Kontrolle also stets möglich blieb, so läßt die den Gewahrsam bejahende Auffassung des ersten Richters einen Rechtsirrtum nicht erkennen. Von ausschlaggebender Bedeutung im entgegengesetzten Sinne ist auch nicht, daß der Angeklagte bei Empfang der Gelder etwa schon den Entschluß, dieselben sich anzueignen, gefaßt hat. Manifestiert ist dieser Entschluß nicht, sondern in dem Verhalten des Angeklagten den zahlenden Personen gegenüber sprach sich der Wille des Gewahrsamerwerbes für den Geschäftsherrn unzweideutig aus. Nur der in die Erscheinung tretende Wille aber ist wirksam. Das den Gewahrsam des Geschäftsherrn darstellende Band mag zwar in solchen Fällen nur von geringer Stärke sein, besonders wenn für den unredliche Absichten hegenden Angestellten die Verheimlichung des Geldes und des Geldempfanges besonders erhebliche Schwierigkeiten nicht bietet, aber abstrakte Regeln über das Maß der Voraussetzungen des Gewahrsames in der bezeichneten Richtung lassen sich nicht aufstellen. War aber der Gewahrsam dem Geschäftsherrn erworben, so hat der Angeklagte, indem er die Gelder in der Absicht der Zueignung durch Verbergen in seinen Kleidern oder in anderer Weise seiner Herrschaft unterwarf, dieselben aus fremdem Gewahrsame weggenommen.

RMG. I 101.

Für die Verurteilung der beiden Angeklagten wegen Unterschlagung genügen die im Urteil ausgeführten Momente nicht. Denn aus der Tatsache, daß der Kompagniechef von der Existenz der Patronen keine Erinnerung hatte und daß sie als überzählige nicht einmal an dem für die Patronen bestimmten Platze aufbewahrt wurden, endlich aus der Eigenschaft der Angeklagten als Schießunteroffiziere folgte nicht, daß sie und nicht der Kompagniechef den Gewahrsam, d. h. die physische ausschließliche

Herrschaft über die Patronen besaßen, wie sie bei einer Verurteilung wegen Unterschlagung erforderlich war.

Nach feststehendem militärdienstlichen Grundsatz ist der Kompagniechef allein der Inhaber und verantwortliche Verwalter der Kompagniebestände von dem — im Einzelfalle festzustellenden — Momente ihrer Übernahme an. Er allein hat daher, der Regel nach, an denselben die faktische und ausschließliche Herrschaft und Verfügungsgewalt, den Gewahrsam. Dieser geht für ihn nicht schon dadurch an einer zu den Beständen gehörigen Sache verloren, daß ein anderer leichter auf sie einzuwirken imstande ist, als er, daß z. B. Untergebene auf seinen Befehl die Sache benutzen oder sie in bestimmter Weise verwenden, noch auch dadurch, daß ihm die Existenz oder der Aufenthaltsort einer Sache im Momente nicht bekannt oder nicht erinnerlich ist. Auch der Umstand, daß er einem Untergebenen den Schlüssel zu einem Raume anvertraut, in welchem zu den Beständen gehörige Sachen lagern, bewirkt für den Kompagniechef nicht ohne weiteres den Verlust des Gewahrsams an jenen Sachen. Für den Untergebenen kann aber dadurch ein Mitgewahrsam an demselben begründet werden. In solchem Falle würde indes die rechtswidrige Zueignung der Sachen durch den Untergebenen nur durch Fortnahme derselben aus fremden Gewahrsame — dem Mitgewahrsame des Kompagniechefs — sich bewirken lassen und sich daher als Diebstahl, nicht als Unterschlagung charakterisieren. Erst durch den Eintritt eines tatsächlichen Verhältnisses, bei welchem die Sachen seiner Willensbestimmung nicht mehr unterworfen wären oder dadurch, daß sie in erkennbarer Weise in eine Lage gekommen sind, in welcher sie der ausschließlichen Willensbestimmung eines anderen unterliegen, würde der Gewahrsam an denselben für den Kompagniechef verloren gehen.

Wenn im vorliegenden Falle, entsprechend den Bestimmungen der Kompagniechef bei Übernahme der Kompagnie die fraglichen Patronen unter den Kompagniebeständen mit übernommen und dadurch den Gewahrsam an denselben erworben hatte, und sich die Patronen in einer der Kompagnie überwiesenen und dem Kompagniechef zur Disposition stehenden Räumlichkeiten befanden, so verblieben sie auch im Gewahrsame des Kompagniechefs bis zum Eintritt einer der den Verlust des Gewahrsams bewirkenden Bedingungen. Insbesondere ging ihm der Gewahrsam an den Patronen dadurch nicht verloren, daß er den Schießunteroffizieren die denselben nach der Schießvorschrift (Nr. 96 das.) obliegenden Beaufsichtigung derselben, die Ausgabe der Patronen zum Schießen usw. überließ. Denn der Schießunteroffizier ist nach seiner dienstlichen Stellung dem Kompagniechef absolut untergeordnet, er ist lediglich sein Gehilfe und sein nach seinen Anordnungen und innerhalb derselben handelndes Organ, dem eine selbständige Verfügungsgewalt über die Munition nicht zusteht. Der Schießunteroffizier erlangt durch seine Funktion die ausschließliche Herrschaft und damit den Gewahrsam über die zu den Kompagniebeständen gehörigen Patronen unter Zurückdrängung des Gewahrsams des Kompagniechefs nicht. Es muß vielmehr, um dies zu bewirken, nach dem oben Gesagten noch weiteres hinzutreten.

Ob und bis zu welchem Grade dies im vorliegenden Falle bezüglich der Angeklagten der Fall war, lassen die Entscheidungsgründe nicht ersehen.

Nur dann aber, wenn nachgewiesen wäre, daß Umstände vorlagen, durch welche der Kompagniechef den Gewahrsam verloren und aus denen ersichtlich wäre, daß die Angeklagten denselben erlangt hätten, wäre die Annahme einer Unterschlagung gerechtfertigt, andernfalls mußte die rechtswidrige Zueignung der Patronen als Diebstahl angesehen werden.

3. Juristische Person als Gewahrsamsinhaber? RMG. II 98.

Der § 242 RStGB. erfordert, daß die Sache „einem anderen" weggenommen wird. Dieser andere, welcher mit dem Eigentümer der Sache nicht identisch zu sein braucht, muß den Gewahrsam an der Sache, d. h. die tatsächliche Verfügungsgewalt über dieselbe, haben. Daraus folgt, daß dieser andere immer nur eine physische Person sein kann. Es hätte also möglicherweise der Batteriechef oder etwa ein mit der Aufsicht über den Stall bezw. den Futterboden beauftragter Unteroffizier den Gewahrsam haben können, niemals jedoch „die Batterie".

4. Geisteskranke als Gewahrsamsinhaber? E. II 332.

Die gesetzlichen Vorschriften, wonach gewisse Personen als handlungsunfähig auf dem Gebiete des Zivilrechtes und nicht verantwortlich im strafrechtlichen Sinne behandelt werden, haben ihren Grund teils darin, daß bei diesen Personen die natürlichen Vorbedingungen des juristischen Handelns, die Fähigkeit klaren Vorstellens und der auf Realisierung des Vorgestellten gerichtetete Wille tatsächlich nicht vorhanden sind, teils darin, daß zwar diese Vorbedingungen für eine bestimmte in Frage stehende Handlung tatsächlich nicht fehlen, jedoch der geistige Zustand die Einsicht in die Entwicklung der Folgen und Wirkungen der Handlung für den Handelnden selbst und für andere, das intelligere quid agatur,

vgl. für das gemeine Recht § 10 J. de inutil. stipul. (3, 19), l. 5 de R. J. (50, 17), l. 1 § 13 de O. et A. (44, 7), l. 9 de acquir. hered. (29, 2)

in dem Grade ausschließt, daß die Handlung für zivilrechtlich unwirksam erklärt werden muß, um den Handelnden vor Verlust zu schützen, und nicht bestraft werden kann, weil es an dem Bewußtsein und der Möglichkeit der Würdigung der für die Strafbarkeit wesentlichen Beziehungen fehlte. Auch solche Personen, welche durch Geisteskrankheit die Handlungsfähigkeit verloren haben, können sowohl in die eine, als auch in die andere Klasse gehören. Der Satz, daß furiosi nulla voluntas est, bedeutet nicht, daß jeder Geisteskranke ohne Ausnahme in natürlichem Sinne willenlos sei, was der Erfahrung widersprechen würde, sondern er bedeutet nur, daß der Geisteskranke, gleich anderen handlungsfähigen Personen, da wo es auf die zivilrechtliche Wirksamkeit seiner Willensakte, auch wenn er solcher in natürlichem Sinne fähig ist, und auf die strafrechtliche Verantwortlichkeit für dieselben ankommt, vom Recht behandelt wird, als ob er keinen Willen habe. Seine Willensakte sollen keine rechtlichen Wirkungen hervorbringen; daß sie natürliche Wirkungen hervorbringen können, unterliegt keinem Zweifel.

Soviel den Willen betrifft, eine körperliche Sache zu beherrschen, deren Beherrschung physisch möglich ist — Besitz oder Gewahrsam in diesem Sinne —, so bestimmt das Recht kraft positiver Vorschrift, der handlungsfähige Geisteskranke könne den Besitz nicht durch animus non possidendi, durch den bloßen Entschluß, nicht besitzen zu wollen — dimittere possessionem, vgl. L. 18 § 1 de acq. poss. (41, 2) —, verlieren. Dieser sein Entschluß wird, auch wenn er tatsächlich vorhanden ist, und bei einem Gesunden den Besitzverlust bewirken würde, vom Recht so behandelt, als sei er nicht vorhanden. Aber keine Rechtsbestimmung spricht aus, daß er bei einem Geisteskranken tatsächlich niemals vorhanden sein könne; ebensowenig bestimmt das Recht, daß kein Geisteskranker den Willen haben könne, die körperliche Herrschaft über eine Sache auch ferner auszuüben. Manche Geisteskranke sind allerdings vermöge ihres Zustandes zu einem solchen Willen natürlich unfähig; von ihnen läßt sich auch nicht mehr behaupten, daß sie die Gewahrsam einer Sache ausüben, vielmehr befinden sich die in ihrem Bereiche liegenden Sachen in der Gewahrsam anderer oder auch niemandes, je nach den Umständen. Wenn aber das Recht sagt, daß der Geisteskranke nicht animo, sondern nur corpore, dadurch, daß die physische Möglichkeit der Herrschaft nicht mehr besteht, den Besitz einer Sache verlieren könne, so ist damit auch anerkannt, daß er die physische Herrschaft über eine Sache auszuüben in natürlichem Sinne nicht notwendig unfähig sei; und wenn er den Willen haben kann, eine Sache zu behalten, so folgt, daß man ihm auch nicht den Willen absprechen kann, die Sache an eine andere Person wegzugeben. Bei dem Traditionsakte eines Geisteskranken, der eines solchen Aktes in natürlichem Sinne fähig ist, erwirbt also der Empfänger der Sache die Detention mit dem tatsächlichen Willen des Tradenten, keineswegs ohne oder gegen dessen tatsächlichen Willen.

Nun verlangt das Merkmal des Diebstahls, daß die Sache einem anderen weggenommen sein müsse, eine eigenmächtige Besitzergreifung des Täters mit dem Entschluß, die ihm bekannte Innehabung des bisherigen Besitzers ohne Rücksicht auf dessen Nichteinwilligung durch seine eigene Besitznahme zu beseitigen. Dieses Moment der Eigenmächtigkeit, des diebischen Nehmens, bezeichnet einen rein tatsächlichen Willenszustand in dem Wegnehmenden, bezieht sich folglich auch nur auf einen ebenso rein tatsächlichen Willenszustand des bisherigen Inhabers. Sowohl der Wortsinn, als auch der juristische Sinn des „Wegnehmens" schließt die Auffassung aus, daß derjenige eine Sache wegnehme, welchem sie der Inhaber kraft seines natürlichen Willensaktes frei übergibt, mag immerhin das Recht, wo es sich um die Verantwortlichkeit des Tradenten für die Tradition und um die Frage handelt, welche Rechte durch die Tradition übertragen werden, jegliche Wirksamkeit derselben verneinen; eine derartige Verneinung liegt in der Macht des Rechts als positiver Satzung, nicht aber die Umwandlung des bloß Tatsächlichen in sein Gegenteil, wie der Annahme einer Sache aus der Hand eines Tradenten in die eigenmächtige Wegnahme der Sache.

Da jedoch der Handlungsunfähige kein Recht übertragen kann, so kann derjenige, welcher aus seiner Hand eine Sache tradiert erhält, nicht die Befugnis erwerben, sich diese Sache zuzueignen, wenngleich sie ihm zu diesem Zwecke übergeben war. Sie bleibt also für den Empfänger eine fremde Sache, und wenn der Empfänger sie sich mit Kenntnis des persönlichen Zustandes des Tradenten zueignet, so macht er sich der in den

§§ 242, 246 StGB. bezeichneten rechtswidrigen Zueignung schuldig; nur ist seine Handlung kein Diebstahl, sondern bloß Unterschlagung, weil es an dem für den Begriff des ersteren ferner notwendigen Merkmale der eigenmächtigen Wegnahme fehlt.

5. Zum Gewahrsam gehört nicht der Wille der Person, die Sache zu beherrschen; so z. B. E. V 42, desgl. nicht die dauernde Kenntnis von dem jeweiligen Verbleib der Sache, so RMG. I 267.

IV. **In der Auffassung der „diebischen Zueignung"** schwankt das Rg. Nach E. XII 89 ist eine Absicht der Zueignung nur da als vorhanden anzunehmen, wo der Wille des Täters darauf gerichtet war, über die weggenommene fremde Sache mit Ausschluß des Berechtigten als Eigentümer zu verfügen.[1]) Dagegen führt E. X 371 aus (ebenso XXII 2, XXVI 154, XXIX 415):

Es setzt der Begriff der Zueignung keineswegs mit Notwendigkeit diese auf definitive Entziehung der Substanz der weggenommenen Sache gerichtete Absicht voraus, und es liegt vielmehr eine Zueignung der weggenommenen Sache schon dann vor, wenn der Wegnehmende beabsichtigt hatte, über die Sache auch nur eine einzelne Verfügung zu treffen, welche aber als zur ausschließlichen Zuständigkeit des Eigentümers betrachtet werden muß.

Der der Entscheidung zugrunde liegende Fall war folgender:

Der Angeklagte hatte dem Besitzer ein Sparkassenbuch weggenommen in der Absicht, sich durch seinen Besitz Geld zu verschaffen. Er hat tags darauf 90 Mk. erhoben von der in ihm eingetragenen Einlage und das Buch am nächsten Tage in den Gewahrsam des früheren Besitzers zurückgebracht.

Nach E. XI 239, XXVI 230 stellt die Vernichtung der Sache, nach RMG. II 48, III 287 das Verbergen der Sache keine Zueignung dar; nach E. II 21, V 44, XXI 364, XXVI 230 ist das Verpfänden der Sache Zueignung, wenn der Täter dabei entweder nicht die Absicht der Wiedereinlösung hat oder nicht zur Wiedereinlösung imstande ist.[2])

V. **Unterschied von Diebstahl und Mundraub.** E. XIV 313:

Die vereinigten Strafsenate des Reichsgerichtes haben folgenden Rechtssatz beschlossen:

Derjenige, welcher in der Absicht, lediglich Nahrungs- oder Genußmittel von unbedeutendem Werte oder in geringer Menge zum alsbaldigen Verbrauche zu entwenden, in einem Gebäude ein Behältnis erbricht, demnächst aber infolge eines nach dem Erbrechen gefaßten neuen Entschlusses Sachen anderer Art aus diesem Behältnisse stiehlt, begeht in dem Falle, wenn eine einheitliche Tat vorliegt, einen schweren Diebstahl; dagegen in dem Falle, wenn mehrere selbständige Taten vorliegen, einen einfachen Diebstahl.

---

[1]) So Olshausen Nr. 28, v. Liszt § 127.

[2]) Ebenso v. Liszt, vgl. noch § 9 des Gesetzes, betreffend die Pflichten der Kaufleute bei Aufbewahrung fremder Wertpapiere vom Juli 1896 und die Erläuterungen dazu bei Apt, Depotgesetz S. 39 (Berlin 1896).

Gründe:

Wer in der Absicht, um Nahrungs- oder Genußmittel von unbedeutendem Werte oder in geringer Menge zum alsbaldigen Verbrauche zu entwenden, ein Behältnis erbricht, demnächst aber infolge eines nach dem Erbrechen gefaßten neuen Entschlusses andere Sachen aus diesem Behältnisse stiehlt, begeht nur eine Tat, wenn dies Stehlen aus dem vor dem Erbrechen gefaßten Diebstahlsvorsatze hervorgegangen ist. Denn die Einheit der Tat wird dadurch nicht alteriert, daß sich der ursprüngliche Diebstahlsvorsatz auf ein anderes Objekt gerichtet hat. Zweifellos kann eine Straftat durch eine Reihe von körperlichen Akten begangen werden, ungeachtet jeder körperliche Akt einen besonders auf ihn gerichteten Willensakt voraussetzt und mehrere körperliche Akte notwendig in mehrere Zeitmomente fallen. Diese verschiedenen Tätigkeiten bilden aber nur eine Tat, wenn sie alle gleichmäßig den Zweck hatten, den einen ununterbrochen fortdauernden Deliktsvorsatz (hier den Vorsatz zu „stehlen") vollständig zu realisieren.

Liegt aber nur eine Straftat vor, so charakterisiert sich dieselbe auch als ein schwerer Diebstahl im Sinne des § 243 Nr. 2 StGB.

Unzweifelhaft liegt ein Diebstahl mittels Einbruches 2c. (Einsteigens, Erbrechens von Behältnissen) nur vor, wenn schon der Einbruch 2c. zum Zwecke des beabsichtigten Diebstahles vorgenommen worden ist, es muß der Dolus schon dem Qualifikationsmomente beiwohnen. Wer daher in ein Gebäude einbricht oder einsteigt, nur um in demselben zu nächtigen und erst demnächst den Vorsatz zu stehlen faßt, begeht den Diebstahl nicht „mittels" Einbruches 2c.

Es ist auch richtig, daß, wenn die Voraussetzungen eines Mundraubes im Sinne des § 370 Nr. 5 StGB. vorliegen, die Diebstahlsstrafe selbst dann ausgeschlossen bleibt, wenn einer der erschwerenden Umstände des § 243 a. a. O. obwaltete (Motive S. 151); daß also zur Anwendung des § 243 a. a. O. der Tatbestand eines nach § 242 a. a. O. strafbaren Diebstahls erforderlich ist und die im § 243 daselbst vorgesehenen erschwerenden Umstände nur geeignet sind, einen nach § 242 a. a. O. strafbaren Diebstahl zu qualifizieren.

Aber hieraus folgt nicht, daß ein Diebstahl mittels Einbruches usw. nur dann anzunehmen, wenn schon bei dem Erbrechen die Absicht vorlag, einen „nach § 242 StGB. strafbaren" Diebstahl zu verüben. Es genügt vielmehr, daß der Vorsatz vorlag, überhaupt zu stehlen, die diebische Absicht.

Für den Diebstahlsvorsatz ist die Konkretisierung der Vorstellung auf bestimmte Diebstahlsobjekte überhaupt unwesentlich; der Diebstahlsvorsatz ist daher auch dann, wenn diese Konkretisierung stattfindet, an dieselbe nicht in dem Sinne gebunden, daß, wenn sich die Vorstellung hinsichtlich der zu stehlenden Objekte ändert, deshalb auch der Vorsatz zu stehlen ein anderer neuer Vorsatz werden müßte. Vielmehr kann der nämliche Vorsatz zu stehlen sich nach der Seite der Objekte noch während der Ausführung verengern oder erweitern. Wer also einen Einbruch usw. verübt, um einen Diebstahl im Sinne des § 242 StGB. zu begehen, macht sich eines schweren

Diebstahles schuldig, wenn er auch bei dem Einbrechen usw. beabsichtigte, eine ganz bestimmte Sache und nur diese zu stehlen, nach dem Einbruche usw. aber eine andere Sache stiehlt.

Weil hiernach für das Wesen des Diebstahlsvorsatzes das zu stehlende Objekt einflußlos ist, so kann es auch am Tatbestande eines schweren Diebstahls nichts ändern, wenn der Dieb bei dem Einbrechen usw. nur Nahrungs- oder Genußmittel von unbedeutendem Werte oder in geringer Menge zum alsbaldigen Verbrauche entwenden wollte, nach dem Einbruche aber auf Grund des vor demselben schon vorhandenen Diebstahlvorsatzes andere Sachen stiehlt.

Daß zum Tatbestande des schweren Diebstahles (§ 243 StGB.) die Absicht zu stehlen, die diebische Absicht, nach der Tendenz des Gesetzes genügt, ergibt sich aus § 243 Nr. 7 a. a. O., wo es ausdrücklich für ausreichend erklärt ist, daß der Täter „in diebischer Absicht" sich in das bewohnte Gebäude eingeschlichen oder „in gleicher Absicht" sich in dem bewohnten Gebäude verborgen hatte, in welchem er zur Nachtzeit dann den Diebstahl begangen hat. Diese Gesetzesvorschrift verlangt also nicht eine Konkretisierung der Vorstellung von dem zu stehlenden Objekte; was immer der Dieb mittels Einschleichens oder Verbergens stehlen wollte, fällt in den Bereich der Qualifikation.

Hinsichtlich der subjektiven Bedeutung stehen sich aber die in den Nummern 2, 3, 4 und 7 des § 243 StGB. aufgezählten Qualifikationsmomente gleich. Das Stehlen „mittels" Einbruches usw. (Nr. 2, a. a. O.) ist gleichwertig mit Einschleichen „in diebischer Absicht" (Nr. 7 daselbst); denn indem der Gesetzgeber die diebische Absicht bei dem Einschleichen ausdrücklich hervorhebt, macht er dieselbe in gleicher Weise zu einem subjektiven Qualifikationsmomente, wie dies im § 243 Nr. 2 a. a. O. schon durch die Fassung der Bestimmung: „wenn mittels Einbruches usw." gestohlen wird, geschehen ist.

Diese diebische Absicht liegt gleichmäßig vor bei der Übertretung aus § 370 Nr. 5 StGB. (dem sog. Mundraube), wie bei einem aus § 242 a. a. O. strafbaren Diebstahle; sie wird rechtlich auch nicht dadurch alteriert, daß der Gesetzgeber den Zweck, welchen der Täter bei Entwendung solcher Nahrungs- oder Genußmittel dahin verfolgt, sie alsbald zu verbrauchen, zugunsten des Täters als strafmindernd berücksichtigt. Denn dieser Zweck ist für den Tatbestand des Diebstahles, welchen der Mundraub in objektiver und subjektiver Beziehung voraussetzt, ohne rechtliche Bedeutung. *Wie man auch über die Natur des im § 370 Nr. 5 a. a. O. vorgesehenen gesetzlich ausgezeichneten Diebstahles denken mag, immer bleibt derselbe ein Diebstahl; seine Eigenart liegt nur in der Qualität und der Quantität, bezw. in dem Werte des Objektes und in der auf alsbaldigen Verbrauch gerichteten Absicht; also in Umständen, welche mit den Tatbestandsmerkmalen des gemeinen Diebstahles in keinem Punkt in Widerspruch treten.*

Geht man also nach den oben entwickelten allgemeinen strafrechtlichen Grundsätzen davon aus, daß für die Beachtung des Qualifikationsmomentes die Konkretisierung des Objektes im Vorsatze unerheblich ist, und daß die beim gemeinen Diebstahle wie beim Mundraube gleichmäßig geforderte diebische Absicht des Täters beim Einbrechen usw. ausreicht, so folgt daraus mit Notwendigkeit, daß, wenn durch die nämliche Tat sowohl Nahrungs- oder Genußmittel im Sinne des § 370 Nr. 5 StGB. entwendet, als auch andere Sachen gestohlen sind, die Qualifikation des nur zur Verübung des Mundraubes verübten Einbruches die Wegnahme der anderen Sachen ebenso ergreift, als wenn die Vorstellung des Täters vom Objekte der Entwendung vor und bei dem Einbrechen usw. auf irgend eine andere fremde bewegliche Sache gerichtet gewesen wäre, welche kein Nahrungs- oder Genußmittel war.

Wer somit durch eine Tat, nachdem er nur zwecks Verübung eines Mundraubes eingebrochen ist, Nahrungs- oder Genußmittel von nicht unbedeutendem Werte oder in nicht geringer Menge zum alsbaldigen Verbrauche entwendet und zugleich noch eine andere Sache stiehlt, hat eine Übertretung gegen § 370 Nr. 5 StGB. und einen schweren Diebstahl im Sinne des § 243 Nr. 2 a. a. O. in idealer Konkurrenz begangen. Er wird gemäß § 73 StGB. aus § 243 Nr. 2 a. a. O. bestraft und dabei wird der Mundraub nur hinsichtlich der Strafzumessung berücksichtigt. Denn, da der Täter in „diebischer Absicht“ einbrach, ist er wegen Wegnahme der anderen fremden beweglichen Sache aus § 243 Nr. 2 a. a. O. verantwortlich, indem für die ganze Tat das Einbrechen sowohl objektiv wie subjektiv das Mittel der Ausführung war.

Blieb der Mundraub im Stadium des Versuches, so kommt derselbe nicht einmal als Strafzumessungsgrund in Betracht, weil es bei Ubertretungen keinen strafbaren Versuch gibt (§ 43 StGB.).

Anders liegt der Fall, wenn der vor dem Einbrechen usw. gefaßte Diebstahlsvorsatz nach dem Einbruche usw. absorbiert worden ist, sei es, daß das beabsichtigte Stehlen ausgeführt oder aufgegeben wurde, und demnächst infolge eines neuen Diebstahlsvorsatzes ein neuer Diebstahl unter Benutzung des früheren Einbruches verübt wird.

Dann liegt — im Gegensatze zu dem Falle, wenn der Täter nach dem zwecks Stehlens vorgenommenen Einbruche nur eine andere Sache wegnahm, als woran er beim Einbrechen gedacht hatte oder aber außer der ursprünglich im Sinne gehabten noch eine zweite Sache stahl — reale Konkurrenz zweier selbstandiger Diebstähle oder unter Umständen reale Konkurrenz eines versuchten und eines vollendeten Diebstahles vor. Nur der erste Diebstahl oder Diebstahlsversuch ist mittels Einbruches begangen; der zweite Diebstahl ist nur ein einfacher. Denn dieser zweite Diebstahl lag außerhalb des ursprünglichen Diebstahlsvorsatzes des Täters, als derselbe das Einbrechen zum ersten Diebstahle vornahm. Deshalb darf ihm dies Einbrechen bei dem neuen selbständigen Diebstahl nicht zur Schuld zugerechnet werden.

Der Umstand, daß der Dieb, als er den zweiten Diebstahl unter Benutzung des früheren Einbruches beging, das „Bewußtsein“ davon hatte, daß er jenen Einbruch behufs „Stehlens“ vorgenommen habe, und daß er den neuen Diebstahl ohne Benutzung dieses Einbruches nicht vornehmen könnte, vermag den für den zweiten Diebstahl fehlenden „Vorsatz“ des Einbruches nicht zu ersetzen. Die bewußte Benutzung des früheren Einbruches enthält zwar eine nachträgliche Billigung des Einbruches auch hinsichtlich des neuen Diebstahls, diese Billigung hat aber keine rückwirkende Kraft auf den ursprünglichen Dolus: sie akzeptiert nur die Tatsache des bereits geschehenen Einbruches, bringt aber diese Tatsache nicht hervor.

§ 43. B. Raub- und Erpressung.

Beling §§ 65, 73, Berner S. 570 ff., Binding L. § 77, § 88, v. Liszt § 130, § 141, H. Meyer §§ 91, 96, Frank, Olshausen zu § 249 ff.

I. **Rechtswidrig ist jeder Vermögensvorteil, auf welchen ein Rechtsanspruch nicht besteht.** E. XXI 114, XXVI 354.[1])

II. **Unterschied zwischen Raub und Erpressung.** E. IV 429:[2])

Den Unterschied zwischen Raub und Erpressung legen die Motive zum Entwurfe des Strafgesetzbuches (S. 126) in Übereinstimmung mit den Definitionen in den §§ 249 und 253 dahin dar:

> „Die Erpressung ist keineswegs wie der Raub auf die rechtswidrige Aneignung einer körperlichen Sache beschränkt, sondern es besteht das Wesen der Erpressung darin, daß sie den Bedrohten zu einer Handlung, Duldung und Unterlassung nötigt, durch welche der Täter den beabsichtigten Vermögensvorteil erwerben will, so daß die Vollendung des Verbrechens in dieser Handlung ꝛc. sich erfüllt, auch wenn späterhin der durch sie erwartete Vorteil nicht erlangt wird."

Außerdem wird nur noch hervorgehoben, daß der Tatbestand des Raubes auf die Drohung eine gegenwärtige Gefahr für Leib oder Leben erfordert, während bei der Erpressung jede Drohung, durch welche ein wirksamer Zwang auf den andern ausgeübt wird, für genügend erachtet ist. Daß das Wort „Gewalt" in § 253 eine andere Bedeutung habe, als im § 249, läßt sich sonach weder aus dem Wortlaute der Bestimmungen noch aus den Motiven nachweisen.

§ 44. C. Hausfriedensbruch.

Beling § 68, Berner S. 396 ff., Binding L. § 29, v. Liszt § 119, H. Meyer § 108, Frank, Olshausen zu § 123 StGB.

Liegt ein „Eindringen" erst in dem Eintreten gegen den wirklich vermuteten Willen oder bereits gegen den zu vermutenden Willen des Berechtigten? Das RG. schwankt.

1. E. V 109:

Die Angeklagten hatten gegen ihren Dienstherrn S. auf dem Hofe desselben einen Exzeß, welcher zu ihrer Verurteilung wegen Nötigung geführt hat, begangen. S. erklärte denselben, daß er sie aus dem Dienst entlasse und daß sie in die Stube zum Empfang des Lohnes kommen sollten. Als sie demnächst dort erschienen waren und ihren Lohn empfangen hatten, wurden sie von ihrem bisherigen Dienstherrn aufgefordert, sofort den Hof zu verlassen. Die Angeklagten leisteten der Aufforderung keine Folge, blieben vielmehr bis zum andern Tage auf dem Hofe.

---

[1]) Ebenso v. Liszt § 141, a. M. Frank zu § 253.
[2]) Olshausen zu § 253 Nr. 20.

Die Strafkammer findet in diesem Verhalten der Angeklagten nicht die Tatbestandsmerkmale des Hausfriedensbruchs, weil die Berechtigung der Angeklagten, auf dem Hofe zu bleiben, nach ihrer Ablöhnung erst mit dem Augenblick der Anweisung seitens des S., den Hof zu verlassen, aufhört, und es einer nochmaligen Aufforderung zum Verlassen des Hofes bedurft hätte, um ihr weiteres Verweilen daselbst als Hausfriedensbruch erscheinen zu lassen.

Diese Aufforderung beruht auf der in der Doktrin allerdings vielfach vertretenen Auffassung, daß der Zustand des unbefugten Verweilens bereits eingetreten sein müsse zu der Zeit, wo die Aufforderung des Berechtigten sich zu entfernen, an den Betreffenden ergeht, daß daher diese jenem Zustande nachfolgen müsse. Wenn deshalb jemand zum Eintritt in eine Wohnung befugt war, so höre diese Befugnis erst auf mit der Aufforderung sich zu entfernen, und bedürfe es nunmehr noch einer zweiten Aufforderung, um das unbefugte Verweilen zu einem aus § 123 StGB. strafbaren zu machen.

Man kann zugeben, daß diese Ansicht, welche freilich in ihren Konsequenzen zu einem vom legislatorischen Standpunkt aus kaum zu rechtfertigenden Formalismus führen würde, sich möglicherweise mit dem Wortlaute des § 123 StGB. vereinigen läßt, wenn man lediglich den Wortlaut der zweiten Alternative dieser Strafsatzung ins Auge faßt. Die Unrichtigkeit derselben ergibt sich aber, sobald man auch die erste Alternative und ihr Verhältnis zur zweiten für die Interpretation der letzteren heranzieht. Der § 123 lautet in seinem hier in Betracht kommenden Teile: „Wer in die Wohnung — eines anderen — widerrechtlich eindringt, oder wer, wenn er ohne Befugnis darin verweilt, auf die Aufforderung des Berechtigten sich nicht entfernt, wird — bestraft." Das Wort „eindringen" in der ersten Alternative bezeichnet das Eintreten mit dem Bewußtsein, daß dasselbe wider den Willen des Berechtigten geschieht. Da es sich hier um ein doloses Vergehen handelt, so würde es an sich der Hervorhebung des weiteren Erfordernisses, daß das Eindringen „widerrechtlich" geschehen sein müsse, nicht bedurft haben, da derjenige, welcher ein Recht hat, trotz des ihm bekannten entgegenstehenden Willens des Wohnungsinhabers in die Wohnung eines anderen einzudringen, z. B. in den Fällen des § 7 des preuß. Gesetzes zum Schutz der persönlichen Freiheit vom 12. Februar 1850 (GS. S. 45) und der §§ 102 bis 104 StPO., den Hausfrieden nicht bricht, das Recht des Wohnungsinhabers auf Schutz des Hausfriedens vielmehr in solchem Falle gesetzlich nicht besteht. Wenn trotzdem der Gesetzgeber das Wort „widerrechtlich" hinzugefügt hat, so ist dies offenbar geschehen, einesteils um allen Mißverständnissen vorzubeugen und anzudeuten, daß es ein absolutes Recht auf den Schutz des Hausfriedens nicht gibt, anderenteils um den Richter in jedem Falle zu der ausdrücklichen Feststellung zu nötigen, daß das Eindringen ein widerrechtliches gewesen sei.

Die zweite Alternative korrespondiert genau mit der ersten. Wie hier das Eindringen, d. h. das Eintreten wider den Willen des Berechtigten, so wird dort das Verweilen wider den Willen des Berechtigten unter Strafe gestellt. Damit aber derjenige, welcher befugterweise in eine fremde Wohnung eingetreten ist, darüber außer Zweifel gesetzt werde, daß sein

Verweilen dem Willen des Berechtigten zuwider laufe, erfordert das Gesetz, daß er aufgefordert werden soll, sich zu entfernen. Bei der ersten Alternative bedurfte es einer derartigen Aufforderung nicht, da schon durch das Wort „eindringen" das subjektive Moment, nämlich das Bewußtsein des Eintretenden, daß sein Eintritt gegen den Willen des Berechtigten erfolge, zum Ausdruck gebracht wird. Was sodann die Worte „wenn er ohne Befugnis darin verweilt" anlangt, so entsprechen dieselben dem Worte „widerrechtlich" in der ersten Alternative. Würden diese Worte fehlen, so könnte auch hier das Mißverständnis entstehen, daß unter allen Umständen das weitere Verweilen in der Wohnung nach der Aufforderung, dieselbe zu verlassen, einen strafbaren Hausfriedensbruch in sich schließe, während es doch Fälle geben kann, in welchen das weitere Verweilen nach Maßgabe der Bestimmungen des öffentlichen Rechts oder wegen eines bestehenden Privatrechts nicht als ein unbefugtes erscheinen kann. Die fraglichen Worte bedeuten daher sachlich dasselbe wie das Wort „widerrechtlich" in der ersten Alternative. Hier wie dort bilden sie eine Voraussetzung für die Strafbarkeit, welche neben dem „Eindringen" bezw. neben der „Aufforderung sich zu entfernen" vom Richter ausdrücklich festgestellt werden muß. [1])

2. Anders E. XII 132:

Die Angeklagten halfen den Mühlburschen bei der Arbeit und benutzten des Nachts die Gelegenheit, in den der bei der Müllerfamilie bediensteten Magd angewiesenen Schlafraum einzudringen, um mit dieser unzüchtige Handlungen zu verüben. Aus § 123 StGB. verurteilt, wenden sie ein, daß sie nur die Erlaubnis des Wohnungsinhabers ausgenutzt hätten, während die Dienstmagd nicht zur Wahrung des Hausrechtes berufen gewesen sei.

Demgegenüber führt das erwähnte Urteil aus:

Mit Recht hat der erste Richter angenommen, daß ein angebliches Herkommen, welches den Angeklagten gestattete, „in die Mühle zu kommen, um den Mühlburschen zu helfen oder mit diesem zusammen zu sein," noch keineswegs einen nächtlichen Besuch in den von der Mühle getrennten Wohnräumen, und insbesondere in dem Schlafraum einer im Dienste des Müllers stehenden Frauensperson als einen rechtmäßigen und erlaubten erscheinen lasse, da selbst eine beschränkte Befugnis zum Betreten bestimmter Räume die Widerrechtlichkeit des Eindringens und damit den Tatbestand des Hausfriedensbruches nicht ausschließt, wenn deren Betreten mit bewußter Überschreitung der erteilten Ermächtigung erfolgt, hier aber eine solche Überschreitung nach Annahme des ersten Richters nicht nur objektiv, sondern auch im Bewußtsein der Täter vorlag, ganz abgesehen davon, daß die Räume, auf welche sich hier die beschränkte Zulassung bezog, gar nicht identisch zu sein scheinen mit dem Raume, in welchen eingedrungen wurde.

Auch daß das Zimmer, in welchem die Margareta L. damals schlief, nicht ausschließlich diesem Zwecke diente, und daß die L. nicht in erster Linie zur Wahrung des Hausrechtes berufen war, vermag die Angeklagten nicht zu entlasten. Wenn § 123 StGB. zunächst das Eindringen in die

---

[1]) Übereinstimmend v. Liszt § 119, H. Meyer § 108, Olshausen Nr. 5, Frank § 123 II 1.

Wohnung eines anderen mit Strafe bedroht, so versteht das Gesetz unter Wohnung den Inbegriff derjenigen Räumlichkeiten, welche einer Einzelperson oder einer zusammengehörenden Mehrheit von Personen, einer Familie, zum ständigen Aufenthalte dienen oder zur Benutzung freistehen. Der eigentliche Träger des Hausrechtes ist allerdings das Familienhaupt als Inhaber der Gesamtwohnung, und alle Angriffe auf das Hausrecht erweisen sich als Eingriffe in seine Rechtssphäre. Insofern aber bestimmte Räume ausschließlich oder zu bestimmten Zwecken einzelnen Personen aus dem Hausstande des Wohnungsinhabers zur Benutzung angewiesen sind, erscheinen diese Personen während der Dauer der Benutzung als die natürlichen Stellvertreter des Wohnungsinhabers und sind berechtigt, während sie solche Räume inne haben und benutzen, unbefugten Dritten gegenüber als Stellvertreter des Wohnungsinhabers oder Hausherrn dessen Hausrecht auszuüben. Es ist daher rechtlich in keiner Weise zu beanstanden, wenn bei einem noch dazu nächtlichen Eindringen in das Schlafzimmer einer Dienstmagd diese — überdies bei Abwesenheit des Dienstherrn vom Hause und räumlicher, eine Intervention ausschließender Trennung der Hausfrau — als die zur Wahrung des Hausrechtes befugte Person angesehen wurde, da sie bei solcher Sachlage als die zur Innehaltung des Raumes Berechtigte erscheint, und jedenfalls ihr an demselben ein näheres Recht zustand, als den Friedensbrechern.

Demgemäß konnte darin, daß die Angeklagten sich wider den Willen der Margareta L. in deren Schlafzimmer begaben, um an derselben unzüchtige Handlungen zu verüben, und daß sie sich bewußt waren, daß ihr Eintreten zu dem gedachten ungehörigen Zwecke wider den Willen der L. geschah, mit Grund ein widerrechtliches Eindringen im Sinne des § 123 StGB. gefunden werden. Denn ein „Eindringen" ist nicht nur anzunehmen, wenn dem Eintritte entgegenstehende Hindernisse überwunden werden, sondern auch dann, wenn der Eintritt gegen den bekannten oder auch nur vermuteten oder zu vermutenden Willen des Berechtigten oder seines Stellvertreters geschieht, und „widerrechtlich" ist die Handlung stets dann, wenn sie ohne ein dem Eindringenden zustehendes stärkeres Recht mit Verletzung des Hausfriedens und des Rechtes auf ungestörte Innehabung von seiten des Wohnungsinhabers und der zu seiner Familiengemeinschaft gehörigen Personen geschieht.

Mit Grund konnte übrigens der erste Richter auch den unerlaubten Zweck der Verübung unzüchtiger Handlungen bei Feststellung des Tatbestandsmerkmales des widerrechtlichen Eindringens verwerten. Zwar genügt ein widerrechtlicher Zweck für sich allein noch nicht, um bei sonst vorhandener Berechtigung das Eindringen zu einem widerrechtlichen zu machen. Allein regelmäßig und wenn ein entsprechendes Recht zum Betreten der fremden Wohnung nicht besteht, wird ein unerlaubter Zweck, zu dessen Erreichung eine fremde Wohnung betreten werden soll, die Zustimmung des Berechtigten zu diesem Betreten ausschließen, darum auch dem Täter notwendig zum Bewußtsein bringen, daß er die fremde Wohnung nur gegen den Willen des Berechtigten betreten kann und deshalb zur Begründung der Widerrechtlichkeit objektiv, wie subjektiv geeignet sein.

Die Feststellung des Instanzrichters, daß die Angeklagten in das Schlafzimmer der Margareta L. widerrechtlich eingedrungen waren, läßt es auch gleichgültig erscheinen, daß sich dieselben auf den ihren unzüchtigen Angriffen entgegengesetzten Widerstand und die energische Aufforderung der Angegriffenen wieder aus dem Zimmer entfernten; denn die erste Alternative des § 123 StGB. war mit dem widerrechtlichen Eindringen erschöpft, die zweite Alternative, ob sich die Angeklagten trotz ergangener Aufforderung des Berechtigten nicht entfernten, war aber nicht Gegenstand der Anklage.

§ 45. D. Sachbeschädigung.

Beling § 69, Berner S. 629 ff., Binding L. § 65, v. Liszt § 132, H. Meyer § 87, Frank und Olshausen zu § 303 StGB.

I. Sachbeschädigung an wertlosen Sachen? E. X 120.

In dem Falle des § 303 StGB. ist die Sachbeschädigung Eigentumsverletzung durch rechtswidrige Beschädigung oder Zerstörung einer Sache. Das Gesetz bezeichnet als Objekt derselben eine fremde, also im Eigentume eines anderen als des Täters stehende Sache. Aber an schlechthin wertlosen Gegenständen kann das Delikt nicht begangen werden. Der andere muß aus irgend welchem Interesse, weil die Sache, obwohl keinen Tauschwert, doch wenigstens für ihn, wenn auch nicht für andere, einen Gebrauchswert oder einen Affektionswert hat, dieselbe als die seinige haben wollen; es muß die Erhaltung der Sache durch das Interesse, welches er an ihr nimmt, von Wert für ihn sein. Findet das Gegenteil statt, bildet den Gegenstand der Beschädigung oder Zerstörung eine Sache, die für den Eigentümer weder ein vermögensrechtliches, noch irgend ein sonstiges Interesse hat, die für ihn vielmehr völlig wert- und bedeutungslos ist, so kann in der Beschädigung oder Zerstörung nicht ein Eingriff in eine fremde Herrschaftssphäre, ein auf Beeinträchtigung der Herrschaft eines Berechtigten über die Sache gerichtetes Handeln gefunden werden. Nun stellt die Vorinstanz nicht fest, welche nähere Bewandtnis es mit dem von dem Angeklagten zerrissenen Papier hatte; es bleibt auch unaufgeklärt, wie es kam, daß der junge M. das Papier bei sich trug; der Umstand, daß ein Strafantrag von dem Altenteiler M. gestellt ist, konnte der Vorinstanz in Beziehung auf die Frage, ob derselbe dem Papiere noch irgend einen Wert beilegte, nicht von Bedeutung sein, da der Antragsteller von der als unrichtig erwiesenen Annahme ausgegangen ist, das zerrissene Papier sei sein Altenteilskontrakt gewesen. Es legt sich daher die Vermutung nahe, daß die Vorinstanz von der Ansicht sich hat leiten lassen, der Tatbestand des § 303 StGB. läge vor, auch wenn der Angeklagte ein nach allen denkbarerweise in Betracht kommenden Gesichtspunkten völlig wertloses Papier zerrissen hatte. Es ist aber des weiteren anzunehmen, daß die Vorinstanz auch bei der Würdigung der Frage, ob der Angeklagte der Rechtswidrigkeit seiner Handlungsweise sich bewußt gewesen sei, von jener Ansicht beeinflußt worden ist. Nun ist es unzweifelhaft, daß, wenn auch für den objektiven Tatbestand des Vergehens die Wertlosigkeit des Objektes als unerheblich zu erachten wäre, doch dieselbe bei Beantwortung der Dolusfrage nicht unberücksichtigt bleiben durfte. Denn steht eine solche Sache in Frage, so würde jedenfalls geprüft werden müssen, ob von einem vorsätzlichen und bewußt rechtswidrigen Handeln die Rede sein könne, wenn der Täter überzeugt gewesen ist, daß der Besitz der von ihm beschädigten oder zerstörten Sache für den Eigentümer ohne jedes vermögensrechtliche oder sonstige Interesse sei.

II. **Begriff der „Beschädigung oder Zerstörung“.** E. XX 183 (vgl. auch XXXI 329):

Nach der Feststellung des angefochtenen Urteiles hat der Angeklagte, welcher in der Lampenfabrik von R. M. angestellt gewesen war, um sich an seinem Prinzipale wegen seiner Entlassung aus der Stelle zu rächen, an einer in der Fabrik tätigen, dem R. M. gehörigen Dampfmaschine zwischen die Führung des Hebels der Ventilbelastung einen kleinen Holzkeil und eine Eisenfeile geklemmt. Wie dem Angeklagten bekannt war, hatte die so bewirkte Hemmung der Bewegung des Ventiles die Unbrauchbarkeit der Maschine bis zur Beseitigung der eingeklemmten Gegenstände und zugleich die Gefahr einer Explosion des Dampfkessels zur Folge. Der erste Richter hat danach angenommen, daß der Angeklagte vorsätzlich und rechtswidrig eine fremde bewegliche Sache beschädigt hat, und aus § 303 StGB. Strafe verhängt.

Die Ausführungen der Revision laufen darauf hinaus, daß eine Beschädigung der Dampfmaschine infolge der Manipulationen des Angeklagten nicht eingetreten sei, weil kein Teil der Maschine und ebensowenig die Verbindung der Teile untereinander eine Änderung erfahren habe, vielmehr an der Maschine nur Vorrichtungen angebracht seien, welche den Gebrauch zeitweilig zu hindern geeignet gewesen seien, deren sofortiger Beseitigung aber ein Hindernis nicht im Wege gestanden habe. An diesen Ausführungen ist soviel richtig, daß die Sachbeschädigung in den meisten Fällen eine Änderung einzelner Teile der Sache oder ihrer Verbindung erfordert. Keineswegs ist aber dieses Erfordernis für ein rechtlich notwendiges zu erachten.

Das Strafgesetz gibt keine Definition der Begriffe „Zerstörung“ und „Beschädigung“, setzt also diese Begriffe als durch den Sprachgebrauch gegeben voraus. Nach dem Sprachgebrauche wird aber ein Sachganzes selbst bei stofflicher Unversehrtheit aller einzelnen Teile als beschädigt bezeichnet, wenn ihm nicht eine zu seinem Wesen notwendige Eigenschaft entzogen wird.

Man spricht beispielsweise von einer Beschädigung eines Kupferstiches durch einen nicht ganz leicht zu beseitigenden Schmutzfleck und zwar selbst dann, wenn keine chemische, sondern bloß mechanische Verbindung des fremden Stoffes mit dem Farbstoffe oder dem Papiere stattgefunden hat. Der Sprachgebrauch legt also in solchen Fällen kein Gewicht auf die Unversehrtheit der einzelnen Stoffe; entscheidend ist vielmehr der Umstand, daß der Kupferstich infolge des Schmutzfleckes die ihm eigentümliche Zweckbestimmung nicht mehr im früheren Maße erfüllt. Denkt man sich letzteren Umstand in Wegfall, indem man unterstellt, der Fleck sei nur auf der Rückseite des Blattes bemerkbar, so entfällt regelmäßig auch der Grund, eine Beschädigung des Stiches, als eines Sachganzen, anzunehmen, selbst wenn eine Beschädigung des Papieres zweifellos vorliegen sollte. Dieser offenbar nicht willkürliche, sondern auf einer Prüfung des Wesens der Sache beruhende Sprachgebrauch ist in Ermangelung jedes inneren Grundes zu einer einschränkenden Begriffsbestimmung auch für die Anwendung des § 303 StGB. maßgebend.

Wird in das Räderwerk einer Taschenuhr eine schleimige Flüssigkeit getan, und dadurch das Werk zum Stillstande gebracht, so wird man, auch wenn die einzelnen Teile der Uhr unversehrt bleiben, je nach den Umständen von einer Zerstörung oder Beschädigung der Uhr als einer solchen zu sprechen befugt sein, weil die Uhr, solange sie nicht in Bewegung gesetzt werden kann, ihre eigentliche Zweckbestimmung, als Zeitmesser zu dienen, nicht mehr erfüllen kann und daher dem Wesen nach aufgehört hat, eine Uhr zu sein.

Auf gleicher Linie mit dem letzten Beispiele steht der gegenwärtig zu entscheidende Fall. Der Unterschied, daß die Dampfmaschine mit Gefahr einer Kesselexplosion in Bewegung gesetzt werden kann, die Uhr im letzten Beispiele aber überhaupt nicht, kann eine wesentliche Bedeutung nicht beanspruchen. Die Erwägung des ersten Richters:

> Es steht fest, daß der Angeklagte durch seine Tätigkeit die Maschine in eine Beschaffenheit gebracht hat, in welcher sie nicht in Betrieb gesetzt werden konnte, mithin unbrauchbar war, daß infolgedessen erst noch eine Tätigkeit erforderlich war, um die Maschine wieder in ihren früheren brauchbaren Zustand zu bringen. Der Angeklagte hat also die Maschine als solche, d. h. als ein ihrer Bestimmung gemäß zusammenwirkendes Ganzes, wenn auch nicht ihre einzelnen Bestandteile durch eine physische Einwirkung beschädigt, welche auf zeitweise Unbrauchbarkeit der Maschine abzielte und solche auch zur Folge gehabt,

läßt sonach eine irrige Auffassung des Begriffes „Beschädigung“ in § 303 StGB. nicht erkennen.

Nach den Ausführungen der Revisionsschrift war die Beseitigung des durch das Einschieben des Holzkeiles und der Feile bereiteten Betriebshindernisses jederzeit mittels einfachen Herausziehens des eingeklemmten Körpers möglich. Ein derartiges Hindernis hätte allerdings eine Unbrauchbarkeit der Maschine nicht zur Folge gehabt. Daß indes die Entdeckung und Beseitigung des Hindernisses ohne jeden Aufwand von Mühe und Zeit möglich war, ergibt sich aus dem ersten Urteile nicht und kann keineswegs als selbstverständlich gelten.

Ohne zutreffenden Grund findet die Revision einen Widerspruch zwischen der erstrichterlichen Entscheidung und dem Urteile des Reichsgerichtes vom 19. Oktober 1885.

Vgl. Entsch. des RG. in Straff. Bd. 13 S. 27.

Letzteres Urteil spricht den Rechtssatz aus, daß unter Beschädigung einer Sache nur solche Einwirkung auf dieselbe verstanden werden könne, durch welche die Substanz der Sache alteriert, die Unversehrtheit der Sache aufgehoben werde, und zieht daraus die Folgerung, daß eine Einwirkung, durch welche unbeschadet der Substanz und Unversehrtheit der Sache deren Wert oder Zweckbestimmung beeinträchtigt werde, außerhalb des Rahmens der Sachbeschädigung falle, möge auch die Sache für den Eigentümer wertlos oder gar seinem Vermögen entzogen sein. Damit ist die in der

Doktrin aufgestellte Ansicht verworfen, nach welcher eine Sachbeschädigung auch dann angenommen werden soll, wenn nicht die Sache selbst, sondern nur das Verhältnis des Eigentümers zur Sache verändert, insbesondere wenn dem Berechtigten die Sache durch eine mit ihr vorgenommene Ortsveränderung entzogen wird (z. B. durch Fliegenlassen eines eingesperrten Vogels, Werfen eines Ringes in einen Abgrund). Dagegen befaßt sich das reichsgerichtliche Urteil nicht mit der allgemeinen Erörterung der Frage, unter welchen Voraussetzungen eine Alterierung der Substanz einer Sache, d. h. eine Änderung der das Wesen der Sache bedingenden Eigenschaften anzunehmen ist. Der Schwerpunkt der Entscheidung des dort behandelten Falles liegt in der Erwägung, daß nach der maßgebenden Feststellung des Tatrichters das Stauwerk, dessen Beschädigung in Frage stand, durch das Herausnehmen einzelner loser Bretter (eine auch bei dem ordnungsmäßigen Gebrauche des Werkes vorkommende Maßnahme) eine substanzielle Änderung, also eine Beschädigung nicht erlitten habe. Im vorliegenden Falle hat aber der Tatrichter genau das Gegenteil angenommen, indem er aus den Umständen des Falles folgert, daß die Dampfmaschine, „als solche" beschädigt worden sei, d. h. eine substanzielle Änderung erfahren habe. Die gegen diese Annahme gerichteten Ausführungen der Revision beweisen allerdings, daß die Grenze, innerhalb welcher, wenn ein kompliziertes Sachganzes in Frage steht, eine Verletzung der Sachsubstanz angenommen werden kann, eine flüssige ist und dem Ermessen des Tatrichters Raum läßt; der Revisionsrichter ist aber auf eine Prüfung der rechtlichen Gesichtspunkte der vorinstanzlichen Entscheidung beschränkt (§ 376 StPO.).

Zu beanstanden wäre in den Ausführungen des ersten Urteiles der Satz:

> Unter den Begriff der Sachbeschädigung fällt jede körperliche Einwirkung auf eine Sache, durch welche diese, wenn auch nur zeitweise, eine Beeinträchtigung der zu ihr eigentümlichen Zweckbestimmung erleidet,

wenn das Wort „jede" als identisch mit „ausnahmslos" aufzufassen wäre; allein im Nachsatze wird ersterer Ausdruck dahin erklärt, daß es auf die Art der Einwirkung (ob mechanisch, chemisch usw.) nicht ankommen solle, und bei Anwendung des vorausgeschickten allgemeinen Satzes auf den abzuurteilenden Fall wird das entscheidende Moment darin gefunden, daß die Dampfmaschine „als solche, d. h. als ein ihrer Bestimmung gemäß zusammenwirkendes Ganzes", also als ein Kraft in Bewegung umsetzender Mechanismus, beschädigt worden ist.

§ 46. E. Die Untreue.

Beling § 72, Berner S. 580 ff., Binding, L. § 92, v. Liszt § 136, H. Meyer § 114, Frank, Olshausen zu § 266 StGB.

I. **Charakter des Delikts.** E. XVI 77:

Das Mündel des Angeklagten wurde am 10. Mai 1885 außerehelich entbunden und bezeichnete als Vater des Kindes den Ökonomen Reinhold Gr., einen entfernten Verwandten des Angeklagten. Erst nach längerer Weigerung erhob der Angeklagte die Klage auf „Anerkennung der Vaterschaft und Ge=

währung von Alimenten". Der Beklagte Gr. erteilte einem Rechtsanwalte Vollmacht, wendete sich aber außerdem an den Angeklagten, welcher auch als Volksanwalt tätig ist, mit der Bitte, ihm in dem Rechtsstreite beizustehen. Der Angeklagte erklärte sich dazu bereit und verfaßte ein vom 1. März 1886 datiertes Schriftstück, worin behauptet ist, daß die Anna B. den Reinhold Gr. verführt, auch mit einigen andern — namhaft gemachten — Männern geschlechtlich verkehrt habe; ferner wird darin die B. zur Darlegung ihrer geschlechtlichen Bescholtenheit der ärgsten Schamlosigkeiten bezichtigt. Dieses von ihm geschriebene und von Reinhold Gr. unterschriebene Schriftstück ließ der Angeklagte dem Anwalte des Beklagten zugehen und es diente demselben zur Information für die Beantwortung der Klage.

Das Gericht erachtet dieses Verhalten des Angeklagten für eine grobe Verletzung der ihm als Vormund gegen sein Mündel obliegenden Pflichten. Die Wahrheit der Behauptungen in dem Schriftstücke könne dahingestellt bleiben; auch, falls sie wahr, habe er unter keinen Umständen dem Prozeßgegner seines Mündels das Material zur Beseitigung der Ansprüche in die Hände liefern dürfen. Die Erklärung des Angeklagten, daß er nicht in böser Absicht gehandelt habe, daß es nicht sein Wille gewesen, dem Mündel einen Schaden zuzufügen, sei mit seinem Tun unvereinbar.

Auf die Revision des Angeklagten wegen Verletzung des § 266 Nr. 1 StGB. ist das Urteil aufgehoben worden.

Dem ersten Richter ist darin beizutreten, daß der Angeklagte durch seine vorsätzliche Handlungsweise gegen seine Pflichten als Vormund aufs gröbste verstoßen hat. Dies allein aber ist zur Anwendung der fraglichen Vorschrift nicht hinreichend. Es kommt hier nicht darauf an, ob das Verhalten des Angeklagten den Strafmitteln unterliegt, welche die preußische Vormundschaftsordnung vom 5. Juli 1875 in den §§ 31, 51, 63 den Vormundschaftsgerichten gegen pflichtwidrig handelnde Vormünder gewährt. Der § 22 I 13 preuß. ALR., welchen das Gericht durch die Handlungsweise des Angeklagten auch als verletzt bezeichnet, enthält nur den allgemeinen Grundsatz, daß ein Bevollmächtigter Aufträge verschiedener Personen, deren Interesse einander entgegenläuft, nicht annehmen kann. Es entspricht diesem Grundsatze, wenn nach § 356 StGB. der Advokat, Anwalt oder andere Rechtsbeistand, welcher bei den ihm vermöge seiner amtlichen Eigenschaft anvertrauten Angelegenheiten in derselben Rechtssache beiden Parteien durch Rat oder Beistand pflichtwidrig dient, mit Strafe bedroht wird (Prävarikation). Aber die strafrechtliche Verantwortlichkeit des Angeklagten für sein Verhalten als Vormund ist nach § 266 Nr. 1 StGB. zu beurteilen. Und die diesfällige Beurteilung seitens des Vorderrichters erscheint nicht erschöpfend, schließt den Einfluß einer rechtsirrigen Auffassung nicht aus.

Der Strafvorschrift des § 266 Nr. 1 a. a. O. unterliegen Vormünder, Kuratoren, Güterpfleger 2c., wenn sie absichtlich zum Nachteile der ihrer Aufsicht anvertrauten Personen oder Sachen handeln.

Es ist also erforderlich: die Handlung, bezw. Unterlassung eines Vormundes, Kurators, Güterpflegers, Massenverwalters 2c., durch welche er die ihm nach dem bestehenden Rechtsverhältnisse obliegenden besonderen Pflichten der Treue verletzt, ferner ein Nachteil aus dem Verhalten für die betreffenden Personen oder Sachen und die Absicht einer Benachteiligung.

In objektiver Hinsicht ist zunächst bezüglich der Art des Nachteiles anzunehmen, daß das Gesetz nur einen vermögensrechtlichen Nachteil, eine gegen das Vermögen gerichtete Benachteiligung, eine Vermögensbeschädigung voraussetzt, daß der Begriff also nicht auf die Verletzung rein persönlicher Rechte und Interessen auszudehnen ist. Die Natur eines Vermögensdeliktes folgt namentlich aus der Stellung des Betruges und der Untreue in demselben Abschnitte des Strafgesetzbuches.

Personen und Sachen sind unter Nr. 1 des Paragraphen nebeneinander aufgeführt, weil ein Teil der Personen, welche als zu besonderer Treue verpflichtet benannt sind, wie die Güterpfleger, Sequester, Massenverwalter rc., eben nur mit der Sorge für anvertraute Sachen befaßt ist. Vormünder, welche das Vermögen der ihrer Fürsorge anvertrauten Personen beeinträchtigen, fügen einen Nachteil im Sinne des § 266 a. a. O. zu. Daß eine solche Benachteiligung durch den Vormund in einem Prozeßverfahren verursacht werden kann, welches das Vermögen des Mündels unmittelbar oder mittelbar berührt, es sei durch Erhebung der Klage oder durch die Art der Vertretung im Prozesse oder sonst, ist außer Zweifel. Im vorliegenden Falle ist ein vermögensrechtliches Interesse des Mündels bei dem Prozesse anzunehmen, wenn auch einerseits über den Umfang dieses Interesses, andererseits über den Pflichtenkreis des Angeklagten nach dem Urteil eine gewisse Unklarheit obwaltet. Denn als Gegenstand des von dem Angeklagten in Vertretung seines geschwängerten Mündels angestellten Prozesses ist die Anerkennung der Vaterschaft und die Gewährung von Alimenten bezeichnet; es ist aber nicht erwähnt, ob in der Klage ein der Anna B. als der Geschwängerten nach dem preußischen Gesetze vom 24. April 1854 zustehender besonderer Anspruch (§§ 1 ff., 7) geltend gemacht ist, ferner nicht, ob der Angeklagte auch zum Vormunde des unehelichen Kindes bestellt worden, welchem in erster Linie der Anspruch auf Anerkennung der Vaterschaft und Feststellung der Alimentationspflicht zusteht (§§ 13, 19 des angeführten Gesetzes) . . .

II. **Subjektiver Tatbestand.** E. I 172:

Nach der tatsächlichen Feststellung des Vorderrichters hat der Angeklagte, welcher Vormund des unehelichen Kindes der K. T. war, mit der Mutter einen Prozeß gegen den Schwängerer auf Zahlung von Tauf-, Entbindungs- und Wochenbettkosten im Betrage von 60 Mk., sowie auf Zahlung von Alimenten für das Kind geführt. Der Verklagte ist unter dem 18. Juni 1878 zur Zahlung verurteilt. Schon vor dem Erkenntnisse hatten Vormund und Mutter mit dem Schwängerer einen demnächst gerichtlich verlautbarten und obervormundschaftlich genehmigten Vergleich abgeschlossen, nach welchem der Schwängerer im ganzen 900 Mk. Abfindung zahlen sollte. Auf die Vergleichssumme hat der Schwängerer an die Mutter abschlägig den Betrag von 315 Mk. gezahlt. Sie hat davon dem Angeklagten auf dessen Wunsch den Betrag von 150 Mk. als Anteil der Mündel hingegeben, und zwar zum einstweiligen Gebrauche, jedoch unter der Bedingung der demnächstigen Zurückerstattung. Der Angeklagte hat das Geld zur Tilgung eigener Schuldposten verwendet, und zwar, ohne die Mittel zum sofortigen Ersatze zu besitzen. Das Landgericht hat den Angeklagten freigesprochen; es geht hierbei nach der Begründung seines Urteils davon aus, daß das Requisit der Absichtlichkeit in § 266 StGB. dadurch bedingt sei, daß die Absicht auf den Nachteil als Erfolg der Handlung gerichtet ist, so daß es nicht genüge, wenn das Handeln treulos mit dem Bewußtsein der Widerrechtlichkeit und daraus für das Vermögen des Pflegebefohlenen hervorgehenden Nachteiles geschehe. Eine solche Absichtlichkeit sei auf seiten des Angeklagten nicht vorhanden gewesen.

Die Staatsanwaltschaft hat Revision eingelegt, weil das Urteil wegen falscher Anwendung des § 266 StGB. auf einer Verletzung des Gesetzes beruhe. Der Revision wurde stattgegeben.

Das Strafgesetzbuch wendet die Worte „Absicht, beabsichtigen und absichtlich" keineswegs ausschließlich in dem von dem Vorderrichter angenommenen Sinne an.

Wohl wird in einer Anzahl von Strafbestimmungen, in welchen die Absicht schlechthin oder eine näher gekennzeichnete Absicht als Tatbestandsmerkmal hervorgehoben wird, die Absicht gleichbedeutend mit Zweck oder Motiv des Handelns genommen, als der auf einen gewissen Erfolg der Handlung gerichtete Wille. An anderen Stellen aber ist die Absicht als gleichbedeutend mit Vorsatz, absichtlich gleichbedeutend mit vorsätzlich oder wissentlich gebraucht. In Übereinstimmung mit dem gemeinen Sprachgebrauche wird hier das absichtliche Handeln wie sonst das vorsätzliche oder wissentliche Handeln im Gegensatz zu einem Handeln aus Versehen und Nachlässigkeit gestellt. Es umfaßt diejenigen Fälle, in welchen der Täter zwar aus anderen Motiven handelt, aber mit dem Bewußtsein, daß seine Tat eine Verletzung der ihm obliegenden Pflicht einschließt, daß sie mit einem verbotenen Erfolge verknüpft ist. Deshalb ist sie von dem Gesetze in derselben Weise unter Strafe gestellt, wie wenn der Täter den rechtswidrigen Erfolg unmittelbar gewollt hätte.

Bei der Feststellung des Sinnes, in welchem der Ausdruck jedesmal gebraucht ist, kommt vornehmlich die Natur der strafbaren Handlung und der Zweck der betreffenden Strafbestimmung in Betracht.

Was nun das in § 266 StGB. bedrohte Vergehen der Untreue anlangt, so besteht das Wesen desselben darin, daß eine zu den dort aufgestellten Kategorieen gehörige Person durch eine Handlung oder Unterlassung die ihr in der fraglichen Eigenschaft obliegenden Pflichten verletzt und auf diese Weise die ihrer Aufsicht unterstellte Person oder Stiftung, den Auftraggeber usw. benachteiligt.

Diesem Charakter des Vergehens entspricht es, wenn in subjektiver Beziehung nicht mehr gefordert wird, als daß der Täter mit dem Bewußtsein gehandelt habe, daß er sein'e Pflichten in der vorbezeichneten Weise zum Nachteil des Mündels usw. verletze.

Wie bei der Unterschlagung der Nachteil des Eigentümers, die Rechtswidrigkeit der Zueignung, regelmäßig der den Täter bestimmende Beweggrund nicht sein wird und nicht zu sein braucht, so ist es zum Tatbestande der Untreue nicht erforderlich, daß der Vormund, Verwalter, Bevollmächtigte usw. den Nachteil des Geschäftsherrn um des Nachteiles willen gewollt hat. Es muß hier wie dort genügen, daß der Geschäftsführer, wenn er um des eigenen Vorteiles willen, aus Leichtsinn, um einem Dritten etwas zuzuwenden, oder aus anderen Gründen gehandelt hat, das Bewußtsein hatte, daß dasjenige, was er tat, zum Nachteile des Mündels, Vollmachtgebers, Geschäftsherrn gereichte.

Im zweiten Absatze des § 266 wird eine Strafschärfung für diejenige Untreue ausgesprochen, welche der Täter begeht, um sich oder einem anderen einen Vermögensvorteil zu verschaffen. Es läßt sich nicht annehmen, der Gesetzgeber habe einen so seltenen und kaum festzustellenden Fall unter Strafe stellen wollen, wo der Täter den eigenen Vorteil und den Schaden des Geschäftsherrn, einen jeden um seiner selbst willen neben einander erstrebt, um den häufigen und gefährlichen Fall straflos zu lassen, in welchem der Täter sich in seinem Handeln allein durch den eigenen Vorteil bestimmen, aber durch den Umstand nicht abhalten läßt, daß jener eigene Vorteil, wie er weiß, mit einem Nachteile für den Geschäftsherrn verbunden ist, so daß er jenen nicht erreicht, ohne daß er diesen dem Geschäftsherrn zufügt.

Vielmehr ist anzunehmen, der Gesetzgeber habe sich für die im § 266 bezeichneten Verhältnisse des Privatrechts von demselben Gesichtspunkte leiten lassen, wie in § 92 unter 3 für die dort genannten Verhältnisse des öffentlichen Rechts.

Wie im § 92 mit Strafe bedroht wird, wer vorsätzlich ein ihm aufgetragenes Staatsgeschäft zum Nachteile dessen führt, der ihm den Auftrag erteilt hat, so wird im § 266 das absichtliche Handeln unter Strafe gestellt, ohne daß hier mit der Absicht etwas anderes bezeichnet wird, als dort mit dem Vorsatze.

Schon im preußischen Strafgesetzbuche § 246 war für die Untreue nicht mehr gefordert. Es war dort der unzweideutige Ausdruck „vorsätzlich" gebraucht. Daraus aber, daß das deutsche Strafgesetzbuch den Ausdruck „vorsätzlich" an dieser Stelle in den Ausdruck „absichtlich" umgeändert hat, kann eine Abänderung des Sinnes nicht abgeleitet werden. Denn in den Motiven zum Entwurfe des deutschen Strafgesetzbuches sind die Änderungen, welche an dem Tatbestande des Vergehens im Entwurfe im Vergleich mit dem preußischen Strafgesetzbuche vorgenommen worden sind, hervorgehoben und begründet, dabei ist aber die eben bezeichnete Änderung übergangen, — ein Beweis dafür, daß ihr eine tiefere Bedeutung nicht beigelegt ist.

§ 47. F. Der Bankbruch.

Beling § 72, Berner S. 606, Binding L. § 97 ff., v. Liszt § 137, H. Meyer § 100.

I. **Wird bei dem Vergehen des einfachen Bankbruchs ein Verschulden des Täters vorausgesetzt?** [1])

[1]) Vgl. dazu v. Liszt § 137 II. 3d.

Während E. IV 418 und V 407 von jedem Verschulden absehen, erachtet E. XIII 354 in Konsequenz von E. III 236 ein solches für erforderlich:

Gegen die Mitglieder des Vorstandes der Stuttgarter Volksbank, eingetragene Genossenschaft, Namens D., V. und K., wurde, nachdem der Konkurs über das Vermögen der Genossenschaft eröffnet worden war, das Hauptverfahren wegen einfachen Bankerottes eröffnet. Auch wurden dieselben zu Gefängnisstrafen verurteilt. Deren Revision wurde u. a. auf Verletzung der §§ 210 Ziffer 2, 214 KO. und der Art. 29—31 HGB. gestützt.

Insbesondere wurden die Feststellungen des ersten Urteiles in subjektiver Hinsicht angefochten. Jedoch vergeblich. Das RG. führt aus:

Die Angeklagten gehen von der Auffassung aus, daß ihre Verurteilung eine Fahrlässigkeit in Beziehung auf die ihnen obliegenden Verpflichtungen oder eine schuldhafte Pflichtversäumnis voraussetze. Diese Auffassung, welche schon in dem oben erwähnten Urteile der vereinigten Strafsenate des Reichsgerichtes vom 9. Januar d. J. zur Anerkennung gelangt ist, muß gebilligt werden. Die Verurteilung zu einer Strafe setzt in der Regel ein strafrechtliches Verschulden (dolus oder culpa) voraus. Deshalb darf der Richter von diesem Erfordernisse nur da absehen, wo das Gesetz selbst in deutlich erkennbarer Weise zu erkennen gibt, daß die Strafe ohne Rücksicht auf ein Verschulden des Angeklagten zu erkennen gibt, sonach der objektive Tatbestand des in Frage stehenden Vergehens, bezw. der Übertretung genügen solle, um die Bestrafung zu rechtfertigen. Daß bei dem in § 210 KO. vorgesehenen Vergehen des einfachen Bankerottes ein Verschulden des Täters nicht vorausgesetzt werde, ist nicht anzunehmen. Zwischen der Zahlungseinstellung, bezw. Konkurseröffnung, welche vorliegen muß, damit § 210 zur Anwendung kommen kann, und den in den Ziffern 1—3 aufgezählten Handlungen oder Unterlassungen braucht allerdings ein ursächlicher Zusammenhang nicht zu bestehen.[1]) Der einfache Bankerott ist sonach nicht in dem Sinne als ein Fahrlässigkeitsvergehen anzusehen, daß die Zahlungseinstellung oder Konkurseröffnung durch ein fahrlässiges Verhalten des Schuldners herbeigeführt worden sein muß. Aber daraus folgt nicht, daß auch bei den sog. Bankerotthandlungen ein Verschulden des Täters nicht vorausgesetzt wird. Bezüglich einzelner dieser Handlungen, nämlich soweit die Verheimlichung und Vernichtung von Handlungsbüchern in Frage steht, wird unzweifelhaft vorausgesetzt, daß dieselben vorsätzlich begangen wurden. Im übrigen, insbesondere soweit es sich um unordentliche Führung der Bücher und Unterlassung der rechtzeitigen Bilanzziehung handelt, muß aber angenommen werden, daß eine strafbare Handlung nur dann vorliegt, wenn dem Angeklagten ein Verschulden zur Last fällt, nicht wenn der unordentliche Zustand der Bücher, bezw. die Unterlassung oder Verspätung der Bilanzziehung in anderen Verhältnissen, welche derselbe nicht ändern konnte, ihren Grund hat. Nicht an die bloße Tatsache, daß die Bücher sich in unordentlichem Zustande befinden, oder daß die Bilanz nicht rechtzeitig gezogen wurde, ist die Strafandrohung des § 210 a. a. O. geknüpft. Vielmehr werden, damit diese Strafbestimmung zur Anwendung kommen

---

[1]) So die herrschende Ansicht, vgl. v. Liszt S. 463.

kann, bestimmte Handlungen, bezw. Unterlassungen des Schuldners vorausgesetzt. Für diese kann derselbe aber nach den obigen Ausführungen nur dann strafrechtlich verantwortlich gemacht werden, wenn sie auf ein ihm zur Last fallendes Verschulden zurückgeführt werden können. Das Vorhandensein der schuldhaften Pflichtversäumung braucht zwar, da dieses Erfordernis im Gesetze nicht besonders hervorgehoben worden ist, nach allgemeinen prozessualischen Grundsätzen nur dann festgestellt zu werden, wenn der Angeklagte ausdrücklich geltend gemacht hat, daß ihm ein Verschulden nicht zur Last falle. Aber dasselbe bildet deshalb doch ein Tatbestandsmerkmal des in § 210 KO. vorgesehenen Vergehens. Es muß deshalb immer geprüft werden, ob ein solches Verschulden vorliegt. Von besonderer Bedeutung ist die Frage des Verschuldens dann, wenn für die unordentliche Buchführung oder Unterlassung der rechtzeitigen Bilanzziehung mehrere geschäftsführende Handelsgesellschafter oder Vorstandsmitglieder von Aktiengesellschaften, bezw. eingetragenen Genossenschaften strafrechtlich verantwortlich gemacht werden. Sind diese auch nach dem Gesetze samt und sonders verpflichtet, für eine ordnungsmäßige Buchführung und rechtzeitige Bilanzziehung Sorge zu tragen, so ist doch die Möglichkeit vorhanden, daß der unordentliche Zustand der Bücher lediglich in dem Verschulden eines einzigen Gesellschafters oder Vorstandsmitgliedes oder mehrerer solcher Personen seinen Grund hat, bei anderen Gesellschaftern oder Vorstandsmitgliedern aber jede schuldhafte Vernachlässigung ihrer Pflichten ausgeschlossen ist. Das Reichsgericht hat bereits in einem Urteile vom 7. Januar 1880, vgl. Entsch. des RG. in Straff. Bd. 1 S. 49, ausgesprochen, der wegen unordentlicher Buchführung strafrechtlich zur Verantwortung gezogene offene Handelsgesellschafter müsse mit der Entschuldigung gehört werden, daß er aus gerechter Ursache nicht in der Lage gewesen sei, den ihm obliegenden gesetzlichen Verpflichtungen in vollem Umfange zu genügen, und es könne ihm insbesondere eine Täuschung durch einen anderen Gesellschafter zur Entschuldigung gereichen. Aber auch abgesehen von einer derartigen absichtlichen Täuschung kann es vorkommen, daß ein Gesellschafter oder Vorstandsmitglied bezüglich der Buchführung Fehler begeht, ohne daß die anderen davon Kenntnis haben. In solchen Fällen können diese Personen dann für die unordentliche Buchführung nicht strafrechtlich verantwortlich gemacht werden, wenn sie ohne eigenes Verschulden nicht in der Lage waren, die von einem anderen Gesellschafter oder Vorstandsmitgliede begangenen Fehler zu verhindern oder die dadurch entstandenen Mängel zu beseitigen.

Den hier in Beziehung auf das Verschulden gestellten Anforderungen wird durch die Feststellungen des angefochtenen Urteils genügt.

II. **Zahlungseinstellung bezw. Konkurseröffnung ist nicht Bedingung der Strafbarkeit, sondern Tatbestandsmerkmal.** So E. II 338, III 350, VI 94, XII 41, XVI 188, XXVII 318.

III. **Handlungseinheit und -Mehrheit beim Bankbruch.** E. VI 97 (vgl. auch XXIX 344):

Gegenüber derselben Zahlungseinstellung kann das Delikt des strafbaren Bankerotts nur einmal begangen werden, und eine reale Konkurrenz zwischen dem betrügerischen und dem einfachen Bankerott ist ebensowenig denkbar, wie zwischen den einzelnen Formen, in welchen ein jedes dieser Delikte begangen werden kann. Das Gesetz will den Bankerott, ungeachtet der dadurch herbeigeführten Beschädigung der Gläubiger, nicht schlechthin als strafbar erklären, ebensowenig verlangt dasselbe einen Kausalitätsnachweis zwischen dem Bankerott des Schuldners und den in §§ 209 und 210 [1]) aufgeführten Handlungen des letzteren. Es geht vielmehr davon aus, daß, wer mit anderen in Kreditbeziehungen tritt, und in besonders hohem Grade ein Kaufmann, solche Handlungen vermeiden müsse, welche, wenn die Eventualität der Zahlungseinstellung oder des Konkurses an ihn herantritt oder herangetreten ist, den Verdacht der böslichen oder fahrlässigen Mißachtung der Interessen seiner Gläubiger begründen können. Es handelt sich also bei diesen Handlungen überall nur um die alternativen Merkmale desselben Deliktes, welche an und für sich jeder strafrechtlichen Selbständigkeit entbehren und mit der Beschädigung der Gläubiger nicht einmal in ursachlichem Zusammenhange zu stehen brauchen. Sind deren mehrere vorhanden, so vermögen dieselben nur für die Frage in Betracht zu kommen, ob der Verdacht, es habe der Schuldner die Interessen seiner Gläubiger böslich oder fahrlässig vernachlässigt, in größerem oder geringerem Grade vorliege; der Bankerott, welcher unter den vorhandenen Umständen bestraft werden soll, ist jedoch stets nur einmal begangen, daher auch, ungeachtet der verschiedenen sich darbietenden Gesichtspunkte der Strafbarkeit, nur einmal der Strafe unterworfen. Reale Konkurrenz setzt mehrere Handlungen voraus, in welchem sich der Tatbestand mehrerer Delikte selbständig erschöpft; dieses ist bei dem Bankerott unter den Modalitäten zugleich des § 209 und des § 210 KO. nicht der Fall, denn das entscheidende Merkmal der Zahlungseinstellung bezw. der Konkurseröffnung wird allen gemeinschaftlich sein, und die darüber hinausgehenden, die Strafbarkeit begründenden Handlungen haben keine selbständige Existenz als Straftaten. Hiernach ist nur eine ideale Konkurrenz zwischen §§ 209 und 210 KO. möglich.

IV. **Ist vor erfolgter Zahlungseinstellung ein Versuch des betrüglichen Bankbruchs möglich?** [2]) E. XIII 41.

Nach dem Spruche der Geschworenen hat der Angeklagte den Entschluß, am 28. Februar 1885 im Inlande als ein Schuldner, welcher seine Zahlungen einstellen wollte, in der Absicht, seine Gläubiger zu benachteiligen, Vermögensstücke beiseite zu schaffen, durch Handlungen betätigt, welche einen Anfang der Ausführung des Verbrechens des betrügerischen Bankerotts enthielten, und das Schwurgericht hat in dieser Feststellung den Versuch des betrügerischen Bankerotts erkannt. Die Revision bestreitet, daß es überhaupt einen Versuch des betrügerischen Bankerotts gebe, eventuell daß ein solcher ohne erfolgte Zahlungseinstellung möglich sei.

Daß dem Antrage entsprechend eine Hilfsfrage wegen Versuchen für zulässig erachtet wurde (§ 296 StPO.), „weil bei jedem Verbrechen

---

[1]) Jetzt §§ 239 und 240.

[2]) Vgl. v. Liszt § 137.

der Versuch strafbar", kann mit Grund nicht angefochten werden. Der Umstand, daß der Tatbestand des § 209 KO. das Vorhandensein zweier selbständiger Tatsachen verlangt, schließt nicht aus, daß der Entschluß, das Verbrechen zu verüben, durch Handlungen, welche einen Anfang der Ausführung desselben enthalten, betätigt werden kann. Unbedenklich ist das anzunehmen, wenn die Tatsache der Zahlungseinstellung oder Konkurseröffnung eingetreten ist, mit Ausführung eines Beiseiteschaffens von Vermögensstücken, einer Aufstellung erdichteter Schulden oder Rechtsgeschäfte, einer Vernichtung oder Veränderung der Handelsbücher usw. aber erst der Anfang gemacht und die Vollendung des Verbrechens deshalb nicht eingetreten ist, weil der Täter an der Ausführung dieser Handlungen durch Umstände gehindert worden ist, welche von seinem Willen unabhängig waren. Die Annahme des Versuches bei solcher Gestaltung der Sachlage ist wohl auch kaum in der Doktrin oder Praxis bestritten. Aber auch in dem Falle wird mit Grund die Möglichkeit eines strafbaren Versuchs nicht zu bestreiten sein, wenn den gedachten nur im Zusammentreffen mit Zahlungseinstellung oder Konkurseröffnung durch § 209 a. a. O. für strafbar erklärten Handlungen, mit deren Ausführung erst der Anfang gemacht worden, eine Zahlungseinstellung oder Konkurseröffnung nicht vorausgegangen war.

Die Revision will die Unmöglichkeit eines Versuchs daraus folgern, daß der § 209 KO. die darin unter Nr. 1—4 aufgeführten Handlungen nur dann für strafbar erkläre, wenn sie von einem Schuldner begangen werden, welcher seine Zahlungen eingestellt habe, oder über dessen Vermögen der Konkurs eröffnet worden sei. Dieses Moment in der Begriffsbestimmung des betrüglichen Bankerotts gehöre nicht zu der schuldhaften Handlung des Täters, sondern sei eine außerhalb dessen Willenskreises liegende tatsächliche Voraussetzung der Strafbarkeit derjenigen Handlung, für welche derselbe nach dem Maße der Ausführung wegen Vollendung oder Versuches verantwortlich werde. Allein dieser Auffassung des Rechtsverhältnisses liegt der Irrtum zugrunde, daß die Konkursordnung als Verbrechen die unter den Nr. 1—4 des § 209 aufgezählten einzelnen Handlungen aufstelle, während sie vielmehr den dolosen Bankerott, die vorsätzliche Beschädigung bezw. Gefährdung des Vermögens der Gläubiger desjenigen als kriminelle Schuld aufstellt, welcher eine der vier Handlungen oder Unterlassungen verübt, weil in diesen jene schuldhafte Vermögensbeschädigung ohne weiteres gefunden wird. Die Herbeiführung des Konkurses ist die schuldhafte Handlung des § 209 a. a. O., und die Zahlungseinstellung oder Konkurseröffnung hat die Bedeutung der Fixierung des Zeitpunktes, in welchem das Gesetz ohne speziellen Nachweis einer Beschädigung dieselbe als existent annimmt.

Von dieser Auffassung aus steht nichts entgegen, einen Versuch des betrüglichen Bankerottes, wenn mit der Ausführung einer der unter Nr. 1—4 des § 209 KO. genannten Handlungen in der Absicht, die Gläubiger zu benachteiligen, der Anfang gemacht ist, auch dann anzunehmen, wenn Zahlungseinstellung oder Konkurseröffnung nicht eingetreten ist; denn der Versuch verlangt nicht, daß ein Anfang der Ausführung aller Tatbestandsmerkmale vorliege, also bei dem betrüglichen Bankerott auch der Herbeiführung des Konkurses, sondern es genügt, daß der **Täter in Voraussicht oder Erwartung oder, wie hier festgestellt, mit dem Willen, die Zahlungen einzustellen, absichtlich zur Benachteiligung der Gläubiger Vermögensstücke beiseite schaffte oder zu schaffen versuchte.**

VI. **Beihilfe zum Vergehen des einfachen Bankbruchs?** E. XVI 277.

Die Ehefrau S. hatte im Jahre 1878, nachdem der Ehemann in Konkurs verfallen und wegen einfachen Bankerottes bestraft war, zu L. ein Geschäft mit Spezereiwaren, Kleidungsstücken &c. eröffnet. Sie selbst besorgte den Verkauf der Waren nur insoweit, als ihr die häusliche Beschäftigung Zeit übrig ließ, den sonstigen Geschäftsbetrieb versah der Ehemann in ihrem Auftrage, und namentlich führte derselbe die Bücher.

Als im Oktober 1885 der Konkurs über das Vermögen der Ehefrau des S. ausgebrochen war, stellte es sich heraus, daß die geführten Handelsbücher eine Übersicht des Vermögenszustandes nicht gewährten, und daß Bilanzen nur in den Jahren 1880 und 1883 gezogen waren. Die Strafkammer hat auf Grund dieser Tatsachen die Ehefrau S. wegen einfachen Bankerottes bestraft, indem sie davon ausgegangen ist, die Angeklagte sei für die Beobachtung der ihr als Kauffrau obliegenden Pflichten verantwortlich, und könne sich nicht damit entschuldigen, daß sie die Geschäftsführung ihrem Manne vertrauensvoll überlassen habe.

Dagegen hat der erste Richter den wegen strafbarer Beihilfe zu dem Vergehen seiner Ehefrau angeklagten Ehemann S. freigesprochen. Zur Motivierung dieser Entscheidung geht der Richter unter Berufung auf das Urteil des Reichsgerichtes vom 5. Dezember 1883, vgl. Entsch. des RG. in Strafs. Bd. 10 S. 8, von dem Satze aus, der Begriff der Beihilfe setze voraus, daß der Hilfeleistende nicht bloß objektiv die Tat des anderen gefördert, sondern auch den Willen gehabt habe, ein Verbrechen oder Vergehen zu fördern. Im Anschlusse daran heißt es sodann:

> dafür, daß der Angeklagte, Ehemann S., in der Zeit vor der Konkurseröffnung, zu einer Zeit also, wo es noch ungewiß war, ob die Ehefrau eine Straftat beging, diese Straftat durch seine Buchführung und durch Unterlassung der Bilanzziehung habe fördern wollen, habe die Verhandlung keinen Anhalt gegeben.

Die von der Staatsanwaltschaft gegen die freisprechende Entscheidung eingelegte Revision wurde verworfen.

Der Revision ist nicht zuzugeben, daß das angefochtene Urteil auf einer Verletzung des § 49 StGB. und des § 210 KO. beruht. Ihren Ausführungen liegt im wesentlichen die in dem Urteile des Reichsgerichtes vom 5. Dezember 1883, vgl. Entsch. des RG. in Strafs. Bd. 10 S. 8, widerlegte Anschauung zugrunde, daß zur Erfüllung des Tatbestandes der strafbaren Beihilfe schon eine wissentliche Förderung der äußeren Handlung des Täters genüge. Wie jedoch das vorerwähnte reichsgerichtliche Urteil näher ausführt, erfordert der Begriff der Beihilfe außer dem wissentlichen Fördern, der äußeren Handlung des Täters in subjektiver Beziehung auch den auf die Entstehung des Verbrechens gerichteten Willen des Hilfeleistenden und damit zugleich dessen Kenntnis von dem auf die Verwirklichung des Deliktstatbestandes gerichteten Willen des Täters. Da aber diese letztere Willensrichtung bei demjenigen, der sich eines Fahrlässigkeitsvergehens schuldig macht, fehlt, so ist nach der Annahme des Reichsgerichts, mit welcher auch die in der Theorie herrschende Auffassung übereinstimmt, bei Fahrlässigkeitsvergehen eine strafbare Beihilfe nicht denkbar.

Allein damit ist die Entscheidung des vorliegenden Falles noch nicht gegeben. Denn das Vergehen des einfachen Bankerottes ist seiner gesetzlichen Konstruktion nach ein eigenartiges und entzieht sich der sonst üblichen Klassifikation der Straftaten in vorsätzliche und Fahrlässigkeitsvergehen. Das Gesetz führt in § 210 Nr. 1, 2, 3 verschiedene Einzelhandlungen auf, deren Strafbarkeit es von dem Eintritte einer anderen Tatsache — der Zahlungseinstellung oder Konkurseröffnung — abhängig macht, ohne jedoch einen Kausalzusammenhang zwischen den Einzelhandlungen und der die Strafbarkeit objektiv beginnenden Tatsache zu erfordern. Hieraus ergibt sich, wie das Reichsgericht bereits mehrfach ausgeführt hat, daß das Vergehen des § 210 KO. nicht ein eigentliches Fahrlässigkeitsdelikt ist, insofern als die Zahlungseinstellung oder Konkurseröffnung nicht durch eine Fahrlässigkeit des Schuldners verursacht zu sein braucht.

Andererseits erfordert das Vergehen aber auch nicht mit Notwendigkeit strafbaren Vorsatz des Schuldners, vgl. Entsch. des RG. in Strafs. Bd. 13 S. 241, indem der bewußte Wille nicht auf die Zahlungseinstellung oder Konkurseröffnung gerichtet sein muß, und auch nicht alle der unter Nr. 1—3 aufgeführten Tätigkeiten oder Unterlassungen notwendig vorsätzliche zu sein brauchen. Läßt sich z. B. das Vernichten oder Verheimlichen der Handelsbücher nicht wohl anders als vorsätzlich begangen denken, so kann das Unterlassen der rechtzeitigen Bilanzziehung sowie die mangelhafte unordentliche Buchführung zwar auch auf Vorsatz beruhen, ebensowohl aber auch durch Vergeßlichkeit und, soweit es sich um die unordentliche Buchführung handelt, durch Mangel an Einsicht und genügender kaufmännischer Bildung veranlaßt sein.

Handelt es sich demnach in einem bestimmten Falle um solche im § 210 Nr. 1—3 KO. vorgesehenen Tätigkeiten oder Unterlassungen, welche mit Vorsatz von dem Schuldner begangen sind, so würde auch vom Standpunkte der oben erwähnten Judikatur des Reichsgerichtes die Möglichkeit, daß zu solchen Handlungen wissentlich durch Rat oder Tat Hilfe geleistet worden sei, rechtlich nicht ausgeschlossen sein. Im vorliegenden Falle stellt nun aber der Vorderrichter nicht fest, daß die als Täterin angeklagte Ehefrau S. die ihr zur Last gelegten Handlungen vorsätzlich begangen habe, vielmehr läßt der Zusammenhang der Urteilsgründe ersehen, daß nur eine, wenn auch nicht entschuldbare, so doch nicht absichtliche Verletzung der kaufmännischen Pflichten auf seiten der Ehefrau angenommen worden ist; denn nach der Auffassung des Instanzgerichtes bestand ihre Verfehlung wesentlich nur darin, daß sie dem Ehemann die ganze Führung ihres Geschäftes vertrauensvoll überließ, ohne genügende eigene Fürsorge für die Buchführung und die Bilanzziehungen eintreten zu lassen. Handelte es sich aber danach bei der Haupttat nicht um ein vorsätzliches Vergehen, so ergab sich daraus bei Anwendung der oben erörterten Grundsätze, daß der Angeklagte, Ehemann S., freigesprochen werden mußte, weil er das Bewußtsein von dem Dolus des Täters und folglich den Willen, die „Straftat“ des anderen zu fördern, nicht haben konnte.

Es ist daher die Feststellung der Vorinstanz, daß dem Angeklagten S. der Dolus des Gehilfen gefehlt habe, im Ergebnisse rechtlich nicht zu beanstanden, wenn auch bei der Begründung der negativen Feststellung die Strafkammer mit Unrecht besonderes Gewicht darauf zu legen scheint, daß zur Zeit der schuldhaften Pflichtversäumnis der angeklagten Ehefrau es noch ungewiß gewesen, ob letztere eine Straftat begehe, indem das Verhalten der Ehefrau erst durch die Zahlungseinstellung eine solche geworden sei.

§ 48. G. Der Betrug.

Beling § 73, Berner S. 580 ff., Binding L. §§ 84 ff., v. Liszt §§ 139 ff., H. Meyer § 95, Frank und Olshausen zu § 263 StGB.

I. **Vermögensbeschädigung beim Betrug.** E. XVI 1 (vgl. auch VI 75, XXI 236, XXIII 55, XXVI 227, XXVII 300, XXVIII 310):

In Rechtsprechung und Literatur sind über die Bedeutung, welche im Begriffe des Betruges (§ 263 StGB.) dem Merkmale der Vermögensbeschädigung zukomme, verschiedene Ansichten geäußert worden. Zwei Ansichten haben hauptsächlich Vertretung gefunden, nach der einen ist Vermögensbeschädigung vorhanden, wenn der Getäuschte eine auf sein Vermögen bezügliche Verfügung lediglich deshalb getroffen hat, weil er in Irrtum versetzt worden war, also eine Verfügung, die er nicht getroffen haben würde, wenn er die Wahrheit gekannt hätte, ohne daß in solchem Falle weiter untersucht zu werden brauche, ob die Verfügung auf das Vermögen des Getäuschten objektiv vorteilhaft oder nachteilig eingewirkt habe; nach der anderen Ansicht genügt es nicht, daß der Getäuschte die Verfügung nicht getroffen haben würde, wenn er nicht in Irrtum versetzt worden wäre, sondern die Verfügung muß sein Vermögen objektiv beeinträchtigt haben. Die erstere Ansicht ist nicht selten dahin ausgedehnt worden, daß, wenn jemand durch Irrtumserregung zum onerosen Erwerbe einer Sache bestimmt worden sei, die er ohne den Irrtum nicht erworben haben würde, seine eigene Schätzung allein darüber entscheide, wieviel die tatsächlich erworbene Sache wert sei, und inwieweit sein Vermögen als beschädigt angesehen werden müsse, wenn er sie nach Maßgabe dieses von ihm selbst der Sache beigelegten Wertes für die von ihm gemachte Aufwendung nicht erworben haben würde, daß, wenn der Getäuschte vermöge des in ihm erregten Irrtumes glaubte, in der Sache einen Gewinn zu machen, der Umstand, daß die Sache ihm in Wahrheit keinen Gewinn brachte, genüge, um ihn im Sinne des § 263 a. a. O. für beschädigt an seinem Vermögen zu halten.

Der Betrug besteht in einem mittelbaren Eingriffe in fremdes Vermögen; der Betrüger bedient sich dazu des Betrogenen, indem er denselben durch Irrtumserregung zu einer dessen Vermögen betreffenden Verfügung bestimmt; hierüber besteht kein Streit. Das Gesetz verlangt aber zur Vollendung des Betruges, daß der Betrüger das Vermögen eines anderen beschädigt habe. Die Entstehungsgeschichte des § 263 des jetzigen Strafgesetzbuches und des diesem zugrunde liegenden, hinsichtlich des Merkmales der Vermögensbeschädigung gleichlautenden § 241 preuß. StGB. liefert keinen Anhaltspunkt dafür, daß mit den Worten „wer das Vermögen eines anderen beschädigt“ eine andere Bedeutung als die diesen Worten in der Rechtsprache auch sonst zukommende verbunden worden sei. Wohl aber ergibt sich aus jener Entstehungsgeschichte, daß der Betrug ein materielles Delikt in dem Sinne sein sollte, daß für dessen Vollendung außer der unmittelbaren Handlung des Getäuschten, zu der ihn der Irrtum bewogen hat, noch ein weiterer äußerer Erfolg notwendig sei, und zwar eben der äußere Erfolg einer Beschädigung des Vermögens. Diese Absicht des Gesetzgebers hat auch in jenen Worten des § 263 a. a. O. „wer das Vermögen eines anderen beschädigt“ einen an sich unzweideutigen Ausdruck gefunden. „Vermögen“ im rechtlichen Sinne ist aber die Gesamtheit der vermögensrechtlichen Beziehungen einer Person, sowohl der aktiven als auch der passiven, als ein Ganzes gedacht. Beschädigt kann dieses Ganze nur dadurch werden, daß sein Gesamtwert in Geld vermindert, wie verbessert nur dadurch, daß sein Gesamtwert in Geld vergrößert wird. Beschädigung des Vermögens ist daher nicht nur etwas wesentlich anderes, als Beschädigung einer körperlichen Sache, sondern ein Delikt, zu dessen Merkmalen jene Beschädigung gehört, ist auch etwas von einem Delikte gegen fremdes Eigentum wesentlich Verschiedenes. Könnte also die Handlung der Irrtumserregung, wodurch der Eigentümer bestimmt wird, eine in seinem Eigentum stehende Sache zu veräußern, immerhin als ein Eigentumsdelikt bezeichnet werden, so würde die Handlung darum doch nicht schon ein Delikt gegen das Vermögen sein. Daß die Vermögensbeschädigung im Sinne des § 263 a. a. O. nur in der Verminderung des Gesamtwertes des Vermögens eines anderen bestehen kann, folgt ferner daraus, daß in der Belastung des Vermögens mit einer Schuldverbindlichkeit ohne entsprechendes Entgelt unzweifelhaft eine Vermögensbeschädigung in jenem Sinne enthalten ist; denn dies ist nur in der Weise denkbar, daß die Verminderung des Gesamtwertes des Vermögens das Entscheidende bildet, da die Belastung mit einer Schuldverbindlichkeit dem Vermögen des Schuldners keinen seiner aktiven Bestandteile an Vermögensrechten entzieht, noch auch den Wert eines einzelnen dieser Rechte beeinträchtigt. Demnach hat man die Vermögensbeschädigung im Sinne des § 263 a. a. O. als die dem Getäuschten nachteilige Differenz zwischen dem Geldwerte zu definieren, welchen dessen Vermögen nach und infolge der durch die Täuschung hervorgerufenen Verfügung tatsächlich hatte, und demjenigen Geldwerte, den es gehabt hätte, wenn die Täuschungshandlung nicht vorgekommen wäre. Aus diesem Begriffe der Vermögensbeschädigung im Sinne des § 263 StGB. ergibt sich, daß dieselben in ihrem Wesen mit dem civilrechtlichen Interesse, welches der Getäuschte daran hat, nicht getäuscht worden zu sein, gleichbedeutend ist.

Es kann daher der Ansicht nicht beigestimmt werden, welche das Merkmal der Vermögensbeschädigung beim Betruge schon dann für vorhanden erachtet, wenn der Getäuschte durch den in ihm erregten Irrtum zu irgend einer vermögensrechtlichen Verfügung bestimmt worden ist. Zwar wird auch die

Irrtumserregung, eine derartige Verfügung und der Kausalzusammenhang zwischen beiden gefordert, aber das Gesetz verlangt noch mehr, indem es neben diesen Merkmalen das weitere Merkmal der Vermögensbeschädigung aufstellt. Eine solche, als die zur Vollendung des Betruges notwendige Wirkung der Verfügung des Getäuschten, wird nicht dadurch hervorgebracht, daß die Verfügung ihre Ursache in einer irrigen Vorstellung hatte, und nicht dadurch ausgeschlossen, daß sie ihre Ursache in einer richtigen Vorstellung hatte. Als etwas reales, objektiv vorhandenes, kann sie ihr Dasein auch nicht einer bloßen Meinung oder lediglich subjektiven Schätzung des Getäuschten verdanken, und als reale Wertverminderung des Vermögens kann sie nicht ohne weiteres gleichbedeutend mit dem Nichteintritte einer Wertsvermehrung oder eines gehofften Gewinnes sein. Ebensowenig liegt eine Vermögensbeschädigung im Sinne des § 263 StGB. in einer Veränderung der Vermögensbestandteile als solcher. Letztere ist eine notwendige Folge jedes vermögensrechtlichen Aktes und findet regelmäßig bei allen Umsatzgeschäften im weitesten Sinne statt; aber während der gesamte legale Verkehr in dergleichen Umsatzgeschäften sich bewegt, besteht derselbe doch nicht in einer ununterbrochenen Kette von Vermögensbeschädigungen, sondern ist in seiner stetigen Fortdauer nur dadurch möglich, daß unter normalen Verhältnissen beide Kontrahenten jedes reellen Umsatzgeschäftes in dem letzteren ihren Vorteil finden. Drückt man sich, wie es oft geschehen ist, dahin aus, daß der Getäuschte geschädigt sei, wenn er den von ihm vorgenommenen vermögensrechtlichen Akt nicht gewollt, nämlich nur infolge Irrtums, also nicht wahrhaft gewollt habe, so bringt man nur das Erfordernis des Kausalzusammenhanges zwischen der Täuschungshandlung und dem vermögensrechtlichen Akte zum Ausdrucke und läßt das Merkmal der Beschädigung fallen. Zwar kann man behaupten, daß es formell rechtswidrig sei, durch absichtliche Irrtumserregung jemand zu irgend einer Disposition zu bestimmen; auch tritt in zahlreichen Fällen diese formelle Rechtswidrigkeit in den civilrechtlichen Folgen einer derartigen Handlungsweise zutage; der strafrechtliche Betrug ist aber kein Formal-, sondern ein materielles Delikt in der oben erwähnten Bedeutung dieses Ausdruckes, der dasselbe vollendende materielle Erfolg durch die formale Rechtswidrigkeit der Irrtumserregung noch nicht gegeben, und die Bedrohung einer Handlung mit Strafe nicht eine von selbst eintretende Folge der formellen oder auch der vom Civilrechte anerkannten Rechtswidrigkeit der Handlung. Dem Strafgesetze wird auch damit nicht Genüge geleistet, daß man sagt, der Getäuschte sei wenigstens dann für beschädigt zu erachten, wenn er infolge der Irrtumserregung eine Aufwendung aus seinem Vermögen gemacht habe; dies kann bei einseitigen Aufwendungen, z. B. Schenkungen und reinen Verzichten, ausreichen, nicht dagegen bei zweiseitig onerosen Geschäften, bei denen die beiderseitigen Verpflichtungen oder Leistungen ein nicht trennbares Ganzes ausmachen, die vermögensrechtliche Wirkung des Geschäftes also nicht in einseitiger Aufwendung, sondern in Aufwendung gegen Erwerb, in Leistung für Gegenleistung besteht.

Schon hierdurch zeigt sich und es folgt überhaupt aus der gesetzlichen Begriffsbestimmung des Betruges, wonach die Vermögensbeschädigung Wirkung der Irrtumserregung gewesen sein muß, daß stets die Gesamtheit der Wirkungen zu beachten ist, welche die Irrtumserregung und die Täuschungshandlung als Ursache derselben auf das Vermögen des anderen geübt hat. Diese Wirkungen können einerseits den Wert des Vermögens vermindert, andererseits vergrößert haben, dann kommt es auf das Verhältnis der Wertsverminderung zu der Wertsvergrößerung an und ist eine Vermögensbeschädigung in Gemäßheit der vorstehenden Definition derselben nur dann vorhanden, wenn die erstere die letztere im Geldwerte überwiegt. Unter anderem wird eine Abmessung dieser Art eintreten müssen, wenn bei zweiseitigen onerosen Geschäften Leistung und Gegenleistung oder Verpflichtung und Gegenverpflichtung sich einander gegenüberstehen. Aber die Wirkungen der Täuschungshandlung können nicht bloß unmittelbare, sondern auch mittelbare sein, und auch die letzteren sind zu berücksichtigen, und zwar soweit, wie der Kausalzusammenhang derselben mit der Täuschungshandlung nachgewiesen werden kann. Zu den mittelbaren Wirkungen gehört nicht bloß der mittelbare Schade, sondern auch ein entgangener Gewinn, vorausgesetzt, daß er mit Sicherheit würde gemacht worden sein, wenn die Täuschungshandlung nicht vorgekommen wäre, und daß der Getäuschte ein Recht besaß, in diejenige Lage versetzt zu werden, welche für ihn den Gewinn ermöglichte, nicht schon dann, wenn er ohne solchen Rechtsanspruch nur gehofft hatte und für den Fall, wenn seine Vorstellungen über ein Geschäft oder über eine Leistung des Täuschenden tatsächlich richtig gewesen wären, auch mit Grund hatte erwarten können, das Geschäft oder die Leistung werde ihm einen Gewinn eintragen. Nur das Ergebnis der Vergleichung sämtlicher den Wert des Vermögens vermindernden mit sämtlichen denselben vermehrenden Wirkungen der Täuschungshandlung gibt darüber Aufschluß, ob eine Vermögensbeschädigung stattgefunden hat. Notwendige Unterlage der Vergleichung ist jedoch, daß alle diese Wirkungen sich auf dieselbe Täuschungshandlung zurückführen lassen.

Welche Wirkungen eine Ursache äußert, hängt nicht allein von der Beschaffenheit der Ursache, sondern auch von der Beschaffenheit des Objektes ab, worauf sie wirkt und von den Umständen, unter denen sich die Wirkung vollzieht. Ist von den Wirkungen einer Täuschungshandlung auf das Vermögen einer bestimmten Person die Rede, so hat man zu beachten, daß sich das Vermögen jedes einzelnen von dem aller anderen Menschen fast ausnahmslos nach seinen Bestandteilen, nach der Benutzbarkeit unterscheidet; überdies wird die letztere nicht bloß durch die Beschaffenheit des Vermögens selbst, sondern auch durch die persönlichen Eigenschaften des Inhabers desselben, seinen Stand, seinen Beruf und durch die von ihm nach Maßgabe aller dieser Faktoren verfolgten Vermögenszwecke mannigfach bedingt. Das Stattfinden einer dem Getäuschten versprochenen Leistung und die tatsächliche Beschaffenheit der Leistung, z. B. die Beschaffenheit der demselben gelieferten Sache, ebenso das Ausbleiben der Leistung oder einer solchen Leistung, wie sie versprochen war, bringt daher für das Vermögen der einen Person möglicherweise ganz andere, günstige oder ungünstige objektive Wirkungen hervor, wie auf das Vermögen irgend einer anderen Person. Für das Strafrecht überhaupt, folglich auch für die Frage nach Vermögensbeschädigung beim Betruge, hat aber stets nur der **gegebene konkrete** Sachverhalt Bedeutung, nicht ein Sachverhalt, der hätte eintreten können, wenn irgend ein Faktor, mag man ihn Ursache oder Bedingung nennen, mitgewirkt hätte, welcher in dem konkreten Falle nicht mitgewirkt hat. **Hieraus ergibt sich der Grundsatz, daß die Frage, ob eine Vermögensbeschädigung eingetreten sei oder nicht, streng nach der Individualität des gegebenen konkreten Falles, also nach den individuellen Vermögensverhältnissen dieses bestimmten Getäuschten beantwortet werden muß.** Für den mittelbaren Schaden mit Einschluß des entgangenen Gewinnes wird auf die individuelle Betrachtung schon der Umstand führen, daß sich in den meisten Fällen nur aus der besonderen Geschäftslage des Getäuschten unter Berücksichtigung von Zeit und Ort überhaupt ermitteln läßt, daß ein derartiger Schade entstanden ist, und ob der Getäuschte ohne die Täuschung in der Lage gewesen sein würde, einen Gewinn zu erlangen. Handelt es sich aber um den unmittelbaren Schaden in der Weise, daß der Getäuschte eine Sache oder Leistung nicht erhalten hat, die ihm zugesichert war, oder daß er eine andere Sache oder Leistung als die zugesicherte, oder eine Sache von anderer Beschaffenheit erhalten hat, so hängt die Entscheidung der Frage nach der Vermögensbeschädigung davon ab, welchen Wert die nicht gelieferte oder diejenige Sache, welche hätte geliefert werden sollen, oder die tatsächlich gelieferte Sache oder Leistung gehabt habe, und dann fragt sich, nach welchem Maßstabe dieser Wert zu bemessen sei. Auch in dieser Beziehung kann nur die individuelle Beurteilung des konkreten Falles zu einem richtigen Ergebnisse führen. Denn die meisten Gegenstände haben nicht für alle Menschen den gleichen Vermögenswert, weil sie nicht für alle Menschen gleich brauchbar sind, insbesondere dann nicht, wenn sie erworben werden, um sie nach Maßgabe ihrer natürlichen Eigenschaften zu gebrauchen oder zu verbrauchen, unter Umständen auch dann nicht, wenn sie erworben werden, um sie weiter zu veräußern, z. B. Handel damit zu treiben. Der aus der Unbrauchbarkeit einer Sache zu den von einer bestimmten Person verfolgten Vermögenszwecken sich ergebende wirtschaftliche Minderwert derselben kann durch das daran erworbene juristische Recht und dessen unanfechtbare Vollständigkeit nicht ersetzt werden; wie ein juristisch zweifelloses Forderungsrecht wertlos ist, wenn der Schuldner nicht zahlen kann und sonstige Sicherheit nicht besteht, so ist eine Sache für den Eigentümer trotz dessen zweifellosen Eigentumsrechtes wertlos, wenn derselbe sie zu seinen Zwecken nicht verwenden kann. Darauf, daß der Erwerber einer Sache nur andere Zwecke zu verfolgen brauche, damit die Sache für ihn brauchbar werde, kann sich der Täuschende nicht berufen, teils weil auf diese Weise nur ein zur Zeit des Erwerbes bereits entstandener Schaden nachträglich wieder ausgeglichen, teils weil der strafrechtliche Grundsatz verlassen werden würde, daß immer nur der vorhandene Tatbestand, nicht ein davon verschiedener, wenn auch herstellbarer, darüber entscheidet, ob ein Vergehen verübt worden ist. Selbstverständlich kann die Unbrauchbarkeit einer Sache für den Zweck, zu welchem sie erworben wurde, nicht bloß die Ursache eines unmittelbaren, sondern auch eines mittelbaren Schadens des Getäuschten sein. Als ohne weiteres für alle

Menschen und jederzeit in vermögensrechtlicher Hinsicht gleich brauchbar, also auch für alle Menschen jederzeit gleich wertvoll gilt nur das Geld nebst den nach Zeit und Ort im Verkehre anerkannten unmittelbaren Repräsentanten desselben; nur das Geld nebst diesen seinen unmittelbaren Repräsentanten hat daher ohne weiteres einen solchen objektiven Wert, welcher für alle Menschen oder zu bestimmten anderen Sachen nicht bedingt ist. Alle Gegenstände außer dem Gelde und dessen unmittelbaren Repräsentanten haben objektiven Wert nur, sofern sie als in Geld umgesetzt gedacht werden, ob aber ein solcher Umsatz möglich und zu welchem Preise er ausführbar ist, darüber entscheiden wiederum die individuellen Umstände des konkreten Falles. Ist eine Sache nur zu dem Zwecke erworben worden, um sie in Geld umzusetzen, besteht also der Gebrauch, der von der Sache gemacht werden sollte, im Verkaufe derselben, so fällt der individuelle Wert mit dem Umsatz- oder Verkehrswerte, d. h. mit dem Geldbetrage zusammen, wofür der Verkauf nach Zeit und Ort dem Getäuschten möglich ist, und läßt sich demgemäß dieser Verkaufswert als objektiver Wert der Sache bezeichnen. Auch kann, wenn die Sache, zwar nicht zu demjenigen Zwecke, für welchen sie erworben wurde, aber zu einem anderen gleichzeitig vom Erwerber verfolgten Zwecke verwendbar ist, sich der ersparte Einkaufspreis als objektiver Wert darstellen. Indessen auch in einem Falle, wo der Getäuschte eine Sache nicht zum Verkaufe erwerben wollte, sondern, um sie gemäß ihren natürlichen Eigenschaften anderweitig zu gebrauchen oder zu verbrauchen und wo dies für ihn wegen der Beschaffenheit der Sache nicht möglich ist, kann bei der Frage, ob er an seinem Vermögen beschädigt worden sei, geprüft werden müssen, ob er in der Lage war, die Sache sofort in Geld umzusetzen, ob er also schon im Augenblicke des Erwerbes in der Sache einen objektiven, d. h. einen Geldwert in seinem Vermögen hatte, welcher dann gegenüber der für die Sache gemachten Aufwendung, sowie gegenüber sonstigen ihm aus der Täuschungshandlung erwachsenen Vermögensnachteilen in Rechnung gezogen werden muß. Die Wiederverkäuflichkeit einer Sache hebt also für sich allein zwar die im übrigen vorliegende Vermögensbeschädigung nicht notwendig auf, ist aber für die Frage nach letzterer auch nicht notwendig ohne Belang, vielmehr können in dieser Beziehung wiederum nur die konkreten Umstände entscheiden, und ist insbesondere der Umstand erheblich, ob der Verkauf nur mit Schwierigkeiten und Unzuträglichkeiten oder ob er ohne jede Mühe und jedes Bedenken bewirkt werden konnte, und zwar sofort zur Zeit des Erwerbes der Sache; eine erst später eintretende Verkaufsmöglichkeit würde nur dazu dienen können, den bereits entstandenen Schaden wieder zu ersetzen, also der Vollendung des Betruges erst nachfolgen, folglich für den Tatbestand des Vergehens nicht in Betracht kommen.

Der Grundsatz der Individualisierung bei Beurteilung der Frage nach der Vermögensbeschädigung enthält keine Konzession an die subjektive Willkür des Getäuschten, inbesondere nicht an das Belieben desselben, ob er die ihm gelieferte Sache gebrauchen wolle; es handelt sich vielmehr darum, ob er sie gebrauchen kann. Dieses Können hat man anzuerkennen als bedingt durch die Vermögenszwecke des Getäuschten, und solche Vermögenszwecke können dem Getäuschten nicht willkürlich aufgedrungen werden. Aber der Getäuschte ist doch nicht beschädigt, wenn er die erworbene Sache zwar nicht zu dem bei dem Erwerbe ins Auge gefaßten Zweck, wohl aber zu einem anderen gebrauchen kann, der ihm ebenso genehm ist, jedenfalls dann nicht beschädigt, wenn er diesen anderen Zweck schon zur Zeit des Erwerbes ebenfalls ins Auge gefaßt hatte, vorausgesetzt, daß es sich nur um direkte Beschädigung durch Unbrauchbarkeit der Sache handelt, denn selbstverständlich kann der Erwerber nicht bloß in dem Falle, wenn die erworbene Sache dem vertragsmäßigen Zwecke entsprach, sondern auch dann, wenn sie für ihn in anderer Weise verwendbar ist, dadurch beschädigt sein, daß er durch Irrtumserregung bewogen wurde, einen zu hohen Preis dafür zu zahlen oder eine sonstige zu große Aufwendung dafür zu machen. Wie jede unnütze Ausgabe, also jede Ausgabe für einen unbrauchbaren Gegenstand, den Vermögenswert herabsetzt, geschieht das auch durch eine zu hohe Ausgabe; die letztere ist unnütz, soweit sie zu hoch ist. Ob sie es ist, unterliegt wiederum der Beurteilung nach Maßgabe der zeitlichen und örtlichen Verhältnisse. Auch in dieser Beziehung hat der Grundsatz der Individualisierung nichts gemein mit der Anerkennung einer Befugnis des Getäuschten, nach subjektiver Schätzung zu bestimmen, ob er eine Vermögensbeschädigung erlitten habe. Ausgeschlossen ist bei Entscheidung über die letztere insbesondere die Berücksichtigung des bloßen Affektionswertes, den eine Sache für den Getäuschten haben kann; der Verlust eines solchen Wertes bildet keine objektive Verminderung des Vermögens, während die letztere allerdings vorhanden sein würde, wenn jemand durch die falsche Vorspiegelung, daß eine Sache eine Eigenschaft besitze, die ihr in seinen Augen einen den gemeinen Wert übersteigenden Affektionswert verleiht, zur Aufwendung eines höheren Preises für die Sache bestimmt worden wäre.

Ist jemand durch Täuschung zur Eingehung eines Vertrages bewogen worden, so kann nach Maßgabe des Vorstehenden das Urteil darüber, ob Vermögensbeschädigung vorliege, anders lauten müssen, als wenn die Täuschung bei der Erfüllung eines Vertrages vorgekommen wäre. Vor Abschluß des Vertrages hatte der Getäuschte noch kein Recht erworben, gehörte also der Wert eines solchen Rechtes noch nicht zu seinem Vermögen; nach Abschluß des Vertrages besaß er ein Recht auf vertragsgemäße Erfüllung. Dort kommt es daher, soweit es sich bloß um unmittelbaren Schaden handelt, auf den Wert der vom Getäuschten übernommenen Verpflichtung oder der von ihm gemachten Leistung gegenüber dem Werte der Gegenverpflichtung oder der Gegenleistung des Täuschenden an, und zwar so, daß der Getäuschte infolge der Täuschung sich eine Gegenleistung von zu geringem Werte hat geben oder versprechen lassen, oder daß er seinerseits eine Leistung von zu großem Werte gegeben oder versprochen hat, zu gering oder zu groß wegen des Wertverhältnisses zwischen Leistung und Gegenleistung. Bei der Erfüllung eines Vertrages kommt es dagegen auf den Wert des vom Getäuschten vor der Täuschung erworbenen Vertragsrechtes gegenüber dem Werte derjenigen Leistung an, welche der Täuschende gibt und der Getäuschte als Erfüllung infolge des in ihm erregten Irrtums annimmt; der Getäuschte kann also bei der Erfüllung beschädigt sein, ungeachtet seine eigene Leistung durch den Wert der tatsächlich erfolgten nicht vertragsmäßigen Gegenleistung gedeckt ist; denn der Wert seiner Forderung aus dem Vertrage kann in der Zeit zwischen Abschluß und Erfüllung gestiegen und kann auch schon von Anfang an größer gewesen sein als der Wert der Leistung, für die er die Forderung erwarb. In dieser Verbindung hat man dem Satze, daß auch in dem Entgehen eines unmittelbar aus dem Wertsverhältnisse, z. B. der gekauften Sache zum Kaufpreise, erwarteten Gewinnes eine Vermögensbeschädigung liegen könne, Berechtigung einzuräumen. Ein Gewinn dieser Art darf übrigens mit demjenigen, oben bereits erwähnten, Gewinne nicht verwechselt werden, welchen jemand erst nachträglich gemacht haben würde, wenn ihm eine Sache oder Leistung, die ihm versprochen war, vertragsmäßig zugekommen und mit Vorteil verwertbar gewesen wäre; das Entgehen eines Gewinnes letzterer Art gehört zu dem unmittelbaren Schaden.

Ob auch eine Vermögensgefährdung eine Beschädigung des Vermögens darstelle, hängt davon ab, ob nach der konkreten Sachlage schon die eingetretene Gefahr eines Verlustes, also die Ungewißheit darüber, ob nicht ein Verlust eintreten werde, den Vermögenswert vermindert. Es ist dies auf mancherlei Weise möglich, z. B. durch Herbeiführung einer ungünstigeren Prozeßlage, die ihren Grund unter anderem in dem Verluste von Beweismitteln, in der Verzögerung der Möglichkeit, den Prozeß zu führen, in dem Aufdrängen der Klägerrolle anstatt der Rolle des Beklagten haben kann. Es kann auch dadurch geschehen, daß der Besitz eines Vermögenswertes anderweitig vom Zufalle abhängig geworden ist, z. B. von der Solvenz des Schuldners, wenn Kredit erschlichen wurde, oder vom Eintritte eines zukünftigen ungewissen Ereignisses, wenn jemand durch Täuschung veranlaßt worden ist, sich unter einer kasuellen Suspensivbedingung zu verpflichten. Auch in solchen Fällen ist es andererseits möglich, daß die aus der Gefahrübernahme erwachsene Vermögensminderung durch einen aus derselben Ursache, insbesondere aus demselben Vertrage, welcher zur Übernahme eines periculum führte, hervorgegangenen äquivalenten Erwerb von Anfang an ausgeglichen und dadurch die Entstehung einer Vermögensbeschädigung verhindert wird. Dies gilt auch für die Vermögensgefährdung, welche sich als Folge der Eingehung eines gewagten Geschäftes darstellt.

Wenn in vorstehendem von dem Getäuschten als demjenigen, welcher zugleich der Geschädigte war, gesprochen worden ist, so hat damit selbstverständlich die Möglichkeit, daß der Getäuschte mit dem Beschädigten nicht identisch ist, nicht verneint, sondern der Kürze wegen nur der gewöhnliche Fall bezeichnet werden sollen.

II. **Irrtumserregung.**

1. E. VII 395:

Angeklagter war Inhaber einer Hypothek von 4600 Mk., welcher zwei Posten von beziehungsweise 20000 Mk. und 6225 Mk. vorgingen. In dem Hypothekeninstrument war jedoch versehentlich nur der Posten von 20000 Mk. als vorgehend aufgeführt. Durch einen Unterhändler ließ nun Angeklagter seine Hypothek dem Rentier H. zum Ankaufe anbieten und versicherte selbst dem H. wissentlich wahrheitswidrig, die Hypothek stehe an zweiter Stelle hinter vorhergehenden 20000 Mk. H. übergab die ihm vom Unterhändler anvertraute Hypothekenurkunde dem Taxator M. zur Prüfung. Dieser forschte der

Rangordnung auf dem Grundbuchamte nach und riet, nachdem der Grundbuchrichter im Irrtum erklärt hatte, die Hypothek stehe an zweiter Stelle nach vorgetretenen 20000 Mk., dem H. den Ankauf an, welcher auch zum Preise von 3000 Mk. erfolgte. Bei demnächstiger Subhastation des Grundstücks erhielt H. auf seine Hypothek nur 2750 Mk. Nach der vom Gerichte seiner Beurteilung grundleglich gemachten und in den Gründen mitgeteilten Aussage des H. ist nun letzterer „wesentlich durch den Rat des M. und die von diesem auf dem Grundbuchamte erhaltene Auskunft zu dem Irrtume, die Hypothek sei an zweiter Stelle lediglich hinter 20000 Mk. eingetragen, und folgeweise zum Ankaufe der Hypothek bestimmt worden, und würde nicht gekauft haben, wenn der Grundbuchführer das richtige Verhältnis angegeben hätte." Der Instanzrichter hat aber angenommen, „daß die Vorspiegelungen des Angeklagten zum Irrtume des H. über die Rangordnung und zum Ankaufe der Hypothek einen mitbestimmenden Grund abgegeben und namentlich zunächst den H. veranlaßt haben, sich mit der Sache zu befassen und auf dem Grundbuchamte Erkundigungen einzuziehen." Auf diese Erwägung ist die spätere Feststellung gegründet, daß Angeklagter das Vermögen des H. durch Erregung eines Irrtums mittels Vorspiegelung falscher Tatsachen beschädigt hat.

Die Sachlage führt zu Zweifeln darüber, ob der Richter ohne Rechtsirrtum Irrtum und Entschluß des H. auf die Vorspiegelung des Angeklagten zurückgeführt hat. Ist die täuschende Handlung eines Angeklagten die wirkliche Ursache des Irrtums und des Entschlusses gewesen, so ist es allerdings unerheblich, ob auch noch andere Momente zur Täuschung und zum Entschlusse mitgewirkt haben. Ist aber Irrtum und Entschluß auf andere Umstände als Bestimmungsgrund zurückzuführen, so kann die Feststellung, daß für den Irrtum und Entschluß auch die Vorspiegelung des Angeklagten mitbestimmend gewesen ist, für sich nicht ausreichen, um Angeklagten des vollendeten Betruges schuldig zu erachten. Dieser Fall liegt hier vor. Wenn H. selbst erklärt, daß er wesentlich durch die auf dem Grundbuchamte erhaltene Auskunft zu seinem Irrtume und Entschlusse gelangt sei und der Richter diese Aussage für glaubwürdig erachtet, so erscheint der Zusammenhang zwischen der Vorspiegelung des Angeklagten und der Täuschung erschüttert. Nimmt der Richter gleichwohl an, daß die Vorspiegelung dennoch ein mitbestimmender Grund zum Irrtum gewesen ist, so wäre gegenüber der vorausgeschickten eigenen Erklärung des H. mindestens darzulegen gewesen, daß für die Täuschung und den Entschluß die Vorspiegelung in ihrem Zusammentreffen und in Verbindung mit der unrichtigen Auskunft kausal war. Dieses Verhältnis drückt das Wort „mitbestimmend" jedenfalls nicht mit der durch die Sachlage gebotenen Schärfe aus. Der Richter erregt auch selbst sofort dadurch Bedenken, daß er in unmittelbarem Anschlusse an die Annahme der „Mitbestimmung" letztere „namentlich darin findet, daß die Vorspiegelung den H. veranlaßt habe, sich mit der Sache zu befassen und auf dem Grundbuchamte Erkundigungen einzuziehen;" denn hiernach ist der Vorspiegelung wesentlich nur insofern Bedeutung beigemessen, als Angeklagter sich durch dieselbe hat bestimmen lassen, das angebotene Geschäft in Erwägung zu ziehen. Die Feststellung, wie sie liegt, gibt jedenfalls zu

Zweifeln Veranlassung, ob der Richter sich des Unterschiedes von Ursache und Veranlassung bewußt gewesen ist. Von der richtigen Erkennung dieses Verhältnisses hängt aber in vorliegender Sache die Entscheidung der Frage ab, ob dem Angeklagten Versuch oder Vollendung zur Last zu legen ist. Es hat daher die Aufhebung des Urteiles erfolgen müssen.

2. Unterschied zwischen Irrtum und bloßem Nichtwissen (blinder Passagier). E. XVII 207.

3. Irrtumserregung auch durch Schweigen, wenn eine Rechtspflicht zum Reden besteht. E. XXXI 208.

III. **Identität des Getäuschten und des im Vermögen Geschädigten** ist nach E. XXV 244 nicht erforderlich, wofern nur der Getäuschte tatsächlich in der Lage war, über das Vermögen des anderen zu disponieren.

IV. **Absicht,** sich oder einem Dritten einen rechtswidrigen Vermögensvorteil zu verschaffen.

1. Vermögensvorteil. E. XVII 234 (vgl. auch II 352, III 378, XII 395):

Bedenklich erscheint der Satz der Urteilsgründe: „Ebenso zweifellos ist, daß der Angeklagte durch den Erwerb des Gutes sich einen Vermögensvorteil — — verschaffen wollte, ohne daß näher untersucht zu werden braucht, in welcher Weise er die Erreichung dieses beabsichtigten Zweckes noch weiter auszuführen gedachte, da schon das kontraktlich verbriefte Eigentumsrecht an dem Gute wenigstens für die Gegenwart eine Verbesserung seiner Vermögenslage darstellte". Der Instanzrichter nimmt an, daß der Angeklagte einen Vermögensvorteil nicht nur erstrebt hat, was zur Vollendung des Vergehens gegen § 263 StGB. schon genügt hätte, falls die übrigen Tatbestandsmerkmale vorhanden waren, sondern daß er einen Vermögensvorteil auch bereits erlangt hat, nämlich eben das, wie an anderer Stelle festgestellt worden, ihm durch den Kaufvertrag vom 21. März 1886 für die von ihm versprochene Summe von 50 700 Mk. übertragene Recht auf das Rittergut W.; ob dieser Vermögensvorteil der von ihm erstrebte war, geht aus dem Urteile nicht hervor, da das letztere darüber, welchen Vermögensvorteil der Angeklagte sich verschaffen wollte, schweigt. Daß das ihm verbriefte Recht auf das Rittergut wenigstens ein Mittel war, wodurch er einen Vermögensvorteil zu erlangen bezweckte, ist ebenfalls nicht festgestellt worden, kann aber nach der gesamten Sachlage als sehr wahrscheinlich angesehen werden. In betreff des erstrebten Vermögensvorteiles hat man davon auszugehen, daß der Begriff „Vermögensvorteil" im Sinne des § 263 a. a. O. nicht nach anderen Grundsätzen bestimmt werden kann, als der Begriff der „Vermögensbeschädigung" im Sinne derselben Gesetzesvorschrift; vielmehr ist jener das reine Gegenteil dieser, so daß, wie die letztere in einer Verminderung des Gesamtvermögenswertes, der erstere in einer Vermehrung des Gesamtvermögenswertes besteht (vgl. über den Begriff der Vermögensbeschädigung Entsch. des RG. in Straff. Bd. 16 S. 1 ff.). Hieraus folgt, daß, wenn durch betrügerische Täuschung der Abschluß eines Vertrages herbeigeführt worden ist, welcher beide Kontrahenten zu Leistungen, die einen Vermögenswert haben, verpflichtet, wie z. B. ein Kauf, die Frage, ob der Täuschende durch den

Vertragsabschluß einen Vermögensvorteil erlangt habe, — welche jedoch nur dann erheblich werden kann, wenn gerade auf dasjenige, was er erlangt hat, seine Absicht gerichtet war — nur mit Berücksichtigung des Wertes derjenigen Leistung, zu welcher er sich verpflichtete, und durch Vergleichung dieses Wertes mit dem Werte der Leistung, auf welche er ein Recht erwarb, beantwortet werden kann. Die Notwendigkeit aber, den Begriff des Vermögensvorteiles in derselben Weise zu bestimmen, wie den der Vermögensbeschädigung, ergibt sich daraus, daß der Gesetzgeber den in § 263 a. a. O. einmal gebrauchten Ausdruck „Vermögen" unmöglich das eine Mal anders als das zweite Mal hat verstanden wissen wollen, daß der Ausdruck „Vorteil" schon sprachlich nur den Gegensatz zu dem Ausdrucke „Beschädigung", beide Ausdrücke auf „Vermögen" bezogen, bedeuten kann, und daß sich ein Vermögensvorteil überhaupt nicht denken läßt, wenn jemand zwar einerseits einen Vermögenswert als Zuwachs zu seinem bisherigen Vermögen erlangt, andererseits aber gleichzeitig einen ebenso großen oder noch größeren Vermögenswert aus seinem bisherigen Vermögen dafür hinweggibt. Diese Erwägung hat, was der Deutlichkeit wegen hinzugefügt werden mag, mit der Frage keinen Zusammenhang, ob der Tatbestand des Betruges erfordere, daß der Täuschende das, was er durch Irrtumserregung gewinnen will, aus dem Vermögen des Getäuschten gewinne und nicht aus dem Vermögen einer anderen Person; eine solche Art der Wechselbeziehung braucht zweifellos nicht stattzufinden. Vielmehr handelt es sich nur um eine Bestimmung des Begriffes „Vermögensvorteil" an sich, ohne Rücksicht darauf, woher dasjenige stamme, was im konkreten Falle als Vermögensvorteil in Rede steht. In Gemäßheit der vorstehend gegebenen Definition durfte aber der Instanzrichter die Ansicht, der Angeklagte habe einen Vermögensvorteil erlangt, nicht schon auf den Umstand stützen, daß derselbe aus dem abgeschlossenen Kaufvertrage ein Recht auf das gekaufte Grundstück oder an demselben erlangt hatte; diesem Rechte stand seine Verpflichtung gegenüber, den Kaufpreis zu zahlen, und wie sich der Wert jenes Rechtes zu diesem Kaufpreise verhielt, darüber geben die Gründe des angefochtenen Urteiles keinen Aufschluß. War also das dem Angeklagten vertragsmäßig verbriefte Recht an dem Gute für den Angeklagten nicht bloß ein Mittel, wodurch er sich erst künftig einen Vermögensvorteil zu verschaffen suchte, dessen Beschaffenheit in diesem Falle durch das Urteil in keiner Weise aufgeklärt sein würde, sondern hat der Instanzrichter in jenem Rechte den vom Angeklagten erstrebten Vermögensvorteil selbst gesehen, so ist bis jetzt durchaus ungewiß geblieben, ob die Erlangung dieses Rechtes als ein Vermögensvorteil im Sinne des Betruges angesehen werden durfte.

Da der § 263 StGB. verlangt, daß die Absicht des Täuschenden auf die Erlangung eines Vermögensvorteiles gerichtet war, so ergibt sich aus dem § 266 StPO. die Anforderung, daß in den Urteilsgründen angegeben werde, auf welches konkrete Objekt diese Absicht tatsächlich ging, eine Anforderung, welcher, wie schon bemerkt worden, der Instanzrichter nicht genügt hat. Daneben ist es vollkommen richtig, daß in den Urteilsgründen nicht auch noch gesagt zu werden brauchte, was der Angeklagte mit einem konkreten Gewinne, von welchem festgestellt worden wäre, daß er ihn zu erlangen beabsichtigte, nach dessen Erlangung weiter zu beginnen vor hatte, denn dies hätte nicht mehr zu dem Tatbestande des Vergehens gehört. Wie ferner prozessualisch die Angabe des konkreten Zieles, welches der Angeklagte als einen zu erlangenden Vermögenszuwachs erstrebte, notwendig war, so hatte die Angabe dieses konkreten Zieles auch aus dem Standpunkte des materiellen Rechtes zu geschehen, damit erkannt werden konnte, ob das Ziel, worauf die Absicht des Angeklagten ging, unter den richtig verstandenen Begriff „Vermögensvorteil" zu stellen war. Dieser Begriff selbst wird durch den Umstand, daß zur Vollendung des Betruges die bloße Absicht, sich oder einem Dritten einen Vermögensvorteil, selbstverständlich einen rechtswidrigen, zu verschaffen, genügt, grundsätzlich nicht geändert. Allerdings hat man aber zu beachten, daß für die Anwendung des Begriffes der bezeichnete Umstand erhebliche Folgen äußert.

Denn es leuchtet ein, daß für die Absicht alle diejenigen Momente außer Betrachtung zu bleiben haben, welche von dem Angeklagten nicht in den Bereich seiner Absicht mit aufgenommen worden sind. Bei dem Tatbestandsmerkmale der Vermögensbeschädigung kann hiervon, sofern es sich um vollendeten Betrug handelt, nicht die Rede sein; die Vollendung des Betruges tritt erst ein, wenn die Vermögensbeschädigung objektiv vorhanden ist; von dem Merkmale des Vermögensvorteiles ließe sich das gleiche, daß nämlich die Absicht des Täters ohne Einfluß bliebe, nur dann behaupten, wenn die Vollendung des Betruges ebenfalls die objektive Existenz des Vermögensvorteiles forderte. Während nun ein Vermögensvorteil dadurch allein objektiv nicht erlangt wird, daß jemand für eine Sache im Werte von 100 Mk. diese oder eine größere Summe zu zahlen verspricht oder zahlt, ist es sehr wohl möglich, daß jemand, der für dieselbe Sache dieselbe Summe verspricht, einen Vermögensvorteil zu erlangen beabsichtigt, wenn nämlich seine Absicht darauf gerichtet ist, vermittelst des Kaufabschlusses sich Besitz oder Eigentum der Sache zu verschaffen, und gleichzeitig darauf, den Kaufpreis nicht zu zahlen; die Verpflichtung zur Zahlung ist zwar vorhanden, aber die Absicht umfaßt ihre Erfüllung nicht, sondern geht lediglich auf Erwerb der Sache ohne Entgelt, und ein Erwerb ohne Entgelt bildet einen Vermögensvorteil. Andererseits kann der Bereich der Absicht über die Wirklichkeit infolge eines tatsächlichen Irrtums des Täuschenden auch hinausgehen. Es ist möglich, daß jemand eine Sache, die 50 Mk. wert ist, deren Wert er aber auf 150 Mk. veranschlagt, für 100 Mk. kauft; dann erlangt er keinen Vermögensvorteil, hat aber einen solchen zu erlangen beabsichtigt. Zum Wesen der Absicht gehört es, daß eine Vorstellung realisiert werden soll; was Objekt der Absicht sei, hängt also von dem Inhalte der Vorstellung ab, auf deren Realisierung der Wille gerichtet ist. Demgemäß hat man, wenn es sich bei einer Betrugsanklage um das Merkmal der auf einen Vermögensvorteil gerichteten Absicht handelt, lediglich den Inhalt der Vorstellung des Angeklagten von dem, was ihm als der zu erlangende Gewinn erschien, mit der Definition des Begriffes „Vermögensvorteil" zu vergleichen, die vorstehend erörtert worden ist. Diese Begriffsbestimmung bleibt dieselbe; unter sie zu subsumieren hat man aber nicht dasjenige, was der Angeklagte von seiner Absicht realisierte, sondern bloß dasjenige und alles dasjenige, was er zu realisieren sich vorgesetzt hatte. Man kann dies auch so ausdrücken: es muß gefragt werden, ob der Angeklagte einen Vermögensvorteil, der unter jene Definition paßt, erlangt haben würde, wenn es ihm gelungen wäre, seine Vorstellung von dem zu erlangenden Gewinne, das Ziel seiner Absicht, vollständig in Wirklichkeit umzusetzen. Eben deshalb würde, wie schon bemerkt, die Absicht, einen Vermögensvorteil zu erlangen, anzunehmen sein, wenn der Angeklagte den Willen hatte, sich alles leisten zu lassen, was er sich versprechen ließ, seinerseits jedoch nicht zu leisten, was er dagegen versprach. Eben hierauf kann sich auch die von ihm dem Getäuschten gemachte falsche Vorspiegelung bezogen haben. Daß die Absicht, einen Vermögensvorteil zu erlangen, auch dann anzunehmen ist, wenn der Angeklagte eine Sache zum vollen Wert kaufte und den Kaufpreis auch zahlen wollte, aber die Sache zu einem höheren Preise weiter zu verwenden gedachte, so daß nach dieser Seite hin eine Unredlichkeit nicht in seinem Plane lag, braucht, da „rechtswidrig" im Sinne des § 263 a. a. O. nur den Mangel eines Rechtsanspruches bedeutet, kaum bemerkt zu werden. Auch in solchem Falle kann vollendeter Betrug verübt worden sein, z. B. wenn der Angeklagte seinen Verkäufer über seine Zahlungsfähigkeit getäuscht und etwa irrig gehofft hatte, aus dem Erlöse beim Weiterverkaufe den von ihm zugesagten Preis rechtzeitig berichtigen zu können; denn dabei kann er sich bewußt gewesen sein, er werde den Verkäufer in einer Weise gefährden, die genügt, um das Merkmal einer Vermögensbeschädigung desselben für vorhanden zu erklären. Die Lage der gegenwärtigen Sache rechtfertigt es, hierauf hinzuweisen.

Hat die Absicht eines Vermögensvorteiles nach der richtigen Bestimmung nicht vorgelegen, der Angeklagte aber geglaubt, er werde, wenn er seinen Zweck erreiche, einen Vermögensvorteil erlangen, so kann zur Erwägung kommen, ob ein Versuch des Betruges verübt worden sei, sofern man die vom Reichsgerichte gebilligte Versuchslehre zugrunde legt. Vorhin war von einem tatsächlichen Irrtume des Angeklagten die Rede, infolgedessen er z. B. den Wert einer von ihm gekauften Sache zu hoch veranschlagt, also einen Vermögensvorteil zwar nicht erlangt, aber etwas, was wirklich ein Vermögensvorteil gewesen sein würde, zu erlangen beabsichtigt hat. Der soeben erwähnte Irrtum würde nicht ein tatsächlicher, sondern ein Rechtsirrtum sein, nämlich ein Irrtum über die Bedeutung des gesetzlichen Begriffes „Vermögensvorteil". Es ist möglich, daß jemand eine Sache, die für ihn einen hohen Affektionswert hat, von dem Eigentümer derselben mittels falscher Vorspiegelungen kaufweise erlangt und zwar für den als Kaufpreis von ihm versprochenen wahren Wert der Sache, und daß er irrigerweise den für den Betrugsbegriff in Betracht kommenden Wert der Sache nach dem Affektionswerte derselben veranschlagt, seine Absicht also auf etwas geht, was in Wahrheit kein Vermögensvorteil ist, aber von ihm dafür gehalten wird, vgl. über den letzteren Entsch. des RG. in Strafs. Bd. 16, S. 10; eine Vermögensbeschädigung des Getäuschten kann dabei z. B. infolge des Umstandes entstanden sein, daß die Vorspiegelung sich auch auf die Zahlungsfähigkeit des Täuschenden erstreckte. Näher auf diese Frage einzugehen, erscheint nach der Beschaffenheit der gegenwärtigen Sache nicht angezeigt.

2. Die Rechtswidrigkeit des Vermögensvorteils wird in konstanter Rechtsprechung des Reichsgerichts in das Moment gesetzt, daß kein Recht auf den erstrebten Vermögensvorteil bestanden habe.[1]) So z. B. E. XI 157, XXVI 354.

3. Die gewinnsüchtige „Absicht" wird nicht schon durch das Bewußtsein des Täters erfüllt, sein Tun könne ihm Vermögensvorteile verschaffen. So E. XXVII, 217 (vgl. auch XXII 171):

.... Damit im inneren Zusammenhange hat dann auch die Ansicht in der Literatur Vertretung gefunden, die betrügerische „Absicht" des § 263 Strafgesetzbuches sei mit dem Begriffe des Motives identisch dergestalt, daß ein nicht durch das Motiv der Bereicherung bestimmtes Handeln nicht unter den Betrugstatbestand fallen könne. Unverkennbar stehen bei der Unterscheidung von Vorsatz, Absicht, Beweggrund, Zweck usw. eng aneinander grenzende Formen des deliktischen Willens in Frage, die sich bei dem hierin völlig unsicheren Sprachgebrauche des Strafgesetzbuches jeder allgemeinen normativen Bestimmung entziehen, und für den einzelnen Deliktsbegriff meist auch nur mit annähernder Bestimmtheit normiert werden können. Gegenüber dem Deliktsbegriffe des Betruges im Sinne des § 263 StGB. wird an folgendem festzuhalten sein. Da hier „Absicht" etwas Engeres bedeutet, als bloßer Vorsatz, genügt der sog. dolus eventualis keinesfalls zur Herstellung des subjektiven betrügerischen Tatbestandes. Wer den Zweck der Bereicherung positiv nicht will und die Möglichkeit der Bereicherung nur als eine unerwünschte, aber nicht absolut auszuschließende Eventualität in seinen Willen mit aufgenommen hat, dem fehlt die vom § 263 StGB. vorausgesetzte „Absicht". Andererseits aber ist klar, daß selbst Diejenigen, welche „Absicht" und „Motiv" identifizieren, damit noch nicht den Satz vertreten, der Bereicherungszweck müsse der alleinige und ausschließliche Beweggrund betrügerischen Handelns sein. Es handelt also auch derjenige betrügerisch, dessen Willen gleichzeitig, sei es nebeneinander, sei es nacheinander, von zwei Vorstellungen beherrscht wird: er will entweder durch Irrtumserregung und Vermögensschädigung neben anderweiten Zwecken zugleich eine bessere Gestaltung der eigenen oder fremden Vermögenslage erreichen, und wird so von einem doppelten Beweggrunde geleitet; oder er will die rechtswidrigen, ihn im übrigen in erster Reihe nicht interessierenden Vermögensvorteile lediglich als das Mittel für einen anderweit dahinterliegenden Endzweck, und ordnet solchergestalt den ihn primär leitenden Beweggrund einem damit untrennbar verknüpften, mehr subsidiären unter. In beiden Fällen liegt die vom § 263 StGB. erforderte „Absicht" vor.

§ 49. H. Unlauterer Wettbewerb.

Beling § 73, Berner S. 592, Binding, L. § 117, v. Liszt § 124.

E. XXXI 84 (vgl. dagegen XXXI 64):

In dem angefochtenen Urteil ist tatsächlich festgestellt, daß der Angeklagte

---

[1]) Ähnlich v. Liszt, abweichend Olshausen Nr. 45: rechtswidriger Vermögensvorteil ist ein „wider oder gegen Recht" erlangter Vermögensvorteil; Frank VI 3c: ein im Rechtswege rückforderbarer Vermögensvorteil.

gegenüber dem Gastwirte D. in dessen Wirtschaft in Beziehung auf den Weinhändler Salomon S., mit welchem D. in Geschäftsverbindung stand, geäußert hat, „der pp. S. habe Bankerott — oder Konkurs — gemacht", und ist als erwiesen angenommen, daß diese Behauptung unwahr und von dem Angeklagten wider besseres Wissen vorgebracht worden sei ....

Die Revision bekämpft zunächst die Auffassung des Vorderrichters, der Angeklagte habe sich eines Vergehens der verleumderischen Beleidigung im begrifflichen Zusammenflusse mit einem Vergehen des unlauteren Wettbewerbes schuldig gemacht, und meint, es würde hier nicht Idealkonkurrenz, sondern Gesetzeskonkurrenz vorliegen. Allein die hierzu gemachten Ausführungen verkennen das Verhältnis der Strafbestimmung in § 7 des Gesetzes vom 27. Mai 1896 zu dem § 187 StGB. Dieses Verhältnis ist nicht dasjenige des besonderen, spezielleren, etwa für eine gesetzlich ausgezeichnete Begehungsform gegebenen Strafgesetzes zu dem generellen; auch nicht dasjenige einer Subsidiarität in dem Sinne, daß das eine Gesetz stets nur angewendet werden wollte, falls nicht das andere Anwendung findet, endlich auch nicht das Verhältnis der Konsumtion der einen Strafandrohung durch die andere, wobei ein Strafgesetz Tatbestand und Strafdrohung des anderen teilweise in sich aufgenommen hätte. Vielmehr handelt es sich bei den beiden erwähnten Strafbestimmungen um verschiedenartige Tatbestände, welche nebeneinander und außerhalb des anderen bestehen können, deren Kreise sich weder decken, noch einschließen, noch notwendig schneiden. Der § 187 StGB. bedroht mit der Strafe der verleumderischen Beleidigung denjenigen, der wider besseres Wissen in Beziehung auf einen anderen eine unwahre Tatsache behauptet oder verbreitet, welche denselben verächtlich zu machen, oder in der öffentlichen Meinung herabzuwürdigen oder dessen Kredit zu gefährden geeignet ist. Nach § 7 des Gesetzes vom 27. Mai 1896 macht sich strafbar: wer wider besseres Wissen über das Erwerbsgeschäft eines anderen, über die Person des Inhabers oder Leiters eines Geschäftes, über die Waren oder gewerblichen Leistungen eines anderen unwahre Behauptungen tatsächlicher Art aufstellt oder verbreitet, welche geeignet sind, den Betrieb des Geschäftes zu schädigen. Es erhellt aus der Verschiedenheit der in den beiden Gesetzen aufgestellten objektiven Tatbestandsmerkmale, daß es sich um gesonderte Delikte handelt mit verschiedenem Gegenstande der Rechtsverletzung und mit verschiedener Begehungsform. Dort ist es neben der Verletzung der Ehre die Kreditgefährdung, in letzterer Richtung allerdings gleichfalls ein Vermögensdelikt, hier die Betriebsschädigung, wogegen der Strafschutz gewährt wird. Zu der Strafbestimmung des § 7 a. a. O. führte den Gesetzgeber die Erwägung: die Erfahrung zeige, daß unwahre Äußerungen, ohne den Kredit eines Gewerbetreibenden zu schädigen, doch dessen Geschäftsbetrieb, namentlich den Absatz eines Geschäftes, in empfindlichster Weise beeinträchtigen könnten. Äußerungen wie, eine Fabrik sei durch Feuer zerstört usw., seien solche Behauptungen, welche nicht minder als Kredit gefährdende Verleumdungen strafrechtlich geahndet zu werden verdienten.

Vgl. Motive zum 2. Entwurf des Gesetzes. Drucksachen des Reichstages 1895/96 Nr. 35 S. 17.

Es sollte hiernach unter Strafe eine Handlung gestellt werden, welche bis dahin noch nicht in dem Bereiche des geltenden Strafgesetzes lag. Durch eine Schädigung des Geschäftsbetriebes, wie sie nach § 7 schon durch üble Nachrede von den Waren eines anderen erfolgen kann, wird der Geschäftsinhaber nicht immer an seiner Ehre verletzt, es wird dadurch auch nicht notwendig sein Kredit — das Vertrauen, welches er hinsichtlich der Erfüllung seiner vermögensrechtlichen Verbindlichkeiten genießt, — gefährdet. Umgekehrt wird eine Kreditgefährdung im Sinne von § 187 StGB. zwar für die Regel auch eine Schädigung oder doch Gefährdung des Geschäftsbetriebes des Angegriffenen in sich schließen, aber begrifflich notwendig ist dies nicht; so ist denn auch in dem die civilrechtliche Verantwortlichkeit regelnden § 6 des Gesetzes vom 27. Mai 1896 neben der Schädigung des Geschäftsbetriebes die Schädigung des Kredits alternativ angeführt. Unzutreffend ist hiernach die Behauptung der Revision, der Tatbestand des § 187 StGB. sei in jenem des angeführten § 7 völlig enthalten, die letztere weitergehende Gesetzesstelle umfasse die erstere insofern, als die Kreditgefährdung nur eine Richtung darstelle, in welcher der Betrieb eines Geschäftes geschädigt werden könne, auf welchem Wege dann die Revision zu dem Ergebnisse gelangt, daß bei einer Behauptung von kreditgefährdender (nicht zugleich beleidigender) Natur die Anwendung des § 187 StGB. durch den § 7 des Gesetzes vom 27. Mai 1896 ausgeschlossen sei. Vielmehr ist dann, wenn im gegebenen Falle durch dieselbe Nachrede sowohl der Kredit als der Geschäftsbetrieb gefährdet wird, die Voraussetzung des § 73 StGB. gegeben; und von selbst versteht sich die Anwendbarkeit der letzteren Strafrechtsnorm für den Fall, wo die aufgestellte Behauptung zugleich eine Beleidigung in sich schließt. Es kommt in diesen Fällen freilich nur ein Strafgesetz zur Anwendung, aber nicht § 7 a. a. O., sondern der die schwerere Strafe androhende § 187 StGB.

Anlangend weiter die Verurteilung eines Vergehens wider § 7 des Gesetzes zur Bekämpfung des unlauteren Wettbewerbes vom 27. Mai 1896, so vermißt die Revision in dem Urteile eine Feststellung über die innere Veranlassung, den Zweck der Äußerung oder eine sonstige Tatsache, welche neben der Anwendung des § 187 RStGB. noch diejenige des § 7 des angeführten Gesetzes rechtfertige. Die Handlung — wird ausgeführt — müßte, wenn sie auf Grund des letzteren Gesetzes geahndet werden solle, eine Verletzung des von diesem Gesetze geschützten lauteren Wettbewerbes im geschäftlichen Erwerbsleben enthalten, möge nun der Wettbewerb Veranlassung oder Zweck der Gesetzesverletzung sein oder sonstwie ein Zusammenhang gegeben sein. Richtig ist, daß das Urteil eine Feststellung in der Richtung eines Zusammenhanges der unter Anklage gestellten Äußerung mit dem Wettbewerb nicht enthält . . . Das Urteil . . . erklärt es für unerwiesen, daß der Angeklagte, als er die fragliche Nachrede führte, an eine Bestellung durch D. gedacht oder gar bezweckt habe, durch seine unwahre Behauptung eine solche Bestellung zu erlangen. — Auch ohne die letztere Absicht war es ja immer noch möglich, daß der Angeklagte die unwahre Behauptung zum Zwecke des Wettbewerbes über den Konkurrenten S. aufgestellt hätte, allein in dem Urteile ist hierüber nichts gesagt. Wenn es also wirklich ein Merkmal des in § 7 a. a. O. angeführten, unter Strafe gestellten Tatbestandes wäre, daß die üble Nachrede zu Zwecken des Wettbewerbes — oder im Zusammenhang mit diesem gemacht wurde, so erschiene die Rüge als begründet. Indes kann diese Auffassung des Gesetzes nicht für richtig erkannt werden. Während der die civilrechtliche Verantwortlichkeit wegen übler Nachrede regelnde § 6 des Gesetzes ausdrücklich voraussetzt, daß die den Geschäftsbetrieb oder den Kredit des anderen gefährdende Ausstreuung „zu Zwecken des Wettbewerbes“ geschieht, fehlen die letzteren Worte in dem die bewußt unwahre Nachrede in strafrechtlicher Beziehung treffenden § 7. Zunächst spricht die Vermutung dafür, daß der Unterschied ein von dem Gesetzgeber bedachter und beabsichtigter sei, es lag ja andernfalls auch nahe genug, den Wortlaut des § 6 auch bezüglich jener Voraussetzung in dem § 7 zu wiederholen. Da letzteres nicht geschehen ist, so müßten zwingende Gründe vorliegen, um gleichwohl anzunehmen, daß die gleiche Voraussetzung auch für den Fall des § 7 gewollt sei. Derartige Gründe können aber nicht geltend gemacht werden.

Allerdings bezweckt das Gesetz vom 27. Mai 1896, wie auch sein Titel besagt, die Bekämpfung des unlauteren Wettbewerbes (concurrence déloyale), die Führung des Wettkampfes im Gewerbebetriebe durch Anwendung sittlich verwerflicher oder gegen Treu und Glauben verstoßender Mittel, und will das Gesetz der im Wettbewerbe stehenden Erwerbstätigkeit prinzipiell Schutz gegen illoyale Beeinträchtigung von seiten der Mitbewerber gewähren. Dadurch ist aber nicht ausgeschlossen, daß das Gesetz, über die Grenze dieses Gebietes hinausgreifend, einzelne Verbote oder Strafbestimmungen auch gegen Dritte, außerhalb des Wettbewerbes stehende Personen bezw. gegen solche den Geschäftsbetrieb des anderen gefährdende Handlungen kehren wollte, welche einen Wettbewerb nicht zum Zwecke haben. In der Begründung des Gesetzentwurfes (a. a. O. S. 18) ist gesagt, der Anwendungsbereich der §§ 6 und 7 sei keineswegs auf das Verhältnis zwischen Kaufleuten beschränkt, die Anschwärzung eines Erwerbsgeschäftes solle vielmehr zur Verantwortung gezogen werden, auch wenn sie von einer außerhalb des geschäftlichen oder gewerblichen Verkehres stehenden Privatperson geübt wird. Dies läßt sich freilich dahin auffassen, daß die Handlung der Privatperson — wie bei § 6 des Gesetzes in der Tat erfordert wird — die Förderung des Wettbewerbes eines anderen bezwecken müsse. Allein daß das Gesetz sich an diese Grenze nicht durchgängig gehalten hat, ergibt sich aus § 9 des Gesetzes, wonach wegen einer dort unter Strafe gestellten Mitteilung von Geschäftsgeheimnissen z. B. ein Arbeiter oder Lehrling sich verantwortlich macht, nicht bloß wenn er zu Zwecken des Wettbewerbes (anderer), sondern auch wenn er in der Absicht, dem Inhaber des Geschäftsbetriebes Schaden zuzufügen, aus Rache oder Bosheit handelt, also ganz abgesehen von jenem ersteren Zwecke. Aus der Entstehungsgeschichte des Gesetzes und den Materialien zu demselben läßt sich die gegenteilige Auffassung von dem subjektiven Tatbestande des § 7 nicht rechtfertigen. Der erste Entwurf vom Januar 1895 hatte weder in dem § 4 (jetzt § 6) noch in dem § 5 (jetzt § 7) das Erfordernis „zu Zwecken des Wettbewerbes“ ausdrücklich aufgeführt. In der Begründung zu dem Entwurf vom Dezember 1895 (S. 17 ff.) ist zwar bei Erörterung der §§ 6 und 7 allgemein von der Pflicht die Rede, unwahre Angaben, die das Publikum irreführen und „den Mitbewerber" schädigen, zu vermeiden; indes wird in dem folgenden wiederum die strafrechtliche Verantwortung den civilrechtlichen Rechtsbehelfen gegenübergestellt. Hinsichtlich der ersteren wird nach Anführung von Beipielen unwahrer Ausstreuungen, welche zwar nicht den Kredit, aber den Geschäftsbetrieb beeinträchtigen, erwogen, daß solche Behauptungen, wenn wider besseres Wissen aufgestellt, nicht minder als Kredit gefährdende Verleumdungen strafrechtlich geahndet zu werden verdienen. Das würde auf eine Absicht des Gesetzgebers hindeuten, die allgemeine Strafandrohung in § 187 StGB., welche ja von dem Zwecke des Wettbewerbes unabhängig ist, durch eine nach letzterer Richtung gleich allgemeine Strafbestimmung für wissentlich unwahre Nachreden, wodurch der Geschäftsbetrieb gefährdet wird, zu erweitern und zu ergänzen.

Die gegenteilige Ansicht führt für sich eine Bemerkung der Reichstagskommission an (Kommissionsbericht Nr. 192 S. 18), welche gegenüber der Frage, ob der Tatbestand des § 7 auch eine Verpflichtung zum Schadensersatz nach sich ziehe, darauf hinweist, daß „alle Fälle, die unter § 7 fallen, zugleich den § 6 verletzen." Allein die letztere, übrigens nicht unmittelbar die gegenwärtige Frage betreffende Äußerung ist ungenau und hat nicht die ihr unterstellte Bedeutung; sie läßt sich mit den Worten des Gesetzes in Einklang setzen, wenn beachtet wird, daß die civilrechtliche Verantwortlichkeit nach Maßgabe des Gesetzes vom 27. Mai 1896 allerdings von der Voraussetzung des § 6 „zu Zwecken des Wettbewerbes" abhängig ist, welche insoweit auch für den Schadensersatzanspruch aus wissentlich übler Nachrede gilt, wofern nicht allgemeine bürgerliche Gesetzesvorschriften (vgl. § 824 BGB.) eingreifen.

Auch die unwahre Ausstreuung desjenigen, der dabei nicht den eigenen oder fremden Wettbewerb bezweckt, arbeitet der unlauteren Konkurrenz in die Hand, und diese Beziehung zu dem Gebiete des neuen Schutzgesetzes bot gerechtfertigte Veranlassung zu einer Strafbestimmung in diesem Gesetze für den Fall dolosen Handelns, wodurch allerdings in erster Linie der unlautere Wettbewerb betroffen werden soll. . .

§ 50. J. **Der Wucher.**

Beling § 73, Berner S. 622 ff., Binding L. § 105, v. Liszt § 143, H. Meyer § 102; Frank und Olshausen zu §§ 302 a ff. StGB.

I. **Über Kredit- und Sachwucher.** E. XXV 315 (vgl. auch XXVIII 135, 288, XXXV 111:

Die Meinung der Revision, der Ankauf von Forderungen sei kein „Wuchergeschäft, insofern durch dasselbe ein anderes Rechtsgeschäft, z. B. Darlehn, nicht verdeckt ist", entbehrt der Begründung. Schon der Wortlaut des § 302 e (Gesetz vom 19. Juni 1893 Art. 1) steht einer derartigen Auslegung entgegen. Denn er spricht mit bestimmten Worten aus, daß die Strafe des gewerbs- oder gewohnheitsmäßigen Wuchers (§ 302 d StGB.), also des Wuchers im Sinne des § 302 a (zu vgl. Art. I des angeführten Gesetzes), denjenigen treffe, welcher mit Bezug auf ein Rechtsgeschäft anderer als der im § 302 a bezeichneten Art gewerbs- oder gewohnheitsmäßig den Wucher treibt. Der § 302 a in der Fassung des

Gesetzes vom 19. Juni 1893 belegt aber den Wucher, welcher mit Bezug auf ein Darlehn oder auf die Stundung einer Geldforderung oder auf ein anderes zweiseitiges Rechtsgeschäft, welches denselben wirtschaftlichen Zwecken dienen soll, den sog. Kreditwucher, begangen wird, mit Strafe. Im Gegensatze zu dieser Art des Wuchers soll durch den § 302e auch derjenige Wucherer, welcher mit Bezug auf Rechtsgeschäfte anderer Art, als der auf den Kredit bezüglichen, andere ausbeutet, dann von der Strafe getroffen werden, wenn er gewerbs- oder gewohnheitsmäßig diese Weise der wucherischen Ausbeutung betreibt. Gerade sie, den sog. Sachwucher, wollte der neugeschaffene Zusatz zum Strafgesetzbuche erreichen.

Dies erhellt auch mit klaren Worten aus den Motiven des Gesetzentwurfes, welche ausführen: Durch § 302e wird der Tatbestand des Wuchers, wie ihn der § 302a für Kreditgeschäfte aufgestellt hat, sinngemäß auf Rechtsgeschäfte anderer Art ausgedehnt. Die unter der Herrschaft des Gesetzes vom 24. Mai 1880 gemachten Erfahrungen haben gezeigt, daß die wucherische Ausbeutung sich der verschiedenartigsten Rechtsgeschäfte bedient .... Erscheint hiernach eine Ausdehnung des Gesetzes dringend geboten, so wird sie sich auch nicht auf einzelne bestimmte Gattungen von Rechtsgeschäften beschränken. Zwar werden in den lautgewordenen Klagen gewisse Arten von Geschäften besonders namhaft gemacht, so der Aufkauf von Forderungen, die Viehleihe- und Viehkaufgeschäfte, ferner die Übervorteilung anläßlich der Zerstückelung von Grundstücken. Allein es liegt in der Natur des Wuchers, der an bestimmte juristische Formen nicht gebunden ist, daß er, aus dem einen Gebiete verbannt, sich alsbald eines anderen bemächtigt. Eine wirksame Abhilfe kann deshalb nur von der Erstreckung des Wucherbegriffes auf Rechtsgeschäfte jeglicher Art erhofft werden.

Ebenso widerlegt eine Vergleichung der §§ 302a — 302d mit § 302e die Meinung der Revision. Denn die wucherische Hingabe eines Darlehns wird nach Maßgabe des § 302a bestraft, ohne daß diese Art des Wuchers, der Kreditwucher, gewerbs- oder gewohnheitsmäßig betrieben wird; die Tatsache seines gewerbs- oder gewohnheitsmäßigen Betriebes bildet gemäß § 302d einen straferhöhenden Umstand. Der § 302e dagegen setzt als Strafbarkeitserfordernis die Gewerbs- oder Gewohnheitsmäßigkeit der wucherischen Ausbeutung voraus, und demzufolge bleibt, wenn dieses Erfordernis nicht bewiesen werden kann, der Sachwucher straflos. Nach den Motiven geschah die Aufnahme dieses Erfordernisses in den § 302e deshalb, um nicht durch zu strenge Strafvorschriften auch dem reellen Geschäftsverkehr Gefahren zu bereiten. Aus dieser Verschiedenheit beider Gesetzesvorschriften erhellt, daß der Ankauf einer Forderung und die Hingabe eines Darlehns nicht in dem von der Revision angenommenen Verhältnisse ihrer Unterordnung unter die Strafbestimmungen wegen Wuchers, als wäre jener Ankauf nur dann strafbar, wenn durch ihn ein Kreditgeschäft, insbesondere die Hingabe eines Darlehns, verdeckt werden sollte, stehen können. Die Hingabe eines verdeckten oder verschleierten Darlehns ist vielmehr aus § 302b zu bestrafen.

Dagegen könnte die Unterordnung der im gegebenen Falle vorliegenden Art der Bewucherung unter den Begriff des Sachwuchers Bedenken erregen. Zwar stellt das Urteil fest, daß der Angeklagte seit seiner letzten wegen Wuchers erfolgten Bestrafung sich vor den ihm gefährlichen Darlehnsgeschäften in acht genommen, sein System geändert und sich nunmehr auf den Kauf von Forderungen verlegt habe; es erörtert ferner, daß das hier vorliegende zweiseitige Rechtsgeschäft, durch welches er die der Dienstmagd R. zustehende Forderung ihr um einen Schleuderpreis abgekauft habe, nicht als ein solches angesehen worden sei, welches, wirtschaftlich betrachtet, denselben Zwecken wie ein Darlehen oder die Stundung einer Forderung dienen sollte (§ 302a StGB.), weil der Handel Zug um Zug gegangen sei und der erzielte Vorteil sich nicht mit einem Zinse vergleichen lasse, sondern eben in der Differenz zwischen dem bezahlten Preise und dem wahren Werte des Vermögensstückes bestehe. Allein das Urteil erachtet zugleich als erwiesen, daß, wie der Angeklagte gewußt habe, die R. behufs ihrer Verehelichung bares Geld nötig hatte und deshalb zur Veräußerung ihrer Forderung schreiten mußte. Neben den Fällen des verschleierten Wuchers kommen nun aber, wie die Motive des Gesetzes vom 19. Juni 1893 ausführen, „zahlreiche andere vor, in denen der Zweck, Geld oder Stundung unter Ausbedingung wucherischer Vorteile zu gewähren, auf nur mittelbarem Wege erreicht wird, beispielsweise wenn dem Geldbedürftigen eine ihm gegen einen Dritten zustehende Forderung — die er sich oft erst durch Verkauf von Mobilien oder Grundstücksparzellen verschaffen muß — gegen bare Valuta, aber weit unter dem wahren Werte abgekauft wird.“ Ebenso wurde in der zur Beratung des Gesetzentwurfes gewählten Kommission des Reichstages darauf hingewiesen, wie es häufig vorkomme, daß im Falle eines Geld- oder Kreditbedürfnisses dasselbe nicht in der Form von Darlehen oder Stundungen, sondern unter Wahl eines anderen Rechtsgeschäftes befriedigt werde. Das wirtschaftliche Ziel, das Ziel der Geld- und Krediterlangung, sei aber bei solchen Geschäften ganz das gleiche, wie bei dem Darlehns- und Stundungsvertrage. Beispielsweise werde dieser Zweck in vielen Fällen dadurch realisiert, daß dem Geldbedürftigen eine diesem gegen einen Dritten zustehende Forderung gegen bare Valuta, aber weit unter dem wahren Werte abgekauft werde; das Geldbedürfnis werde durch den gezahlten Preis befriedigt; wirtschaftlich ständen diese Fälle auf der gleichen Basis wie Darlehns- und Gestundungsgeschäfte. Das Gesetz wollte nun aber in seiner neuen Fassung des § 302a StGB. durch die Worte: „mit Bezug auf ein anderes zweiseitiges Rechtsgeschäft, welches denselben wirtschaftlichen Zwecken dienen soll“, gerade Geschäfte der bezeichneten Art, welche zwar nicht für die juristische, wohl aber für die wirtschaftliche Auffassung ihrem Zwecke und Ergebnisse nach dem Kreditwucher völlig gleichstehen, mit der Strafe des § 302a treffen. Im übrigen wurden auch für diese Erweiterung des Wucherbegriffes die Tatbestandsmerkmale des § 302a beibehalten. Demzufolge unterliegen Geschäfte der bezeichneten Art auch dann der Bestrafung, wenn sie nicht gewerbs- oder gewohnheitsmäßig betrieben werden, und sie sind im Falle eines gewerbs- oder gewohnheitsmäßigen Betriebes aus § 302d zu bestrafen. Im vorliegenden Falle würde jedoch, da der § 302e dieselbe Strafe androht, wie der § 302d, die Auffassung der Tat des Angeklagten als eines Kredit-, statt, wie das Urteil annimmt, eines Sach-

wuchers eine Änderung der Strafbemessung zugunsten des Angeklagten nicht herbeiführen.

II. Lediglich Vermögensvorteil und Leistung des **Gläubigers** sind bei der Beantwortung der Frage nach dem Vorhandensein eines auffälligen Mißverhältnisses als Vergleichungsfaktoren in Betracht zu ziehen. Die dem Schuldner erwachsenen Vermögensvorteile bilden zwar eine der Unterlagen für Bemessung des Wertes und die Bedeutung der Leistung des Gläubigers, sie können aber nicht in Vergleichung mit dieser gebracht werden.[1]) E. XII 380, vgl. auch XI 389, XX 279.

§ 51. K. Strafbares Spiel.

Beling § 73, Berner S. 616 ff., Binding L. § 93, v. Liszt §§ 144 f., H. Meyer § 102; Frank und Olshausen zu § 284 StGB.

I. Glücksspiel.

1. Verhältnis zum Kunstspiel. E. XXV 192:

Der Revision ist darin beizutreten, daß sich das Verbot des § 286 Abs. 2 StGB., nach welchem die Bestrafung des Angeklagten erfolgt ist, auf die sog. Geschicklichkeitsspiele nicht bezieht. Das Urteil hat jedoch auch ohne Rechtsirrtum nachgewiesen, daß der hier in Rede stehende Ringwurf ein solches Spiel nicht gewesen ist, da vielmehr unter den Verhältnissen, unter welchen es stattfand, im wesentlichen der Zufall über Gewinn und Verlust entschieden habe. Seine desfallsige Begründung, zu einem erfolgreichen Ringwurfe habe eine so außergewöhnliche Geschicklichkeit gehört, wie sie bei dem spielenden Publikum regelmäßig nicht vorhanden gewesen sei, läßt sich nicht beanstanden. Denn mag es immerhin der Fall gewesen sein, daß der eine oder der andere der Spielenden die erforderliche Geschicklichkeit besessen hatte, um mit einiger Zuverlässigkeit auf einen Gewinn rechnen zu dürfen, so kommt es doch lediglich auf den allgemeinen Charakter des Spieles an, welchen es unter den gegebenen Verhältnissen, unter welchen es gespielt wird, besitzt und es kann darum das Spiel für das Publikum, welchem es eröffnet worden ist, ein Zufallsspiel sein, wenn auch dasselbe für ausschließlich Sachkundige diesen Charakter nicht an sich trägt. Daß in dem vorliegenden Falle jeder der Spielenden auf einen Gewinn gehofft hatte, muß natürlich angenommen werden, weil er sonst überhaupt nicht gespielt haben würde. Allein diese Hoffnung, welche auch bei dem ausgesprochensten Glücksspiele stets vorhanden sein wird, beseitigt den Charakter eines Spieles als eines Glücksspieles nicht, wenn sie sich nicht zugleich auf die Erwägung stützt, man könne mit einiger Wahrscheinlichkeit einen günstigen Erfolg mittels seiner Tätigkeit erreichen. Und im Falle sogar dieses Vertrauen auf die eigene Geschicklichkeit vorgelegen hatte, so würde gleichwohl ein Glücksspiel gespielt worden sein, wenn das Vertrauen für ein grundloses hatte gehalten werden müssen. Das ist aber gerade, was das Urteil zu genügendem Ausdrucke bringt, indem es zwar nicht in Abrede zieht, der fragliche Ringwurf könne in abstracto als ein Geschicklichkeitsspiel angesehen, in concreto müsse er aber für ein

---

[1]) So auch Olshausen Nr. 9, A. M. v. Liszt § 143.

Zufallsspiel gehalten werden, weil das spielende Publikum die für dasselbe erforderliche Geschicklichkeit nicht besessen habe. Daß dies der Wirklichkeit entsprochen habe, ist eine tatsächliche, das Revisionsgericht bindende Feststellung.

2. Glücksspiel und Unterhaltungsspiel.

In E. XIX 253 geht das RG. davon aus, daß ein Glücksspiel nur dann vorliegt, wenn um nennenswerte Einsätze — die Erheblichkeit der Einsätze an der allgemeinen gesellschaftlichen Anschauung zu messen — gespielt wird.

3. Spiel und Wette. E. VI 173 (vgl. auch VI 421, VII 21, XXI 107):

Die Angeklagten haben, nach vorgängiger Verabredung gemeinschaftlich handelnd, bei Gelegenheit eines in Magdeburg an zwei aufeinanderfolgenden Tagen (26. und 27. Juni 1881) abgehaltenen Pferderennen, vor oder bei den an jedem der beiden Tage stattgehabten einzelnen Rennen durch lautes Ausrufen das Publikum zum Setzen von Geldbeträgen auf den Ausfall des Rennens, zur Eingehung von ihnen sogenannter Wetten in betreff der bei dem Rennen konkurrierenden Pferde, und zwar unter der Erklärung, daß sie Wetten auf jedes der an einem und demselben Einzelrennen beteiligten Pferde annehmen, aufgefordert, demnächst auch mit denjenigen Personen, welche auf jene Aufforderung dazu sich herbeiließen, Vereinbarungen geschlossen, wodurch sie für den Fall, daß das Pferd, in betreff dessen der andere das Anerbieten akzeptierte, den Sieg gewönne, sich verpflichteten, dem anderen den Einsatz zurückzuzahlen und außerdem diejenige Summe, welche dem bei Abschluß der sogenannten Wetten festgesetzten Verhältnisse entsprach, an den anderen zu bezahlen, wogegen, wenn dasjenige Pferd, auf welches der andere gewettet, den Sieg nicht gewönne, der andere den gezahlten Einsatz an die Angeklagten verlieren sollte. Die einzelnen Einsätze und Gegeneinsätze wurden gebucht, die Einsätze der gegen die Angeklagten Setzenden bar an diese eingezahlt, die Einsätze der Angeklagten dagegen nur in dem von den letzteren gehaltenen Buche derartig eingetragen, daß beide Einsätze in der Form von Zähler und Nenner einen arithmetischen Bruch bildeten. Immer aber setzten die Angeklagten *gegen* die laufenden Pferde, und zwar gleichzeitig gegen mehrere, mitunter gegen alle im nämlichen Einzelrennen laufenden Pferde, niemals *für* eines derselben; sie sicherten sich also schon hierdurch die Chance, daß sie, falls sie auf zwei und mehrere konkurrierende Pferde Einsätze stehen hatten, nur einmal verlieren konnten, mehrmals dagegen gewinnen mußten. Aus diesem Verfahren der Angeklagten, namentlich dem Umstande, daß sie *unterschiedlos in bezug auf mehrere, bezw. auf alle gleichzeitig laufenden Pferde Einsätze annahmen*, hat der Instanzrichter die Ansicht entnommen, daß es den Angeklagten nicht um die Aufstellung und Aufrechterhaltung der Richtigkeit einer Behauptung zu tun gewesen sei, und daß sie nicht für den Fall, daß eine ihrerseits in betreff des Nichtsiegens eines bestimmten Pferdes aufgestellte Behauptung sich als unrichtig erweisen würde, um dieser Behauptung Nachdruck zu geben, eine im voraus bestimmte, als Konventionalstrafe sich darstellende Geldleistung übernommen, also keine Wetten im rechtlichen Sinne abgeschlossen hätten. Es wird dabei darauf hingewiesen, daß nach der Art und Weise, wie sie die sogenannten Wetten anboten, für sie hierbei nicht die Ansicht von der Tüchtigkeit des einzelnen

Pferdes und des betreffenden Reiters bestimmend war. Es ist aus dem ganzen Verhalten der Angeklagten, indem sie die Entscheidung über Gewinn oder Verlust von dem Eintritte oder Nichteintritte eines, ihnen gegenüber wesentlich vom Zufalle abhängenden Ereignisses abhängig machten, und bei dem, was sie taten, nur von der Absicht, Geld zu gewinnen, geleitet wurden, von dem Instanzrichter gefolgert worden, daß die Angeklagten ein Glücksspiel getrieben haben.

Die Versuche, welche in der Wissenschaft (vgl. Thöl, Verkehr mit Staatspapieren S. 259 ff.; Thöl, Handelsrecht, 4. Aufl. Bd. 1 § 102 S. 560, Stobbe, Privatrecht, Bd. 3 § 193 S. 323 ff.) gemacht worden sind, um als Unterscheidungsmerkmal des Spieles von der Wette, unabhängig von der Willensrichtung der Kontrahenten, einen äußerlich erkennbaren Umstand aufzustellen und als solchen die Tatsache zu bestimmen, daß beim Spiele, im Gegensatze zur Wette, jeder der Kontrahenten, oder doch wenigstens einer von ihnen, zur Herbeiführung des die Entscheidung bedingenden Erfolges, nach gewissen vorher festgesetzten Regeln selbsttätig mitgewirkt haben müsse, sind verfehlt. Ebensowenig läßt sich der vermittelnden Meinung beitreten, welche (v. Gerber, Privatrecht 12. Aufl. § 195 S. 520 ff.) zwar an der Notwendigkeit einer mitwirkenden Tätigkeit festhält, dagegen die Voraussetzung aufgibt, daß dieselbe von den Kontrahenten oder einem von ihnen entfaltet sein müsse. Diesen Ansichten steht entgegen daß sie, lediglich ausgehend von dem eigentlichen wirklichen Spiele, die Umwandlungen verkennen, welche dasselbe in der jetzigen Gestaltung als Glücks- oder Hazardspiel erlitten hat, und die Tatsache außer Betracht lassen, daß die solche Spiele Treibenden fortwährend neue Formen und Regeln sich schaffen, welche überall nur beherrscht werden von der Frage der Entscheidung über Gewinn und Verlust, die Mittel aber, durch welche diese Entscheidung herbeigeführt wird, ebensowohl aus dem Reiche der phänomenalen Erscheinungen, als aus dem Gebiete der menschlichen Tätigkeit, oder der Tätigkeit anderer lebender Wesen entnehmen können. Jene Auffassung von der Natur des Glücksspieles hat auch, von der zivilrechtlichen Anwendung abgesehen, in der Judikatur keinen Eingang gefunden.

Es ist vielmehr das Unterscheidungsmerkmal zwischen Glücksspiel und Wette ausschließlich in dem Vertragswillen der Kontrahenten und in dem Sinne zu suchen, in welchem sie den Vertrag vereinbart haben.[1]) Hiernach ist das Wesentliche der Wette, daß mehrere Personen, welche entgegenstehende Behauptungen aufgestellt haben, sich dahin vereinigen, daß derjenige, dessen Behauptung sich als eine irrige erweisen würde, zu einer bestimmten Leistung verpflichtet sein solle. Das Charakteristische ist das Interesse, welches jede von ihnen an der Bewährung der ihrerseits aufgestellten Meinung nimmt. Als ein Siegpreis für das Rechthaben soll das Versprochene oder Eingesetzte demjenigen von

---

[1]) Ebenso Olshausen Nr. 1. A. M. v. Liszt § 144, nach welchem der civilrechtliche Gegensatz von Spiel und Wette dem Strafrecht fremd ist.

den Kontrahenten zufallen, dessen Behauptung sich als die richtige erwiesen hat, und der Unterliegende unterwirft sich im voraus dem Verluste als Strafe für das Nichtrichtigwissen, das Nichtrechthaben (vgl. Wilda, Zeitschr. für deutsches Recht, Bd. 8, S. 200 ff., 211; v. d. Pfordten, Abhandlungen S. 330, Windscheid, Pandekten Bd. 2 § 419 S. 579, § 420 S. 585 Note 1). Bei der Wette hat also der Gewinn nur eine symbolische Bedeutung, er ist nicht Selbstzweck, sondern nur ein äußeres Zeichen für ein anderes, welches die Kontrahenten im Auge gehabt haben.

Beim Glücksspiel dagegen — wobei von den strafrechtlich überall nicht in Betracht kommenden Fällen, wo nur zum Zweck geselliger Unterhaltung gespielt wird, abzusehen ist — unterwirft sich jede Partei unter einer Bedingung, deren Eintritt oder Nichteintritt ausschließlich oder doch wesentlich vom Zufall abhängig ist, der Möglichkeit eines Verlustes, um damit die Möglichkeit der Erlangung einer Leistung seitens des Gegners für den entgegengesetzten Fall zu erkaufen. Die Erzielung eines Gewinnes aus dem Spiele ist der Zweck und Gegenstand des Vertrages; die Aufstellung entgegenstehender Behauptungen über Eintreten oder Nichteintreten künftiger Ereignisse ist für sich allein nicht entscheidend. Die sog. Wette ist nur eine Form, unter welcher sich ein Spiel verbirgt, wenn jene Aufstellung bloß zu dem Zwecke geschieht, um wetten zu können. Liegt diese Absicht der Erlangung des Gewinnes als einzige Absicht vor, und ist der Eintritt oder Nichteintritt zufälliger Umstände als die Norm aufgestellt, von welcher die Entscheidung über Gewinn und Verlust abhängig sein soll, dann kann die willkürliche Bezeichnung der Verträge als Wetten ihre Unterstellung unter den Begriff des Glücksspieles nicht behindern. (Windscheid a. a. O., S. 585 Note 1.)

Nach alledem ist es nicht rechtsirrtümlich, wenn der Instanzrichter auf Grund der tatsächlichen Feststellung, daß es den Angeklagten bei dem, was sie getan, nicht um Aufstellung von Behauptungen und Aufrechthaltung ihrer Wahrheit gegenüber von entgegengesetzten Behauptungen, sondern nur um Erlangung von Gewinn zu tun gewesen, und daß die Entscheidung hierüber von dem Eintritt oder Nichteintritt zufälliger, nicht in ihrer Hand gelegener Umstände abhängig gemacht worden, zu der Ansicht gelangt ist, daß die Angeklagten keine wirklichen Wetten abgeschlossen, sondern daß sie ein fortdauernd sich erneuerndes Glücksspiel getrieben haben. Die festgestellte Tätigkeit des Angeklagten ist ganz gleich derjenigen eines Bankhalters bei Karten-, Würfel- oder Kugelspiel, der Einsätze der Mitspielenden annimmt und von dem Fall der Karten, der Würfel oder der Kugel die Entscheidung darüber abhängig macht, ob ihm der Einsatz der Mitspielenden, oder diesen der Einsatz des Bankhalters zufällt. Die Revision war sonach zu verwerfen.

4. Durch Verwaltungsverordnung genehmigter Totalisator. E. XXVIII 401:

Der Buchhalter O. betreibt auf den Rennplätzen ein Geschäft in der Weise, daß er den Besitzern der Totalisatortickets, welche die Nummern der siegreichen Pferde tragen, gegen geringe Provision und gegen Überlassung der Ausweise (Tickets) die Gewinne auszahlt. Der Angeklagte hat in Gemeinschaft mit anderen eine Anzahl solcher Tickets fälschlich angefertigt und sieben davon dem O., welcher sie für echte hielt, verkauft. Der Angeklagte ist] deshalb von der Strafkammer wegen Urkundenfälschung und eines durch dieselbe Handlung begangenen Betruges verurteilt worden. Die von ihm eingelegte Revision wurde verworfen aus folgenden Gründen:

Bei dem Angriffe gegen die Verurteilung des Angeklagten wegen Betruges geht die Revision davon aus, daß das Setzen am Totalisator sich als Beteiligung an einem verbotenen strafbaren Spiele darstelle. Diese Auffassung war zutreffend zu der Zeit, als das Urteil des Reichsgerichtes vom 7. Juli 1882,

Entsch. des RG. in Straff. Bd. 7 S. 21,

erging. Wie aber die Zirkularverfügung der beteiligten preußischen Ministerien vom 30. August 1886,

Ministerialblatt für die innere Verwaltung S. 201,

ergibt, ist zurzeit in Preußen zufolge eines Allerhöchsten Erlasses im Interesse der Pferdezucht und zur Verhinderung des heimlichen Wettens der sogenannten Buchmacher die Aufstellung von Totalisatoren auf den Rennplätzen unter Vorbehalt polizeilicher Genehmigung gestattet worden. Es sind auch die Tickets nach dem Gesetze vom 27. April 1894 wegen Abänderung des Gesetzes, betreffend die Erhebung von Reichsstempelabgaben, gleich den Lotterielosen stempelpflichtig. Daher ist gegenwärtig die Einrichtung eines Totalisators als ein obrigkeitlich genehmigtes öffentliches Glücksspiel zu betrachten. Welche Konsequenzen sich auf strafrechtlichem oder zivilrechtlichem Gebiete aus der obrigkeitlichen Gestattung ergaben, ob insbesondere nach dem in Schleswig-Holstein geltenden Rechte ein klagbarer Anspruch auf den Gewinn besteht, ob das von dem Spieler Eingesetzte zurückgefordert werden kann, oder ob die Gestattung rechtlich bedeutungslos ist, kann unerörtert bleiben, da hier nicht das Verhältnis der Spieler zu dem Unternehmer des Totalisators in Frage steht.

II. **Strafbare Ausspielung.**

1. Glücksspiel und Lotterie. E. XVIII 342 (vgl. auch XVII 379, XXVII 47):

Die Vorinstanz hat für erwiesen erachtet, daß in dem Lokale des Angeklagten A. seit langer Zeit an allen Sonn- und Festtagen das Lotto in folgender Weise gespielt worden.

Jeder Mitspieler machte für je eine Lottokarte einen Einsatz von 5 Pfg., und wer zuerst die sämtlichen Nummern einer Karte besetzt hatte, gewann den Gesamteinsatz, dessen Höhe sich somit nach der Zahl der von den Mitspielern genommenen Karten richtete, und von welchem nur ein kleiner, an den Wirt zu zahlender und ein anderer, in seiner Höhe von dem Belieben des Gewinners abhängiger Teil für die Mitangeklagten M. und K. als Leiter des Spiels abhing. Die Vorinstanz nimmt als erwiesen ferner an, daß das Spiel mit Wissen und Willen des A. gespielt worden ist.

Sie hat jedoch in dem Verhalten der drei Angeklagten den Tatbestand einer strafbaren Handlung überhaupt nicht gefunden, weil sie von der Annahme ausgeht, daß das Lotto in der Art, wie es gespielt worden, als ein Glücksspiel nicht angesehen werden könne und daher weder unter den engeren Begriff des Glücksspiels im Sinne der §§ 284, 285 StGB. noch unter den weiteren der Lotterie falle. Sie hat sonach die Freisprechung der Angeklagten auf rechtliche Erwägungen, insbesondere auf die Auslegung des Rechtsbegriffes „Glücksspiel" begründet.

Diese Begründung greift die Revision an, und mit Recht.

Allerdings wird, wie zugegeben, der Begriff des Glücksspieles im strafrechtlichen Sinne dadurch noch nicht erfüllt, daß der Ausgang des Spieles allein oder doch hauptsächlich vom Zufalle abhängt; vielmehr muß zu diesem Kriterium noch das weitere Moment treten, daß der Gegenstand des Spieles einen Vermögenswert repräsentiert, der nicht so geringfügig ist, daß er nach allgemeiner gesellschaftlicher Anschauung als solcher überhaupt nicht in Frage kommen kann. Dagegen irrt die Vorinstanz, wenn sie für den Tatbestand eines Glücksspiels das Erfordernis aufstellt, es müsse das Spielobjekt von so hohem Werte und von solcher Bedeutung sein, daß seine Erlangung als ein Gewinn betrachtet werde, und daß in der Rücksichtnahme auf ihn, also in der Hoffnung auf seine Erlangung, der Bestimmungsgrund des Spielens gefunden werden müsse. Denn ist es auch richtig, daß da, wo das Gesetz denjenigen bedroht, der aus dem Glücksspiele ein Gewerbespiel macht, wo also ein gewerbsmäßiges Handeln ein Tatbestandsmerkmal wird, auch die Gewinnsucht ein Erfordernis des Tatbestandes ist, so läßt doch gerade diese Vorschrift des § 284 StGB. erkennen, daß das Gesetz, indem es nicht jedes, sondern nur ein gewerbsmäßiges Betreiben des Glücksspieles für strafbar erklärt, die Gewinnsucht für ein essentielles Erfordernis des Glücksspieles nicht erachtet.[1])

Nun wird zwar an einer anderen Stelle der Urteilsgründe ausgeführt, es könnte auch unter der Voraussetzung, daß die Spieler dem Stande der geringeren Bürger, kleineren Beamten und Handwerker angehörten, ein allsonntäglicher Verlust von mehreren Mark dem Spiele noch nicht den Charakter eines unerlaubten Glücksspieles geben, viel weniger aber ein Verlust von höchstens 60 Pf. Indem hieraus gefolgert wird, daß das Spiel nur ein Unterhaltungsspiel, kein Glücksspiel gewesen sei, könnte es scheinen, als habe die Vorinstanz die Eigenschaft des Spieles als Glücksspiel verneint, nicht weil den Spielern die Absicht zu gewinnen gefehlt habe, sondern weil nach der Anschauung der Kreise, aus welchen die Spieler hervorgegangen, eine Summe von 60 Pfennig keinen Vermögenswert im Sinne des Gesetzes repräsentiere. Sollte die vorinstanzliche Ausführung in diesem Sinne verstanden werden müssen, wofür allerdings der besondere Nachdruck spricht, den dieselbe auf den Stand der Spieler legt, so würde übersehen sein, daß bei der Bestimmung des Wertes des Spielgegenstandes die Vermögensverhältnisse der Spieler im konkreten Falle überhaupt nicht maßgebend sind, noch weniger aber bei Anwendung des § 285 StGB. dem Inhaber eines öffentlichen Lokales die Befugnis zugestanden werden darf, die gesetzliche Zulässigkeit des Spieles von seinen Ansichten über die Vermögensverhältnisse der Spieler, von seiner Schätzung ihrer Wohlhabenheit und von seiner demgemäßen Meinung über die zulässige oder unzulässige Höhe der Einsätze abhängig zu machen.

---

[1]) A. M. Frank zu § 284.

Hiernach hat die Vorinstanz ihren Ausführungen und ihrer Entscheidung eine Auslegung des Begriffes eines Glückspieles zugrunde gelegt, welche dem Gesetze nicht genügt. Es ist ihr aber auch nicht beizutreten, wenn sie die weitere Behauptung aufstellt, daß das Lotto, wenn überhaupt zu den Glücksspielen gehörig, nicht als ein Glücksspiel im engeren Sinne, sondern als eine Lotterie anzusehen sei, für welche der § 286 StGB. maßgebend werde.

Wenn in dem Urteile des Reichsgerichtes vom 29. September 1885 Entsch. des RG. in Strafs. Bd. 12 S. 389, welches die Vorinstanz zur Rechtfertigung ihrer Ansicht heranzieht, als ein unterscheidendes Merkmal zwischen dem Glücksspiele und der Lotterie angegeben wird, daß bei der letzteren eine Losziehung über Einsatz und Gewinn entscheide und zwischen Einsatz und Losziehung ein längerer Zeitraum zu liegen pflege, so haben damit nur einzelne, bei dem damaligen konkreten Falle in Frage kommende Verschiedenheiten, nicht aber ausschließlich maßgebende Unterschiede zwischen beiden Rechtsbegriffen bezeichnet werden sollen. Das wesentliche Unterscheidungsmerkmal ist vielmehr, wie das Reichsgericht in mehrfachen Entscheidungen auch anerkannt hat, darin zu suchen, daß bei der Lotterie im allgemeinen sich die Zahl und der Verkauf der Lose, die Zahl und die eventuelle Reihenfolge, sowie die Höhe der Gewinne und die Ziehung der Lose nach einem bestimmten, vorher festgestellten Plane richtet. Gerade dieses charakteristische Kennzeichen versagt hier beim Lotto. Nicht von einem vorher festgestellten Plane hing die Zahl der an dem Vorgange beteiligten Lottokarten und die Höhe des Gewinnes ab, sondern von der Anzahl der zufällig an dem Spiele teilnehmenden Personen und der Menge der von ihnen benutzten Karten. Ob das Lotto unter gewissen Voraussetzungen auch den Charakter einer Lotterie annehmen kann, bedarf der Erörterung nicht, da hier nur die Art und Weise in Frage steht, in welcher es im Lokale des Angeklagten A. gespielt worden. Nach ihr aber hat es die Natur und das Wesen einer Lotterie nicht gehabt. Daß aber das Lotto als ein Glücksspiel ohne Rechtsirrtum angesehen werden kann, dafür bietet auch die Entstehungsgeschichte des Gesetzes einen hinreichenden Anhalt. Die §§ 284, 285 StGB. sind den §§ 266, 267 preuß. StGB. mit der Maßgabe entnommen, daß dem Worte „Hazardspiel" der Ausdruck „Glücksspiel" substituiert worden. Das preußische Strafgesetzbuch aber hat sich an die Vorschriften des allgemeinen Landrechtes angelehnt. Es hat insonderheit ebensowenig wie dieses, ausdrücklich bestimmt, was es unter einem „Hazardspiele" verstanden wissen will, hat somit seiner Vorschrift den Begriff untergelegt, den das gewöhnliche Leben mit dem Ausdrucke verbindet. Wenn auch das preußische sowohl, wie das Reichsstrafgesetzbuch in Abweichung vom Allgemeinen Landrechte davon abgesehen haben, diejenigen Spiele beispielsweise aufzuzählen, welche vor allen Dingen als Glücksspiele anzusehen, so darf doch aus der Entstehungsgeschichte gefolgert werden, daß eine Änderung des Begriffes des Hazardspieles und der Tatbestandsmerkmale desselben weder beabsichtigt noch eingetreten. Da nun § 1299 II. 20 ALR. unter den Spielen, welche zweifellos den Charakter eines Hazardspieles tragen, das Lotto aufführt, so erscheint der Schluß gestattet, daß das Spiel diesen seinen Charakter auch unter der Herrschaft des Reichsstrafgesetzbuches nicht verloren hat.

2. Hydra- oder Gellasystem. E. XXXIV 140 (vgl. auch das. 321, 390, 403):

Wie die Strafkammer festgestellt hat, betreibt der Angeklagte in W. ein Handelsgeschäft, bei dem er sich des sogenannten Hydrasystems bedient.

Er verbreitet nämlich im Publikum „Prospekte" des Inhaltes, daß man sich bei ihm für 35 Pf. „eine Kollektion solider Ware, Wert mindestens 4 Mk." erwerben könne, und zwar auf folgende Weise: Man muß für 25 Pf. einen „Originalcoupon" des Angeklagten kaufen, d. i. ein Postanweisungsformular über 1 Mk. mit der Adresse des Angeklagten. Der Abschnitt (Coupon) dieses Formulares ist mit einer Nummer versehen, als „Originalcoupon" bezeichnet und sichert durch den weiteren Aufdruck dem Inhaber zu, daß er, wenn er die 1 Mk. portofrei an den Angeklagten absende, 4 weitere Originalcoupon-Postanweisungen à 25 Pf. erhalte, durch deren Verkauf er nach Maßgabe des Prospektes eine der (dort bezeichneten) 40 Kollektionen erhalte. Dem Prospekte sind die numerierten Abbildungen dieser 40, teils aus einzelnen, teils aus mehreren Gegenständen bestehenden „Kollektionen" beigefügt. Im Prospekte ist ferner erklärt, daß der Käufer eines Coupons, nachdem er die ihm weiter zugegangenen vier Coupons an Freunde und Bekannte weiter verkauft und so die dafür eingesandte Mark zurückerhalten habe *und diese von ihm verkauften Coupons* von den Käufern *nebst je 1 Mk. wieder in den Besitz des Angeklagten gelangt seien,* die Kollektion, die jener bei Einsendung des Originalcoupons durch Angabe der Nummer bezeichnet habe, franko zugeschickt erhalte.

Der Empfang des gewählten, 4 Mk. werten Gegenstandes für 25 Pf., wozu 10 Pf. für Einsendung der Postanweisung über 1 Mk. kommen, also, wie der Prospekt sagt, für 35 Pf., *hängt also davon ab,* daß der Käufer die vier dazu gekauften Coupons weiter verkaufen kann, *und* daß die Käufer dieser Coupons abermals um je 1 Mk. vier Coupons kaufen. Wollen die Käufer ihrerseits gewinnen, so müssen sie gleichfalls ihre Coupons absetzen und ihre Käufer wiederum in gleicher Weise verfahren. So würde die Verbreitung der Coupons, theoretisch betrachtet, ins Unermeßliche fortschreiten, wenn nicht die Möglichkeit weiteren Absatzes aus tatsächlichen Gründen, insbesondere wegen der rasch eintretenden Übersättigung des Verbreitungsbezirkes und Abneigung gegen den Erwerb solcher Coupons, alsbald aufhören würde.

Gelingt es dem Käufer nicht, die vier anderen Coupons abzusetzen, oder lassen sich ihre Abnehmer nicht auf die Einzahlung von je 1 Mk. ein, so sind die ausgelegten 1 Mk. 35 Pf. verloren. Doch gestattet der Angeklagte dem Inhaber eines Coupons, gegen Barzahlung des Betrages, der nicht durch die Einzahlungen auf abgesetzte Coupons gedeckt wird, also wenn gar keine weitere Einzahlung geschieht, gegen Einsendung von 3 Mk. 25 Pf. den gewünschten Gegenstand zu erwerben, der ihm dann franko zugeschickt wird; sind nur Einzahlungen auf einen Teil der vier abzusetzenden Coupons erfolgt, so gestattet der Angeklagte auch die Auswahl eines Gegenstandes im Werte des eingegangenen Betrages aus einer besonderen Liste. Er versichert schließlich, ein Risiko sei ausgeschlossen.

Das Urteil stellt fest, daß dieses Unternehmen des Angeklagten eine gewaltige Ausdehnung gewonnen, und er beispielsweise allein am 22. März 1900 116 Serien verkauft habe. Seine Prospekte schickte er u. a. auch nach K. an eine größere Anzahl Personen, von denen drei im Juni 1900 Coupons in der erwähnten Weise gegen Zahlung von je 25 Pf. und 1 Mk. vom Angeklagten bezogen.

Die Strafkammer hat hierin ein in ihrem Bezirke begangenes Vergehen nach § 286 StGB. im begrifflichen Zusammenflusse mit einem Vergehen nach §§ 22, 23, 26 des Reichsgesetzes, betreffend die Erhebung von Reichsstempelabgaben in der Fassung des Gesetzes vom 27. April 1894, gefunden und den Angeklagten in Anwendung des § 73 StGB. in eine Geldstrafe von 50 Mk. verurteilt.

Es ist zu prüfen, ob das beschriebene „Hydrageschäft", zu welchem der Angeklagte unbestrittenermaßen keine obrigkeitliche Erlaubnis erhalten hatte, die Veranstaltung einer öffentlichen Ausspielung beweglicher Sachen im Sinne des § 286 Abs. 2 StGB. bildet. Wie vom Reichsgericht bereits wiederholt ausgeführt,

Entsch. des RG. in Straff. Bd. 10 S. 245, Bd. 19 S. 258, Bd. 29 S. 66,

umfaßt der strafrechtliche Begriff der Ausspielung jede Veranstaltung, durch welche dem Publikum gegen Entrichtung eines Einsatzes die Hoffnung in Aussicht gestellt wird, je nach dem Ergebnisse einer durch den Zufall bedingten Ziehung oder eines ähnlichen zur Herbeiführung des Ergebnisses benutzten Mittels einen mehr oder weniger bestimmt bezeichneten Gegenstand zu gewinnen. Von dieser Begriffsbestimmung geht auch die Strafkammer aus unter Bezugnahme auf die Entscheidung des Reichsgerichtes (Entsch. desselben in Straff. Bd. 17 S. 379), und ohne Rechtsirrtum stellt sie alle darin geforderten tatsächlichen Merkmale fest.

Die von der Revision dagegen geltend gemachte Behauptung, der Prospekt teile nur die Bedingungen mit, unter denen die Abnehmer der Coupons Waren vom Angeklagten beziehen könnten, trifft den Kern der Sache nicht, denn gerade auf die Natur dieser Bedingungen kommt alles an. Während das einfache Kaufgeschäft den Erwerb der Ware nur an die Bedingung der Zahlung eines bestimmten ausdrücklich oder stillschweigend vereinbarten Preises knüpft, soll bei der Ausspielung der Erwerb von dem Eintritte mehr oder weniger zufälliger Bedingungen abhängen. Solcher Art sind aber, wie die Strafkammer richtig erkannt hat, die Bedingungen des im Prospekte verheißenen Erwerbes. Der Kauf des Coupons selbst ist so wenig wie der eines Lotterieloses Selbstzweck, sondern nur die Einleitung, ein Bestandteil des auf den Erwerb der Sache gerichteten Geschäftes, weshalb letzteres allein für die rechtliche Beurteilung ausschlaggebend ist. Denn der Besitz der Coupons ist dem Käufer zunächst wertlos; in den Besitz des gewünschten Gegenstandes gelangt er erst nach Erfüllung weiterer Bedingungen; spielt hierbei der Zufall eine wesentliche Rolle, so daß neben jenem Kaufe der Eintritt eines von Zufall abhängigen Ergebnisses das Mittel zum Erwerbe bildet, so wird der Kaufpreis für den Coupon zum Einsatz, der Coupon zum Los, und der

Erwerb des gegenüber dem Einsatze wertvolleren Gegenstandes zum Gewinn.

Mit Recht geht die Strafkammer im Anschlusse an die Entscheidung des Reichsgerichtes (Entsch. desselben in Straff. Bd. 25 S. 192) von der Annahme aus, daß die bloße abstrakte Möglichkeit, den Zufall durch besondere Geschicklichkeit und Umsicht auszuschließen, außer Betracht zu bleiben habe, vielmehr nur der gewöhnliche Verlauf der Dinge unter den konkreten Verhältnissen, also insbesondere mit Rücksicht auf die durchschnittliche Befähigung der beteiligten Personen entscheide.

Auch ist es richtig, das Wesen des Zufalles (mit Bd. 27 S. 94 der Entsch. des RG. in Straff.) in dem Mangel der Erkennbarkeit der einem Ereignisse zugrunde liegenden Kausalität zu finden. Solcher Mangel liegt hier vor. Die hier gesetzten Bedingungen bestehen darin, daß a) der Käufer vier gleiche Coupons absetzt, und b) daß deren Erwerber abermals je 1 Mk. an den Angeklagten einzahlen. Bezüglich beider ist dem Käufer im Augenblicke des Vertragsabschlusses mit dem Angeklagten nicht erkennbar, ob sie erfüllt werden.

Zu a) ist vor allem von der Möglichkeit unentgeltlichen Absatzes abzusehen, denn gerade die Erwartung, durch den Absatz die dafür ausgelegte Mark zurückzuempfangen, also die Coupons zu verkaufen, soll nach dem Prospekte zum Kaufe einladen, und somit ist der Verkauf als die beiderseitige Absicht anzusehen. Schon dieser hängt von einer selbstständigen, als innerer Vorgang nicht oder doch nicht sicher erkennbaren Willensbestimmung Dritter ab, woran der Käufer sogar bei ungewöhnlicher Vorsicht, z. B. wenn er sich den Verkauf durch vorgängige Verabredungen gesichert zu haben glaubt, nichts ändern kann. Denn solche Verabredungen schützen nicht vor Willensänderung der Dritten. Die Abnahme ist also im Sinne obiger Begriffsbestimmung vom Zufalle abhängig, was das Urteil mit den Worten erklärt, es ist nicht erkennbar, ob die dem Absatze der Coupons zugrunde liegende Kausalität ihre Abnahme durch Dritte gegen Bezahlung, eintreten wird. Von der Bedingung b), daß die solchergestalt zufällig, wenn auch unter Mitwirkung eigener Tätigkeit des Couponkäufers gefundenen Abnehmer der anderen Coupons auch ihrerseits je 1 Mk. an den Angeklagten einsenden, gilt das gleiche. Es bedarf keiner Erörterung, daß ihr Eintritt ganz und ausschließlich außerhalb der Erkennbarkeit liegt. Sie ist dem Einflusse unzähliger unbekannter innerer und äußerer Bestimmungsgründe für diese Abnehmer ausgesetzt. Die Erfüllung ist somit dem Zufalle preisgegeben und die Bedingung eine der Ziehung eines Gewinnloses ähnliche. Sie wird, wie das Urteil zutreffend ausführt, in demselben Maße unsicherer, in welchem die Geschäfte des Angeklagten sich ausbreiten. Es geht insbesondere nicht an, die Unmöglichkeit der Erfüllung, wie eine vom Angeklagten zu den Akten gebrachte, durch die Zeitungen verbreitete, oberstrichterliche Entscheidung meint, lediglich auf Unvorsichtigkeit des Käufers zurückzuführen und den Gewinn als sicheren Erfolg der selbsttätigen Mitwirkung des Erwerbes zu erklären, sobald dieser mit Überlegung handele, nämlich die vier Coupons nicht eher erwerbe, bis er sich von der Sicherheit vergewissert habe, sie an Personen verkaufen zu können, die imstande und willens sind, dafür weitere Coupons vom Angeklagten zu erwerben.

Solche Sicherheit besteht, selbst wenn man von der möglichen zufälligen Vernichtung oder dem sonstigen Verlust solcher Coupons absieht, bei der regelmäßigen Abwicklung des Geschäftes nie.

Ist hiernach der Gewinn eines Gegenstandes im Werte von 4 Mk. mittels eines Einsatzes von 35 Pf. vom Zufalle abhängig, so hat das Geschäft die Natur einer Ausspielung. Daß sie öffentlich veranstaltet werden, ist mit Rücksicht auf die unbestimmte Zahl der unter sich und mit dem Angeklagten in keinerlei näherem Verhältnisse stehenden Personen, denen der Angeklagte die Aufforderung zur Beteiligung zugeschickt hat, mit Recht festgestellt, auch nicht von der Revision bestritten.

Vgl. Entsch. des RG. in Strafs. Bd. 1 S. 357, 414; Rechtspr. des RG. in Strafs. Bd. 3 S. 345 a. E. (348) u. a.

Die Revision macht geltend, die Strafkammer habe übersehen, daß § 286 nicht schon anwendbar sei, wenn der Zufall entscheide, sondern daß ein Spiel, ein Zufallsspiel vorliegen müsse, und sie beruft sich auf ein Urteil des Reichsgerichtes vom 21. Februar 1895,

Entsch. des RG. in Strafs. Bd. 27 S. 48,

wo gesagt ist, es sei nicht einzusehen, warum nur ein Ziehen (von Losen) ein für die Ermittlung der Gewinnlose brauchbarer Tätigkeitsakt sein solle und nicht auch jede andere mechanische Kraftäußerung, die im Erfolge zur Feststellung des einzelnen Gewinnloses führe. Diese Äußerung verwertet die Revision in dem Sinne, daß nur mechanische Kraftäußerung an Stelle der Ziehung treten könne und den Spielcharakter begründe, während es sich hier um geistige oder geschäftliche Tätigkeit, um Absatz der Gutscheine durch selbständige Mitwirkung der Käufer handele. Es ist aber erstlich klar, daß zum Begriffe des Spieles im allgemeinen eine Kraftäußerung nicht gehört (Kartenspiel u. dgl.) und, wenn der Losziehung jede andere mechanische Kraftäußerung gleichgeachtet, also die Losziehung selbst für eine mechanische Kraftäußerung erklärt wird, letztere Bezeichnung in ungewöhnlich weitem Sinne verstanden ist; ferner aber ist bereits dargetan, daß es bei dem Hydrageschäfte mit geistiger und geschäftlicher Tätigkeit allein noch nicht getan ist: es muß ihr notwendig ein von ihr völlig unabhängiges, ungewisses und unbestimmtes Ereignis, d. i. der Zufall, daß die Abnehmer der Gutscheine neue Gutscheine kaufen, zu Hilfe kommen.

Endlich handelte es sich in jenem Urteile um einen Lotterievertrag, hier aber um eine Ausspielung, ein Geschäft, das seiner Natur nach viel mannigfaltigere Formen annimmt als die Lotterie.

Ohne rechtliche Bedeutung ist es, daß der Angeklagte dem Käufer, dem der Zufall weniger günstig war, gestattet, gegen Nachzahlung einen der ausgesetzten Gewinne käuflich zu erwerben. Ein solcher Kauf ist ein nachträgliches Geschäft für sich; nicht die Aussicht, den Gegenstand kaufen zu können, was nach der Art dieser Gegenstände gegenüber einem Kaufe bei anderen Verkäufern gar keinen Vorteil zu gewähren scheint, sondern die Aussicht auf den Gewinn gegen den Aufwand von 35 Pf. ist zur Einzahlung bestimmend, zumal es kaum immer zutreffen wird, daß der Käufer eines Coupons auch willens oder vielleicht nur imstande ist, mehr zu zahlen. Das gleiche gilt selbstverständlich auch von der im Prospekte angebotenen Möglichkeit, wenn weniger als alle vier Coupons zur Einzahlung von je 1 Mk. geführt haben, durch Nachzahlung des noch fehlenden Betrages den gewünschten Gegenstand, oder aber ohne Nachzahlung einen Gegenstand von dem den geschehenen Einzahlungen entsprechenden geringeren Werte zu erwerben. Im ersten Falle liegt eben eine Kombination des Ausspielgeschäftes mit einem Kaufe vor,

Entsch. des RG. in Strafs. Bd. 2 S. 390, Bd. 16 S. 83,

und im letzten wiederum ein reines Ausspielgeschäft, bei dem sogar der Gewinngegenstand vorläufig noch unbestimmt und seinem Werte nach vom Zufalle abhängig ist. Ob die Wahl des Gegenstandes schon von vornherein freisteht oder erst nach teilweiser Erfüllung der vom Zufalle abhängigen Bedingungen, macht keinen wesentlichen Unterschied. Es käme darum auch darauf nichts an, wenn das Kaufangebot mit dem Couponverkauf in solcher Verbindung stände, daß die Absicht der Vertragsteile sofort zugleich als auf den eventuellen Kauf gerichtet angesehen werden könnte; denn es würde genügen, daß diese Absicht jedenfalls zunächst auf den Erwerb des Anrechtes auf Gewinn gerichtet war.

Auch das ist unerheblich, daß der Käufer eines Coupons sofort den Gegenstand wählte und bestimmt bezeichnete, den er gewinnen wollte, denn es ist an und für sich gleichgültig, ob der Veranstalter der Ausspielung oder der Spieler den Gegenstand auswählt, um den gespielt werden soll; es genügt die Zusicherung des Veranstalters, daß der betreffende Wertgegenstand im günstigsten Falle dem Spieler als Gewinn zufalle,

Entsch. des RG. in Strafs. Bd. 19 S. 258,

und überdies wurde dieser Gegenstand nicht individuell aus dem Warenlager des Angeklagten ausgeschieden, sondern nur generell bestimmt, so daß eine unbestimmte Anzahl von Personen um denselben, d. i. einen Gegenstand der gleichen Art, spielen konnte.

Darum ist die Auffassung ausgeschlossen, es handele sich immer nur um Wettverträge zwischen dem Angeklagten und jedem einzelnen Couponverkäufer; eine gewisse Ähnlichkeit mit solchen steht dem Begriffe des Ausspielgeschäftes so wenig entgegen,

Entsch. des RG. in Strafs. Bd. 5 S. 432 (434),

wie der Umstand, daß die Entscheidung über Gewinn oder Verlust für jeden einzelnen in verschiedenen Zeitpunkten erfolgt.

Vgl. Entsch. des RG. in Strafs. Bd. 1 S. 414.

Die in dem Prospekte noch beigefügte Versicherung des Angeklagten endlich, jedes Risiko sei ausgeschlossen, ist nach obigem für das in erster Linie beabsichtigte Geschäft einfach unwahr, wie die Strafkammer bereits dargetan hat, weshalb die Frage, ob es auf ein Risiko des Spielers bei öffentlichen Ausspielungen überhaupt ankomme,

Entsch. des RG. in Strafs. Bd. 17 S. 379 (384),

unerörtert bleiben kann.

Nachdem nun auch festgestellt ist, daß alle Tatsachen, die den Begriff einer Ausspielung begründen, dem Angeklagten bekannt waren und dies für den subjektiven Tatbestand genügt,

Entsch. des RG. in Strafs. Bd. 16 S. 83 Nr. 3 (S. 86),

war die Revision des Angeklagten gegen die Verurteilung aus § 286 Abs. 2 StGB. unbegründet.

§ 52. Die Sachhehlerei.

Beling § 73, Berner S. 578 f., Binding L. § 91, v. Liszt § 147, H. Meyer S. 610 ff., Frank, Olshausen zu § 259 StGB.

I. **Sachen**, die mittels einer strafbaren Handlung erlangt sind.

1. Erbettelte Sachen? E. VI 218 (anders IV 440):

Die Anklage ist in betreff der Fälle, in denen Angeklagte beschuldigt und geständig war, Kleidungsstücke ihres Vorteiles halber angekauft zu haben, obwohl sie wußte, daß dieselben durch Betteln erlangt waren, nicht für rechtlich begründet erachtet.

Das Urteil der Strafkammer führt hierbei aus: Die fraglichen Sachen seien nicht im Sinne des Gesetzes durch eine strafbare Handlung erlangt. Denn die Strafbarkeit der Handlung der Bettelei liege nur in der Art und Weise der Bitte; die Annahme aber, das Erlangen der Sache selbst, sei eine Folge der auf dem freien Willen des Gebenden beruhenden Übergabe an den Bettler. Derselbe werde dadurch einredefreier Eigentümer durch Schenkung und erhalte die volle Dispositionsbefugnis über die geschenkte Sache.

Nur die Staatsanwaltschaft zu B. hat gegen diese Entscheidung die Revision eingelegt, weil die Angeklagte der Hehlerei erbettelter Sachen und der gewerbsmäßigen Hehlerei nicht schuldig erachtet ist. Es wird ausgeführt: die Anführung des Vorrichters, daß eine Hehlerei an erbettelten Sachen nicht möglich sei, sei rechtsirrtümlich. Der § 259 StGB. bestimme, daß die Sache, an welcher Hehlerei begangen sein solle, durch eine strafbare Handlung erlangt sein müsse. Auch das Betteln sei eine strafbare Handlung, und da der Angesprochene dem Bettelnden die Gabe nur infolge des Bettelns gebe, so sei auch das infolge des Bettelns Empfangene durch eine strafbare Handlung erlangt.

Danach handelt es sich nur noch um die Entscheidung der Frage, ob das Ansichbringen einer erbettelten Sache bei dem Vorhandensein der übrigen Erfordernisse der Hehlerei an Sachen — Partiererei — unter den Tatbestand des Deliktes fällt. Dieselbe ist zu verneinen.

Es wird zuzugeben sein, daß der Wortlaut der Vorschrift des § 259 StGB.:

> Wer seines Vorteils wegen Sachen, von denen er weiß oder den Umständen nach annehmen muß, daß sie mittels einer strafbaren Handlung erlangt sind usw.

der in der Revision geltend gemachten Auffassung nicht zwingend entgegentritt.

Da der Bettler, welcher auf seine Bitte eine Gabe erhält, dieselbe jedenfalls durch das Medium dieser Bitte, einer im Sinne des § 361 Nr. 4 StGB. strafbaren Handlung, erlangt, so würde, soweit lediglich der Wortlaut des Gesetzes für entscheidend gelten sollte, sowie abgesehen von der Bedeutung der „strafbaren Handlung“ innerhalb der Begriffsbestimmung des § 259 a. a. O., die Folgerung gezogen werden können, daß die Tätigkeit desjenigen, welcher eine erbettelte Sache an sich bringt, eine mittels einer strafbaren Handlung erlangte Sache zum Gegenstande hat und mithin den Tatbestand der Partiererei erfüllt.

Es kommt aber zunächst folgendes in Betracht.

Auf die Fassung der Vorschrift des § 259 StGB. hat die entsprechende Vorschrift des § 237 des preußischen Strafgesetzbuches:

> Wer Sachen, von denen er weiß, daß sie gestohlen, unterschlagen oder mittels anderer Verbrechen oder Vergehen erlangt sind, verheimlicht, ankauft, zum Pfande annimmt oder sonst an sich bringt oder zu deren Absatze bei anderen mitwirkt usw.

— wie dies aus dem Wortlaut beider Vorschriften und den Motiven hervorgeht — Einfluß geäußert. Es sind jedoch in § 259 a. a. O. — von anderen hier nicht in Frage kommenden Änderungen abgesehen — die Worte des preußischen Strafgesetzbuchs „oder mittels anderer Verbrechen erlangt" durch die Worte „mittels einer strafbaren Handlung" ersetzt.

Die Motive begründen diese Abänderung mit der Bemerkung: „Der innere Zusammenhang, welcher zwischen der Begünstigung und der Hehlerei durch Begünstigung von Personen besteht, macht es zwar notwendig, in § 253 die Hehlerei nur auf die Beistandsleistung rücksichtlich solcher Personen zu beschränken, welche sich eines Verbrechens oder eines Vergehens schuldig gemacht haben. Dahingegen erschien es aus kriminalpolitischen Rücksichten ratsam, eine strafbare Hehlerei in Beziehung auf Sachen auch bei den nur durch eine Übertretung erlangten Gegenständen zuzulassen."

Vgl. Motive S. 128.

In den Vordergrund tritt also die Frage, ob die Gesetzgebung, indem sie abweichend von anderen deutschen Gesetzgebungen, insbesondere von dem preußischen Strafgesetzbuche, für die Strafbarkeit der Hehlerei an Sachen nur die Voraussetzung bedingte, daß die von dem Hehler an sich gebrachte Sache mittels einer strafbaren Handlung erlangt sei, damit den Begriff des Tatbestandes dieser Hehlerei derartig zu beeinflussen beabsichtigte, daß nunmehr der Erwerb von Sachen, welche durch Übertretungen erlangt sind, ausnahmslos, mithin insbesondere der Erwerb erbettelter Gegenstände, unter den Begriff des gedachten Vergehens fallen sollte.

Folgende Gründe führen zur Verneinung dieser Frage und zu dem Ergebnisse, daß bei richtigem Verständnisse des § 259 erbettelte Sachen nicht zu denjenigen gehörig erachtet werden können, welche durch eine strafbare Handlung im Sinne des Gesetzes erlangt sind.

Die Strafbarkeit des Hehlers beruht nach § 259 StGB. subjektiv betrachtet darauf, daß er die Erlangung der Sache mittels einer strafbaren Handlung kannte oder den Umständen nach annehmen mußte. Sie setzt also objektiv angesehen notwendig voraus, daß die durch den Hehler an sich gebrachte Sache zur Zeit der Tat mit dem Makel eines strafrechtswidrigen Erwerbes behaftet ist. Gewiß steht es dieser vitiosen Eigenschaft der Sache und deren Fortdauer nicht entgegen, daß dieselbe — was durch den strafrechtswidrigen Erwerb nicht ausgeschlossen wird — bestehenden civilrechtlichen Bestimmungen zufolge formell in das Eigentum des Haupttäters übergegangen ist, wie denn die Besitzergreifung der mittels Betruges erlangten Sache durch den Betrüger formell fehlerlos sein kann, und ebensowenig, daß die Sache inzwischen in die Hand eines gutgläubigen Besitzers gelangt ist, von dem sie der Hehler mit strafrechtlichem Bewußtsein an sich bringt. Aber unvereinbar ist mit der für den Tatbestand der Hehlerei gebotenen Voraussetzung des Ansichbringens einer nach ihrem Erwerbe vitiosen Sache, wenn eine rechtswidrig erlangte Innehabung seitens des Haupttäters überhaupt nicht vorgelegen hat. Darauf weist auch die Fassung der Vorschrift des § 259 a. a. O. hin. Das Gesetz betont nicht sowohl die strafbare Tat und die Person des Täters, sondern die Erlangung der Sache durch die strafbare Handlung, welche ihr einen verbrecherischen Charakter aufprägt. Das Vordelikt nach seiner Qualifikation tritt in den Hintergrund, es kommt auf die Kenntnis des letzteren seitens des Hehlers nicht an, wie bei der Personenhehlerei des § 258. Es handelt sich um den strafrechtswidrig erlangten Besitz der Sache, der dem Hehler bekannt ist oder bekannt sein muß. Ein solcher bedingt keineswegs, daß die strafbare Handlung sich unmittelbar gegen das Eigentum oder den Besitz eines anderen richte oder daß sie zu dem Tatbestande des Delikts selbst gehöre, ein Merkmal desselben erfülle. Die Beeinträchtigung eines fremden Vermögensrechtes kann auch mittels anderer strafbarer Handlungen, bei denen jene Entziehung kein Tatbestandsmoment bildet, sie kann z. B. mittels Fälschung, Meineides usw. bewirkt werden. Ja, wenngleich der Tatbestand der Hehlerei überwiegend und der Regel nach eine mittelbar oder unmittelbar gegen das Eigentum gerichtete Handlung zur Grundlage hat, so läßt sich doch nicht einmal behaupten, daß diese strafbare Handlung stets gegen das Vermögen eines anderen gerichtet sein müsse. Immer aber muß die durch die strafbare Handlung erlangte Sache in strafrechtswidriger Weise in die Gewalt des Haupttäters gelangt sein. Nur damit kann sie ein möglicher Gegenstand der Hehlerei werden. An dieser Voraussetzung fehlt es bei der durch Betteln erlangten Sache. Die Handlung des Gebers ist eine gesetzlich erlaubte, vielfach auf zu billigenden ethischen Motiven beruhende. Ebenso ist für die Strafbarkeit der Annahme der Gabe kein Anhalt im Gesetze vorhanden. Der Tatbestand der mit Strafe bedrohten Handlung ist von der Annahme der Gabe unabhängig. Ihre Annahme fällt nicht mehr in den Kreis des mit der Bitte um Almosen abgeschlossenen strafbaren Handelns. Von der Erlangung der Sache mittels einer strafbaren Handlung kann also nicht die Rede sein. Denn wenngleich dem Erwerbe der Sache eine strafbare Handlung, die Bitte um eine Gabe, vorangegangen ist, so beruht doch die Erlangung der Dispositionsgewalt des Erwerbers über die Sache, also die Erlangung der Sache selbst, nicht auf dieser strafbaren Handlung, sondern auf der strafrechtlich nicht bedrohten freiwilligen Besitzübertragung seitens des Eigentümers. Jedenfalls aber ist die erlangte Sache schon in der Hand des Empfängers — da ihm eine freie Verfügung über dieselbe unverschränkt ist und letztere nicht angefochten werden kann — nicht mit dem Fehler des unerlaubten Erwerbes behaftet. Damit fällt die notwendige objektive Voraussetzung für die Strafbarkeit des Ansichbringens derselben.[1])

[1]) A. M. E. IV 440 mit folgender Begründung: Zunächst kann die Erwägung, daß der Täter Eigentümer der erbettelten Sache wird, und deshalb die Erwerbung von dem Eigentümer keine strafbare Handlung zu begründen vermöge, mit ihrer Betonung des formellen Eigentumsbegriffes nicht genügen. Auch durch strafbare Handlungen kann, je nach dem herrschenden Zivilrechtssystem, besonders

Diese Strafbarkeit ist aber auch in subjektiver Richtung um deshalb auszuschließen, weil es auf seiten desjenigen, der die erbettelte Sache an sich bringt, an dem Erfordernisse des strafrechtlichen Bewußtseins fehlte. Das-

---

auf dem Gebiete des gemeinen Rechts, Eigentum erworben werden; dieses Eigentum ist aber kein rechtmäßiges und von seiten des Berechtigten im Wege der Kondiktion anfechtbar. Hätte aber auch der erste Richter nur das rechtmäßige Eigentum im Auge gehabt, wie solches unbedenklich auf seiten des Bettlers bezüglich der ihm infolge seines Anrufens der Mildtätigkeit anderer geschenkten Gegenstände vorliegt, so würde auch dieses rechtmäßige Eigentum den Begriff der Partiererei nicht ausschließen. Das preußische Strafgesetzbuch stand in seinem § 237 allerdings wenigstens dem Resultate nach und insoweit es sich um bloße Übertretungen im Sinne des damaligen Gesetzes handelte, auf diesem Standpunkte, indem es als Gegenstand der Hehlerei nur solche Sachen anerkannte, welche gestohlen, unterschlagen oder mittels anderer Verbrechen oder Vergehen erlangt waren, damit also die Übertretungen, wozu nach § 341 das. das Betteln in seiner einfachen Form gehörte, ausschloß. Es kann unerörtert bleiben, ob sich von legislativ politischen Rücksichten aus vielleicht die Frage aufwerfen ließe, ob ein Bedürfnis dazu vorliege, auch da den Hehlereibegriff zuzulassen, wo die infolge der Straftat erlangte Sache in das rechtmäßige und unanfechtbare Eigentum des Täters überging und für den Käufer daher der Gedanke an die Unrechtmäßigkeit des Erwerbes und die Absicht der Beihilfe zu einer Straftat, auf welcher die Hehlerei, ungeachtet ihrer äußeren Selbstständigkeit, ihrer theoretischen Begründung nach einmal beruht, mehr oder weniger zurücktritt. In der Tat hat der oberste Gerichtshof für Preußen einen derartigen das Gebiet der Hehlerei beschränkenden Grundsatz in einem Falle anerkannt, wo es sich um das Schießen von Wild auf dem eigenen Grundstück innerhalb der Schonzeit handelte, und den Ankauf des geschossenen Wildes für straflos erklärt, weil der Erwerb desselben von seiten des Verkäufers mittels Okkupation rechtmäßig und nur die Modalität der Ausübung des Okkupationsrechts strafbar sei, die Tat daher einen Eingriff in ein fremdes Rechtsgebiet nicht enthalte. Vgl. Oppenhoff Rechtspr. Bd. 17, S. 378.

Einer derartigen Auslegung steht jedoch der strikte Wortlaut des Gesetzes entgegen. Wenn, wie dieses im Reichsstrafgesetzbuch der Fall, der Gesetzgeber, weil es ihm aus kriminalpolitischen Gründen so ratsam schien, zwar die Begünstigung der Person des Täters nur bei bestimmten Deliktsformen mit der Strafe der Hehlerei belegte (§ 258), dagegen eine strafbare Hehlerei in Beziehung auf Sachen auch bei den nur durch eine Übertretung erlangten Gegenständen zuließ, vgl. Motive zu §§ 253, 254 des Entwurfs S. 128, so war er sich dabei der Rücksicht, welche nach Ansicht des Instanzgerichts die Ausnahme rechtfertigt, bewußt, und wenn er dennoch davon abgesehen und die Regel ausnahmslos hingestellt hat, so bietet das positive Gesetz keine Möglichkeit, hiervon abzugehen. In Wirklichkeit trifft auch auf Übertretungen der legislative Grund, welcher die Bestrafung des Hehlers empfiehlt, vollkommen zu: denn wenn derjenige, welcher durch Übertretungen in den Besitz von Sachen gelangt, wenn der Bettler bezw. derjenige, der unter Verletzung der Vorschriften über die Schonzeit auf dem eigenen Grundstück die Jagd ausübt, weiß, daß er für die durch diese strafbaren Handlungen erlangten Sachen, mögen sie auch sein Eigentum werden, einen bereiten Abnehmer findet, so ist dieses ein Anreiz zur Begehung dieser strafbaren Handlung, welchen gerade die Strafandrohung gegen die Hehlerei verhüten will.

Insbesondere sprechen gerade bei der vorliegenden Übertretung keinerlei innere Gründe für die Zweckmäßigkeit einer Ausnahme, da, wer die erbettelten Gegenstände zum Gegenstande des Handels macht, damit zu erkennen gibt, daß es sich bei ihm nicht mehr um die Abhilfe momentaner Not, sondern um einen auf gewerbsmäßige Ausbeutung der Wohltätigkeit anderer gegründeten Vermögenserwerb handelt.

Es fällt hiernach auch der Ankauf erbettelter Gegenstände unter die eingangs erörterte Regel, denn die Annahme eines Kausalzusammenhanges zwischen der Erlangung der Sache und dem Akte des Bettelns unterliegt keinen Bedenken, da die Anrufung der fremden Mildtätigkeit ausschließlich die letztere in Tätigkeit versetzt und so den Erfolg herbeigeführt hat.

selbe ist zweifellos für Fälle nicht gegeben, in denen der ursprünglich rechtswidrige Erwerb einer mittels einer strafbaren Handlung erlangten Sache inzwischen legalisiert, z. B. durch den Eigentümer der Sache genehmigt ist. Dies muß selbstverständlich um so mehr in dem Falle des Ansichbringens einer erbettelten Sache gelten, in welchem Besitzübertragung und Besitznahme der Sache von vornherein einen strafrechtswidrigen Charakter nicht trug. Es ergibt sich also, daß es für eine strafrechtliche Sanktion, wie sie nach der Auffassung der Vorschrift des § 259 StGB. seitens der Revision — insofern dieselbe den Tatbestand der Partiererei auch auf erbettelte Sachen angewendet wissen will — gegeben sein würde, vom Standpunkte des Gesetzgebers angesehen, an der ersten legislatorischen Bedingung, dem bei der Tat regelmäßig vorauszusetzenden, der beabsichtigten Strafandrohung entsprechenden strafrechtlichen Bewußtsein des Täters fehlen würde.

Es ist aber auch mit einer solchen gesetzgeberischen Auffassung die Schätzung des Deliktes, welche demselben mit der gesetzlichen dasselbe betreffenden Strafandrohung widerfährt, ganz unvereinbar. Die Hehlerei wird ohne Zulassung mildernder Umstände mit Gefängnis (§ 259 StGB.), im wiederholten Rückfalle mit Zuchthaus, bei dem Vorhandensein mildernder Umstände mindestens mit dreimonatlicher Gefängisstrafe (§ 261 Abs. 2 StGB.), endlich im Falle der Gewerbsmäßigkeit, wiederum ohne Zulassung mildernder Umstände, mit Zuchthaus bestraft. Neben der wegen Hehlerci erkannten Gefängnißstrafe kann auf Verlust der bürgerlichen Ehrenrechte, neben jeder Verurteilung wegen Hehlerei auf Zulässigkeit von Polizeiaufsicht erkannt werden (§ 262 StGB.).

Mit Recht wird also behauptet werden müssen, daß die Partiererei in ihrer sittlichen Würdigung dem allgemeinen Rechtsbewußtsein nach als ein überwiegend aus ehrloser Gesinnung hervorgehendes Verbrechen erachtet wird, welches um deshalb mit den im Gesetze vorgesehenen Strafen bedroht ist. Mit dieser dem Gesetze nach völlig begründeten Auffassung würde sich die Vorschrift des § 259 StGB. in Widerspruch gesetzt haben, wenn dieselbe auf Gegenstände, welche durch Betteln erlangt sind,[1]) angewendet werden müßte. Die mehr als bedenklichen Konsequenzen einer Auslegung des § 259 a. a. O., wie sie in der Revision vertreten wird, dem täglichen Leben angehörige Fälle, wie der des Bäckers, welcher dem Bettler für die erbettelten Pfennige mit Kenntnis von diesem Erwerb Brot verkauft, welche, die Richtigkeit jener Anslegung vorausgesetzt, unter den Begriff der Hehlerei, unter Umständen der gewerbsmäßigen Hehlerei, fallen würden und als solche verfolgt werden müßten (vgl. § 152 StPO.), können in dieser Beziehung nicht außer Berücksichtigung bleiben.

Muß sonach angenommen werden, daß § 259 StGB. auf das Ansichbringen von erbettelten Sachen keine Anwendung zuläßt, weil dieselben nicht mittels einer strafbaren Handlung erlangt sind, [1]) so erledigt sich damit die Ausführung der Revision, welche aus dem Charakter des Bettelns als einer strafbaren Handlung das Gegenteil folgert und darauf wesentlich das eigentliche Rechtsmittel stützt. Der Umstand, daß das Gesetz in § 259

[1]) So auch die herrschende Ansicht in der Literatur.

a. a. O. dem Standpunkte früherer Gesetzgebungen, und insbesondere des preuß. Strafgesetzbuches § 237 daselbst, welches den Tatbestand des Deliktes auf durch Verbrechen oder Vergehen erlangte Sachen beschränkte, mit den Worten „mittels einer strafbaren Handlung erlangt sind" und zwar absichtlich verlassen hat, ist daher schon aus diesem Grunde für die gegenwärtige Entscheidung unerheblich. Aber auch abgesehen davon, ist aus der Entstehungsgeschichte des Reichsstrafgesetzbuches kein Anhalt dafür zu gewinnen, daß es in der Absicht gelegen hätte, den Tatbestand der Hehlerei auch auf Fälle auszudehnen, in welchen jemand eine rechtmäßig und unanfechtbar in das Eigentum des Haupttäters übergegangene Sache ansichbringt, damit aber den Hehlereibegriff selbst durchgreifend zu ändern. Die gegenüber dem preußischen Strafgesetzbuche (§ 237 das.) vorgenommenen Abänderungen — Sonderung der Fälle der Personen- und Sachhehlerei 2c. — berühren nicht das Wesen der Hehlerei in dieser Richtung. Auch die legislatorischen Verhandlungen des Reichstages unterstützen die entgegengesetzte Auffassung nicht. Die in der Kommission vorgenommenen und vom Reichstage genehmigten Modifikationen des Entwurfs sind ohne Beziehung auf die gegenwärtig streitig gewordene Frage. Die Fassung des § 259 in den Worten „durch eine strafbare Handlung erlangt sind" ist weder in der Kommission noch im Plenum zum Gegenstande der Erörterung gemacht.

Vgl. Stenographische Berichte S. 685, 717.

Man sieht sich also für die richtige Auslegung wiederum auf den Wortlaut des Gesetzes und die Motive des Entwurfs angewiesen.

Ersterer ergibt aber nur, daß als Objekte der Hehlerei nicht mehr lediglich durch Verbrechen oder Vergehen erlangte Gegenstände sich darstellen, sondern daß auch durch Übertretungen erlangte Sachen von jenen Objekten nicht ausgeschlossen sein sollen.

Auch die Motive lassen eine Folgerung auf die Annahme, daß unter den im Gesetze bezeichneten, durch eine strafbare Handlung erlangten Sachen auch diejenigen uneingeschränkt zu verstehen seien, welche mittelbar oder unmittelbar infolge einer Übertretung, welcher Art sie auch sei, erlangt seien, nicht zu.

An einem begründeten kriminalpolitischen Motive für die diesbezügliche Ausdehnung des Begriffes der Hehlerei fehlt es nicht, wenn man anzunehmen berechtigt ist, daß die Vorschrift durch die Absicht hervorgerufen ist, mit dem Tatbestande der Hehlerei auch diejenigen Übertretungen zu treffen, auf welche der Hehlereibegriff unzweifelhaft Anwendung zuläßt, und zwar sowohl diejenigen, deren das Strafgesetzbuch gedenkt (vgl. u. a. § 370 Ziff. 2, 4, 5, 6 StGB.), als die auf dem Gebiete der Spezialgesetzgebung mit Strafe bedrohten.

Sonach ist es unberechtigt, aus der keineswegs dazu nötigenden Fassung der mehrgedachten Worte des § 259 den mit dem anderweitigen Inhalte der Vorschrift unvereinbaren Schluß zu ziehen, daß der Gesetzgeber mittels einer Modifikation, welche nur einem begrenzten legislatorischen Bedürfnisse zu dienen bestimmt ist, eine weitgreifendere Änderung des Verbrechensbegriffes hätte herbeiführen wollen.

2. Spezifizierte Sachen. RMG. III 90.

In dem vom Gerichtsherrn mittels Revision angefochtenen Urteile hat der Vorderrichter festgestellt, daß die Angeklagten für den Monat November 1901 zum Militär-Wachtkommando der Strafanstalt W. kommandiert waren, und nach ihrer Rückkehr in die Garnison im Dezember verschiedene Hosenträger und Uhrtaschen bei ihnen beschlagnahmt wurden, welche nach Stoff und Verarbeitung von Gefangenen genannter Anstalt herzurühren schienen.

Nach der weiteren tatsächlichen Feststellung des Vorderrichters sind die in Rede stehenden Gegenstände von den Gefangenen während oder neben der täglichen Arbeitszeit angefertigt, höchstwahrscheinlich aus Resten von Militärtuch und Militärreithosenleder eines Bekleidungsamts, und sind solche Reste unvermeidliche Abfälle durch das Zuschneiden. Nur aus dem Verkaufe der gesammelten Gesamtabfälle der Betriebe pflegt die Anstalts-Verwaltung einen Erlös zu erzielen. Der Wert eines einzelnen Abfallstückes läßt sich kaum bestimmen. Wenn die in Rede stehenden Gegenstände zusammen 2 Kilo wiegen, stellen sie einen Gesamtmaterialwert von 15 Pfg. dar. Der Hauptwert, welcher allein schätzbar ist, steckt in der im einzelnen zur Anfertigung von den Gefangenen aufgewandten Arbeit, welche außer dem täglichen Arbeitspensum geleistet werden muß.

Nach § 950 BGB. erwirbt derjenige, welcher durch Verarbeitung oder Umbildung eines oder mehrerer Stoffe eine neue bewegliche Sache herstellt, das Eigentum an der neuen Sache, sofern nicht der Wert der Verarbeitung oder der Umbildung erheblich geringer ist, als der Wert des Stoffes. Mit dem Erwerbe des Eigentums an der neuen Sache erlöschen die an dem Stoffe bestehenden Rechte.

Guter Glaube des Verarbeitenden in bezug auf sein Eigentum an dem Stoffe ist, abweichend von den meisten bisherigen Rechten — vgl. z. B. Allgem. Preuß. Landr. §§ 299 ff. I 9 —, gemäß § 950 BGB. zum Eigentumserwerbe nicht erforderlich. Auch der Dieb kann durch Verarbeitung der entwendeten Sache Eigentum erwerben (vgl. Protokolle der Kommission für die II. Lesung des Entwurfes des BGB. in der vom Reichsjustizamte veranlaßten Bearbeitung, Bd. III S. 241. Planck, Komm. zum BGB. III. Bd., Sachenrecht zu § 950 Note 1 b).

Diese Grundsätze, angewandt auf den vorliegenden Fall, schließen die Annahme der Hehlerei aus.

Nach dem dargelegten Sachverhältnisse muß davon ausgegangen werden, daß die Gefangenen die Anfertigung der Hosenträger und Uhrtaschen lediglich für ihre eigenen Zwecke, also für sich, und nicht etwa für einen Dritten vorgenommen haben. Diese Tätigkeit stellt sich rechtlich als Herstellung neuer beweglicher Sachen durch Verarbeitung eines fremden Stoffes dar. Mittels dieser Verarbeitung haben die Gefangenen gemäß § 950 BGB. das Eigentum an den neu hergestellten Sachen, den Hosenträgern und Uhrtaschen, erworben, während zugleich die an den verarbeiteten Stoffen bestandenen Rechte der Anstaltsverwaltung bezw. des Fiskus erloschen sind. Die im § 950 vorgesehene Ausnahme, daß der Wert der Verarbeitung erheblich geringer ist, als der Wert des Stoffes, liegt, wie tatsächlich feststeht, nicht vor, und auf den guten oder bösen Glauben des Verarbeiters kommt es für die Anwendbarkeit des Grundsatzes des § 950 nicht an. Der den verwendeten Stoffen anhaftende Makel des strafrechtswidrigen Erwerbes ist durch die Verarbeitung derselben getilgt. Denn mit der Herstellung der Hosenträger und Uhrtaschen haben die verwendeten Stoffe überhaupt aufgehört, als selbständige Sachen zu existieren. Auch eine Übertragung jenes Makels auf die neu hergestellten Gegenstände ist ausgeschlossen, da die Gefangenen sich diese auf eine Weise verschafft haben, welche eine vom Gesetz anerkannte Eigentumserwerbsart bildet.

3. Die Hehlerei kann nur in betreff des **unmittelbar** durch die strafbare Handlung erlangten Gegenstandes begangen werden. So E. XXV 403 (vgl. II 443, IV 321, VIII 433, XXIII 53):

Das Wesen der Hehlerei ist darin zu erblicken, daß die vom Haupttäter durch seine strafbare Handlung verursachte Rechtsverletzung durch die nunmehr hinzutretende Tätigkeit des Hehlers in ihrem Fortbestande aufrecht erhalten, die Rückkehr des entfremdeten Gutes zum Verletzten durch Eintreten des Hehlers in den Besitz verhindert wird. Der Makel des verbrecherischen Erwerbes haftet an dem entfremdeten Gegenstande, durch dessen Rückkehr zum Verletzten allein die vom Haupttäter begangene Rechtsverletzung ausgeglichen werden kann; er haftet an jenem Gegenstande auch dann, wenn er in andere Hände übergeht, nicht aber an den dafür als Gegenleistung in das Vermögen des Haupttäters gelangten Sachen. Von diesem Gesichtspunkte aus ist wiederholt verneint worden, daß an dem durch Verkauf, Umtausch der gestohlenen bezw. unterschlagenen Sache vom Haupttäter Erlangten Hehlerei begangen werden könne.

II. **Begriff des „Ansichbringens".** E. XVIII 303 (vgl. auch XX 210):

Nach den tatsächlichen Feststellungen der Vorinstanz hat die Ehefrau S. den Überzieher ihres Ehemannes, welchen dieser dem Schlepper P. wegen eines Darlehns von 3 Mk. zum Pfande gegeben hatte, dem Pfandgläubiger zugunsten ihres Ehemannes, des Eigentümers, weggenommen. Sie hat sodann den Rock ihrem Ehemanne gegeben, und dieser hat ihn demnächst verkauft. Daß der Ehemann wußte, seine Frau habe den Überzieher dem P. ohne Bezahlung der geschuldeten 3 Mk. weggenommen, stellt der Vorrichter ausdrücklich fest. Zur Verneinung des Tatbestandes des § 259 StGB. gelangt die Strafkammer, indem sie den Satz aufstellt: es könne der Eigentümer die eigene Sache, welche zu seinen Gunsten ein Dritter dem Pfandgläubiger weggenommen, nicht an sich bringen.

Mit Recht macht die Revision der Staatsanwaltschaft geltend, daß die Auffassung der Vorinstanz auf einer Verkennung des Gesetzes beruhe. ...

Der Begriff des „Ansichbringens" im Sinne des § 259 erfordert nicht, daß dem Hehler auf Grund eines unter eine bestimmte zivilrechtliche Kategorie fallenden Vertrages die volle oder eine beschränkte rechtliche Verfügungsgewalt übertragen wird. In rechtswirksamer Weise kann derjenige, der durch eine strafbare Handlung die Sache erlangt hat, überhaupt nicht über die Sache verfügen, auch ein Kaufgeschäft würde, da der Hehler sich gleichfalls in bösem Glauben befindet, zivilrechtlich nichtig sein (vgl. §§ 159, 160 I. 11 ALR., l. 34 § 3 Dig. de contrah. emtione 18, 1). Ferner ist bereits in dem Urteile des Reichsgerichtes vom 20. Mai 1881,

Entsch. des RG. in Strafs. Bd. 4 S. 184,

ausgeführt worden, daß es nicht darauf ankomme, ob das dem Ansichbringen zugrunde liegende Geschäft nach zivilistischen Regeln in die gesetzliche Form eingekleidet sei. Ist es daher für das Strafgesetz ohne Bedeutung, ob der Vertrag, auf Grund dessen der Hehler die Sache erwarb, zivilrechtlich nach Form und Inhalt gültig und rechtswirksam ist, so können die Worte des Gesetzes:

„Wer . . . Sachen . . . ankauft, zum Pfande nimmt oder sonst an sich bringt"

nur dahin verstanden werden, daß eine Übertragung der tatsächlichen Verfügungsgewalt des Besitzes, auf Grund eines Vertrages im allgemeinsten Sinne, d. h. auf Grund beiderseitiger Willensübereinstimmung, stattgefunden haben muß, gleichviel ob auch ein Recht an der Sache übertragen werden konnte oder sollte. Vorauszusetzen ist nur nach der Analogie der vom Gesetze angeführten Beispiele (Ankaufen, zum Pfande nehmen), daß der Erwerber die Verfügungsgewalt nicht lediglich für den anderen und im Namen desselben ausüben, sondern die Sache übernehmen sollte, um über dieselbe als seine eigene oder doch für sich selbst, für seine Zwecke zu verfügen (vgl. §§ 6, 7 I. 7 ALR.).

Zu derselben Auffassung gelangt man aber auch bei Berücksichtigung des Gedankens, auf dem der § 259 beruht. Das Gesetz will durch seine Strafandrohung einer Befestigung und Sicherung des durch die strafbare Handlung herbeigeführten rechtswidrigen Erfolges entgegentreten. Wie nun der Dieb usw. selbst durch seine Straftat nicht das Recht des Verletzten, sondern den dem Rechte entsprechenden tatsächlichen Zustand aufhebt und nur insofern einen rechtswidrigen Vermögenszustand schafft, so erfolgt auch die Befestigung dieses Zustandes schon dadurch, daß der Hehler von dem Diebe diejenige Verfügungsgewalt erwirbt, welche dieser selbst durch seine strafbare Handlung erlangt hat, also die tatsächliche Verfügungsgewalt.

Mit der hier vertretenen Auffassung stimmt aber auch die bisherige Rechtsprechung des Reichsgerichtes überein. So heißt es z. B. in dem Urteile vom 9. Juli 1885,

Rechtspr. Bd. 7 S. 484,

der Begriff des „Ansichbringens" im Sinne des § 259 StGB. setze voraus, daß der Hehler von einem anderen die durch eine strafbare Sache erlangte Sache erwerbe, um zu eigenem Zwecke über dieselbe zu verfügen, daß die Sache — ganz oder zum Teil — in die „Verfügungsgewalt" des Hehlers übergehe, ein solcher Wechsel des Besitzverhältnisses werde jedoch nicht schon dadurch bewirkt, daß der Dieb die gestohlene Sache seiner Haushälterin zur Verwendung im Haushalte gebe. In gleichem Sinne spricht das Urteil vom 20. November 1883,

Entsch. des RG. in Straff. Bd. 9 S. 199,

aus: das Ansichbringen bezeichne im § 259 den Erwerb von einem anderen, durch welchen (Erwerb) die Sache aus dem Gewahrsam des letzteren in die eigene Verfügungsgewalt gebracht werde, um über sie, als die eigene, zu verfügen. Die eigene Verfügungsgewalt, um über die Sache als die eigene oder für sich selbst zu verfügen, ist aber im rechtlichen Sinne der Besitz ohne Rücksicht auf das materielle Recht zu besitzen. Wenn daher in dem Urteile des Reichsgerichtes vom 13. Januar 1888,

Entsch. des RG. in Straff. Bd. 17, S. 59,
gesagt ist: das Ansichbringen bezeichne eine abgeleitete oder, wie § 6 I. 9. ALR. sich ausdrücke, eine mittelbare Erwerbungsart, die Besitzerlangung infolge oder auf Grund eines Vertrages mit dem vorigen Besitzer, so hat, zumal auch das Gesetz selbst das „zum Pfand nehmen" erwähnt, durch die Bezugnahme auf die angeführte Stelle des Landrechtes keineswegs im Widerspruche mit der sonstigen Rechtsprechung des Reichsgerichtes ausgesprochen werden sollen, daß das Ansichbringen notwendig einen Vertrag, der die Übertragung des Eigentums zum Gegenstand habe, voraussetze. Es hat vielmehr, wie der Zusammenhang und die ausdrückliche Bezugnahme auf die früheren Urteile des Reichsgerichtes ergibt, nur ausgedrückt werden sollen, daß als „Ankaufen" im Sinne des § 259 nicht schon die Abschließung eines Kaufvertrages gelten könne, sondern die Besitzerlangung auf Grund eines Kaufgeschäftes mit dem bisherigen Besitzer erfordert werden müsse. Zu einer Erörterung darüber, ob bei dem „sonstigen Ansichbringen" den Gegenstand des Vertrages die Übertragung eines Rechtes bilden müsse, oder ob es schon genüge, wenn die Willenseinigung sich bloß auf die Übertragung des Besitzes erstreckte, lag damals keine Veranlassung vor.

III. **Subjektive Tatseite.** E. VII 86 (vgl. auch XXV 221):

Wenn die Strafkammer als nicht erwiesen annimmt, daß Beschwerdeführer Kenntnis davon gehabt, daß R. das Fuhrwerk am Abende vorher in S. gestohlen habe, zum subjektiven Tatbestande der Hehlerei es indessen für ausreichend erachtet, daß den Angeklagten die ihm bekannt gewordenen Umstände zu der Überzeugung hätten führen müssen, daß R. dasselbe durch eine strafbare Handlung erlangt habe, Angeklagter aber sich der Erwägung dieser Umstände aus einem hohen, dem Dolus nahezu gleichstehenden Grade der Fahrlässigkeit entzogen habe, so weist weder die Fassung des Gesetzes noch die Natur des Delikts darauf hin, daß die Sachhehlerei zu den Fahrlässigkeitsdelikten in dem Sinne gehöre, daß, wenn der Erwerber einer durch eine strafbare Handlung erlangten Sache sich den Umständen nach in dem guten Glauben an das ehrliche Erlangtsein der Sache von seiten des Veräußerers, bezw. seiner Besitzvorgänger befunden hat, er durch den Erwerb sich strafbar mache, wenn er dabei aus Fahrlässigkeit die Umstände nicht in Rücksicht gezogen hat, welche ihm möglicherweise die Überzeugung von dem strafbaren Erlangungsakte hätten verschaffen können. Das Gesetz, indem es das Wissen von dem Erlangtsein durch eine strafbare Handlung und das durch die Umstände bedingte Annehmenmüssen desselben aus „praktischen Gründen", wie die Motive S. 128 sich aussprechen, gleichstellt, hat damit nicht neben dem Dolus die Fahrlässigkeitsstrafen oder neben dem Dolus und der Fahrlässigkeit eine neue weder mit dem einen noch der anderen sich vollkommen deckende Schuldform schaffen, sondern hat, eben von praktischen Rücksichten geleitet, dem Prinzipe des Dolus gegenüber den Schwierigkeiten, welche die Beweisfrage der Durchführung desselben bereitet, zu Hilfe kommen wollen. Der Erwerber soll bestraft werden, nicht weil er den strafbaren Erwerb nicht kannte, aber hätte kennen sollen, sondern weil er Umstände kannte, die notwendig zu der Annahme des strafbaren Erwerbes hinführen, und deshalb, wie es das Gesetz gestattet, ohne weiteres anzunehmen ist, daß ihm der letztere nicht unbekannt geblieben sei. Es handelt sich um eine bloße Beweisregel. Gelangt aber der Richter im konkreten Falle zu der Überzeugung, daß der Angeklagte jene ihm allerdings bekannten Umstände vielleicht leichtfertig gar nicht in Betracht gezogen oder anders beurteilt und deshalb in dem festen guten Glauben gehandelt habe, die Sache sei redlich erworben, so kann eine Bestrafung wegen Hehlerei nicht stattfinden. Selbstredend ist dieser Fall von dem zu unterscheiden, in welchem sich der Angeklagte der Erwägung jener Umstände absichtlich entzogen hat, denn dieser letztere Fall gehört in das Gebiet des indirekten Dolus.

---

§ 53. Kap. 6. Gemeingefährliche Delikte.

Beling § 74; Berner S. 633 ff., Binding Gr. §§ 208 ff., v. Liszt §§ 148 ff., H. Meyer § 146, Frank und Olshausen zu §§ 306—312 StGB.

I. **Begriff der Gefahr.** E. X 175 (vgl. auch XIV 135, XXX 179, XXXI 180):

Das Begriffsmerkmal der „Gefahr“ und des „Ingefahrsetzens“ in den §§ 315, 316 StGB. entzieht sich einer scharfen Abgrenzung. Die Begriffe sind dem allgemeinen Sprachgebrauche entnommen. Man bezeichnet damit einen Zustand, in welchem nach den zurzeit bekannten Verhältnissen der Eintritt eines Schadens als wahrscheinlich zu gelten hat, oder, was dasselbe sagen will, eine naheliegende Möglichkeit, eine begründete Besorgnis eines Schadens vorliegt. Das Gesetz hat sich einer Definition enthalten. Daß eine Abweichung von dem gemeinen Sprachgebrauche nicht beabsichtigt worden ist, ergeben sowohl die Motive des Entwurfes zum preußischen Strafgesetzbuche in der Motivierung zu den §§ 259—263 (§§ 285—289 preuß. Strafgesetzbuches) als auch die Motive des Entwurfes zum Reichsstrafgesetzbuche S. 141. Erstere sprechen davon, ob „der Tod von Menschen als wahrscheinlich vorausgesehen werden konnte;“ letztere bezeichnen die gemeingefährlichen Verbrechen und Vergehen als diejenigen, „mit deren Begehung die Wahrscheinlichkeit einer allgemeinen Gefahr für Menschen oder Sachen gegeben ist.“

Danach genügt zur Annahme einer Gefahr nicht die bloße, vielleicht noch so entfernte Möglichkeit, daß infolge einer Handlung ein Schade eintrete. Hätte der Gesetzgeber die bloße Möglichkeit eines Schadens für ausreichend erachtet, so hätte er in § 316 Abs. 2 StGB. von dem Begriffsmerkmale der Gefahr absehen können; denn es läßt sich kaum eine Pflichtvernachlässigung der dort bezeichneten Beamten denken, welche bei der Leitung von Eisenbahnfahrten oder bei der Aufsicht über die Bahn und den Beförderungsbetrieb vorkommt und nicht in abstracto die Möglichkeit eines Schadens mit sich bringt.

Andererseits verlangt das Gesetz nicht einen hohen oder überhaupt einen bestimmten Grad der Wahrscheinlichkeit eines Schadens.

Eine feste, für die unendliche Zahl aller denkbaren Fälle durchgreifende Abgrenzung zwischen der Möglichkeit und der Wahrscheinlichkeit eines Schadens läßt sich nicht ziehen, es muß daher im allgemeinen dem Tatrichter überlassen werden, unter Erwägung aller Umstände des Einzelfalles zu entscheiden, ob eine Gefahr als vorhanden anzunehmen ist.

II. **Den Begriff der Eisenbahn** im Sinne des § 316 erörtert ausführlich E. XII 205.

III. **Begriff der Eisenbahn-Transportgefährdung** E. XI 205[1]) (vgl. auch XXX 179, XXXI 198).

In der Nacht vom 26. auf den 27. Januar 1884 setzte sich ein Wagenzug, bestehend aus 17 leeren verkuppelten Eisenbahngüterwagen ohne Lokomotive und Tender, welcher am 26. Januar vormittags in R. im Elsaß angekommen, dort behufs Beladung und späterer Weiterbeförderung abgehängt und auf dem Geleise II der genannten Station aufgestellt war, infolge eines heftigen Sturmes in Bewegung, gelangte auf das Hauptgeleise und rollte auf diesem etwa 7 km in der Richtung nach Sch. weiter, bis er auf dem Hauptgeleise von selbst zum Stehen kam. Obgleich eine Beschädigung an dem Eisenbahnkörper oder den Bahnwagen nicht erfolgte, wurde der Stationsverwalter F. von R. wegen „Gefährdung eines Eisenbahntransportes" vor Gericht gestellt, und auch nach § 316 Abs. 2 StGB. verurteilt. Zur Begründung der von demselben eingelegten Revision wurde geltend gemacht, die Strafkammer habe die angeführte Gesetzesbestimmung verletzt, insbesondere den Begriff des Transportes auf einer Eisenbahn verkannt.

Soweit es sich um den Begriff des „Transportes" auf einer Eisenbahn handelt, liegt den Ausführungen des Angeklagten die Auffassung zugrunde, § 316 Abs. 2 StGB. könne nur dann zur Anwendung kommen, wenn ein bestimmter genau zu bezeichnender Eisenbahnzug in Gefahr gesetzt worden sei. Dieser Auffassung kann aber nicht beigetreten werden. In § 315 und in § 316 Abs. 1 StGB. ist davon die Rede, daß „der Transport" in Gefahr gesetzt wird, bezw. jemand durch eine der im Gesetz bezeichneten Handlungen „den Transport auf einer Eisenbahn in Gefahr setzt". Hier fehlt jeder Anhaltspunkt, dafür, daß nur die Gefährdung eines bestimmten Eisenbahnzuges oder bestimmter Zug- oder Transportmittel die Anwendung der in Frage stehenden Strafbestimmungen rechtfertigen solle. Vielmehr führt die Fassung des Gesetzes zur Auslegung, daß unter „Transport" die Benutzung der Eisenbahn zu den ihr eigentümlichen Zwecken, d. h. zur Beförderung von Personen und Gütern, verstanden wird, und daß eine Gefährdung dieser Beförderung oder des Betriebes der Eisenbahn genügt, um die Anwendung des Strafgesetzes, falls alle übrigen Voraussetzungen desselben vorliegen, zu rechtfertigen. Nach dieser Auffassung bedeutet Gefährdung des Transportes dasselbe wie Gefährdung des Eisenbahnbetriebes im allgemeinen. Wird schon durch die Fassung der angeführten Paragraphen nicht die Annahme gerechtfertigt, die Bestrafung solle von dem Nachweise abhängig gemacht werden, daß ein genau zu bezeichnender Eisenbahnzug gefährdet worden sei, so spricht gegen

[1]) A. M. Frank II.

die beschränkende Auslegung ferner der Grund des Gesetzes, durch das offenbar der Eisenbahnbetrieb im allgemeinen gegen vorsätzliche wie gegen fahrlässige Gefährdungen geschützt werden sollte. In § 316 Abs. 2 StGB. ist nun allerdings nicht von Gefährdung des Transportes, sondern davon die Rede, daß „ein Transport" in Gefahr gesetzt worden ist. Dieser Gebrauch des unbestimmten Artikels scheint zu dem Schlusse zu berechtigen, daß hier in einem andern Sinne von Eisenbahntransport gesprochen wird, als im ersten Absatz des § 316 und in § 315 a. a. O. Aber eine nähere Betrachtung ergibt, daß die Folgerung nicht gerechtfertigt ist, vielmehr nur eine Ungenauigkeit in der Fassung vorliegt. Es ist von vornherein schwer erklärlich, wie man hätte dazu kommen sollen, bei der Gefährdung der Eisenbahn durch Pflichtverletzung von seiten der bei derselben angestellten Beamten nur für den Fall Strafe anzudrohen, daß ein bestimmter Eisenbahnzug in Gefahr gesetzt wird, bei dem im § 316 Abs. 1 a. a. O. vorgesehenen Fahrlässigkeitsvergehen dagegen jede Gefährdung des Betriebes mit Strafe zu ahnden. Ein Grund zu einer so abweichenden Behandlung der zwei in einem Paragraphen zusammengefaßten nahe verwandten Vergehen ist um so weniger ersichtlich, als auch die in Abs. 2 bezeichneten Beamten sich einer Gefährdung aus Fahrlässigkeit schuldig machen können, und eine Vernachlässigung der diesen obliegenden Pflichten nicht weniger schwer ins Gewicht fällt als eine Fahrlässigkeit. Weiter kommt in Betracht, daß, wenn eine solche Unterscheidung gewollt worden wäre, dringende Veranlassung bestanden hätte, die dazu führenden Gründe bei den Gesetzgebungsverhandlungen mitzuteilen und darzulegen, daß das Wort „Transport" in § 316 Abs. 2 einen ganz anderen Sinn habe, als im ersten Absatz dieses Paragraphen und in § 315, indem es hier nicht die Beförderung auf der Eisenbahn oder den Betrieb derselben, sondern die zu transportierenden Gegenstände und Transportmittel bezeichne. In der Vorgeschichte des Gesetzes findet sich aber nirgends eine Andeutung dafür, daß bei der Pflichtverletzung der Beamten vom Transport auf der Eisenbahn in einem anderen Sinne gesprochen werde, als sonst. Die Vorschriften der §§ 315 und 316 StGB. entsprechen den Bestimmungen der §§ 295 und 296 des früheren preußischen Strafgesetzbuches, in welches sie aus dem preußischen Gesetze vom 30. November 1840 (GS. 1841 S. 9) übergegangen sind. Schon in § 5 dieses Gesetzes und in § 295 Abs. 2 des preußischen Strafgesetzbuches wird von „einem" Transport gesprochen, während im übrigen der bestimmte Artikel gebraucht wird. Weder in den Materialien zu diesem Gesetzbuch, noch in denjenigen zum deutschen Strafgesetzbuch findet sich aber eine dafür sprechende Äußerung, daß das Wort „Transport" in verschiedenen Bedeutungen gebraucht werde. Es ist deshalb anzunehmen, daß der Unterschied in der Fassung, der zwischen Abs. 1 und Abs. 2 des § 316 StGB. besteht, nicht in einer materiellen Verschiedenheit des Inhalts, sondern in einer ungenauen Ausdrucksweise seinen Grund hat. Unter der Herrschaft des preußischen Strafgesetzbuches ging denn auch die herrschende Ansicht dahin, daß der Begriff „Transport" in den §§ 295, 296 überall derselbe sei. Man kann nun zwar geltend machen, daß die beschränktere Begriffsbestimmung mit Rücksicht auf die in § 316 Abs. 2 gewählte Fassung allen den verschiedenen Vorschriften des Gesetzbuches, in welchen vom Transport auf einer Eisenbahn die Rede ist, zugrunde gelegt werden könne. Aber gegen diese Auffassung spricht außer dem bereits oben dargelegten Grunde des Gesetzes der Umstand, daß in mehreren Bestimmungen ganz allgemein von „dem Transporte" auf einer Eisenbahn gesprochen wird und dieser Ausdruck vielmehr geeignet ist, die auf der Eisenbahn stattfindende Beförderung, als die zu transportierenden Gegenstände und Transportmittel zu bezeichnen. Hiernach ist anzunehmen, daß es nicht bloß nach §§ 315 und 316 Abs. 1 StGB., sondern auch nach Abs. 2 des letzteren Paragraphen lediglich darauf ankommt, ob der Eisenbahnbetrieb als solcher, d. h. die Benutzung der Eisenbahn zu den ihr eigentümlichen Zwecken gefährdet wurde. Die in dem angefochtenen Urteile enthaltene Feststellung genügt aber dann, um die Anwendung des § 316 Abs. 2 a. a. O. zu rechtfertigen, da es nach dem Inhalte der Urteilsgründe als festgestellt anzusehen ist, es seien dadurch, daß der in Frage stehende Wagenzug auf das Hauptgeleise rollte und auf demselben stehen blieb, die Züge, welche dasselbe am nächsten Morgen befahren sollten, gefährdet worden. Es wird hiernach ohne Grund gerügt, daß § 316 Abs. 2 StGB. verletzt worden sei.

Zweiter Abschnitt.

Delikte wider die Gesamtheit.

§ 54. Kap. 1. Politische Delikte.

Beling § 75, Berner S. 350 ff., v. Liszt §§ 165 f., H. Meyer S. 638 ff., Frank und Olshausen zu §§ 80 ff. StGB.

Staatsverleumdung (StGB. § 131). E. XXII 253.[1])

Das angefochtene Urteil nimmt als erwiesen an, daß der Angeklagte als verantwortlicher Redakteur der zu Halberstadt erscheinenden periodischen Druckschrift „Sonntagszeitung" eine erdichtete Tatsache, nämlich eine zugunsten der Reichen auf Kosten der Armen in Preußen bestehende Rechtsungleichheit, wissend, daß sie erdichtet sei, öffentlich verbreitet habe, um hierdurch das Institut des Privateigentums verächtlich zu machen.

Der erste Richter erblickt in diesem Institute des Privateigentumes eine Staatseinrichtung im Sinne § 131 StGB. und wendet demgemäß diese Strafbestimmung auf den vorliegenden Fall an.

Dieser Rechtsanschauung vermag jedoch nicht beigepflichtet zu werden.

Der Begriff der „Staatseinrichtung" steht in der Doktrin keineswegs fest. Man zieht mehrfach (z. B. Olshausen, Kommentar zu § 131 Note 9 a) daraus, daß der Entwurf der Strafgesetznovelle vom 26. Februar 1876 den Instituten der Ehe, der Familie und des Eigentumes durch Abän-

---

[1]) Vgl. gegen dieses Urteil Beling, Ztschr. f. StrRWiss. XVIII 280.

derung des § 130 StGB. Schutz gegen öffentliche Angriffe zu gewähren suchte, die bezügliche Vorlage jedoch vom Reichstage abgelehnt wurde, den Schluß, daß jene Institute nicht unter den Begriff der Staatseinrichtung fallen könnten. Allein dieser Schluß wird durch die gesetzgeberischen Verhandlungen nicht gerechtfertigt.

Allerdings hatte jener Entwurf in § 130 Angriffe auf die Institute der Ehe, der Familie oder des Eigentumes unter Strafe gestellt, und die Motive dazu besagen, es erscheine mit Rücksicht auf gewisse Parteibestrebungen geboten, die Strafbestimmung des § 130 auf Angriffe gegen diese Institute als die Grundlagen aller sittlichen und rechtlichen Ordnung auszudehnen.

Die Vorlage der Reichsregierung in diesem Punkte wurde im Reichstage von verschiedenen Seiten bekämpft. Von der einen Seite, z. B. von dem Abgeordneten Lasker, wurde sie als wirkungslos und unannehmbar, von der anderen Seite, wie von dem Abgeordneten Dr. von Schwarze, als unnötig erklärt, weil die fraglichen Institute unter den Begriff der Staatseinrichtungen zu stellen seien, wofür § 131 schon ausreichenden Schutz enthalte. Schließlich wurde der vorgeschlagene Zusatz abgelehnt.

Vgl. Verhandlungen des Deutschen Reichtages, Sitzung vom 3. Dezember 1875 S. 395 ff. 406, und vom 27. Januar 1876 S. 969.

Es läßt sich demnach ein sicherer Schluß, welche Gründe für die Ablehnung maßgebend waren, nicht ziehen. Der Vorschlag der Reichsregierung drückt nur die Anschauung eines der Gesetzgebungsfaktoren aus und kann deshalb nicht ausschlaggebend sein.

Da auch die gesetzgeberischen Verhandlungen zum Strafgesetzbuche von 1871 keine Anhaltspunkte für die Entscheidung der Frage bieten, so ist auf Wertbedeutung und Sinn des Ausdruckes „Staatseinrichtungen" selbst zurückzugehen.

Hierunter sind aber zu verstehen die bleibenden dauernden Bestandteile der Verfassung und Verwaltung, mit welchen der spezielle Staat „sich einrichtet", jene auf Erfüllung des Staatszweckes hinzielenden, für die Dauer bestimmten organischen Schöpfungen auf irgend einem Gebiete der staatlichen Tätigkeit. Was dagegen der Staat nicht sich eigentlich selbst schafft oder als besondere Schöpfung eines anderen Staates übernimmt, was unabhängig vom Dasein des besonderen Staates als Bestandteil allgemein menschlicher Kulturzustände sich darstellt, oder was nur vorübergehenden Zwecken dient, kann nicht unter den Begriff der „Staatseinrichtung" gestellt werden. Hieraus ergibt sich, daß die allgemeinen Rechtsinstitute der Ehe, der Familie und des Eigentumes nicht unter den Begriff der Staatseinrichtungen gebracht werden können. Dadurch, daß der Staat dieselben anerkennt und schützt, werden sie selbst noch nicht zu Einrichtungen des Staates. Nur insofern, als der Staat diese Institute zur Grundlage besonderer organischer Schöpfungen macht, als er sie unter Anpassung an die bestehenden Verhältnisse seinen Bedürfnissen entsprechend besonders gestaltet, z. B. als Grundbuch- oder Hypothekenwesen, als Zivilehe oder als väterliche Gewalt und dergleichen, stellen sich diese allgemeinen Rechtsinstitute als besondere „Staatseinrichtungen" dar.

Der erste Richter befindet sich sonach in einem Rechtsirrtume, wenn er das Institut des Privateigentumes für eine „Einrichtung" des preußischen Staates erklärt. Das angefochtene Urteil nimmt zwar auch noch an, daß der in Frage stehende Zeitungsartikel die zum Schutze des Eigentumes bestehenden Gesetze und obrigkeitlichen Anordnungen verächtlich zu machen bezwecke. Allein es bezeichnet beide nicht näher, sodaß in der Revisionsinstanz eine Nachprüfung nach den vorausgeschickten Gesichtspunkten nicht möglich und der Verdacht nicht ausgeschlossen ist, daß dieser Annahme rechtsirrtümliche Anschauungen zugrunde liegen.

---

§ 55. Kap. 2. Delikte wider die Autorität der Staatsgewalt.

Beling § 76, Berner S. 385 ff., v. Liszt §§ 171 ff., H. Meyer §§ 121 ff., Frank und Olshausen zu §§ 110 ff., StGB.

I. Widerstand gegen die Staatsgewalt.

1. Nach E. VIII 53 bezieht sich § 113 StGB. nicht bloß auf den Widerstand gegen die inländische, sondern auch auf den Widerstand gegen die ausländische Staatsgewalt.

2. Rechtmäßigkeit der Amtsausübung. E. V 296 (vgl. auch RMG. II 7):

Der Gerichtsvollzieher S. hatte gegen den Schuster L. am 7. Februar 1881 wegen einer ausgeklagten Schuld desselben eine Pfändung vorzunehmen und fand in der Wohnung desselben nicht den Schuldner L., sondern nur dessen Ehefrau, welche behauptete, daß alle in der Wohnung vorhandenen Gegenstände ihr, nicht ihrem Ehemanne gehörten. Unter diesen Gegenständen befand sich auch ein verschlossener Schrank, der wegen einer anderen Schuld des L. früher gepfändet, von der Ehefrau als ihr Eigentum reklamiert worden war und derselben als solches später unter Entlassung aus dem Pfandnexus überwiesen wurde. Nachdem der Gerichtsvollzieher die Öffnung des Schrankes verlangt hatte, erklärte die Ehefrau L., alles darin Enthaltene stehe in ihrem Eigentum und ihrem Besitz, öffnete zwar nach anfänglicher Weigerung die Klappe des Schrankes mit dem in ihren Händen befindlichen Schlüssel, widersetzte sich aber gewaltsam, als der Gerichtsvollzieher die Pfändung durch Besitznahme eines Briefumschlages mit 12 Fünfmarkscheinen und eines Beutels mit 2 Zwanzigmarkstücken ausführen wollte. Das Geld war ihr Eigentum, stand auch wirklich in ihrer ausschließlichen tatsächlichen Innehabung; der Gerichtsvollzieher hatte jedoch mit Rücksicht auf frühere Vorgänge damals Grund, der Behauptung der L., sie sei Eigentümerin und Besitzerin des Geldes, zu mißtrauen; der Schrank als Ganzes war entweder im ausschließlichen Gewahrsam des Ehemannes derselben, oder in gemeinschaftlichem beider Eheleute.

Diese tatsächlichen Feststellungen lassen nicht ersehen, daß der vorige Richter, als er sie traf, von unrichtigen Rechtsanschauungen ausgegangen wäre, insbesondere wird der ausschließliche Besitz der Ehefrau L. an dem

Gelde dadurch, daß sie den Schrank selbst nicht, oder nicht allein in ihrem Gewahrsam hatte, unter den hier erwiesenen Umständen, da der Schrank sich in der von ihr mitbenutzten Wohnung und der Schlüssel zu dem Teile desselben, worin das Geld lag, in ihren Händen befand, nicht ausgeschlossen, und ebenso verstößt die Annahme eines ausschließlichen Besitzes der Ehefrau an dem Gelde deshalb, weil dieses sich in der Wohnung des Ehemannes befand, gegen einen Rechtssatz des gemeinen Rechts, namentlich gegen die praesumtio Muciana, welche letztere von der Tatsache des Besitzes der Ehefrau ausgeht, und derselben nur das Eigentum vermöge der Vermutung einer ungültigen Schenkung des Ehemannes bis zum Beweise eines anderweiten Erwerbes abspricht. Es ist ferner richtig, daß der Zwangsvollstreckung in körperliche Sachen nur diejenigen Sachen unterworfen sind, welche sich im Gewahrsam des Schuldners oder eines solchen Dritten befinden, der zur Herausgabe derselben bereit ist, während der hierzu nicht bereite dritte Besitzer der Pfändung zu widersprechen berechtigt ist (ZPO. §§ 710, 712, 713, 745, 772). Nicht minder muß anerkannt werden, daß die objektiv rechtswidrige Handlung eines Beamten der in § 113 StGB. bezeichneten Kategorieen nicht dadurch zu einer rechtmäßigen wird, daß der Beamte sie irrtümlicherweise dafür hält. Vgl. Entsch. des RG. in Straff. Bd. 2 S. 245, Bd. 3 S. 17 ff. Der vorige Richter irrt aber, wenn er daraus, daß nach seiner Annahme das Geld der Pfändung nicht unterlag, ohne weiteres den Schluß ziehen zu können glaubt, der Gerichtsvollzieher habe, indem er zur Pfändung schritt, nicht in derjenigen rechtsmäßigen Ausübung seines Amtes sich befunden, von welcher § 113 die Strafbarkeit eines dem Beamten mit Gewalt geleisteten Widerstandes abhängig macht. Wenn es sich bei den in § 113 genannten Beamten nicht um Vollziehung eines bestimmten Befehles eines dienstlichen Vorgesetzten handelt, sondern eine Amtshandlung in Frage ist, die innerhalb ihrer gesetzlichen Zuständigkeit liegt, deren sonstige formale Bedingungen gegeben sind, und deren Vornahme das Gesetz insofern in ihr Ermessen stellt, als es dieselbe von dem Vorhandensein gewisser materieller Voraussetzungen abhängig macht und dem Beamten die Prüfung zuweist, ob im konkreten Falle die Bedingung zutreffe, so ist der Beamte in rechtmäßiger Ausübung seines Amtes insolange begriffen, als er das ihm zur Pflicht gemachte Ermessen walten läßt, und nach dem Ergebnis der angestellten Prüfung sein amtliches Handeln einrichtet. Ein solches Verhältnis liegt hier vor. Es kann nicht davon die Rede sein, daß der Gerichtsvollzieher, wenn er auf Widerspruch seitens des Schuldners oder einer dritten Person stößt, durch denselben unter allen Umständen von Durchführung der Zwangsvollstreckung sich abhalten lassen müßte oder auch nur dürfte. Er hat pflichtmäßig zu prüfen, ob das ihm entgegengestellte Vorbringen glaubhaft und ob es erheblich sei. Wenn daher die Prozeßordnung nur die im Gewahrsam des Schuldners stehenden Sachen der Pfändung unterwirft, so ist der Gerichtsvollzieher verpflichtet, zu prüfen, ob eine Sache, die sich ihm zur Ausführung einer Pfändung darbietet, im Gewahrsam des Schuldners stehe, und von der Pfändung abzulassen, wenn er sich überzeugt, daß sie im Gewahrsam eines zur Herausgabe nicht bereiten Dritten stehe;[1]) führt ihn aber die angestellte Prüfung zu der Annahme, daß der Schuldner im Besitze der Sache ist, so macht die materielle Unrichtigkeit dieser Annahme die Pfändung nicht zu einer unrechtmäßigen Amtsausübung, die von ihm getroffene Entscheidung der Besitzfrage widerstreitet im Falle eines solchen Irrtumes zwar dem wirklichen Sachverhalt und infolge davon die Pfändung dem Rechte des dritten Besitzers, jedoch er ist befugt und verpflichtet eine vorläufige Entscheidung zu treffen und auf Grund derselben zu handeln und tritt ebendeshalb, trotz der objektiven Unrichtigkeit seines Verfahrens, nicht über die Grenzen der rechtmäßigen Ausübung seines Amtes hinaus.[2]) Durfte aber der Beamte nach den seine Amtsbefugnisse regelnden Gesetzesvorschriften so handeln, wie von ihm geschehen, so muß ihm der strafgesetzliche Schutz dabei zur Seite stehen. Wenn eine von der Handlung betroffene Person sich gewaltsam widersetzt, so handelt sie unberechtigt und verstößt gegen die Pflicht, sich der durch den Beamten repräsentierten Staatsgewalt zu unterwerfen.

3. Gehört das Bewußtsein von der Rechtmäßigkeit der Amtsausübung zum Vorsatz des § 113 StGB.? E. II, 423 (vgl. auch III 14, XII 6, XX 158, XXX 348):

Wenn die Nichtigkeitsbeschwerde geltend macht, Angeklagter habe sich in dem Glauben befunden, daß der Gerichtsexekutor K. nicht in der rechtmäßigen Ausübung seines Amtes handle, derselbe habe daher ohne das Bewußtsein, daß er dem K. in der rechtmäßigen Ausübung seines Amtes Widerstand leiste, ohne strafbaren Dolus die ihm zur Last gelegte Tat begangen, so ist diesem Einwurfe ein Einfluß auf die Entscheidung nicht beizumessen, weil das Bewußtsein von der Rechtmäßigkeit der Amtsausübung zum Tatbestande des § 113 StGB. nicht gehört.[3])

Allerdings stellt die Vorschrift des § 59 daselbst, wonach, wenn jemand bei Begehung einer strafbaren Handlung das Vorhandensein von Tatumständen nicht kannte, welche zum gesetzlichen Tatbestande gehören oder die Strafbarkeit erhöhen, ihm diese Umstände nicht zuzurechnen sind, einen das Strafrecht beherrschenden Grundsatz auf. Dies schließt aber nicht aus, daß der Gesetzgeber bei bestimmten strafbaren Handlungen den angegebenen Grundsatz für nicht anwendbar erklärt, und ebensowenig greift derselbe da Platz, wo dessen Nichtanwendung als Wille des Gesetzgebers auch ohne ausdrücklichen Ausspruch desselben sich ergibt. Letzteres ist aber der Fall in betreff des gedachten § 113 StGB., insofern die Kenntnis, das Bewußtsein, von der Rechtmäßigkeit der Amtshandlung in Frage kommt. Daß die Strafbarkeit nach dem § 113 nicht von der Kenntnis — dem Bewußtsein, des Täters von der Rechtmäßigkeit der Amtsausübung — hat abhängig gemacht werden sollen, ist mit Zuver-

---

[1]) Unterläßt er diese Prüfung, befindet er sich in einem nicht entschuldbaren Irrtum, so ist der Widerstand berechtigt und straflos: so E. XIX 69.

[2]) Übereinstimmend Olshausen Nr. 15; v. Liszt § 171.

[3]) Übereinstimmend E. III 14, XX, 158, A. M. Olshausen Nr. 28, v. Liszt § 171, Meyer § 121, Frank zu § 113 VI, Beling § 76 I.

lässigkeit aus der Entstehungsgeschichte des § 113 und aus der besonderen Natur und Bestimmung dieser Gesetzesvorschrift zu entnehmen.

Der § 111 des Entwurfs zum Strafgesetzbuche wollte gestraft wissen den durch Gewalt oder durch Bedrohung mit Gewalt geleisteten Widerstand und den tätlichen Angriff, welcher einem Beamten der bezeichneten Kategorie geschah „während einer Amtshandlung". Bei der zweiten Beratung des Entwurfes durch den Reichstag des Norddeutschen Bundes (Stenographische Berichte Session 1870 Seite 428) stellte der Abgeordnete Planck den Antrag, die Worte: „während einer Amtshandlung" zu ersetzen durch die Worte: „während einer innerhalb seiner Zuständigkeit vorgenommenen Amtshandlung". Demgemäß wurde bei der zweiten Lesung beschlossen, und das Amendement des Abgeordneten Fries auf Ersetzung durch die Worte: „während der gesetzmäßigen Vornahme einer Amtshandlung" verworfen. Beide Amendements gingen, wie auch die Verhandlungen über den § 108 des Entwurfes — jetzt § 110 — ergeben, aus der Rücksicht hervor, daß eine Amtshandlung, welche nicht innerhalb der Zuständigkeit des Beamten, beziehentlich nicht auf dem Boden des Gesetzes sich halte, einen Schutz durch das Strafgesetz nicht zu beanspruchen habe, während dieser Schutz unbedingt eintreten sollte, wo jene Bedingungen vorlagen. Demgemäß erklärte auch der Abgeordnete Meyer (a. a. O. S. 430), ohne daß dagegen ein Widerspruch erhoben wurde:

> Hier handelt es sich darum, inwieweit der Staatsbürger berechtigt sein soll, gegen einen gesetzwidrigen Angriff eines Beamten sich zu wahren. Denn daß, wenn der Beamte gesetzmäßig verfährt, jeder Widerstand gegen ihn strafbar sein soll, darüber ist ja gar kein Streit; der Punkt, wo der Streit beginnt, ist nur der, wenn der Beamte irgendwie über die Grenze des Gesetzes hinausgeht.

Die gegenwärtige Gestalt mit den Worten: „in der rechtmäßigen Ausübung seines Amtes", bei dem Widerstande und „während der rechtmäßigen Ausübung seines Amtes" bei dem tätlichen Angriffe erhielt der § 113 durch das von dem Abgeordneten Lasker bei der dritten Lesung gestellte Amendement (a. a. O. S. 1168, 1169), zu dessen Begründung lediglich auf die im Vereinszollgesetze vom 1. Juli 1869 (BGBl. S. 317) für den Fall des tätlichen Widerstandes gegen Zollbeamte gewählte Ausdrucksweise und das damit zum Ausdrucke gebrachte Prinzip Bezug genommen wurde. Die Worte: „bei rechtmäßiger Ausübung seines Amtes" enthielt bereits der Entwurf des Vereinszollgesetzes (S. 19 der Anlagen zu den Verhandlungen des Deutschen Zollparlaments vom Jahre 1869 im § 160, jetzt 161). Dieselben sind weder in den Motiven dazu näher begründet, noch im Zollparlamente selbst Gegenstand von Erörterungen geworden.

Trotz der zu dem § 113 StGB. bei der dritten Lesung beschlossenen Fassungsänderung behalten die Verhandlungen der zweiten Lesung für die Auslegung ihre volle Bedeutung. Es ist daraus zu entnehmen, daß die Rechtmäßigkeit der Amtsausübung zwar objektiv eine Bedingung der Strafbarkeit des Widerstandes und tätlichen Angriffes ist, die Strafbarkeit aber nicht unter des Täters Urteil über die Rechtmäßigkeit gestellt, dieselbe daher auch von dem Bewußtsein des Täters von der Rechtmäßigkeit unabhängig ist und selbst durch die Meinung der Unrechtmäßigkeit nicht ausgeschlossen wird. Die staatliche Autorität erfordert es, daß einer rechtmäßigen Amtsausübung der Betreffende sich unbedingt unterwirft. Dem Beamten und dem hinter ihm stehenden Gesetze darf derselbe nicht sein eigenes Urteil entgegenstellen, um aus demselben heraus in die vorzunehmende Amtshandlung einzugreifen. Die Pflicht des staatlichen Gehorsams legt ihm auf, rechtmäßige Amtshandlungen geschehen zu lassen. Insofern er dabei zu einer Prüfung der Rechtmäßigkeit veranlaßt wird, trägt er für die daraus entnommene Entschließung die eigene Verantwortlichkeit, wenn er trotzdem, daß die Amtsausübung eine rechtmäßige ist, dem darin begriffenen Beamten durch Gewalt oder durch Bedrohung mit Gewalt Widerstand leistet oder denselben tätlich angreift. Wegen dieser bei der Prüfung und Beurteilung der Rechtmäßigkeit der Amtshandlung dem Betreffenden obfallenden eigenen Verantwortlichkeit ist die Rechtmäßigkeit der Amtsausübung kein solcher zum gesetzlichen Tatbestande des Vergehens gegen den § 113 StGB. gehörender Umstand, auf dessen Kenntnis das Gesetz Gewicht legt, weshalb nach dieser Richtung der § 59 das. nicht anwendbar ist.

II. **Beamtennötigung.** Verhältnis der §§ 113 und 114 StGB.[1]) E. XX 35 (vgl. auch XXXI 3, XXXIV 113):

Der Gerichtsvollzieher hatte in der Wohnung des Angeklagten bei der dieselbe tatsächlich mitbewohnenden Schwester des letzteren eine Nähmaschine gepfändet, und vorläufig zwar im Gewahrsam der Schuldnerin belassen, dieser jedoch die Abholung der Maschine in Aussicht gestellt. Bevor der Gerichtsvollzieher diese bewirkte, schrieb ihm der Angeklagte einen Brief, in welchem er den Gerichtsvollzieher, falls derselbe zu diesem Behufe seine Wohnung betreten würde, mit einer Anzeige wegen Hausfriedensbruches bedrohte. Das Landgericht verneinte den Tatbestand des § 114 StGB.; sein freisprechendes Urteil wurde aufgehoben aus folgenden Gründen:

Nach der übereinstimmenden Rechtsprechung der Strafsenate des Reichsgerichtes, von welcher abzugehen der gegenwärtige Fall keine Veranlassung bietet, wird die strengere Strafvorschrift des § 114 StGB. durch die vorangehende mildere des § 113 ausgeschlossen, wenn Gewalt oder Drohung gegen einen der in § 113 näher bezeichneten Vollstreckungsbeamten gerichtet sind und die Amtshandlung, zu deren Unterlassung derselbe genötigt werden soll, bereits begonnen ist.

Der Unterschied beider Fälle liegt wesentlich darin, daß § 113 die Tätigkeit, § 114 die Willensfreiheit des Beamten schützt. Der Vorderrichter stellt sich nun zwar anscheinend grundsätzlich auf denselben Standpunkt; seine Anwendung des Gesetzes auf den vorliegenden Fall beruht indes auf einer Verkennung des Unterschiedes der beiden Paragraphen, sowie des Begriffes der Amtshandlung im § 114 und der zivilprozeßrechtlichen Begriffe der Zwangsvollstreckung und der Pfändung.

Der Vorderrichter betrachtet nämlich das Vorhaben des Gerichtsvollziehers, die von ihm gepfändete, aber im Gewahrsam der Schuldnerin

[1]) Siehe die verschiedenen Ansichten bei Olshausen zu § 114 Nr. 7.

belassene Nähmaschine abzuholen, als „eine von ihm bereits beschlossene und als solche in Aussicht gestellte Tätigkeit, welcher ein selbständiger Charakter in dem durchzuführenden Vollstreckungsverfahren nicht beigelegt werden kann". Allein, daß die Tätigkeit von dem Gerichtsvollzieher bereits beschlossen war, würde der Anwendung des § 114 StGB. nur dann entgegenstehen, wenn dessen andere Alternative, die Nötigung zur Vornahme einer Amtshandlung in Frage stände; die Nötigung zur Unterlassung erscheint im Gegenteil stärker, wenn sie gegen eine bereits beschlossene Amtshandlung gerichtet ist, als wenn sie sich einer erst zu beschließenden entgegenstellt. Unter § 113 fällt sie selbst dann nicht, wenn die Amtshandlung als bereits beschlossene in Aussicht gestellt ist, weil § 113 nur die schon begonnene Ausführung der Amtshandlung schützt. Vorliegend hatte der Gerichtsvollzieher mit der Tätigkeit des Abholens der Maschine ebensowenig begonnen, als der Gutsjäger in dem Bd. 10 S. 179 der Rechtspr. des RG. entschiedenen Falle mit dem Wegholen der vom Angeklagten entwendeten Tannen. Die Drohung, welche dem gegenwärtigen Angeklagten zur Last gelegt ist, richtete sich nach den erstrichterlichen Feststellungen nicht gegen den Gerichtsvollzieher, während derselbe, wie in dem Falle Bd. 4 S. 143 der Entsch. des RG. in Strafs., „in Begriff war", die gepfändete Maschine wegzunehmen, sondern wollte dessen Willen dahin beeinflussen, daß er den bereits gefaßten, dem gewöhnlichen Laufe der Zwangsvollstreckung entsprechenden Entschluß wieder aufgebe. Der Gerichtsvollzieher hat allerdings die ihm aufgetragene und von ihm begonnene Zwangsvollstreckung bis zur Befriedigung des Gläubigers „auftrags- und amtsgemäß durchzuführen, ohne daß für die einzelnen Tätigkeiten ein neuer Auftrag des Gläubigers erforderlich wäre"; daraus ist indes nicht zu folgern, daß den einzelnen Vollstreckungshandlungen „ein selbständiger Charakter nicht beigelegt werden kann". So wenig es begrifflich ausgeschlossen ist, daß durch einen Antrag oder Auftrag eine Mehrzahl nach Zeit, Ort, Inhalt und Wirkung verschiedener, deshalb selbständiger Amtshandlungen veranlaßt wird, ebensowenig stehen dem die besonderen Vorschriften über die Zwangsvollstreckung entgegen. Die Civilprozeßordnung unterscheidet im Gegenteile die Pfändungshandlung von der Versteigerung derart, daß durch die erstere an und für sich ein Pfandrecht entsteht (§ 709), oder Eigentum übertragen wird (§ 716 Abs. 2), gleichgültig, ob ihr die Versteigerung tatsächlich folgt oder nicht, oder ob sie durch das Gesetz selbst ausgeschlossen ist (§ 716 Abs. 2, § 719); sie schreibt als Regel vor, daß die Versteigerung zu anderer Zeit und in einem anderen Raume als die Pfändung vorgenommen werde (§§ 712, 717, 725). Da schon durch das zeitliche Auseinanderliegen der Vollstreckungshandlungen die Möglichkeit geschaffen ist, daß der Gläubiger inzwischen befriedigt oder die Zwangsvollstreckung eingestellt wird, so hat der Gerichtsvollzieher nach geschehener Pfändung, selbst wenn er bei dieser schon den Versteigerungstermin bestimmt hat, die Zulässigkeit jeder weiter vorzunehmenden Vollstreckungshandlung zu prüfen. Man kann deshalb auch nicht mit dem ersten Richter sagen, daß zu den Folgen der Vollstreckungshandlungen „ein weiterer Entschluß des Beamten nicht erforderlich" ist. Selbst wenn der Gerichtsvollzieher im vorliegenden Falle die Abholung der gepfändeten, aber in Gewahrsam der Schuldnerin belassenen Maschine schon „angeordnet" hatte, konnte er bis zur Ausführung dieser Anordnung dieselbe wieder aufheben, sei es auf Grund gesetzlicher Notwendigkeit, sei es auch ohne solche auf Grund eigener freier Entschließung, sei es endlich infolge widerrechtlicher Beeinflussung seiner Willenstätigkeit. Mit letzterer ist aber der Fall des § 114 StGB. gegeben. Inhalt der „Drohung" im Sinne dieses Paragraphen kann auch eine an sich berechtigte Handlung sein.

III. **Arrestbruch.**

1. Gehören zu den Sachen des § 137 auch Forderungen? Die Frage wird nunmehr verneint[1]) im Beschluß der Vereinigten Strafsenate v. 8. III. 93 E. XXIV 40 (ebenso V 204, entgegeu XII 184):

Die Entscheidung der in Doktrin wie Rechtsprechung mannigfach umstrittenen Frage, ob zu den „Sachen", welche § 137 StGB. gegen vorsätzliche Eingriffe in die durch behördliche Verstrickung über sie verhängte Rechtslage zu schützen beabsichtigt, auch Forderungen zu zählen seien, wird überwiegend davon abhängen, welche Bedeutung man neben der Wortauslegung und der Entstehungsgeschichte der Norm ihrer inneren Zweckbestimmung sowohl im Systeme des Strafgesetzbuches wie auf dem Boden des heutigen Prozeßrechtes einzuräumen geneigt ist.

Daß die Terminologie des Strafgesetzbuches den in seinen Normen vielfach wiederkehrenden Ausdruck „Sachen" regelmäßig im Sinne körperlicher Sachen anwendet (§§ 124, 125, 136, 242, 243, 246, 249, 259, 265, 286, 289, 303, 304, 311, 324, 350, 366 Ziff. 8, 368 Ziff. 5, 6, 7), kann kaum in Zweifel gezogen werden. Ebenso gewiß ist, daß an den beiden Stellen, welche zweifellos über gegen Forderungen mögliche Rechtsverletzungen verfügen (§§ 266 Nr. 2, 288 StGB.), nicht der Ausdruck „Sachen", sondern die unzweideutigen Bezeichnungen „Forderungen", „Vermögensstücke", „Bestandteile des Vermögens" gebraucht werden. Irgend eine Parallelstelle, in welcher das Wort „Sache" schlechthin im körperlichen, wie unkörperlichen, auch Rechte und Forderungen umfassenden Sinne Anwendung gefunden hätte, ist im Strafgesetzbuche nicht nachweisbar. Auf die Fassung des § 266 Nr. 1 StGB. darf man sich für die gegenteilige Meinung nicht berufen. Denn wenn auch hier, um den sprachlichen Gegensatz rein persönlicher und vermögensrechtlicher Interessen zum Ausdrucke zu bringen, das Gesetz den Vormündern, Kuratoren, Güterpflegern, Sequestern, Masseverwaltern, Testamentsexekutoren, Stiftungsverwaltern verbietet, absichtlich zum Nachteile „der ihrer Aufsicht anvertrauten Personen oder Sachen" zu handeln, so ist doch klar, daß der Begriff „Sache" hier im weitesten Sinne nur die unmittelbar vorher bezeichneten Vermögenskomplexe sprachlich zusammenfassen, nicht aber ohne weiteres Forderungen als unkörperliche Sachen hineinbeziehen will. Man spricht nicht vom „Anvertrauen" oder „Beaufsichtigen" einzelner Forderungen. Nach alledem darf mindestens behauptet werden, daß die Wortinterpretation überwiegend für die engere, nicht für die weitere Begriffsbestimmung des Ausdruckes „Sachen" im § 137 StGB. ins Gewicht fällt.

---

[1]) Übereinstimmend Olshausen Nr. 1, Berner S. 412, v. Liszt § 176.

Ähnlich verhält es sich mit der Entstehungsgeschichte der Norm. Die Quelle des § 137 StGB. ist § 272 des Preußischen Strafgesetzbuches vom 14. April 1851, und die Quelle des letzteren die für das Rechtsgebiet der preußischen Rheinprovinz ergangene preußische Kabinettsorder vom 11. Dezember 1833 (preuß. GS. S. 296).

Vgl. Goltdammer Materialien zum Strafgesetzbuche Bd. 2 S. 619 ff. Ganz unbestritten hat die Kabinettsordre vom 11. Dezember 1833, wie aus den im Eingange derselben verlautbarten Motiven und dem Wortlaute klar erhellt, neben den „Früchten auf dem Halme" lediglich bewegliche körperliche Sachen gegen Verletzung und Verstrickung schützen wollen und geschützt. Soweit sich aber an der Hand der Materialien durch die verschiedenen Entwürfe des preußischen Strafgesetzbuches hindurch verfolgen läßt, wie sich die Fassung der Kabinettsorder vom 11. Dezember 1833 zu der Verbotsnorm des § 272 des preußischen Strafgesetzbuches umgestaltete, ist auch nicht der geringste Anhalt für die Unterstellung nachweisbar, die preußische Gesetzgebung habe jemals bewußt oder unbewußt die Beschränkung des Verbotes auf körperliche Sachen fallen lassen wollen. Man beseitigte die Unterscheidung von „beweglichen Sachen" und „Früchten auf dem Halme" und sprach dafür schlechthin von Sachen; man löste den einfachen Begriff „der Beschlagnahme entziehen" kasuistisch auf in konkretere Bezeichnungen („Verbergen", „Verbringen", „Zerstören", „Beiseiteschaffen"); in allem übrigen aber blieb äußerlich wie innerlich die Grundlage der Kabinettsorder vom 11. Dezember 1833, insbesondere auch die für ihren Sinn so charakteristische verschiedene Richtung des Verbotes gegen den „Gepfändeten" selbst, gegen dessen Ehegatten, Verwandte, Verschwägerte, gegen den bestellten „Hüter" und gegen Dritte, im Interesse des Gepfändeten Handelnde unverändert bestehen. — Als dann unter Beseitigung der letzterwähnten Distinktionen und Verschiebung der Stellung im Systeme der § 272 des preußischen Gesetzbuches (Novelle vom 21. April 1856) zum jetzigen § 137 des geltenden Strafgesetzbuches wurde, ist ebensowenig irgendwo oder irgendwie der Gedanke erkennbar hervorgetreten, das Verbot auf verstrickte *Forderungen* auszudehnen. Auch ist klar, daß, wenn den Redaktoren des § 137 die in dieser Beziehung innerhalb der preußischen Rechtsprechung entstandenen Zweifel bekannt waren, sie die Lösung dieser berechtigten oder unberechtigten Zweifel der Gestaltung des deutschen bürgerlichen Prozeßrechtes überlassen mußten. Der § 137 StGB. war sicherlich nicht der Ort, dafür Vorsorge zu treffen, unter welchen Voraussetzungen auch Forderungen als unkörperliche „Sachen" gepfändet bezw. beschlagnahmt, ob und unter welchen Voraussetzungen sie etwa einer „Verstrickung" entzogen werden könnten. Danach darf allerdings behauptet werden, daß alle durch die historische Entwicklung der hier anzuwendenden Norm an die Hand gegebenen Forderungen auf die Begrenzung des Begriffes „Sachen" im Sinne *körperlicher* Sachen hinweisen.

Von entscheidender Bedeutung erscheint, wie schon oben angedeutet, die ratio legis. Der Rechtsgedanke, auf welchem der § 137 StGB. unverkennbar ruht, verdunkelt und verwirrt sich in der bedenklichsten Weise, sobald man Forderungen in „Sachen" einbegreift. Denn unverkennbar will § 137 als Vergehen „wider die öffentliche Ordnung" anschließend an § 136 StGB. gewisse äußerlich in die Erscheinung getretene Akte der staatlichen Autorität gegen Eingriffe sichern. Es ist der Besitzwille der öffentlichen Gewalt, welcher sich an die Stelle privaten Besitzstandes und privater Verfügungsgewalt durch Pfändung oder Beschlagnahme gesetzt hat und als solcher geschützt werden soll. Auf welchem Rechtsgrunde, welchem Motive diese Betätigung obrigkeitlicher Gewalt innerlich ruht, ob die Pfändung oder Beschlagnahme präventiv-polizeilicher, strafprozessualer, administrativer, civilprozessualer oder anderer Natur ist, bleibt gleichgültig: es genügt, daß an sich zuständige Organe des Staates ihren Besitzwillen formgemäß betätigt haben, um den hierdurch geschaffenen Zustand der „Verstrickung" unter den Schutz des § 137 zu stellen. Deshalb kann das Delikt des § 137 StGB. von jedermann, von dem Gepfändeten bezw. Arrestaten wie von jedem Dritten verübt werden. Und deshalb gehört zu den Begriffsmerkmalen dieses Deliktes grundsätzlich in keiner Weise die Verletzung irgend welcher Privatinteressen, welche etwa durch den obrigkeitlichen Verstrickungsakt mit geschützt oder gesichert werden sollen. Alle diese wesentlichen Gesichtspunkte verschieben sich gänzlich, sobald die Pfändung oder Beschlagnahme von Forderungen in Frage kommt. Zunächst schrumpft die reiche Mannigfaltigkeit der Motive, welche die Verstrickung körperlicher Sachen für Zwecke des öffentlichen Rechtes gebieten, zu dem alleinigen Rechtsgrunde zusammen, für den Privatverkehr im Zwangsvollstreckungsverfahren des bürgerlichen Prozesses dem Gläubiger Befriedigungsmittel gegen den Schuldner zu sichern. Daß Forderungen noch aus irgend einem anderen Rechtsgrunde gepfändet oder beschlagnahmt werden könnten, ist nicht denkbar. Will man ferner nicht zu den künstlichsten und gewagtesten Konstruktionen seine Zuflucht nehmen, so kann ein Eingriff in verstrickte Forderungen immer nur abseiten des Gepfändeten selbst, gar nicht abseiten eines Dritten verübt werden, die Verbotsnorm unter solcher Voraussetzung also auch nur gegen die einzelne Personenklasse der Gepfändeten gerichtet sein. Ganz unbrauchbar wird weiter der oben vorangestellte Grundgedanke des § 137, welcher den obrigkeitlichen Besitzwillen als solchen, in seiner äußeren Erscheinung, als Akt staatlicher Autorität gegen alle äußeren Angriffe und Eingriffe sichern will. An die Stelle dieser Verletzung der öffentlichen Ordnung tritt bei Ausdehnung des § 137 StGB. auf Forderungen, die mehr oder weniger empfindliche Schädigung irgend welcher privater Interessen.

Denn bei der unkörperlichen und ungreifbaren Natur von Forderungen versagt selbst mit Zuhilfenahme von Fiktionen die Möglichkeit einer unmittelbaren Depossedierung des Forderungsberechtigten durch Besitzergreifung der öffentlichen Gewalten. Nach Maßgabe des heute geltenden gemeinen Prozeßrechtes (§§ 729 ff. CPO.) kann man nicht einmal sagen, daß bei der Modalität der Pfändung oder Beschlagnahme von Forderungen im Wege der Zwangsvollstreckung solche Besitzentsetzung überhaupt beabsichtigt wird. Es ist nur der Schein von alters her sich fortfristender Förmlichkeiten, welcher hierüber zu täuschen geeignet ist. Dahin gehört vor allem das in Gemäßheit der §§ 730, 810 CPO. an den Gläubiger (Exequendus) zu erlassende Verbot, „sich jeder Verfügung über die Forderung, insbesondere der Einziehung derselben zu enthalten". Unbestritten ist dieses Verbot ein vollkommen unwesentlicher und irrelevanter formaler Bestandteil der Pfändung oder Beschlagnahme. Die letztere wird um nichts weniger wirksam, auch wenn dem Gläubiger, etwa weil er latitiert, oder aus anderen Gründen das fragliche Verbot gar nicht zugestellt werden kann. Und ist es ihm zugestellt worden, so ist er hierdurch seiner Gläubigerbesitzrechte so wenig verlustig gegangen, daß er anerkannten Rechtens nach wie vor unbehindert bleibt, die Forderung — den Klagantrag auf Hinterlegung statt Zahlung gerichtet — selbst einzuklagen.

Vgl. Entsch. des RG. in Civils. Bd. 17 S. 292.

Überhaupt vollzieht sich nach der unzweideutigen Vorschrift des § 730 Abs. 3 CPO. die Pfändung oder Beschlagnahme von Forderungen gar nicht in den Händen dessen, der sie als Gläubiger besitzt, sondern allein in der Person dessen, welcher als Schuldner dem Gläubiger verpflichtet ist. In dem dem Drittschuldner intimierten Verbot, „an den Schuldner zu zahlen", erschöpft sich formell wie materiell die ganze Rechtswirksamkeit der fraglichen „Verstrickung" von Forderungen. Und selbst dieses Zahlungsverbot hat nicht den peremptorischen Charakter einer unbedingt zu respektierenden obrigkeitlichen Maßregel. Will der Drittschuldner trotz des Verbotes an den Schuldner zahlen, so kann er dies straflos auf seine Gefahr hin tun, und es kann nicht zweifelhaft sein, daß in den Beziehungen zwischen dem Drittschuldner und seinem ursprünglichen Gläubiger der letztere die Zahlung als Schuldtilgung wird gelten lassen müssen. Nur in den Beziehungen zwischen dem Drittschuldner und dem Pfändungspfandgläubiger erklärt das Recht, jeder solcher Zahlung die Anerkennung versagen, sie als nicht geschehen und die Forderung als nicht getilgt behandeln zu wollen. Dieser Rechtssatz in seinem absoluten Walten kann aber kein Gegenstand eines deliktischen Angriffes sein.

In Anerkennung dieser Rechtslage ist denn auch die gegenteilige Ansicht zu dem Zugeständnisse gedrängt worden, daß allerdings gewöhnliche, der Regel des § 730 CPO. unterliegende, Forderungen, weil sie der Verstrickung gar nicht entzogen werden können, nicht unter die „Sachen" des § 137 StGB. fielen. Anders aber soll es liegen, sobald Forderungen in Frage stehen, welche partikularrechtlich erst nach erfolgter Eintragung der Pfändung in das Hypothekenbuch als gepfändet bezw. beschlagnahmt gelten (§ 731 CPO.). Weil in solchen und ähnlichen Fällen der Drittschuldner trotz des gehörig erfolgten Zahlungsverbotes von dem bona fide-Erwerber einer mit dem eingetragenen Pfändungsvermerk noch nicht belasteten Forderung zur Zahlung gezwungen werden kann, deshalb, so wird argumentiert, sei hier die Möglichkeit gegeben, gepfändete Forderungen durch Abtretung an einen gutgläubigen Dritten mit Erfolg der Verstrickung zu entziehen, und deshalb müsse hier § 137 StGB. Anwendung finden. Das letzte Glied dieser Folgerung ist offenbar unschlüssig. Gibt man einmal zu, daß die unkörperliche Natur eines Forderungsrechtes an sich die Möglichkeit ausschließt, dasselbe mittels Pfändung oder Beschlagnahme obrigkeitlich derartig in Besitz zu nehmen, wie dies § 137 StGB. von körperlichen Sachen voraussetzt, dann trifft dies notwendig für alle Forderungen zu, mögen sie sonst dem § 730 oder dem § 731 CPO. unterliegen. Verordnet das Recht selbst für eine gewisse Klasse von Forderungen, daß trotz Beobachtung aller im § 730 CPO. vorgesehenen Förmlichkeiten die Pfändung, d. h. das an den Drittschuldner ergangene Zahlungsverbot zugunsten der bona fide-Erwerber rechtsunwirksam und erst durch hypothekarische Eintragung des Pfändungsvermerkes rechtsbeständig werden soll, dann darf mit Grund bezweifelt werden, ob auf dem Boden dieser positiven Rechtsverordnung vor Eintragung des Pfändungsvermerkes überhaupt eine vollständige Verstrickung einer Forderung im Sinne des § 137 StGB. vorliegt. Ist der Pfändungsvermerk gehörig eingetragen, dann ist die praktische Möglichkeit, solche Forderungen der Verstrickung zu entziehen, gerade so unbedingt ausgeschlossen wie bei allen gewöhnlichen, dem § 730 CPO. ausschließlich unterliegenden Forderungen. Alles also, was durch den Hinweis auf § 731 CPO. und auf die positiven Vorschriften einzelner Landesgesetze folgerichtig erwiesen werden kann, beschränkt sich auf die Tatsache, daß Fälle denkbar sind, in denen die Beobachtung der im § 730 CPO. vorgesehenen Förmlichkeiten den Pfändungspfandgläubiger noch nicht davor schützt, seine Gerechtsame durch eigenmächtige Verfügung des Schuldners zugunsten gutgläubiger dritter Erwerber geschädigt zu sehen. Solche Schädigung privater Interessen ist nicht gleichbedeutend mit derjenigen Verletzung der öffentlichen Autorität, welche § 137 des StGB. im Auge hat. Glaubt man, daß auch solche Schädigungen als Delikte behandelt werden müssen, und vermeint man, daß die §§ 263, 288 StGB. hiergegen keinen genügenden Schutz gewähren, so ist mit alledem noch immer nicht dargetan, daß gerade § 137 StGB. dazu bestimmt sei, die hier vermeintlich vorhandene Lücke zu schließen.

Dennoch wird von anderer Seite gerade diese Aufgabe des § 137 StGB. hergeleitet aus dem Verhältnisse der Norm der §§ 288, 137 StGB. zueinander. Man findet es rationell, daß bei nur drohender Zwangsvollstreckung die Veräußerung einer Forderung nach § 288 strafbar, nach bereits erfolgter Pfändung in Gemäßheit des § 137 StGB. straflos sein soll. Demgegenüber kommt in Betracht, daß § 288 StGB., dessen Norm sowohl dem preußischen Strafgesetzbuche wie dem ersten Entwurfe des deutschen Strafgesetzbuches unbekannt war, wegen dieser seiner späteren Einschiebung in das System von vornherein wenig dazu tauglich ist, zum Ausgangspunkte weiterer Deduktionen benutzt zu werden. Wie mißlich die ganze obige Argumentation ist, erhellt auch daraus, daß § 137 StGB. nicht etwa, wie man danach erwarten sollte, die härtere, sondern umgekehrt die erheblich mildere Strafsanktion enthält. Während § 288 StGB. ein Strafmaximum von zwei Jahren Gefängnis androht, begnügt sich § 137 StGB. mit nur einem Jahre Höchstbetrag. Ob im übrigen der Zustand „drohender Zwangsvollstreckung“ im Sinne des § 288 StGB. sich einer Forderung gegenüber nicht so lange fortsetzt, bis in Gemäßheit des § 736 CPO. die Einweisung des Gläubigers in die Forderung erfolgt ist, kann hier unerörtert bleiben.

Die Rechtsprechung des vormaligen preußischen Obertribunales, welche § 272 des preuß. Strafgesetzbuches und § 137 des deutschen Strafgesetzbuches im weiteren, auch Forderungen umfassenden Sinne verstanden wissen wollte, war nicht dazu angetan, Zweifel gegen die hier vertretene einschränkende Auslegung des § 137 StGB. hervorzurufen. Denn diese Praxis war in ihrer Begründung wie in ihrer Konklusion schwankend, durch vermeintliche Grundsätze des preußischen allgemeinen Landrechtes und der altpreußischen Gerichtsordnung wesentlich beeinflußt und selbst vom preußisch-rechtlichen Standpunkte den stärksten Anfechtungen unterworfen. Nachdem man etwa fünf Jahre hindurch den § 272 des preuß. Gesetzbuches auf verstrickte körperliche Sachen beschränkt hatte, wurden seit der Plenarentscheidung vom 31. März 1856 unterschiedlos alle Forderungen den „Sachen" subsumiert. Durchaus vorherrschend blieb dabei der Gedanke, daß nicht das an den Drittschuldner erlassene Zahlungsverbot, sondern allein das dem Schuldner intimierte Verfügungsverbot den Verstrickungszustand schaffe und das Handeln gegen das letztbezeichnete Verbot das Delikt darstelle. Ob diese Anschauung auch nur auf dem Boden preußischen Partikularrechtes richtig war, braucht hier nicht untersucht zu werden. Daß sie tatsächlich bestand, ist unbestreitbar.

Vgl. Urtt. des preuß. Obertribunales vom 8. Juni 1859 (Goltdammers Archiv Bd. 7 S. 561), vom 26. Februar 1863 (a. a. O. Bd. 11 S. 283), vom 16. September 1864 (a. a. O. Bd. 12 S. 854) u. a. m.

Nachdem das deutsche Strafgesetzbuch eingeführt worden, und nachdem man sich von der Unhaltbarkeit der bisherigen alle Forderungen gleich behandelnden Meinung hatte überzeugen müssen, erging unter dem 3. Juli 1871 ein neues Plenarurteil, welches nunmehr zu unterscheiden anfing zwischen dem Exekutionssucher schädlichen, solchenfalls strafbaren und zwischen dem Exekutionssucher unschädlichen, solchenfalls straflosen Verfügungen über verstrickte Forderungen, im übrigen aber an dem Satze, daß zu den „Sachen" auch Forderungen gehörten, festhielt. Die gewöhnlichen, nicht hypothekarisch versicherten Forderungen wurden wie eine Art Ausnahme von der Regel behandelt und die ratio legis des § 137 StGB. nicht in dem Bruche der öffentlichen Ordnung, sondern in der Schädigung der Gläubigerrechte gesucht.

Vgl. Oppenhoff, Rechtspr. des Obertribunals Bd. 12 S. 360 und die dort abgedruckte, unwiderlegt gebliebene Kritik des Generalstaatsanwaltes gegen die bisherige Rechtsprechung des preußischen Obertribunales.

Was gegen die Richtigkeit und Haltbarkeit der Vordersätze spricht, von denen die Rechtsprechung des preußischen Obertribunales ausging, ist oben dargelegt worden. Daß diese wechselnden Gesichtspunkte früherer preußischer Praxis nicht geeignet befunden werden konnten, die hier vertretene Rechtsansicht zu erschüttern, bedarf hiernach keiner weiteren Ausführung.

2. Welchen Einfluß äußert der Irrtum des Täters über die Rechtmäßigkeit der Beschlagnahme?

Abweichend von den bei § 113 StGB. entwickelten Grundsätzen hält das RG. denselben für erheblich. E. X, 425.[1])

.... Liegt hiernach der objektive Tatbestand des Vergehens gegen § 137 StGB. unbedenklich vor, so geht der Vorderrichter doch bei Beurteilung des subjektiven Tatbestandes von rechtlich nicht zutreffenden Annahmen aus. Derselbe erklärt — neben der Vorsätzlichkeit der äußeren Handlung des Beiseiteschaffens — in subjektiver Beziehung das dem Angeklagten

---

[1]) Vgl. Olshausen Nr. 15, v. Liszt § 176.

beigemessene Bewußtsein, daß er einer amtlichen Beschlagnahme entgegenhandle, für genügend und deshalb für unerheblich, ob der Angeklagte, wie er versichere und wie ihm zu glauben sei, die Beschlagnahme als gesetzlich nicht gerechtfertigt erachtet hat. Hierbei wird jedoch verkannt, daß der Dolus grundsätzlich auf alle in dem Deliktsbegriffe enthaltenen Umstände zu beziehen ist, was durch die Vorschrift des § 59 Abs. 1 StGB. noch besonderen Ausdruck erhalten hat, da danach, wenn jemand bei Begehung einer strafbaren Handlung das Vorhandensein von Tatumständen nicht kannte, welche zum gesetzlichen Tatbestande gehören oder die Strafbarkeit erhöhen, demselben diese Umstände nicht zuzurechnen sind. Wenn das Reichsgericht im Falle der §§ 113 und 117 StGB., vgl. Entsch. des RG. in Strafs. Bd. 2 S. 423, Bd. 3 S. 14, das Bewußtsein von der Rechtmäßigkeit der Amtsausübung als zum Tatbestande dieses Vergehens nicht erforderlich erachtet hat, so beruht dies auf Erwägungen, welche sich auf die Verhandlungen über das erst im Reichstage aufgestellte und in das Gesetz übergegangene Requisit der Rechtmäßigkeit der Amtsausübung gründen. Für den § 137 StGB. sind die allgemeinen Grundsätze über den Dolus maßgebend. Es muß sich daher zur Erfüllung des subjektiven Tatbestandes das Bewußtsein des Handelnden auch auf die Zuständigkeit der die Pfändung oder Beschlagnahme bewirkenden Behörden oder Beamten und, da die Zuständigkeit überhaupt nur bei einer an sich gesetzlich zulässigen Maßnahme in Frage kommen kann, auf diese gesetzliche Statthaftigkeit der Pfändung oder Beschlagnahme erstrecken. Es genügt indessen schon, wenn der Täter über die gesetzliche Zulässigkeit der Pfändung oder Beschlagnahme und über die Zuständigkeit der Behörde oder des Beamten in Zweifel gewesen ist; denn in solchem Falle hat er immerhin mit dem eventuellen Dolus, die Pfändung oder Beschlagnahme nämlich auch alsdann, wenn dieselbe gesetzlich zulässig und von der zuständigen Behörde oder dem zuständigen Beamten vorgenommen ist, unwirksam zu machen, gehandelt.

Die Verurteilung des Angeklagten wegen Vergehens gegen § 137 StGB. ist daher nach der Begründung des angefochtenen Urteils nicht gerechtfertigt, während andererseits die Annahme, es habe der Angeklagte die Beschlagnahme als gesetzlich nicht gerechtfertigt erachtet, das Vorhandensein des gedachten eventuellen Dolus nicht unbedingt ausschließt.

Ergänzend und erläuternd führt E. XIX 287 aus:

In der Revision des Angeklagten Sch. wird zunächst der subjektive Tatbestand bemängelt, weil das Bewußtsein sich auch auf die gesetzliche Zuständigkeit des Beamten, bezw. auf die gesetzliche Zuständigkeit der Pfändung erstrecken müsse, dieses Bewußtsein aber bei Sch. gefehlt habe, weil festgestellt sei, daß dieser Angeklagte ausdrücklich darauf hingewiesen habe, daß das Heu verkauft sei, er also die Pfändung für ungesetzlich halte. Diese Ausführungen vermögen die Revision nicht zu begründen und beruhen, insoweit sie auf ein reichsgerichtliches Urteil vom 13. Juni 1884, Entsch. des RG. in Strafs. Bd. 10 S. 425 gestützt sein sollen, auf irriger Auslegung des dort Erörterten. Allerdings gehört es zu den Voraussetzungen der Strafbarkeit aus § 137 StGB., daß der Beamte, welcher eine Pfändung oder Beschlagnahme vorgenommen hat, sachlich und örtlich zuständig sei, und es ist richtig, daß derjenige, welcher sich in strafbarer Weise gegen diese Strafnorm verfehlt haben soll, sich auch bewußt gewesen sein muß, daß die Amtshandlung durch einen derart zuständigen Beamten vorgenommen sei. Wenn aber das angeführte reichsgerichtliche Urteil auch die Überzeugung von der gesetzlichen Unzulässigkeit einer Pfändung als ein die Schuld ausschließendes Moment anerkennt, so hat dasselbe, wie die dortigen Ausführungen unzweifelhaft erkennen lassen, nur solche Fälle im Auge, in welchen die Pfändung an sich als ein ungesetzlicher Akt erscheint, in welchen also nach den einschlägigen gesetzlichen Vorschriften eine Pfändung oder Beschlagnahme überhaupt niemals Platz greift oder vom Gesetze als wesentlich vorgeschriebene Förmlichkeiten nicht beobachtet sind (Urt. vom 25. Mai 1886, Entsch. des RG. in Strafs. Bd. 14 S. 151 ff.), nicht aber solche Fälle, in welchen eine Pfändung wegen etwaiger Außerachtlassung instruktioneller Vorschriften oder wegen etwaiger Ansprüche Dritter möglicherweise einer Anfechtung unterliegt. Es wird dort im Einklange mit einem früheren Urteile des Reichsgerichtes vom 3. Januar 1884 (Entsch. des RG. in Strafs. Bd. 9 S. 403 ff.) sogar ausdrücklich betont, daß das Requisit der zuständigen Behörde in § 137 StGB. nicht zu identifizieren sei mit der Rechtmäßigkeit der Beschlagnahme im allgemeinen, daß vielmehr in § 137 nur vorausgesetzt werde, daß die an sich zu einer Beschlagnahme der fraglichen Art örtlich und sachlich zuständige Behörde (beziehentlich Beamte) dieselbe verfügt hat, nicht aber, daß im konkreten Falle auch alle gesetzlichen Voraussetzungen einer solchen Beschlagnahme (oder Pfändung) gegeben waren. Von einer solchen Zuständigkeit in abstracto könne aber nur die Rede sein, wenn die Maßregel an sich, wenn auch unter bestimmten Voraussetzungen, gesetzlich zulässig sei, weil die Frage der Zuständigkeit bei einer gesetzlich an sich unzulässigen Maßregel überhaupt nicht entstehen könne. Demnächst wird geprüft, ob die Maßregel der Beschlagnahme im ehrengerichtlichen Verfahren gegen Rechtsanwälte überhaupt zulässig sei und mit Rücksicht auf die Zweifelhaftigkeit der übrigens bejahten Frage zugegeben, daß bei bestimmter gegenteiliger Überzeugung das Bewußtsein, daß die Beschlagnahme von einer zuständigen Behörde ergangen sei, fehlen könne, während übrigens schon der Zweifel den eventuellen Dolus und damit die Strafbarkeit begründe.

Von einer derartigen Unzulässigkeit der Pfändung an sich und einer bezüglichen Auffassung des Angeklagten ist hier nicht die Rede. Vielmehr konnte die Zulässigkeit der Pfändung an sich angesichts des richterlichen Vollstreckungsbefehles in einer Forderungssache und seiner Ausführung durch einen Gerichtsvollzieher nicht zweifelhaft sein und wurde auch nach Inhalt des Urteils vom Angeklagten Sch. nicht bezweifelt. Ob aber die behaupteten Ansprüche eines Dritten auf die Pfandobjekte die Pfändung gerade dieser Gegenstände gerechtfertigt erscheinen ließen, war in das Ermessen des Gerichtsvollziehers gestellt, der nach den für ihn geltenden Vorschriften von der Pfändung in einem solchen Falle nur dann hätte abstehen dürfen, wenn hinreichende andere Pfandobjekte zur Verfügung gestanden hätten.

Vgl. die §§ 24, 34 der Bekanntmachung des Staatsministeriums der Justiz vom 30. September 1879 betr. die Ausführung der zur Geschäftsaufgabe der Gerichtsvollzieher gehörigen Zwangsvollstreckungen usw., JMBl. S. 1494 ff.

Bei einer an sich gerechtfertigten, nur bezüglich bestimmter Voraussetzungen in das Ermessen des Beamten gestellten Amtshandlung kann aber eine der getroffenen Entscheidung entgegenstehende Auffassung der Beteiligten das Bewußtsein, daß es sich um die Amtshandlung eines zuständigen Beamten handle, und damit die Strafbarkeit einer gegen die Amtshandlung gerichteten Tat niemals ausschließen.

IV. **Aufforderung zum Ungehorsam gegen Gesetze usw.** (StGB. § 110).

1. Aufforderung zum Vertragsbruch? E. XXI 355 (vgl. auch XXII 185, XXIV 189):

Das angefochtene Urteil erachtet für erwiesen, daß, nachdem ein Teil der in der H.schen Tabakfabrik in N. beschäftigten Arbeiter ohne vorherige Kündigung die Arbeit eingestellt und die vereinigten Tabaksfabrikanten in N. hierauf mit einer Aufkündigung und Entlassung ihrer Arbeiter geantwortet hatten, in den durch diese Vorgänge veranlaßten Arbeiterversammlungen zwar von einzelnen Rednern „Festhalten an der bestehenden Arbeitseinstellung" dringend den Versammelten ans Herz gelegt, zu „weiteren kündigungslosen Arbeitseinstellungen aber nicht aufgefordert worden sei", und verneint deshalb die Anwendbarkeit des § 110 StGB. Dementgegen macht die Revision der Staatsanwaltschaft geltend, zwischen widerrechtlicher Arbeitseinstellung und Beharren auf solcher Widerrechtlichkeit bestehe kein Unterschied, beides sei im Sinne der vom Reichsgerichte gebilligten Grundsätze,

Entsch. des RG. in Strafs. Bd. 20 S. 63, 150,

der gleiche „Ungehorsam gegen das Gesetz", und somit falle auch die festgestellte Aufforderung oder Anreizung, zum „Festhalten an der bestehenden Arbeitseinstellung" unter § 110 StGB. Dieser Ausführung konnte nicht beigepflichtet werden.

Denn geht man auch davon aus, daß das Tatbestandsmerkmal „Ungehorsam gegen das Gesetz" im Sinne des § 110 StGB. als Erfordernis eines als „Widerstand gegen die Staatsgewalt" qualifizierten Deliktes nicht auf die Beobachtung öffentlichrechtlicher, eine unmittelbare Botmäßigkeitspflicht zwischen dem Staate und seinen Untertanen erzeugenden Normen zu beschränken, sondern auf alle, nur individuelle, der Einzelwillkür unterworfene Privatrechte festsetzende Normen des bürgerlichen Rechtes auszudehnen sei, so ist damit doch solcher „Ungehorsam" begrifflich noch nicht zum Delikte umgewandelt und die Folgerung muß abgelehnt werden, daß alles, was strafrechtlich von fortgesetzten oder fortdauernden Delikten gelte, nun in gleicher Weise von jenem bürgerlichen Unrechte gelten müsse. Der Bruch eines bestehenden Arbeitsvertrages ist vollendet durch kündigungslose Arbeitseinstellung. Dieser Kontraktbruch mag sich erneuern oder wiederholen können: daß er sich aber ins Unbemessene hinein fortsetze, erscheint begrifflich unhaltbar. Wollte man indessen auch von diesen Zweifeln absehen, so scheitert der Revisionsangriff doch an dem anderweiten, von der Revisionsschrift selbst anerkannten Bedenken, daß vorliegenden Falles nach dem ganzen Zusammenhange der Urteilsgründe nur von dem fortdauernd kontraktwidrigen Verhalten einer beschränkten Personenzahl gegen einen einzelnen Arbeitgeber, also von einer konkret eng begrenzten Nichterfüllung bestimmter rechtlicher Verpflichtungen, nicht aber von Ungehorsam „gegen das Gesetz“ als solchem die Rede sein kann. Daß hieran die dem § 110 StGB. gegebene extensive Auslegung ihre Schranken zu finden habe, ist vom Reichsgerichte klar und unzweideutig ausgesprochen worden. „Die Weigerung der Pachtzahlung seitens eines bestimmten Pächters zunächst gegen seinen Verpächter verletzt dessen Vertragsrecht, ... berührt aber noch in keiner Weise die Grundlagen der Rechtsordnung. Wohl aber werden diese Grundlagen erschüttert, wenn sämtliche Pächter einer gewissen Landschaft ... in bewußtem Gegensatze gegen das Gesetz die Pachtzahlung verweigern.“

Vgl. Entsch. des RG. in Straff. Bd. 20 S. 68.

Noch ausführlicher ist der fragliche Gesichtspunkt in dem Urteile desselben IV. Strafsenates vom $\frac{\text{28. November}}{\text{3. Dezember}}$ 1889 entwickelt. „Nicht jede Aufforderung zu einem vertragswidrigen Handeln oder Unterlassen enthält Aufforderung zum Ungehorsam gegen das Gesetz im Sinne des § 110 StGB. ... Notwendige Voraussetzung des § 110 ist, daß die Aufforderung gegen das Gesetz schlechthin sich richtet, daß zu einer vollständigen Mißachtung des Gesetzes aufgefordert wird.“ Worauf es ankomme, sei zu prüfen, ob beabsichtigt gewesen sei, gewissen Gesetzen „schlechthin und überhaupt Ungehorsam entgegenzusetzen, oder ob nur zu einem konkreten vertragswidrigen Verhalten aufgefordert wurde“.

Vgl. Entsch. d. RG. in Straff. Bd. 20 S. 154.

Ob nicht unter irgend welchen Umständen eine zu einer vereinzelten konkreten Rechtsverletzung provozierende Äußerung gleichzeitig objektiv wie subjektiv Auflehnung gegen das ganze Gesetz überhaupt einschließe, mag im Einzelfalle Sache tatsächlicher Auslegung sein. Daß aber, sobald nur zu einem „konkreten kontraktswidrigen Verhalten“ aufgefordert wird, der § 110 StGB. unanwendbar werden soll, darüber kann angesichts der jedes Mißverständnis ausschließenden Sätze der vorerwähnten Rechtsprechung des Reichsgerichts kein Zweifel obwalten. Überdies zwingt noch ein zweiter Grund zum Festhalten an der hier vertretenen Unterscheidung. Das ist das Verhältnis der §§ 110, 111 StGB. zueinander. Man wird nicht behaupten wollen, daß die Norm des § 110 StGB. etwa ausschließlich das sog. bürgerliche oder straflose Unrecht in der grenzenlosen Unbestimmtheit dieses Begriffes im Auge habe. Ist dies aber nicht der Fall und bezieht sich § 110 StGB. zweifellos auch auf den Ungehorsam gegen Strafgesetze, dann muß innerhalb des letztbezeichneten Gebietes mit Notwendigkeit der Unterschied zwischen der Verbotsnorm des § 110 und derjenigen des § 111 lediglich darin gesucht werden, daß die letztere die Aufforderung zur Begehung konkreter strafbarer Handlungen, die erstere die Provokation zur Auflehnung gegen das Strafgesetz überhaupt, zur grundsätzlichen Mißachtung desselben schlechthin in allen seinen Erscheinungsformen bestrafen wolle. Soll jede Aufforderung zur Begehung eines konkreten Deliktes stets zugleich Aufforderung zum Ungehorsam gegen das Strafgesetz als solches einschließen, dann bliebe unverständlich, welche Bedeutung § 111 StGB. mindestens im Abs. 1 hat, und an welche Fälle der Gesetzgeber hierbei gedacht haben könnte. Muß man aber an jener Unterscheidung des Anwendungsgebietes beider Paragraphen auf dem Boden des den Strafgesetzen schuldigen Gehorsames festhalten, dann ist nicht abzusehen, wie zugunsten der Normen des Privatrechtes andere Grundsätze Raum finden sollen. Vorliegenden Falles steht nur die fortdauernde Kontraktwidrigkeit einiger ganz bestimmter Arbeiter nur der H.schen Tabaksfabrik in Frage, und nur an diese konnte sich die Ermahnung richten, bei dem Ausstande zu beharren, insoweit hierin Aufforderung zur Fortsetzung eines kontraktwidrigen Verhaltens enthalten sein soll. Über dieses konkret begrenzte Arbeitsvertragsverhältnis und diesen vereinzelten Kontraktbruch hinaus kann von Aufforderung zum „fortgesetzten Kontraktbruche" nicht gesprochen werden, und verliert eine derartig unterstellte Aufforderung jeden Sinn. Dann aber mag man das Unbotmäßigkeit gegen die Herren der H.schen Tabaksfabrik nennen; Ungehorsam gegen das Gesetz ist es nicht.

Von der Revision werden endlich zwei Gesichtspunkte übersehen, welche vorliegenden Falles dem Rechtsangriffe vollends die Begründung entziehen. Will man einmal den Tatbestand eines „Ungehorsams" gegen Normen des Privatrechtes unterstellen, dann müssen diese Normen auch in vollem Umfange beachtet werden. Geht man also davon aus, sei es § 270 I 5 ALR. — trotz des auf Arbeitsverträge allein anwendbaren, ein einseitiges Rücktrittsrecht auch des Arbeiters anerkennenden § 408 I 5 ALR. —

Entsch. des RG. in Civils. Bd. 21 Nr. 44,

— oder § 122 GewO., oder irgend ein sonstiges Gesetz konstituiere eine Verpflichtung des Arbeiters, nicht ohne Kündigung die Arbeit einzustellen, und fortdauernde Arbeitseinstellung sei fortdauernder Ungehorsam gegen das ihn zur Kündigung verpflichtende Gesetz, so ist doch ohne weiteres klar, daß solche kontraktwidrige Arbeitseinstellung immer nur die gesetzliche Kündigungsfrist von 14 Tagen hierdurch als ein rechtswidrig fortdauernder Kontraktbruch bezeichnet werden kann. Nach Ablauf der 14 Tage, von Beginn der tatsächlich durch Arbeitseinstellung geschehenen Aufkündigung an gerechnet, ist das Arbeitsverhältnis rechtlich aufgelöst, und von da ab kann allenfalls von Wiederaufnahme der Arbeit durch Abschluß eines neuen Arbeitsvertrages, nicht aber mehr von einer fortdauernden kontraktlichen Verpflichtung, die Arbeit fortzusetzen, bezw. von fortdauernder Kontraktswidrigkeit die Rede sein. Da vorliegenden Falles feststeht, daß am 21. März 1890 der kündigungslose Ausstand begonnen hat, konnten die in den Versammlungen vom 6. und 12. April 1890 gehaltenen Reden sich unter allen Umständen nicht mehr auf ein „Beharren bei der widerrechtlichen Arbeitseinstellung" beziehen. Zum zweiten würde aber auch die fragliche Kontraktwidrigkeit der ohne Aufkündigung fortgebliebenen Arbeiter der H.schen Tabaksfabrik in demselben Augenblicke ihr Ende erreicht haben, sobald, wie feststeht, die Arbeitgeber, nunmehr auch ihrerseits von ihrem Rechte Gebrauch machend, das Arbeitsverhältnis löſten. Daß dies schon vor der ersten inkriminierten Versammlung der streikenden Tabaksarbeiter geschehen sei, muß aus der Sachdarstellung des Urteiles gefolgert werden.

Der Oberreichsanwalt hatte in der Verhandlung Aufhebung des Urteiles und Zurückverweisung in die Vorinstanz beantragt und den Antrag, unter Hinweisung auf die Erkenntnisse des IV. Strafsenates vom 3. Dezember 1889,

Entsch. des RG. in Straff. Bd. 20 S. 63, und vom $\frac{\text{28. November}}{\text{3. Dezember}}$ 1889,

Entsch. des RG. in Straff. Bd. 20 S. 150,

des I. Strafsenates in der Strafsache gegen Franz S. und Friedrich Z. vom 3./15. Januar 1891 und des II. Strafsenates in der Strafsache gegen N. vom 28. Januar 1891, im wesentlichen dahin begründet:

Die Entscheidungen der Strafsenate, welche bisher mit der Frage der Anwendung des § 110 StGB. auf die Aufforderung zum Vertragsbruche befaßt gewesen, stimmten darin überein, daß der Schutz des § 110 sich auch auf die bürgerlichen Gesetze erstrecke, und daß der Tatbestand des § 110 nicht dadurch ausgeschlossen sei, daß sich das strafbare Verhalten in seiner äußeren Gestaltung zunächst gegen ein bestimmtes Verhältnis zu bestimmten Personen richte. Sei auch in der Entscheidung des IV. Strafsenates vom $\frac{\text{28. November}}{\text{3. Dezember}}$ 1889,

Entsch. des RG. in Straff. Bd. 20 S. 154,

das Erfordernis der Richtung der Aufforderung gegen das Gesetz besonders betont, so schließe auch nach der Auffassung dieser Entscheidung diese sich auf das Allgemeine erstreckende Richtung nicht aus, daß sie in einem zunächst ein konkretes Verhältnis verfolgenden Verhalten enthalten sei und sich in demselben darstelle. Die beiden Entscheidungen des IV. Strafsenates ständen demnach im Einklange. Der I. Strafsenat verlange nicht einmal ein besonderes greifbares Hervortreten dieser allgemeinen Richtung, habe vielmehr in der obenerwähnten Entscheidung vom 3./15. Januar 1891, welcher tatsächlich die Aufforderung der Arbeiter von Schuhfabriken zu einem konkreten vertragswidrigen Verhalten zugrunde gelegen, das Bewußtsein für genügend erachtet, daß die Aufforderung auf die Verletzung eines Gesetzes abziele, die Äußerung somit zum Ungehorsam gegen das Gesetz auffordere. Der § 110 StGB. gebe nämlich in keiner Weise zu erkennen, daß er die direkte Absicht, Ungehorsam gegen das Gesetz zu betätigen, zu seiner Anwendung verlange. Das Motiv, aus welchem die Aufforderung zum Ungehorsam erfolge, sei ohne Bedeutung.

Der II. Strafsenat habe endlich in seinem Erkenntnisse vom 28. Januar l. J. die Frage der Anwendbarkeit des § 110 StGB. auf bürgerliche Rechte auf Grund der Gesetzgebungsmaterialien und der Vorgeschichte des § 110 noch einer besonders eingehenden Prüfung unterstellt und sei zu dem Schlusse gekommen, daß die historische Entwicklung und Geschichte des § 110 nicht den mindesten Anhalt biete, daß sich der Schutz des § 110 nicht auf civilrechtliche Normen erstrecke.

Gehe man von dieser Rechtsauffassung aus, so erscheine es gleichgültig, ob die Aufforderung dahin gehe, ein Unrecht zu begehen oder auf demselben zu beharren. Die Aufforderung zum Beharren auf der widerrechtlichen Arbeitseinstellung stehe somit auf gleicher Linie mit der Aufforderung zu widerrechtlicher Einstellung der Arbeit.

Im vorliegenden Falle könne es sich somit nur darum handeln, ob nach der konkreten Sachlage die Widerrechtlichkeit der Fortsetzung der Einstellung dadurch als beseitigt zu erachten wäre, daß die Gebundenheit der Arbeiter aus einem civilrechtlichen Grunde erloschen wäre. Dies sei zu verneinen. Auch aus dem Beschlusse der Fabrikanten, den Arbeitern unter Einhaltung der vierzehntägigen Kündigungsfrist die Arbeit für den Fall zu kündigen, daß der Ausstand in der H.schen Fabrik bis dahin beendigt sein werde, könne die Straflosigkeit der Beschwerdeführer nicht gefolgert werden, da jedenfalls die erste Aufforderung vom 25. März 1890 noch in die Kündigungsfrist, somit in die Zeit der Gebundenheit der Arbeiter falle.

2. Zum Vorsatz bei Aufforderung zum Ungehorsam gegen die von der Obrigkeit innerhalb ihrer Zuständigkeit getroffenen Anordnungen ist nach E. XII 6 nicht erforderlich das Bewußtsein davon, daß die Obrigkeit zu der Anordnung zuständig sei.

V. **Aufforderung zu strafbaren Handlungen** (StGB. § 111).

Nach E. IV 106, XXI 192 (anders X 296) ist § 111 gegenüber dem § 110 als lex specialis anzusehen (somit Idealkonkurrenz ausgeschlossen).

---

§ 56. Kap. 3. Delikte wider Sitten- und Eheordnung.

Beling § 77, Berner S. 446—454, Binding L. §§ 58 ff., v. Liszt §§ 112 ff., H. Meyer §§ 141 ff., Frank u. Olshausen zu §§ 169 ff. StGB.

I. Der Begriff der „**widernatürlichen Unzucht**" im Sinne des § 175 StGB. ist auf beischlafsähnliche Handlungen zu beschränken. So E. II 237, VI 211, XX 225, XXIII 189, 291, XXX 245.

II. **Kuppelei.**

1. Was heißt: der Unzucht Vorschub leisten? E. VIII 236.

Die Angeklagte ist wegen gewohnheitsmäßiger und eigennütziger Kuppelei bestraft worden, weil sie längere Zeit hindurch zwei Mädchen in Kost und Wohnung unter dem Übereinkommen bei sich aufgenommen habe, daß sie als Gegenleistung das Geld, welches sie bei dem ihnen zur Pflicht gemachten abendlichen Umherstreichen auf den Straßen durch geschlechtlichen Umgang mit Männern verdienen würden, an sie abliefern sollten, was auch von den Mädchen geschehen sei.

Die Revision erhebt die Beschwerde, es sei von dem Urteile nicht festgestellt worden, daß die Angeklagte irgend eine Unzucht mit irgend einer Mannsperson vermittelt, oder ihre Wohnung hierzu hergegeben oder auf irgend eine andere Art eine Gelegenheit zur Unzucht verschafft habe. Vielmehr sei nichts vorgekommen, als daß die betreffenden Mädchen Lohnhurerei getrieben hätten, um der Angeklagten einen Ersatz für die denselben gewährte

Wohnung und Beköstigung leisten zu können, und es erscheine darum durch die stattgefundene Bestrafung wegen Kuppelei der § 180 StGB. als verletzt. Die Revision wurde verworfen.

Gemeinrechtlich war die Meinung die vorherrschende, daß zur vollendeten Kuppelei der Vollzug der Unzucht erforderlich sei, und es mußte sonach jede kausale Beförderung des Vollzuges als vollendete Kuppelei bestraft werden. Nach dem Strafgesetzbuche erscheint nun zwar dieser Vollzug der Unzucht nicht als zum Wesen der Kuppelei erforderlich, aber es bestraft auch andererseits nicht schon den bloßen Versuch, denselben zu befördern, als das vollendete Delikt. Vielmehr verlangt es zur vollendeten Kuppelei, daß der Unzucht durch Vermittlung oder durch Gewährung oder Beschaffung von Gelegenheit ein wirklicher Vorschub geleistet worden sei, mag derselbe dann auch nicht zum Vollzuge der Unzucht geführt haben. Die vorausgesetzte Wirksamkeit des Kupplers ist hiernach nicht nach dem etwa stattgefundenen Vollzuge der Unzucht zu bemessen, sondern lediglich mit dieser Vorschubleistung in Beziehung zu bringen. Darum darf aber auch, wie die Revision mit Recht annimmt, nicht jede beliebige Tätigkeit, durch welche der Vollzug der Unzucht wirksam befördert worden ist, als Kuppelei bezeichnet werden, sondern es ist nur diejenige Wirksamkeit als Kuppelei zu betrachten, welche gerade eine Vorschubleistung zur Unzucht durch Vermittlung oder durch Gewährung oder Verschaffung von Gelegenheit enthält, einerlei, ob es dann zum Vollzuge der Unzucht gekommen ist oder nicht. Unter dieser Vorschubleistung zur Unzucht ist nun, wie das Reichsgericht bereits in mehreren Entscheidungen, vgl. Urtt. v. 15. Mai 1880 g. B. u. 23. Septbr. 1880 g. W. in den Entsch. des RG. in Straff. Bd. 2 S. 164, 258, ausgesprochen hat, die Herbeiführung bisher noch nicht vorhandener Zustände und Verhältnisse zu verstehen, welche den Vollzug der Unzucht ermöglichen. Die bloße, sei es auch gewohnheitsmäßige und eigennützige, Aufnahme prostituierter Frauenspersonen in die eigene Wohnung, welche nicht zu dem Zwecke geschieht, daß in dieser Wohnung auch die Unzucht ausgeübt werden solle, enthält, wie dies gleichfalls vom Reichsgerichte angenommen worden ist, vgl. Urtt. v. 20. Oktober 1880 g. J. Reg. 1920/80 und 10. Novbr. 1880 g. O. Reg. 2588/80 die Herbeiführung solcher Zustände und Verhältnisse zwar noch nicht, weil sie lediglich die Lebensfristung der Prostituierten ermöglicht. Allein vorliegend handelt es sich auch nicht allein um eine derartige Aufnahme in die eigene Wohnung, sondern zugleich darum, daß die Angeklagte den von ihr aufgenommenen Mädchen die Pflicht auferlegt hat, außerhalb der ihnen eingeräumten Wohnung Unzucht mit Männern auszuüben und ihr das hierbei vereinnahmte Geld abzuliefern. Muß nun angenommen werden, daß die Mädchen sich infolge der ihnen auferlegten Verpflichtung zur Ausübung der Unzucht Männern gegenüber bereit gezeigt haben, so darf auch nicht bezweifelt werden, daß von der Angeklagten vorher noch nicht vorhanden gewesene Zustände, welche die Ausübung der Unzucht ermöglichten, herbeigeführt worden sind. Denn es ist einmal nicht einzusehen, daß diese herbeigeführten Zustände nur in der herbeigeführten Gestaltung äußerer Verhältnisse und nicht auch in der Hervorrufung des vorher nicht vorhandenen inneren Zustandes der Geneigtheit und des Bereitzeigens zur Ausübung der Unzucht sollten gefunden werden dürfen, wie aber ferner auch in diesem Bereitzeigen der Mädchen gegenüber ihnen begegnenden Männern zur Ausübung der Unzucht insbesondere eine von der Angeklagten herbeigeführte Gelegenheit hierzu zu erkennen ist. Auch waren diese von der Angeklagten hervorgerufenen Zustände keineswegs, wie dies die Revision anzunehmen scheint, nur allgemeine, zu bestimmten Fällen der Unzucht außer Beziehung stehende. Allerdings kannte die Angeklagte die Männer nicht, mit welchen die Mädchen, wenn sie ihre Weisung befolgten, Unzucht treiben würden. Aber es ist auch nicht erforderlich, daß sich der Kuppler die Personen derjenigen, welche sich an der Ausübung der Unzucht beteiligen sollen, individualisiere. Vielmehr genügt es, wenn er sich in seiner Vorstellung auch nur ein der Wirklichkeit sich annäherndes Bild davon entworfen hat, in welcher Art und Weise die Ausübung der Unzucht, gleichviel mit welchen Männern oder Frauen, ihre Ermöglichung in seiner Vorschubleistung finden werde. Vorliegend aber war diese Vorstellung in dem Bewußtsein der Angeklagten, die beiden bei ihr sich aufhaltenden Mädchen würden sich bei ihrem nächtlichen Herumstreichen ihnen begegnenden Männern gegen eine Belohnung in Geld preisgeben, eine so konkretisierte, daß die Vorschubleistung derselben als eine bestimmte strafbare Tat angesehen werden kann.

2. Eigennutz bedeutet das nur auf den eigenen Nutzen gerichtete Streben, welches den Geboten der Moral zuwider nicht die gebührende Rücksicht auf die Interessen anderer nimmt.[1]) So E. XXVI 41 und früher E. IX 129, XVI 56.

3. Ist die Betreibung einer polizeilich geduldeten Bordellwirtschaft als Kuppelei strafbar?[2]) E. I 88:

Die Angeklagte begründete die Revision gegen das sie verurteilende Erkenntnis dahin, daß die Annahme der Strafbarkeit des Haltens eines polizeilich geduldeten Bordells als Kuppelei aus § 180 StGB. das Strafgesetzbuch mit sich selbst in Widerspruch setze, § 361 Nr. 6, daß die Kuppelei juristisch nichts anderes, als Teilnahme an der vorliegend nicht strafbaren Unzucht sei, daß die Entstehungsgeschichte des § 147 des preußischen Strafgesetzbuchs, welcher dem § 188 zu Grunde liege, erweise, daß man Bordelle nicht habe unter Strafe stellen wollen, und daß jedenfalls der Dolus, das Bewußtsein des rechtswidrigen Handelns, fehle. Das RG. verwarf die Revision.

Die Begründung der Revision fußt auf der Annahme, daß das Halten eines Bordells mit polizeilicher Gestattung nicht unter die Strafbestimmung des § 180 StGB. falle. Mit Recht hat das angefochtene Urteil das Gegenteil angenommen. Die Wortfassung des Paragraphen begreift recht eigentlich die Handlung solcher, die ein Erwerbsgeschäft daraus machen, Mädchen zu dem Zwecke zu halten, daß sie zur Ausübung der Unzucht gegen Lohn benutzt werden können, und das Strafwürdige solchen Geschäfts wird dadurch nicht berührt, ob die Polizei ihm Hindernisse bereitet oder nicht.

Mit Unrecht findet die Revision in der Bestimmung des § 361 Ziff. 6 StGB. ein Moment für eine beschränkende Auslegung des § 180; denn

---

[1]) So auch Olshausen zu § 180 Nr. 11. Enger v. Liszt § 108; Berner S. 470, wonach Eigennutz gleichbedeutend ist mit gewinnsüchtiger Absicht.
[2]) Vgl. Olshausen Nr. 12.

die Beförderung der Unzucht kann auch da, wo letztere selbst nicht unter Strafe gestellt ist, gar wohl strafwürdig sein; die gewinnsüchtige Ausbeutung sittlicher Verkommenheit unterliegt ganz anderen Rücksichten der Strafgesetzgebung, als die niedrige Gesinnung und Hingabe einer feilen Dirne. Es ist ein Irrtum, wenn die Revision in der Kuppelei nur eine besondere Form der Teilnahme an einem Unzuchtsvergehen erblickt, da ihre Voraussetzungen auch bei strafloser Unzucht zutreffen, der Grad ihrer Strafbarkeit gerade in solchem Falle um so höher sein kann. Und eine gegenteilige Argumentation aus der Entstehungsgeschichte einer entsprechenden Strafbestimmung des ehemaligen preußischen Strafgesetzbuchs kann schon darum nicht zu einem anderen Resultate führen, weil das Strafgesetzbuch für das Deutsche Reich aus sich selbst erklärt werden muß und der Nachweis, daß einer Vorschrift desselben eine gleiche Bestimmung einer früheren Gesetzgebung zugrunde liegt, nicht dahin führen kann, alle für die Auslegung der letzteren in Betracht kommenden Momente auch für das Verständnis jener Vorschrift entscheiden zu lassen.

Aber auch darin ist dem angefochtenen Urteile Recht zu geben, daß es in subjektiver Beziehung mehr nicht erfordert, als die Absicht, der Unzucht Vorschub zu leisten, das Bewußtsein der Rechtswidrigkeit solcher Handlungsweise aber für den Tatbestand des Vergehens unerheblich erachtet und einem verzeihlichen Irrtum nur bei der Strafausmessung Berücksichtigung angedeihen läßt.

III. **Zuhälterei.** E. XXXIV 74 (vgl. auch XXXV 92):

1. Das M e r k m a l der Ausbeutung in § 181 a StGB. ist durch eine auf Gewinn gerichtete Absicht bedingt. Dem ersten Richter war sonach darin beizustimmen, daß als Ausbeutung im Sinne des § 181 a nicht jede Annahme von Geldmitteln aus Hurenerwerb zu Unterhaltungszwecken gelten kann. Die Strafkammer durfte jedoch bei dieser Erwägung nicht stehen bleiben. Das Erfordernis der gewinnsüchtigen Absicht ist einer verschiedenen Auffassung zugänglich, jenachdem diese oder jene Strafbestimmung in Frage steht. In dem hier fraglichen Zusammenhange des § 181 a kann demselben eine über den „Eigennutz“ hinausreichende Bedeutung nicht beigelegt werden. Wird von Verhältnissen abgesehen, in denen die Mannsperson gegen die Prostituierte einen gesetzlichen Anspruch auf Alimentation hat oder zu haben glaubt, so genügt die b e w u ß t e A u s n u t z u n g d e r P r o s t i t u i e r t e n a l s e i n e r E r w e r b s q u e l l e f ü r d e n L e b e n s u n t e r h a l t, wobei es gleichgültig ist, ob der Beweggrund, welcher den Täter bestimmt, den Lebensunterhalt aus dem unzüchtigen Erwerbe zu beziehen, in den hiermit verbundenen Vermögensvorteilen oder in der Befriedigung anderweiter Bedürfnisse oder Neigungen zu finden ist. Es kann deshalb nicht aufgestellt werden, daß eine dem Manne gegen die Prostituierte zustehende Geldforderung sowie die Verrechnung des von der Prostituierten zum Unterhalte Gegebenen auf diese Forderung das Merkmal der Ausbeutung grundsätzlich ausschließt. Es ist denkbar, daß der Gläubiger die vermöge dieser Eigenschaft ihm beiwohnende Macht gegenüber der Prostituierten zur Anknüpfung oder Fortsetzung eines dem § 181 a entsprechenden Verhältnisses mißbraucht. Aber auch da, wo ein derartiger Mißbrauch nicht vorliegt, wird der Gesamtcharakter des

Verhältnisses zu erwägen und danach zu ermessen sein, ob der Wille des Täters lediglich auf Realisierung eines ihm zustehenden Forderungsrechtes oder zugleich auf eine unsittliche Ausnutzung im Sinne der obigen Darlegung gerichtet war. Andernfalls würde Gefahr obwalten, daß § 181 a durch Geldvorschüsse, welche die Mannsperson der Prostituierten gewährt, illusorisch gemacht wird.

2. Bei Verneinung des in § 181 a an zweiter Stelle vorgesehenen Tatbestandes hat die Strafkammer erwogen, daß als Schutzhandlungen a) die Befreiung der M. von zwei sie belästigenden Herren, b) das allnächtliche Begleiten nach ihrer Wohnung in Frage seien. Zu a ist es nicht erwiesen, daß der Vorfall sich nach dem Inkrafttreten des § 181 a zugetragen hat. Zu b ist ein Bezug auf die Ausübung des unzüchtigen Gewerbes nicht angenommen. „Daß der Angeklagte aber der M. in bezug auf ihr Gewerbe förderlich gewesen sei, dafür habe sich nichts ergeben."

Der Sachverhalt ergibt, daß der Angeklagte des Abends regelmäßig die M. bis zu dem Punkte, wo ihr „Strich" begann, begleitet und alsdann sich in ein vorher verabredetes, in der Nähe belegenes Restaurationslokal begeben hat, wo die M. ihn während ihres Gewerbebetriebes finden konnte und nach dessen Schlusse abholte, daß die M. bei dieser Abholung das zur Bezahlung der Zeche erforderliche Geld mitbrachte, daß auch sonst das Zusammenleben des Angeklagten mit der M., sowie dasselbe stattgefunden hat, nur unter der Voraussetzung eines für den beiderseitigen Unterhalt im wesentlichen ausreichenden Unzuchtserwerbes durchzuführen war.

Danach muß bezweifelt werden, daß der erste Richter von einer zutreffenden Auffassung des Begriffes „Förderlichsein" ausgegangen ist.

Die Bedenken, zu denen die Dehnbarkeit dieses Ausdruckes Veranlassung geben kann, sind sowohl in den Motiven in den Regierungsvorlagen vom 29. Februar und 22. November 1892 als in dem Kommissionsberichte vom 10. Mai 1899 anerkannt, schließlich jedoch ein ausreichendes Gegengewicht in der Verbindung mit den Worten „gewohnheitsmäßig oder aus Eigennutz" gefunden worden. Der von dem Kommissar des Bundesrates in der Reichstagsverhandlung vom 5. Januar 1900 betonte Gesichtspunkt, daß „in dem ersten Teile des Tatbestandes nicht sowohl eine einzelne Handlung, als ein unsittliches Verhalten unter Strafe gestellt wird", gilt insoweit auch von dem zweiten Teile, als der Gesetzgeber durch Nachfügung des Wortes „Zuhälter", wenn auch nur in Klammer, zum Ausdruck gebracht hat, daß die Vorschrift in ihren beiden Teilen gegen das Zuhältertum als solches gerichtet ist. Auch nach allgemeinen Rechtsgrundsätzen durfte die Strafkammer sich nicht darauf beschränken, das Verhalten des Angeklagten in die einzelnen Tätigkeitsakte zu zerlegen und jeden Akt für sich unter dem Gesichtspunkte des § 181 a zu prüfen, ein „Förderlichsein" konnte, wie in den Einzelakten, so auch in der Gesamtheit der zur Handlungseinheit verbundenen Willensbetätigungen gefunden werden.

Von diesen Gesichtspunkten aus bedurfte es der Erwägung, ob in dem Gesamtverhalten des Angeklagten, insbesondere in dem Bereitsein zum Schutze der Prostituierten, in dem hierdurch bei der letzteren hervorgerufenen Gefühle der größeren Sicherheit oder in sonstigen intellektuellen

Einwirkungen, durch welche einer tunlichsten Ausdehnung des unzüchtigen Gewerbebetriebes Vorschub geleistet wurde, ein „Förderlichsein“ zu finden war.

3. Nach der am 30. Juni 1900 erfolgten Ausgabe des Reichsgesetzblattes S. 301 ist gemäß Art. 2 der Reichsverfassung der § 181 a mit dem 14. Juli in Kraft getreten. Die Strafkammer hat deshalb angenommen, daß „der im Sinne der Anklage strafbare Tatbestand und Zustand sich auf einen Zeitraum von nur 14 Tagen beschränken würde“.

In der erneuten Verhandlung wird die den Gegenstand der Anklage bildende — fortgesetzte und gewohnheitsmäßige — Handlung, soweit solche in die Zeit vor dem 14. Juli fällt, gemäß §§ 153, 263 StPO. unter dem Gesichtspunkte des § 180 StGB. in Ansehung der Folgezeit nach § 181 a zu prüfen sein. Ergibt sich, daß sowohl der Tatbestand des § 180 als die Besonderheiten der im § 181 a enthaltene Spezialvorschrift vorliegen, so wird nicht Idealkonkurrenz anzunehmen, sondern nach dem Grundsatze der Gesetzeskonkurrenz lediglich § 181 a anzuwenden sein.

IV. Erregung öffentlichen Ärgernisses.

1. Unter unzüchtigen Handlungen im Sinne des § 183 StGB. sind auch mündliche Äußerungen zu verstehen.[1]) So E. IV 130.

2. Erfordert das Vergehen des öffentlichen Ärgernisses durch unzüchtige Handlungen, daß die letzteren eine geschlechtliche Beziehung haben? E. XXIII 233 (vgl. auch XXIV 366, XXVIII 80):

Das Urteil betrachtet als erwiesen, daß die Angeklagten St. und F. durch ihre vor der Öffentlichkeit stattgefundene pantomimische Darstellung des Vollzuges des Beischlafes ein Ärgernis gegeben haben, und es sind dieselben hiernach in Gemäßheit des § 183 StGB. bestraft worden. Daß ihre Absicht hierbei auf die Erregung ihrer oder anderer Geschlechtslust gerichtet gewesen sei, ist von dem Urteile nicht bestätigt worden, und es kann das auch um so weniger als selbstverständlich betrachtet werden, als die Pantomime ersichtlich zur Verspottung eines Bäckermeisters in B. bestimmt war. Dennoch muß die hierauf gestützte Revisionsbeschwerde für unbegründet gehalten werden, weil der Begriff der Unzucht in dem § 183 StGB. mit demjenigen in den §§ 174, 176 nicht vollständig übereinstimmt. Gemeinsam ist allerdings beiden, daß nur diejenige Handlung als eine unzüchtige bezeichnet werden kann, welche sich auf das Geschlechtsleben bezieht. Die in den §§ 174, 176 mit Strafe bedrohten Handlungen charakterisieren sich aber dadurch, daß sie an individuell bestimmten Personen vollzogen werden und diesen gegenüber nur unter der Voraussetzung von geschlechtlicher Bedeutung sein können, daß sie auf die Befriedigung oder doch die Erregung eigener oder fremder Geschlechtslust gerichtet werden. Andernfalls mögen sie immerhin der guten Sitte zuwiderlaufen, aber sie sind dann, wenn nicht das Merkmal der öffentlichen Vornahme auf sie zutrifft, nicht strafbar, oder sie können sich dann doch nur als andersartige Delikte, insbesondere als dasjenige der Beleidigung erweisen.

---

[1]) Ebenso Olshausen Nr. 2, v. Liszt § 109. A. M. Meyer 747, Frank zu § 183 I.

Der § 183 StGB. legt hingegen darauf das entscheidende Gewicht, daß durch die betreffende, auf das Geschlechtsleben sich beziehende Handlung die gute Sitte als solche verletzt werde, und er bestraft sonach nicht den Angriff auf ein bestimmtes Individuum, sondern den Angriff auf ein inpersonelles wesentliches Fundament der bürgerlichen Gesellschaft. Allein es würde zu einer unerträglichen Einmischung in die persönlichen privaten Angelegenheiten führen, wenn jede Verletzung der guten Sitte zur Bestrafung gezogen werden sollte, und es ergibt sich hieraus mit Notwendigkeit das Merkmal, daß diese Verletzung eine öffentliche sein, die nichtöffentliche also der Korrektur durch die Moral überlassen bleiben müsse. Außerdem wurde noch weiter zur Begründung der Strafe für geboten erachtet, daß diese öffentliche Verletzung der guten Sitte zugleich, wenn auch nur einer einzigen Person, wirklich ein Ärgernis gegeben habe. Daß aber die gute Sitte und das berechtigte Gefühl für dieselbe empfindlich durch öffentliche obscöne Darstellungen und Äußerungen verletzt werden, hängt davon nicht ab, daß durch dieselben die Geschlechtslust erregt werden soll, sondern kann in gleichem Maße auch dann eintreten, wenn diese Zweckbestimmung auch nicht vorgelegen hatte. Schon die äußere Form der Handlung, welche die Vorgänge, die nach dem Gebote der guten Sitte verborgen bleiben sollen, in dem Lichte der Öffentlichkeit erscheinen läßt, enthält vielmehr eine Verletzung derselben und kann ein berechtigtes Ärgernis hervorrufen. Handelt es sich etwa um den legitimen Beischlaf zwischen Ehegatten, so ist hierin eine Verletzung der guten Sitte nicht zu finden. Demungeachtet muß er jedoch nach § 183 StGB. bestraft werden, wenn er öffentlich vollzogen wird, und es ergibt sich hieraus, daß es nicht die auf Erregung des Geschlechtstriebes abzielende Handlung ist, — denn dieselbe ist ja hier berechtigt, — welche die Anwendung des Gesetzes bedingt, sondern daß dieselbe lediglich in der äußeren Form des vor der Öffentlichkeit stattfindenden Geschlechtsaktes begründet ist.

V. **Ehebruch.**

1. Das Erfordernis der Ehescheidung ist Prozeßvoraussetzung,[1]) nicht Bedingung der Strafbarkeit[2]) oder Tatbestandsmoment.[3]) E. XV 123 (vgl. auch VII 298, XV 261, XXII 135):

Die neuere Doktrin führt mehrere Fälle auf, in welchen die Strafandrohung von dem Vorliegen äußerer, auf ein Verschulden des Täters (Vorsatz oder Fahrlässigkeit) nicht zurückzuführender Umstände abhängig gemacht sein soll, und bezeichnet solche Umstände als objektive Bedingungen der Strafbarkeit oder als Bedingungen, die keinen Bestandteil der Norm bilden. Die Rechtsübung ist unzweifelhaft von dieser Doktrin beeinflußt worden. So erklärt ein Urteil des III. Strafsenates des Reichsgerichts vom 2. Juli 1881 Rep. 1578/81 den Schlußsatz des § 102 Abs. 1 StGB.:

sofern in dem anderen Staate dem Deutschen Reiche die Gegenseitigkeit verbürgt ist,

---

[1]) Übereinstimmend Olshausen zu § 172 Nr. 6; Binding Gr. II § 158 gegen Binding, Normen II, 464.

[2]) So v. Liszt § 116.

[3]) So Berner S. 453.

dahin, daß derselbe nicht eine prozessuale Voraussetzung für die strafrechtliche Verfolgung, sondern eine Bedingung für die Gestaltung der normwidrigen Handlung zum Verbrechen, somit eine Bedingung der Strafbarkeit selbst enthalte. Ebenso hat der II. Strafsenat in dem Urteile vom 28. September 1883,

vgl. Entsch. des RG. in Straff. Bd. 9 S. 150,

in den Worten des § 186 StGB.:

wenn nicht diese Tatsache erweislich wahr ist,

eine objektive Bedingung der Strafbarkeit gefunden.

In dem Falle des § 186 a. a. O. tritt der Unterschied zwischen Bedingung der Strafbarkeit und Bedingung der Strafverfolgung besonders scharf hervor, da die Frage, ob die behauptete oder verbreitete Tatsache erweislich wahr ist, gewöhnlich erst im Laufe des Strafverfahrens zur Erörterung gelangt, die Strafverfolgung nicht also als bedingt gelten kann.

Was insbesondere den § 172 StGB. anbetrifft, so hat der III. Strafsenat des Reichsgerichtes im Urteile vom 3. Januar 1880,

vgl. Entsch. des RG. in Straff. Bd. 1 S. 44,

die Frage, ob die Beschränkung „wenn wegen des Ehebruchs die Ehe geschieden ist" eine Bedingung für die Strafbarkeit oder für die Statthaftigkeit der Strafverfolgung darstelle, zwar erörtert, aber unentschieden gelassen. Der I. Strafsenat des Reichsgerichtes ist in den Urteilen vom 23. März 1880,

vgl. Entsch. des RG. in Straff. Bd. 2 S. 62,

und vom 1. Juni 1882,

vgl. a. a. O. Bd. 6 S. 334,

davon ausgegangen, daß das Erfordernis prozessualer Natur sei. In dem Urteile desselben Senates vom 6. November 1882,

vgl. Entsch. des RG. in Straff. Bd. 7 S. 298,

ist ausgeführt, daß durch das Erfordernis nur ein Aufschub für das Eingreifen der Staatsgewalt zur Verwirklichung der Strafe angeordnet, keineswegs aber für den bereits an sich durch den Beischlaf abgeschlossenen strafrechtlichen Tatbestand ein außerhalb der strafbegründenden Handlung liegendes weiteres Merkmal für den materiellen Deliktsbegriff gesetzt sei. Dieser Auffassung schließt sich der zweite Strafsenat an.

Der in Rede stehenden Beschränkung des § 172 a. a. O. liegt offenbar der legislatorische Gedanke zugrunde, daß die Strafgewalt des Staates innerhalb gewisser Grenzen vor den Rücksichten auf die sittliche Würde und die Erhaltung der Ehe zurücktreten müsse. Der Ehebruch ist danach immer eine Straftat, ein „Vergehen", wie § 140 preuß. StGB. in den Worten:

der Ehebruch wird, wenn wegen dieses Vergehens die Ehe geschieden ist, ...

zum Ausdrucke bringt, nur die Strafverfolgung ist bei diesem Vergehen beschränkt. Andere deutsche Gesetzgebungen (Kriminalgesetzbuch für Braunschweig 1840 Art. 188, für Lippe 1843 Art. 188, StGB. für Bayern 1861 Art. 218) hatten unzweideutig ausgesprochen, daß die stehende Ehe der Strafverfolgung entgegenstehe. Daß das Reichsstrafgesetzbuch von einer grundsätzlich verschiedenen Auffassung ausgegangen sei, ist aus den Materialien nicht zu entnehmen. Die Motive des Entwurfes

(S. 100) verweisen lediglich auf die Bestimmung des preußischen Gesetzbuches, welche wörtlich wiederholt sei. Das ist, genau genommen, nicht richtig; denn an die Stelle der aus dem preußischen Gesetzbuche wiedergegebenen Worte ist schon im Entwurfe von 1870 die Wendung getreten:

wenn wegen desselben die Ehe ....

Soviel ist indes klar, daß die Abweichung von dem Wortlaute des § 140 preuß. Gesetzbuches für ganz bedeutungslos erachtet ist. Die Bedenken, welche gleichwohl aus der Fassung des § 172 hergeleitet worden sind, werden durch folgende Erwägungen beseitigt.

Nachdem in den §§ 236, 237 StGB. die Strafen des Entführers festgesetzt sind, bestimmt § 238:

Hat der Entführer die Entführte geheiratet, so findet die Verfolgung nur statt, nachdem die Ehe für ungültig erklärt worden ist.

Hier ist mit voller Deutlichkeit ausgesprochen, daß das die Ehe auflösende Urteil die Strafverfolgung bedinge. Die Vorschrift in § 238 beruht auf demselben Motive, wie die in § 172, und es ist kein Grund für die Annahme erkennbar, daß das Gesetz in der fraglichen Beziehung einen Unterschied habe begründen wollen.

Nach § 69 StGB. ruht ferner die Verjährung, wenn der Beginn eines Strafverfahrens von einer Vorfrage abhängig ist, deren Entscheidung in einem anderen Verfahren erfolgen muß. Zu diesen präjudiziellen Entscheidungen gehört auch die Entscheidung des Eherichters im Falle des § 172 a. a. O. Der Mangel der Entscheidung hemmt also „den Beginn des Strafverfahrens", wird sonach als prozessuales Hindernis angesehen.

Ist sonach die in § 172 ausgesprochene Beschränkung prozessualer Natur, so liegt unzweifelhaft die Feststellung des Erfordernisses außerhalb des Bereiches der den Geschworenen nach § 81 GVG. und §§ 293—298 StPO. obliegenden Entscheidung.

2. Die Frist zur Antragstellung beginnt erst mit dem Tage, seit welchem der zum Antrage Berechtigte von der die Verfolgbarkeit bedingenden Rechtskraft des Scheidungsurteils Kenntnis gehabt hat. So E. I 44, II 62, XXVI 116.

---

§ 57. Kap. 4. Delikte wider die religiöse Ordnung.

Beling § 78, Berner S. 441 ff., Binding Gr. §§ 42 ff., v. Liszt §§ 117 ff., H. Meyer S. 752 ff., Frank und Olshausen zu §§ 166 ff. StGB.

Beschimpfung von Religionsgesellschaften.[1] E. XXIV 15 (vgl. auch I 521, XXII 238):

a) Die erstrichterlich erfolgte Anwendung des § 166 StGB. wird von der Revision zunächst durch die Behauptung angegriffen, daß die Reliquieneigenschaft des heiligen Rockes zu Trier nicht genügend festgestellt sei. Das Urteil enthält in dieser Richtung eine Reihe von Ausführungen

---

[1] Vgl. Beling, Ztschr. f. StrRWiss. Bd. XVIII S. 284.

und Feststellungen, die den Nachweis der Reliquieneigenschaft bezwecken. Indes diesen Erörterungen kann eine entscheidende Bedeutung nicht beigelegt werden. Denn nicht handelt es sich vorliegend um die gegen die Ausstellung des Trierer Rockes als solche und für sich allein betrachtet erhobenen Angriffe, sondern darum, ob diese Angriffe ihr Ziel gegen die Reliquienverehrung im allgemeinen haben. Ist letzteres — wie dies unten nachgewiesen wird — unangreifbar festgestellt, so ist der Reliquienwert desjenigen Gegenstandes, dessen Kritik dazu benutzt wird, um den Reliquienkultus überhaupt zu treffen, gleichgültig, und es kann daher in dem hier in Rede stehenden Falle dahingestellt bleiben, inwieweit die in der Literatur ebenfalls zur Geltung gebrachten Nachweise, daß der „heilige Rock" in Trier keine echte Reliquie sei, auf Beachtung Anspruch haben. Auch wenn der Nachweis der Unechtheit eines als Reliquie angefochtenen Gegenstandes geführt würde, kann dennoch in Anlehnung an eine hierauf gerichtete Besprechung die Reliquienverehrung im allgemeinen sich als Objekt des Angriffes darstellen.

Die weiteren auf Verletzung des § 166 StGB. gerichteten Revisionsangriffe müssen an den vom Vorderrichter getroffenen tatsächlichen Feststellungen scheitern.

b) Unangreifbar ist die Feststellung, daß die Verehrung der Reliquien ein Gebrauch der katholischen Kirche ist. Als Verkörperung des religiösen Lebens der katholischen Kirchengemeinschaft bildet jene Verehrung einen Teil des katholischen kirchlichen Kultus, sie wird tatsächlich unter Billigung der kirchlichen Autorität in bestimmten Kultusakten geübt und stellt sich dadurch als ein Gebrauch dar. Zu weit geht die Revision, wenn dieselbe „dogmatische Fixierung des Gebrauches" verlangt. Die Einrichtungen und Gebräuche einer Kirchengemeinschaft können und werden der Regel nach in der Lehre der Kirche ihren Ursprung haben, kennzeichnen sich indes damit noch keineswegs als Glaubenssätze, wie denn z. B. als Gebrauch der christlichen Kirche die Amtstracht der Geistlichen sich darstellt,

Urt. d. RG. in Straff. v. 11. März 1882, Entsch. desselben in Straff. Bd. 6 S. 88,

ohne daß die Festsetzung jener Amtstracht einen dogmatischen Inhalt hat.

c) Ebenso hat tatsächlichen Charakter die Feststellung des Urteiles, daß die dort aufgeführten Stellen der Druckschrift „in Anknüpfung an die Ausstellung des heiligen Rockes auf den Gebrauch der Reliquienverehrung im allgemeinen Bezug haben und nach der Intention des Verfassers haben sollten", „daß der Verfasser nicht etwa eine Einzelerscheinung auf dem Gebiete des religiösen Lebens, sondern einen auf dem Boden der Kirche und kirchlicher Anschauungen erwachsenen Gebrauch hat kritisieren wollen", „daß er den Reliquienkultus der katholischen Kirche, als dessen Ausfluß die Ausstellung in Trier erschienen, verstanden habe", daß er in der Verehrung der Trierer Reliquie die sich „als Aberglaube dokumentierende Reliquienverehrung" im allgemeinen im Auge gehabt habe, daß die näher bezeichneten Angriffe in der Broschüre „nach der Absicht des Verfassers die Reliquienverehrung im allgemeinen treffen sollten". Alle diese Feststellungen bringen den Gegensatz des bestimmten individuellen Vorganges der Ausstellung des Trierer Rockes und des Kultusaktes der

Reliquienverehrung im allgemeinen zum unzweifelhaften Ausdrucke, und ist daher in dieser Annahme, daß sich die Spitze der Angriffe gegen den Reliquienkultus als solchen richtet, das Tatbestandsmerkmal, daß der Gegenstand des Angriffes ein „Gebrauch“ der katholischen Kirche sein muß, nach der die Strafvorschrift des § 166 StGB. betreffenden Rechtsprechung des Reichsgerichts erfüllt, da auch die Begründung jener Feststellung einem rechtlichen Bedenken nicht Raum gibt. In letzterer Richtung hat der Verteidiger der Angeklagten in der Hauptverhandlung vor dem Reichsgerichte die Urteilsausführung angegriffen, „daß in einer beschimpfenden Kritik des heiligen Rockes, bzw. seiner Verehrung durch die gläubigen Katholiken auch eine Beschimpfung des dieser Verehrung zugrunde liegenden Gebrauches der allgemeinen Reliquienverehrung zu erblicken sein kann, wenn nämlich diese Kritik nach dem erkennbaren Willen des Verfassers die Ausstellung und Verehrung des heiligen Rockes nicht sowohl mit Rücksicht auf die hierbei hervortretenden Besonderheiten, sondern vielmehr als Ausfluß jenes allgemeinen Gebrauches treffen soll“.

Vgl. Entsch. des RG. in Strafs. Bd. 22 S. 240.

Ein derartiger Grundsatz sei rechtsirrtümlich, weil die Unterlassung der Hervorhebung der bei der Ausstellung und Verehrung einer bestimmten Reliquie hervortretenden Besonderheiten keineswegs ausschließe, daß nicht gleichwohl jene Ausstellung und Verehrung nur als einzelne Erscheinung angegriffen werden solle, das Urteil des Reichsgerichtes vom 24. November 1891 (Entsch. desselben in Strafs. Bd. 22 S. 238) auch nicht die Kritik der Besonderheiten der einzelnen Ausstellung, sondern die Besprechung der speziellen Ausstellung als einzelner Erscheinung in Gegensatz gebracht habe zur Besprechung jener als Ausfluß des allgemeinen Gebrauches der Reliquienverehrung. Diese Ausführung würde freilich Beachtung verdienen, wenn das Urteil grundsätzlich angenommen hätte, daß die Kritik einer bestimmten Reliquienausstellung jedesmal dann den allgemeinen Gebrauch der Reliquienverehrung trifft, wenn in ihr Besonderheiten, d. h. Abweichungen von sonstigen Reliquienausstellungen, nicht hervorgehoben sind. Einen derartigen Grundsatz hat indes das Urteil nicht ausgesprochen. Entscheidend in dem angegriffenen Satze ist nur das dort aufgestellte positive Erfordernis, daß die Ausstellung und Verehrung des heiligen Rockes als Ausfluß des allgemeinen Gebrauches der Reliquienverehrung kritisiert sein muß, um diesen Gebrauch selbst als angegriffen erachten zu können. Die Hinzufügung der Negative „nicht sowohl mit Rücksicht auf die hierbei hervortretenden Besonderheiten“ konnte nur die Bedeutung haben, daß dann, wenn solche bei der einzelnen Reliquienausstellung hervortretende Besonderheiten nicht zum Gegenstande einer Kritik gemacht werden, dieser Umstand als Beweistatsache dafür verwertet werden kann, daß Gegenstand der Kritik nicht sowohl die bestimmte Ausstellung als Einzelerscheinung, sondern der Gebrauch der Reliquienverehrung im allgemeinen hat sein sollen. Daß das Urteil nur von dieser Auffassung ausgegangen, beweisen unzweideutig die gerade von der Verteidigung herangezogenen beiden weiteren Urteilsausführungen, in denen es auf jene besonderen Momente bei der Trierer Ausstellung zurückkommt. In der ersten Stelle erklärt das Urteil, daß der Einwand des Angeklagten, daß er nur die Trierer Ausstellung im Auge gehabt, nicht von der Hand zu weisen wäre, wenn seine Kritik, an besondere, gelegentlich der Ausstellung des heiligen Rockes hervorgetretene, sonst nicht oder doch nicht in dem Maße wiederkehrende Momente oder Erscheinungen anknüpfend, die Wallfahrt nach Trier von dem hierdurch gegebenen speziellen Gesichtspunkte aus beurteilte. Dies sei — fährt das Urteil fort — nicht geschehen. Der Verfasser bespreche vielmehr die Ausstellung und Verehrung des heiligen Rockes wesentlich vom Standpunkte der Reliquienverehrung im allgemeinen. An der anderen Stelle wird hervorgehoben, daß der Angeklagte Erscheinungen besprochen habe, die keineswegs der Ausstellung und Verehrung des heiligen Rockes allein eigentümlich seien, und schließt diese Erwägung damit, daß hierdurch die Auffassung unterstützt werde, der Verfasser habe auch in der vorliegenden Stelle die Trierer Ausstellung als Einzelerscheinung des katholischen Reliquienkultus betrachten wollen. An beiden Stellen zieht daher das Urteil lediglich auf tatsächlicher Grundlage beruhende Folgerungen, nicht aber stellt es Grundsätze auf. Es geht von der dem tatsächlichen Gebiete angehörenden Auffassung aus, daß der Regel nach der, der nur eine Einzelerscheinung in der Reliquienverehrung als solche kritisieren will, auch Besonderheiten derselben hervorheben wird, und daß, wenn dies nicht geschehen, der Annahme Raum gegeben werde, er habe dieselbe nicht als Einzelerscheinung, sondern nur als Ausfluß des Reliquienkultus im allgemeinen besprechen wollen. Einen gleichen Schluß hat das Urteil ziehen wollen, wenn es sagt, daß „nicht ersichtlich sei, wie der Angeklagte die Trierer Ausstellung als alleinigen Gegenstand seiner Kritik im Auge gehabt haben sollte, ohne gleichzeitig den Gebrauch der Reliquienverehrung im allgemeinen mitzutreffen". Auch hier hat der Vorderrichter nur folgern wollen, daß, weil die bei der Verehrung des heiligen Rockes sich abspielenden Vorgänge im wesentlichen dieselben seien, wie bei der Verehrung anderer Reliquien, dieser Umstand für ihn ein Merkmal dafür sei, daß durch solche Darlegung der Vorgänge die Reliquienverehrung im allgemeinen mitgetroffen würde. Es wird dies klar bewiesen durch die sich anschließende, oben erörterte Ausführung, die den Einwand des Angeklagten betrifft, daß er nur die Trierer Ausstellung im Auge gehabt habe. Denn das Urteil hebt dort, wie bemerkt, hervor, der Angeklagte habe die Wallfahrt nach Trier nicht von dem speziellen Gesichtspunkte dort hervorgetretener besonderer Erscheinungen, sondern wesentlich vom Standpunkte der Reliquienverehrung im allgemeinen besprochen.

An zahlreichen anderen Stellen der Broschüre ferner, wie solche im Eingange unter c aufgeführt sind, wiederholt das Urteil aber auch, ohne irgendwie etwaiger Besonderheiten der Trierer Ausstellung zu gedenken, die Feststellung, daß mit den im Urteile bezeichneten Äußerungen der Gebrauch der Reliquienverehrung im allgemeinen, die Trierer Ausstellung lediglich als Ausfluß jenes allgemeinen Gebrauches getroffen werden sollte, so daß auch hieraus unzweideutig hervorgeht, daß das Urteil die Nichtbesprechung von Besonderheiten nicht grundsätzlich und für alle Fälle als Kritik des Reliquienkultus im allgemeinen ansehen, sondern nur aussprechen wollte, daß auch jenes Moment die Möglichkeit biete, auf die Absicht des Verfassers einen Schluß zu ziehen.

Unbegründet ist ferner die von der Revision behauptete Verschiebung der Beweislast. Das Urteil hat vielmehr seinerseits den Beweis geführt, welche Richtung die bezichtigten Äußerungen der Broschüre haben.

Ebensowenig hat das Urteil die einzelnen Teile der Broschüre in unzulässiger Weise „auseinander gerissen", wie die Revision behauptet, wenn es der obenerwähnten Feststellung, daß der Verfasser die Ausstellung und Verehrung des heiligen Rockes an den in Frage kommenden Stellen wesentlich vom Standpunkte der Reliquienverehrung im allgemeinen bespricht, hinzufügt: „Während allerdings an anderen Stellen auch die eben angedeuteten besonderen Momente" — nämlich besondere, speziell bei der Trierer Ausstellung, sonst nicht hervorgetretene Momente oder Erscheinungen — „zur Sprache gebracht worden." Denn wenn auch der Vorderrichter die gesamte strafbare Tätigkeit der Angeklagten als eine, auf einem einheitlichen Entschlusse beruhende Handlung angesehen hat, so schließt diese Annahme doch nicht aus, daß ein Teil des Inhaltes der Broschüre seine Spitze gegen die Reliquienverehrung im allgemeinen richtet, ein anderer Teil besondere Momente der Trierer Ausstellung behandelt, und daß, wenn auch die letztgemeinten Äußerungen keine Angriffe des Reliquienkultus als solchen zum Ausdrucke bringen, doch die ersteren einen derartigen Inhalt haben. Und wenn ferner das Urteil bezüglich der bezichtigten, unter Nr. 1 und 2 aufgeführten Stellen von den dort gebrauchten Ausdrücken „jenes schmachvolle Schauspiel" bezw. „Schauspiel in unseren Mauern" erklärt, daß sie sich zwar speziell auf die Trierer Ausstellung beziehen, gleichzeitig aber mit ihnen der Reliquienkultus im allgemeinen kritisiert worden, so ist auch dieser Feststellung ein Rechtsirrtum nicht nachzuweisen. Dem Gebiete der nach Lage der Sache einem Ausdrucke oder einer Äußerung beizulegenden Bedeutung gehört es an, wenn das Urteil in der Geißelung eines „Mißstandes" der römischen Kirche nicht die Kritik einer Einzelerscheinung, sondern die des ganzen Gebrauches erblickt, wenn es den „raktionären Fanatismus", „den finsteren Aberglauben und die mittelalterliche Geistesknechtschaft" auf die Reliquienverehrung bezieht, wenn es in der Darstellung der Trierer Ausstellung als eines Ausflusses des so gekennzeichneten Reliquienkultus einen Angriff gegen den letzteren findet und wenn es endlich darin, daß die anläßlich der Ausstellung angeblich vorgekommenen wunderbaren Heilungen als krasser Aberglaube bezeichnet werden, eine Bezugnahme auf den Wunderglauben und die mit diesem in engster Verbindung stehende Reliquienverehrung ersieht. Hiermit konnte denn auch nicht nur, wie die Revision ausführt, der Wunderglaube als Lehre der katholischen Kirche, sondern zugleich die als Verkörperung jener Glaubenslehre sich darstellende Reliquienverehrung selbst als angegriffen erachtet werden.

d) Derjenige Sinn endlich, den das Urteil dem weiteren Tatbestandsmerkmale „beschimpfen" gibt, steht, wie dies auch die Revision anerkennt, mit der Rechtsprechung des Reichsgerichts in dem Urteile vom 21. Februar 1884,

Entsch. desselben in Strafs. Bd. 10 S. 146,

im Einklange, und die Verwendung jenes Merkmales auf die im Urteile gekennzeichneten Äußerungen ist deshalb aus rechtlichen Gesichtspunkten nicht zu beanstanden. Es ist insbesondere ebenfalls Sache des Instanzrichters, ob er nach Lage der Umstände annehmen zu müssen glaubt, daß sich der Angriff durch eine Roheit des Ausdruckes kennzeichnet. Der von der Revision behauptete Mangel einer Feststellung des Bewußtseins, daß die Reliquienverehrung ein Gebrauch der katholischen Kirche ist, und daß die bezeichneten Äußerungen eine Beschimpfung enthalten, wird durch den Inhalt der Urteilsgründe, die diese Feststellungen mit ausdrücklichen Worten enthalten, geradehin widerlegt. Die Stütze dieser Feststellung durch den Hinweis auf den Bildungsgrad der Angeklagten genügte. Unberechtigt ist das Verlangen der Revision, daß bei der Entscheidung der Frage, ob Beschimpfungen vorliegen, der Gesamteindruck der Broschüre, nicht einzelne Stellen derselben maßgebend sein sollen. Denn nicht Gesamteindrücke von einer Handlung, sondern die einzelnen Tätigkeitsakte der letzteren bilden die Grundlage für die Prüfung der Strafbarkeit. . . .

---

§ 58. Kap. 5. Delikte wider den öffentlichen Landesfrieden und die öffentliche Sicherheit.

Beling § 79, Berner S. 400 ff., v. Liszt § 174, H. Meyer S. 686 ff., Frank und Olshausen zu § 125 StGB.

Anreizung zum Klassenkampf.

„Klassen der Bevölkerung" = Personenkreise, die durch gemeinsame Anschauungen und Interessen miteinander verbunden und dadurch gegen andere Personenkreise abgegrenzt sind. So E. XXXV 96 (vgl. auch XXII 293, XXVI 63).

Kap. 6. Delikte gegen die Rechtspflege.

§ 59. A. Die falsche Anschuldigung.

Beling § 80, Berner S. 439 ff., v. Liszt § 182, H. Meyer S. 620, Frank und Olshausen zu § 164 StGB.

I. **Objektiver und subjektiver Tatbestand** des Delikts. E. XXI 101:

Der Vorderrichter hat zwar festgestellt, die Angeklagte habe wider besseres Wissen dem Polizeisergeanten L. die Anzeige gemacht, daß ihr von ihr getrennt lebender Ehemann ihr aus dem Nähtische 24 M. gestohlen habe, dieselbe aber von der aus § 164 StGB. erhobenen Anklage freigesprochen, weil die Tat, deren sie ihren Ehemann beschuldigte, nach § 243 Abs. 2 StGB. straflos sei. Die hiergegen gerichtete Revision der Staatsanwaltschaft konnte keinen Erfolg haben.

Zugegeben ist, daß unter Umständen im Strafgesetzbuche als strafbar auch solche Handlungen bezeichnet werden, welche an sich den Deliktsbegriff erfüllen, bezüglich deren jedoch aus *strafpolitischen* Gründen ein *Strafausschließungsgrund* für den Täter oder einen Teilnehmer im Gesetze anerkannt ist. Wie solches von diesem Senate, Entscheid. d.

RG. in Straff. Bd. 6 S. 336, in Beziehung auf den Hehler der durch einen Strafunmündigen entwendeten Sache angenommen ist, so ergibt es sich in dem jetzt vorliegenden Falle direkt aus dem Gesetze, dem Abs. 3 des § 247 StGB.

Damit ist aber die aufgeworfene Frage noch nicht zugunsten der Revision, wie diese anzunehmen scheint, entschieden.

In allen solchen Fällen wird die Tat stets nur als eine strafbare betont in Beziehung auf andere Teilnehmer oder Begünstiger. Handelt es sich dagegen lediglich um die Person desjenigen, bezüglich dessen der Strafausschließungsgrund vorliegt, so ist es von vornherein schon sprachlich mindestens bedenklich, gegenüber seiner Person von einer strafbaren Handlung zu sprechen; für ihn ist sie eben straflos. Da nun im § 164 StGB. lediglich die Person in Frage steht, gegen welche die Anzeige gerichtet ist, so würden besondere Gründe vorliegen müssen, wenn man annehmen soll, daß dieser Paragraph auch die angezeigte Handlung des Beschuldigten, wegen deren er nicht bestraft werden kann, als eine strafbare ansieht.

In den Motiven zu § 164 (§ 161 Materialien Bd. 1 S. 96) heißt es nur, der Entwurf behandle, dem Vorgange des preußischen Strafgesetzbuches sich anschließend, die falsche Anschuldigung nicht bei der Ehrverletzung, mit welcher der Tatbestand des Vergehens allerdings nahe verwandt sei, sondern der schwereren Natur desselben entsprechend in einem besonderen Abschnitte. Nach den älteren Entwürfen von 1833 und 1836 des hiernach zugrunde liegenden preußischen Strafgesetzbuches war nun zwar die falsche Anschuldigung mit der Verleumdung zusammengestellt, und in den Entwürfen von 1843 und 1846 wurden beide unter Ehrverletzung abgehandelt, auch später nur aus formellen Gründen voneinander getrennt.

Trotz der hiernach allerdings vorhandenen und in dem Urteile des vormaligen preußischen Obertribunales vom 14. Juni 1865, Oppenhoff, Rechtspr. Bd. 6 S. 180, besonders betonten Verwandtschaft der beiden Delikte kann es jedoch nicht zweifelhaft sein, daß die falsche Anschuldigung keineswegs bloß einen schwereren Fall der Verleumdung, sondern ein selbständiges Delikt mit besonderen objektiven und subjektiven Voraussetzungen bildet, so daß nur mit der größten Vorsicht aus jener Verwandtschaft Folgerungen gezogen werden können. Gerade die früheren, beide Delikte zusammenstellenden Entwürfe des preußischen Strafgesetzbuches forderten wirkliche Einleitung der Untersuchung auf die falsche Anschuldigung, weil sonst das Vergehen sich nicht scharf genug von der Verleumdung unterscheide. Schweigen nun auch die späteren Entwürfe und die Gesetze selbst von diesem Erfordernisse, und ist es daher nicht als Tatbestandsmoment anzusehen, so muß doch nach dem preußischen wie nach dem Reichsstrafgesetzbuche die Anzeige vermöge der Natur der angezeigten Handlung objektiv geeignet sein, eine Untersuchung zu veranlassen, und subjektiv, wenn auch nicht die Absicht, so doch das Bewußtsein des Anzeigenden vorliegen, daß die Anzeige zu einer Untersuchung führen könne. Gerade diese Momente unterscheiden auch jetzt die falsche Anschuldigung von der vielleicht ideell mit ihr zusammentreffenden Verleumdung.

Vgl. Goltdammer, Materialien zum preußischen Strafgesetzbuche, Bd. 2 S. 259, 260.

Die objektive Gefährdung des Beschuldigten und die subjektive Willensrichtung rechtfertigen auch die gegenüber der Verleumdung höhere Strafe; fehlt es dagegen an einem jener Momente, so mag Verleumdung vorliegen; jedoch nicht falsche Anschuldigung.

Hiernach liegt jenes objektive Erfordernis nur vor, wenn die Anzeige nach ihrer Darstellung des Sachverhaltes die Einleitung der Untersuchung zur Folge haben kann, welche bei richtiger Darstellung nicht eintreten könnte; nach dem Inhalte der Anzeige muß die Tat als eine strafbare, zur Strafverfolgung gegen den Beschuldigten geeignete, erscheinen. In den meisten Fällen werden wissentlich unwahre Tatsachen vorgebracht sein; aber ebensowohl können die angezeigten Tatsachen wahr und für die Einleitung einer Untersuchung an sich geeignet, dagegen andere vorhandene Tatsachen wissentlich verschwiegen sein, welche, wenn mitgeteilt, die Einleitung einer Untersuchung von vornherein ausschließen würden, Schuldausschließungs-, Strafausschließungs- oder Strafaufhebungsgründe. Man wird auch dann noch in der Anzeige eine falsche Anschuldigung finden können, wenn zwar die angeführten Tatsachen mutmaßen lassen, daß ein solcher Grund, z. B. Verjährung, vorliegt, dies aber erst durch eine einzuleitende Untersuchung klarzustellen ist; die von der Revision vertretene Ansicht würde aber konsequent zu dem gewiß nicht zu billigenden Resultate führen, daß, wenn die angezeigten Tatsachen wahr, ein Strafausschließungsgrund aber wissentlich verschwiegen wäre, eine falsche Anschuldigung nicht vorliegen würde, weil ja die angeschuldigte wahre Tat an sich eine strafbare war.

Auch die Rechtsprechung des Reichsgerichtes widerspricht nicht, wie die Revision anzunehmen scheint, der hier vertretenen Ansicht, läßt sich vielmehr für dieselbe heranziehen. So wird in den Bd. 7 S. 207 der Entsch. des RG. in Straff. und Bd. 19 S. 386 behandelten Fällen eine falsche Anschuldigung angenommen, wenn eine an sich nach § 186 StGB. strafbare üble Nachrede zur Anzeige gebracht war, der Anzeigende aber wußte, daß die ihm nachgesagte Handlung der Wahrheit entsprach, also wie in dem letzteren Urteile ausgeführt wird, ein Strafausschließungsgrund wissentlich verschwiegen war. Namentlich aber wird in dem Urteile dieses Senats vom 16. Oktober 1880, Entsch. des RG. in Straff. Bd. 3 S. 228, als entscheidend hervorgehoben, daß die bloße Möglichkeit des Vorhandenseins nicht angedeuteter Strafausschließungsgründe den Inhalt der Behauptung nicht aufhebe, vielmehr der Angeklagte selbst die Strafausschließungsgründe hätte hinzufügen müssen, wenn er seine Behauptung nicht in dem Sinne des Vorwurfes einer strafbaren Handlung verstanden wissen wollte. Hier wird also indirekt anerkannt, daß, wenn der Strafausschließungsgrund bei der Anzeige ausdrücklich angegeben wird, eine falsche Anschuldigung im Sinne des § 164 StGB. nicht vorliegt.

Bedenken könnte nur die Entscheidung dieses Senates vom 25. Februar 1880 erregen.

Vgl. Entsch. des RG. in Straff. Bd. 1 S. 229.

Allein abgesehen davon, daß es eine ältere Entscheidung desselben Senates ist und nicht ein Strafausschließungs-, sondern ein Strafaufhebungsgrund (Verjährung) vorlag, war dieser Grund nicht ausdrücklich angeführt, sondern es konnte nur aus den angegebenen Zeitmomenten darauf geschlossen werden, während immerhin die Möglichkeit einer Unterbrechung der Verjährung offen blieb, so daß die Anzeige noch immer zur Einleitung einer Untersuchung geeignet erscheinen konnte. Ähnlich lag es in dem bereits angeführten, vom preußischen Obertribunale entschiedenen Falle.

Vgl. Oppenhoff, Rechtspr. des Obertrib. Bd. 6 S. 180.

In dem jetzt vorliegenden dagegen hat die Angeklagte nicht bloß einen ihr angeblich zugefügten Diebstahl zur Anzeige gebracht und die Person des angeblichen Täters dem Namen nach bezeichnet, sondern ausdrücklich hinzugefügt, daß derselbe ihr Ehemann sei. Daraus ergab sich ohne weiteres, daß eine Strafverfolgung gegen denselben ausgeschlossen, eine für ihn strafbare Handlung überall nicht behauptet war; sollten auch etwa infolge mangelhafter Gesetzeskunde der betreffenden Polizeiorgane, zunächst einige Nachforschungen angestellt sein, so kann dies der Angeklagten nicht zugerechnet werden.

II. **Bedeutung persönlicher Strafausschließungsgründe** u. dgl. auf seiten des „Angeschuldigten". E. XXIII 371 (vgl. auch XXI oben S. 318):

Nach den Feststellungen der Vorinstanz hat der Angeklagte in seiner an die Staatsanwaltschaft gerichteten Anzeige den Auszügler K. beschuldigt, daß er vor zwei Jahren mehrere Bohlen von einer der Gemeinde R. gehörigen Brücke gestohlen habe. In der Hauptverhandlung hat der Angeklagte seine Beschuldigung, daß der Diebstahl vor zwei Jahren begangen sei, nicht aufrecht erhalten, sondern behauptet und unter Beweis gestellt, daß K. die Bohlen vor 14 Jahren gestohlen habe. Der Auffassung der Vorinstanz, daß hiernach der Angeklagte mit Rücksicht auf die große Zeitdifferenz den K. in der schriftlichen Anzeige einer ganz anderen Tat beschuldigt, als diejenige, die nach seiner jetzigen Behauptung vor 14 Jahren geschehen sei, ist nicht beizutreten; denn handelte es sich, — wie der erste Richter offenbar annimmt — im übrigen um dieselbe dem Denunziaten zur Last gelegten Straftat (Diebstahl an bestimmten Brückenbohlen), so kann die bloße unrichtige Angabe der Zeit der Begehung die Identität der Tat nicht aufheben.

Nach dem ganzen Zusammenhange der Urteilsgründe nimmt der Vorrichter an, daß K. den Diebstahl, wenn er ihn überhaupt verübt, bereits vor vierzehn Jahren, wie der Angeklagte jetzt selbst angibt, begangen habe. Die Strafkammer stellt ferner fest, daß der Angeklagte bei seiner Anzeige diese Tatsache, welche infolge der inzwischen eingetretenen Verjährung dem K. Straffreiheit verschafft haben würde, absichtlich verschwiegen habe. Bei dieser Sachlage ist die Verurteilung des Angeklagten wegen Vergehens gegen § 164 StGB. rechtlich nicht zu beanstanden.

Die Frage, ob der Tatbestand des § 164 a. a. O. auch dann erfüllt ist, wenn der Denunziat zwar die Handlung, deren er beschuldigt wird, begangen hat, jedoch aus irgend einem Grunde persönlich straflos bleibt, ist bestritten. Das vormalige preußische Obertribunal verneinte sie und nahm an: die Worte „strafbare Handlung" im § 164 bezeichneten nur das Erfordernis der objektiven Qualifikation der zur Anzeige gebrachten Tat ohne Rücksicht auf die dem Täter etwa zur Seite stehenden Strafausschließungsgründe; der § 164 erfordere also, daß eine Handlung zur Anzeige gebracht werde, welche der Angezeigte nicht verübt, und daß diese Handlung gesetzlich mit Strafe bedroht sei; der Tatbestand werde aber nicht dadurch erfüllt, daß eine Handlung, die der Denunziat wirklich begangen, zur Anzeige gebracht, und dieser Handlung fälschlich der Charakter der Strafbarkeit in bezug auf die Person des Denunziaten beigelegt worden sei; es könne demnach eine Anzeige nicht deshalb als eine wissentlich falsche bezeichnet werden, weil nicht zugleich die dem Denunziaten zur Seite stehenden Strafausschließungsgründe angegeben seien.

Überwiegende Gründe sprechen jedoch für die gegenteilige Ansicht.

Was zunächst den Wortlaut des § 164 betrifft, so gestattet dieser weder nach der einen, noch nach der anderen Seite einen sicheren Schluß. Denn während in den §§ 51—54 StGB. das Vorhandensein einer „strafbaren Handlung" verneint wird, wenn ein Schuldausschließungsgrund vorliegt, ist im § 56 die Rede von einer „strafbaren Handlung" auch für den Fall, daß der Schuldausschließungsgrund mangelnder Zurechnungsfähigkeit dem Täter zur Seite steht. Auch der § 257 spricht von einer „strafbaren Handlung", ohne vorauszusetzen, daß der Täter persönlich strafbar sei.

Es muß daher die Frage aus dem inneren Wesen, dem rechtlichen Charakter des Vergehens entschieden werden. An und für sich könnte die in § 164 bedrohte Handlung als ein besonders qualifizierter Fall der verleumderischen Beleidigung aufgefaßt werden. Wird dieser Gesichtspunkt in den Vordergrund gestellt und als der maßgebende angesehen, so erscheint die Annahme begründet, daß es wesentlich darauf ankomme, ob dem Denunziaten mit Recht oder mit Unrecht der Vorwurf gemacht wurde, eine Handlung begangen zu haben, welche in objektiver und subjektiver Beziehung den Tatbestand eines mit Strafe bedrohten Deliktes enthält.

Anders dagegen liegt die Sache, wenn das Vergehen des § 164 als Delikt gegen die Rechtspflege aufgefaßt wird. Während schon früher diese Auffassung im Hinblick auf die geschichtliche Entwicklung des Deliktes verteidigt wurde, hat sie nach dem Vorgange des preußischen Gesetzbuches im deutschen Gesetzbuche positive Anerkennung gefunden, indem das Vergehen der falschen Anschuldigung im Systeme des Gesetzes außer allem Zusammenhange mit dem Vergehen gegen die Ehre steht und im unmittelbaren Anschlusse an die Eidesdelikte behandelt wird. Damit steht auch im Einklange, daß das Gesetz, wenn es auch im § 165 von einem Verletzten spricht und eine dem § 200 analoge Bestimmung trifft, die Verfolgung der Denunziaten nicht von dem Antrage des Verletzten abhängig macht. Daraus geht hervor, daß nach der Auffassung des Gesetzgebers bei dem Vergehen der falschen Anschuldigung das private Interesse nicht wie bei der Beleidigung vorwiegt. Besteht sonach der wesentliche Charakter des Vergehens darin, daß durch die falsche Anschuldigung die Behörden zu einer sachlich nicht gerechtfertigten strafrechtlichen (oder disziplinaren) Verfolgung veranlaßt werden können, und daß dadurch die Rechtspflege gefährdet wird, so fehlt es an einem Grunde, die Fälle, in denen ein vorhandener Strafausschließungs- oder Strafaufhebungsgrund wider besseres

Wissen verschwiegen wird, anders zu behandeln als den Fall, wo die Begehung der Handlung selbst fälschlich behauptet wird. Aus dem Gesichtspunkte der Irreführung der Rechtspflege sind beide Fälle gleich strafbar. Auf derselben Anschauung beruht auch das in Bd. 21 S. 101 der Entsch. des RG. in Strafs. abgedruckte Urteil.

III. **Eventualdolus genügt nicht.** E. XVIII 88.

IV. **Verhältnis der falschen Anschuldigung zur Beleidigung.** E. XXIX 54:

Das Reichsgericht hat die Frage, ob eine nicht wider besseres Wissen erhobene falsche Anschuldigung (§ 164 StGB.) als Vergehen der Beleidigung (§ 186) bestraft werden könne, wiederholt bejaht.

Vgl. Rechtsprechung des RG. in Strafs. Bd. 8 S. 785; Entsch. d. RG. in Strafs. Bd. 1 S. 233 u. a.

Es besteht kein Grund, von jener Auffassung abzugehen. Die in der Literatur dagegen erhobenen Bedenken, die von der Revision durch Bezugnahme auf Gerichtssaal Bd. 32 S. 80 ff. geltend gemacht werden, liegen vorzugsweise auf praktischem Gebiete, gehen aber auch in dieser Richtung fehl.

Das Gesetz hat durch die Trennung der falschen Anschuldigung, als eines Angriffes gegen die Staatsgewalt,

Rechtspr. d. RG. in Strafs. Bd. 9 S. 31,

von dem Vergehen der Beleidigung als Angriff gegen die Persönlichkeit den unterscheidenden Gesichtspunkt scharf hervorgehoben, ohne jedoch die Anwendbarkeit des § 73, der das ganze Strafgesetzbuch beherrscht, auszuschließen. Das öffentliche Interesse, daß gutgläubige und als solche straflose Anzeigen der in § 164 bezeichneten Art nicht wegen der Gefahr einer Verurteilung nach § 186 — sogar über das Maß der Strafe für wissentlich falsche Anzeigen hinaus (vgl. § 188) — zurückgehalten werden, fordert zweifellos Berücksichtigung: allein sie nötigt nicht, die Möglichkeit der erwähnten Bestrafung zu verneinen. Sonst würde eine falsche Anzeige, die aber mit dem Bewußtsein ihrer Unerweislichkeit und mit dem Bewußtsein gemacht wurde, daß sie *als solche* d. h. als Veranlassung zum amtlichen Einschreiten im Interesse der öffentlichen Ordnung wertlos sei, — daß sie dagegen den Angezeigten verächtlich machen oder in der öffentlichen Meinung herabwürdigen werde, straflos sein, obgleich dieses Bewußtsein gleichbedeutend ist mit dem Vorsatze, gerade nur diese letztere Wirkung gegen die Ehre des Angezeigten herbeizuführen. Der Täter hat in diesem Falle, wenn er die Anzeige wider besseres Wissen machte, in erster Linie eine Beleidigung begangen, und durch die Form, in welche er sie kleidete, zugleich die Organe der Staatsgewalt wissentlich mißgeleitet, also sowohl den Tatbestand des § 164 als auch den des § 187 StGB. erfüllt. Kann der Anzeiger hoffen, daß ihm nicht bewiesen werden könne, er habe die Anzeige wider besseres Wissen gemacht, so würde die völlige Straflosigkeit eine lebhafte Anreizung bilden, für die schlimmsten üblen Nachreden gerade die Form der Anzeige zu wählen, da der Täter mit desto größerer Sicherheit auf Erfolg seines Angriffes auf die Ehre rechnen kann, je gewisser die erhobene Beschuldigung in die Öffentlichkeit dringt,

d. h. je schimpflicher sie ist, je mehr Zeugenvernehmungen sie veranlaßt usw.

Dem öffentlichen Interesse, die Bereitschaft zur Anzeige von Störungen der Rechtsordnung oder von Dienstwidrigkeiten auch angesichts der Möglichkeit, daß sie bei genauerer Untersuchung sich als unbegründet, der gute Glaube des Anzeigers sich als Irrtum erweist, aufrecht zu erhalten, wird vom Gesetze für § 164 durch das Erfordernis der Wissentlichkeit, für § 186 durch die Bestimmungen des § 193 Rechnung getragen.

§ 60. B. Die Eidesdelikte.

Beling § 80, Berner S. 426 ff., Binding Gr. II §§ 232 ff., v. Liszt §§ 180 ff., H. Meyer § 140, Frank und Olshausen zu §§ 153 ff. StGB.

I. **Die Frage, ob sich ein Eidesunmündiger oder ein zur Zeugnisablegung Unfähiger eines Meineides schuldig machen kann,** wird in E. IV 32, XXVIII 88 verneint. [1])

II. Welcher Unterschied besteht zwischen dem **Unternehmen der Verleitung zur Begehung eines Meineides** und der **Verleitung zum Falscheid?** E. XV 148, (vgl. auch XXIII 251, XXV 213):

Nach dem festgestellten Sachverhalte hat der Beschwerdeführer die beiden Mitangeklagten verleitet, ein Schriftstück vom 27. August 1885 zu unterschreiben, welches eine objektiv unrichtige Versicherung an Eidesstatt enthielt und behufs Erwirkung eines dinglichen Arrestes vom Beschwerdeführer dem Amtsgerichte in F. eingereicht ist. Weder von dem Inhalte des in deutscher Sprache, deren die Mitangeklagten nicht kundig waren, verfaßten Schriftstückes, noch davon, daß dasselbe dem Amtsgerichte eingereicht werden sollte, hatte der Beschwerdeführer die Mitangeklagten unterrichtet. Das ihn aus § 160 StGB. verurteilende Erkenntnis des Landgerichts ist aufgehoben worden.

Die Feststellung des ersten Richters, daß der Angeklagte B. die Mitangeklagten S. und J. zur Ableistung der falschen Versicherung an Eidesstatt in dem Schriftstücke vom 27. August 1885 verleitet hat, während die beiden der deutschen Sprache nicht kundigen Mitangeklagten den Inhalt des von ihnen unterschriebenen Schriftstückes nicht kannten, insbesondere nicht wußten, daß dasselbe eine dem Amtsgerichte zu P. abzugebende eidesstattliche Versicherung enthalte, beruht auf einer unrichtigen Anwendung des § 160 StGB.

Während das Strafgesetz im allgemeinen „als Anstifter" denjenigen bestraft, der „einen anderen zu der von demselben begangenen strafbaren Handlung vorsätzlich bestimmt" (§ 48), durchbricht es diese Straftaten in doppelter Richtung, indem es in § 159 auch die erfolglose Anstiftung, das Unternehmen der Verleitung zur Begehung eines Meineides, in § 160 die Anstiftung zu einer Tat, die als solche nicht strafbar, wenigstens nicht als vorsätzliche strafbar ist, zur Ableistung eines nur objektiv, nicht wissentlich falschen Eides als selbständige vollendete Straftaten setzt. Der Tatbestand des § 159 a. a. O. setzt voraus, daß der zu Verleitende

---

[1]) So auch die herrschende Ansicht. A. M. Olshausen zu § 153, H. Meyer § 140.

den Meineid nicht leistet, denn sonst würde Anstiftung zum begangenen Meineide, strafbar nach § 153 oder § 154 in Verbindung mit § 48 vorliegen. Der § 160 a. a. O. setzt dagegen, wie einerseits der Gegensatz des „Verleitens" zum „Unternehmen der Verleitung" in § 159, andererseits die besonders ausgesprochene Strafbarkeit des Versuches ergibt, voraus, daß die Tat, zu welcher verleitet wird, auch wirklich begangen, nur von dem Täter nicht als strafbar gewollt ist. Vgl. Entsch. d. RG. in Strafs. Bd. 11 S. 418, Bd. 12 S. 254. Sind auch die äußeren Merkmale der Tat, Ableistung eines Eides, objektive Unrichtigkeit seines Inhaltes, nicht verwirklicht, so kann eben nur Versuch in Frage kommen.

Zu demselben Ergebnisse wie diese systematische Betrachtung führt die Textauslegung des § 160 a. a. O. Unter Verleiten ist die zu einer selbständigen Straftat erhobene Anstiftung, vgl. Entsch. des RG. in Strafs. Bd. 5 S. 125, die Einwirkung auf den Willen eines anderen zu verstehen, welche zu dem beabsichtigten Erfolge führt, vgl. Entsch. des RG. Bd. 12 S. 254, d. h. den anderen bestimmt, die von dem Verleitenden gewollte Tat zu verwirklichen, jedoch nicht als dessen Tat — dann wäre der Verleitende Täter, der Verleitete Gehilfe —, sondern als eigene. Der Verleitete muß also, um den Tatbestand des § 160 a. a. O. zu vollenden, den Eid wirklich leisten, und zwar mit Bewußtsein und Willen, denn gerade die erfolgreiche Beeinflussung des Willens, das Bewirken, daß der andere die Eidesleistung will und betätigt, erfüllt den Begriff „Verleitung". Nur ein Moment der objektiv verwirklichten Straftat darf der Verleitete nicht in sein Bewußtsein aufgenommen haben; die Unrichtigkeit des Eidesinhaltes, was durch das Fehlen des Wortes „wissentlich" in § 160 und durch den Gegensatz des falschen Eides (§ 160) gegen den Meineid (§ 159) zum Ausdrucke gebracht ist.

Nur der Mangel der Wissentlichkeit bei dem Schwörenden unterscheidet den Tatbestand des § 160 a. a. O. von der Anstiftung zum Meineide (§§ 153, 154, 48). Was vorstehend von der Verleitung zur Ableistung eines falschen Eides ausgeführt ist, gilt ebenso von der im § 160 StGB. abgesehen von dem Strafmaße, gleich behandelten Verleitung zur Ableistung einer falschen Versicherung an Eides Statt.

Hat nun im vorliegenden Falle der Angeklagte B. die beiden Mitangeklagten zur Unterzeichnung des Schriftstückes vom 27. August 1885 verleitet, ohne ihnen dessen in einer ihnen fremden Sprache geschriebenen Inhalt mitzuteilen, haben die Mitangeklagten das Schriftstück unterschrieben, ohne zu wissen, daß dasselbe eine eidesstattliche Versicherung enthalte und an eine zur Abnahme solcher zuständige Behörde gelangen solle, so könnte ohne Verkennung der vorstehend richtig gestellten Bedeutung des § 160 a. a. O. nicht festgestellt werden, daß B. die beiden Mitangeklagten zur Ableistung einer falschen Versicherung an Eides Statt verleitet hat, denn diese wollten überhaupt keine eidesstattliche Versicherung abgeben und B. hat ihren Willen in dieser Richtung überhaupt nicht, jedenfalls nicht mit Erfolg beeinflußt.

III. **Liegt Unternehmen der Verleitung eines anderen zur Begehung eines Meineides vor, wenn der Täter ohne Erfolg einen anderen zu bestimmen sucht, daß dieser einen Dritten zur Begehung eines Meineides verleitet?** E. III 26 (vgl. auch VII 321, XV 259):

Der erste Richter sieht als erwiesen an, daß der Angeklagte den Besitzer Karl J. erfolglos aufgefordert hat, seine, des J., Ehefrau zur Leistung eines Meineides, nämlich eines falschen Zeugeneides in einer wider die Ehefrau des Angeklagten schwebenden Untersuchung, zu verleiten. Er findet in dieser Handlung nicht den Tatbestand des § 159 StGB., weil der Angeklagte nicht mit derjenigen Person, welche verleitet werden sollte, unmittelbar, sondern nur mit einer für ihre eigenen Handlungen verantwortlichen Mittelsperson verhandelt habe, und er nur insoweit verantwortlich sei, als er entweder die Mittelsperson selbst zu einer Straftat verleitet, oder durch deren Mitwirkung einen strafbaren Einfluß auf eine dritte Person ausgeübt habe. Beide Voraussetzungen lägen nach der tatsächlichen Annahme des ersten Richters nicht vor, da der Angeklagte den Ehemann J. nicht bewogen habe, seine Bemühungen anzuwenden, um seine Ehefrau im Sinne des Angeklagten zu einem Meineide zu überreden. Wäre dies geschehen, so würde nach der Ansicht des ersten Richters der J. sich des Verbrechens aus § 159 StGB. und der Angeklagte der strafbaren Teilnahme daran gemäß § 48 schuldig gemacht haben. Dieser Ausführung ist das RG. nicht beigetreten.

Es kann zwar der von der Staatsanwaltschaft in der Revisionsbegründung aufgestellte Satz, daß auch derjenige nach allgemeinen strafrechtlichen Grundsätzen Täter einer Missetat sei, welcher mit dem zum Tatbestand gehörenden Dolus es veranlaßt, daß ein anderer mit oder ohne Dolus die äußere Handlung vornimmt, in dieser Allgemeinheit für richtig nicht erachtet werden. Richtig ist der Satz nur insoweit, als der andere ohne Dolus gehandelt hat. Dagegen ist nach den Grundsätzen, welche im deutschen Strafgesetzbuch Anerkennung gefunden haben, derjenige, welcher einen anderen zu der von demselben begangenen dolosen strafbaren Handlung vorsätzlich bestimmt hat, nicht Täter, sondern der Anstifter einer fremden Straftat, wenngleich nach § 48 Abs. 2 StGB. seine Strafe nach demjenigen Gesetze festzusetzen ist, welches auf die Handlung Anwendung findet, zu welcher er wissentlich angestiftet hat. Diese Konsequenz dieses Grundsatzes müßte dahin führen, daß die mißlungene Anstiftung stets straflos bliebe, da nach § 48 a. a. O. eine von dem Angestifteten begangene strafbare Handlung die Voraussetzung für die Strafbarkeit des Anstifters bildet, diese Voraussetzung aber nicht vorliegt, wenn jener sich nicht bestimmen läßt und daher die Handlung weder ausgeführt noch versucht hat. *Allein diese Konsequenz ist nicht überall gezogen, es haben vielmehr kriminalpolitische Gründe dahin geführt, teils die mißlungene Anstiftung zu einzelnen bestimmten mit Strafe bedrohten Handlungen, z. B. § 85 StGB., teils die in einer bestimmten Form erfolgte mißlungene Anstiftung zu strafbaren Handlungen überhaupt (§ 111 Abs. 2), teils endlich mit gewissen Beschränkungen die mißlungene Anstiftung zu einem Verbrechen (§ 49a a. a. O.) für strafbar zu erklären.*

Aus solchen Erwägungen ist auch der § 159 StGB. hervorgegangen. Derselbe bestraft denjenigen, der es unternimmt, einen anderen zur Begehung eines Meineides zu verleiten, d. h. auf die Willensbestimmung eines anderen zu dem Zwecke einzuwirken, daß er einen Meineid schwöre, sollte auch dieser Versuch erfolglos sein. Die Strafbestimmung erhebt also allerdings einen Fall der erfolglosen Anstiftung zu einem selbständigen Delikt. Sie enthält aber keine Andeutung dafür, daß ihr Tatbestand, das Unternehmen, einen anderen zum Meineid zu verleiten, auf den Fall der unmittelbaren Einwirkung auf den Willen des zu Verleitenden einzuschränken und die Fälle, in denen das Unternehmen auf eine mittelbare Einwirkung auf den zu Verleitenden, auf die Einwirkung durch eine Mittelsperson, mag diese mit der verbrecherischen Absicht des Unternehmens bekannt oder unbekannt sein, angelegt ist, vom Tatbestande ausgeschlossen sein sollen.

Der Ausdruck „Unternehmen" umfaßt nach seinem Wortverstande und nach der Absicht des Gesetzgebers alle zur Erreichung eines bestimmten Vorhabens, hier der Verleitung zum Meineide, vorgenommenen Handlungen, unangesehen, ob der Erfolg des Vorhabens erreicht wird, und in diesem Sinne ist die Aufforderung eines anderen, einen Dritten zum Meineide zu verleiten, eine auf Erreichung dieses verbrecherischen Vorhabens abzielende Handlung. Der Rechtsbegriff des Unternehmens beschränkt sich an und für sich nicht auf Handlungen, durch welche das Vorhaben **unmittelbar** zur Ausführung gebracht werden soll. Eine solche, offenbar den Begriff an sich nicht immanierende Einschränkung hat derselbe im Falle des § 82 StGB. bei dem Verbrechen des Hochverrates erfahren. Hier ist die positive Vorschrift aufgestellt, daß als ein Unternehmen, durch welches das Verbrechen des Hochverrates vollendet wird, nur Handlungen anzusehen sind, durch welche das Vorhaben unmittelbar zur Ausführung gebracht werden soll. In dieser Weise ist aber der Begriff in § 159 StGB. nicht eingeschränkt und es kann nicht als zulässig erscheinen, in der Bestimmung des § 82 a. a. O. eine generelle Definition des fraglichen Begriffes zu finden und den Worten des § 159 den Sinn beizulegen, in welchem das Wort „Unternehmen" im § 82 speziell in Beziehung auf Handlungen gebraucht ist, durch welche das Verbrechen des Hochverrates vollendet wird. Auch derjenige, der einen anderen auffordert, einen Dritten zum Meineide zu verleiten, begeht somit eine Handlung, welche auf Erreichung seines Vorhabens, den Willen dieses Dritten zum Meineide zu bestimmen, abzielt, und unternimmt somit diese Verleitung zum Meineide, sollte auch der Aufgeforderte dieser Aufforderung nicht nachkommen.

Fällt aber diese Aufforderung unter den Tatbestand des im § 159 vorgesehenen selbständigen Delikts, so kommt es nicht darauf an, ob nach allgemeinen strafrechtlichen Grundsätzen die Aufforderung, einen Dritten zur Verübung eines Verbrechens zu bewegen, als erfolglose Anstiftung zur Anstiftung straflos bleibt, wenn der Aufgeforderte dieser Aufforderung nicht Folge leistet. [1])

---

[1]) Übereinstimmend Olshausen zu § 159 Nr. 3 und E. VII, 321 XV, 259.

§ 61. C. Die Begünstigung.

Beling § 80, Berner S. 576 ff., Binding L. §§ 89 ff., v. Liszt § 183, H. Meyer § 36, S. 609 ff., Frank und Olshausen zu § 257 StGB.

I. **Begünstigung** ein delictum sui generis, keine Teilnahmeform. E. IV 60 [1]):

Das angefochtene Urteil hat festgestellt, daß der Mitangeklagte H. in der Absicht, den Mitangeklagten F. der Vollstreckung einer ihm zuerkannten Gefängnisstrafe zu entziehen, demselben wissentlich Beistand geleistet habe, und daß der letztere den ersteren, indem er ihn durch Geben und Versprechen von Geschenken dazu bestimmte, angestiftet, ihm auch durch Aushändigen seiner Kleider und der schriftlichen Aufforderung zum Strafantritte und Bezahlung der Reise, sowie den Vorschlag, sich zur Unkenntlichmachung rasieren zu lassen, also durch Rat und Tat Hilfe geleistet habe. Das Urteil gelangt aber zur Freisprechung aus der rechtlichen Erwägung, daß der Angeklagte F. als Begünstiger seines eigenen Vergehens erscheine, der § 257 StGB. aber die Beziehung auf einen fremden Reat zur Voraussetzung habe.

Es ist richtig, daß sich der Begünstigung nur schuldig machen kann, wer einen anderen nach Begehung eines Verbrechens oder Vergehens zu dem im § 257 StGB. angegebenen Zwecke Beistand leistet. Allein daraus, daß der Täter oder Teilnehmer eines begangenen Verbrechens oder Vergehens in Beziehung auf letzteres nicht Täter des im § 257 als Begünstigung mit Strafe bedrohten eigenen Vergehens sein kann, folgt nicht, daß er nicht als Anstifter oder Gehilfe an der Tat des Begünstigers teilnehmen könne. Das Urteil kommt zu diesem Schlusse aus dem Grunde, weil ebenso wie Beihilfe zur Beihilfe selbst Beihilfe, so auch Beihilfe zur Begünstigung nur wiederum eigene Begünstigung sei. Diese Gleichstellung würde dann berechtigt sein, wenn die Begünstigung ebenso wie die Beihilfe Teilnahme an dem Vergehen des Begünstigten wäre. Das ist aber nicht der Fall.

Indem das Strafgesetzbuch die Begünstigung nicht im allgemeinen Teile wie die Teilnahme behandelt, sondern ihr als einzelnem selbständigen Delikte eine Stelle im besonderen Teile neben der Hehlerei gibt, läßt es darüber keinen Zweifel, daß dieselbe als eigene Straftat des Begünstigers erscheint; das „Beistandleisten" im Tatbestande (außer dem Falle des Abs. 3, in welchem die eine Begünstigung enthaltende Tat nicht als solche, sondern als Beihilfe, als welche sie da sich darstellt, an dem Vergehen des Begünstigten gestraft wird), weist nicht auf die Hilfeleistung des § 49 StGB. und damit auf die Zugehörigkeit zu dem Vergehen des Begünstigten hin. Das letztere ist zwar Voraussetzung für die Existenz einer Begünstigung, aber diese hört dadurch nicht auf, eine fremde Tat für den Begünstigten zu sein, wie das Landgericht vermißt, und diese fremde Tat schließt aus, was das Landgericht nicht annimmt, daß sie „verwandte Züge mit der Beihilfe" an der Tat des Begünstigten hat. Das Wesentliche in dem Vergehen des § 257 ist die

[1]) Übereinstimmend Olshausen Nr. 7 und die dort Zitierten.

Hemmung, der Eingriff in die staatliche Rechtsordnung, welche Sühne des vom Begünstigten begangenen Vergehens verlangt, und diese selbständige Auflehnung gegen die Strafvollstreckung hat mit der speziellen Tat des Begünstigten, die in der Verurteilung desselben ihren Abschluß gefunden hatte, nichts zu schaffen. An dieser neuen Straftat kann sich deshalb auch der Begünstigte, obgleich sie seine Tat zur Grundlage hat (vgl. StGB. §§ 148, 159), als Teilnehmer ebenso beteiligen, wie das Reichsgericht dies bereits (Entsch. in Straff. Bd. 3 Nr. 52) bezüglich der Gefangenenbefreiung für den Gefangenen selbst angenommen hat.

In diesem Urteil nimmt das RG. zugleich Stellung zu der in der Theorie lebhaft bestrittenen Frage, **ob ein an der Haupttat selbst Beteiligter auf die Begünstigung dieser Straftat bezüglich anderer Teilnehmer sich schuldig machen könne.** Es bejaht diese Frage. Vgl. auch E. VIII 66.

II. **Vorsatz des Begünstigers.** E. V 25:

StGB. § 257 verlangt, daß der Beistand wissentlich geleistet sei.

Wissentlich leistet jemand nach Begehung eines Verbrechens oder Vergehens dem Täter oder Teilnehmer Beistand, wenn er die von demselben begangene Strafhandlung kennt. Es erscheint daher dieses Bewußtsein im Falle des § 257 StGB. als wesentliche subjektive Voraussetzung, so daß ein Mangel desselben, der erforderlichen Kenntnis, nach § 257 und § 58 StGB. die Strafbarkeit einer objektiv in die Erscheinung getretenen Beistandsleistung nach § 257 StGB. ausschließt.

Jenes Bewußtsein (der betreffende dolus) ist der richtigen Ansicht nach so zu verstehen, daß zwar auf der einen Seite die Kenntnis des Angeklagten von der Strafbarkeit der begünstigten Handlung im allgemeinen nicht ausreicht, andererseits aber keineswegs Wissenschaft von der speziellen konkreten Gestaltung des Verbrechens, bezw. Vergehens im Einzelfalle, nicht Kenntnis davon erforderlich ist, welche Stellung das letztere im Systeme des Strafgesetzbuches einnimmt, wie das Verbrechen oder Vergehen genannt wird, und daß ebensowenig, wie es die Revision behauptet, Angeklagter die Person des Täters — insofern nicht ausnahmsweise § 257 Abs. 2 StGB. eine Modifikation herbeiführt — gekannt haben muß. Der Begriff des „wissentlich" Beistand leisten erfordert aber allerdings, daß der Angeklagte bei der Beistandleistung das tatsächliche Vorhandensein derjenigen Merkmale kannte, worin das Gesetz irgend ein Verbrechen oder Vergehen ausgeprägt findet, also desjenigen geschichtlichen Hergangs, wodurch die vorausgegangene Tat der Kategorie eines Verbrechens oder Vergehens strafrechtlich unterstellt wird. Straflosigkeit würde also anzuerkennen sein, wenn die Haupthandlung, welche wissentlich begünstigt worden, nur als Übertretung nach dem Strafgesetze sich darstellt.

III. **Versuch der Begünstigung.** E. XX 233:

Die Revision des aus § 257 StGB. verurteilten Angeklagten rügt Verletzung des Strafgesetzes, ist aber unbegründet. Das Instanzgericht konnte ohne Rechtsirrtum in dem festgestellten Bemühen des Angeklagten, die Zeugin Witwe S. zu bestimmen, dafür zu sorgen, daß ihr Kind gegen den ihm befreundeten L., welcher des Verbrechens des § 176 Ziff. 3 StGB. sich schuldig gemacht, keine Aussage mache, und daß sie selbst die Wahrheit nicht sage, wenn sie zum Bürgermeister oder Amtsgericht gerufen würde, den Tatbestand des § 257 StGB. finden. Das Wesen der sogenannten persönlichen Begünstigung besteht in dem rechtswidrigen Eingriffe in die staatliche Rechtspflege, welcher den Zweck hat, die Verwirklichung der Rechtsfolgen, welche das Gesetz an die Begehung des Verbrechens oder Vergehens geknüpft hat, zu verhindern oder zu erschweren.

Vgl. Entsch. des RG. in Straff. Bd. 16 S. 206.

Die Motive zu § 252 des Entwurfes sagen: man halte die aus § 37 des preußischen Strafgesetzbuches entnommene Fassung für erschöpfend und ausreichend, um den Richter in den Stand zu setzen, ermessen zu können, ob ein im besonderen Falle angewendetes Mittel als geeignet angenommen werden könne, als eine Begünstigung der Tat aufgefaßt zu werden, und man sehe deshalb von einer Kasuistik, wie sie im sächsischen und bayerischen Strafgesetzbuche enthalten, ab. Das Beistandleisten im Sinne des § 257 StGB. umfaßt hiernach jede positive Tätigkeit, welche eine der dort bezeichneten Richtungen, nämlich den Zweck der Vereitelung der Bestrafung oder der Ausnützung der Straftat — persönliche und sachliche Begünstigung — verfolgt; es genügt also zum Tatbestande der *persönlichen* Begünstigung jede Handlung, welche in der Absicht verübt wird, nach Begehung eines Verbrechens oder Vergehens den Täter oder Teilnehmer der Bestrafung zu entziehen, und welche geeignet ist, diesen Erfolg herbeizuführen. Daß der Erfolg wirklich eintritt, ist nicht erforderlich; die Vollendung der Begünstigung liegt schon in der Handlung, wenn auch der erstrebte Zweck derselben nicht erreicht wird. Die Absicht, der Bestrafung zu entziehen, kann sich sowohl in Handlungen zum unmittelbaren Schutze der Person des Verbrechers als auch in Handlungen äußern, welche die Überführung desselben verhindern sollen; diese Handlungen können ausgehen von Personen, welche selbst Zeugen des Verbrechens waren, oder von Dritten, welche auf Zeugen einwirken, damit diese den Verbrecher nicht verraten. Der Versuch der Verleitung eines Dritten zu wahrheitswidrigen uneidlichen Angaben zugunsten eines Verbrechers, um denselben der Bestrafung zu entziehen, kann hiernach also den Tatbestand des § 257 StGB. erfüllen, wenn auch der Versuch fehlgeschlagen und der Dritte sich nicht verleiten ließ. Es kann zwar der Revision zugegeben werden, daß in einer solchen Handlung an sich der mißlungene Versuch der Anstiftung dieses Zeugen, selbst eine Begünstigung zu begehen, gefunden werden kann, und daß unter *diesem* Gesichtspunkte eine Strafe der versuchten Anstiftung nicht begründet werden könnte, allein die Verurteilung des Angeklagten konnte unmittelbar aus § 257 StGB. erfolgen, weil in der, wenn auch erfolglosen, Einwirkung auf die Zeugin S. an sich schon eine Betätigung der Absicht, den Verbrecher der Bestrafung zu entziehen, also eine vollendete Begünstigung nach § 257 StGB. liegt.

Vgl. Entsch. des RG. in Straff. Bd. 14 S. 88 ,Bd. 9. S 242 ff.

IV. **Vor der Begehung der Tat zugesagte Begünstigung.** E. VIII 318[1]) (vgl. auch XIV 319, XV 299, XVI 376):

Zwar hat § 257 StGB. mit der gemeinrechtlichen Anschauung, welche die Begünstigung als nachfolgende Teilnahme an dem noch ungetilgten Delikte eines anderen mit dem Zwecke, die vorliegende Störung der Rechtsordnung durch Sicherung der Vorteile oder Abwendung der Nachteile des Deliktes zu perpetuieren, auffaßte und der daraus sich ergebenden Stellung derselben im Systeme teilweise dahin gebrochen, daß die Begünstigung als selbständiges Vergehen (delictum sui generis), wenn auch von accessorischer Natur, und demgemäß unter Ausscheidung aus der ihr herkömmlich zugewiesenen Verbindung mit den Bestimmungen über Teilnahme, im besonderen Teile des Strafgesetzbuches im Zusammenhange mit der Hehlerei behandelt ist. Vgl. Motive zum Entwurfe des Strafgesetzbuches S. 127. Hieraus aber würde zu folgern sein, daß wer aus § 257 Abs. 1 a. a. O. bestraft worden ist, weil er dem Täter oder Teilnehmer eines Diebstahls nach Begehung des Deliktes wissentlich Beistand geleistet, um denselben der Bestrafung zu entziehen oder um ihm die Vorteile des Diebstahles zu sichern, deshalb nicht die Strafe als Dieb im Sinne des § 244 StGB. erlitten hat, da als Dieb nur ein solcher erachtet werden kann, auf welchen die Rechts- und Strafgrundsätze über Diebstahl zur Anwendung gekommen sind. Dagegen folgt daraus nicht, daß wenn die Begünstigung vor Begehung der Tat dem Täter zugesagt worden war, diese Regel ebenfalls Anwendung zu leiden hätte. Schon das preußische Strafgesetzbuch hatte in § 38 für diesen Fall bestimmt, daß der Begünstiger gleich demjenigen bestraft werden solle, welcher Hilfe leistet (§§ 34 Ziff. 2, 35), und es ist in der preußischen Spruchpraxis nicht zweifelhaft erschienen, daß damit die im voraus zugesagte Begünstigung als wirkliche Teilnahme deklariert werde und bei Verhängung der Rückfallsstrafe mitzuzählen sei, „da sie die Begehung der Tat erleichtere und daher die innere Natur der Teilnahme habe". Noch weiter ging der Entwurf des Strafgesetzbuches für den Norddeutschen Bund, welcher, die preußischen Vorschriften über Begünstigung im Prinzipe übernehmend, sich damit begnügen wollte, in § 252 die Beistandsleistung „ohne vorherige Abrede" nach Begehung eines Verbrechens oder Vergehens als Begünstigung zu definieren, dagegen die Vorschrift nicht aufzunehmen, nach welcher der Begünstiger gleich einem Gehilfen bestraft werden soll, falls die Begünstigung auf einer vor der Tat getroffenen Abrede beruhe, davon ausgehend, „daß die Bestrafung eines solchen Beistandes als eines Teilnehmers sich aus den allgemeinen Bestimmungen über Teilnahme ergeben und es füglich der Beurteilung des einzelnen Falles überlassen bleiben müsse, ob überhaupt nur Hilfeleistung und nicht vielmehr Anstiftung anzunehmen sei". Vgl. Motive a. a. O. S. 128. Wurde nun zwar von dem Reichstage vorgezogen, eine dem Abs. 3 des § 257 a. a. O. entsprechende Bestimmung in das Gesetz aufzunehmen und damit den § 38 preuß. StGB. wiederherzustellen, so würde, obschon die Gründe hierfür nicht angegeben sind, vgl. Stenogr. Bericht von 1870.

---

[1]) Vgl. v. Liszt § 53 A. II. und Olshausen Nr. 44.

Sitzung 53 ff., S. 1173, 1176, Aktenstücke von 1870 S. 485, 733, dieses doch nicht zu der Annahme berechtigen, daß die voraus zugesagte Begünstigung ihrer Natur nach Begünstigung habe bleiben und nur die Strafe der Beihilfe habe erleiden sollen, sondern nur ersichtlich machen, daß es vorgezogen wurde, im Anschlusse an das in Preußen geltende Recht eine Bestimmung ausdrücklich zu treffen, welche über die besondere strafrechtliche Behandlung des Falles gegenüber der gewöhnlichen Begünstigung keinen Zweifel übrig ließ.

Der vorstehend gegebenen Auslegung des Abs. 3 entspricht auch der Wortlaut des Gesetzes. Wenn dasselbe die Voraussetzungen statuiert, unter welchen „die Begünstigung als Beihilfe zu bestrafen" ist, so erscheint diese Terminologie ganz entsprechend dem § 244 a. a. O., welcher von demjenigen redet, der als Dieb, Räuber usw. bestraft worden ist. Und sowie bei dieser Vorschrift feststeht, daß unter Dieb und Räuber nur solche Personen verstanden sind, auf welche nicht die Bestimmungen, welche die Strafe aussprechen, sondern die Grundsätze über Diebstahl und Raub überhaupt zur Anwendung gebracht sind, da es entgegengesetzten Falles des erweiternden Zusatzes „oder gleich einem Räuber" nicht bedurft haben würde, so wird, wenn nach Abs. 3 a. a. O. die Begünstigung als Beihilfe bestraft werden soll, darin ohne Zwang der Willensausdruck gefunden werden müssen, daß unter den daselbst gegebenen Voraussetzungen die äußerlich als Begünstigungshandlung sich darstellende Tat auch ihrem inneren Wesen nach Beihilfe sei. In den Fällen, welche das angegriffene Urteil im Auge hat, wo auf einen bestimmten Deliktsbegriff ohne Änderung seiner Natur nur die Anwendung eines für einen anderen Fall gegebenen Strafgesetzes ausgesprochen wird, z. B. in § 48 StGB. verb. „die Strafe des Anstifters ist nach demjenigen Gesetze festzusetzen", im § 252 verb. „ist gleich einem Räuber zu bestrafen", in § 49 verb. „die Strafe des Gehilfen ist nach demjenigen Gesetze festzusetzen" usw., spricht das Gesetz sich so bestimmt aus, daß bei gleicher Absicht auch eine gleiche Wortfassung in dem hier fraglichen Falle des § 257 Abs. 3 hätte erwartet werden können. Hier ist aber verordnet, daß die so qualifizierte Begünstigung als Beihilfe zu bestrafen, mithin als solche anzusehen, nicht daß sie nur mit der Strafe der Beihilfe zu belegen sei.

---

§ 62. Kap. 7. Urkundendelikte.

Beling § 81, Berner S. 594 ff., Binding Gr. II §§ 240 ff., v. Liszt §§ 161 ff., H. Meyer S. 707 ff., Frank und Olshausen zu §§ 267 ff. StGB., Beling Ztschr. f. StrRWiss. Bd. XVIII S. 291.

I. **Begriff der Urkunde.**

1. Im allgemeinen. E. XVII 103 (vgl. auch XX 6, XXII 182, XXXIV 53, XXXVI 15):

Da Urkunden im Sinne des Zivilrechtes und des Strafrechtes, demnach auch im Sinne des § 348 StGB., Beweismittel sind, und da es zum Wesen jedes Beweismittels gehört, daß dadurch eine Tatsache in Gewißheit gesetzt oder zur Gewißheit derselben wenigstens beigetragen werden könne, so gehört es auch zum Wesen der Urkunde, daß sie zum Beweise einer Tatsache geeignet sei; dieses Erfordernis der Beweisfähigkeit, von welchem hier dahingestellt bleiben mag, ob es von der Beweiserheblichkeit, welche der § 267 StGB. bei Privaturkunden fordert, noch zu unterscheiden ist, hat auch die Rechtsprechung des Reichsgerichts oftmals anerkannt. Sodann hat man im Sinne des § 348 Abs. 2 a. a. O. den Begriff der Urkunde in der Richtung nicht einzuschränken, daß diejenige Tatsache, in bezug auf welche die Beweisfähigkeit vorhanden sein muß, nur eine rechtserhebliche sein dürfte, sondern es genügt auch jede andere Tatsache. Zum Begriffe jeder Urkunde, also auch der Urkunde im Sinne des § 348 a. a. O., ist dagegen außer der Beweisfähigkeit die weitere Eigenschaft notwendig, daß sie zum Beweise bestimmt ist.[1]) Dies ergibt sich aus folgender Erwägung. Urkunden sind leblose Gegenstände oder Sachen. Nun existiert unter den leblosen Gegenständen auf der Erde kein einziger, der nicht unter Umständen beweisfähig für irgend eine Tatsache sein könnte, dem also nicht die Eigenschaft der Beweisfähigkeit oder des Geeignetseins zum Beweise mit den Urkunden gemeinsam zukäme. Gleichwohl hat nicht bloß der Sprachgebrauch des gewöhnlichen Lebens, sondern auch der des Rechtes in Ansehung der Urkundeneigenschaft einen Unterschied zwischen den Gegenständen, die zum Beweise geeignet sind, gemacht, und nur einen Teil derselben zu den Urkunden gerechnet, einen anderen Teil aber von den letzteren ausgeschlossen. Ein abgerissener Knopf, ein Blutfleck, Fußspuren, ein menschlicher Leichnam sind möglicherweise in Beziehung auf gewisse Tatsachen wichtige Beweismittel, also zum Beweise in hohem Grade geeignet, aber sie sind nicht Urkunden, gleichgültig, ob und inwieweit bei ihnen angenommen werden kann, daß sie durch menschliche Tätigkeit hervorgebracht worden sind. Vielmehr wird zum Begriffe der Urkunde vor allem erfordert, daß ein Gegenstand nicht bloß seine eigene Existenz, seine natürlichen Eigenschaften als die eines bestimmten Körpers, sein Vorhandensein an einem bestimmten Orte, zu einer bestimmten Zeit erkennbar mache; dies alles macht er erkennbar oder beweist es als bloßes Augenscheinsobjekt. Um Urkunde zu sein, muß er aus sich menschliche Gedanken irgendwelchen Inhalts, mögen sie Willensäußerungen, Zeugnisse oder Gutachten sein, erkennbar werden lassen; erst dann wirkt der Gegenstand nicht bloß als Augenscheinsobjekt auf die sinnliche Wahrnehmung, sondern darüber hinaus vermöge seines geistigen Inhaltes auf das Verständnis anderer von diesem Inhalte. Das Wesen des Urkundenbeweises besteht eben darin, daß ein Gegenstand lediglich nicht bloß als körperliche Sache, sondern vermöge eines darin verkörperten geistigen Inhaltes zum Beweise geeignet ist; besonders klar tritt dies darin hervor, daß selbst Gegenstände, die Urkunden sind, nicht in ihrer Eigenschaft als solche zum Beweise dienen, wenn sie nicht wegen ihres Inhaltes, sondern bloß wegen dessen benutzt worden, was an ihnen sinnlich wahrnehmbar ist, z. B. bloß zur

[1]) Übereinstimmend v. Liszt § 160, H. Meyer § 138, Berner S. 597. A. M. Frank zu § 267, Beling a. a. O.

Schriftenvergleichung. Es ist jedoch nicht möglich, daß ein Gegenstand vermöge des darin wiedergegebenen geistigen Inhaltes zum Beweise geeignet sei, wenn ihn nicht ein Mensch dazu geeignet gemacht hat, indem er an einem vorhandenen Gegenstande Veränderungen von solcher Art z. B. durch Anbringung von Schriftzügen, vornahm, daß dadurch Gedanken ausgedrückt wurden. Jede Urkunde als solche ist daher ein Produkt bewußter menschlicher Tätigkeit, die darauf ausgeht, oder, was dasselbe sagt, dazu bestimmt ist, in oder an einem Gegenstande Gedanken zum Ausdrucke zu bringen, und zwar in der Art, daß der Gegenstand die Existenz und den Inhalt dieser Gedanken erkennbar werden läßt oder dafür beweisfähig wird. Dieses Moment im Begriffe der Urkunde unterscheidet sie von den bloßen Augenscheinsobjekten; auch liegt darin schon das Merkmal einer Zweckbestimmung, die sich auf Beweis bezieht. Es genügt indessen noch nicht, um vom Begriffe der Urkunde alles dazu nicht gehörige auszuschießen. Wenn durch die Verkörperung eines Gedankeninhaltes in einem leblosen Gegenstande nichts weiter hat erreicht werden sollen, als das Erkennbarwerden der Tatsache dieses Gedankeninhaltes selbst, mag dabei auch die Absicht gewesen sein, dadurch in anderen irgendwelche Gedanken und Empfindungen anzuregen, so wendet der Sprachgebrauch auf die Handlung der Herstellung eines solchen Gegenstandes noch nicht den Ausdruck „beurkunden" und auf das entstandene Produkt noch nicht den Ausdruck „Urkunde" an; beispielsweise entsteht dadurch, daß jemand ein Gedicht niederschreibt, an sich noch keine Urkunde, mag er auch beabsichtigt haben, daß das Gedicht gelesen werde. Es muß vielmehr der Zweck, wozu die urkundliche Fixierung von Gedanken dienen soll, darauf gerichtet sein, durch die darin liegende Gedankenäußerung das Vorhandensein oder Nichtvorhandensein einer Tatsache festzustellen, welche nicht lediglich in der Gedankenäußerung selbst besteht und dies muß zu dem Zwecke geschehen, damit die Tatsache für andere Personen glaubhaft werde. Nicht notwendig ist zwar, daß die Tatsache völlig außerhalb der Äußerung liege, welche sich auf sie bezieht, denn bei der Äußerung dispositiver Willensakte in einem Schriftstücke fällt die Vollziehung des Willensaktes zum Teil mit seiner Äußerung zusammen; aber bewiesen werden soll durch das Schriftstück doch nicht bloß die Äußerung, sondern auch die Existenz des Willensaktes. Bei allen nicht dispositiven Urkunden wird die durch dieselben zu erweisende Tatsache außerhalb der in der Urkunde niedergelegten Äußerung stehen; hierher gehören namentlich die in Schriften oder auf andere Weise sachlich fixierten Zeugnisse über Wahrnehmungen eines Vorganges, die jemand gemacht hat; er will dann zunächst, daß die Schrift beweise, daß und welche Wahrnehmungen er geäußert hat, will aber ferner, daß die Tatsache, daß er seine Wahrnehmungen geäußert hat, zum Beweise dafür diene, daß der Vorgang sich ereignet hat.

Mit seiner auf diesen letzteren Zweck bei schriftlichen Zeugnissen gerichteten Willensbestimmung, ebenso bei den Dispositivurkunden mit der auf den Beweis der Existenz des Willensaktes gerichteten Absicht, ist der Begriff der Urkunde erfüllt, vorausgesetzt, daß auch die Eigenschaft der Beweisfähigkeit vorhanden ist.

Andere Merkmale können zu den genannten hinzukommen, sie dienen aber nur zur Unterscheidung der einzelnen möglichen Arten der Urkunden.

Dahin gehören namentlich die Merkmale, wodurch sich eine rechtserhebliche von einer nicht rechtserheblichen, eine öffentliche von einer privaten, eine beweiserhebliche von einer nicht beweiserheblichen Privaturkunde unterscheidet. Wichtig sind diese Merkmale besonders für die Frage, ob in bezug auf eine bestimmte Urkunde ein bestimmtes Delikt begangen werden könne; aber sie sind nicht von Belang für den Begriff der Urkunden überhaupt.

Hat man hiernach bei dem letzteren die Bestimmung zum Beweise, und zwar entweder zu sofortigem oder erst zu künftigem Beweise für ein notwendiges Merkmal zu erachten, so würde es doch unrichtig sein, zu fordern, daß diese Bestimmung einem Gegenstande, dessen Eigenschaft als Urkunde in Frage kommt, von Anfang an gegeben sein müsse. Vielmehr ist es sehr wohl möglich und kommt tatsächlich nicht selten vor, daß Gegenstände, z. B. Schriftstücke, die ursprünglich keinerlei Beweis, weder augenblicklichen noch künftigen, liefern sollten und deshalb ursprünglich keine Urkunden waren, später die Bestimmung zum Beweise erhalten und nunmehr, sofern sie übrigens den Erfordernissen der Urkunden Genüge leisten, zu solchen werden. Wenn jemand seine Wahrnehmungen, die er über irgend einen Vorgang zufällig gemacht hat, lediglich zu dem Zwecke niederschreibt, damit er sich dieselben, wenn es ihn einmal interessiere, genauer wieder in sein Gedächtnis zurückrufen könne, fertigt er durch die Schrift keine Urkunde an, denn die bezeichnete Bestimmung derselben ist von der Bestimmung, als Beweismittel zu dienen, wesentlich verschieden; übergibt aber der Verfertiger der Schrift dieselbe später an andere Personen, für deren Rechtsverhältnisse der Vorgang wichtig wird, um denselben sein Zeugnis über den letzteren zu verschaffen, so wird hierdurch die Schrift zur Urkunde. Der Verfertiger eines Schriftstückes braucht auch nicht selbst dasselbe nachträglich zum Beweise zu bestimmen; häufig kommt es vor, daß ein Dritter z. B. eine zuständige Behörde, Schriften, die ursprünglich keineswegs Beweis liefern sollten, zu diesem Zwecke heranzieht, daß z. B. in einem strafrechtlichen Verfahren die Staatsanwaltschaft oder der Untersuchungsrichter Schriftstücke eines Angeschuldigten, um durch deren Inhalt denselben eines Verbrechens zu überführen, mit Beschlag belegt, während der Angeschuldigte sie weder zu diesem noch zu irgend einem anderen Beweiszwecke hergestellt hatte; durch die Beschlagnahme werden die Schriftstücke zweifellos zu Urkunden. Hat jemand nur zu dem Zwecke, um sich in der Formulierung von Wechseln zu üben, ein Wechselformular ausgefüllt und sich selbst darin als Akzeptant gezeichnet, so ist dieses Schriftstück in seiner Hand keine Urkunde, denn es war nicht zum Beweise bestimmt; wenn aber ein anderer ihm dasselbe entwendet und gegen ihn als Wechsel geltend macht, so kann selbst durch solchen widerrechtlichen Akt der Bestimmung des Schriftstückes zum Beweise die Urkundeneigenschaft entstehen. In welchem Zeitpunkte durch nachträgliche Beweisbestimmung diese Eigenschaft hervorgebracht wird, und auf welche Weise die nachträgliche Beweisbestimmung hervortreten muß, braucht hier nicht erörtert zu werden und läßt sich auch nur nach Maßgabe der konkreten Verhältnisse des Einzelfalles entscheiden.

2. Postalischen Vermerken auf Postanweisungen spricht E. XXIV 130 den Charakter öffentlicher Urkunden zu.

II. **Rechtswidrige Absicht.** E. XVII 200 (vgl. auch XXI 69, XXII 379):

Die Angeklagte Luise W. gewährte ihrer elternlosen, minderjährigen Nichte, der Angeklagten Elisabeth W., obwohl die letztere ein beträchtliches, in vormundschaftlicher Verwaltung befindliches Vermögen besaß, unentgeltlich Wohnung und Beköstigung, wogegen sie für ihre Barauslagen, welche durch Anschaffung von Kleidern 2c. für das Mädchen entstanden, Ersatz aus dem vormundschaftlichen Vermögen zu beanspruchen hatte. Der Vormund hatte jedoch erklärt, nur diejenigen Auslagen ersetzen zu können, welche durch quittierte Rechnungen der betreffenden Lieferanten nachgewiesen würden.

Die Luise W., welche es unterlassen hatte, sich für eine Reihe kleinerer Auslagen Quittungen ausstellen zu lassen, verfertigte nun, um gleichwohl Ersatz zu erlangen, im Einverständnisse mit ihrer Nichte fälschlich auf den Namen mehrerer Kaufleute vier Quittungen über die Bezahlung der für ihre Nichte angeschafften Waren, obwohl die letzteren von anderen Lieferanten bezogen worden waren.

Der Betrag der vier falschen Quittungen entsprach jedoch der Summe der von der Luise W. gemachten Auslagen. Die Quittungen wurden sodann von der Elisabeth W. dem Vormunde übergeben, worauf derselbe den Betrag ersetzte.

Das Instanzgericht sprach die beiden Angeklagten von der Anklage der gemeinschaftlichen Ausführung von vier Verbrechen der Privaturkundenfälschung (§ 268 Ziff. 1 StGB.) wegen Mangels einer rechtswidrigen Absicht frei. In den Urteilsgründen war ausgeführt: Die Angeklagten hätten das Bewußtsein, die Rechte des Vormundes zu verletzen, nicht gehabt, und die Luise W. sei sich auch nicht bewußt gewesen, die Rechte ihrer Nichte Elisabeth W. zu beeinträchtigen.

Auf die Revision der Staatsanwaltschaft wurde das Urteil aufgehoben.

Die Ausführungen des Landgerichtes sind nicht geeignet, die Freisprechung der beiden Angeklagten zu rechtfertigen. Es kann davon, daß das Instanzgericht nur die Frage einer Verletzung der Rechte der Elisabeth W. und ihres Vormundes, nicht aber auch die Frage einer Verletzung der Rechte derjenigen Personen, auf deren Namen, ohne ihr Wissen und Wollen, die falschen Urkunden angefertigt worden sind, in den Kreis seiner Erwägungen gezogen hat, abgesehen werden, *denn das Wesen des formalen Deliktes der Urkundenfälschung besteht überhaupt nicht in der Verletzung einer konkreten materiellen Berechtigung, sondern in dem dem objektiven Rechte zuwiderlaufenden Mißbrauche der Form der Beurkundung im rechtlichen Verkehre in den im Strafgesetze hervorgehobenen Fällen.*

Das Gesetz wollte die Beweiskraft der Urkundenform strafrechtlich schützen. Demgemäß setzt das zum Tatbestande der Urkundenfälschung gehörige Merkmal der rechtswidrigen Absicht nicht die Tendenz, einen *materiell rechtswidrigen Erfolg herbeizuführen, sondern nur den Willen voraus, durch die Fälschung oder Ver-*

fälschung einer Urkunde im rechtlichen Verkehre mittels Täuschung für die Tatsache Beweis zu erbringen. Im Falle des Vorliegens dieser Voraussetzungen scheidet auch dann, wenn der Täter durch seine Handlung eine wahre Tatsache erweisen, bezw. einen an sich erlaubten Zweck erreichen wollte, der Tatbestand der Urkundenfälschung nicht aus, denn auch in diesem Falle ist die Absicht eine rechtswidrige, weil ein Recht, durch gefälschte oder verfälschte Beweismittel jenen Erfolg herbeizuführen, nicht existiert.[1])

Im vorliegenden Falle handelt es sich um eine Privaturkundenfälschung.

Das Instanzgericht hat, abgesehen von der Rechtswidrigkeit der Absicht, den Tatbestand jenes Deliktes, wenigstens im Sinne des § 267 StGB., festgestellt, indem für erwiesen erklärt wurde, daß die vier in Frage stehenden Rechnungen und Quittungen, welche als zum Beweise von Rechten und Rechtsverhältnissen erhebliche Privaturkunden zu betrachten, von den Angeklagten fälschlich angefertigt und zum Zwecke der Täuschung gebraucht worden seien. Die Freisprechung ist lediglich auf den Mangel der Rechtswidrigkeit der Absicht gestützt worden, allein die diesfallsigen Ausführungen des Instanzgerichtes legen die Annahme nahe, daß jenes Merkmal deshalb verneint worden ist, weil das Gericht davon ausging, die Rechtswidrigkeit der Absicht setze das Bewußtsein des „Täters, daß durch seine Handlung konkrete materielle Rechte eines Dritten verletzt werden", voraus, ein solches Bewußtsein der Angeklagten treffe aber vorliegend nicht zu, weil die letzteren nur eine nach ihrer Ansicht begründete Forderung hätten realisieren wollen; und diese Auffassung des Instanzgerichtes ist, wie oben nachgewiesen worden, rechtsirrtümlich.

III. **Depeschenfälschung.** E. VIII 92:

Die Strafkammer hatte dem Eröffnungsbeschlusse entsprechend gegen den Angeklagten festgestellt, daß derselbe am 11. April 1881 in rechtswidriger Absicht eine Privaturkunde, welche zum Beweise von Rechten und Rechtsverhältnissen von Erheblichkeit ist, nämlich die Urschrift eines Telegrammes (Originaldepesche), welches lautete:

An
Herrn Baumann, Gnoien.
Meine Frau plötzlich krank, bitte kein Fleisch schicken.
Ferdinand B., Pücklerstraße 10.

fälschlich angefertigt und von derselben zum Zwecke einer Täuschung Gebrauch gemacht hat, und zwar in der ferneren Absicht, einem anderen Schaden zuzufügen. Dabei war folgendes als erwiesen angenommen:

Im August überließ die Ehefrau des Angeklagten Friedrich B., welche zu B., Naunynstraße 73, mit Beihilfe ihres Ehemannes ein Fleischwarengeschäft betrieb, dieses Geschäft der Frau des Ferdinand B., Bruders des Angeklagten, zum unentgeltlichen Weiterbetrieb dergestalt, daß, wenn das Buttergeschäft, welches sie zu betreiben unternahmen, sich nicht rentieren würde, die Wiederabtretung erfolgen solle. Letzteres trat ein, und übernahm die Ehefrau des

---

[1]) Ebenso Olshausen Nr. 46, v. Liszt § 161.

Angeklagten am 1. Dezember 1880 das frühere Fleischgeschäft wiederum von der Ferdinand B., diese aber errichtete gleichzeitig ein solches Geschäft in dem gegenüberliegenden Hause Naunynstraße Nr. 17, in welchem ihr Ehemann ihr behilflich war. Die hierdurch begründete Konkurrenz beider Geschäfte gab Anlaß zu bitterer Feindschaft zwischen beiden Familien.

Frau Ferdinand B. hatte bei dem Schlächtermeister Baumann in Gnoien (Mecklenburg) für den 14. April 6 Zentner Kalbfleisch käuflich bestellt, welche indessen nicht abgesendet wurden, da Baumann am 14. April das bezeichnete, bei dem Postamte 34 zu B. aufgegebene, Telegramm erhielt. Das an Baumann adressierte Original der Depesche ist nicht von Ferdinand B., sondern dem Angeklagten Friedrich B. geschrieben und dem Telegraphenamte zur Beförderung übergeben worden, mit der Absicht, ein Konkurrenzunternehmen zur Ausführung zu bringen. Der Preis nämlich, welcher an Baumann zu entrichten gewesen wäre, betrug nur Mk. 0,25 für das Pfund Fleisch, während die Ehefrau Ferdinand B., da die Bestellung ausblieb, und sie ihren Bedarf anderweit decken mußte, nunmehr Mk. 0,50 zu zahlen hatte. Die Ehefrau des Angeklagten kam dadurch in die Lage, ihren Kundenkreis auf Kosten des anderen Geschäftes zu erweitern.

Die Strafkammer beurteilt die Handlung des Angeklagten zunächst nur von dem Gesichtspunkte, ob in der Überreichung der mit falscher Unterschrift versehenen Originaldepesche an die öffentliche Telegraphenanstalt behufs Abtelegraphierung die Urkundenfälschung enthalten sei.

Daß es sich bei der Originaldepesche um eine Privaturkunde handelt, welche zum Beweise von Rechten und Rechtsverhältnissen von Erheblichkeit ist, wird daraus gefolgert, daß aus der Bestellung der 6 Zentner Kalbfleisch und der Annahme dieser Bestellung der Adressat Baumann zur Lieferung an Frau Ferdinand B. verpflichtet war, die Depesche aber, deren Ernstlichkeit und Wahrheit vorausgesetzt, bei Geltendmachung des Anspruches auf Lieferung oder auf Entschädigung seitens der Frau Ferdinand B., die Verweigerung der Lieferung oder Entschädigung zugunsten des Baumann voll beweisend unterstützt haben würde, mithin den Beweis der Aufhebung eines bestehenden Rechtsverhältnisses zu führen geeignet war. Der Begriff der Urkunde im Sinne des § 276 StGB. ist bei dieser Ausführung in keiner Weise verkannt, ebensowenig das Merkmal der Beweiserheblichkeit für Rechte und Rechtsverhältnisse, unter welche die Aufhebung eines bestehenden Vertragsverhältnisses unbedenklich subsumiert werden konnte.

Auch die fälschliche Anfertigung der Originaldepesche in rechtswidriger Absicht wird mit Recht bejaht, da der Angeklagte durch die Herstellung eines falschen Beweismittels eine Folge herbeiführen wollte, welche einem begründeten Rechtszustande zuwiderlief; und wenn die Strafkammer ferner annahm, daß Angeklagter seiner Schwägerin, der Konkurrentin seiner Ehefrau in deren Gewerbebetriebe, zur Erreichung eigenen Vorteiles den ihr andernfalls aus dem Verkaufe der 6 Zentner Fleisch gebotenen Nutzen entziehen wollte, so konnte hierin die für Anwendung des § 268 StGB. erhebliche Absicht, die Ehefrau des Ferdinand B. zu beschädigen, ebenfalls ohne Rechtsirrtum gefunden werden, da es sich um Entziehung eines durch Befriedigung der Kundschaft in Aussicht stehenden Gewinnes handelt, auf welche mittelbar die verehelichte Ferdinand B. bereits ein Recht erworben hatte. Denn sie konnte Lieferung des Fleisches seitens des Baumann zur bestimmten Zeit und zu dem bestimmten Preise von Mk. 0,25 für das Pfund verlangen, und dieses Recht, aus welchem der entgangene Geschäftsgewinn nach dem regelmäßigen Verlaufe der Dinge resultierte, wurde ihr verkümmert. Außerdem ergibt das erste Erkenntnis, daß der verehelichten B. wenigstens für eine bestimmte Zeit die Kundschaft entzogen werden sollte; die Kundschaft eines Geschäftes aber bildet einen den Wert des letzteren wesentlich bestimmenden Faktor.

Gegen die Ansicht, daß Angeklagter schon durch Übergabe der Originaldepesche an das Telegraphenamt von einer falschen Urkunde zum Zwecke der Täuschung Gebrauch gemacht hat, sind dagegen Bedenken zu erheben.

Die Absicht, durch Übergabe des Originales an die Telegraphenanstalt zu täuschen, ist an sich nur denkbar entweder gegenüber dem Telegraphenbeamten selbst, oder gegenüber dem Adressaten. Den letzteren anlangend, so ist die Urkunde ihrem Wesen nach ein körperlicher Gegenstand, welchem eine an das Äußere desselben geknüpfte und daher nur mittels Vorzeigung oder auf einem der Vorzeigung gleich zu achtenden Wege zur Geltung zu bringende Beweiskraft innewohnt, und kann deshalb von einem Gebrauchmachen von der falschen Urkunde zum Zwecke der Täuschung nur gesprochen werden, wenn die Urkunde in ihrer Eigenschaft als Beweismittel, also die Urkunde im Originale, zur Täuschung benutzt ist. Zwar ist nicht schlechthin erforderlich, daß sie zu diesem Zwecke dem zu Täuschenden unmittelbar vorgelegt oder vorgezeigt wird; es kann genügen, wenn sie ihm durch Niederlegung am dritten Orte zur Disposition gestellt ist; immer aber muß dabei die Absicht bestehen, daß der zu Täuschende von der Urkunde selbst, also dem Originale derselben, Einsicht nehme.

Die Annahme dieses subjektiven Momentes ist aber in allen Fällen der vorliegenden Art der Regel nach ausgeschlossen. Der Aufgeber der falschen Originaldepesche will den Adressaten nicht durch den Inhalt dieser, sondern durch den Inhalt der an ihn abzugebenden Depeschenausfertigung täuschen, er beabsichtigt nicht, daß diesem die Originaldepesche vorgelegt und von ihm persönlich oder durch eine Mittelsperson eingesehen werde, sondern geht gegenteilig davon aus, daß dieses nicht geschehe, weil sonst die Entdeckung der Fälschung erleichtert und eine wesentliche Voraussetzung für die Erreichung seines verbrecherischen Zweckes hinwegfallen würde.

Wenn dagegen das angefochtene Erkenntnis zunächst die Aufgabestation, was nichts anderes heißen kann, als die Beamten der Aufgabestation, welche die Depesche entgegennehmen und weiter befördern, als getäuscht ansehen will, so ist auch dies unzutreffend.

Richtig ist, daß durch § 10 der Telegraphenordnung für das Deutsche Reich vom 21. Juni 1872 (RGBl. S. 213) ein Prüfungsrecht der Behörde bei Privatdepeschen hinsichtlich des gesamten Inhaltes in Beziehung auf dessen Übereinstimmung mit den Gesetzen und den Rücksichten des öffentlichen Wohles und der Sittlichkeit, sowie außerdem in Beziehung auf Echtheit der Unterschrift begründet und der Aufgeber verpflichtet wurde, auf Verlangen die letztere nachzuweisen. Richtig ist auch, daß dieses Prüfungsrecht eine Amtspflicht der Beamten dahin begründet, die Prüfung überall eintreten zu lassen und den Echtheitsbeweis zu verlangen, wo Zweifel über die Echtheit der Urkunde entstehen. Allein wenn hiernach auch die Absicht des Aufgebers einer fälschlich angefertigten Originaldepesche unzweifelhaft darauf gerichtet ist, den Telegraphenbeamten des Aufgabeortes über die Richtigkeit der Unterschrift zu täuschen, weil der Beamte, wenn er wußte, daß die Unterschrift gefälscht sei, die Beförderung ablehnen mußte, so genügt dies doch nicht zu der Annahme, daß ihm gegenüber von der gefälschten Urkunde zum Zwecke der Täuschung Gebrauch gemacht worden ist.

Der § 267 StGB. setzt voraus, daß von der Urkunde als solcher, also als Beweismittel für das in ihr verbriefte Recht oder Rechtsverhältnis, zum Zwecke der Täuschung Gebrauch gemacht wird. Die Absicht muß dahin gehen, in demjenigen, dem gegenüber von der Urkunde Gebrauch gemacht wird, den Glauben zu erwecken, die Urkunde als solche sei echt, d. h. derjenige, dessen Name durch die Unterschrift bezeichnet wird, habe sich durch letztere zu dem beweiserheblichen Inhalte der Urkunde bekannt, also das Recht oder Rechtsverhältnis zu beweisen, für dessen Beweis die Urkunde erheblich ist. Es muß eine Täuschung in betreff der in der Urkunde enthaltenen Erklärung bezweckt sein, wenn es auch nicht erforderlich ist, daß durch den Gebrauch dasjenige Rechtsverhältnis, zu dessen Begründung die Urkunde dient, realisiert werden soll. Daß nun im vorliegenden Falle der Angeklagte über die Echtheit der von ihm gefälschten Urkunde, also darüber, daß Ferdinand B. eine frühere Bestellung widerrufe, den Adressaten B., für welchen die Erklärung bestimmt war, nicht aber den Telegraphenbeamten, für welchen der beweiserhebliche Inhalt der Urkunde ohne alles Interesse war, zu täuschen beabsichtigte, bedarf keiner Ausführung. Die Frage, über welche der Beamte zu befinden hatte, ob die Depesche im allgemeinen einen nach § 10 der Telegraphenordnung die Beförderung gestattenden Inhalt hatte, berührte selbstredend nicht den konkreten Beweisinhalt der Depesche, auf den es hier allein ankommt.

Läßt sich hiernach der Begründung des ersten Richters, sofern sie auf ein Gebrauchmachen von der Originaldepesche gegenüber dem Telegraphenbeamten zum Zwecke der Täuschung das entscheidende Gewicht legt, als rechtsirrig nicht beitreten, so muß gleichwohl von einem anderen tatsächlichen Gesichtspunkte aus, welchen der erste Richter seinen Voraussetzungen nach ebenfalls geprüft und als durch Beweis begründet anerkannt hat, das erste Erkenntnis aufrecht erhalten werden.

Die Strafkammer hat nämlich zugleich als erwiesen angenommen, daß Angeklagter die Originaldepesche nicht bloß zur Abtelegraphierung dem Telegraphenamte übergeben hat, sondern daß sie auch unbeanstandet geblieben, befördert und das ausgefertigte Ankunftstelegramm an B. abgegeben worden ist. Diese aus den Entscheidungsgründen sich ergebende Feststellung bildet eine geeignete Rechtsgrundlage für die erfolgte Annahme der Anfertigung und des Gebrauchmachens von einer falschen Urkunde. Auch kann nach diesem Sachverhalte kein Bedenken darüber obwalten, daß die Absicht des Angeklagten auf diesen Verlauf und dieses Ergebnis seiner

Tätigkeit gerichtet gewesen ist, und steht die Dolusfrage daher auch in diesem Punkte fest.

Der Mechanismus bei Herstellung und Abgabe einer telegraphischen Depesche im Sinne der Reichstelegraphenordnung — und von solchen Depeschen ist nach Lage des Falles zunächst nur die Rede — besteht bekanntlich darin, daß der Wortlaut des aufgegebenen nach § 6 Abs. 1 der Telegraphenordnung schriftlich abzufassenden Originales mit Hilfe der Elektrizität von der Aufgabestation an die Ankunftstation befördert, dort in Zeichen reproduziert, die Reproduktion schriftlich in Worte redigiert und in dieser schriftlichen Ausfertigung dem Adressaten zugestellt wird.

Wer sich also des Telegraphen als Korrespondenzmittels bedient und zu diesem Zwecke eine schriftliche Depesche aufgibt, bewirkt und will bewirken, daß an der Ankunftsstation eine mit der aufgegebenen gleichlautende Schrift hergestellt und dem Adressaten behändigt wird. Diese im Texte und in der Unterschrift mit der Aufgabedepesche übereinstimmende Schrift, das am Ankunftsorte ausgefertigte Telegramm, muß aber als eine Urkunde angesehen werden, welche von dem Aufgeber selbst unter Benutzung des Telegraphen, also unter Benutzung von Naturkräften geschrieben und unterschrieben ist.

Bis zum Anfange der 1860er Jahre scheint in Doktrin und Praxis über die Urkundenqualität der Depeschenausfertigung kein Zweifel bestanden zu haben. Erst seit der Abhandlung Serafinis (1862), welcher in der Ausfertigung keine Urkunde, sondern nur eine einfache Niederschrift des Telegraphenbeamten erkennen wollte über diejenigen Telegraphenzeichen, welche demselben von einer Station zugegangen sind, wurde die Frage streitig, und die verneinende Ansicht gewann Anhänger.

Allein die Serafinische Definition paßt wohl, äußerlich betrachtet, auf die Depeschenbeförderung mittels des Morseschen Schreibtelegraphen; sie trifft aber schon vollständig nicht mehr zu bei der in Deutschland tatsächlich vielfach bestehenden Verwendung des Hughesschen Drucktelegraphen. Bei diesem wird durch die ein Tastenwerk in Bewegung setzende Tätigkeit des Beamten der Abgangsstation ein gleichlautender Abdruck der aufgegebenen Depesche auf der Abgangs- wie auf der Ankunftsstation erzeugt. Der Abdruck der Ankunftsstation wird im Originale dem Adressaten ausgehändigt, und jede reproduzierende, niederschreibende (dechiffrierende) Tätigkeit des Beamten der Ankunftstation fällt weg; denn das Aufkleben des unmittelbar durch den Apparat bedruckten Papierstreifens auf das dem Adressaten zuzustellende Papier wird sich als solche nicht bezeichnen lassen; der Adressat erhält hier im Originale das Ergebnis der Tätigkeit des Beamten der Aufgabestation. Völlig unzutreffend aber würde jene Definition werden, wenn die Reichstelegraphenverwaltung den Casellischen Pantelegraphen einführen und anordnen oder zulassen würde, daß der Absender die zu befördernde Depesche auf die unmittelbar hierzu präparierte, in den Telegraphenapparat der Aufgabestation aufzuführende Platte niederschriebe, von welcher aus sie durch Vermittlung der Elektrizität mit autographischer Genauigkeit auf dem entsprechend präparierten Papiere im Apparate der Ankunftsstation reproduziert und in dieser Reproduktion ohne weitere Übertragung dem Adressaten eingehändigt wird. Jede Tätigkeit der Beamten fällt hier weg, welche über das Einlegen und Herausnehmen der präparierten Platten und Papiere und Intätigkeitsetzen des elektrischen Stromes hinausgeht. Daß rechtlich bei Beurteilung der Tat des Depeschenaufgebens eine andere Beurteilung einzutreten habe, je nachdem das eine oder andere System bei Herstellung der Ankunftsdepesche angewendet wird, läßt sich nicht zugeben. Auch bei der Verwendung des Morseschen Schreibtelegraphen ist zur Herstellung der Urkunde an der Ankunftsstation die Niederschrift des Beamten nicht einmal nötig. Schon der Papierstreifen, auf welchem der Apparat die Aufgabedepesche in Zeichen reproduziert, ist die vom Aufgeber mittels des Telegraphen hergestellte Urkunde und kann als solche, wenn die Zustellung an den Adressaten in dechiffrierter Form nicht erforderlich ist, benutzt werden. Erfolgt aber, wie dies regelmäßig der Fall, die Zustellung an den Adressaten in einer die Zeichen dechiffrierenden Niederschrift des Telegraphenbeamten, so ist die letztere keineswegs bloß eine Mitteilung des Beamten, daß eine Depesche solchen Inhalts auf der Aufgabestation aufgegeben sei, sondern die Niederschrift enthält den Wortlaut und die Unterschrift der Aufgabedepesche, sie ist wie diese eine Urkunde, und zwar eine Urkunde des Aufgebers, der sie in Wirklichkeit durch Organe, die er als Werkzeug benutzt, geschrieben hat.

Dabei ist, was das Verhältnis der Ankunftsdepesche zu der am Absendungsorte befindlichen Originaldepesche betrifft, hervorzuheben, daß die letztere zwar regelmäßig vorliegen wird, weil die Telegraphenordnung solche verlangt, daß es derselben als Vorbedingung für die Vollendung des Deliktes der Urkundenfälschung in der gegenwärtigen Form aber ebenfalls nicht bedarf. Wird die Originaldepesche bloß mündlich aufgegeben, so ändert sich dadurch nichts hinsichtlich des Tatbestandes der Urkundenfälschung bei der Depeschenausfertigung. Nur die Art der Täuschung, welcher die betreffenden Telegraphenbeamten unterliegen, ist eine verschiedene. Während sie im ersten Falle annahmen, die Unterschrift unter der Originaldepesche sei eine echte, und dadurch zur Beförderung veranlaßt werden, befinden sie sich im letzten Falle in dem Irrtume, der Aufgeber sei in Wirklichkeit diejenige Person, als welche er sich ausgegeben hat; das Resultat, daß unter der Depeschenausfertigung ein falscher Name erscheint, ist in beiden Fällen dasselbe.

Schon nach der Auffassung des Verkehrslebens betrachtet der Empfänger eines Telegrammes, in welchem ihm eine Vertragsofferte oder eine sonstige rechtserhebliche Mitteilung gemacht wird, dieses nicht als ein bloßes Zeugnis der Telegraphenbehörde über die dieser am Aufgabeort gemachte Mitteilung oder über den Inhalt einer daselbst niedergelegten Originaldepesche, auch nicht als eine bloße Niederschrift in dem bezeichneten Serafinischen Sinne, sondern als die direkte, ihm gegenüber schriftlich abgegebene Willenserklärung des Absenders. Der zum Abschlusse eines Vertrages erforderliche Konsens der Beteiligten kann im Wege telegraphischer Korrespondenz hergestellt werden, und wird dieses täglich. Dieses aber geschieht vom Standpunkte des Vertragschließenden aus nicht durch gegenseitige Mitteilung von Zeugnissen über anderswo deponierte urkundliche Willensäußerungen, sondern durch direkten und unmittelbaren Austausch der in der Depeschenausfertigung selbst zum Ausdrucke gelangenden

Willenserklärungen der kontrahierenden Personen. Auch im Civilprozesse wird, sofern es sich um den Beweis des telegraphisch geschlossenen Vertrages und ähnliches handelt, die Eigenschaft der Depeschenausfertigung als urkundlichen Beweismittels anzuerkennen sein. Die Civilprozeßordnung unterstellt allerdings die Depeschenausfertigung wegen fehlender eigenhändiger Unterschrift des Ausstellers nicht der Beweisregel des § 381 a. a. O.; damit ist derselben jedoch die Eigenschaft einer Urkunde nicht abgesprochen, es unterliegt nur ihre Beweiskraft der freien Beweiswürdigung. Im Bestreitungsfalle bedarf allerdings die Depeschenausfertigung des Echtheitsbeweises, d. h. des Nachweises, daß die Person, auf welche die Unterschrift der Ausfertigung lautet, der Telegraphenverwaltung eine Willenserklärung des bestimmten Inhaltes zur Beförderung an den Adressaten aufgegeben hat, und dieser Beweis wird naturgemäß umfänglicher sein, als der gemäß §§ 404 ff. CPO. zu führende Echtheitsbeweis einer Originalunterschrift. Die Notwendigkeit und der Umfang jenes besonderen Beweises aber schließt die Eigenschaft der Depeschenausfertigung als einer Urkunde nicht aus.

In Übereinstimmung mit der Anschauung des Verkehrs wird aber auch strafrechtlich die Depeschenausfertigung als direkte schriftliche Willensäußerung des Absenders, und dieser als Aussteller der Ankunftsdepesche angesehen werden müssen. Eine Urkunde verliert dadurch ihre Bedeutung als solche nicht, daß der Erklärende sie nicht selbst schreibt, sondern die Niederschrift als eigene durch die Hand eines Dritten veranlaßt. Es ist deshalb auch derjenige Fälscher, welcher die Fälschung durch eine willenlose oder mit dem verbrecherischen Willen des Täters unbekannte Person oder durch eine Mehrheit von solchen Personen bewerkstelligen läßt. Dieses trifft zu, wenn der Aufgeber die mit der Falschheit der Namensangabe unbekannten und deshalb in ihre Freiheit der Erwägung über Annahme oder Ablehnung der Beförderung beschränkten Beamten der Aufgabe- und Ankunftsstation veranlaßt, zur Herstellung und Abgabe der Depeschenausfertigung mitzuwirken. Die Beamten sind nur als unbewußte Werkzeuge eines Dritten tätig, und wer rechtlich die Depesche befördert, ausfertigt und abgibt, ist nicht der betreffende Beamte, sondern der Absender. Gestattet doch der Telegraph, wie erwähnt, sogar ein unmittelbares Schreiben auf weite Entfernungen, wie dasselbe vorliegen würde bei Mitteilungen, welche von Telegraphenanstalt zu Telegraphenanstalt bestimmt sind und an der Ankunftsstation ohne besondere Ausfertigung vom Apparate direkt abgelesen werden. Ist dieses aber richtig, so kann es auch nicht bedenklich erscheinen, daß, wenn ein Dritter sich dieser Anstalten als Schreibmaschine bedient, er als der Anfertiger der Depeschenausfertigung sich darstellt.

Ist daher die Depeschenausfertigung aus Veranlassung des Absenders mit einem falschen Namen unterschrieben und infolge seiner Veranstaltung an den Adressaten übergeben, um bei ihm den Glauben zu erwecken, daß derjenige, auf welchen die Unterschrift hinweist, auch in der Tat die Person sei, welche die zum Ausdrucke gebrachte urkundliche Willenserklärung an ihn gelangen läßt, so stellt sich der Absender als Fälscher dieser Urkunde und zugleich als derjenige dar, welcher von derselben zum Zwecke der Täuschung Gebrauch macht. Daß das an der Ankunftsstation ausgefertigte in Wirklichkeit von dem Angeklagten fälschlich angefertigte, an den Adressaten ausgehändigte Telegramm seinem Inhalte nach zum Beweise von Rechten und Rechtsverhältnissen von Erheblichkeit war, ist bereits dargelegt, da das Telegramm mit der Aufgabedepesche gleichlautend war. Auch lag die auf Benachteiligung der verehelichten Ferdinand B. gerichtete rechtswidrige Absicht, welche den Angeklagten bei Aufgabe der Depesche leitete, nach der erstrichterlichen Feststellung auch der Anfertigung und dem Gebrauche der Depeschenausfertigung zugrunde.

IV. **Der Versuch der Urkundenfälschung** beginnt nach E. XVI 133 mit der Fälschungshandlung (anders E. VII 54, XIII 213).[1])

V. **Legitimationspapierfälschung** (StGB. § 363): E. VIII 38 (vgl. auch XXII 225, XXIII 43, XXXI 296, XXXII 295):

> Das angefochtene Urteil hat tatsächlich festgestellt, daß der Angeklagte von einem fälschlich angefertigten, mit dem Beglaubigungsvermerke einer ausländischen Gemeindebehörde versehenen Arbeitszeugnisse wissentlich in der Absicht Gebrauch gemacht hat, Privatpersonen zu täuschen und dieselben zur Verabreichung sogenannter Ortsgeschenke zu bestimmen. Indem die Vorinstanz sodann tatsächlich erwogen, daß die Ortsgeschenke, welche auf der Grundlage einer organisierten Vereinstätigkeit zur Abwehr der Haus- und Straßenbettelei von bestimmten Gabestellen ausgezahlt werden, die Natur freiwilliger Almosen und Bettelgaben behalten haben, ist in der vorbezeichneten Absicht nur der § 363 StGB. vorausgesetzte Zweck „seines besseren Fortkommens" erkannt und der Angeklagte nicht wegen gemeiner Urkundenfälschung im Sinne der §§ 267, 268, 270 StGB., sondern nur wegen Übertretung des § 363 StGB. verurteilt worden. Die Revision wurde verworfen.

1. Die Gesichtspunkte, welche nach dem Vorgange des französischen Code pénal die deutsche Strafgesetzgebung veranlaßt haben, aus dem Tatbestande des eigentlichen Fälschungsverbrechens eine wesentlich milder zu ahndende Unterart von Falsifikationen auszuscheiden, liegen nicht sowohl auf dem Boden scharfer begrifflicher Unterscheidungen, als auf dem Gebiete *praktischer Erwägungen und einer von Opportunitätsrücksichten geleiteten Kriminalpolitik*. Man hatte sich mit der Tatsache abzufinden, daß gerade die außerordentlich zahlreichen und mannigfaltigen urkundlichen Ausweise, welche, zumal unter den früheren staatlichen Zuständen, über Identität, Leumund, Vorbildung, Dienst-, Arbeits- und Erwerbsverhältnisse des Vorlebens erfordert wurden, die Versuchung der Fälschung besonders nahe legten, daß diese Fälschungen regelmäßig aber nicht auf die Verletzung geschützter Privat- oder öffentlicher Rechte abzielten, sondern dem einzelnen Individuum mehr im allgemeinen die Möglichkeit erbringen sollten, sei es, sich den die Freizügigkeit hemmenden polizeilichen Kontrollen zu entziehen, sei es, die Anknüpfung neuer Arbeits- oder Erwerbsverhältnisse zu erleichtern. Diese besonders

---

[1]) Nach v. Liszt § 161 beginnt der Versuch der Urkundenfälschung im Falle des § 267 StGB. schon mit Beginn des Fälschens; vgl. im übrigen Olshausen zu § 268 Nr. 7.

häufigen, mehr polizeilich als kriminell gefährlichen, kleinen Fälschungen wollte man dem Bereiche der schweren Verbrechensstrafen entziehen. Um dieses zu erreichen, hatte die Gesetzgebung jedoch von Anbeginn an mit der Schwierigkeit der begrifflichen Determinierung der leichten Fälschungsdelikte zu kämpfen. Und zwar lag die Schwierigkeit darin, daß es ebenso mißlich erschien, das factum externum, die objektive Beschaffenheit der gefälschten Urkunden, wie das factum internum, Absicht und Zweck des Fälschers, zum unterscheidenden Kriterium zu erheben. Nachdem die §§ 254, 255 preuß. StGB. vom 14. April 1851, den Artt. 153, 154, 160 des Code pénal fast wörtlich entlehnt, unter Festhaltung des objektiven Standpunktes das Fälschungsdelikt auf Reisepässe und andere bestimmt qualifizierte öffentliche Urkunden ohne jede Unterscheidung des Vorsatzes beschränkt hatten, wurde dieser Standpunkt in Preußen schon durch die Novelle vom 14. April 1856 (GS. S. 210) wieder verlassen; es wurden in dem die §§ 254, 255 zusammenfassenden neuen § 254 den öffentlichen Urkunden auch Privaturkunden ähnlichen Charakters hinzugefügt, nunmehr aber, um die verwischte objektive Grenze nach der Seite der gemeinen Urkundenfälschung hin zu ersetzen, für den subjektiven Tatbestand das Fehlen der „Absicht, sich oder anderen Gewinn zu verschaffen oder anderen Schaden zuzufügen", ausdrücklich erfordert. In dieser Gestalt übernahm wörtlich der erste Entwurf des deutschen Strafgesetzbuches (§ 250) die fragliche Strafvorschrift, während der zweite Entwurf (§ 259) zwar die verschiedenen Kategorieen der dem Delikte eigentümlichen Urkunden (Pässe, Legitimationspapiere, Arbeitsbücher, Zeugnisse usw.) im wesentlichen bestehen ließ, den erforderlichen Vorsatz aber, in Anlehnung teils an § 313 sächs. StGB., teils an das preußische Reskript vom 21. April 1828, durch das Begriffsmerkmal des bezweckten „besseren Fortkommens" bestimmte und die ganze Vorschrift unter die Übertretungen verwies.

Der § 359 des zweiten Entwurfes entspricht genau dem § 363 des jetzigen Strafgesetzbuches. Wie hiernach jetzt die Gesetzesnorm lautet, erscheint es als ein vergebliches Bemühen, noch nach abstrakten Begriffsmerkmalen des objektiven oder subjektiven Tatbestandes die in den §§ 267, 268, 270 bezw. § 363 StGB. vorgesehenen strafbaren Handlungen mit absoluter Bestimmtheit voneinander sondern zu wollen. Für eine große Zahl von in der Mitte liegender Fälle wird man sich begnügen müssen, wesentlich nach der ratio legis und nach der überwiegenden Verwandtschaft mit den zweifellos der einen oder der anderen Kategorie angehörigen Reaten die rechtliche Beschaffenheit derselben zu bestimmen.

Hiervon ausgehend, wird es zunächst nicht für bedenklich erachtet werden können, die Fälschung, Verfälschung oder den fälschlichen Gebrauch eines der im § 363 StGB. gedachten Atteste zwecks besserer Empfehlung beim Betteln mit unter die fragliche Strafvorschrift zu begreifen. Der § 255 preuß. StGB. in seiner früheren Fassung, ebenso wie der Code pénal führen unter den hier fraglichen Urkunden ausdrücklich auch solche öffentliche Atteste „über gute Aufführung, Armut oder sonstige Umstände" auf, „welche geeignet sind, die darin bezeichnete Person dem

Wohlwollen anderer zu empfehlen und ihr Unterkommen oder Unterstützung zu verschaffen". Keinerlei Anhaltspunkte sprechen dafür, daß die spätere Gesetzgebung jemals beabsichtigt hätte, Urkunden dieses Charakters der milderen strafrechtlichen Auffassung zu entziehen. Insbesondere ist bei der Revision des preußischen Strafgesetzbuches im Jahre 1856 die frühere Fassung nur deshalb durch eine allgemeine Fassung ersetzt worden, weil man gefunden hatte, daß durch die erstere der Kreis der Fälle, in welchen eine strabare Urkundenfälschung ohne betrügerische Absicht vorliege, nicht erschöpftf sei.

Ob dabei der Bettler den Zweck verfolgt hat, sich unmittelbar materiell Mittel zum Lebensunterhalt zu verschaffen, welche im weiteren Sinne als rechtswidrige Vermögensvorteile bezeichnet werden können, kann nicht entscheidend sein. Als auf Vermögensvorteile im allgemeinen abzielend, wird sich auch die Absicht bezeichnen lassen, gewinnbringende Dienststellungen oder lohnbringenden Arbeitsverdienst zu erlangen. Und doch wird man unzweifelhaft solche Absicht unter dem Zweck „besseren Fortkommens" im gesetzlichen Sinne begreifen.

Weshalb es aber einen fundamentalen, das Verbrechen von der Übertretung abgrenzenden Unterschied bedingen soll, ob der Fälscher eines Arbeitsbuches mehr darauf ausgeht, sich Unterstützung durch Almosen, als durch Zuweisung von Arbeitsverdienst zu verschaffen, ist nicht abzusehen. Es muß ferner im Auge behalten werden, daß der § 363 StGB., verschieden von der Urkundenfälschung, überhaupt nicht den konkreten täuschenden Gebrauch der fraglichen Papiere und die tatsächlich durch Täuschung erlangten Vorteile, sondern schon die Fälschung als solche, auch ohne täuschenden Gebrauch, den Tatbestand erfüllen läßt. Deshalb ist das entscheidende Gewicht darauf zu legen, daß, sobald überhaupt die Fälschung eines der im § 363 StGB. aufgeführten Atteste in Frage steht, und der Fälscher nur in der unbestimmten, allgemeinen Absicht gehandelt hat, mit Hilfe der gefälschten Urkunde sich irgend welche günstigere Chancen für sein Fortkommen, für die Fristung seines Unterhaltes, für die Zuwendung von Unterstützungen u. dgl. zu verschaffen, eine derartige Fälschung gesetzlich nicht unter die §§ 267 ff. StGB. fallen soll. Das Gesetz nimmt teils auf Grund der objektiven Beschaffenheit der fraglichen Urkunde, teils auf Grund des eng damit zusammenhängenden Zweckes der Fälschung an, daß es sich hierbei nicht um eine tiefgreifende Verletzung konkreter Gerechtsame privater oder öffentlicher Natur handelt.

2. Diese Erwägungen treffen auch auf den obliegenden Fall zu. Der zufällige Umstand, daß das sogenannte Ortsgeschenk eine Vereinsgabe ist, daß die Ortsvereine die Erteilung solcher Gaben von dem urkundlichen Arbeitsnachweis abhängig gemacht haben, und daß der Angeklagte bei dem Gebrauche des gefälschten Arbeitszeugnisses die Zusendung solcher Vereinsgaben bezweckte, ändert, wie die Vorinstanz mit Recht hervorgehoben hat, daran nichts, daß jene Ortsgeschenke Almosen bleiben, welche freiwillig, aus Mildtätigkeit, gewährt werden, deren Gewährung oder Verweigerung im freien Belieben der fraglichen Ortsvereine liegt. Die von den letzteren zur Bedingung gemachte Beibringung eines Arbeitsnachweises ruht ganz

auf der autonomen Willkür der Vereine, kann jederzeit, in jedem Einzelfalle geändert, beobachtet oder nicht beobachtet werden, und begründet für keinen Dritten irgend einen Rechtsanspruch auf das Ortsgeschenk. Die Sache liegt durchaus nicht so, als handelte es sich um die Erlangung oder Anerkennung konkreter, auf bestimmten Rechtstiteln ruhender Armenrechte oder Armenunterstützungen, welche rechtlich von der Erbringung gewisser äußerer Nachweise abhängig gemacht sind, und um die Fälschung solcher Nachweise. Zwischen dem hier fraglichen Arbeitszeugnisse und den fraglichen Ortsgeschenken besteht kein objektiver rechtlicher Zusammenhang.

Die durch das fragliche Zeugnis erhärtete Tatsache, daß der Angeklagte vom Juni bis November 1882 bei einem Schuhmacher M. in H. gearbeitet hat, war an sich rechtlich bedeutungslos, und blieb es, mindestens in ihren speziellen Beziehungen, auch für die Ortsvereine. Ob die letzteren, ob ein Privatmann, in einem Einzelfalle oder regelmäßig, die Gewährung frei bemessener Almosen von diesem oder jenem glaubhaften Nachweise der Identität, der Heimat, der früheren Arbeits- oder sonstigen Gewerbsverhältnisse abhängig machte, bleibt immer ein für das Recht unerreichbarer Ausfluß individueller Willkür. Das gefälschte Arbeitszeugnis, wie das gefälschte Arbeitsbuch fällt objektiv zweifellos unter die gesetzliche Kategorie der im § 363 StGB. aufgeführten Fälschungen, und die Absicht des Angeklagten, Behörden, Vereine oder Privatpersonen behufs Zuwendung von Almosen zu täuschen, steht in keinem begrifflichen Widerspruche zu dem Tatbestandsmerkmale des auf „besseres Fortkommen" gerichteten Zweckes.

VI. **Intellektuelle Urkundenfälschung.**[1]) E. XVIII 145:

Der Angeklagte hatte den Studenten D. schriftlich und mündlich aufgefordert, gegen eine Belohnung unter seinem, des Angeklagten, Namen die Prüfung für die Prima eines Gymnasiums und das Abgangszeugnis auf einem Gymnasium zu machen, damit der Angeklagte die erlangten Zeugnisse für sich Behörden gegenüber verwerten könne. Die Strafkammer sprach von der deshalb aus § 49a StGB. erhobenen Anklage frei, indem sie tatsächlich feststellte, daß dem Angeklagten selbst ein Vermögensvorteil durch die Zeugnisse habe verschafft werden sollen, auf seiten des D. aber die Absicht, sich einen Vermögensvorteil zu verschaffen, darin nicht fand, daß er das Vergehen gegen § 271 StGB., wenn er es begangen, gegen Belohnung begangen haben würde.

Auf die Revision der Staatsanwaltschaft ist das Urteil aufgehoben worden.

Die Strafkammer geht richtig davon aus, daß, wenn D. die Prüfungen unter fremdem Namen abgelegt und die Zeugnisse erlangt hätte, er das Vergehen gegen § 271 StGB. begangen haben würde, das Ansinnen des Angeklagten an ihn daher die Aufforderung zu diesem Vergehen enthielt, die aber als Aufforderung zu einem Vergehen nach § 49a StGB. straflos war. Daß dies Vergehen bestimmt gewesen sei, dem Angeklagten einen Vermögensvorteil zu verschaffen — die Absicht, einem anderen Schaden zuzufügen, kommt überhaupt nicht in Betracht — und daß deshalb das Vergehen sich als Verbrechen im Sinne des § 272 StGB.

---

[1]) Vgl. v. Liszt § 162.

charakterisiere, verneint das erste Urteil aus tatsächlichen Gründen, welche in dieser Instanz nicht anfechtbar sind.

Es fragt sich deshalb nur, ob das erschwerende Tatbestandsmoment des § 272 StGB., welches das Vergehen des § 271 zu einem Verbrechen im Sinne des § 1, Abs. 1 § 49a StGB. gestaltet, die Absicht, sich einen Vermögensvorteil zu verschaffen, dadurch hergestellt würde, daß D. das Vergehen des § 271 gegen Belohnung beging. Dem steht der von der Gegenerklärung auf die Revision geltend gemachte Umstand, daß dann bei der mündlichen Aufforderung gegen Belohnung ein Tatbestandsmoment der strafbaren Aufforderung mit einem Tatbestandsmomente des Verbrechens, zu welchem aufgefordert, zusammenfallen würde, allein nicht entgegen.

Der § 49a StGB. straft allerdings nur die Aufforderung zu einem Verbrechen und setzt damit voraus, daß die Handlung, zu der aufgefordert wird, in derjenigen Gestaltung, in der sie in der Aufforderung erscheint, die Merkmale eines Verbrechens im Sinne des § 1 Abs. 1 StGB. trägt. Dies ist in Wirklichkeit aber auch der Fall, wenn die Handlung, zu der aufgefordert, durch die Begehung gegen Belohnung zum Verbrechen wird, und die Begehung gegen Belohnung in der Aufforderung dem Aufgeforderten angesonnen wird. Die Aufforderung selbst läßt in solchem Falle sowohl für den Auffordernden, wie für den Aufgeforderten die Merkmale des Verbrechens erkennen. Der Strafkammer ist aber auch darin nicht beizutreten, daß die Verübung des Vergehens der Urkundenfälschung im § 271 gegen Gewährung oder Zusage eines Lohnes nicht unter den § 272 StGB. fällt.

Das Wesen des Vergehens gegen den § 271 StGB. besteht darin, daß eine öffentliche Urkunde mit falschem Inhalte hergestellt wird. Das Gesetz straft denjenigen, der dies vorsätzlich, d. h. mit dem rechtswidrigen Wissen und Wollen bewirkt, daß etwas Falsches öffentlich beurkundet werde. Einen weitergehenden Zweck des Täters fordert das Gesetz im § 271 nicht. Geht dagegen der rechtswidrige Wille des Täters nicht bloß dahin, daß etwas Falsches öffentlich beurkundet werde, sondern dahin, sich oder einem anderen einen Vermögensvorteil zu verschaffen, so straft das Gesetz im § 272 die Tat wegen dieses schwereren, gefährlicheren Dolus als Verbrechen. Daß die Absicht, sich einen Vermögensvorteil zu verschaffen, im § 272 nur in dem Sinne aufzufassen, daß der Vermögensvorteil durch die Benutzung der falschen öffentlichen Beurkundung erstrebt sein, der Vermögensvorteil, falls er erreicht, in ursächlichem Zusammenhange mit dem falschen Inhalte der Beurkundung stehen muß, wie der erste Richter in Übereinstimmung mit einer in der Literatur und in der Praxis mehrfach aufgetretenen Ansicht, Goltdammer, Archiv Bd. 2 S. 266; Olshausen, Kommentar zum Strafgesetzbuche zu § 268 Anm. 2 a. E., zu § 272 Anm. 1 Abs. 2, annimmt, folgt weder aus dem Wortlaute des Gesetzes, noch aus dem strafrechtlichen Begriffe der Absicht, noch aus der besonderen Natur der im § 272 mit Strafe bedrohten Tat. Der Wortlaut des § 272 StGB. fordert weiter nichts, als daß die einfache Tat des § 271 vom Täter in der Absicht begangen wird, sich einen Vermögensvorteil zu verschaffen, d. h. daß die Tat des § 271 nach dem

Motive des Täters bei ihrer Begehung dem Täter als Mittel zur Erlangung eines Vermögensvorteiles dienen soll. Die Tat muß im Bewußtsein des Täters im Zusammenhange stehen mit einem Vermögensvorteile, den er erstrebt, und ein solcher Zusammenhang liegt auch dann vor, wenn die Verübung der Tat die Gegenleistung für eine zugesagte, versprochene, gewährte Belohnung ist. Auch in solchem Falle ist der verbrecherische Wille auf den Erfolg des Vermögensvorteiles als ursächliche Folge der Tat gerichtet und damit der strafrechtliche Begriff der Absicht erfüllt. Daß der Vermögensvorteil durch die falsche öffentliche Beurkundung, d. h. das Produkt der strafbaren Tätigkeit im § 271, den falschen Inhalt, die Benutzung der falschen öffentlichen Beurkundung, erstrebt sein müsse, sagt das Gesetz jedenfalls nicht. Sein Sinn oder die besondere strafrechtliche Natur der Tat des § 271 fordert eine solche einschränkende Auslegung des § 272 StGB. nicht. Das strafbare Moment in der Tat des § 271 liegt in der Gefährdung der Sicherheit und Glaubwürdigkeit öffentlicher Beurkundung. Diese Gefährdung durch die Tat des § 272 ist an sich unabhängig davon, ob von der falschen Beurkundung Gebrauch gemacht wird oder nicht, und zu welchem Zwecke von derselben Gebrauch gemacht werden soll. Das Gesetz fordert solch Gebrauchmachen denn auch für den Tatbestand des Vergehens im § 271 ebensowenig, wie im § 272 StGB. Die Gefahr aus falscher öffentlicher Beurkundung kann wachsen und deshalb den Gesetzgeber zu schwererer Strafe bestimmen, wenn die Beurkundung zu gewinnsüchtigen Zwecken benutzt werden soll. Aber auch die Gefährdung aus gewinnsüchtigem Motiv, wie sie bei der Verübung der Tat des § 271 gegen Lohn vorliegt, konnte den Gesetzgeber zu einer schwereren Strafe bestimmen, um dem größeren Anreize zur Tat, welcher in der Aussicht auf den Lohn liegt, durch eine schwerere Ahndung entgegenzutreten, selbst abgesehen davon, daß strafbares Handeln gegen Lohn stets als eine verwerflichere Handlung erscheint. Deshalb sind auch nach dem inneren Grunde des Gesetzes beide Fälle unter die schwerere Strafvorschrift des § 272 zu stellen.

In dem ähnlichen Falle des § 349 StGB. hat das Reichsgericht deshalb keine Bedenken getragen, auf die Verübung der Tat des § 348 durch den Beamten infolge Bestechung die schwerere Strafvorschrift des § 349 anzuwenden. Vgl. Rechtspr. des RG. Bd. 9 S. 713.

Diese Entscheidung tritt mit dem Urteile des Reichsgerichtes vom 21. Dezember 1881, Entsch. des RG. in Straff. Bd. 5 S. 277, nicht in Widerspruch, weil es sich dort um das Vergehen des Betruges handelte, bei welchem das Tatbestandsmoment der Absicht, sich einen rechtswidrigen Vermögensvorteil zu verschaffen, mit den Tatbestandsmomenten der Täuschung und Vermögensbeschädigung in solchem Zusammenhange steht, daß es nur vorliegen kann, wenn der Vermögensvorteil auf Kosten des Betrogenen erstrebt wird, daher notwendig fortfällt, wo der Täter (Betrüger) nicht solchen Vermögensvorteil, sondern lediglich die ihm von einem Dritten zugesagte Belohnung erlangen will.

§ 63. Kap. 8. Grober Unfug.

Beling § 83, Berner S. 692 ff., Binding L. S. 189 ff., v. Liszt S. 623, H. Meyer S. 763, Frank und Olshausen zu § 360 Nr. 11 StGB.

E. XXXI 190 (vgl. auch XXXII 100, dagegen aber XXVII 292):

Der Angeklagte hat ein Gedicht veröffentlicht, das nach Feststellung der Strafkammer das Publikum der deutsch-polnisch gemischten Provinzen Preußens nicht bloß *in seinem Sicherheitsgefühle* beunruhigt, sondern auch wegen der im Gedichte enthaltenen Beschimpfungen der Deutschen und der unflätigen Redewendungen das deutsche, wie auch den verständigeren und feinfühligeren Teil des polnischen Publikums *mit Unruhe, Ekel und Widerwillen erfüllt hat.*

Als Verübung groben Unfuges lassen sich unter Umständen auch solche ungebührliche Handlungen charakterisieren, welche eine psychische Beunruhigung und Belästigung des Publikums verursachen. Voraussetzung ist aber auch hier immer, daß eine derartige Beunruhigung und Belästigung sich der Betrachtung als eine *unmittelbare* Wirkung der in Frage kommenden Handlung darstellt. Von der Anwendung des § 360 Nr. 11 a. a. O. müssen daher solche Fälle ausgeschlossen bleiben, in welchen die Beunruhigung und Belästigung des Publikums in seiner unbestimmten Allgemeinheit erst eine Folgeerscheinung von Einwirkungen bildet, welche durch eine Gedankenkundgebung auf bestimmte Personenkreise oder Bevölkerungsklassen ausgeübt werden.

Vgl. Entsch. d. RG. in Straff. Bd. 19 S. 294, insbes. 298.

Jenes Erfordernis ist aber vom ersten Richter außer Berücksichtigung gelassen. Bei der Würdigung des Gedichtes unter dem Gesichtspunkte des § 130 StGB. wird die Wirkung der darin enthaltenen Kundgebungen dahin gekennzeichnet, daß zwischen den in verschiedenen Provinzen Preußens im Gemenge lebenden Polen und Deutschen gegenseitig der Haß geschürt und die Empfindung gegenseitiger Verachtung erregt sei, — infolge wovon unter diesen Bevölkerungsklassen eine zu wechselseitigen Gewalttätigkeiten geneigte Stimmung hervorgerufen oder verstärkt werde. Durch die Erregung bezw. die Steigerung dieser Stimmung ist, wie das Urteil weiter ausführt, eine naheliegende Gefahr des wirklichen Ausbruches von gegenseitigen Gewalttätigkeiten gegeben.

Die Empfindung dieser Gefahr seitens des Publikums im allgemeinen ist es nun augenscheinlich, in welcher die Vorinstanz das zum Tatbestand des § 130 a. a. O. gehörige Moment der Gefährdung des öffentlichen Friedens und zugleich diejenige Beunruhigung des Publikums der deutsch-polnisch gemischten Provinzen Preußens in seinem Sicherheitsgefühle gefunden hat, welche für die Annahme der Verübung groben Unfuges mitverwertet ist. Die bezeichnete Empfindung läßt sich aber nicht als eine *unmittelbare* Wirkung der Veröffentlichung des Gedichtes auffassen; sie erscheint vielmehr erst *mittelbar* veranlaßt durch die in den gedachten Bevölkerungsteilen hervorgerufene Stimmung und die Erkenntnis von der dadurch bedingten Gefahr.

Insofern übrigens aus der Begründung der Urteile des erkennenden Senates vom 5. Juni 1894 und 14. Juni 1895 — abgedruckt in Entsch. des RG. in Strafs. Bd. 25 S. 404 bezw. Bd. 27 S. 292 — etwa gefolgert werden könnte, es sei in den dort abgeurteilten Fällen darauf, ob die Belästigung oder Beunruhigung des Publikums eine unmittelbare Folge der als Verübung groben Unfuges in Betracht gezogenen Veröffentlichungen dargestellt habe, entscheidendes Gewicht nicht gelegt worden, — mag hier noch bemerkt werden, daß eine solche Auffassung jedenfalls nicht mehr aufrecht zu erhalten sein würde.

Die Strafkammer hat nun die Verurteilung des Angeklagten aus § 360 Nr. 11 StGB. allerdings auch mit auf die Feststellung gestützt, daß die Veröffentlichung des Gedichtes wegen der darin enthaltenen Beschimpfungen der Deutschen und der unflätigen Redewendungen das deutsche wie auch den verständigeren und feinfühligeren Teil des polnischen Publikums mit Unruhe, Ekel und Widerwillen erfüllt habe. Wenngleich diese Worte auf eine unmittelbare Wirkung der Kenntnisnahme von dem Inhalte des Gedichtes hinweisen, so reicht das Angeführte doch für sich allein nicht aus, um die Annahme des groben Unfuges zu tragen.

Wie dieser Begriff in der bisherigen Rechtsprechung des Reichsgerichtes, und zwar im wesentlichen gleichmäßig, definiert ist, setzt er voraus eine grob-ungebührliche Handlung, durch welche das Publikum in seiner unbestimmten Allgemeinheit unmittelbar belästigt oder gefährdet wird, und zwar dergestalt, daß in dieser Belästigung oder Gefährdung zugleich eine Verletzung oder Gefährdung des äußeren Bestandes der öffentlichen Ordnung zur Erscheinung kommt. Geht man von dieser Begriffsbestimmung, an welcher der erkennende Senat festhält, aus, so ergibt sich von selbst, daß eine ungebührliche Handlung nicht ohne weiteres und unter allen Umständen deshalb, weil sie eine unmittelbare Belästigung des Publikums verursacht, als Verübung groben Unfuges qualifiziert werden darf. Nicht jede Belästigung des Publikums schließt zugleich mit Notwendigkeit eine Störung oder auch nur eine Gefährdung des äußeren Bestandes der öffentlichen Ordnung in sich, und erscheint es zweifellos unstatthaft, ersteres dem letzteren grundsätzlich gleich zu setzen.

Prüft man von diesem Standpunkte aus, welche Voraussetzungen gegeben sein müssen, um in Fällen der vorliegenden Art, wo es sich also um die durch Veröffentlichung eines Zeitungsartikels auf das Publikum geübte Einwirkung handelt, — den Tatbestand des § 360 Nr. 11 a. a. O. annehmen zu können, so gelangt man zu dem Ergebnisse, daß es nicht genügt, wenn weiter nichts festgestellt ist, als daß bei einer unbestimmten und unbegrenzten Menge von Personen durch die Kenntnisnahme von dem Inhalte des veröffentlichten Artikels beunruhigende oder sonst belästigende Gefühle wach gerufen sind. Betrachtet man solche Empfindungen nur an sich, das heißt lediglich als einen inneren Gemütszustand der betreffenden Personen und ohne Rücksicht darauf, ob und in welcher Weise sie nach außen hin zum Ausdruck kommen, oder wenigstens unter Umständen gelangen können, — so läßt sich offenbar nicht sagen, daß die dadurch bedingte Belästigung jener Personen für sich allein schon geeignet wäre, den äußeren Bestand der öffentlichen Ordnung zu verletzen. Unter diesem Gesichtspunkte läßt aber auch das angefochtene

Urteil eine ausreichende Unterlage für die Annahme der Verübung groben Unfuges vermissen, da die gegebene Begründung sich in tatsächlicher Beziehung auf die oben wiedergegebene Anführung beschränkt und auch sonst nicht erkennen läßt, daß der Vorderrichter eine äußerliche Betätigung der Gefühle der Unruhe, des Ekels und des Widerwillens, womit, wie er annimmt, das deutsche und ein Teil des polnischen Publikums durch das Gedicht erfüllt worden sind, — als wirklich oder möglich überhaupt ins Auge gefaßt und in Verbindung damit geprüft hätte, inwiefern die Erregung jener belästigenden Empfindungen geeignet sein konnte, auf den äußeren Bestand der öffentlichen Ordnung eine störende Einwirkung auszuüben. . . .

Kap. 9. Die Amtsdelikte.

§ 64. Die Bestechung.

Beling § 84, Berner S. 663 ff., v. Liszt §§ 178 ff., H. Meyer S. 677 ff., Frank und Olshausen zu §§ 331 ff. StGB.

Verhältnis der §§ 331, 332 StGB. zu § 333 StGB. E. XIII 181:

Der Angeklagte B. wurde wegen Bestechung nach § 332 StGB. zu einer Gefängnisstrafe verurteilt, weil er in seiner Eigenschaft als Eisenbahnschaffner einen Reisenden ohne Billet mitfahren ließ, dafür aber ein Geschenk von 60 Pfg. annahm. Bezüglich des Mitangeklagten S., der diese 60 Pfg. hingab, nahm die Strafkammer an, der Tatbestand des in § 333 StGB. vorgesehenen Vergehens liege nicht vor, weil der Angeklagte nicht in der Absicht gehandelt habe, B. zu einer pflichtwidrigen Handlung zu bestimmen, bestrafte denselben aber wegen Teilnahme an der (passiven) Bestechung des B. Auf Revision des S. wurde das angefochtene Urteil aufgehoben und die Sache zurückverwiesen.

Nach dem Strafgesetzbuche ist das Anbieten bezw. Gewähren von Geschenken oder anderen Vorteilen, durch welche Beamte oder Mitglieder der bewaffneten Macht zu einer Handlung bestimmt werden sollen, welche eine Verletzung ihrer Amts- oder Dienstpflicht enthält, nicht als Teilnahme an dem Amtsverbrechen der passiven Bestechung anzusehen. Vielmehr bildet die aktive Bestechung ein besonderes Vergehen, dessen Tatbestand in § 333 dieses Gesetzbuches geregelt worden ist. Daraus ergibt sich, daß die in diesem Paragraphen mit Strafe bedrohten Handlungen nur insoweit als strafbar erscheinen, als die Voraussetzungen der erwähnten Vorschrift vorliegen und daß nicht neben § 333 noch die Bestimmungen der §§ 331, 332 StGB. in Verbindung mit den Vorschriften der §§ 48, 49 auf die Handlung zur Anwendung gebracht werden dürfen, in welcher das Anbieten, Versprechen oder Gewähren eines Geschenkes gefunden wird. Wie derjenige, der einem Beamten für eine in dessen Amt einschlagende, an sich nicht pflichtwidrige Handlung Geschenke oder andere

Vorteile anbietet, verspricht oder gewährt, nicht wegen Teilnahme an dem in § 331 a. a. O. vorgesehenen Vergehen bestraft werden kann, so darf derjenige, der sich einer der in § 333 vorgesehenen Handlungen schuldig macht, nicht wegen aktiver Bestechung und Teilnahme an dem Amtsverbrechen oder -vergehen der passiven Bestechung bestraft werden, wie es regelmäßig geschehen müßte, wenn nicht das Verhalten der Schenkenden, soweit es sich um die Bestechung handelt, lediglich nach § 333 StGB. zu beurteilen wäre. Sofern die Handlung, zu welcher der Beamte bestimmt wurde, nicht bloß eine Verletzung der Amts- oder Dienstpflicht enthält, sondern als strafbar erscheint, kann in der den Tatbestand der aktiven Bestechung bildenden Handlung zugleich eine Teilnahme an jener strafbaren Handlung des Beamten zu finden sein. Aber die aktive Bestechung darf nicht als Teilnahme an der passiven Bestechung nochmals mit Strafe belegt werden. Aus diesen Grundsätzen ergibt sich, daß derjenige, der einem Beamten, ohne die Absicht, denselben zu einer pflichtwidrigen Handlung zu bestimmen, ein Geschenk angeboten, versprochen oder gewährt hat, ebensowenig wegen Teilnahme an dem in § 332 a. a. O. vorgesehenen Verbrechen, wie wegen aktiver Bestechung bestraft werden kann.

---

§ 65. Kap. 10. Gewerbedelikte.

Beling § 84, v. Liszt S. 624.

I. **Begriff der Fabrik.** E. XXXVI 37.

Das Urteil der Vorinstanz beruht auf der Annahme, daß das Geschäftsetablissement des Angeklagten nicht als Fabrik im Sinne der Gewerbeordnung anzusehen sei. Diese Annahme wird von der Revision mit Recht angefochten.

Zutreffend geht der Vorderrichter davon aus, daß die Entscheidung der Frage, ob ein Geschäftsbetrieb sich als ein fabrikmäßiger oder als ein handwerksmäßiger darstelle, eine im wesentlichen tatsächliche, von der konkreten Gestaltung des Einzelfalles abhängige sei.

Vgl. Rechtspr. des RG. in Strafs. Bd. 5 S. 488; Entsch. des RG. in Strafs. Bd. 14 S. 423—424.

Der Grund hierfür liegt in der neueren Entwicklung der Gewerbeverhältnisse, welche eine so mannigfache Gestaltung der Arbeitsverwertung aufweist, daß, wie schon die Motive zum Haftpflichtgesetz vom 7. Juni 1871 anerkennen, die sonst üblichen Unterscheidungen, wonach im Handwerk die Handarbeit, in der Fabrik das mechanische Element vorherrsche, wonach beim Handwerke regelmäßig eine vollständige Herstellung der Erzeugnisse durch eine und dieselbe Hand, bei der Fabrik Teilung der Arbeit unter verschiedene Arbeitsklassen stattfinde, wonach ferner das Handwerk auf Bestellung im kleinen, die Fabrik auf Vorrat im großen arbeite, und wonach endlich beim Handwerk der Meister mit arbeite, während in der

Fabrik der Fabrikherr dirigiere, heutzutage nicht mehr für maßgebend zu erachten sind.

Vgl. Entsch. des RG. in Straff. Bd. 8 S. 126—127, Bd. 14 S. 424.

Kommt es aber sonach auf die individuelle Beschaffenheit des fraglichen Gewerbebetriebes an, so muß die Gesamtheit der darin bestehenden Geschäftseinrichtungen geprüft und danach beurteilt werden, ob solche Momente und charakteristische Merkmale vorhanden sind, welche, wenn auch nicht einzeln, so doch in ihrem Zusammentreffen als Grundlage für die Annahme fabrikmäßigen Betriebes eines Geschäfts im Gegensatz zum bloß handwerksmäßigen Betriebe zu dienen vermögen.

Vgl. Entsch. des RG. in Straff. Bd. 14 S. 424.

Als solche Merkmale sind in der Rechtsprechung des Reichsgerichts, abgesehen von der nur nebensächlich in Betracht kommenden Höhe des Umsatzes, anerkannt die Methode der Herstellung der Arbeitsprodukte und die Art der benutzten gewerblichen Hilfsmittel (Maschinen oder Werkzeuge, die Beschaffenheit der eigenen Arbeitsleistung des Unternehmers, seine mehr kaufmännische Tätigkeit im Gegensatz zu der mehr technischen, die Beschaffenheit der der Ausübung des Gewerbes dienenden Räumlichkeiten, die Größe der Einrichtung und die Zahl der Arbeiter, die Arbeitsteilung unter den letzteren, die mehr mechanische oder mehr kunstmäßige Mitwirkung des Menschen und die Anfertigung der Erzeugnisse auf Bestellung oder auf Vorrat für den Konsumenten oder für den Handel.

Vgl. Rechtspr. des RG. in Straff. Bd. 5 S. 489, Bd. 6 S. 448, Bd. 7 S. 657, Bd. 10 S. 495; Entsch. des RG. in Straff. Bd. 14 S. 426.

Dabei ist jedoch wiederholt und insbesondere auch hinsichtlich des Arbeitens auf Bestellung oder auf Vorrat betont worden, daß keines der angeführten Kriterien für sich allein ausreiche, im Falle des Vorhandenseins den Begriff der Fabrik zu erfüllen und im Falle des Nichtvorhandenseins auszuschließen, daß aber das Zusammentreffen einer Mehrzahl jener Kriterien zur Erfüllung des Begriffes im Einzelfalle geeignet sei.

Vgl. Entsch. des RG. in Straff. Bd. 14 S. 425 unten, Bd. 8 S. 128 oben.

Im gegenwärtigen Falle handelt es sich um den Betrieb eines Herren- und Damenkonfektionsgeschäfts mit einem „sehr distinguierten" Kundenkreis und einem Jahresumsatze von 400 000—500 000 Mk. Die Kleidungsstücke werden, wie festgestellt, ausschließlich nach Maß und auf Bestellung, niemals in mehreren gleichartigen Stücken zum Wiederverkauf, auf Lager oder Vorrat angefertigt; die Stoffe und Muster werden von der Firma beschafft und die Modelle meist aus Paris bezogen. Durchschnittlich werden 100 Arbeiter, darunter $^9/_{10}$ Frauen, beschäftigt, und zwar in 6—8 zusammenhängenden großen Räumen, in denen das Arbeitspersonal unter Leitung besonderer Meister und Direktricen tätig ist. Arbeitsmaschinen werden außer einigen durch Treten in Bewegung gesetzten Nähmaschinen nicht verwendet. Jede Direktrice hat etwa 20—25 Arbeiterinnen unter sich, unter welche sie, nachdem die Bestellung eingegangen und Maß genommen ist, die Anfertigung der bestellten Damengarderobe verteilt. Arbeitsteilung findet statt, insbesondere gibt es Arbeiterinnen, die meist nur mit Anfertigung von Röcken, nicht von Taillen, und umgekehrt beschäftigt werden; die Arbeitsteilung ist jedoch „nicht strikt durchgeführt“, indem die Direktricen den Arbeiterinnen, welche sie im Laufe der Zeit als zu gewissen Arbeiten besonders geeignet herausgefunden haben, diese Arbeiten übertragen und auch wieder entziehen, wenn sich herausstellt, daß sie den gestellten Anforderungen nicht entsprechen. Die Oberleitung sowohl nach der kaufmännischen wie nach der technischen Seite hat der Angeklagte; in ersterer Beziehung stehen ihm kaufmännisch gebildete Angestellte zur Seite.

Auf Grund dieser Feststellungen nimmt der Vorderrichter an, daß eine Anzahl von Kriterien des Fabrikbetriebes, insbesondere die Größe und und Ausdehnung des Geschäfts in bezug auf Räumlichkeiten und Arbeiterzahl, vorliege, und daß auch die Herstellung der Arbeiten ausschließlich auf Bestellung und zum Gebrauche der Bestellenden die Annahme eines Fabrikbetriebes nicht unbedingt ausschließe; gleichwohl wird das Vorliegen eines solchen — im Anschluß an ein Urteil des Königlich preußischen Kammergerichts zu Berlin vom 1. Mai 1902 — verneint, weil beim Angeklagten bestellte Arbeit einzeln, in einer von der anderen abweichenden Weise geleistet werde und es sich sonach nicht um Arbeit im großen, sondern um „Individualarbeit“ handele. Indem die Strafkammer hierin den wesentlichen Unterschied zwischen dem Fabrikbetriebe und dem Handwerk erblickt, stellt sie lediglich eine Modalität im Bereiche der Lieferung von Arbeit auf Bestellung als allgemein gültiges Kriterium auf und tritt hierdurch in Widerspruch mit den oben dargelegten Grundsätzen, welche die Berücksichtigung der Gesamtheit der Geschäftseinrichtungen erheischen. Das aufgestellte Unterscheidungsmerkmal trifft aber auch an sich nicht zu. Wäre es richtig, so würden Gewerbebetriebe wie diejenigen des Bäckers und Fleischers nicht unter den Begriff des Handwerks fallen, da beide regelmäßig keine Individualarbeit liefern, sondern Vorräte zum Zwecke der Abnahme seitens des Publikums herstellen. Andererseits bestehen zahlreiche Großbetriebe, wie z. B. Gießereien, Maschinenfabriken, Schiffswerften u. dgl., bei welchen die Arbeiten, entsprechend den verschiedenen Dispositionen der Besteller, einzeln und in einer von der anderen abweichenden Weise zur Ausführung gelangen, ohne daß die Eigenschaft derartiger Betriebe als Fabriken jemals in Zweifel gezogen worden wäre. Für die Qualifikation des Geschäftsbetriebes des Angeklagten kann mithin nicht der Umstand entscheiden, daß dort nur Individualarbeit geleistet wird, nur daß insbesondere die Herstellung einer bestellten Damenrobe „subtilste Behandlung und Berücksichtigung mannigfacher individueller Wünsche und Anordnungen“ verlangt. Nach den getroffenen Feststellungen wird zwar nur auf Bestellung und nach Maß, aber nach den im Geschäft vorhandenen Mustern und Modellen und in der Weise gearbeitet, daß, insbesondere auch bei Damenroben, das Prinzip der Arbeitsteilung Platz greift. Inwiefern die Durchführung dieses Prinzips dadurch alteriert sein soll, daß die Arbeiterinnen häufig mit verschiedenen Arbeiten nacheinander beschäftigt werden, bis die ihren Fähigkeiten am meisten entsprechende Tätigkeit herausgefunden wird, ist nicht abzusehen, da es sich hierbei nur um die Auswahl und Verwendung der geeigneten Arbeitskräfte handelt, wie sie jeder Fabrikant im Interesse seines Geschäfts vornehmen wird. Der vom Vorderrichter angenommene „wesentliche Unterschied“ des gegenwärtigen Falles von demjenigen in Entsch. des RG. in Straff. Bd. 14 S. 423 ff., welcher ebenfalls ein Damenkonfektionsgeschäft zum Gegenstand hat, liegt sonach nicht vor. Von den oben angegebenen Merkmalen des Fabrikbetriebes aber treffen auf den Geschäftsbetrieb des Angeklagten neben dem Prinzip der Arbeitsteilung und dem Umfang des Betriebes in Beziehung auf Räumlichkeiten und Arbeiterzahl auch die Art der Geschäftsleitung durch Meister und Direktricen und die Stellung des Angeklagten als Geschäftsherrn zu. Dem Zusammentreffen aller dieser Merkmale kann die Bedeutung für die Qualifikation des Geschäftsbetriebs des Angeklagten als Fabrik nicht versagt werden.

An diesem Ergebnis vermag endlich auch der Hinweis des Vorderrichters auf die Verordnung, betr. die Ausdehnung der §§ 135—139 und des § 139 b GewO. auf die Werkstätten der Kleider- und Wäschekonfektion, vom 31. Mai 1897 (RGBl. S. 459) nichts zu ändern. Wenn diese Verordnung die angeführten Bestimmungen der Gewerbeordnung auf „Werkstätten“ erstreckt, in welchen die Anfertigung oder Bearbeitung von Männer- und Knabenkleidern usw. „im großen“ erfolgt, so kann sich diese „Ausdehnung“ des Gesetzes als solche nur auf Gewerbebetriebe beziehen, welche nicht schon nach ihren sonstigen Einrichtungen den Charakter der Fabrik an sich tragen. Ebensowenig läßt sich die in Preußen ergangene ministerielle Anweisung zur Ausführung jener Verordnung vom 16. Juli 1897 (Ministerialblatt für die gesamte innere Verwaltung, Jahrg. 1897 S. 199) im Sinne der Begriffsbestimmung des Vorderrichters verwerten; denn dieselbe beschränkt sich — abgesehen von der Frage ihrer Bedeutung für die Strafbarkeit des Angeklagten — unter I Abs. 2 und 3 auf die Auslegung der Worte „im großen“, wobei zwar diese Worte mit den „Schneiderwerkstätten, in denen auf Bestellung nach Maß für den persönlichen Bedarf der Besteller gearbeitet wird“, in Gegensatz gebracht werden (Abs. 2), zugleich aber anerkannt wird, daß die Verordnung auch diejenigen Werkstätten treffen solle, in denen nur wenige Stücke der Ware hergestellt werden, sofern nur der Unternehmer die fertigen Waren in Massen in den Verkehr bringt (Abs. 3). Aus dem Inhalt der ministeriellen Anweisung kann deshalb nicht gefolgert werden, daß der Geschäftsbetrieb des Angeklagten, weil er nicht unter die Verordnung vom 31. Mai 1879 falle, umsoweniger als Fabrik im Sinne des Gesetzes angesehen werden könne.

Die angefochtene Entscheidung beruht hiernach auf einer unrichtigen Auffassung des Begriffs der Fabrik.

II. **Gewerberechtliche Nötigung** (GewO. § 153). E. XXXV 206.

In der Hauptverhandlung hatte die Staatsanwaltschaft Verurteilung des Angeklagten wegen versuchter Erpressung in idealer Konkurrenz mit dem Vergehen gegen § 153 GewO. beantragt, auch war der Angeklagte bereits zu Eingang der Verhandlung auf die Möglichkeit der Anwendung dieser letzten Gesetzesbestimmung von Amts wegen aufmerksam gemacht worden. Die Vorinstanz spricht die Verurteilung nur wegen versuchter

Erpressung aus, indem sie, unter Berufung auf ein Urteil des Königlich preußischen Kammergerichtes vom 28. November 1898 (abgedruckt in Goltdammers Archiv Bd. 46 S. 371, 372), von der Ansicht ausgeht, daß der in dem zitierten § 153 gebrauchte Ausdruck „solche Verabredungen (§ 152)" nicht die in § 152 GewO. neben den Verabredungen genannten Vereinigungen umfasse, die Organisationen aber, zu deren einer aber der Zimmermann K. beizutreten habe genötigt werden sollen, als Vereinigungen im Sinne des § 152 aufzufassen seien. Die Revision beantragt, das Urteil, insoweit als nicht der Angeklagte auch wegen Vergehens gegen § 153 GewO. in idealer Konkurrenz mit Erpressungsversuch verurteilt worden sei, aufzuheben und die Sache insoweit in die Vorinstanz zurückzuverweisen.

Die sich auf den Wortlaut der §§ 152 und 153 stützende engere Auffassung des in dem § 153 gebrauchten Wortes „Verabredungen (§ 152)" kann bei Erwägung der aus dem Zusammenhange der gesetzlichen Bestimmungen selbst sich ergebenden Absichten des Gesetzgebers, sowie der Entstehungsgeschichte jener gesetzlichen Bestimmungen nicht für richtig gehalten werden.

Durch den § 152 GewO. sollte der sogenannten Koalitionsfreiheit bundesgesetzliche (reichsgesetzliche) Geltung verschafft werden. Auf der anderen Seite hat der Gesetzgeber die Freiheit der Beteiligung und Nichtbeteiligung an Koalitionen nicht nur dadurch anerkannt, daß er die Freiheit des Rücktrittes von Koalitionen aussprach und Klagen und Einreden aus denselben versagte, sondern es auch für geboten gehalten, ihr noch einen besonderen Schutz durch Strafbestimmungen gegen den sogenannten Terrorismus der auf derselben Seite des Lohnkampfes Stehenden gegen ihre Genossen zu gewähren. Daß nach dem Willen desjenigen Faktors der Gesetzgebung, welcher den Gesetzentwurf ausgearbeitet und vorgelegt hat, dieser Schutz der Beteiligungsfreiheit soweit reichen sollte, wie die Koalitionsfreiheit, ergibt sich deutlich bei Ansicht der — den §§ 152 und 153 des Gesetzes entsprechenden — §§ 168 und 169 des dem Reichstage vorgelegten Entwurfes der Gewerbeordnung, von welchem auch der erstere nur das Wort „Verabredungen" enthält, so daß der in dem letzteren vorkommende Ausdruck „solche Verabredungen (§ 168)" ein erschöpfendes strafrechtliches Korrelat zu den Bestimmungen des ersteren bildet. Auch die Motive des Entwurfes lassen von einer gegenteiligen Absicht nichts erkennen. Durch einen Abänderungsantrag zweier Abgeordneter wurde in dem § 168 der Vorlage, abgesehen von anderen erheblichen Änderungen, das Wort: „Verabredungen" durch die Worte „Verabredungen und Vereinigungen" (im ersten Absatze) und „Vereinigungen und Verabredungen" (im zweiten Absatze) ersetzt. Eine Erläuterung, aus welcher der Grund dieser Änderung oder der Sinn, welchen die Antragsteller mit dem von ihnen zugesetzten Ausdrucke „Vereinigungen" im Gegensatze zu dem vorgefundenen Ausdrucke „Verabredungen" verbunden haben, entnommen werden könnte, ist nicht gegeben, auch fehlt es an jeder Erläuterung in den Verhandlungen des Reichstages in der Sitzung vom 3. Mai 1869, in welcher der § 168 in der Fassung des Abänderungsantrages angenommen wurde. Eine entsprechende Änderung der Fassung des § 169 des Entwurfes war von den beiden Antragstellern nicht beantragt; es ist bei den Verhandlungen auch keine Rede davon gewesen, ob die Änderung des § 168 nicht eine Änderung des § 169 nach sich ziehen müsse. Der § 169 wurde in den Verhandlungen von seiten einiger Parteien bekämpft, welche die Aufstellung besonderer Strafbestimmungen überhaupt ablehnten; dem trat der eine der beiden Urheber des zu § 168 gestellten Abänderungsantrages mit Ausführungen entgegen, in welchen er den Schutz der Freiheit der Beteiligung durch Strafbestimmungen als ein notwendiges Korrelat der Koalitionsfreiheit, welche man in § 168 geben wollte, bezeichnete; ohne solchen würde die Freiheit der Vereinigung in Vereinigungszwang umgewandelt werden. Davon, daß der Schutz der Beteiligungsfreiheit sich mit der Koalitionsfreiheit, wie sie sich auch gerade nach dem von diesem Redner gestellten Abänderungsantrage gestalten sollte, nicht vollständig decken sollte, findet sich weder in seinen Äußerungen, in denen er sich häufig des Ausdrucks Vereinigungen bedient, noch in denjenigen anderer Redner eine Andeutung. Der § 169 ist demnächst ohne Veränderung angenommen, so daß der § 153 des Gesetzes den genauen Wortlaut der Vorlage aufweist.

Vgl. Drucksachen des Reichstages 1869 Nr. 13 S. 35, 85, Nr. 148 S. 59, Nr. 151 S. 2 und 3, unter 9. Sitzungsprotokoll S. 775 bis 778, 1115.

Die Hinzufügung des Wortes Vereinigungen im § 168 der Vorlage mag den Antragstellern ratsam erschienen sein, um außer Zweifel zu setzen, daß nicht nur Verabredungen für einzelne Fälle von Lohnkampf, Verabredungen vorübergehender und lokaler Natur, sondern auch Vereine, Vereinigungen, welche die gleichartigen Zwecke auch in künftig auftauchenden Fällen des Lohnkampfes zu fördern bezweckten und überhaupt eine auf möglichst günstige Gestaltung der Lohn- und Arbeitsverhältnisse gerichtete Tätigkeit allgemeiner Art entfalten wollten, frei sein sollten. Ob der Zusatz gerade notwendig war, ob nicht wegen des jeder Vereinigung innewohnenden Momentes der Verabredung der Ausdruck Verabredung im Sinne der Antragsteller weit genug gereicht hätte, mag unentschieden bleiben; Vereinigungen entstehen durch Verabredung, mit dem Worte wird die Gesamtheit der durch eine Verabredung zu einer loseren oder festeren Organisation zusammengeschlossenen Personen bezeichnet, während von dem Bestehen einer Verabredung in der Sprache des gewöhnlichen Lebens mehr gesprochen zu werden pflegt, wenn von dem Inhalte des Vereinbarten die Rede ist. Die durch Verabredungen entstandenen Vereinigungen treffen ihrerseits fortdauernd in gegebenen Fällen Verabredungen; der Ausdruck trifft auch dann zu, wenn Beschlüsse von den Organen der Vereinigung gefaßt werden, insofern sich die Angehörigen der letzteren demselben mit freien Willen fügen. Andererseits erscheinen diejenigen, welche in einem einzelnen Falle eine Verabredung darüber, wie jeder einzelne sich verhalten soll, getroffen haben, hierdurch untereinander vereinigt. Die mit den beiden Ausdrücken zu verbindenden Begriffe sind mithin nichts weniger als bestimmt voneinander zu scheiden; um so mehr fehlte es auch an jedem inneren Grunde, die Freiheit der Nichtbeteiligung nicht auch in Beziehung auf Vereinigungen zu schützen; der Zwang zur Beteiligung an Vereinigungen würde wesentlich auf einen Zwang zur Beteiligung auch an Verabredungen hinauslaufen. Ist hiernach der übereinstimmende Wille der beiden Faktoren der Gesetzgebung, den Schutz gegen Terrorismus der Koalitionsfreiheit homogen zu gestalten, nicht zu bezweifeln, so kann es nur als eine nicht ganz sorgfältige Redaktion des vom Gesetzgeber Gewollten angesehen werden, daß man der Änderung des einen Paragraphen nicht auch eine Änderung des anderen, der auf ihn Bezug nimmt, hat folgen lassen.

§ 66. Anhang: Antrag und Ermächtigung.

Beling S. 104, Berner S. 328 ff., Binding Gr. I § 36, v. Liszt § 45, S. 195, H. Meyer § 43 S. 298, Frank und Olshausen zu § 61, § 99 StGB. Bennecke=Beling, Lehrbuch des Reichsstrafprozeßrechts, §§ 64 ff.

I. **Der Antrag bildet nicht eine Bedingung der Strafbarkeit, sondern die prozessuale Vorbedingung für die Statthaftigkeit der Strafverfolgung.**

Dies folgt — so führt E. VI 162 aus [1]) — sowohl aus der Wortfassung des § 61 StGB. und § 156 StPO., als auch aus den entsprechenden Vorschriften des § 64 Abs. 2 StGB. und § 259 Abs. 2 StPO., wodurch beim Mangel des erforderlichen Strafantrags oder bei rechtzeitiger Zurücknahme des Strafantrages „Einstellung des Verfahrens" geboten ist.

Demgegenüber beruht es lediglich auf einer Inkorrektheit bei der Redaktion des Strafgesetzbuches, wenn die betreffenden Bestimmungen über den Strafantrag im Abschnitte 4 Strafgesetzbuches unter den „Gründen, welche die Strafe ausschließen oder mildern" ihre Stellung gefunden haben.

Sind aber die Vorschriften über den Strafantrag nicht als materielle, den Tatbestand und die Strafandrohung betreffende zu betrachten, haben sie vielmehr nur einen *prozessualischen* Charakter in dem Sinne, *daß sie die Zulässigkeit eines Verfahrens auf Strafverfolgung überhaupt präjudiziell regeln*, so folgt daraus, daß bei der Prüfung der Frage, ob ein wirksamer Strafantrag vorliegt, diejenigen Bestimmungen nicht maßgebend sind, welche den Beweis der Mißtat selbst, bezw. die Strafbemessung betreffen. Ebensowenig wie der von dem Beleidigten gestellte Strafantrag zu den Überführungsmitteln gehört, welche die Hauptverhandlung gegen den Angeklagten zu liefern hat, fallen die Mittel und Wege, wodurch das erkennende Gericht sich bei Antragsdelikten vom Vorhandensein des Antrages überzeugt, unter den Gesichts-

---

[1]) Übereinstimmend v. Liszt § 45, Beling a. a. O. usw. Vgl. außerdem Jacusiel, Die grundlegenden Entscheidungen des deutschen Reichsgerichts auf dem Gebiete des Strafprozeßrechts. Berlin 1893. S. 67.

punkt einer Beweiserhebung im Sinne der Strafprozeßordnung und unterliegen deshalb auch nicht den formalen Vorschriften derselben über das bei der Beweiserhebung über die Schuldfrage zu beobachtende Verfahren.

II. **Das Antragsrecht ist ein höchstpersönliches, daher unvererbliches Recht.** E. XI 54:[1])

Berechtigter Inhaber derjenigen Wohnung, in welche der Angeklagte am 8. August 1883 eindrang, war nach den Feststellungen des angefochtenen Urteiles damals zweifellos der Chausseegeld-Einnehmer K.; auch war derselbe gegenwärtig und von der Handlung des Angeklagten, soweit sie einen Hausfriedensbruch enthalten konnte, unterrichtet, hätte also den Strafantrag stellen können; es ist dies indessen von ihm bis zu seinem innerhalb der dreimonatigen Antragsfrist (§ 61 StGB.) erfolgten Tode nicht geschehen. Kann seine Ehefrau Strafantrag stellen?

Bis zu seinem Tode hatte seine Ehefrau kein eigenes Recht, die Bestrafung des Angeklagten zu beantragen. Ein solches Recht kann zwar in Beziehung auf dieselbe Wohnung gleichzeitig mehreren Personen zustehen, aber nur dann, wenn die Wohnung einer jeden aus einem selbständigen Titel zugehört, z. B. wenn sie an mehrere Mieter gleichzeitig vermietet worden ist. Die Ehefrau als solche dagegen ist zwar regelmäßig berechtigt, die Wohnung ihres Ehemannes zu teilen, wie sie andererseits regelmäßig dazu auch verpflichtet ist; allein dieses Recht und diese Pflicht entspringt aus ihrem Rechtsverhältnisse zu ihrem Ehemanne, nicht aus einem ihr unabhängig von dem des letzteren zustehenden Rechte an der Wohnung, so daß, wenn jemand in diese Wohnung, als in die „eines anderen" (§ 123 StGB.) eindringt, der andere, dessen Recht er dadurch verletzt, nur der Ehemann und nicht die Ehefrau sein kann. Vorausgesetzt ist hierbei, daß die Befugnis zur Benutzung der Wohnung aus einem Rechtsverhältnisse, worin der Ehemann hinsichtlich der Wohnung steht, sich herleitet, daß sie beispielsweise von ihm gemietet und bewohnt, seine Dienstwohnung ist und dergleichen mehr, und selbstverständlich kann es vorkommen, ist aber im gegenwärtigen Falle in keiner Weise indiziert, daß der Ehemann vielmehr die Wohnung seiner Ehefrau teilt; die aus einer solchen von der jetzigen abweichenden Sachlage sich ergebenden Konsequenzen für das Recht auf den Strafantrag brauchen hier nicht erörtert zu werden. Ebensowenig erforderlich ist es, hier zu prüfen, inwieweit, wenn jemand widerrechtlich in die Wohnung des Ehemannes eingedrungen ist, die Ehefrau als Vertreterin ihres Ehemannes zum Strafantrage zuzulassen sein würde; denn die Ehefrau K. hat sich als Vertreterin ihres Ehemannes nicht geriert, und beantragte die Bestrafung des Angeklagten erst am 26. Oktober 1883, nachdem ihr Ehemann bereits verstorben war. Dasjenige Antragsrecht, welches der letztere bis zu seinem Tode besaß, gehört nicht zu den vererblichen Rechten; es gehört nach seiner Natur nicht dem Privatrecht, insbesondere nicht

---

[1]) A. M. Frank zu § 61 V.

dem Vermögensrechte an, also nicht demjenigen Rechtsgebiete, für welches grundsätzlich der Begriff der „Erbschaft" gilt, und es ist auch durch keine positive Vorschrift eine Vererbung des Antragsrechtes anerkannt. Mit Grund zählt daher auch die Revisionsschrift das Recht auf Stellung des Strafantrages zu den sog. höchstpersönlichen Rechten.

Kann aber von Vererbung hier nicht die Rede sein, so fehlt es an der juristischen Handhabe, um ein Recht, welches zwar in der Person des Einnehmers K., nicht aber, während dieser noch am Leben war, in der Person seiner Ehefrau bestand, in der Person der letzteren nach dem Tode des ersteren existent werden zu lassen. Die Bestimmungen der Strafprozeßordnung in den §§ 433 Abs. 1, 442, 444 Abs. 4, verglichen mit der modifizierenden Bestimmung in § 433 Abs. 2, geben überdies eine Analogie des positiven Rechts gegen die Zulässigkeit eines solchen Verfahrens. Allerdings entsteht nunmehr das Resultat, daß der vom Instanzrichter festgestellte Hausfriedensbruch, weil der Ehemann K., der im Sinne des § 61 StGB. alleinige Antragsberechtigte, den Strafantrag zu stellen unterlassen hat, straflos bleiben muß, ungeachtet die Antragsfrist beim Tode des K. noch nicht abgelaufen war, daß also ein Teil der Antragsfrist von niemand benutzt werden kann, während die Absicht des Gesetzes dahin ging, die vollen drei Monate der Frist für die Entschließung, ob das Vergehen bestraft werden solle, frei zu lassen. Aber diese Schwierigkeit wird durch die Erwägung gehoben, daß das Gesetz eben nur dem Berechtigten die Frist offen halten wollte, und daß, wenn der Berechtigte stirbt, ohne eine Entschließung über den Strafantrag gefaßt oder kundgegeben zu haben, dieser Umstand nicht dahin führen kann, das Recht der Antragstellung auf einen Unberechtigten zu übertragen.

III. **Wer ist berechtigt, Strafantrag zu stellen? Gibt es eine Stellvertretung in der Erklärung? Gibt es eine Stellvertretung im Willen?** E. I 387 (vgl. auch XV 144, XXI 231, XIX 7):

Die Frau G. hatte von ihrem Ehemanne Generalvollmacht zur Verwaltung eines der unmündigen Tochter des letzteren gehörenden Hauses erhalten und auf Grund dieser Vollmacht eine Wohnung in dem fraglichen Hause an den Angeklagten vermietet. Kurz vor Ablauf der Mietzeit erklärte sie dem Angeklagten, daß sie von dem ihr gesetzlich zustehenden Retentionsrecht Gebrauch mache. Als nichtsdestoweniger Angeklagter seine Mobilien heimlich aus der Wohnung schaffte, stellte sie in ihrer Eigenschaft als Generalbevollmächtigte ihres Ehemannes auf Grund des § 289 StGB. gegen ihn den Strafantrag. Auf erhobene Anklage wurde zwar gerichtsseitig das Hauptverfahren eröffnet, nach stattgehabter Hauptverhandlung aber auf Einstellung des Hauptverfahrens erkannt, weil, wenn es auch zulässig sei, daß der Antrag durch einen Bevollmächtigten gestellt werde, doch die Vollmacht eben darauf gerichtet sein müsse, das höchst persönliche Recht, die strafgerichtliche Verfolgung eines anderen eintreten zu lassen, für den Machtgeber auszuüben, eine derartige Befugnis aber durch eine Generalvollmacht nicht übertragen werde.

Die von der Staatsanwaltschaft gegen das Urteil erhobene Revision suchte auszuführen, daß angesichts der Bestimmungen im ALR. I 13 §§ 98 ff. die Ansicht des ersten Richters, nach welcher immer eine Spezialvollmacht zur Stellung eines Strafantrages notwendig sein würde, rechtlich unhaltbar sei.

Die Revision wurde für begründet erachtet.

Wenn der Beschwerdeführer seine Beschwerde ausschließlich durch den Hinweis auf die Grundsätze rechtfertigen zu können glaubt, welche das preußische ALR. I. 13 über den Vollmachtsauftrag aufstellt, so erscheint dies allerdings nicht zutreffend, denn die dort gegebenen Vorschriften beziehen sich (vgl. §§ 18, 19 a. a. O.) ausschließlich auf das Gebiet des Privatrechtes. Inwieweit eine Ausübung von Befugnissen, welche in dem öffentlichen Recht wurzeln — und um eine derartige Befugnis handelt es sich hier — durch Bevollmächtigte zulässig ist, muß in erster Linie auf Grund der Gesetze entschieden werden, welche den betreffenden Teil des öffentlichen Rechtes regeln, hier also des Strafgesetzbuches.

Das deutsche Strafgesetzbuch bezeichnet zum Teil die Personen ausdrücklich, welchen das Recht zustehen soll, Strafanträge zu stellen (vgl. § 4 Nr. 3, §§ 102, 103, 170, 182, 189, 195, 196, 288); wo dies nicht der Fall ist, ist nach der Bestimmung in § 65 StGB. der Verletzte der zum Antrage Berechtigte. Eine Stellvertretung des letzteren im engeren Sinne, d. h. eine Vertretung im Willen desselben, dergestalt, daß der Wille des Vertreters als der Wille des Vertretenen gilt, kennt das Strafgesetzbuch nur in den Fällen des § 65 Abs. 2, 3, woselbst die Vertretung der Minderjährigen und der bevormundeten Geisteskranken und Taubstummen für zulässig erklärt wird. Man wird daher auch darüber hinaus eine Stellvertretung in diesem Sinne (Vertretung im Willen) grundsätzlich um so gewisser auszuschließen haben, als jede wahre Stellvertretung wegen der darin enthaltenen Fiktion, daß der Wille des Vertreters gesetzlich als der Wille des Vertretenen gilt, nur auf grund gesetzlicher Ermächtigung zulässig und das Antragsrecht seiner Natur nach als ein höchstpersönliches Recht derjenigen Personen erscheint, welchen dasselbe durch das Gesetz verliehen ist.

Es würde aber unrichtig sein, wenn man aus diesen Vordersätzen den Schluß ziehen wollte, daß deshalb ein Generalbevollmächtigter unter keinen Umständen befugt sein könne, namens des Vollmachtgebers einen Strafantrag zu stellen.

Durch die vorstehenden Ausführungen wird zunächst nicht ausgeschlossen, daß der Antragsberechtigte in einem gegebenen Falle einen Dritten ermächtigen kann, für ihn den Strafantrag zu stellen. Es ist dies keine Stellvertretung im engeren Sinne, keine Vertretung im Willen, sondern eine Vertretung in der Willenserklärung. In solchem Falle erklärt der Vertreter den wirklichen Willen des Vertretenen; er hat rechtlich lediglich die Stellung eines Boten. Die Zulässigkeit dieser Art der Vertretung ergibt sich daraus, daß eine Form für die Stellung eines Strafantrages nicht vorgeschrieben ist und letzterer daher durch alle Mittel, welche eine Kundgebung des Willens gestatten, innerhalb der durch StPO. § 156 gezogenen Grenzen gestellt werden kann.

Daraus folgt weiter, daß auch in einer Generalvollmacht, durch welche jemandem die Verwaltung eines ganzen Vermögens oder eines einzelnen Vermögensstückes übertragen wird, gültig die Erklärung abgegeben werden kann, daß der Auftraggeber in allen Fällen, in welchen von seiten Dritter strafbare Angriffe auf das der Verwaltung des Bevollmächtigten unterstellte Vermögen, beziehungsweise strafbare Eingriffe in die damit zusammenhängenden Vermögensrechte geschehen, mit einer Strafverfolgung einverstanden sei und der Bevollmächtigte ermächtigt sein solle, für den Auftraggeber den Strafantrag zu stellen. Auch in solchen Fällen, in welchen in der Generalvollmacht zugleich eine auf die Stellung von Strafanträgen bezügliche Spezialvollmacht enthalten ist, ist der Generalbevollmächtigte unbedingt zur Stellung des Strafantrages eintretendenfalls befugt; er ist als das Organ, welches den Willen des Verletzten, die Strafverfolgung eintreten zu lassen zum Ausdruck bringt, aufzufassen. Man wird aber noch einen Schritt weitergehen müssen. Da nach den bestehenden Rechtsgrundsätzen der stillschweigend erklärte Wille dem ausdrücklich erklärten gleichsteht, soweit nicht das positive Recht in einzelnen Fällen das Gegenteil anordnet, so muß auch ohne daß in der Generalvollmacht ausdrücklich und speziell der Zustimmung des Vollmachtgebers, eine strafrechtliche Verfolgung wegen der etwa erfolgenden Vermögensbeeinträchtigungen eintreten zu lassen, gedacht ist, der Generalbevollmächtigte zur Stellung des Strafantrages befugt erscheinen, wenn und soweit im einzelnen Fall angenommen werden kann, daß die Stellung des Antrages dem wirklichen Willen des Vollmachtgebers entspricht. Es wird diese Schlußfolgerung regelmäßig bei allen Anträgen zur Verfolgung solcher strafbaren Handlungen zulässig sein, durch welche die Rechte des Vollmachtgebers in Beziehung auf das dem Bevollmächtigten zur Verwaltung anvertraute Vermögen geschädigt werden, welche also strafbare Eingriffe in die vermögensrechtlichen Interessen enthalten, mit deren Wahrung der Generalbevollmächtigte gerade betraut ist, weil man nicht annehmen darf, daß der Vollmachtgeber auf die Ausübung eines Rechts hat verzichten wollen, welches unter Umständen als das einzige, jedenfalls aber als das wirksamste Mittel erscheint, weiteren Vermögensverlusten vorzubeugen und den Ersatz der bereits entstandenen vorzubereiten. Freilich würde dieser Schluß in den Fällen nicht zutreffen, in welchen die bei der strafbaren Handlung Beteiligten in einem Verhältnisse zum Verletzten stehen, welche es zweifelhaft erscheinen lassen, ob auch in diesem Falle die rücksichtslose Ausübung des Antragrechtes dem wirklichen Willen des Verletzten entsprechen würde. In solchen Fällen würde es sich aber auch nicht um Wahrung eines ausschließlich vermögensrechtlichen Interesses handeln und würde deshalb die Annahme einer durch die Erteilung der Generalvollmachten erfolgten stillschweigenden Willenserklärung des Vollmachtgebers, eine Strafverfolgung eintreten zu lassen, in Fällen dieser Art nicht zulässig sein, weil eine stillschweigende Willenserklärung immer nur da angenommen werden darf, wo die vorliegenden Tatsachen einen sicheren Schluß auf den wirklichen Willen gestatten.

Legt man die vorstehenden Rechtsgrundsätze zugrunde, so erscheint die angefochtene Entscheidung rechtsirrtümlich. Es hätte zunächst die

Generalvollmacht, welche die Ehefrau G. von dem gesetzlichen Vertreter des Eigentümers des Hauses erhalten haben will, vorgelegt und auf Grund derselben geprüft werden müssen, ob nach dem Inhalt derselben angenommen werden dürfe, daß die Stellung des Strafantrages dem wirklichen Willen des Vollmachtgebers entspreche, eine Frage, die nur dann zu verneinen sein würde, wenn die Generalvollmacht etwa besondere, bisher nicht zur Sprache gekommene Beschränkungen enthält, oder wenn ein die Sicherheit der sonst berechtigten Schlußfolgerung auf den Willen des Auftraggebers beeinträchtigendes persönliches Verhältnis zwischen dem Angeschuldigten und dem Antragsberechtigten festgestellt werden könnte. Von solchen Ausnahmefällen abgesehen, würde anzunehmen sein, daß die Generalvollmacht, welche der G. die Administration des Hauses den Abschluß von Mietsverträgen über die darin befindlichen Räume und die Geltendmachung des Pfandrechtes an den von den Mietern eingebrachten Sachen überträgt, dieselbe *auch zur Stellung des Strafantrages* in den Fällen des § 289 StGB. ermächtigt.[1])

IV. **Erfordernisse eines Strafantrages.** E. V 97 (vgl. auch VIII 207, XXVI 374):

Gegen den Angeklagten wurde auf die Anschuldigung hin, am 31. Dezember 1880 seinen vierjährigen Sohn Hermann vorsätzlich körperlich mißhandelt und an der Gesundheit beschädigt zu haben, wegen des in §§ 223, 223a StGB. vorgesehenen Delikts die Voruntersuchung geführt. Der dem Beschädigten bestellte Pfleger beantragte die Strafverfolgung wegen vorsätzlicher Körperverletzung, indem behauptet wurde, daß Angeklagter seinen Sohn mit dessen Arme in kochendes Wasser gehalten habe. Durch Urteil vom 9. Juni 1881 ist Angeklagter nur der fahrlässigen Körperverletzung aus §§ 230, 223 StGB. schuldig erachtet, zugleich aber die Einstellung des Verfahrens wegen Mangels eines den gesetzlichen Erfordernissen entsprechenden Strafantrages ausgesprochen, da lediglich die Verfolgung wegen *vorsätzlicher* Körperverletzung beantragt und danach nicht anzunehmen sei, daß der Antrag *zugleich auf fahrlässige* Körperverletzung habe gerichtet sein sollen.

Die gegen diese Entscheidung von der Staatsanwaltschaft eingelegte und auf Verletzung des § 61 StGB. gestützte Revision wurde als begründet erachtet.

Da der in § 61 a. a. O. für bestimmte strafbare Tatbestände vorgeschriebene Strafantrag sich nach Vorschrift des Gesetzes auf diejenige „Handlung“ zu beziehen hat, deren Verfolgung erstrebt wird, so hatte sich die Prüfung des Instanzrichters in betreff des Vorhandenseins eines dem Gesetze entsprechenden Strafantrages dahin zu richten, ob die von dem Antragsberechtigten bezeichnete, ein Antragsvergehen enthaltende Handlung nach dem Ergebnisse der Untersuchung für erwiesen anzunehmen sei.

Danach kommt für die Beurteilung der Richtigkeit der angefochtenen Entscheidung, soweit sie mit Rücksicht auf den Inhalt des Strafantrages

[1]) Übereinstimmend v. Liszt und Olshausen, A. M. Binding I 652, H. Meyer § 43, Beling, Lehrbuch des ReichsstrafprozR. § 78 I, welche eine Stellvertretung im Willen nicht zulassen.

die Einstellung des Verfahrens verfügt hat, zunächst der Begriff der „Handlung" in Betracht, welcher der Vorschrift des § 61 a. a. O. zugrunde liegt. Unter Handlung kann, insofern § 61 a. a. O. eine auf dieselbe gerichtete Strafverfolgung im Auge hat, überhaupt nur ein im strafrechtlichen Sinne erhebliches Handeln, mithin nicht sowohl jede einzelne Willensäußerung, sondern die zur Erfüllung eines bestimmten strafbaren Tatbestandes erforderliche gesamte Tätigkeit nach ihrem objektiven und subjektiven Inhalte verstanden werden. Dazu kommt, daß der Strafantrag die Verfolgung der gerügten Handlung nach Maßgabe der bestehenden Prozeßgesetze bezweckt. Ist er wirksam gestellt und damit die prozessualische Voraussetzung gegeben, an welche die Statthaftigkeit der Strafverfolgung geknüpft ist, so tritt zunächst die Staatsanwaltschaft, sodann aber der Richter in die ihnen für die letztere nach näherer Bestimmung der Strafprozeßgesetze obliegende Aufgabe, die angezeigte Handlung nach ihrer wahren Beschaffenheit zu ermitteln, sowie zum Gegenstand der öffentlichen Klage zu machen, beziehungsweise abzuurteilen, mit voller Selbständigkeit ein.

Daraus folgt, daß dem Begriffe der Handlung in § 61 a. a. O. dieselbe Bedeutung und derselbe Umfang beigelegt werden muß, wie dieselben nach den Prozeßgesetzen der zum Gegenstande der Untersuchung und des Urteils gemachten Tat beiwohnen (vgl. §§ 153, 263 StPO.). Die Handlung im Sinne des § 61 StGB. umfaßt also die im Strafantrage bezeichnete Tat nach allen ihren rechtlichen und tatsächlichen Beziehungen und Gesichtspunkten, wie sich dieselbe nach dem Inbegriffe der in der Untersuchung ermittelten Umstände aus dem Ergebnisse der letzteren gestaltet.

Eine begrenztere, etwa auf die von dem Antragsteller geltend gemachten Tatsachen lediglich beschränkte Auffassung des Begriffes „Handlung" würde überdies, indem sie den Instanzrichter bände, nur den im Strafantrage angegebenen Sachverhalt, als von der Willenserklärung des Antragstellers umfaßt, für die Beurteilung des Antragserfordernisses zu seiner Kognition zu ziehen, dahin führen, dem Grundsatze des ne bis in idem gemäß die spätere Verfolgung der Tat aus einem anderen Grunde der Strafbarkeit, welchen der Antragsteller unberücksichtigt gelassen hat, völlig auszuschließen, so wenig dies im konkreten Falle der wirklichen Intention des Antragsberechtigten und dem Interesse der Gerechtigkeit für entsprechend zu erachten sein mag (vgl. StPO. § 263).

Auch hieraus ergibt sich, daß das StGB. bei Aufstellung des Begriffes der Handlung im Sinne des § 61 das. die übrigens auch in § 63 das. durch die daselbst getroffene Vorschrift über die Unteilbarkeit des Antrages besonders gewahrte Selbständigkeit der richterlichen Prüfung in betreff des Umfanges der mit dem Antrage gerügten Tat nicht weiter hat beschränken wollen, als erstere in Beziehung auf die in der Anklage bezeichnete Tat und deren Würdigung nach allen Richtungen ihrer Strafbarkeit in den Prozeßgesetzen anerkannt ist. Von diesen rechtlichen Gesichtspunkten aus erscheint nun vorerst die zur Rechtfertigung der Einstellung des Verfahrens geltend gemachte Auffassung des Vorrichters, nach welcher der angenommene Mangel eines ausreichenden Strafantrages darauf gegründet wird, daß der Berechtigte nur die Verfolgung einer vorsätzlichen Körperverletzung beantragt habe, deren Tatbestand nicht ermittelt sei, als eine rechtsirrtümliche. Denn jedenfalls ist es einflußlos, ob die gerügte Handlung von dem Antragsberechtigten unter den richtigen strafrechtlichen Gesichtspunkt gebracht ist. Die Beurteilung der strafrechtlichen Qualifikation der zu verfolgenden Handlung ist Sache des erkennenden Richters. Ebensowenig aber steht es der Wirksamkeit des Antrages auf Strafverfolgung entgegen, wenn im konkreten Falle der Gegenstand der Untersuchung gewordene Vorgang bei derselben eine von der tatsächlichen Vorstellung des Antragstellers abweichende Gestalt gewonnen hat, soweit die Identität der bezeichneten Tat von dieser Abweichung nicht berührt wird. Letzteres ist vorliegend nicht der Fall, da der Antragsteller die Verfolgung einer dem Angeklagten zur Last fallenden, zu bestimmter Zeit und an einem bestimmten Orte begangenen Körperverletzung beantragt hat, und nach den Gründen des angefochtenen Urteils kein Zweifel darüber obwaltet, daß der Vorrichter dieselbe identische Tat, gleichviel, wie nach ihren Modalitäten geartet, zum Gegenstande der Entscheidung gemacht hat. Die erfolgte Einstellung des Verfahrens konnte sich also insbesondere auch nicht damit rechtfertigen, daß der Antragsteller zur Begründung seines Antrages den Angeklagten wegen vorsätzlicher Körperverletzung zu bestrafen, bestimmte Tatsachen angeführt hat, welche den Schluß auf die vom Gesetze für die gedachte Deliktsgattung vorausgesetzte Willensrichtung geboten, während der vom Vorrichter in abweichender Weise festgestellte Hergang nur den Tatbestand einer fahrlässigen Körperverletzung ergab.

V. Bedingungen, Beschränkungen, Vorbehalte beim Strafantrage.

1. E. VI 152:

Durch Urteil des Landgerichts vom 25. April 1881, welches am 29. Juni d. J. die Rechtskraft erlangt hat, ist die Ehe der Th.schen Eheleute wegen Ehebruchs der angeklagten Ehefrau, welchen sie mit dem Mitangeklagten N. begangen hat, getrennt, und es ist die gedachte Angeklagte für den allein schuldigen Teil erklärt.

Der Ehemann Th. hat rechtzeitig die Bestrafung des Mitangeklagten N. wegen Ehebruchs bei der zuständigen Staatsanwaltschaft beantragt unter Hinzufügung der Erklärung, „daß er die Bestrafung seiner Ehefrau nicht beantrage“.

Beide Angeklagte sind, und zwar, was die Angeklagte betrifft, unter Hinweis auf die im § 63 StGB. vorgeschriebene Urteilbarkeit des Strafantrages, wegen Ehebruchs bestraft, und die von der Angeklagten eingelegte Revision wurde verworfen.

Nach § 63 StGB. kann der Antrag — § 61 a. a. O. — nicht geteilt werden. Das gerichtliche Verfahren findet gegen sämtliche an der Handlung Beteiligte statt, auch wenn nur gegen eine dieser Personen auf Bestrafung angetragen ist. Danach unterliegt es zunächst keinem Zweifel, daß — falls der von dem Ehemanne der Angeklagten gestellte Strafantrag überhaupt als ein dem Gesetze entsprechender, wirksamer Strafantrag zu erachten ist — von einer nur gegen den Mitangeklagten zu richtenden Verfolgung nicht die Rede sein, und daß die von dem Antragsteller seinem Antrage hinzugefügte Beschränkung, nach welcher er die Bestrafung seiner Ehefrau nicht beantragt, unter obiger Voraussetzung nicht dahin führen kann, die letztere und nur diese von der Verfolgung auszuschließen.

Es kann sich also nur fragen, ob der Inhalt des von dem Ehemann der Angeklagten gestellten Antrages, und zwar insbesondere mit Rücksicht auf die mehrgedachte demselben in betreff der Angeklagten hinzugefügte Erklärung, der Wirksamkeit desselben als Strafantrag entgegensteht, und ob mithin, weil jene Erklärung abgegeben ist, ein gesetzlicher Strafantrag überhaupt nicht vorliegt.

Es muß indessen dem Instanzrichter, welcher diese Frage verneint hat, beigetreten werden.

Indem § 63 a. a. O. die Teilung des Strafantrages verbietet, geht die Vorschrift grundsätzlich davon aus, daß, falls einmal die strafbare Handlung mit dem Antrage, sie zum Gegenstande der Strafverfolgung zu machen, dem Gerichte manifestiert ist, letztere nunmehr in demjenigen Umfange, wie das Gesetz verordnet, also gegen alle Beteiligten stattzufinden habe; dem Antragsberechtigten steht nur die Befugnis zu, die Verfolgung der strafbaren Tat dadurch, daß er dieselbe nicht verlangt, zu verhindern; hat er den Strafantrag gestellt, so hängt es nicht von ihm ab, eine weitere Einwirkung auf die Strafverfolung zu üben, den Umfang derselben zu bestimmen. Der § 63 a. a. O. spricht diese Konsequenz des Grundsatzes der Unteilbarkeit des Antrages ausdrücklich aus, indem imperativ verordnet wird, daß das gerichtliche Verfahren gegen sämtliche an der Handlung Beteiligte stattfinde, auch wenn nur gegen eine dieser Personen auf Bestrafung angetragen ist.

Das Gesetz erklärt also die Teilung des Antrages, mithin die Beschränkung der Verfolgung auf einzelne Beteiligte für unzulässig, ohne damit zugleich für den Fall, daß der Inhalt des Antrages der Vorschrift des § 63 a. a. O. in der gedachten Richtung nicht entspricht, den Antrag selbst für unwirksam, die beantragte Strafverfügung für nicht zulässig zu erklären.

Dem im Gesetze besonders gedachten Falle, in welchem nur gegen einen der Beteiligten auf Bestrafung angetragen ist, steht grundsätzlich der andere Fall völlig gleich, in welchem ausgesprochen ist, daß die Bestrafung eines Beteiligten nicht beantragt werde.

Der Grundsatz der Unteilbarkeit und damit die Richtigkeit der aus demselben hergeleiteten Konsequenzen findet auch in der Vorschrift des § 64 Abs. 2 a. a. O., wonach die rechtzeitige Zurücknahme des Antrages gegen einen der Beteiligten die Einstellung des Verfahrens auch gegen die anderen zur Folge hat, gleichviel also, ob bei Zurücknahme des Antrages gegen einen der Beteiligten, der Strafantrag gegen einen anderen ausdrücklich aufrecht erhalten wird, Anerkennung und Bestätigung.

Im übrigen kommt für die Auslegung des im vorliegenden Falle von dem verletzten Ehemanne der Angeklagten gestellten Antrages auf Strafverfolgung noch folgendes in Betracht:

Allerdings ist es nach § 61 StGB. die strafbare Handlung, deren Verfolgung zum Gegenstande des Antrages gemacht werden soll. Der Strafantrag muß also den Willen des Antragsberechtigten erkennen lassen, die Verfolgung der strafbaren Tat nach Maßgabe der gesetzlichen Bestimmungen herbeizuführen. Andererseits wird aber aus dem Umstande allein, daß der Antragsberechtigte nicht ausdrücklich die Verfolgung der Handlung, sondern diejenige des Täters oder eines bestimmten Täters oder Teilnehmers wegen der Begehung der Tat oder Beteiligung an derselben — insofern diese seinem Interesse und dem Zwecke des Antrages von dem subjektiven Standpunkte des Verletzten aus am nächsten liege — beantragt hat, keineswegs — wie die Revision vermeint — ohne weiteres geschlossen werden können, daß die Absicht des Antragstellers nicht auf Verfolgung der strafbaren Handlung in dem durch das Gesetz gebotenen Umfange gegangen sei. Vielmehr läßt sich nur dann an dem die Strafverfolgung bedingenden Willen des Antragstellers zweifeln, wenn dem Antrage Bedingungen, Vorbehalte oder Beschränkungen hinzugefügt werden, welche erkennen lassen, daß der Antragsteller, falls ihnen nicht entsprochen werden sollte, die Herbeiführung der Verfolgung überhaupt nicht beabsichtigte.

Ein solcher Fall liegt nicht vor. Der Inhalt des Antrages ergibt nicht, daß der Antragsberechtigte die Absicht der Strafverfolgung von der Nichtbestrafung seiner Ehefrau hat abhängig machen wollen. Vielmehr ist — wie der Wortlaut des Antrages ergibt — die Bestrafung des Mitangeklagten N. unbedingt beantragt. Unabhängig von diesem Antrage erscheint die Erklärung des Antragstellers, daß er Bestrafung seiner Ehefrau nicht beantrage. Eines solchen Antrages bedurfte es nicht, um die infolge des gestellten Strafantrages durch das Gesetz gebotene Strafverfolgung beider Angeklagten herbeizuführen. Es kommt nicht, wie die Revision vermeint, darauf an, daß der Antragsteller die Bestrafung seiner Ehefrau, sondern nur darauf, daß er die Verfolgung der strafbaren Handlung des Ehebruches beabsichtigt habe.

Die Absicht aber, die Strafverfolgung überhaupt ausgeschlossen zu sehen, falls die Verfolgung auf die angeklagte Ehefrau ausgedehnt werde, kann dem Antragsteller nicht untergelegt werden, da sie nicht von ihm ausgesprochen ist.

2. E. XIV 96:

Das angegriffene Urteil hat das Verfahren eingestellt, weil der nach § 288 StGB., aus welchem der Eröffnungsbeschluß ergangen, erforderliche Strafantrag des verletzten Gläubigers B. nicht gestellt sei. Dadurch ist, wie die Revision rügt, der § 61 StGB. verletzt.

Im April 1885 ist die Zwangsverwaltung des dem Angeklagten gehörigen Grundstückes Nr. 6 zu St. eingeleitet, unter dem 17. April 1885 durch den Sachwalter des B. zu den Zwangsverwaltungsakten angezeigt, daß der Angeklagte das gesamte Inventar verschleppt habe, und unter dem 25. April 1885 durch denselben die Vernehmung des Angeklagten darüber beantragt, unter welchem Rechtstitel die verschiedenen Personen Inventarienstücke an sich genommen, da der Verdacht strafbarer Handlungen gegen § 288 StGB. und § 207 KO. vorliege. Am 27. April 1885 wurde der Angeklagte darauf in den Zwangsverwaltungsakten über zahlreiche Verkäufe an Vieh, Wirtschaftsgerät und Vorräten und den Verbleib der Erlöse daraus vernommen; er bestritt dabei die Absicht, seine Gläubiger zu benachteiligen und ihre Befriedigung durch die Verkäufe zu hintertreiben, gehabt zu haben, und versprach, binnen 4—5 Tagen von dem Erlöse aus den Verkäufen 1500—2000 Mk. zur gerichtlichen Verwahrung abzuliefern. Unter dem 1. Mai 1885 hat der Gläubiger B. bei dem Amtsgerichte C. um Nachricht gebeten, ob K. sein Versprechen erfüllt, und für den Fall, daß dies nicht geschehen, die Bestrafung des K. auf Grund des § 288 StGB. beantragt, auch gebeten, der Staatsanwaltschaft Anzeige zu machen, die Beschlagnahme des im Besitze des K. befindlichen Geldes und seine Verhaftung herbeizuführen.

Auf Ersuchen der Staatsanwaltschaft um Aufnahme eines formgerechten Strafantrages von der Polizeidirektion zu St. vernommen, hat B. am 13. Juni 1885 allerdings sich seine Erklärung über die Stellung des Strafantrages vorbehalten, auf Anfrage der Staatsanwaltschaft in einem am 17. Juli 1885 bei derselben eingegangenen Schreiben vom 15. Juli 1885 demnächst aber gebeten, den Strafantrag gegen K. zu stellen.

Ob der in letzterem Schreiben, welches die Strafkammer nicht geprüft hat, offenbar enthaltene Strafantrag rechtzeitig oder verspätet gestellt ist, kann unerörtert bleiben, weil der Strafkammer in der Beurteilung des jedenfalls rechtzeitig gestellten Strafantrages vom 1. Mai 1885 nicht beigetreten werden kann.

Wo das Gesetz die Verfolgung einer strafbaren Handlung von dem Antrage des Berechtigten abhängig gemacht, ist der Antrag nach § 61 StGB. innerhalb der daselbst näher bestimmten Frist von drei Monaten zu stellen. Einen bedingten Strafantrag kennt das Gesetz nicht, und daraus, daß es die Stellung des Strafantrages an eine bestimmte Frist bindet, folgt ebenso wie bei allen anderen an eine Präklusivfrist gebundenen Rechten mit Notwendigkeit, daß in dieser Frist sicher und gewiß sein muß, daß der Berechtigte von seinem Rechte Gebrauch macht, welches nach dem Willen des Gesetzes und der allgemeinen rechtlichen Bedeutung der Präklusivfrist eben verloren ist, wenn es in der Frist nicht geltend gemacht ist. Damit verträgt es sich nicht, dem Strafantrage als der Willenserklärung, durch welche das Antragsrecht geltend gemacht und die Befugnis der Strafbehörden zur Strafverfolgung hergestellt wird, Zusätze beizufügen, welche ungewiß lassen, ob von dem Antragsrechte Gebrauch gemacht und das Recht zur Strafverfolgung entstanden ist. Von diesem Gesichtspunkte aus ist es unbedenklich, daß dem Strafantrage nicht Suspensivbedingungen im Sinne des Rechtsbegriffes beigefügt werden können, welchen das Civilrecht damit verknüpft. Über die Unwirksamkeit von Resolutivbedingungen für das einmal durch den Antrag entstandene Strafverfolgungsrecht kann nach der Natur desselben überhaupt kein Zweifel aufkommen. Bedingungen in jenem Sinne sind aber Zusätze zu der Willenserklärung, durch welche ihre Wirkung, die Entstehung des durch sie zu begründenden Rechtes von einem zukünftigen ungewissen Ereignisse in willkürlicher Weise abhängig gemacht wird. Durch solche Zusätze zum Strafantrage würde, mag man dadurch die Willenserklärung selbst oder ihre Wirkung für eingeschränkt erachten, in einer dem unzweideutigen Sinne des § 61 StGB. widersprechenden Weise in der Schwebe bleiben, ob die Strafverfolgung nach dem Willen der Antragsberechtigten eintreten soll oder nicht. Ein solcher Strafantrag ist kein Strafantrag, wie ihn das Gesetz verlangt.

Die auf dem Gebiete des Civilrechtes bestehende Streitfrage, ob auch vergangene Begebenheiten zur Bedingung gemacht werden können, was das hier in Betracht kommende Landesrecht (§ 140 I 4 preußischen ALR.) zuläßt und ob solche Bedingungen als eigentliche Bedingungen zu erachten, kann unerörtert bleiben. Für die hier zu entscheidende Frage kommt nach dem oben Erörterten nur in Betracht, ob in solchem Falle im ungewissen bleibt, ob der Antragsberechtigte die Strafverfolgung will und ob das Strafverfolgungsrecht entstanden ist. Das kann der Fall sein, wenn die subjektive Ungewißheit des Antragstellers und die Unmöglichkeit der sofortigen Feststellung der bedingenden Tatsache in erkennbarer Weise Ungewißheit darüber bestehen lassen, ob das Antragsrecht geltend gemacht oder seine Geltendmachung von der Kenntnis der bedingenden Tatsache abhängig gemacht ist.

Von solcher Ungewißheit ist im konkreten Falle nicht die Rede.

Der Strafantrag vom 1. Mai 1885 ist nach seinem Wortlaute und Zusammenhange von dem Gläubiger B. — auf die Erklärung seines Sachwalters kommt nichts an — unzweideutig und klar für den Fall gestellt, daß der Angeklagte sein Versprechen, 1500—2000 Mk. einzuzahlen, nicht voll und ganz erfüllt haben sollte. Der Antrag ist nach § 156 StPO. zulässig bei dem Amtsgerichte in C. gestellt. Ob der Angeklagte sein Versprechen erfüllt hatte oder nicht, stand damals bei dem Amtsgerichte in C. fest, der Feststellung des letzteren blieb durch den Antrag nichts überlassen, noch weniger seinem Ermessen, ob die Strafverfolgung zweckmäßig einzutreten habe oder nicht. Das Amtsgericht zu C. hat denn auch, wie die Zwangsverwaltungsakten ergeben, kein Bedenken getragen, die Akten der Staatsanwaltschaft zur Verfügung auf den Strafantrag vorzulegen, und gleichzeitig in derselben Verfügung dem B. und damit auch der Staatsanwaltschaft erkennbar Mitteilung davon gemacht, daß der Angeklagte nichts eingezahlt hatte. Damit war das Recht der Strafverfolgung für die Strafbehörde entstanden. Durch die Erklärung des B. zur polizeilichen Verhandlung vom 13. Juni 1885 ist darin nichts geändert; der einmal gestellte Strafantrag konnte nicht zurückgenommen werden. Es kann hiernach unerörtert bleiben, ob die Auslegung des Strafantrages vom 1. Mai 1885 nicht auch dahin führte, daß B. mit der Erklärung, daß er den Strafantrag für den Fall stelle, daß der Angeklagte sein Versprechen nicht erfüllt, den Antrag nur von der selbstverständlichen Voraussetzung hat abhängig machen wollen, daß der Angeklagte bei der Beiseiteschaffung seines Gutsinventares in der Absicht, die Befriedigung seiner Gläubiger zu vereiteln, gehandelt, daß also überhaupt eine strafbare Handlung von ihm begangen sei, in welchem Falle von einem bedingten Strafantrage ebenfalls nicht die Rede sein könnte.

Die Strafkammer hat den Strafantrag vom 1. Mai 1885 danach mit Unrecht als nicht rechtsgültig erachtet. Das Urteil, welches das Verfahren nur deshalb einstellt, mußte deshalb aufgehoben und die Sache gemäß §§ 393, 394 StPO. zur anderweiten Verhandlung und Entscheidung in die Instanz zurückverwiesen werden.

VI. **Wann hat der Verletzte Kenntnis von der Person des Täters erlangt?** E. XXVII 34.

Am 6. Oktober 1893 wurde die Ehefrau Sch., als sie sich auf dem Heimwege nach ihrem Wohnorte befand, von einem ihr unbekannten Manne, dem Angeklagten, angesprochen. Dieser faßte sie im Weitergehen um die Schulter und stellte ihr unter Vorzeigung von Geld unzüchtige Zumutungen, die sie zurückwies. Nachher fragte der Angeklagte im Beisein der Ehefrau Sch. eine andere Person, wo er übernachten könne, und wurde dahin bedeutet, daß er in dem in der Nähe befindlichen Kruge des Gastwirtes S. Unterkommen finden werde. Die Ehefrau Sch. unterließ zunächst weitere Schritte, weil sie sich fürchtete, ihren damals krank darniederliegenden Mann aufzuregen. Erst, als später durch das Gerede der Leute die Sache dem Gendarm zu Ohren gekommen und von diesem eine Anzeige wegen versuchter Notzucht erstattet war, hat im Laufe des Strafverfahrens die Sch., und zwar am 26. Juni 1894, einen Strafantrag wegen Beleidigung gegen den Angeklagten gestellt. Die Strafkammer nimmt an, der Strafantrag sei verspätet, da die Angeklagte bereits am 6. Oktober 1893 Kenntnis von der Person des Täters gehabt habe; denn sie hätte an diesem Tage zur Ortspolizeibehörde gehen und die vorläufige Festnahme des Täters oder die Feststellung seines Namens herbeiführen können. Auf die Revision der Staatsanwaltschaft wurde das auf Einstellung des Verfahrens lautende Urteil des Instanzgerichts aufgehoben aus folgenden Gründen:

Die Revision der Staatsanwaltschaft rügt mit Recht Verletzung des § 61 StGB. Nach der Vorschrift dieses Paragraphen beginnt die für die Stellung des Strafantrages bestimmte Frist mit dem Tage, an dem der Berechtigte Kenntnis von der Handlung und der Person des Täters erlangt hat. Die „Kenntnis von der Person" setzt nicht notwendig das Wissen des Namens voraus; es genügt, daß der Berechtigte eine solche Kenntnis der Person erlangt hat, welche ihn in den Stand setzt, den Täter in einer für die Strafverfolgungsbehörde erkennbaren Weise individuell zu bezeichnen. Die Vorinstanz geht nun davon aus: die Verletzte habe eine solche Kenntnis von der Person des Täters bereits am 6. Oktober 1893 gehabt. Da sie gewußt, daß er sich am Abende gleich nach der Tat in die S.sche Gastwirtschaft zu L. begeben hatte, und da sie folglich „imstande gewesen wäre", zur Ortspolizeibehörde zu gehen und ihn hier so zu bezeichnen, daß eine vorläufige Festnahme und demnächstige Feststellung seines Namens möglich gewesen wäre. Hieraus folgt jedoch nur, daß die Verletzte, wenn sie sich sofort zur Anzeige und Antragstellung entschlossen hätte, die Kenntnis von der Person des Täters sich hätte verschaffen können, nicht aber, daß sie in der Tat solche Kenntnis erlangt hat. Das Gesetz will, daß dem Verletzten die ganze

Frist von 3 Monaten zur Beratschlagung und Beschlußfassung darüber freistehen soll, ob er die Strafverfolgung beantragen will. Diese Vorschrift würde aber illusorisch werden, wenn die Frist schon von dem Zeitpunkte zu laufen begönne, wo der Verletzte sich eine hinlängliche Kenntnis von der Person des Täters hätte verschaffen können, falls er die ihm sogleich nach der Tat, nicht aber dauernd zu Gebot stehenden Mittel benutzt hätte.

Da hiernach die Annahme der Vorinstanz, daß die Verletzte schon am 6. Oktober 1893 Kenntnis von der Person des Täters erlangt habe, auf Rechtsirrtum beruht, war die Aufhebuug des Urteils geboten, und es wird anderweit näher zu prüfen sein, wann die Verletzte die § 61 StGB. vorausgesetzte Kenntnis erlangt hat.

VII. **Zurücknahme des Strafantrags.**

E. XXII 256 führt aus, daß der Minderjährige den von seinem Vormunde gestellten Strafantrag nach erlangter Volljährigkeit zurücknehmen kann.

VIII. **Ermächtigung.**

Sie ist nach E. XVIII 382 nicht an eine Frist gebunden und nach E. XXXIII 66 nicht zurücknehmbar.

Sachregister.

(Die Zahlen bezeichnen die Seiten.)

A.

B.

D.

E.

F.

G.

H.

J.

K.

L.

M.

N.

O.

P.

R.

S.

T.

U.

Druck von Lippert & Co. (G. Pätz'sche Buchdr.), Naumburg a. S.

Kolibri 360 GmbH
Ferdinand-Jühlke-Straße 7
99095 Erfurt, Deutschland
produktsicherheit@kolibri360.de